재산권과 중국의 변혁

The Chinese edition is originally published by Peking University Press.
This translation is published by arrangement with Peking University Press, Beijing, China.
All rights reserved. No reproduction and distribution without permission.

이 책의 한국어판 저작권은
중국 저작권자와 독점 계약한 '동국대학교출판부'에 있습니다.
저작권법에 의해 한국 내에서 보호를 받는 저작물이므로
무단 전재나 복제, 광전자 매체 수록 등을 금합니다.

中華社會科學基金(Chinese Fund for the Humanities and Social Sciences)資助

재산권과 중국의 변혁

저우치런 지음 | 림금숙·윤승현 옮김

동국대학교출판부

서문

 이 책은 2002년 중국사회과학원출판사에서 출판한 『재산권과 제도 변천』 및 2004년 베이징대학교출판사에서 출판한 증정본을 바탕으로 하였다. 이 책의 개정판에는 여러 편의 글이 추가되거나 제외되어 편집자가 책 제목을 변경하자고 제안하면서 독자들 앞에 놓인 '새 책'이 나왔다.
 이번에 새롭게 보완한 내용은 다섯 편인데, 그중 첫 번째 내용인 「체제비용과 중국 경제」는 2017년 『경제학』 제16권 3호에 실린 글로, 새롭게 개념을 정의한 기초 위에서 중국 경제의 고도 성장 및 전환 경제 논리를 논술하였다. 핵심 개념은 당연히 코즈(Ronald H. Coase)의 '거래비용'이다. 시장거래를 금지했던 비시장경제로 말하면, '거래비용'의 개념은 적당히 확장되어야 강제성을 띤 경제활동에 적용될 수 있다. 따라서 '제도비용'의 개념이 뒤따라 생성되었고 널리 유행했다. 하지만 경제행위에서 불가피한 규제 조건인 '제도'는 단일하고 고립된 변수가 아니라 여러 변수가 하나로 엉킨 '체계'이다. 이러한 의미에서 보면 케네스 애로우(Kenneth Joseph Arrow, 노벨경제학상 수상, 미국 경제학자)가 1968년에 '거래비용이란 경제 시스템이 돌아가는 비용'이라고 코즈의 거래비용을 해석하며 한 말에 더욱 주목할 필요가 있다. 본문은 '체계를 이룬 제도비용'을 '체제비용'으로 약칭한다. 이는 중국의 경험과 더욱 일치한다. 중국인들이 말하는 개혁이란 '체제개혁'이 아니었던가? 이를 전제로 본문에서는 체제비용의 하락과 반등의 시각에서 중국 경제의 고도 성장 및 중국 경제가 최근 몇 년 동안 직면한 도전을 해석하였다. 검토할 논점은 지속적으로 상승하는 체제비용을 낮추지 않으면 '중국의 기적'은 지속되기 어렵다는 것이다.

새롭게 추가한 두 번째 내용인 「통화체제와 경제 성장」에서는 통화정책이라는 이슈보다 더 기본적인 통화체제에 대해 논의하였다. 이는 하나의 체계적인 제도로, 특히 재정·시장 진입·일반 재산권 확정 및 보호 등의 제도와 밀접한 관련이 있기 때문에 반드시 연계하여 살펴보아야만 화폐현상을 이해하고 분석할 수 있다.

새롭게 추가한 세 번째 내용은 새로운 의료개혁안에 대한 분석이다. 목적은 의료 서비스 분야에서 정부의 역할과 시장 메커니즘의 역할에 대한 경계를 구분하기 위함이었다. 핵심은 의료 서비스의 심각한 수급 불균형을 해결하기 위하여 시장 메커니즘이 시장 진입과 의약품 가격 형성에서 결정적인 역할을 해야 한다는 것이다. 정부는 공공 위생에 대하여 전면적인 책임을 지고 재정 상황이 허락하는 여건에서 저소득 환자들에게 적당한 보조를 제공할 수 있다. 그러나 의료 서비스의 시장 진입과 의료 가격 형성에서 반드시 불필요한 규제를 제거해야 한다. 그렇게 하지 않으면 중국의 새로운 의료개혁은 '설익은 밥'과 같은 난처한 상황을 면하기 어렵다.

새롭게 추가한 네 번째 내용은 「회사이론과 중국의 개혁」이다. 이 내용은 2008년에 집필한 것으로 중국 개혁의 30년 경험을 회고하는 이론적 사고이다. 당초 레닌의 구상에 따르면 러시아와 같이 생산력이 매우 낙후된 국가에서 사회주의 계획경제를 실시하는 것은 국민경제를 마치 하나의 초대형 기업으로 운영하는 것에 불과하였다. 국가 권력이 시장 활동에 합법적인 공간을 제공하지 않았기 때문에 계획경제는 '거래비용'에 얽매이지 않는 것 같다. 하지만 이 초대형 국가 기업은 코즈가 기업이론에서 정의한 또 다른 비용인 '기업조직비용'의 결정적 영향을 받지 않을 수 없다. 이러한 시각에서 볼 때 국가라는 이 거대한 기업의 조직비용을 어떻게 절감하는가 고민하는 것이 계획경제 개혁의 동력이다.

원작의 전자통신 개혁에 관한 세 편의 글은 모두 제외하였다. 세계적인 범위에서 보면 1990년대부터 시작된 중국의 전자통신 체제개혁은 선구자라고 할 수 있다. 수년간의 개혁을 거쳐 성과도 적지 않았고 정경 분리가 되지 않은 행정 독점 영역에 비하면 진보가 크다고도 볼 수 있다. 하지만 기초 통신 분야는 여전히 여러 국유 지주(控股)회사가 제한적으로 경쟁하는 '시장'을 벗어나지 못하고 있고, 통신 영역에 대한 민영경제의 진입장벽은 여전히 높다. 가격과 서비스 수준에서도 세계의 선진적인 수준과는 여전히 거리가 멀다. 지금까지도 여전히 총리가 직접 비용을 낮추고 서비스를 개선하라고 큰 소리를 낼 정도로 보다 심층적인 개혁이 필요하다.

공유제 기업 개혁에 관한 경험 연구는 여전히 기존의 몇 편뿐이다. 이번에는 「인적 자산의 재산권 특징」을 추가하였고 그 기본 사상은 몇 편의 논문에서 모두 제시한 바 있다. 이 역시 공유경제 개혁을 관찰하고 분석하는 기점이다. 즉 인간의 능력은 결국 인간에 의해 스스로 지배되고, 이것은 어떤 체제에서도 바뀌지 않는다. 다만 인적 자산의 재산권을 승인하지 않는 체제에서는 각자의 능력을 제대로 발휘할 수 없으므로 경쟁의 압박을 통해 체제를 개선하여야 한다. 현대 경제의 성장은 결국 인간이 재능을 다할 수 있고, 힘을 다 발휘할 수 있어야 이루어진다. 이런 시각에서 볼 때 국유 기업의 개혁 침체는 오래갈 수 없다.

「농촌개혁: 한 경제제도 변천사의 회고」에서는 중국과 러시아의 비교 부분을 제외하였다. '큰형님'과의 대조는 여태껏 중국의 개혁에서 큰 영향력을 발휘하지 못하였다. 더 일반적으로 보면 많은 선진국이 '무역보호주의'로 기울고 있을 때, 과거 '개방으로 개혁을 촉진'한 전략이 도대체 어떤 역할을 할지 주목된다. 자국의 실제 상황으로부터 출발하여 체제 변혁을 추진하는 것이 중국에 더욱 중요한 것으로 보인다.

마지막으로 2002년판과 2004년판에는 「진실 세계의 경제학-코즈 경제학의 방법론 및 중국에서의 이행」이 가장 뒷부분에 실렸으나 이번에는 첫 장에 편성되었다. 나는 이러한 '현대적인 것도 아니고 유행도 아닌' 방법론을 고수하는 원인을 처음부터 설명하는 것이 타당하다고 생각한다.

'초판의 서문'을 보류하여 서문 뒤에 단독으로 배치한 이유는 독자들이 당초 이 책을 편찬한 초심을 이해했으면 하는 바람이 있기 때문이다.

나는 이 책에 수록된 논문들의 발표 당시 만났던 탕중쿤(唐宗昆), 챠오둥펑(喬桐封), 덩정라이(鄧正來), 인랜(殷練), 류궈언(劉國恩), 허샤오난(郝小楠) 등 여러 편집자들에게 영원한 감사의 마음을 지니고 있다. 그들의 정성 어린 편집, 다각적인 소통 노력과 결단력이 없었다면 이 책은 지금의 모습으로 독자 앞에 놓여 있지 않을 것이다.

저우치런(周其仁)
2017년 6월 5일

초판 서문

경제학 연구 방법과 관련된 글 한 편 이외에 이 책에 수록된 논문들은 전부 중국 개혁의 실제 경험에 근거하여 중앙의 계획경제제도, 즉 공유제 재산권 구조의 개혁과 변천을 연구한 것이다. 이는 최근 20년 동안 내가 경제를 연구할 때의 중점 과제였다. 이 책의 출판 기회를 빌려 독자들에게 문제의 전후 경위를 간단하게 설명하려고 한다.

1.

프리드먼(Milton Friedman)은 "경제 문제는 늘 선택과 연결되어 있다."라고 말한 바 있다.[1] 하지만 내가 경제 문제에 관심을 갖기 시작했을 때, 유일하게 관찰할 수 있는 경제제도에는 선택의 여지가 없었다. 중앙 계획공유체제에서 생산과 투자는 정부의 지령성 통제로 자유롭게 선택할 수 없었고, 자유롭게 직업을 선택할 수 없었으며 인력 이외의 요소도 자주적으로 이동 및 재편할 수 없었다. 경제조직 형태의 선택에 관해서는 '방향과 노선'에 관련된 문제로 더더욱 일반인이 관여해서는 안 되는 일이었다. 그 시대에 '선택'은―여기서 말하는 것은 일반인의 개인 선택―제도적으로 합법성이 없었다.

비교적 깊이 있는 관찰과 체험을 통하여 우리는 가령 자유롭게 선택할 수 없는 경제체제에서도 사적인 선택은 여전히 완강하게 존재하였다는 것을 발견하게 된다. 내가 1968~1978년까지 헤이룽장(黑龍江)성에 하향下鄕 지식청년으로 있었을 때 본 일부 현상을 예로 들어 보자. 한 농민이 '집단토지'와 개인 자류지에서 일하는 태도에는 확연한 차이가 있었다. 그는 이미 선택을 한 것인가? 동일한 날씨와 토지 면적, 노동 일수에서 성과급 임금과 시간제 임금의 노동 생산성은 현저한 차이가 난다. 이것이 노동자의 선택이 아니면 또 무엇인가? 그리고 명령이 아침저녁으로 바뀌고, 때로는 엉터리에 가까운 '생산과 투자에 관한 의사 결정'을 어찌 공유제 경제 관리자의 '문화 수준' 또는 '개인의 성품'에 귀결시킬 수 있단 말인가? 그렇다면 우리는 왜 경영자들의 사적인 소비에서 이와 같은 황당무계한 상황을 전혀 보지 못하는가?

말하자면 이는 내가 인간의 경제행위를 배운 첫 과목이었다. 보기에는 선택의 여지가 없는 경제제도에서도 인간은 여전히 선택하게 된다. 그 당시 나는 질문할 수 없었다. 모든 자산이 공적인 재산권 제도에서 왜 개인 (농민, 직공과 관리자)이 여전히 사실상의 생산적 선택을 할 수 있는가? 무엇을 얼마나 어떻게 생산하는가를 '공공단체'가 결정하는 제도에서 왜 개인이 여전히 공유제 생산체계에 얼마나 많은 노동과 노력, 수고를 제공할 것인가를 결정하는가? 내 질문은 사실 이러한 부적합하게 보이는, 오랜 세월 동안 보잘것없는 것으로 치부된 '권리'가 어떻게 공유제 경제에 뿌리를 내렸는가 하는 것이다.

2.

문제를 아직 명확하게 제기하기도 전에 공유제 경제는 온 세상이 주목하는 개혁을 시작하였다. 1970년대 말부터 농촌에서는 대규모 농가별 생산량 도급제가 나타났고 도시에서는 국유 기업의 규제 완화, 도급제와 제도개혁이 나타났으며 사기업은 '개체호個体戶'나 다른 명의로 다시 나타났고 외국인 자본경제도 연해 대도시에 들어오기 시작하였다. 수십 년 전

국가 권력에 의해 사라진 개인 재산권이 다시 나타나 생기발랄하게 성장하였다. 1980년대 이후 「중화인민공화국 헌법」은 네 차례나 수정되어 개인이 새로운 재산권 구조에 순응하도록 하였다.

우연한 기회로 나는 대학교 시절부터 두룬성(杜潤生) 선생이 지도하는 농촌개혁 조사에 참여하여 약 9년이란 시간을 보냈다.[2] 당시 이러한 조사는 중앙정부의 농촌개혁정책 제정을 위해 진행되었기 때문에 농민들의 경제행위뿐만 아니라 국가의 행위 역시 내 연구 시야에 들어왔다. 관찰과 참여를 통해 나 스스로 얻은 기본적인 개념은 농가별 생산량 도급제 개혁은 아래로부터 위로 발전되었다는 것이며, 이는 수많은 개혁의 공적과 은덕을 찬양하는 관점과 결코 일치하지 않았다. 사실 '상부'에서 어떤 정책적 조치를 취하기 전에 농가별로 집단토지를 도급하는 재산권 개혁은 이미 농촌의 기층에서 시작되었다. 내가 궁금한 문제는 획일화된 공유제 내부에서 공유제 개혁의 힘이 어떻게 생겨났는가 하는 것이다. 더욱 일반적인 문제는 사유재산 권리가 어떻게 국가가 수호하는 공유재산제에서 생겨났는가 하는 것이다.

경제학의 인성 가설로 이 문제에 대답하면 쉬울 것 같았다. 인간의 본성을 이기적이라고 한다면, 사유재산제는 당연히 자발적이며 대규모로 성장할 것이다. 문제는 인간의 본성이 이기적이라는 가설로 공유제 재산권 개혁의 기원을 해석할 수 있다면, 동일한 인성 가설에서 공유제의 성립을 어떻게 허용할 수 있는가 하는 것이다. 내가 나중에 알게 된 바로는 경제학에서 인간의 본성에 관한 가설의 핵심은 인간의 이기적 본성이 아니라, '인간은 규제 조건 속에서도 가급적 자신의 개인적 이익을 추구한다'는 것이다. 때문에 '인간의 본성은 이기적'이라는 것 자체는 큰 설득력이 없다. 나는 인간의 경제행위가 직면한 제약 조건을 이해하는 것이 중요하다고 생각한다. 나는 동일한 인간 본성 가설에서 무엇 때문에 경제제도, 즉 재산권 구조에 중대한 변화가 일어났는지, 도대체 어떠한 제약 조건으로 사유재산권이 공유제에서 재구축될 수 있었는지 등의 문제를 제기하였다.

장기간 조사를 통해 나는 다음과 같은 세 가지 제약을 간과할 수 없다는 사실을 깨달았다. 첫 번째 제약은 국가 행위에서 온다. 계획경제 시대의 국가기구는 '사유재산을 소멸시키고 개조'하는 것을 목표로 삼았으나 개혁 시기에 들어서도 중국 정부는 (영국의 대처 정부 또는 러시아의 옐친 정부와 다르게) 명확한 사유화 강령을 제기하지 않고 사유화를 반대한다고 재차 강조하였다. 두 번째, 계획공유제는 모든 현실의 경제제도와 마찬가지로 자기의 기득이익을 만들어 냈다. 경제제도가 재산권 구조 차원에서 개혁이 발생할 경우 이런 기득이익은 불가피하게 손해를 보게 된다. 예를 들어 인민공사의 공수(工分)제를 취소한 후 공수제도의 전문지식과 연계된 모든 이익 추구의 기회가 갑자기 사라졌다. 세 번째, 계획공유제는 명의상으로는 현재의 모든 인구에 속할 뿐만 아니라 장차 탄생하게 될 모든 미래 인구에게도 속한다. 토지의 집단소유제에서는 인민공사 내 매개 구성원들(장차 합법적으로 출생하는 구성원도 포함) 모두 토지권익을 분배받을 권리가 있다. 전민全民소유제는 두말할 나위 없이 모든 공민의 생로병사를 '책임'지고 또 미래에 새로 늘어날 모든 노동력에게 취업 기회를 제공할 것을 약속하였다. 계획공유제에서 사람들이(곧 태어날 사람을 포함) 태생적으로 부여받은 권리는 개혁의 충격을 겪어야 한다.

이 세 가지 제약 조건은, 계획공유제가 일단 확립되면 아주 긴 역사의 시간을 유지하는데 그 이유가 무엇인지, 공유제에서 사유재산의 인정이 어려운 이유는 무엇인지, 그리고 무엇 때문에 개혁 과정에서 재산권 개혁 사상이 쉽게 경시당하고 이행 과정에서 쉽게 지연되는지 등의 문제를 설명하는 데 도움이 된다. 하지만 역설적인 진실은 바로 이러한 세 가지 제약 조건 속에서 사유재산제의 재출현을 상징으로 한 재산권 구조 개혁이 일어난 것이다. 사람들은 이에 대하여 다르게 평가할 수 있다. 견해도 엇

갈릴 수 있지만, 그 기본적인 사실에는 의심의 여지가 없다.

  문제는 그래서 더 도전적이다. 시장경제에서 우리는 사유재산의 토대 위에서 자유 계약으로 형성된 각종 공동 재산권, 심지어 재산권을 공유하는 현상을 어렵지 않게 보아 왔다. 만약 국가가 단호한 행동을 취하여 (소련, 중국과 다른 나라에서 발생했던 대규모 국유화 경험이 보여 주는 것처럼) 모든 사유재산을 국유화하는 것은 그다지 어려운 일이 아니다. 문제는 국가가 법적으로 모든 사유재산을 제거하고 아울러 사유화를 거부하는 상황에서 재산권 개혁이 중국에서 발생하였고 사유재산이 재건될 수 있었다는 것이다. 이는 어떻게 발생하였으며 무엇 때문일까?

3.

  슐츠(Theodore Schultz)가 말했듯이, 사상은 결국 경제학 언어의 속박을 받게 된다.[3] 때문에 재산권 개혁의 인식에 대해 말하면 사상과 학술의 개방은 결정적인 의미를 갖는다. 1979년에 나는 베이징대학교에서 리이닝(厲以宁) 선생의 강의를 수강하면서 슐츠의 '전통 농업 전변'에 관한 이론(나중에 『경제학 번역본』에서 요지를 읽었음)을 접하게 되었다. 그 뒤에 프랑스인이 집필한 『미국 자유주의 경제학』이 중문으로 번역 출판되어 우리에게 재산권 이론을 통속적으로 소개하였다. 대략 1985년, 나는 당시 베이징의 한 민영회사 발전부에서 그들이 자체적으로 스캔한 홍콩대학교 장우창(張五常) 교수의 저서 『중국의 전도』와 『중국을 다시 논하다』를 얻었다. 그 뒤 1986년 가을, 샤먼대학교 방문 기간에 또 어느 절친한 친구로부터 『오렌지 판매자의 말』 원본을 받았다. 이 세 권의 책, 그리고 나중에 찾을 수 있었던 장우창 교수의 글은 내가 재산권 이론을 배운 계몽적인 저작들이다. 이 이론에 의하면, 재산권 이론을 찬성 또는 반대하는 많은 사람이 생각하는 것처럼 재산권은 인간의 본성이 이기적이라는 가설에서 자연스럽게 도출된 것이 아니다. 재산권은 개인이 자신의 이익을 추구하기 위한 사회적 제도규제이며 이러한 규제는 인간의 경제행위와 경제 성장의 업적으로 해석할 수 있다. 왜냐하면 부동한 재산권 제약은 경제의 거래비용 수준에 대해 결정적인 영향을 주기 때문이다.

『중국의 전도』 후반부에는 장우창이 영국 경제사무사를 위해 집필한 영문 논문의 중문 번역문이 수록되어 있다. 1981년에 쓴 이 글에서 장우창은 다음과 같이 분명히 밝혔다. "추측하건대 머지않은 장래에 중국은 사유재산권에 가까운 재산권 구조를 채택할 것이다."[4] 당시 나에게 심한 충격을 준 것은 장우창의 이 추측(prediction)—예측(forecasting)이 아니라—이 간단한 이론에 의해 제기되었다는 것이다. 그는 우선 코즈(Ronald Coase)의 거래비용 개념을 '제도비용'으로 확대하고 제도비용을 경제제도 유지를 위한 비용과 경제제도 개선을 위한 비용으로 분류하였다. 그 뒤 장우창은 무엇 때문에 계획체제의 제도비용이 극단적으로 높은가를 자세히 해석하였다. 단지 제도를 개선하기 위한 비용(주로 정보비용과 기득 이익권자의 반대)은 느닷없이 높았기 때문에 장기간 견지할 수 있었다. 하지만 덩샤오핑(鄧小平)의 개방 정책으로 제도 개선 비용은 현저히 하락하였다. 장우창은 이 점을 풍운이 깃든 홍콩에서 분명히 보았다. 때문에 그는 기존의 계획체제가 근본적으로 바뀔 것이라고 추측했다.

'장씨 추측'의 기본 근거라면, 개방이 계획공유제의 개혁비용을 절감했기 때문에 기존의 값비싼 체제는 더 이상 지속될 수 없다는 것인데, 나는 이 근거가 아주 설득력이 있다고 생각한다. 유일하게 좀 더 깊이 생각할 필요가 있는 부분이라면 기존의 값비싼 제도비용(이 비용을 절약하면 부분적 수익을 낳는다.) 자체가 끊임없이 사람들을 자극하여 해당 비용을 절약할 가능성을 찾게 한다는 것이다. 예를 들어, 내가 알기로 농가별 생산량 책임제는 1956년 저장성 융쟈(浙江永嘉)에서 최초로 시행되었다. 그 당시 중국은 분명히 개방을 운운할 수 없었다. 이는 개혁의 동력이 일찍이 기존 체제 내부에서 생성되었다는 것을 말해 주지 않는가?

중요한 것은 '장씨 추측'은 나를 복잡하기 그지없는 진실 세계에서 경제학 이론(당연히 우수한 이론)이 우리에게 마치 신과 같은 도움을 준다고 느끼게 하였다는 것이다. 1987년에 UCLA 뎀세츠 교수의 제자 샤오껑(肖耿)이 당시 내가 다니던 발전연구소를 방문하였다. 나는 그에게 재산권과 거래비용 학파의 문헌을 되도록 많이 가져오고 특히 장우창 교수가 숭배하는 논문 몇 편을 우리에게 보여 달라고 부탁하였다. 샤오껑이 가지고 온 문헌에는 알치안(Armen Alchian)이 당시 『뉴파르그레이브 경제학 대사전』을 위해 쓴 '재산권' 표제어에 관한 네 장짜리 원고가 있었다. 첫 구절에는 단도직입적으로 "재산권이란 사회가 강제로 집행하는 자원의 다양한 용도에 대한 선택 권리이다."라고 적혀 있었다. 알치안의 명백하고도 노골적인 진술은 나를 깜짝 놀라게 하였다. 선택이 곧 권리이면, 공유제에서 관찰되는 사실상 존재하는 개인의 선택은 계획공유제 내에서도 '사유재산'이 종래로 완전히 소멸되지 않았다는 것을 반증하지 않는가?

4.
나는 재산권 경제학의 학술적 전통에서 답을 찾을 수 있다고 생각하였다. 그 뒤 2~3년 동안 발전연구소 산하 산업기업연구실 독서팀 구성원들은 모두가 샤오껑이 가지고 온 자료와 우리가 찾은 코즈, 알치안, 장우창, 뎀세츠, 노스(Douglass North) 등의 논문을 나누어 읽었다. 지금도 나는 당시의 생활을 유난히 그리워한다. 책을 가득 등에 지고 농촌에 내려가 조사하고, 관찰·방문·간담을 하거나 아니면 바로 독서와 토론을 했다. 차와 말이 달리는 시간은 생각의 나래를 펼치기 좋은 시간이었다. 당시 나는 영어를 잘 읽지 못해 동료들이 글을 중문으로 번역해 주면서 나의 '지팡이'가 되어 주었다. 몇 년 후 번역문이 상하이 싼롄(三聯)서점에서 출판되었는데, 이는 아마도 그 당시 중국 내 재산권과 신제도경제학에 관한 최초의 번역집이었을 것이다.[5]

1990년 가을, 존슨(Gare Johnson) 교수의 추천으로 나는 시카고대학교 경제학과에 방문 학자로 들어갔다. 일 년쯤 동안 나는 학부의 미시경제학 강의를 들었고 베이커(Gary Becker) 교수가 연구생들을 상대로 한 입문 과목을 청강하는 것 외에는 주로 도서관에서 책을 읽었다. 나에게 가장 큰 영향을 미친 것은 슐츠의 전통농업 전변 이론과 그 토대 위에서 발전한 인적 자본 이론이었다. 듣건대 1960년에 미국 경제학회 회장 취임식에서 슐츠가 연설문에 '인적 자본'이란 개념을 제기한 뒤, 수십 년 동안 시카고대학 경제학과 박사학위 논문 주제의 3/4이 인적 자본과 연관된 내용이었다고 한다. 하기야 자본 문제는 줄곧 고전경제학의 기반이었고 인적 자본 이론은 분명히 신성장이론의 핵심이 되었다.

슐츠의 인적 자본 이론은 그가 존경하는 '미국의 대경제학자'인 어빙 피셔Irving Fisher로부터 나온 것이었다. 나는 이렇게 실마리를 찾아 피셔의 저작을 탐독하였고 그 과정에서 중요한 사상적 전통은 몇 세대의 학자들에 의해 계승되고 발전된다는 절묘한 도리를 터득하였다. 피셔의 관점에서 자본은 현재와 장래 소득의 원천이다. 따라서 모든 미래 소득을 산출할 수 있는 자원은 자산이고, 그중에는 당연히 인적 노동능력과 지식 축적이 포함되며 자본이 아닌 자산은 시장의 현재가치에 불과하다. 이로써 나는 큰 꿈에서 깨어났다. 피셔의 개념을 받아들인 후 더 이상 '자본과 노동'의 분석 틀이 필요 없었다. '자본과 노동'을 운운하는 것은 '자본과 자본'을 말하는 것과 마찬가지가 아닌가?

다만 내가 관심 있는 문제의 견제를 받아, 인적 자본 이론의 기타 운용 영역—예를 들어 계량교육, 훈련과 기술의 경제 성장에 대한 기여 비중 등—에는 큰 관심을 가지지 않았다. 나는 "자본의 사적 권리가 재산에만 제한되지 않고 …… 인적 자본에도 권리가 포함되어 있다."[6]라는 명제에 깊이 빠졌다. 시카고대학교 경제학과의 또 다른 교수인 신노동경제학의 리더 로젠(Sherwin Rosen)의 지적은 나에게 중요한 의미가 있었다. 그는

"인적 자본과 비인적 자본은 재산권의 성격에서 크게 다르며 자유사회에서는 인적 자본의 소유권이 그것을 체현하는 사람에게만 국한된다."라고 지적하였다.[7]

시카고대학교 도서관에서 나의 중요한 수확은 아마도 바젤(Yoram Barzel)의 논문을 접한 것이다. 거래비용에 대한 그의 정의(재산권을 취득, 보호하고 양도하기 위해 지불하는 비용)는 매우 특별하였고, 코즈의 정의(시장교역으로 인해 발생하는 비용)에 비해 범위가 넓었으나, 장우창의 정의(제도비용)에 비하면 좁았다. 더욱 특별한 점은, 바젤은 자세한 심의를 거친 역사적·현실적 사례로 추상적인 재산권 문제를 연구하였다. 그의 모든 논문은 아주 훌륭하였다. 이 중 나에게 가장 큰 사상적 충격을 준 것은 1977년에 집필된 노예제에 관한 경제적 분석이었다.[8] 무엇 때문에 미국 남부와 서인도군도의 노예사회에서 이따금 노예가(법적으로 그들은 노예주의 재산이다.) 수매(贖買)를 통해 자유민이 되었는가? 바젤의 해답은, 노예주가 자신의 법적 소유권을 행사하는 비용은, '노예의 생산 가치는 노예 본인이 통제한다'는 중요한 사실로부터 발생한다는 것이다. 이 비용을 절감하기 위해 일부 노예주는 정액제로 노예의 노동을 자극하고 감독비용을 절감하였다. 정액제도에서 일부 유능한 노예들은 나중에 자유를 얻기 위해 자신에게 필요한 돈을 모았다.

비교해 보면 바젤의 이 연구는 나의 문제와 더욱더 가까웠다. 강제적인 반대 세력의 억압에도 불구하고 어떻게 평화적으로 사유재산의 범주를 확정할 수 있었을까? 내가 읽었던 『사유재산의 기원』과 관련된 논문[9]의 공통된 특징은 강압적인 반대 세력에게는 제약 조건이 존재하지 않으므로 사유재산은 자발적으로 변화하는 경제적 기회에 반응할 수 있다는 점이다. 하지만 바젤의 강제적 노예제 사례에서도 정액제를 선호하는 당사자는 여전히 단독적인 개인 계약 행동을 할 수 있었다. 거기에는 사유재산과 직접적인 이익 충돌을 발생시키는 강력한 국가적 힘이 존재하지 않앉다.

　보다 장기적인 제도 변화에 대한 노스의 연구에서는 새로운 유효재산권이 대두되는 과정에서 국가가 비로소 중요한 세력이 되었다고 하였다. 노스의 연구에 의하면 17세기 네덜란드와 영국은 토지의 공공소유제에서 사유-재산제로의 전환을 순조롭게 마무리하고 부민강국의 길로 나아가기 시작하였다. 이와 비슷한 시기에 스페인은 기득 이익들(양축산업그룹)이 토지제도의 변화를 저해하여 경쟁에서 뒤떨어졌다. 노스는 국가가 새로운 재산권 조직에 어떻게 대처하는지에 따라 이런 중대한 역사적 분기점을 해석할 수 있다고 하였다. 노스의 논문을 읽으면서 내가 집중적으로 생각한 문제는 국가(노스가 정의한 국가란 '유일하게 합법적으로 폭력을 사용할 수 있는 조직')가 효과적으로 재산권 조직에 대해 다른 태도를 취하도록 결정하는 요인은 무엇인가 하는 것이다. 더욱 일반화된 문제는 국가의 보호를 떠나면 새로운 재산권이 보편화될 수 없다는 것이다. 하지만 국가가 쉽게 재산권을 침해하지 않고 엄격히 보호하는 입장을 지키도록 한 힘은 무엇인가? 나는 필기에 이 문제를 '노스의 난제'라고 적어 놓았다. 비록 노스는 그의 이론을 복잡한 체계로 발전시켰지만, 이 어려운 문제를 결코 해결하지 못했다고 생각한다.

　시카고대학교와 이후 몇 년 동안 UCLA에서 열심히 공부한 것의 수확이 컸다. 가장 중요한 수확은 경제 성장의 기본적 요소는 (인적 자원의 특징과 더불어) 태생적으로 개인의 몸에 부착된 자산이라는 점을 인식한 것이다. 개인은 실제로 인적 자산의 발휘와 생산성 공급을 통제하며 이는 어떠한 경제제도에서도 마찬가지이다. 각종 경제제도의 차이를 구성하는 요소는 공식적인 법률(비공식적 관습을 포함)이나 비공식적인 제도가 사실상 언제나 개인의 수중에 장악되어 있는 인적 자산의 사적 소유권을 인정하는지의 여부와 이를 어떻게 인정하는가 하는 것이다. 이에 상응하는 것은, 인적 자원은 서로 다른 경제제도에서 다르게 이용되고 발휘된다는 것이다. 나는 이것이 인식상의 거점으로, 익숙하게 알고 있는 계획공유제에서 사람들의 다양한 행위와 공유제의 개혁의 해석에 도움이 된다고 생각한다. 더욱 중요한 것은 국가가 강제적으로 사유재산제를 박탈하고 소멸시킨 후 사유재산—경제자원의 다종 용도에서 개인이 선택하는 권리—이 어떠한 환경에서 재구축될 수 있는가를 해석하는 데 도움이 된다는 것이다.

내가 코즈의 저서를 다시 읽었을 때는 이미 그의 학술 사상의 형성에 관한 강연을 본 뒤였다.[10] 이렇게 나는 그의 기업이론도 국가이론으로 간주하고 연구하였다.[11] 레닌이 제기한 다음과 같은 이론은 계획공유제의 기반이었다. 사회주의 국가들은 경제적으로 하나의 초국가 기업처럼 사회 생산을 조직하고 사회 구성원들은 모두가 국가의 직원이 되는 것이다. 듣건대 젊은 코즈는 이 이론을 재차 연구한 뒤 다음과 같은 결론을 내렸다고 한다. 만약 국가가 기업과 같이 명령, 계획과 권위를 운용하여 사회의 모든 생산을 조정한다면 시장활동의 소멸로 거대한 거래비용을 절감할 수 있을 것이다. 하지만 유일하게 존재하는 이 '기업'은 값비싼 '조직비용(organization cost)'을 지불하지 않으면 안 될 것이다. 코즈의 기업이론은 '시장에 기업이 존재'하는 이론으로, 기업은 시장거래비용을 절감하기 위해 존재하나 반드시 그 대가로 조직비용을 지불해야 한다. 이상 두 가지 비용이 한계적으로 대등하게 될 경우 기업은 그 경계를 확정한다. 나에게 있어 중요한 것은 우리가 조직비용(또는 장우창의 '제도비용')으로 모든 시장과의 관계가 소멸된 국가(계획공유제)의 경제행위를 분석할 수 있다는 것이었다.

5.

간단히 요약하면 다음과 같다. 공교롭게도 내 학술생활은 두 가지 선택과 밀접히 연결되어 있다. 나는 계획공유제에서 사람들의 다양한 선택 행위를 늘 관찰할 수 있었고 다른 한편으로는 스스로 이런 행위를 해석하는 경제학 이론을 끊임없이 선택하였다. 아마도 진실 세계의 해석과 설명에 대한 요구가 머릿속과 마음에 가득하였기에 나는 상상의 제약 조건 속에서 출중한 지력을 필요로 하는 학문에는 전혀 관심이 없었다. 나중에 보니, 이런 '문제주도'적인 학습 습관의 좋은 점은 선택할 수 있는 학술 전통과 이론이 매우 집중되어 있다는 것이다. 우리 세대의 독특한 경험을 감안하면(학교에서 정규 훈련과 관찰을 받고 사회 실천에 참여할 때는 시기별로 수차례나 전도된 것) 이런 방법은 단점을 피하고 장점을 발휘하는 데 큰 도움이 되었다. 모두가 지식분업의 역할을 인정하는 이상, 아주 작은 범위의 제목을 골라 소견을 얻는 일은 나에게 적합한 선택이었다.

다음으로 이 책에 소개한 여러 논문의 주제와 심도 있게 연구할 문제에 대하여 간략하게 개술하려 한다. 「농촌개혁: 한 경제제도 변천사의 회고」는 1993~1994년, 농촌개혁 조사에 참여한 이론적 총결이다. 본문은 사회주의 재산권 개혁은 '노스의 난제'보다 더 어려운 문제로, "국가 기능이 과도하게 남용된 제약 조건에서 어떻게 재산권 질서를 재구축하는가?"를 해석한 것이다. 나는 토지집단재산권의 개혁 경험으로 이 문제를 해석하고자 시도하였고 주요 발견은 다음과 같다. 명의상 모든 것이 인민공사에 귀속된 체제에서도 사유재산권은 완전히 사라진 적이 없고, '일부 퇴출 권리'를 통하여 법적 권리가 이미 인민공사에 귀속된 인적 자원을 노동과 관리에서 집단 시스템 밖에 투입함으로써 국가가 통제하는 집단토지제도의 제도비용을 가중시켜 국가가 정책 측면에서 '조정과 퇴장'을 선택하도록 강요하였으며, 기층과 지방으로부터 시작하여 전국적 범위에서 개인의 토지 사용권 및 청부 소득을 통해 형성된 농민 사유재산권을 다시 인정하게 하였다.

지금 보면 이 연구에는 두 가지 부족한 부분이 있다. ① 농민과 국가 간에는 확실히 재산권 제도 선택에 관한 정보 교류가 있었을 뿐만 아니라, 상호작용하고 서로 영향을 주었다. 그러나 당시 나는 이를 뭐라고 이름

지을 수 없어 '거래', '담판' 등 그다지 알맞지 않은 개념을 사용하였다. 분명한 것은 여기에는 기존 의미의 '거래'도 없었고 농민 또는 농민조직과 국가 대리인의 담판도 없었다. 실제 상황은 농민들이 채택한 새로운 재산권 형태, 예를 들어 자류지·도급제 등에 대해 국가가 합법성을 인정할 것인지, 그리고 어떻게 인정할 것인지를 결정한 것이다. ② 토지의 개인 사용권이 새롭게 인정된 현실에 의하여 나는 아주 낙관적으로(비록 아주 긍정적이지는 않으나) 토지재산권 개혁이 앞으로 동일한 흐름에서 추진될 것이라고 추정하였으나 또 다른 가능성, 즉 토지 사용권 개혁 이후 토지 수익권과 토지 양도권에 대한 명확한 확정이 장기간 지연될 수 있다는 점은 예측하지 못했다.[12]

「농민, 시장과 제도 혁신」은 1986년에 집필한 글로, 이 책에 수록한 이유는 농촌 재산권 개혁에 대한 필자의 인식 변화를 기록하기 위함이다. 이 보고서의 주안점은 재산 권리로, 이는 당시 관찰과 이론의 선택에서 우리가 이미 문제의 초점을 잡았다는 것을 반영하였다. 이 밖에 당시 일괄판매·일괄구매(統購統銷) 체제가 직면한 어려움에 대한 분석을 근거로 본 보고서는 농민 토지 사용권의 재구축을 위해 국민경제 계획체제(재산권제도와 상공업조직)의 근본적인 변화가 필요하다고 인정하였다. 이 문제는 지금까지도 완전히 해결되지 않았기 때문에 '거래비용/제도비용'을 활용하여 분석할 좋은 과제인 것이 분명하다. 이 외에도 더 언급할 가치가 있는 부분은 당시 농민의 토지 사용권에는 그에 상응하는 '법률적 표현'이 필요하다고 제안한 것이다. 심지어 "소유제의 변화가 상응하는 법적 인정을 받지 못하고 있으며(예를 들면 농촌도급경제가 수억 명의 근본적 이해관계에 영향을 미치고 있지만, 오늘까지도 여전히 완벽한 법률이 없다.) 퇴행적인 변화도 제재하기 어렵다."라고 이미 지적하였다. 이 논점은 데소토가—그와 그의 페루 동료들은 재산권의 법적 표현이 자본의 형성에 대해 갖는 의의를 깊이 강조하였다.—최초로 이 관점을 제기한 저서보다 몇 년 더 빨리 제기

되었다.[13]

「재산권 개혁과 새로운 상업조직」은 1996년 집필한 글로 일 년 전, 세계은행의 요청으로 구소련의 일부였던 우즈베키스탄에 중국의 농촌개혁 경험을 '전수'하러 갔을 때 집필한 글을 토대로 한 것이다. 이는 나에게 구소련의 농업경제를 직접 관찰하고 생각할 수 있는 기회였다. 나는 소련의 '거대 농업'을 이해하기 위하여 현지답사와 문헌을 이용하고 조사하는 과정에 내가 동북 지역 국영농장에서 생활한 경험을 추가하였다. 이로써 나는 중국 농촌개혁의 성공적인 경험과 '거대 시장' 개혁을 진작시키는 어려움과 비교할 수 있는 토대를 대체적으로 마련하였다. 이 글의 결론은 '점진적 개혁은 성공했고 급진적인 개혁은 실패했다'라는 유행된 인식과는 전혀 어울리지 않는다.

「시장 내 기업: 인적 자본과 비인적 자본의 특별 계약」은 내가 UCLA에서 뎀세츠의 기업이론 강의를 듣고 쓴 필기로, 관련 이론과 학설을 정리하기 위한 취지에서 집필하였다. 뎀세츠는 거래비용의 개념에 대해서는 명확하게 해석했지만, 코즈가 거래비용으로 시장에서 기업의 존재의 이유를 해석한 부분에 대해서는 동의하지 않았다.[14] 비교를 반복하며 나는 코즈의 계약이론을 선택하였고, 시카고대학교와 UCLA에서 연구한 인적 자산의 재산권 특징에 대한 이해를 접목하여 '특별한 계약'이란 인식을 얻었다. 이 필기는 1996년 베이징대학교에 돌아와 교편을 잡으면서 시작한 기업 연구에 대한 요강이다. 나는 계획공유제에서 '기업'은 완전히 비계약의 기반에서 생성되었다는 사실을 알고 있었다. 나에게 있어 좋은 이론은 세상을 해석하는 무기일 뿐만 아니라 복잡한 진실 세계를 관찰하는 지침이 된다.

「'통제권 보상'과 '기업가가 통제하는 기업'」은 1997년에 집필한 글로, 저장성 향진기업 헝뎬(橫店)그룹의 재산권 관계를 기반으로 한 사례 분석 연구이다. 이 연구를 통하여 나는 「기업소유권의 성격」이라는 논문에 기입된 정보가 진실한 소유권 관계를 반영하지 못한다는 사실을 알게 되었다. 동일한 '공유제'라는 명칭에서도 개인의 인적 자산은(나는 주로 기업가의 인적 자산을 고찰하였지만) 실제 재산권 상황과 완전히 일치하지 않을 수 있다. 내가 관찰한 '헝뎬 모델'은 사실 기업가 개인이 지배하는 것으로, 더 이상 지역사회(社區) 정부가 통제하는 기업이 아니다.[기업의 창업자도 이를 '사회단체(社團)소유제'라고 부르길 원한다.] 기업가 개인은 기업의 지배권을 확보하였으나 그에 상응하는 잉여 청구권은 공유하지 않았다. 이러한 특별한 기업제도를 나는 '통제권 보상'이라는 인센티브 메커니즘으로 규정하였다. 나는 전환 과정에서 나타나는 일부 '공유제 기업'의 시장 성공을 '통제권 보상'으로 해석할 수 있다고 생각한다. 이를 통하여 이러한 '기업가가 통제하는 기업'이 어떠한 보다 장기적인 제도적 도전에 직면해 있는지를 이해할 수 있다.

「기업의 재산권제도 개혁과 기업가 인적 자본」은 공유제 기업에 관한 연구의 연장선이었으나 그 중점을 공유제 기업의 체제개혁 경험으로 옮겼다. 분명한 점은, 나는 기존의 집단 토지제도 개혁에 관한 인식을 활용하였으나 비토지자산의 다음과 같은 두 가지 특징에 대해서도 주시하였다는 것이다. ① '최소의 경제 규모'에 대한 민감성으로 기업의 체제개혁은 집단 토지제도의 경험을 그대로 답습할 수 없었다. 그곳에서는 인구와 노동력에 따른 균등한 도급으로 기업가 문제를 회피하였다. ② 기업자산의 품질은 토지에 비해 감찰하기 더욱 어렵기 때문에 토지제도 개혁의 경험(소유권 공유라는 명칭은 유지하지만, 도급계약을 통하여 사용권을 개인에게 확정)을 기업체제 개혁에 그대로 답습하기 어려웠다. 이러한 새로운 제약하에서, 태생적으로 개인에게 속하는 인적 자산의 재산권 확정은 공유제 기업 개혁의 진정한 시작이 되었다.

지금까지 관찰한 기업체제 개혁의 풍부한 경험을 중점적으로 처리한 결과, 개혁의 논리가 이치에 부합한다는 사실을 발견하였다. 제품시장 경쟁이 요소시장으로 전달됨에 따라 기업가 인적 자산의 상대가격이 상승하였다. 또한 기업 통제권이 행정 당국의 수중에서 기업가에게로 넘어감에 따라 정부기관과 기업가 개인 간의 잉여 청구권을 확정 짓는 개혁이 결국 의제에 올랐다. 우리가 좋든 싫든 관계없이 이미 기업가의 수중에 들어간 기업 통제권을 자극하고 제약하기 위해서는 기업가의 인적 자산과 재산권을 잠재적인 것에서 공개적인 것으로, 비합법적인 것에서 합법적인 것으로, 가치를 환산할 수 없는 것에서 환산할 수 있는 것으로, 당기當期적인 것에서 장기적인 것으로, 양도할 수 없는 것에서 양도 가능한 것으로 전환해야 한다는 것을 볼 수 있었다. 조금도 과장하지 않고 말하면, 공유제 기업은 한창 재산권 혁명을 겪고 있다.

그러나 이 연구를 통해 나는 연구자의 신분으로 공유제 기업의 체제개혁 가운데 민감한 세부 상황을 보기 어렵다는 사실을 알게 되었다.(제도 변천의 과학 연구에서 이러한 세부 상황은 특히 중요하다.) 여러 조사 방법을 시도한 후(다른 책의 서문에서 이미 독자들에게 설명한 바 있다.[15]) 나는 큰 결심을 하고 거의 3년이라는 시간을 들여 연합투자관리회사에 겸직하면서 20여 개 기업의 조사, 자문, 융자와 체제개혁 고문 업무에 참여하였다. 나와 같이 경제 조사에 종사하는 출신이나 구제불능에 가까운 경험주의자의 입장에서 보면, 이 기간의 경력은 기업에 연관된 견실한 학문을 배울 수 있게 하였다. 유감스러운 것은 이러한 조사는 기업의 영업 기밀과 연관되어 있어 업종의 규정에 따라 기밀 엄수 계약서를 체결한 후 기업의 대문에 들어설 수 있었다는 것이다. 나는 당연히 계약을 준수해야 했고 관련 보고서를 발표하지 않았다. 코즈가 말한 것처럼 경제 조사의 구체적인 자료는 단번에 태워 버릴 수 있으나 다행히 추상적인 것과 간략한 것을 적절하게 활용하면 사례 조사에서도 인지한 내용을 일반화할 수 있다.

「공유제 기업의 성격」은 2000년에 발표한 연구로, 수많은 사례 연구를 통해 얻은 추상적인 작은 평가라고 볼 수 있다. 내 스스로 누차 '명분에 따라 실체를 보려고 하는' 덫에 빠진 탓에 이 연구를 통해 문제를 근본적으로 청산하고자 하였다. 전통적인 사회주의 공유제는 되찾을 수 있는 사유재산권이 없고 또한 시장계약의 토대에서 확립되지 않았다.(이 두 가지는 시장의 기업과는 근본적으로 구별된다.) 나는 이러한 경제조직을 분석하는 데에 과거에 유행한 '소유권과 경영권의 분리'와 현재 주로 활용되는 '위탁−대리' 모델 모두 적합한 분석 틀이 아니라고 생각한다. 선택 결과 나는 '사실상(de facto) 재산권과 법률상(de jure) 재산권의 불일치'를 공유제 기업을 분석하는 기본 분석 틀로 활용하였다. 사실상의 인적 사유자산 앞에서 공유제 기업은 부득이하게 개인의 이익 추구를 제약하는 제도를 모색할 수밖에 없다. 그러나 법적으로(또는 이데올로기에서) 사유재산제를 없앴기 때문에 공유제 기업은 기껏해야 국가임대제로 '사유재산+계약' 제도를 대체할 수밖에 없었다. 그 결과, 대량의 공유제 기업 자원은 '공공 분야'에 속하게 되었으며 다양한 개인 수탈 행위를 유발하였다. 이 연구의 결론은 개인 사유재산의 합법적 지위 인정 여부는 공유제 기업의 내부에서 생겨난 제도적 문제라는 것이다.

이 책에 수록된 마지막 한 편인「진실 세계의 경제학」은 1996년 톈저(天則) 연구소의『중국 제도 변천의 사례 연구』(제1집)에 집필한 평론이다. 나는 이 훌륭한 연구 프로젝트의 기회를 빌려 코즈의 연구 방법에 대한 견해를 논술하였다. 당시 나는 코즈의 방법과 실증경제학의 방법(관찰할 수 있는 사실로 이론과 가설을 검증)을 구분해야 하며 이것이 논쟁을 야기한다는 것을 알았다. 하지만 이 연구에서 제기한 경제 연구의 3대 요점—사람을 황홀한 진실 세계로 끌어들여 문제를 찾고, 제약 조건을 중점적으로 연구하며, 인식을 일반화하는 노력—은 줄곧 내가 중국의 개혁 경험에 의거하여 재산권과 경제제도의 변천을 연구하도록 이끌었다.

이 책의 논문은 한 편을 제외하고 각각『중국사회과학계간』(홍콩),『경제연구』와『국제경제평론』에 발표되었다. 이 책의 출판을 앞두고, 각 학술지의 편집자와 독자 그리고 출판을 위해 힘쓴 중국사회과학문헌출판사 관계자 여러분께 진심으로 감사의 인사를 전한다.

저 자
2002년 4월 23일

주

1 Friedman, Milton, *Price Theory*, Aldine Publishing Company, 1962, Chapter 1.
2 이 진귀한 경력은 1993년 옥스퍼드대학교출판사(홍콩)에서 출판한 『농촌변혁과 중국의 발전』의 서언에서 회고하였다.
3 슐츠, 「저소득 국가의 농업 생산력 경제학」, 『보수報酬 체증遞增의 원천』, 베이징대학교 출판사, 1980(2001), p.234.
4 장우창, 『중국의 전도』, 홍콩신보출판사, 1985, p.206.
5 류쒀잉(劉守英) 등 역, 『재산권과 제도 변천의 경제학 문집』, 상하이 싼롄(三聯)서점, 1992.
6 Schultz, Theodore W., "On Economic History in Extending Economics," *Economic Development and Cultural Change* 25(Supplement), 1997, pp.245~250.
7 Rosen, Sherwin, "Human Capital," *The New Palgrave: A Dictionary of Economics* Vol. 2, Palgrave Macmillan, 1987, pp.681~690.
8 Barzel, Yoram, "An Economic Analysis of Slavery," *Journal of Law and Economics* 20(1), 1977, pp.87~110.
9 예를 들어 1942년 네트의 관련 공공도로 이용에 대한 분석, 1967년 뎀세츠가 해리의 집거지가 기존의 공동재산으로부터 사유재산으로 전변한 것을 연구한 것, 1977년 헴 배커의 캘리포니아주 도금 붐에서 개인이 창조한 법률로 개인 자산을 확정한 사례 연구, 그중 특히 인력자산과 개인이 총을 소지할 수 있는 권리의 확정, 1989년 바젤의 북해 석유가스 소유권에 관한 연구, Barzel, Yoram, *Economic Analysis or property Rights*, Cambridge University Press, 1989, Chapter 5를 참조.
10 Coase, Ronald, "The Nature of the Firm, 1. Origin, 2. Meaning, 3. Influence," *Journal of Law, Economics, and Organization* 4, 1988, pp.3~47.
11 경제조직의 거래비용 분석 방법은 위 몇 명의 연구자와 같이 '정부' 심지어 국가 자체로 확대했다. Cheung, Steven N. S., "Economic organization and transaction costs," *The New Palgrave: A Dictionary of Economics* Vol. 2, Palgrave Macmillan, 1987, pp.55~58 참조.
12 작년에 나는 농민소득 문제를 새롭게 연구하는 과정에서 농가의 개인 토지 사용권이 대략 확정된 후 농촌의 토지재산권 개혁이 멈췄다는 것을 발견하였다. 「농민소득은 일련의 사건」, 베이징대학교 중국경제연구센터 연구논문, 『21세기 경제평론』에 게재된 것을 참조.

13 de Soto, Hernando, *The Other Path*, Basic Book Press, 2000; *The Mystery of Capital*, Basic Book Press, 1989.
14 Demsetz, Harold, *The Economics of the Business Firm*, Cambridge University Press, 1997. 중문은 량쇼민(梁小民) 역, 『기업 경제학』, 중국사회과학출판사, 1999.
15 저우치런(周其仁), 『진실 세계의 경제학』 서문, 중국발전출판사, 2002, pp.5~8.

차례

서문 · 5
초판 서문 · 9

진실 세계의 경제학 · 31
―코즈 경제학의 방법론 및 중국에서의 이행

인적 자산의 재산권 특징 · 57

농촌개혁: 한 경제제도 변천사의 회고 · 70

농민, 시장과 제도 혁신 · 147
―농가별 생산량 도급제 이후 농촌 발전이 직면한 심층 개혁

농지재산권과 토지 수용 제도 · 182
―도시화가 직면한 중대한 개혁

시장 내 기업 : 인적 자본과 비인적 자본의 특별 계약 · 247

'통제권 보상'과 '기업가가 통제하는 기업' · 269
―공유제 기업에서 기업가 인적 자산의 재산권에 관한 연구

공유제 기업의 성격 · 296

회사이론과 중국의 개혁 · 324

경쟁, 독점과 규제 · 342
―'반독점' 정책의 배경 보고

질병 치료는 누구에게 물어야 하나 · 399
―새로운 의료체계 개혁 방안에 대한 논의

통화체제와 경제 성장 · 447

체제비용과 중국 경제 · 468

진실 세계의 경제학
―코즈 경제학의 방법론 및 중국에서의 이행[*]

톈저(天則) 연구소에서 주최한 『중국 제도 변천의 사례 연구』 제1집이 출판되었다.[1] 이번 성과의 현저한 특징 중 하나는 코즈 이래 경제학의 많은 새로운 발전을 중국에서 최근 몇 년에 일어난 제도의 변천에 적용하여 폭넓은 관심을 받았다는 것이다. 동시에, 이 연구도 꽤 체계적으로 중국에 코즈 경제학의 방법을 적용하였지만, 기존 논평의 관심을 끌지는 못했다. 본문은 이 연구의 방법론적 의미를 논의하고, 이 기회를 빌려 코즈의 경제학적 방법론에 대한 체험에 관하여 독자들과 교류하려고 한다.

1. 코즈의 경제학 방법론

코즈에게는 매력적인 특징이 있다. 그러나 그의 연구 성과는 '즉각적'으로 '세상을 떠들썩하게 할 만한 효과'를 내지 못했다. 독자들은 코즈가 1937년에 발표한 『기업의 성격』이 20~30년 후에야 비로소 경제학자들의 주목을 받게 되었다는 것을 분명히 알고 있을 것이다. 코즈의 회고에 의하면 나중에 크게 성행한 '거래비용' 개념도 1932년에 형성되었다고 한다. 당시 코즈는 중국인들이 말하는 '젊은 청년'으로, 영국의 어느 경제와 상업 학원에서 '강의 준비가 수준에 미치지 못할까 봐 걱정'하던 조교 강

---
[*] 본문은 『중국사회과학 계간』(홍콩), 1997, 제2기에 발표.

사였다. 5년 후에 논문이 발표되어 스승과 선배 중 누군가가 축하하러 왔지만, 그중에서 코즈의 새로운 견해에 대해 논의하는 사람은 단 한 명도 없었다. 당시 이 논문이 경제학의 발전에 특별한 기여를 할 수 있는 잠재력을 지녔다고 예견한 사람은 코즈 자신뿐이었던 것 같다.[2] 1950년대에 논문은 미국의 중요한 가격이론 논문집에 선정되었다. 1960년대에 누군가가 논문의 각주로 인용하였고, 1970년대에 사람들이 논의하기 시작하였으며 1980년대가 되어서야 비로소 인용과 토론이 급증하여 그 빈도가 "지난 40년을 합친 것보다 더 많았다."[3] 1991년 11월, 코즈가 스톡홀름에서 그의 거래비용, 재산권, 기업계약 문제에 관한 경제학적 공헌으로 노벨 경제학상을 수상하였을 때, 그는 이미 80여 세의 고령에 이른 노인이었다.

하지만 코즈가 학계에서 명성을 떨친 뒤에도 경제학 연구 방법에 대한 그의 기여에 대해서 언급하는 사람은 적었다. 오늘날 우리는 전문가들의 동의 여부를 막론하고 '코즈의 정리(Coase Theorem)'가 이미 광범위하게 '고려考慮'되는 것을 보았다. '거래비용'이라는 개념에 대하여 논술하고 활용하는 사람이 있는가 하면 비판하는 사람도 있으며, 이는 이미 광범위하게 심지어 지나치게 많이 '고려'되고 있다. '사회비용 문제' 사상은 재산권, 상업 분쟁, 친환경과 기타 공용재산의 이용 및 이른바 '외부 효과'를 가진 모든 계약 문제에 심원한 영향을 미쳤고 이는 세상이 다 아는 바이다. 그렇다면 코즈는 어떻게 당대 경제학에 영향을 주고 이를 변화시키는 성과를 낼 수 있었을까? 코즈의 연구 방법에는 어떤 특출한 점이 있는가? 이에 관심을 가지는 사람은 아주 적다. 한 가지 원인은, 아마도 코즈의 간결한 '산문'식 논술에는 심오한 경제학 연구 방법이 전혀 없는 것 같아 보이기 때문일 것이다. 유행은 마치 '어렵고 심오한' 것을 숭배하기 위해 잘못된 길에 들어서는 것을 마다하지 않는 것 같다. '진실 세계를 연구'하는 코즈의 소박한 방법이 마땅한 주시를 받으려면 또 다른 40년이 필요할 수도 있다.

사실 코즈가 1937년에 쓴 논문이 바로 경제학의 방법론에서 시작되었다. 코즈는 첫 단락에서 단도직입적으로 기존의 경제이론은 "줄곧 가설에 대한 명확한 설명이 없어 곤혹스러웠다."라고 지적하고, 많은 경제학자들은 일종의 경제이론을 수립할 때 "그 이론이 성립된 기초에 대한 고찰을 늘 홀시한다."라고 비평하였다. 논문의 첫 단락에서 코즈는 경제이론이 성립될 수 있는 전제성 가설(assumption)은 응당 '처리하기 쉬워야(manageable)' 할 뿐만 아니라 또 반드시 '진실(realistic)'이어야 한다고 중점적으로 밝혔다.[4]

1987년의 어느 한 강연에서 코즈는 다수의 독자들이 이 방법론에 관한 그의 의견을 간과하여, 읽을 때 이 단락을 뛰어넘었을 것이라고 추측하였다.(Putterman이라는 편집자는 심지어 논문의 재출판 시 이 단락을 전부 삭제하였다.)[5] 얼마나 많은 중국 독자들이 이 글을 읽을 때 그 단락을 뛰어넘었는지 우리는 알 수 없다. 나의 경험을 보면, 이 단락을 읽었음에도 불구하고 코즈의 독창적인 견해를 홀시하였다. 왜냐하면 나는 코즈의 이 단락은 1930년대 영국의 유명한 조안 로빈슨Joan Robinson의 관점을 정중하게 인용하고 동의했을 뿐이라고 착각했다. 나중에 코즈의 1987년 강연 원고를 읽었을 때 비로소 코즈의 경제학 방법론에 대한 견해는 대체로 로빈슨과 어긋난다는 것을 알게 되었다. 왜냐하면 로빈슨의 「경제학은 엄숙한 주제」(1932)라는 논문의 주요 논점이 바로 경제학의 전제성 가설은 반드시 처리하기가 쉬워야 한다는 것이었다. 만약 우리가 다룰 수 있는 가설이 비현실적이라면, 우리는 선택의 여지 없이 이런 진실하지 못한 가설을 사용할 수밖에 없다. 당시 코즈는 경제학의 연구에서 '처리의 용이성'을 위해 전제의 '진실성'을 희생하는 것을 반대하였다. 코즈는 진실하면서도 다루기 쉬운 전제적 가설을 발견하는 것이 자신의 목표라고 명확히 말했다.

여기서 말하는 '처리의 용이성'이란 쉽게 활용할 수 있는 경제학의 지식과 분석 기법으로 연구하려는 문제를 처리하는 것을 가리킨다. 이 점은 당연히 중요하다. 왜냐하면 세분화된 지식구조에서 전문학과의 지식과 분석 기법의 축적은 인식의 효율성 향상에 중대한 의의가 있기 때문이다. 만약 매 시대의 경제학자들이 모두 '창조적으로' 경제학에서 누적한 지식을 전혀 적용할 수 없는 것을 전제적 가설로 선택하고 이런 가설을 전제로 연구를 한다면, 경제학은 결코 그 어떠한 누적 가능한 전통도 형성할 수 없었을뿐더러 하나의 학문으로 발전할 수 없었을 것이다. 코즈는 가설의 '용이성'을 반대하지 않는다. 그가 반대한 것은 단지 '처리의 용이성'을 선택의 전제적 가설로 삼는 조건이 유일했으며, 특히 그는 '경제학에서 처리의 용이성'을 위해 진실성의 희생을 마다하지 않는 것에 반대하였다. 코즈는 이러한 처리의 용이성을 위해 진실을 포기하는 경향은 다음과 같은 좋지 않은 경향을 야기하였다고 보았다. "경제학자들은 진실 세계에서 일어나고 있는 일을 분석할 수 없을 경우 그들 자신이 파악할 수 있는 상상의 세계로 대체해 버린다."[6] 만약 경제학자들이 이렇게 '경제적으로' 논문과 저작을 발표하고 출판해 낸다면 우리가 진실 세계의 문제와 관계를 이해하는 데 도움이 될까?

   코즈는 그 반대의 경우를 택했다. 그것은 진실적인 전제로 상상의 세계를 대체하는 것이었다. 그가 요구하는 것은 '진실하면서도 처리하기 쉬운' 전제적 가설이었고 코즈는 자신의 연구에서 이런 모범 사례를 제공하였다. 코즈 이전에 경제학은 이미 시장거래와 가격 메커니즘에 관한 대량의 지식과 분석 기법을 축적하였다. 그러나 기존 경제학의 자명한 전제적 가설은 시장거래와 가격 메커니즘 자체는 비용이 없다는 것이었다. 이런 자명한 전제에서 사람들은 진실 시장에서의 일부 복잡한 조직과 계약 (예를 들면 기업)에 대해 이해하지 못했을 뿐만 아니라 현대의 시장경제에서 점점 중요해지는 이런 현상들을 그냥 지나쳐 버렸다. 코즈는 우선 '시장 거래의 제로(0)비용' 가설을 수정하고 '거래비용은 플러스'라는 진실을 전제로 대체한 후 조직(기업)과 (거래)비용 분석을 연결시켰다. 이제야 진실 세계의 기업과 기타 복잡한 계약은 경제학적으로 '처리가 쉬워지게' 되었다. 왜냐하면 경제학에서 기존에 축적된 지식과 분석 기법(특히 한계분석)으로 기존에 경제학에서 간과되었으나 진실 세계에는 대량 존재하는 조직과 계약을 분석할 수 있게 되었기 때문이다.

2. 어떻게 하면 '진실하고 다루기 쉬울까?'

우리는 더 묻지 않을 수 없다. 어떻게 하면 '진실하고 다루기 쉬운' 전제적 가설을 얻을 수 있을까? 하고 말이다. 이에 대해 1937년 코즈는 추호의 기밀도 누설하지 않았다. 1950년대에 이르러 코즈는 그 논문의 기원, 의미와 영향에 대하여 상세히 설명하였다. 이를 통해 우리는 비로소 코즈 방법론의 유래에 대하여 깨달을 수 있었다.[7] 다음의 세 가지는 내가 체득한 포인트들이다.

첫째, 진실 세계에서 학문을 찾는다. 코즈 본인의 말에 의하면 그의 경제학 훈련은 주로 경영대학원에서 완수된 것이라고 한다. 경영대학원의 한 가지 특징은 사례 연구(case study)에 치중하는 것인데, 즉 진실 세계에서 일어난 사례로 이론 연구를 하는 것이다. 코즈는 블런트 교수를 따라 가격 메커니즘을 배우는 한편, 영국 공공사업의 경제 문제에 공을 들였고 현실 기업 연구에 필요한 지식들(예를 들면 상법, 산업조직, 금융과 회계)을 쌓았다. 바로 이런 '이중 학습법'(한편으로는 이론, 한편으로는 사례)이 젊은 코즈가 연구에 착수하자마자 문제에 '부딪친' 이유였을지도 모른다. 만약 가격 메커니즘이 자원을 자동적으로 배치할 수 있다면, 왜 다른 산업조직이 있겠는가? 코즈가 이 문제에 '부딪치게' 된 것이 경제학의 발전에는 큰 행운이었다는 것을 후세 사람들은 분명히 보았다. 당시 수많은 우연한 요인이 작용했을 수도 있지만, 긍정적인 것은 코즈가 현실 기업에 공력을 기울이지 않았다면 그는 단연히 문제에 '부딪치지' 않았을 수 있고 또한 '부딪쳤다' 해도 지나쳤을 수 있다. 사실상 코즈의 사명감이 그를 문제에 부딪치게 하였을 뿐만 아니라 그 문제를 잡고 놓지 않게 하였다. 비록 당시 '저명한 경제학자'들도 이런 문제를 전혀 다루지 않았고, 기존의 문헌에서도 이것을 경제학의 명제로 삼지 않았음에도 불구하고 말이다. 그럼 '가격 메커니즘이 작용하는 현실 세계에서 기업 존재의 원인'을 어떻게 찾을 것인가? 나는 다음의 문장에 주목할 만하다고 생각한다. "나는 기업 존재의 이유를 경제학자들의 저작에서 찾으려고 한 것이 아니라 공장과 회사의 사무실에서 답을 찾으려 시도하였다."[8] 이것이 코즈의 태도였다. 그는 이를 위해 1932년 런던 경제학원에서 제공한 여행 장학금으로 멀리 대서양을 건너 미국의 기업과 산업조직들을 고찰하였다. 코즈는 미국에서 머물던 대부분의 시간을 공장과 회사 주관들을 방문하는 데 할애하였고 '진실한 녀석'들과의 담화를 통하여 머릿속에서 맴도는 의문의 답안을 찾으려 하였다. 코즈는 이를 위해 시간을 아끼지 않았고 철저히 따져 묻는 식으로 실제 자료를 수집하면서 '자기 손을 더럽히는 것'도 마다하지 않았다. 코즈는 젊은 학자로서 당연히 미국의 학원과 서재書齋도 방문하였다. 그러나 '강의를 들은 시간은 매우 짧았고' 명성 높은 시카고대학교 나이트 교수의 강의도 몇 번 방청했을 뿐이었다. 코즈가 관심을 가진 문제는 선배 학자들의 저서에서 찾을 수 있는 문제가 아니었기에 그는 기존의 저작에서 마련된 답안을 찾으려 기대하지 않았다. 1932년 미국 방문 때 코즈는 공장과 회사의 사무실에서 시장에 왜 기업이 존재하는지의 이유를 찾아냈다. 영국에 돌아온 후 1934년에 코즈는 초고를 써 놓았다. 3년 후 거의 수정을 거치지 않고 발표된 이 논문 초고가 바로 오늘날 세계적으로 널리 알려진 『기업의 성격』이다.

둘째, 문제의 제약 조건을 중점적으로 조사하였다. 진실 세계는 오색찬란하기에 진실 세계에 들어가 학문을 탐구하는 것은 결코 쉬운 일이 아니다. 코즈의 비결은 문제의 현실 제약 조건을 중점적으로 조사하는 것이었다. 그가 미국에서 기업 조사를 할 때 마음속으로 생각한 것은 '시장에 기업은 왜 존재하는가?'라는 것이었으나, 질문할 때는 '귀사는 왜 존재합니까?'와 같이 종잡을 수 없는 질문을 하지 않았다. 코즈는 도처에서 "기업은 어떤 조건에서 제품을 구입하고, 어떤 조건하에서 이런 제품의 요소를 이용하여 자체로 생산합니까?"라고 질문하였다. 이는 사실 시장에서 기업에 존재하는 제약 조건을 조사하는 것이었다. 우리가 알다시피 코즈는 '가상적 사례'를 제쳐 놓고 실제적 사례의 사용을 선호하였다. '가상적 사례'는 상상 세계를 간략하게 한 것으로서 예를 들면 경제학 저서에서 종종 나타나는 '외딴섬의 로빈슨' 따위이다. 이런 사례의 장점은 '다루기 쉬워서' 잘만 사용하면 복잡한 이론을 설명하는 데 도움이 될 수 있다. 그러나 가상적 사례의 위험성은 문제의 현실 조건을 완전히 반영할 수 없다는 데 있다. 생각해 보자. 문제가 모두 '가상적'이니 해답이 어찌 진실 세계에 대한 사람들의 이해를 높여 줄 수 있겠는가? 이러한 점에서 볼 때 '사례'의 비교 우위는 분명하다. 사례는 진실 세계를 간소화한 것으로서 늘 현실 제약을 포함한다. 그러나 진실 세계에서 발생한 이야기를 간소화했을 경우 일부 중요한 진실 제약을 간소화할 수도 있으므로 코즈는 사례를 선호했을 뿐만 아니라 그 자신이 공을 들여 조사한 사례의 사용을 선호하였다. 예를 들면 영국 역사에서 등탑은 도대체 정부가 건조한 것인가, 개인이 건조한 것인가? 또한 미국연방통신위원회는 어떻게 채널 자원 배분을 통하여 권력을 집결했는가? 포드 자동차회사와 그 부품공장과의 통합 정도와 같이 나중에 유명해진 문제들은 모두 코즈가 대량의 원시적 자료와 간접 자료들을 이용하여 사실의 경위를 분명히 밝히고 또한 자체적으로 이런 사실을 '간소화'하여 경제학 연구에 사용될 '자격에 부합하는' 사례를 얻은 것이다.

셋째, 사례 분석을 일반화하였다. 사례는 문제에 대한 해답의 요소를 포함하고 있으나 사례 자체는 스스로 해답을 줄 수 없다. 사례 연구로부터 진실 세계의 경제제도·경제조직과 인간의 경제행위에 대한 이해를 얻기까지는 사상적 비약을 요구하는데, 이것이 곧 사례에서 얻는 인식의 일반화 과정이다. 코즈의 기업 연구로 되돌아오면, 그는 부분적 미국 기업이 '어떤 상황에서 구매하고, 어떤 상황에서 제조'하는가를 조사했을 뿐만 아니라 각기 다른 상황을 일반화하여 다음과 같은 판단을 얻었다. 즉 "만약 기업이 요소를 구입하여 자체로 제조하는 데 지불되는 비용이 제품을 직접 판매하는 비용보다 낮다면 기업은 제조할 것이고 이와 반대면 기업은 구입할 것이다." 이 일반적 판정은 사유의 비약이며 이를 통해 코즈는 더 일반적인 경제학 개념인 거래비용을 도출해 냈다. 이를 통하여 '기업'과 각종 복잡한 계약이 '제품과 서비스'처럼 '다루기 쉽게' 되었다. 기존의 경제학은 거래비용을 홀시하였거나 거래비용을 제로(0)로 자명하게 '가설'하여 시장에서의 여러 조직을 분석할 수 없었다. 코즈는 사례 분석에서 거래비용을 일반화하였고 경제학의 분석 틀을 포기한 것이 아니라 이를 확장하여 기업 문제를 '처리'할 수 있도록 하였다. 때문에 우리는 "기업의 조직비용이 기업이 지불하는 시장거래비용과 한계적으로 동일"할 때라는 대목을 읽었을 때, 이것이 경제학의 표준적인 명제라는 것에 더는 놀라지 않는다. 이는 코즈의 사례 연구가 '불에 태워 버릴 수 있는 한줌의 서술적 자료'에 만족하지 않고 사례를 '음미하여' 그 속에 포함된 논리와 도리를 일반화시켰다는 것을 설명하고 있다.

위의 토론이 알려 주다시피 코즈의 방법론에는 진실 세계, 제약 조건과 일반화라는 세 개의 키워드가 중요한 자리를 차지하고 있다. 이는 또한 코즈 방법을 운용하는 데 적절한 몇 가지 '지표'를 제공하였다. 아래에 우리는 이를 근거로 톈저 연구소(天則所)의 제도 변천 사례를 연구하기로 한다. 우리는 톈저 연구 성과의 장점과 단점이 몇 개의 키워드에 대한 토론을 통해 발견될 수 있다는 것을 보게 될 것이다.

3. 사람을 매혹시키는 진실 세계

 톈저(天則) 연구소의 연구 성과는 우선 진실 세계에서 일어난 이야기가 경제학자의 세심한 정리를 거치면, 사람을 매혹시킬 수 있다는 것을 알려 주고 있다. 처음 아홉 개의 사례는 비록 독자에 따라 그 훌륭함의 정도가 각기 다르게 느껴질 수 있지만, 사례마다 훌륭하다.
 자세히 살펴보면 진실한 이야기가 사람을 매혹시키는 기본 요소는 진실 세계에서 일어난 일은 늘 '모두가 공인'하는 논리와 충돌된다는 것이다. 이런 경우에 모두가 일어날 수 있다고 '공인하는' 일은 일어나지 않고 절대로 일어나지 않는다고 '공인하는' 일들이 하필이면 일어난다. 이러한 '일반 상식'과 어긋나는 이야기에서 가장 사람을 매혹시키는 요소는 아마도 '권위'들의 예언이나 단언과 일치하지 않는 진실일 것이다. 탐구하기를 좋아하는 사람은 누구든 왜 '비정상적이냐?'고 묻지 않을 수 없다. 이런 문제는 당연히 사람을 매혹시킨다.
 톈저에서 제공한 사례 몇 개를 들어 보자. 예를 들면 사람들은 일찍이 사회주의 국가 정부는 어떠한 계획한도[구매권(票證)] 매매도 합법화하지 않을 것이라고(또는 해서는 안 된다고) 공인하였다. 이런 공통된 인식의 합리성은 다음에서 온다. 계획한도는 여전히 정부에서 주는 분배 증빙으로서 이는 '노동으로 창조'한 것이 아니고 그 자체가 '무가치'인 것으로, 정부가 계획한도의 매매를 허용한다면 '불로 소득'을 용인하는 것이 아니겠는가? 지금까지 위에서 공인한 논리는 절대다수의 경우에 여전히 유효하다. 왜냐하면 당국은 적지 않은 계획한도의 밀매매에 대해 시종 금지하거나 타격 및 단속의 입장을 취해 왔다. 그러나 외환할당량(外匯額度)의 거래에 대해서는 예외적이었다. 성훙(盛洪)은 이 예외적 사례를 처음부터 자세히 연구하였고, 불법 매매에서 정부가 허용하는 합법적 거래로 이어질 수 있었던 이유가 무엇이며, 또한 우리나라 외환 관리 제도 개혁의 과도기 형태를 설명하였다.⁹ 이러한 이야기는 당연히 사람들을 매혹시킨다. 정부가 어떠한 조건에서 '권리의 거래'를 인정하고 보호하였는가? 또 예컨대 사람들은 '중복 건설, 중복 도입'은 사회자원의 낭비라고 공인한다. 몇십 년 전 계획경제의 우월성을 선전하던 때부터 근래 경제건설에서의 폐단을 비판하기까지 '무정부주의적 경쟁에 의한 낭비'는 언제나 기본적인 논거로 적용되었다. 그러나 류우쓰진(劉世錦), 쟝쇼우쥔(江小涓)의 냉장고 업계에 대한 조사는 바로 이런 '낭비'와 더불어 진행된 경쟁이 냉장고 업계의 품질 향상과 규모경제를 추진함과 동시에 시장의 수요를 충족시킬 수 있는 시간을 효과적으로 단축시켰다는 것을 알려 주었다. 이 냉장고 사례에서 더 재미있는 것은, 경쟁을 폐기하고 '따져 보면 더 좋은 것이' 특징인 이른바 '산업정책'은 근본적으로 실행하기 어렵거나 낭비가 더 심각하다는 사실이었다. 이런 사실과 '상식'이 이토록 서로 어긋나는 경우에 사람들은 흔히 '있어서는 안 될' 사실을 보는 것에 흥미를 가질 것이다.¹⁰

이 책에서 가장 재미있는 것은 청두(成都)와 상하이 두 곳의 주식시장 사례이다. 이 두 이야기는 중국 1990년대 개혁의 중요한 과정을 기록한 동시에 비교적 복잡한 거래 행태를 요구하는 서포트 시스템들이 중국에서 어떻게 '비정상적으로' 형성될 수 있었는가를 잘 알려 주는 대표적인 사례라고 할 수 있다. 적지 않은 학자들은 초급 시장개혁(예를 들면 제품시장 개방)의 성과가 안정되고, 기업체제 개혁이 성과를 본 이후 일련의 법률·법규가 건전해진 다음에, 특히 정부의 주도면밀한 계획하에서만 상대적으로 고급적인 시장(예를 들면 주식거래와 선물거래) 개방을 고려해야 한다고 믿어 왔다. 하지만 청두 '훙묘즈(紅廟子)' 주식거래의 자발적 시장 형성에 관한 양쇼위(楊曉緯)의 출중한 연구는 어떤 여건(이윤 기대치가 충분히 높고, 정부 규제가 느슨함 및 기타 등)에서 개인과 자원自愿 단체도 '복잡한 거래를 완성하기 위하여 부단히 재산권을 확정'하는 등 정부만이 제공할 수 있을 것 같은 공공 상품의 공급을 주도할 수 있다는 것을 표명하였다.¹¹ '훙묘즈'에서 발생한 일은 확실히 '계단을 거꾸로 오르는' 개별적인 사건으로, 초급 거래가 아직 혼잡한 상황에서 자발적인 세력에 의해 대체적으로 주식과 같은 기호화 제품의 고급적 거래가 이루어졌다. 이 이야기의 매혹적인 점은 '기존의 논리에 어긋나는' 진실이라는 것이다. 당신이 보다시피 법규, 서비스와 기타 여건이 전혀 구비되지 않고 건전하지 않은 상황에서 쓰촨(四川) 사람들은 돈을 주고 '종이딱지(紙頭)'(초기의 주식)를 사들였는데, '매일 10만~30만 명에 달했고 거래액이 1천만 위안' 규모에 달했다.

이에 비하면 천위(陣鬱)가 제공한 상하이 주식시장의 이야기는 '훙묘즈' 사건에 비해 놀랍지 않으나, 상하이의 진실도 마찬가지로 흥미롭다. 정부가 아무리 주식의 장내 거래와 장외 거래를 '규범화'하려고 노력했어도 이런 거래의 '사적 계약' 특성(자유거래)은 바꿀 수 없었다.(변한 것은 '합법'과 '불법' 또는 '반半불법' 조건에서 사적 계약의 거래비용을 실현한 것이다.) 이 '규범'과 '(주식 소유자) 이익 추구' 간의 게임은 상하이 증권교역소(주식 자유경쟁체제의 제도적 조직)의 성립으로 비로소 일단락되었다.[12] 천위의 이야기는 수천수만 주식 투자자들의 보잘것없는 이익을 취하려는 동기를 '소멸시키려고' 시도하는 '규범'들은 전혀 질서의 근원이 아니라는 것을 설명한다. 왜냐하면 그것들은 항상 실행할 수 없기 때문이다. 이에 비해 상하이의 공개적인 또는 비공개적인 주식거래는 청두 '훙묘즈'의 자발적인 주식거래에 비해 더 장기적인 제도적 결과를 이루어 냈다. 그러나 이 점은 그다지 중요치 않다. 제도의 변천사는 성패로 영웅을 논하지 않는다. 중요한 것은 이 두 이야기가 진실 세계의 제도와 조직 변천의 동력 메커니즘을 공동으로 제시한 것이다. 런던, 뉴욕과 홍콩이 세계 금융의 중심지로 부상한 데는 여러 가지 요인들이 더불어 작용하였다. 그러나 기존의 규범 조항에서만 답을 찾는다면 우리는 필연적으로 방향을 잃게 될 것이다. 왜냐하면 매 조항의 규범 밑바닥에는 모두 두터운 이익에 의한 자발적인 노력과 혁신적 시도, 유별난 상상력을 가진 '녀석들'의 광기 어린 노력이 깃들어 있기 때문이다. 자발성에 대해 아무런 이해가 없는 사람들이 시장경제를 안다고 말하는 것은 아마도 그들의 혼잣말일 것이다.

매혹적인 이야기는 쉽게 얻어지는 것이 아니다. 톈저 연구소의 동료들은 코즈의 풍격을 그대로 지켜 '경제학자들의 저작이 아닌 공장과 회사 사무실'에서 제도 변천의 문제와 답안 찾기를 시도하였다.[13] 이런 작업은 어디에서도 쉬운 일은 아니며 특히 다음과 같은 몇 가지로 인해 더욱 어려웠을 것이다. 첫째, 그들이 확정한 연구 대상(제도 변천) 자체가 일반 연구 분야에 비해 관찰하기가 더 어렵다. 둘째, 우리나라에서는 거의 모든 분야나 조직의 실제 상황을 누적한 보고서들이 특히 희소하며 제한된 자료마저 부문, 지역구 분할 및 '기밀' 등의 요인으로 더욱 분산되었다. 셋째, 성과 평가 시스템도 사실적 함량이 높은 연구에 특별한 지원을 하지 않는다. 따라서 되돌아보면 톈저 연구소가 자신이 택한 방법론을 실천하려는 큰 결심이 없었더라면 이러한 실제 사실을 기반으로 한 대형 연구를 아마도 해내지 못했을 것이다. 장쑤광(張署光)이 과제 설명과 '과제 계획서'에 쓴 글에서 우리는 이런 '뜻'을 읽을 수 있다. "본 연구는 사례 연구의 공백을 메울 뿐만 아니라, 그 과정에서 중국 경제학 현대화의 길을 모색하려고 한다."[14] 더 매혹적인 이야기를 읽어 보기 위해 나는 이 대목에서 "그대 뜻은 축하할 만하니, 이 뜻을 오래 지속하길 바란다."라고 높이 외치고 싶다.

4. '보이지 않는' 제약

재미있는 이야기마다 적어도 하나의 매혹적인 문제를 제기할 수 있다. 문제를 잡았으니 어떻게 '풀 것인가?' 위에서 말한 코즈의 방법은 문제의 전개와 문제 해결의 현실적인 제약 조건을 집중 조사하는 것이다. 제도적 제약, 이런 '사회적 소프트웨어'에 대하여 코즈는 경제행위의 결과에서 출발하여 '보이지' 않는 제도적 제약의 영향을 추적하였다. 우리는 이미 텐저 사례가 적지 않은 대표적인 제도적 변천 문제들을 포괄하고 있다는 것을 보았다. 뒤따른 문제는 연구원들이 '일어나서는 안 될 것 같은' 진실적인 현실 제약 조건을 얼마만큼 파헤치고 이런 과정을 통해 진실 세계에 대한 사람들의 이해도를 얼마나 높이느냐에 달렸다. 이 점에서 텐저 연구소의 첫 번째 성과에 대한 나의 평가는, 어떤 사례들은 비교적 잘 됐으나 어떤 사례들은 충분하지 못하다는 것이다.

예를 들면 장위얀(張宇燕)이 연구한 랜퉁회사(聯通公司) 사례이다.[15] 그가 제기한 문제는 "국가는 왜 통신업이라는 중요하고 민감하며 '자연 독점 특성'이 뚜렷한 부문에서 먼저 규제를 풀고 랜퉁회사가 우전부(郵電部)의 독점을 타개하도록 허용했는가?"라는 것으로, 매우 중요하다. 장위얀의 보고서는 적어도 두 가지 면에서 이 중대한 문제에 답할 실력과 잠재력을 구비하였다고 본다. 첫째, 장위얀의 문장은 명료하고도 간결하게 통신 업종이 단독 독점에서 '쌍두(雙頭)경쟁'으로 바뀐 과정을 전부 묘사하였다. 이것은 극히 쉽지 않다. 왜냐하면 본 사례는 통신업, 세 개의 관련 부처, 군부대 기관과 국무원 고위층의 의사 결정과 연관되었기에 조사의 난이도가 극히 높다. 둘째, 저자의 이론적 수양으로 문제의 핵심을 바로잡을 수 있었다.(국가가 통신업에 대한 허가증 발급을 늘려 정부 독점을 약화시켰다.) 그러나 본 과제 연구가 "국가는 어떤 제약 조건에서 '비정상적으로' 통신업에 대한 규제를 늦췄는가?"라는 핵심적인 문제에 답할 때 그는 도리어 "중국 통신업 규제 해제의 직접적인 원인은 재정난에 있다."[16]라는 '기본적인 판단'으로 심층 조사를 대체하였다. 사실상 장위얀의 판단은 근거가 불충분하다. "우리는 적어도 표면상에서 통신업의 규제 완화와 재정난이 동시에 나타난 이 '우연'을 볼 수 있는데, 그 배후에는 어떤 필연적인 연관이 있을 수 있다."[17] 이것은 사실 하나의 추측일 뿐이다. 왜냐하면 동시에 발생한 두 가지 사건은 결코 '필연적인 연계가 있다'는 것을 뜻하지 않기 때문이다. 추측은 당연히 필요한 것이며 우리는 과학적인 추측도 필수적이라고 말하기도 한다. 하지만 추측도 반드시 심층 조사와 검증에 필요한 과제가 되어야 한다. 문제는 저자가 공력을 들여 그가 추측한 '모종의 필연적 연계'에 대해 보다 깊은 검증을 더는 하지 않고, 17세기 영국 국왕이 특허권 판매를 통해 재정 소득을 늘렸다는 노스와 힉스의 관점을 인용하여 단호하게 '기본적 판단'을 내린 것이다. 이에 대해 통신업계에 대해 매우 잘 알고 있는 평론가인 친하이(秦海)는 장위얀의 이런 판단은 '독단적'이라고 지적하였다.[18] 본 저서의 집행 주편인 장쑤광도 장위얀의 글에서 이론적 의의와 실천적 의의를 소개한 후 "통신업의 규제 해소 원인을 재정난으로 돌린 것은 적합하지 않다."[19]라고 하였다. 하지만 친하이든, 장쑤광이든 모두 보다 좋은 해석을 내놓지 못한 것으로 보인다. 친하이는 "중국의 통신업에 대한 규제 해제는 통신업의 생산력 변화의 결과이다."[20]라는 대체적인 결론을 내렸고, 장 교수는 "그 직접적인 원인은 엄청난 수요 압력에 의한 높은 이윤의 유인이다."[21]라고 하였다. 독자들은 어찌 생각할지 모르나 나는 이 두 가지 대체성을 띤 결론을 읽고 오히려 장위얀의 원래 추측보다 그 잠재적 설득력이 더 떨어진다고 생각했다. 그러나 이는 중요하지 않다. 중요한 것은 두 평론가가 모두 방법론적으로 장위얀을 비평하지 않았고, 저자를 '붙잡고' 검증하지 않으면 놓아 주지 않겠다고 하지 않은 것이다. 이에 대한 나의 비판은 그들도 저자와 마찬가지로 '현실 제약에 대한 조사'라는 중점을 가볍게 여겼다는 것이다. '국가가 어떤 상황에서 통신업에 대한 규제를 해소하였는가?'라는 문제는 '기업이 어떤 상황에서 구입하고 어떤 상황에서 제조하는가?'라는 것과 같은 문제로서 무시할 수 없는 대목이다. 이런 관건적인 문제에서 추측도 좋고 선배 경제학자들의 기존의 저서도 좋고 모두가 의의가 있으나, 모두 실질적인 탐색을 대체할 수 없다.

재미있는 것은 성흥의 '왜 외환한도 거래가 유일하게 허가되었는가?'와 장쑤광의 '중국은 어떻게 식량가격 개방과 식량 배급표 취소를 실현했는가?'라는 이 두 개의 사례를 연구할 때의 아이디어는 모두 노스의 "재정 상황에 대한 고려가 정부의 의사 결정을 좌지우지한다."라는 관점에서 왔다는 것이다.[22] 이는 이상할 것이 없다. 왜냐하면 노스 이후 제도의 변천에 있어서 정부의 동력 메커니즘을 성공적으로 해석하면서 노스의 견해를 무시하는 것은 거의 불가능한 일이다. 그러나 동일한 재정보조금의 압력에서 왜 외환거래는 합법적으로 허용했으나, 식량 배급에서는 계획 매매를 줄이고 식량시장의 자유화 확대 노선을 택했는가? 그런 점에서 이 두 사람의 사례를 같이 보았을 때 오히려 명확한 답을 얻지 못했다. 나는 여기서 약점은 아마도 저자가 제약 조건을 집중 조사할 때 선택에 들인 노력이 부족했다고 생각한다. 생각해 보면 당년 포드 자동차회사에서 일부 부품을 본사에서 제조하고 일부는 구입하기로 결정할 때 수많은 요인들이 작용했을 것이다. 코즈는 조사 시 모든 요소의 선별에 필연코 공을 들였을 것이다. 그렇지 않고서야 그가 어찌 '공장의 조직 비용'과 '시장을 통한 구매 비용'이란 핵심적인 제약 조건에 최종적으로 집중할 수 있었겠는가?[23] 여러 가지 현실적인 제약 조건에는 꼭 더 일반적이고 더 중요하고 더 기본적인 것이 있다. 연구 과정에서 조사를 통하여 이런 중요한 제약 조건을 '선택'해야 할 뿐만 아니라, 조사 분석을 통하여 요긴하지 않은 요소들을 '버려야' 한다. 그렇지 않으면 다음 절차인 '개별적 사례를 일반화'하기가 어렵게 된다.

비교해 보면, 이 책에서 자발적인 제도 혁신 제약 조건에 관한 연구는 간단명료한 인상을 준다. 청두 '훙묘즈' 사례의 핵심 문제는 "자발적인 주식거래가 어떠한 조건에서 상당한 규모를 형성할 수 있는가?"라는 것이고, 양쇼위가 이 문제에 답할 때에도 추측이 있었을 것이다. 하지만 그는 조사 대상의 물증(物件), 즉 주주의 신분증 사본에 주의력을 '집중'하였다. 조사의 핵심 단서는 "기명記名 주식과 원주주(原始股東)의 신분증 사본을 동시에 소지하면 주식 소유권 명의를 변경할 수 있는가?"라는 것이었다. 주식 소유권 명의를 변경할 수 있으면 주식의 자발적인 거래, 즉 일종의 권리 매매가 보장되고, 주식 소유권 명의를 변경할 수 없으면 자발적인 거래를 통해 이익을 추구하는 제도적 기반이 없어진다. '홍묘즈' 자발 주식시장의 '약소-흥성-쇠퇴'라는 삼부곡三部曲은 주주 신분증 사본이 "인정받지 못하던 데부터 인정받고(기업이 인정하고 지방 정부는 반대하지 않는다.) 명문화된 금지령"과 대응된다.[24] 우리는 재산권 확립에서 재산권 양도에 이른 것이 제도 변천 과정의 놀라운 비약이라는 것을 알고 있다. 신제도경제학의 재산권 배타성 확정과 재산권 거래 가능성에 대한 토론은 복잡한 내용을 포함하고 있다. 그러나 우리는(적어도 나 자신은) (비교적 복잡한) 권리거래를 지탱할 수 있는 가장 필수적인 제도적 조건이 결코 이렇게 '간단하게' 상상되고, 추리되고, 설계될 수는 없다고 생각한다. 분산되고 자발적인 혁신 과정이 가진 비용을 최소화하는 능력은 실로 사람을 감탄케 한다. 천위의 조사는 한걸음 더 나아가, 상해 주식시장의 자발적인 거래 단계에서 '명의 변경 전문가(過戶專業戶)'들이 심지어 원주주(原始股東)의 신분증이 없는 '최하품(最次品)' 주식의 소유권 명의 변경도 해 줄 수 있는 능력이 있어, 그곳에서 대규모 주식의 개인 거래는 '분업 구조'로 이루어진다는 것을 발견하였다.[25] 경제학자는 일반적으로 '가격차'로 '거래'를 해석한다. 가격차, 즉 주식거래 차익, 매매증서의 차익 및 이러한 가격 차이가 충분히 나타나야 거래가 발생할 수 있다고 여기지만, 차익을 당사자의 수익으로 바꾸는 데는 '보이지 않는 제도'가 필요하다. 양쇼위와 천위는 안목이 비범하여 한 사람은 '신분증'을 보았고, 다른 한 사람은 '명의 변경 전문가'를 보았다. 이는 우리가 진실 세계에서 권리거래의 제약 조건을 이해하는 데 큰 도움이 되었다.

5. 사례 분석의 일반화

내가 보기에 톈저 연구소의 첫 번째 성과에서 가장 빈약한 부분이 '사례 분석의 일반화'이다. 이는 결코 톈저 연구소의 사례 연구가 이론 색채와 이론 깊이가 부족하다는 것이 아니다. 이와 반대로 이 책은 이론 요소가 밀집되었고 새롭고 광범위하여 기존의 조사 보고서와는 비교할 바가 아니며 상당한 '이론 전문 저작'도 따라 잡기 힘들다. 예를 들면 탕쒀닝(唐壽寧)이 토론한 「입헌적 규칙 선택 부재 조건하의 행정적 일치 동의」[26]라는 논문은 경제학 박사들이 읽기에도 어려울 것 같아 걱정이다. 이 점에서 볼 때 본 과제의 연구는 단순히 사건 자체를 논한 것이 아니라, '경제학 이론의 혁신을 위한' 프로젝트 설계의 자기 기대에 부합한다.

문제는 "앞부분의 이론은 충분하나 뒷부분의 일반화가 결핍된 것이다." 이는 무슨 뜻인가? 아홉 편의 사례 연구 보고서에서 적어도 여섯 편은 서문 또는 머리말에서 제도경제학의 이론에 입각하여 문제를 제기하였다. 이것이 이른바 '앞부분의 이론은 충분하다'는 뜻이다. 문제를 제기하고 사례를 서술하고 분석·토론하고 가설을 검증하여 결론에 이르렀다. 그러나 읽으면서 실망스러웠던 점은 대다수 글의 결론에서 저자는 이미 연구한 사례의 일반화에 더는 신경을 쓰지 않았다는 것이다.

말만으로는 신빙성이 없으므로, 관심이 있는 독자들은 나와 함께 사례 보고 아홉 편의 결론 부분을 빠르게 훑어 보도록 하자. 판강(樊綱), 류쓰진(劉世錦)과 쟝쇼줸(江小娟)의 논문 두 편[27]은 정책 토론으로 결론을 대체하였고, 쿵징왠(孔涇源)과 장쑤광(張署光)은 제도의 진화 방향(하나는 정방향에서, 하나는 역방향에서)[28]을 집중적으로 전망하였다. 정책과 전망도 당연히 중요하다. 그러나 그것들은 모두 실제 사례에서의 경제적 행위나 제도의 변천 과정을 추상적으로 분석하여 얻은 일반화된 결정체는 아니다.

장위얀의 사례 분석은 이론은 강하지만, 결론 부분에서 어찌 된 일인지

"국가 독점의 강화와 약화, 특허권의 확대와 축소는 적어도 역사적인 관점에서는 아마도 단지 시간에 따라 결정할 수 있는 일이었을 것이다."[29] 라는 애매모호한 '중국 고전식古典式'의 결론을 내렸다. 탕쒀닝의 논문은 점점 사실적으로 쓰여 도서관의 사례를 부록에 넣고 전편은 이야기와 이야기의 개괄로 마무리되어 그의 이야기를 추출하기 위한 공간을 남기지 않았다.[30] 천위의 결론 중에서 '경험 총괄'의 부분도 역시 이야기의 요약이었고 '이론 총괄' 부분의 개념도 그의 평론가 장쥔(張軍)이 비판한 것처럼 "앞의 사례 분석에 상응하게 체현되고 활용되지 못하였다."[31] 바꾸어 말하면 자기가 연구한 사례를 일반화한 것이 아니라 외부 사례를 일반화했다.

내가 읽은 바에 의하면 아홉 편의 논문에서 양쇼위와 성훙이 쓴 논문 두 편의 결론이 사례 속의 행위와 과정에 대한 추상화에 집중하였다. 양쇼위의 이야기는 훌륭한 사례로, 위에서 말한 바와 같이 그의 결론은 또한 사례에 포함된 '제도 혁신'에 관한 일반적인 도리를 향상시켰다. 그러나 그의 결론은 여전히 경제학자들의 기존 '틀'의 속박을 많이 받은 것 같다. '훙먀오즈' 이야기는 사실 소위 '자발적인' 주식거래가 순수한 '개인과 자원自愿단체'의 노력뿐만 아니라, 지방정부의 암묵적인 허용과 일정 기간 내에 중앙정부가 미처 관리하지 못하였거나 눈을 감아 주었기에 가능했다는 것을 표명하였다. '훙먀오즈'의 번창은 개인과 자원단체의 잠재적인 이익을 동력으로 지방정부의 이익과 암묵적인 합의가 이루어진 결과였다. 나중에 이 암묵적인 약속이 와해되자 흥성하던'훙먀오즈' 시장은 쇠락하였다. 그러므로 여기서 '자발적인 제도 혁신과 강제적인 제도 혁신' 모델[32]보다 더 풍부한 혁신 모델을 얻을 수 있었다. 혁신은 순전히 개인의 자발적 수준을 넘을 수도 있지만, 정부가 강제적으로 유도한 결과는 아니었다. 오직 정부가 반대하지 않거나 암묵적으로 허용하기를 개인이 열심히 '유도'한다면 제도적 혁신도 가능하다. 그러나 양씨의 결론은, 비록 정부의 강제적인 혁신 모델에 대해 깊은 의구심을 가졌지만, '자발적 혁신'과 '강제적 혁신' 패러다임의 논의에 국한되었다. 나 또한 농촌개혁 사례 연구에서 '농가별 생산량 도급제(包産到戶)'의 합법화는 순수한 사적인 노력도 아니고, 중앙정부의 강제적 혁신으로 이룰 수 있는 것도 아니며, 농민과 정부(우선은 지방정부) 사이의 상호작용을 통해 이루어졌다는 것을 발견하였다.[33] 이 기회에 함께 제기하여 양쇼위, 이푸(毅夫)와 기타 독자들의 가르침을 청하려고 한다.

성홍의 논문은 결론 부분이 계획 권리의 거래가 어떤 조건에서 합법화될 수 있는지에 대해서는 일반화된 귀결이 잘 되어 있었다. 결론에서 우리는 계획체제의 전환 과정에서 외환거래 한도액의 개별적 사례를 초월한 더욱 일반적인 이해를 얻었다. 성홍의 결론은 다시 토론할 여지가 없는 것이 아니나, 코즈 방법론의 의미에서 나는 그의 결론에 대하여 비판하지 않았다. 곁들여 말하면, 이 사례의 서술 방식에는 '전이론적(pre-theoretical)' 색채가 거의 없고, 성홍은 분명히 추상적인 노력을 거의 뒷부분에 남겼는데 이것이 곧 사례의 일반화이다.[34] 톈저 연구소의 동료들 가운데에서 성홍만이 시카고대학교 법학원을 방문하였고 코즈의 가르침을 직접 받은 적이 있기에 성홍의 연구 풍격은 아마도 코즈의 '영향'을 받은 것 같다. 다소 유감스러운 것은 성홍의 '재(再)감염력'이 그다지 강하지 않다는 점이다.

우리는 톈저 연구소의 첫 번째 연구 성과가 '사례 일반화'에 있어서 보편적으로 취약했던 모든 이유를 알 수 없다. 오직 그들의 총괄만이 더욱 믿을 만하다. 그러나 나는 외람됨을 무릅쓰고 여기서 한 가지 추측을 하려고 한다. 그것은 연구 작업에서 자원 배치(연구기금과 시간)는 종종 부적절할 수 있다는 것이다. 나의 관찰에 의하면 현재 연구기금을 활용한 프로젝트는 사실 조사와 데이터 수집을 중시하지 않는 것이 거의 없다. 그러나 데이터를 입수한 후에는 종종 정력, 경비, 그리고 시간이 얼마 남지 않아서 바로 마무리하고 다음 과제로 넘어간다. 그 결과 천신만고 끝에 수집된 원시 자료에 대한 가공과 재가공이 부족해진다. 원자재가 충분히 '씹히지' 않은 상태에서 '제품화되고 수출'되는 것이다. 1991년 내가 UCLA에 갓 도착했을 때 남부 캘리포니아주 대학교의 교수 두 명이 중국의 향진기업을 연구하고 있었다. 우리는 몇 번이나 함께 이야기를 나누고 자료 수집도 했다. 얼마 지나지 않아 그들은 200쪽에 달하는 과제 보고서를 써 냈는데, 내용은 배경·문제·문헌 연구·가설·모형·데이터 출처 설명과 초보적 검증 결과 등을 포함하였다. 이 프로젝트 제안서는 분명히 국내의 많은 연구 성과보다 더 '연구 성과' 같았다. 나중에 알고 보니, 미국에서는 '반제품' 또는 '거의 완성된 반제품'을 손에 들고 연구기금을 신청하는 학자들이 적지 않았다. 이런 '국제 관례'가 과학 연구에서 어떤 장단점이 있는지에 대해 나는 전면적으로 논평할 자격이 없다. 그러나 이런 작법은 적어도 하나의 장점이 있는데, 일단 자원을 얻게 되면 '반제품' 또는 '거의 완성된 반제품(半成品)'에 정밀한 가공을 가할 수 있다는 것이다. 톈저 연구소가 이번 성과의 재가공에 들인 자원은 이미 적지 않다고 본다. 이는 저서에서 편집장이 많은 저자들에게 건의한 수정서와 평론자의 평론을 보면 알 수 있다. 그럼에도 불구하고 본 연구에서 '미개발된 가치'는 여전히 가관이다. 주최 측에서 의향이 있다면 이미 진실 세계에 노력을 들인 저자들에게 자원을 추가 지원하여 그것이 오로지 자료의 재정리, 재추출, 재'음미'에 사용되고, 그들이 '차분하게 생각하고 쓰도록' 강요하기 위해 특별히 사용되도록 해야 한다. 그렇게 하면 그들이 중국의 제도 변천에 관한 더 높은 질의 '일반화된' 인식을 '고안'해 낼 수 있을 것으로 기대된다.

6. '실증경제학'을 넘어서

코즈 방법론의 몇 가지 키워드를 이용하여 톈저 연구소의 제도 변천 사례 연구에 대하여 평론을 한 뒤, 나는 코즈 방법론에 대한 약간의 '오해'로 돌아가 본문을 마무리하려고 한다. 코즈가 제창한 진실 세계의 경제학 연구는 늘 '실증경제학(positive economics)'으로 불렸다. 보다 더 광범위하게 현실을 연구하는 모든 작품을 '실증경제학'이라고 부르는 것이다. 예를 들면 본 저서의 편집장인 장쑤광은 사례 연구를 '실증 분석을 수행하는 중요한 방법'이라고 보아 왔다.[35]

실증경제학은 철학에서 실증주의의 영향과 연관되어 역사가 길다. 고전적인 실증경제학은 이론의 정확성이 가설과 사실의 일치성에 의해 기본적 검증을 받을 수 있다고 강조한다.[36] 하지만 1953년에 프리드먼이 쓴 「실증경제학의 방법을 논함」이라는 논문이 발표된 후 이런 경제학 연구 방법론은 선명한 특색을 지니게 되었고 영향력이 커졌다.[37] 프리드먼의 핵심 논점은 서로 다른 경쟁적인 이론의 장단점은 반드시 그 이론이 생산하는 '추측(prediction)'의 정확성으로 판단해야 한다는 것이다. 프리드먼에게 있어서 "경험적인 사실 검증으로 추측하는 것은 경제 연구의 핵심이다." 만약 경제학자들이 사실과 '놀라울 정도로 일치하는' 추측을 제시한다면, 그 추측이 현실적인 기초가 있는지는 중요하지 않다. 프리드먼은 상상했던 간결한 추측이 검증된다면 이론은 소량의 투입으로 대량의 사물을 해석할 수 있다는 것을 설명한 것이고, 이것이 곧 이론의 '경제적' 표현이라고 보았다. 비록 그의 이런 실증경제학은 수많은 비판을 받아 왔으나 경제학자들의 데이터와 일치한 추측을 '알아맞히려고' 하는 방식은 여전히 성행하고 있다.

코즈는 위의 방법에 대해 그다지 만족스러워하지 않았다. 가설과 사실의 일치성 검증을 핵심으로 하는 실증경제학에 대해 코즈는 가설은 우선 진실이어야 한다고 강조하였다. 프리드먼 식의 실증 방법에 대하여 코즈는 "경제학자는 추측의 정확성을 기초로 그들의 이론을 선택할 수 없고 해서도 안 된다."라고 단호히 지적하였다.[38] 이 점에서 코즈는 하이예크와 마찬가지로 경제학자의 '추측' 능력이 다른 사람보다 더 유능한지 의문을 제기했다.[39] 그는 경제학자들의 주요 과업은 추측을 제기하고 이런 추측을 검증하는 것이 아니라고 하였다. 경제학자의 이론 선택은 우리가 처한 진실 세계에 대한 이해와 해석에 한정된다. 코즈가 보기에 여러 가지 가능한 이론에서 선택할 만한 믿음직한 기초는 하나뿐인데, 그것이 곧바로 '진실하면서도 다루기 쉬운' 전제적 가설이다. 코즈의 평생 작업이 바로 '진실하면서도 다루기 쉬운' 전제를 발견하고 찾아내는 것이었다. 알다시피, 코즈가 찾아낸 것이 바로 "진실적인 시장거래비용은 제로(0)가 아니다."라는 것이다. 여기에 기초하여 나는 코즈가 제기한 진실 세계의 경제학 방법론은 실증경제학과 다르다고 생각한다. 원칙적인 구별은 두 가지이다. 첫째, 전제적 가설은 반드시 실제적이면서도 다루기가 쉬워야 한다. 둘째, 주된 사명은 사람들의 경제행위의 논리를 발견함으로써 추측과 검증보다는 진실 세계 사람들의 행동에 대한 우리의 이해를 높이는 것이다. 코즈가 노벨상 수상식에서 언급한 바와 같이 그는 경제학에 고급적인 이론을 기여한 적이 없다. 그러나 그의 보다 현실적인 전제적 가설을 찾는 작업은 오히려 경제학의 기초를 바꾸었다.

    진실 세계를 연구하는 경제학이 실증경제학보다 후배 학자들 사이에서 더 큰 호응을 일으킬 수 있을까? 실증경제학보다 더 풍부한 연구 성과를 누적할 수 있을까? 실증경제학의 방법에 아직도 가려진 어떤 '진실 회피'의 결함을 정말 보완할 수 있을까? 우리는 이에 대해 알 수 없다. 그러나 우리는 언젠가는 '마인드 시장'에 의해 결정될 이러한 문제에 대해 너무 신경을 쓸 필요가 없다. 중요한 것은 실증경제학과 다른 연구 방법이 있다는 것을 우리는 알았고, 일부 경제학자들이 이미 진실 세계를 연구하는 경제학을 실천하기 시작했다는 것이다. 중국의 독자로서 진실 세계를 연구하는 경제학이 중국에서 실천되기 시작했다는 것에 대해 각별히 기쁘게 생각한다. 톈저 연구소의 작업은 결코 완벽하지 않지만, 그들이 비교적 체계적으로 시작했다는 것이 매우 중요하다.

주

1 장쑤광(張曙光) 주편(1996)을 참조.
2 어느 친구가 1940년대 초, 코즈가 지인에게 쓴 편지를 회억하였다. "나는 내 일생에서 이다지 중요한 일을 한다는 것을 믿을 수 없다." Coase(1988), p.23 참조.
3 Coase(1988).
4 Coase(1937), p.33.
5 Coase(1988), p.24.
6 Coase(1988), p.24.
7 Coase(1988), pp.1~3.
8 Coase(1988), p.24.
9 장쑤광 주편(1996), 제3장 참조.
10 장쑤광 주편(1996), 제7장 참조.
11 장쑤광 주편(1996), 제1장 참조.
12 장쑤광 주편(1996), 제2장 참조.
13 Coase(1988), p.24.
14 장쑤광 주편(1996), p.311 참조.
15 장쑤광 주편(1996), 제6장 참조.
16 장쑤광 주편(1996), p.167 참조.
17 장쑤광 주편(1996), p.157 참조.
18 장쑤광 주편(1996), p.182 참조.
19 장쑤광 주편(1996), p.19 참조.
20 장쑤광 주편(1996), p.182 참조.
21 장쑤광 주편(1996), p.19 참조.
22 장쑤광 주편(1996), 제3장, 제9장 참조.
23 Coase(1937).
24 장쑤광 주편(1996), 제3장 참조.
25 장쑤광 주편(1996), 제2장 참조.
26 장쑤광 주편(1996), 제5장 참조.
27 장쑤광 주편(1996), 제4장, 제7장 참조.
28 장쑤광 주편(1996), 제8장, 제9장 참조.

29 장쑤광 주편(1996), p.172 참조.
30 장쑤광 주편(1996), 제5장 참조.
31 장쑤광 주편(1996), p.53 참조.
32 린이푸(林毅夫)(1989).
33 저우치런(周其仁)(1995).
34 장쑤광 주편(1996), pp.80~81 참조.
35 장쑤광 주편(1996), p.6 참조.
36 예를 들면, Robbins(1932).
37 Friedman(1953) 참조.
38 Coase(1988), p.24 참조.
39 Hayek(1952) 참조.

참고문헌

[1] Cheung, Steven N. S. "The Contractual Nature of the Firm," *Journal of Law and Economics* 26, Vol. 1, No. 2, 1983.

[2] Coase, R. H. "The Nature of the Firma," *Economics* 4, 1937, pp.386~405.

[3] Coase, R. H. "The Nature of the Firma: 1. Origin, 2. Meaning, 3. Influence," *Journal of Law, Economics, and Organization,* Vol. 4, No. 1(Spring), 1988, pp.3~47.

[4] Friedman, Milton. "The Methodology of Positive Economics," *In Essays In Positive Economics,* University of Chicago Press, 1953.

[5] Hayek, Friedrich August von. *The Counter-revolution of Science: Studies on the Abuse of Reason, Glencoe,* Illinois: The Free Press, 1952; 中譯本見《科學的反革命: 理性濫用之研究》, 冯克利譯, 譯林出版社, 2003年版.

[6] Robbins, Lionel. *An Essay on the Nature and Significance of Economic Science,* London: Macmillan, 1932(1935, 2nd ed.)

[7] 林毅夫, "關於制度變遷的經濟學理論:誘致性變遷與強制性變遷", 1989, 科斯等, 《財産權與制度變遷》, 劉守英等譯, 上海三聯書店, 1991年版, 第371~418頁.

[8] 張曙光主編, 《中國制度變遷的案例研究》, 第1集, 上海人民出版社, 1996年版.

[9] 周其仁, "農村改革:一個制度變遷史的回顧", 《中國社會科學季刊》(香港), 1995年, 第6期.

인적 자산의 재산권 특징*

많은 독자들이 알고 있듯이 인적 자본 이론은 경제학의 '자본'과 관련된 개념과 이론을 '인적 자원' 분석에 확장한 것이다. 일부 경제학의 선구자들은 경제 성장에서 어떻게 총산출 성장이 요소 투입 성장에 비해 더 빠른지의 원인을 탐구하는 과정에서 건강, 교육, 훈련과 더욱 효과적인 경제채산능력 등이 현대 소득 증가의 중요한 원천이라는 것을 발견하였다. 이 같은 인식이 일반화된 후 인적 자본 경제학자들은 인간의 건강, 체력, 생산기능 그리고 생산지식을 현재와 미래의 산출 및 소득 증가의 원천으로 삼을 수 있는 자본 보유량으로 간주하였다.

'자본'의 재산권 특성이 기타 '물物적' 재산권 특성과 마찬가지라는 것을 많은 사람들은 분명하다고 여긴다. 사실 사람들은 재산권이라면 마치 말할 필요도 없이 '물건(property)', 즉 제품·화폐와 기타 재화에 대해 논하는 것 같다. '자본'이라면 기계·설비·공장건물·공장부지·회전 가능한 자금·도로·교량 등등을 말한다. 소위 자본의 재산권이란 당연히 생산 과정에 투입되어 이익을 얻을 수 있는 '물품'에 대한 권리, 즉 자본의 소유주가 자본재의 수익권과 양도권을 갖는 것을 말한다.

여기서 개인 자본의 소유자는 통상적으로 자본가라고 불린다. 하나의 경제체에서 만약 사람들의 경제적 지위가 자본 재산권의 크기에 따라 결정된다면 사람들의 사회적 지위 역시 자본 재산권의 많고 적음에 따라 결정될 것이다. 따라서 사회·경제 활동 역시 자본가가 주도하게 되는데,

---
* 본문은 1996년 9월에 집필한 것임.

이런 사회를 '자본주의'라고 부르는 것은 아마 필연적일 것이다.

비록 브르델 이후 적지 않은 경제 사학자와 경제학자들은 '자본주의'라는 개념이 지나치게 모호하다고 지적한 바 있지만, '자본주의'는 여전히 성행하고 있다.[1] 우리 중국 사람들로 말하면, 개혁 개방을 하지 않아도 두 메산골의 '촌놈'들마저도 '자본주의'에 대하여 자주 들어 익히 알고 있다. 개혁 개방은 이에 전혀 '기여'하지 않았다고 할 수 있다. 개혁 개방은 단지 부분적 중국인의 '자본 재산권'과 '자본주의'에 대한 가치판단을 바꾸어 놓았을 뿐이다.(또 일부 사람들은 기존의 입장을 고집하여 '성이 자資씨냐, 아니면 사社씨냐?' 하는 논쟁을 벌였다.) 보편적인 관념의 변화도 있었다. 예를 들면 과거에는 '자본의 재산권'을 사회주의와 대립되는 것이라고 생각했지만, 지금은 그와 달리 "국유 자산의 가치 보존과 증식은 국가의 운명과 연관된다."라는 것이 이미 주류 이데올로기의 한 구성 부분이 되었다. 자본 재산권이 개인·사단법인·기업 아니면 국가에 소유되든지를 막론하고, 매일·매시·매분·매초마다 자원 활용을 쟁취하는 가치 증가에 관해서는, 일상적인 재산권 제도로부터 헌법에 이르는 모두를 보장해야 한다는 것은 더 이상 말할 필요가 없다. 그것은 바로 '자산의 재산권과 그 특징'은 어디에서나 모두 명백하다는 것이다.

1. 분리할 수 없는 인적 자산과 개인

인적 자산의 재산권 문제는 다르다. 우선 '인적 자산에 도대체 재산권이 있느냐'는 것 자체가 문제다. 말하자면 재밌는데, 어려운 점은 역시 좋은 답을 찾을 수 있느냐에 있는 것이 아니라 문제 자체가 명명백백하게 제시되기 어렵다는 데 있다. 권리 문제는 늘 '배타적인 귀속'과 연결되어 있다. 경제학자들의 인적 자산에 대한 정의는 인간의 건강·용모·체력·

의욕·기능·지식·재능과 기타 모든 경제적 함의가 있는 정신적 에너지를 포괄하며,[2] 이는 자연적으로 자연인에 속한다. 인적 자산의 요소는 자연인과 분리될 수 없으며 이는 그 어떤 '물物'적 자산과 다르다. 기계는 옮길 수 있고 공장건물도 동쪽에서 철거하여 서쪽에 지을 수 있으며 화폐자본은 더욱이 발 없이도 세상을 돌아다닐 수 있다. 도로는 지면에 깔려 있고 다리는 강 위에 놓여 있지만, 도로가 천연적으로 지면地面에 부속된 것이 아니며 교량이 하천에 부속되지 않는 것과 같다. 때문에 우리가 '인적 자산의 재산권'에 대해 물을 때, 우리는 도대체 '인적 자산의 귀속'을 묻고 있는가, 아니면 '인간의 귀속'을 묻고 있는가? 인적 자산은 불가분하게 자연인에 속하고, 자연적인 것인데, 왜 물음표를 다는가? 인간의 귀속에 대해서 노예 사회를 제외하고는 '이 사람이 누구에게 속하냐'라는 어리석은 방향으로 사고하는 사람이 어디 있겠는가? 문제를 제기할 수 없으면 해답이 있을 수 없다. 때문에 절대다수의 인적 자본에 관한 문헌을 보면 인적 자본의 경제적 함의를 토론하거나 경제 성장에 대한 그 영향을 추측하지만, 일반적으로 '인적 자본의 재산권' 문제는 토론하지 않는다. 인적 자본 이론 활용에 열을 올리는 동시에 재산권 문제에 대해서도 흥미를 가진 학자는 새벽별과 같이 매우 드물다.

　인적 자산의 재산권 문제를 가장 먼저 접한 사람은 노예제를 연구한 경제학자이다. 1977년 바젤(Yoram Barzel)은 미국에서 『법률과 경제학보』에 논문을 발표하여 노예경제에 대한 흥미로운 질문을 제기하였다. 노예제도 하에서 노예는 법적으로 노예주에 속하며 그 주인 재산의 일부분에 속한다. 때문에 노예주는 노예의 노동을 전적으로 지배할 수 있으며 모든 산출물을 가져갈 수 있다. 그러나 왜 미국 역사에서 일부 노예가 자신의 개인 재산을 축적했을 뿐만 아니라, 결국에는 뜻밖에도 자신을 '사서' 자유민이 되었는가? 바젤은 '능동적인 재산'으로서의 노예는 도망갈 수 있을 뿐만 아니라 사실상 자기 노동에 대한 노력의 공급을 통제한다는 것을 발견하였다. 노예주는 노예의 노동을 강요할 '권리'가 있지만, 노예의 '능동적 재산'이라는 특징으로 말미암아 '감독(supervision)'과 '관제(policing)'에 아주 비싼 비용을 지불했어도 노예의 체력과 노동 노력을 강제적으로 조절하는 것이 노예주의 뜻대로 되지 않았다.[3] 노예제의 운영비용을 절감하기 위하여 부분적 노예주들은 노예를 우대할 수밖에 없었다. 포겔이 발견한 바와 같이 정액제(quota)를 실시하여 정액을 초과한 부분은 노예가 소유할 수 있도록 허용하였다. 따라서 일부 능력 있는 노예들은 '자기의' 개인 재산을 갖게 되었고 개인 재산이 충분히 축적되자 결국에는 "돈을 치르고 자유 신분을 되찾을 수 있었다(贖買)."[4]

바젤은 그 당시 장우창 교수의 워싱턴대학교 동료였다. 1984년 장우창의 회고에 따르면 그는 바젤이 '능동적 재산'이란 개념을 제기할 당시 자신은 이런 특징을 미처 생각지 못하여, 노예 해방의 경제적 원인을 해석하지 못한 체험을 그에게 말했다고 하였다. 현재 '능동적 자산'이라는 개념이 생겼고 장우창은 여기에 멋진 생각을 발휘했다. "노동과 지식은 모두 자산이다. 매 개인은 모두 생각이 있고 자주적으로 선택하며 자주적으로 결정한다. 내가 지적할 중요한 특징은 선택할 줄 아는 사람과 이러한 자산이 생리적으로 통합되어 동일한 신경 중추에 의해 통제되며, 분리될 수 없다는 것이다. 이런 자산을 한몸에 지닌 사람은 분발하여 자기 힘으로 생활할 수 있고, 그 자산을 스스로 발전시키거나 운용할 수 있으며, 말을 듣지 않거나 명령에 거역하는 행동을 하거나 심지어 죽을지언정 따르지 않을 수도 있다."[5] 위에서 언급한 인적 자산과 인간의 불가분不可分적 특징은 이로부터 오는 것이다.

2. 인적 자산의 사유재산 특징

그러나 장우창은 '인적 자산의 재산권' 시각에서 문제를 제기하지 않았고 한걸음 더 나아가 "인적 자산이 불가피하게 인간과 한몸이면 인적 자산의 재산권 형태에 어떤 특징이 있는가?"라고 묻지도 않았다. 물음이 없으면 대답도 있을 수 없다. 이 때문에 일부 현상을 설명할 때 힘이 미치지 못하는 부분이 있었다. 이 점은 그가 노벨 경제학상 수상자이며 인적 자본 이론의 창시자인 슐츠와 한 논쟁에서 알 수 있다. 1982년 장우창은 중국의 전망에 관한 소책자를 썼는데, 이 책에서 그는 인력과 지식이 당시의 중국에서는 사유재산이 아니었으나, 경제 활용에 이들이 영향을 미친다고 판단하였다. 슐츠는 이 소책자를 읽고 편지로 "중국에서 인력은 사유재산이 아닌가?"라고 비평하였다. 장우창은 슐츠에게 어찌하여 지식을 포함한 인적 자산이 중국에서 사유재산이라고 생각할 수 있느냐고 다음과 같이 반박하였다. "슐츠는 중국에서 학술강연을 한 바 있는데, 중국인들이 일자리를 자유로이 선택하고 일자리를 자유롭게 양도하는 권리가 없다는 것도 모를 수 있는가? 사유재산권의 정의는 자유롭게 양도하거나 자유롭게 계약을 선택할 권리를 말한다. 중국에서 인력과 지적 자산은 이런 권리가 없기에 이런 자산을 중국에서는 사유재산이라고 할 수 없다."[6]

장우창의 반박은 일리가 있다. 그는 단지 자신의 이 논거가 위에서 인용한 '인적 자본과 인간이 자연적으로 합쳐진 특징'과 논리적으로 일치하지 않는다는 것을 깨닫지 못했을 뿐이다. 생각해 보면 만약 인적 자원이 천연적으로 사람과 하나로 합쳐진다면, 인적 자원은 법적으로 오직 개인에게만 귀속될 수밖에 없으며 법적으로 노예제를 보호하지 않는 한, 인위적으로 사람을 노예로 만들 수 없다. 이 점에 대하여 신노동력 경제학의 대표 인물인 로젠(Sherwin Rosen)은 인적 자본의 "소유권은 그것을 체현할 수 있는 사람에게만 국한된다."라고 설명하였다. 그러나 로젠이 인적 자본은 오직 개인의 재산권 특성에 속한다고 해석할 때('자유 사회에서'라는 제약 조건을 사용하였다.), 그의 말뜻은 오직 노예를 허용하지 않는 법적인 조건에서만, 인적 자본이 개인에 귀속된다는 것이다.[7] 그러나 바젤의 노예경제에 대한 연구를 읽고, 우리는 '자유 사회'라는 제약 조건을 없애도, 심지어는 노예제도가 합법화된 제도에서도 인적 자원의 독특성으로 인해 인적 자원은 사실상 여전히 개인에게만 귀속된다고 생각할 수 있다. 필경 천연적인 개인 재산으로서의 인적 자본은 노예제의 법적 권리 구조에서도 사실상 그 존재를 무시할 수 없었다. 말하자면, 인적 자본의 자원 특성으로 인하여 이는 사유재산이 아닐 수 없고 적어도 사실상 사적 소유가 아닐 수 없다.

위에서 논술한 슐츠와 장우창의 분쟁으로 되돌아가면 중국 사정에 밝은 것은 슐츠가 장우창만 못하다. 하지만 슐츠는 가능한 한 논리적으로 '추측'하였을 수 있다. 생각건대, 인적 자본의 각종 요소들은 자연적으로 사람에게 부속되며, 인적 자본을 '강제적으로 운용'하는 체제적 비용은 상상하기 어려울 정도로 높아 이러한 자산은 천연적으로 사유재산이 아니고서는 사용할 수 없다. 이것은 '인정人情'과 관계된 것으로, 국정國情과는 무관하며 세상 어디에도 적용되는 보편적인 진리이다. 슐츠는 필경 인적 자본 이론의 창시자로서 인적 자본의 여러 가지 형태에 대해 깊은 연구를 하였다. 그는 평소에 '재산권 분석'은 거의 하지 않는 듯하지만, 인적 자본과 관련되는 재산권 문제를 만났을 때 그는 딱 '알아맞혔다.' 인적 자본은 중국에서도 사실상 사유재산일 수밖에 없다.

3. 자유로운 선택이 없어도 여전히 '사유재산'이다

그러나 장우창의 실제 관찰을 어찌 무시할 수 있겠는가? 계획제도에서 중국인들은 확실히 일자리를 자유롭게 선택할 권리 또는 일자리를 자유롭게 양도할 권리가 없었다. 도시인들의 일자리는 배치에 의거했고 시골 사람들은 함부로 도시에 들어올 수 없었다. 육체노동은 많이 일해도 보수를 많이 받지 못했고, 기능·기술·특기와 생산지식은 모두 특별한 값어치가 없었으며, 발명은 특허가 없었고 혁신은 법률의 보호를 받지 못했다. 기업가의 재능은 더더욱 말할 필요도 없었고 누가 '시장을 발견'하면 그는 '자본주의의 길로 나아가는' 것으로 여겨졌다. 인적 자원의 각종 요소, 각종 표현 등등 모든 것이 자유롭게 거래될 수 없었으며 따라서 시장 가격도 없었다. 인적 자산 요소가 사람들의 몸에 '부착'되어 있다 해도 사람들이 자기의 인적 요소를 가지고 거래하는 것을 허용하지 않으며 이런 요소를 가지고 자유롭게 계약을 맺지도 못하는데, 이를 어찌 사유재산이라고 할 수 있겠는가? 재산권이란 "사회적 강제에 의해 실현되는 어떤 경제적 물품의 다양한 용도에 대한 선택의 권리"[8]이다. 현재 개인이 자기의 인적 자본을 이용할 수 있는 권리는 충분히 자유롭지 않다. 장우창 교수는 일련의 추리를 하면서 슐츠가 어떻게 이런 제도에 갇힌 인력과 지식을 여전히 '사유재산'으로 볼 수 있었을까 하는 의문을 가졌다.

슐츠에게 일리가 있고, 장우창도 일리가 있다면 우리 후배들은 어찌하면 좋을까? 일반적으로 말하면 비인적 자산과 마찬가지로 만약 시장의 자유로운 거래를 제한할 경우, 인적 자본의 재산권에 뎀세츠가 말하는 '결여残缺'가 당연히 생긴다. 즉 완전한 인적 자본의 이용, 계약의 선택, 수익과 양도 등 권리의 일부가 제한되거나 또는 삭제되는 것이다. 재산권의 '결여'가 일정 수준까지 심각해지면 사유재산은 허울만 남은 유명무실한 법적 권리일 뿐 아무런 경제적 의의가 없다. 이 도리는 틀리지 않았지만, 한 가지 더 물어야 할 문제가 있다. 재산권 결여가 발생할 경우 인적 자산의 반응 방식은 비인적 자산의 '반응'(만약 반응할 수 있다면)과 같을까?

같지 않다. 인적 자산은 '능동적인 자산'이며 천연적으로 개인에게 속하며 또한 그러한 자산의 가동, 개발, 이용은 그 천연의 소유주에 의해서만 통제될 수 있다. 따라서 인적 자산의 한 부분(또는 전부)이 제한되거나 삭제될 경우, 재산권의 주인은 해당 인적 자산을 '폐쇄'할 수 있으며, 그러한 자산은 원래 존재하지 않는 것처럼 보일 수 있다. 사람은 불쾌하면 국색천향國色天香일지라도 '화용실색花容失色'케 할 수 있으며 보통 자질의 사람일지라도 '진입을 어렵게 하고 냉대한다면' 그건 바로 마이너스 자산이다. 체력자원도 처리하기가 어려운 일이다. 가장 간단한 노동, 즉 농사도 일자무식한 농민이라도 만약 일하기 싫다고 하면 천하의 '신선'도 그를 어찌할 방도가 없다. '밭에 나가도 일을 하지 않을 수 있고', '양코배기를 속일 수 있는데', 누가 그를 어찌할 수 있겠는가? 기능·전문기술과 생산지식과 같은 요소는 관리하기가 더 어렵다. 왜냐하면 형체도 그림자도 없기에 당신이 절대적 권위가 있어 위풍을 부린다 해도 어디서부터 손을 대야 할지 모르기 때문이다. 이 세상에 뛰어난 재주를 가진 자가 '네가 어디 한번 해 봐라'라고 한마디만 한다면 당신이 아무리 대단한 사람일지라도 어찌할 도리가 없다. '지식인'이란 이 두루뭉술한 칭호는 무수한 영웅들의 허리를 휘게 하였다. '사지가 게으르고 오곡을 분간하지 못하고', '닭 한 마리 붙들어 맬 힘이 없어도' 책을 조금만 읽었다면 일을 시키기가 쉽지 않다. 이들이 자산계급, 소자산계급이라면 더 힘들고 무산계급이라면 더 어려울 것 같다. 한 몽둥이로 내리치면 절대다수 지식인들은 '꼬리를 사리고 사람 구실을 하지만', 그들더러 창조하고 발명하고 창의적인 아이디어를 제공하라고 하면 더욱 어려워한다. 그중 공통된 이치는 바로 인적 자원의 '능동 자산' 특성이며, 이는 이런 재산으로 하여금 '재산권 결여'를 제어하기 위한 특별한 무기를 가지도록 한다.

4. '결여(殘缺)된 재산권'의 자동 평가절하

더욱 특별한 것은 이 부분의 규제되고 삭제된 인적 자산의 재산권은 아예 다른 주체에 집중되어 똑같은 개발 및 이용에 쓰일 수 없다는 것이다. 몰수된 토지 한 뙈기는 새로운 주인의 손에 전이되는 즉시 같은 면적과 토양 비옥도가 유지될 수 있다. 몰수된 공장건물과 설비는 또 다른 생산 과정에 투입되어 동일한 가치와 효율을 발휘할 수 있다. '구린내가 없는' 화폐 더미는 누가 써도 그만한 가치가 있다. 하지만 '몰수'된 사람은 노예주의 손에 넘겨져도 여전히 말을 듣지 않을 수 있고, '게으르고 멍청하여' 심지어 장우창이 말한 것처럼 "죽을지언정 주인의 말을 따르지 않을 것이다." 바꾸어 말하면 인적 자산은 일종의 '재산권의 결여'로 인하여 즉시 자동 평가절하될 수 있는 특별한 자산이다. 인적 자산 및 그 소유주의 재산권 훼손과 이전을 반제하기 위한 기본적인 메커니즘은 바로 '주동적으로' 이러한 자산의 경제적 이용 가치를 급격히 떨어뜨리거나 심지어는 순식간에 제로(0) 상태로 만드는 것이다.

이런 특별한 메커니즘으로 인하여 인적 자산의 재산권 사유 성격은 각 제도 구조에서 소멸될 수 없다. 구상주의 사회주의 사회에서도 모든 생산자료(즉 모든 비非인적 자본)는 공공에 귀속되나, 인적 자산은 여전히 개인의 소유, 즉 사유이다. 이 점을 분명히 밝힌 자는, 그 어떤 '자산계급 경제학자'도 아닌 바로 마르크스이다. '성숙한 마르크스주의 저작'이라고 불리는 이 『고타강령비판』에서 마르크스는 그의 이상적인 사회주의 사회에서도 "노동자의 동등하지 않은 개인의 천부적 자질, 즉 상이한 업무 능력은 천연적인 특권이다."라는 것을 묵인해야 하고 노동자가 실제적으로 제공한 노동에 따라 소비재를 분배하는 '자산계급 법권'은 반드시 보류되어야 한다고 하였다.[9] 하지만 이 구상은 지금으로서는 여전히 실현될 방법이 없다.(왜냐하면 모든 생산재가 공유되고 상품 생산이 소멸된 이후 '노동 시간'에 따라 매 개인의 상이한 노동 기여를 계산하는 것은 매우 작고 간단한 사회를 제외하고는 조작 가능성이 전혀 없기 때문이다.) 이는 비인적 자본의 공유화 수준을 현 시점에서 볼 때, 설사 실제 조작이 불가능한 수준까지 추진한다고 해도 인적 자산의 사유 성격은 여전히 지워지지 않는다는 것을 말해 준다. 개혁 전 중국의 계획경제는 도저히 상품화폐를 소멸시킬 수 없었는데, 인적 자원을 '공유'하려 했으니, 어찌 할 수 있겠는가?

5. '시장의 발견'과 시장가치의 실현

인적 자산의 또 다른 특징은 자체적인 가치의 실현 기회를 백방으로 찾는 것이다. 우리는 엄동설한에 집단의 밭에서 잠자던 '게으름뱅이'가 자기 집 자류지에 돌아가서는 땀을 뻘뻘 흘리며 일하는 것을 보지 않았는가? 그 당시 '고객을 냉대하던' 국영 상점의 종업원들이 '뒷거래'에서 보인 의욕, 열정과 '서비스의 품질'은 서방 세계의 '직업적 미소'를 띤 동업자들에게 전혀 뒤떨어지지 않았다! 평범한 사람들도 '자본주의'의 길로 감에 있어 온갖 수단을 동원하여 스승 없이도 잘하는데, '지식인'들의 수단은 더더욱 '글로 다 적을 수 없다.' '전서(大全)'로 엮을 만한 이런 이야기들은 무엇을 설명하는가? 이는 천연적으로 사유재산인 인적 자본은 종래로 '깨끗하고 철저하게' 소멸된 적이 없다는 것을 말해 준다. 다만 이는 권력에 전혀 인정되지 않을 경우 '사라지든지', 완강하게 자신을 표현하여 '시장을 찾든지', 공개적인 시장이 없으면 그레이 마켓(회색시장, gray market)을 찾든지, 그레이 마켓이 없으면 암시장을 찾아 '살아 있는 한 단념하지 않고' 결단코 자기의 시장가치를 실현하려 한다.

이상의 토론에서 우리는 인적 재산권의 3대 특징을 알았다. 첫째, 인적 자산은 천연적으로 개인에게 속한다. 둘째, 인적 자산의 재산권 권리는 일단 손상되면 그 자산은 즉시 평가절하되거나 또는 아무것도 남지 않는다. 셋째, 인적 자산은 항상 자발적으로 자기 실현을 위한 시장을 찾는다. 만약 위에서 논술한 인적 자산의 재산권 형태의 특징에 대해 아무것도 모른다면 현대 경제학에서 매우 인기 있는 '동기 부여(激勵)' 이론을 이해하는 데 어려움이 많을 것이다. 왜 토지와 기타 자연자원은 동기 부여가 필요 없고 공장건물, 설비도 동기 부여가 필요 없으며 은행 대부금도 동기 부여가 필요 없는데, 유독 인적 요소만 동기 부여를 운운하지 않으면 안 되는가? 이론적으로 바람직한 답안은 인적 자산의 소유권 특성에 기인한다.

주

1 브로델(1997) 참조.
2 Rosen(1987) 참조.
3 Barzel(1989).
4 Fogel and Engerman(1974).
5 장우창(1988), p.181.
6 장우창(1988), p.173.
7 Rosen(1987).
8 Alchian(1987).
9 마르크스(1975).

참고문헌

[1] A. Alchian. "Property Rights," *The New Palgrave: A Dictionary of Economics* Vol. 2, 1987.

[2] Fogel, Robert William and Engerman, Stanley L. *Time on the Cross: The Economics of American Negro Slavery*, New York: W. W. Norton and Company, 1995, Reissue edition, first published in 1974.

[3] Yoram Barzel. *Economic Analysis of Property Rights*, The Press of University of Cambridge, New York, 1989.

[4] Sherwin Rosen. "Human Capital," *The New Palgrave Dictionary of Economics* Vol. 2, 1987.

[5] 費爾南多·布羅代爾,《資本主義論叢》, 中央編譯出版社, 1997年版.

[6] 馬克思, "哥達綱領批判", 1875,《馬克思恩格斯選集》第3卷, 中央編譯局, 1995年版.

[7] 張五常, "新勞力經濟學",《賣橘者言》, 四川人民出版社, 1988年版.

농촌개혁: 한 경제제도 변천사의 회고

중국의 경제개혁은 자원 이용의 재산권 형태와 효율을 광범위하게 변화시키고 있다. 이러한 변화의 배경은 기존 사회주의 경제 모델의 효력 상실과 이완이다. 본 논문에서는 이러한 대변화의 발단인 농촌개혁의 경험을 논하도록 한다.

1980년대 중국의 농촌개혁은 두 가지 특징이 있는데, 하나는 농촌 경제활동에 대한 정부의 집중적 통제가 약화된 것이고, 다른 하나는 농촌 지역사회와 농민 사유재산권의 성장과 발전이다. 본문은 농촌개혁의 경험에 대한 회고를 통해 농민 재산권 확립에 대한 정부 정책의 시행과 변화를 설명하려 한다. 본문의 중심 논점은 정부의 재산권 제도에 대한 효율적인 보호야말로 장기적인 경제 성장의 관건이라는 것이다. 그러나 농민이나 각계 신흥 재산권 대리인 및 농촌 지역사회의 엘리트들이 새로운 재산권 제도의 수립에 광범위하게 참여하는 동시에 단계적인 소통과 협상을 통해 정부와 합의를 이루지 않는 이상, 정부는 주동적으로 이러한 제도적 보호를 제공하지 않는다. 중국의 경험에 따르면, 효과적인 사유재산 권리는 기존 공유제 시스템에서 점차적으로 생성될 수 있다.

본 논문은 도합 다섯 부분으로 나뉜다. 첫 번째 부분에서는 정부와 재산권 관계의 이론에 대해 논하고, 두 번째 부분에서는 개혁 전 농촌 재산권 제도의 특징과 유래를 설명한다. 세 번째 부분에서는 인민공사체제 내에 포함된 개혁 요인을 연구한다. 네 번째 부분은 1980년대 농촌 재산권 개혁의 경험을 분석하고, 마지막은 종합 결론으로 구성하였다.

1. 기존의 토론: 재산권과 정부

(1) 재산권의 역설(悖論)

사람들이 재산권 문제에 대해 논할 때 자주 이용하는 개념에는 계약, 동기 부여 메커니즘, 관리·감독 비용, 배타적 수익권, 리스크, 기회주의 경향, 조직비용과 자산의 전용專用성 등이 포함된다. 이러한 모든 개념들은 기본적으로 사회 구성원의 개인적 고려와 개인적인 관계와 연관이 있다.[1] 이는 코즈와 다른 경제학자들의 선구적인 연구로 인해 거래비용은 제로(0)가 아니라는 점과, 정보의 비대칭성 및 불완전한 현실 세계에 대한 경제학 이론의 이해가 크게 깊어졌음을 보여 준다.[2] 현 사회에서 재산권 규범은 경제 발전에 있어서 더는 무의미하지 않다. 그러나 한걸음 나아가, 우리가 만약 정부와 대리인의 행위를 도입하지 않는다면 재산권 제도의 시행과 그 변천을 진정으로 이해할 수 있을까?[3]

만약 재산권이 순수한 개인 간의 약속이고 개인적 믿음에 의해 이행될 수 있다면 '정부'는 재산권 확립의 중요한 구성 요건이 되지 않는다.[4] 아쉽게도 현실의 그 어떤 대규모 거래에서도 이런 세계는 존재하지 않는다.[5] 따라서 재산권 경제학자들은 재산권의 '배타적 수익권'에 대해 논할 때 일반적으로 재산권의 강제적 실행을 강조한다. 이러한 재산권의 강도強度는 정부에서 제공한 보호의 유효성과 연관되지 않을 수 없다.[6]

정부는 당연히 무상으로 재산권을 보호해 줄 수 없고, 재산권을 보호하기 위해 지출한 재원은 결국에는 재산권과 관련된 '세금'에서 온다. 바꿔 말하면 재산권은 처음부터 완전히 독립된 것이 아니라, 정부의 '개입'이 있을 수밖에 없다는 것이다. 물론 재산권도 납세를 통해 정부의 보호를 받을 수 있지만, 이런 경우 정부는 합법적인 폭력을 행사할 수 있는 '규모 경제'를 갖춘 유일한 조직에 불과하며, 재산권과 정부의 관계는 다른 어

떤 평등한 계약 관계와 다를 바 없게 된다.[7]

문제는 정부는 왜 유일한 합법적 폭력에 의한 독점적 지위로 더 높은 가격을 부를 수 없는가 하는 것이다. 만약 정부나 정부 대리인도 자기 이익을 챙기는 성향이 있어서 자신의 독점적 지위로 자기가 제공한 서비스보다 더 높은 대가를 요구하거나, 심지어 개인 재산권을 완전히 박탈하여 부를 축적한다면 이를 막을 수 있는 메커니즘은 무엇인가? 우리가 경제사에서 보았듯이 정부의 재산권 침해가 장기적인 경기 침체를 야기했다는 교훈은 정부와 그 대리인들이 단기적 임대료 중대의 유혹을 거부하도록 막기에는 충분하지 않다. 필경 그 어떤 정부 대리인의 생명, 임기 및 이성적 정도에는 모두 한계가 있다. 이러한 이유로 뎀세츠는 '재산권의 결여(the truncation of ownership)'란 중요한 개념을 논할 때 '정부'를 언급하지 않을 수 없었다. 그는 재산권의 결여는 완전한 재산권 권리의 일부가 제거되었다는 것을 가리키며, 그 이유는 "사유 권리의 폐지를 통제하는 직위는 이미 정부에 넘겨졌거나, 또는 정부가 담당하였기" 때문이라고 하였다.[8] 분명한 것은, 재산권의 결여는 정부가 재산권을 침해한 일종의 결과로서, 사유재산 소유자가 등가로 구매한 정부 서비스와는 전혀 다르다. 뎀세츠는 정부의 경제이론이 정부와 그 구성원들의 행위에 대하여 아직 우리가 충분히 이해할 만큼 발전하지 못했다고 여겼기 때문에 이 점에 대해 더 이상 논하지 않았다.[9] 이제 우리는 내가 '재산권의 역설'이라고 부르는 논리를 보게 된다. 재산권은 정부 없이는 효과적으로 이행될 수 없는 데 반하여, 정부의 개입은 또한 매우 쉽게 재산권의 결여를 야기한다. 우리가 이론적으로 이성적인 정부가 존재한다고 가정하더라도, 재산권이 무효화되는 결과를 완전히 피할 수는 없다.

(2) 노스의 난제

노스와 그의 파트너들은 서방 세계의 현대 경제 성장에 대해 간단명료한 결론을 내린 적이 있다. 즉 효과적인 경제조직(재산권)은 경제 성장의 관건이라는 것이다.[10] 그러나 나중에 그는 유효한 재산권 규범은 정부와 개인의 노력이 서로 작용하여 발생하는 다양한 결과들 중 하나일 뿐, 상대적인 요소의 가격 변화 조건하에서의 필연적이고 유일한 결과가 아니라는 것을 발견했다.[11] 나중에 노스가 왜 경제사에 대량의 비효율적인 경제조직이 장기간 존재할 수 있었는가 하는 더 의미 있는 질문에 답할 때, 그는 정부가 통치자의 임대료를 최대화하려는 동기가 있고, 또한 이런 전제 아래 거래비용을 낮춰 세금을 증가시킬 수 있기를 원한다는, 정부에 관한 분석 틀을 제시했다. 하지만 노스는 정부의 상술한 두 가지 목적이 늘 완전히 일치하는 것은 아니라는 점에 주의했다. 왜냐하면 "통치자와 그의 집단의 임대료를 극대화하는 재산권 구조와 거래비용을 낮추고 경제 성장을 촉진시키는 효과적 체제 사이에 지속적인 충돌이 있기 때문이다."[12] 바로 이런 기본적 갈등이 왜 많은 경제가 장기적인 성장을 실현할 수 없는가를 설명해 주고 있다. 그러고 보면 초기 네덜란드와 영국의 성공, 즉 정부 권력 임대료의 최대화와 거래비용의 효과적인 절감 사이의 일치는 오히려 우연한 일이었다. 왜 하필 이 두 곳은 이렇게 남다르게 운이 좋았을까?[13]

초기 현대의 서양 사회 구조 변형에 기초한 하버마스의 연구는 우리가 이 문제를 이해하는 데 도움을 줄 수 있다. 그가 17세기 영국과 18세기 프랑스 역사에서 추상화한 중심 개념은 '시민계급의 공공 영역(bourgeois public sphere)'이다. 즉 이는 개인들이 모여 시민사회로 만들어진 한 공공 공간으로서, 그 기능은 각종 사적 권위(private authority)를 조화롭게 하는 것에 있을 뿐만 아니라 시민사회(civil society)를 대표하여 정부가 시민사회를 침해할 수 있는 행위를 감시·단속하고, 억제·대항하는 데 있었다.[14] 하버마스의 연구에 의하면 초기 서유럽 사회가 현대화로의 변혁에 성공한 요인은 바로 이 '공공 영역'이 시민사회와 정부 권력 사이의 상호제어 메커니즘을 유지하였기 때문이다. 그러나 하버마스의 이론은 너무나 철학적이어서 다른 비서구 사회의 실증 연구에 적용되기는 어려웠던 것 같다.[15] 한 가지 문제는 많은 초기 현대 사회에 이와 유사한 비공식적 시민사회가 출현했지만, 이러한 모든 사회가 정부 권력과 균형을 이룰 수 있는 능력이나 기회가 있었던 것은 아니었다는 것이다.[16] 그 밖의 하버마스의 논리로는 영국과 프랑스의 경제적 차이를 해석할 수 없을 것 같다. 사실은 영국의 시민사회와 정부 권력 양측은 모두 성숙한 타협을 이룰 만한 능력을 갖춘 반면, 프랑스에서는 양측의 계속되는 충돌이 많았다. 때문에 우리는 상술한 토론을 다음과 같이 요약할 수 있다. 즉 신흥 재산권 및 그 대리인의 집단행동이 정부와 그 대리인이 효과적인 재산권 보호를 통해서만 자신의 이익을 도모하도록 강요할 수 있을 때 양쪽 모두에게 이익이 되는 결과가 나올 수 있다. 정부 권력은 이 기초 위에서 임대료 극대화를 추구할 수 있고 재산권도 이 기초 위에서 이익을 추구하는 행위규범이 된다.

　이것이 정부와 사회 간 권력관계의 범주를 한번에 확정할 수 있다는 것을 의미하지는 않는다. 반대로 이로부터 정부 권력과 시민사회 간에 제도화된 협상이 끊임없이 이루어지는 새로운 시대가 시작되었다. 마이클 만 Michael Mann은 '하부구조 권력(infrastructural power)'에 대해 다음과 같은 정의를 내렸다. 즉 정부 권력은 시민사회에 영향을 미칠 능력은 있으나 시민사회와의 제도화된 협상과 대화(institutional negotiation)를 통해 정치적 결정을 집행하지 않으면 안 되고, 점점 이에 의지해야 한다는 것이다.[17] 그는 정치 현대화의 기본 추세는 하부구조 권력의 강화라고 지적하였다. 왜냐하면 하부구조화된 권력만이 공공 자원을 보다 효과적으로 동원할 수 있기 때문이다.[18] 이는 이 새로운 시대의 특징을 아주 잘 반영하였다.

(3) 하나의 새로운 가설

노스가 제기한 문제로 돌아오면, '왜 어떤 정부는 권력으로 유효 재산권을 보호함으로써 장기적인 경제 성장을 이룩하는 반면, 또 다른 정부는 단기적인 권력 임대료의 극대화만 얻게 된 채 효용성 없는 체제에 빠져드는 장기적인 곤경에 처하게 되는가'라는 의문을 갖게 된다. 본문에서는 오직 사회와 정부가 대화와 협상 및 거래에서 균형을 이루어야만 정부 권력 임대료의 극대화와 효과적이고 창조적인 재산권 보호 사이에서 합의를 볼 수 있다는 새로운 가설을 제시한다. 여기에서 말하는 개별적 신흥 재산권은 자원의 상대적 가격 변동에 따라 자연스럽게 생성될 수 있지만, 재산권만으로 정부 권력이 그 자체를 보호하도록 할 수는 없다는 것이다. 다른 한편에서는, 권력 임대료의 극대화와 개별적인 새로운 재산권 보호는 늘 일치하지 않기 때문에 정부는 주동적으로 재산권을 보호하지 않는다. 이 교착된 국면을 타파할 유일한 가능성은 신흥 재산권 주체가 개체 수준을 초월하는 집단행동을 하는 동시에 정부의 낡은 재산권 형태 보호에 드는 유지비용을 높이고 정부 권력의 임대료 취득에 대한 새로운 규제 구조를 재구축하여 권력 임대료의 극대화와 새로운 재산권 보호 사이의 합의를 이루는 데에 있다. 개괄하면 장기적인 경제 성장의 관건은 정부 권력(얼마나 현명하든지를 막론하고)도 아니고 고립된 신흥 재산권(얼마나 효과적이든지를 막론하고)도 아니며 재산권과 정부 사이의, 처음에는 임의로 진행되다가 나중에는 제도에 의해 합법화된 묵계默契이다.

위의 논의는 많은 세부 사항을 생략했지만, 이 대략적인 새로운 가설은 우리가 불가분한 문제를 분리하여 토론하는 것을 방지하는 데 도움이 되며, 이 점은 대규모 제도 변화의 과제 연구에 아주 중요하다. 다음에서 우리는 중국 농촌 개혁의 제도 변화 과정을 되돌아봄으로써 그 가설을 검증하고 수정하려고 한다. 우선 개혁 전 경제제도의 특징과 메커니즘부터 논하고자 한다.

2. 정부 권력 통제하의 집단경제

(1) 집단경제란 무엇인가?

집단화 경제(collectivizational economy)란 농촌 지역사회 내 농가들 사이의 개인 재산권에 기초한 협력관계가 아니라, 그 실질로 말하면 정부가 농촌의 경제 권리를 통제하는 한 형태이다. 집단공유제를 문자 그대로 협동농업(cooperative agriculture)으로 해석하면 집단경제에 대한 인식을 오도하기 쉬울 뿐만 아니라 개혁을 제대로 이해할 수 없다.

정부가 농촌 집단경제의 운영을 어떻게 통제할 것인지에 대해서는 보다 많은 편폭이 소요될 수 있다. 여기서 언급할 것은 정부는 지령적 생산계획을 통해 제품을 일괄구매·일괄판매하고, 장거리 운송판매를 엄금하고, 자유로운 상업무역(집단이 경영하는 상업일지라도)을 제한하며, 농촌시장을 폐쇄하고 도시와 농촌 사이의 인구 이동을 차단함으로써 사실상 정부가 이미 집단소유제의 경제적 요소(토지, 노동력과 자본)를 분배하는 첫 번째 결정권자·지배자·수혜자가 된 지 오래라는 것이다.[19] 집단은 합법적인 범위 내에서 정부 의지의 관철자나 집행자일 뿐이다. 집단은 기껏해야 경제자원을 점유했을 뿐이고 이러한 집단적 점유에 대한 정부 권력의 침입을 억제할 힘이 없다. 사실상 일찍이 1958년 농촌 인민공사 설립에 관한 중국공산당 중앙위원회 결의문에서 인민공사는 전민 소유제의 성격을 가지고 있고, 또한 이러한 성격은 '끊임없이 발전하는 가운데 계속 성장하여 점차적으로 집단소유제를 대체하게 될 것'이라고 명시되어 있다.[20] 때문에 농민합작 경제조직과 달리 집단공유 경제는 처음부터 정부 권력의 통제하에 있었다.

유의해야 할 점은, 정부는 더 이상 재산권 및 거래에 대하여 외적인 보호와 중재 역할을 하지 않으며 이미 농촌의 재산권에 개입하여 이를 통제하고 있다는 사실이다. 흥미로운 것은 정부가 전민全民의 이름으로 이런 역할을 할 때 전통적인 농민 가정의 사유권을 소멸시켰을 뿐만 아니라 일반적 의미의 재산권도 소멸시켰다는 것이다. 왜냐하면 재산권 경제학자들이 말한 바와 같이 모든 재산권의 제도규범에서 가장 중요한 것은 경제자원의 배타적 수익권과 양도권이기 때문이다.[21] 사회주의 정부가 통제하는 '전민'경제는 국내적으로 모든 배타적인 제도규범을 불필요하게 만든다. 권리의 배타성을 인정하지 않으면 자원을 이용하는 시장거래 또한 인정하지 않게 된다. 내가 볼 때 이러한 점은 전통 사회주의 경제체제의 반시장적 성향을 이해하는 핵심이다.

이 체제의 특징으로 보면 농촌 집단소유제와 정부소유제는 같은 것으로 이해할 수 있다. 그리고 집단소유제가 반드시 비교적 느슨한 정부 통제의 형태를 의미하지는 않는다. 집단소유제와 전민소유제의 진정한 차이는 정부가 집단소유를 지배하고 통제하지만, 그 통제 결과에 대해 직접적인 재정 책임을 지지 않는다는 것이다. 그러나 정부가 전민경제를 통제할 때는, 일자리·급여·기타 복지에 대한 재정적인 보증을 한다. 때문에 집단소유제에 대한 정부의 통제와 관여는 '낭만주의'나 '맹목적인 지휘'에 의해 지배되고 심지어 정부가 하고 싶은 대로 되기 쉽다.[22] 집단은 무엇을 생산할 것인지, 얼마나 생산할 것인지, 심지어 어떻게 생산할 것인지를 완벽하게 결정할 수 없으며, 더욱이 시장에서 생산요소를 구매하고 제품을 판매하는 계약을 체결할 권리가 없다. 이 모든 것은 우선 정부가 결정하고 위에서 아래로 관철하여 실행된다. 물론 집단은 이러한 상명하복식의 모든 경제적 결과를 책임져야 한다. 즉, 집단에 남겨야 할 수량과 사원社員들의 노동 가치량을 포함한 최종 배분 수준을 확정한다. 이때에야 비로소 명실상부한 집단경제가 되는 것이다.

개괄하면 집단공유제는 '공유나 협력적 사유재산'도 아니며 또한 순수한 전민의 공공 재산도 아니다. 그것은 정부가 통제하지만, 집단이 그 통제의 결과를 부담해야 하는 일종의 농촌사회주의의 제도적 배치이다. 일반적으로 집단경제는 서방의 '합작合作 경제' 이론으로 분석하기에 적합하지 않다. 왜냐하면 이 제도적 배치는 재산권을 가진 개인들 간의 자발적인 계약에 기초한 것이 전혀 아니기 때문이다.

(2) 정부의 공업화가 직면한 인구에 따른 지대(地租)의 균등 분배

중국의 농촌 집단경제를 이해하는 데 우선적으로 제기되는 문제는 어떤 동력 메커니즘이 1950년대 이후 정부의 통제를 농촌에까지 심화시켰는가 하는 것이다.(이는 전통적으로 중국이 과거 어느 시기에도 하지 못했던 일이다.) 또한, 어떻게 수많은 농민들이 이런 비계약적·제도적 배치를 받아들였는지에 답해야 할 것이다.

정부가 전례 없이 농촌사회 통제에 깊이 관여한 것은 정부 공업화의 목표와 밀접한 연관이 있다. 우선, 1949년 혁명이 19세기 이래 중국의 빈곤과 쇠약에 대해 주로 총괄한 것은, 첫째는 강력한 정부 기구가 없었고, 둘째는 발달한 자국의 공업이 없었다는 것이다. 때문에 정부는 경제자원을 집중 동원·이용하여 공업화 추진에 박차를 가했으며, 특히 중공업을 우선 발전시키는 것이 혁명 후 새로운 정권의 경제 전략에서 가장 중요한 내용이 되었다. 정부의 공업화는 1950년대 중국의 공식 문서에서 사용 빈도가 꽤 높은 단어였고 이는 공업화가 국민경제 발전 전반의 절박한 목표였을 뿐만 아니라 정부가 공업화 과정에서 결정적이고 주도적 역할을 맡아야 한다는 것을 가리킨다.

정부 공업화의 자본 축적은 주로 본국의 농업 잉여에서 비롯되었다.[23]

어떤 학자는 혁명 전에 중국 농민들이 토지세와 지대를 통하여 제공한 잉여가 농업 총생산액의 30% 가량을 차지하였다고 추정하였다.[24] 이는 중국이 오래 전부터 소위 잉여 부족 경제가 아니라는 것을 보여 준다.[25] 문제는 이러한 농업 잉여의 아주 적은 일부분만이 근대 공업화 축적에 이용되었다는 것이다. 혁명이 통일된 민족정부와 사회 기본 질서를 재건한 뒤의 새로운 정권은 더욱 많은 농업 잉여를 공업화의 축적으로 전환할 수 있었다. 하지만 그렇게 하려면 정부는 무엇보다 먼저 농업 잉여를 자기 수중에 더 많이 집중시켜야 했다. 이는 혁명 이후 정부가 낡은 정부를 대체하여 토지 세금을 장악해야 할 뿐만 아니라 이전의 지주地主를 대신하여 지대를 집중적으로 통제하고 이용해야 한다는 것을 의미한다.

세금 측면에 있어서, 1950년대 전반기의 농업 세율은 이미 총산량의 11%에 달하였는데,[26] 이 세율은 명나라 청나라 그리고 항일전쟁의 국민당 정부에 비하면 높은 수준이었으나, 일본이 통치하던 중국 지역과 항일전쟁 이후의 국민당 정부에 비해서는 낮은 수준이었다.[27] 이 점만 보면, 혁명 후 새로운 정권은 역대 평화로운 시기 중 가장 효율적인 과세자였는데, 다만 그들은 이에 만족하지 않는 것 같다.

그러나 전통적인 중국 농업 잉여의 주요 부분인 지대(이자를 합하여)는 토지개혁에서 전체 농촌 인구에 평균적으로 분배되었다. 농업 잉여를 대략 30%로 예측할 때, 토지개혁 이후 농업 세금을 제외하고 적어도 20%에 달하는 농산품이 농민들의 수중에 들어갔다. 농민들이 토지를 분할하여 그들의 새 정권에 대한 정치적 지지를 강화하였지만, 공업화를 가속화하려는 국가의 기존 전략은 농산물의 20% 잉여가(즉 공업화에 가능한 축적) 농민들의 개인 소비와 투자로 전환되는 것을 용인할 수 없었다. 1953년부터 시작된 정부와 농민 간의 긴장 관계는[28] 현상적으로 볼 때 토지개혁 이후 농민들이 곡물과 기타 농산물 판매를 꺼리면서 정부가 농산물을 구매하는 데 어려움을 초래하였다. 그러나 본질적으로 이것은 지대가 농민에 의해 균등하게 분배된 소농경제와 웅대한 국가 공업화 목표 사이의 갈등이었다.

정부는 과세를 늘려 소실된 지대의 일부를 다시 회수하려 하였다. 그러나 1950년대 몇 차례의 고강도 세금 징수는 농민들의 집단적 항의를 불러일으켰고, 이를 통해 세금에 여러 추가적 비용을 더한 징수 상한 비율은 농산품의 15%가 한계였는데,[29] 그 한계를 넘어서면 정부의 세금 부과 비용은 득보다 실이 많을 것이라는 것을 보여 주었다. 필경 전체 농촌 주민을 상대로 지대의 일부분을 세금으로 납부하게 하는 것은 지주가 자작농을 상대로 같은 일을 하는 것보다 훨씬 더 어렵다. 결론은 명확한바, 정부가 전통적인 징수자로서의 역할만 고수한다면 균등 분배된 지대를 다시 국가의 공업화에 집중시키기에는 역부족이라는 것이다.

(3) 농민의 사유재산 제도에 대한 개조

새로운 정부는 반드시 과거 정부의 행위규범에서 탈피해야 했다. 그것은 농촌의 밑층까지 깊이 관여되었을 뿐만 아니라, 농민가정과 종족宗族의 의사 결정에까지 영향을 미쳤다. 이는 농촌의 정치생활과 정신생활을 재편성하였을 뿐만 아니라 농산품에 대한 생산·교역·분배도 통제하였으며, 특히 도시와 농촌의 관계를 통제하였다. 간단히 말하면, 1950년대 이후의 정부는 사회적으로 더 이상 '하늘은 높고 황제는 멀리에 있는(天高皇帝遠)' 도덕적인 정부가 아니었다. 정부의 모든 사회적 통제와 영향력은 물론 새로운 정권이 사회 전반의 낡은 것을 바꿔 보려는 웅대한 지향에서 비롯되었지만, 경제적으로 징세 이외의 수단으로 농민에게 균등 분배된 지대를 다시 집중시키는 것이 당시의 더 현실적이고 절박한 목표였다. 농민들이 평등하게 지대를 나눈 것은 경작자가 토지를 균등 분배한 결과이므로, 지대를 다시 집중시키려면 농민의 사적소유제를 근본적으로 개조하지 않으면 안 되었다.

 정부 권력은 점진적으로 농민들의 재산권을 침해하였다. 첫 번째 단계에서, 정부 정책은 단지 농민들의 개인 소유권을 제한했을 뿐, 법적으로 소멸시키지는 않았다. 예를 들면 가가호호의 양식과 목화 생산 지표를 정하고 생산량에 대한 법정 수매와 판매량을 정하였다. 일꾼을 고용하고 소작을 주고 자금을 빌려주는 것을 금지하는 것은 물론, 시장 교역을 폐쇄하고 농민과 개인 상인 간의 연계 통로도 차단하였다. 이 모든 조치들은 농민의 재산권 명의를 변경하지 않으면서 농민 재산권의 사용, 소득 및 양도만을 제한하는 방식으로 통제와 개입이 이루어졌다. 또한 재산권 경제학자의 분석에 따르면 정부는 농민 재산권의 '결여(殘缺)'를 야기하였다. 중요한 것은, 이 훼손된 재산권은 사실상 정부의 수중에 집중되어 정부가 징세를 통해 얻는 것 이외의 농업 잉여의 원천을 구성했다는 점이다.[30] 정부는 농민의 사유재산권 보호와 수립을 통해 세금을 거두어들이던 데에서 시작하여, 농민의 토지재산권 개입을 통하여 부분적으로 지대를 얻었다. 지대와 세금은 중앙정부의 수중에서 하나로 통합되었다.

 집단화는 결여된 농민들의 사적 소유권을 한층 더 소멸시켰다. 호조조互助組 운동은 농민들의 생산활동을 연합시켰고 초급사初級社는 농민들의 주요 재산을 합병하였으며 고급사高級社는 토지와 가축에 의한 이익 배당을 폐지하였고, 인민공사는 보다 큰 범위에서 공유화를 추진하였다.[31] 여기에 이르러, 정부는 농촌사회의 재산권 울타리를 완전히 허물어 버렸고 행정 권력이 전면적으로 농촌에 침투되었다. 농민의 잉여를 고도로 집중 동원하는 체제가 마침내 확립되었다. 이렇게 정부와 사회가 하나로 통합된 집단공유제는 전통적인 중국의 농촌과는 전혀 다른 제도와 조직적 토대를 구축하였다.

(4) 정부가 만든 재산권

이제 우리는 농민들의 견지에서 그들이 왜 정부가 그들의 소유권을 변경하고 박탈하는 것을 허용하였는지에 대해 논의해도 무방하다. 정부의 폭력적인 잠재력에 의한 제도적 안배 이론에 의하면 사회주의 농업 집단화는 정부의 강제적 결과에 지나지 않는다고 가정할 수 있다. 그러나 사실상 중국의 농업 집단화는 적어도 소련에 비하면 직접적인 폭력적 강제에 의지하지 않았다. 다른 한편으로는 농민 개인의 토지재산권은 또한 농민들을 혁명에 따르도록 이끈 주요한 경제적 동력으로 간주되었기 때문에 농민들이 개인 토지 소유권을 자신의 생명줄로 여길 수밖에 없었다. 진정 어려운 것은 정부가 어떤 수단을 통하여 소농경제의 토지 사유권을 사실상 소멸시켰음에도 불구하고 농민들이 어떻게 그것을 폭넓게 받아들였는가 하는 문제의 해답을 찾는 것이다.

문제의 근원은 농민들의 개인 재산권 자체의 성격에 기인할 뿐 집단화 과정에서 소위 단계를 뛰어넘는 격렬한 행동은 아니었다. 아래에서 우리는 전자가 후자의 대규모적인 발생에 근거를 제공하였다는 것을 보게 될 것이다.

토지개혁에서 형성된 재산권 제도는 의심할 바 없이 토지에 대한 농민 사유제이다. 그러나 이런 사유제는 재산권 시장에서 장기간의 자발적인 거래를 통한 산물이 아니고, 정부가 재산권 거래에 대해 어떤 제약을 가한 결정체도 아니었으며, 이는 정부가 대규모의 대중적 계급투쟁을 조직하여 직접 기존의 토지재산권을 재분배한 결과였다. 정부와 당 조직의 정책은 땅이 없거나 적은 농민들이 토지의 균등 분배 운동에서 불가피한 '무임승차'를 하는 행위를 막는 데 결정적인 역할을 했고, 토지를 평균 분배한 결과 정부의 허가를 거쳐 사유제가 신속하게 합법화될 수 있었다. 이에 따라 토지개혁과 같은 사유화 운동을 지도한 정부는 자신의 의지를 농민의 사유재산권에 주입시켰다. 정부의 의지가 변하면 농민의 사적소유제 또한 반드시 바뀌어야 했다.

(5) 세 가지 토지 사유제

위의 이 논점은 본 글에서 상당히 중요하므로 약간의 설명이 필요하다. 토지가 없거나 적은 농민이 토지의 사적 소유권을 획득할 수 있는 세 가지 가능한 경로를 비교해 보는 것도 좋을 것이다. 전통적인 토지시장에서 농민은 토지재산권을 구입할 수 있다. 한번에 살 수 없으면 먼저 임대하고 나중에 사거나 또는 담보로 구입하는 중간 과정을 거칠 수 있다. 이 당사자의 구매력은 그 가족의 저축이나 또는 재산권을 획득하는 과정에서 정부의 정규적인 법률 서비스를 받았을 수도 있고 전통적인 지역사회의 관습과 마을의 중개자에게 의지하였을 수도 있다. 어찌됐든 그는 자유로운 거래 계약을 통해 재산권을 취득하였다.

두 번째 경로는 정부가 관여한 토지시장이다. 정부는 토지 소유권 거래의 가격만을 제한했을 수 있다. 예를 들면 항일전쟁 시기 공산당 근거지 정부 그리고 1950년 대만에서의 국민당 당국은 토지의 지대율(地租率)이 총산출의 37.5%를 초과하지 못하도록 제한하였다. 이럴 경우 농민은 땅을 구매할 원금을 더 쉽게 축적할 수 있을지도 모르지만, 나중에 그가 토지를 임대해야 할 때에도 정부의 동등한 관여를 받아들여야 한다. 정부는 또한 재산권 거래에 좀 더 깊이 관여할 수 있다. 예를 들면 2차 대전 이후의 일본이나 한국 그리고 대만 지역의 토지개혁은 정부나 당국의 강제적인 규정 가격에 따라 규정 면적을 초과한 지주의 토지를 매입한 후 이를 다시 땅이 없거나 땅이 적은 농민들에게 팔았다. 이런 상황에서 그 당사자는 여전히 형식상 토지재산권을 구매한 것이 된다. 그러나 그는 정부 또는 당국의 개입이 없으면 이 구매 조건으로는 토지의 소유자가 될 수 없음을 알고 있다.

　마지막으로, 농민은 토지 거래를 아예 거치지 않고 토지를 획득할 수 있다. 농민은 지주의 재산권을 박탈하는 대중적 정치운동에 참여하여 가정 인구에 따라 토지를 배분받았다. 이런 박탈은 정부가 조직하고 합법성을 인정한 것이다. 그의 토지 소유권은 형식상으로도 사 온 것이 아니라 분배받은 것이다. 농민은 개인적인 노력만으로는 지주의 재산을 나눠 갖는 것이 불가능하기 때문에 정부에서 지도한 정치운동의 혜택을 입었다.

　위에서 말한 세 가지 토지 사유권은 정부와 재산권의 관계를 완전히 바꾸어 놓았다. 첫 번째 상황에서 농민은 독립적인 협상 지위를 가지고 있으며 정부 서비스의 질을 평가한 후 비용 지불(납세)을 결정할 수 있다. 또는 그가 수지가 맞지 않는다고 생각하는 조건에서는 재산권을 완전히 양도함으로써 더 이상 정부의 서비스를 구매할 필요가 없다. 두 번째 경우에는 농민의 이런 독립적인 협상 지위는 떨어졌고, 세 번째 경우에는 거의 소실되었다. 때문에 완전히 다른 토지 사유제가 존재할 수 있고 그것들은 서로 다른 강도強度와 안정성을 가지고 있으며, 한층 더 변화된 전혀 다른 논리를 가지고 있다.[32]

　중국의 토지개혁으로 형성된 농민 사유권은 사회정치운동이 토지재산권을 직접 재분배한 결과이다. 때문에 토지개혁으로 형성된 농민의 개인 사유제에 나중에 집단화하여 공유될 수 있는 모든 가능한 형태가 이미 포함되었다. 왜냐하면 정치운동을 통하여 재산권을 만든 정부는 역시 정치운동을 통해 재산권을 변화시킬 수 있기 때문이다. 이 판단을 뒷받침할 수 있는 사실적 근거는 일찍이 1950년대 상반기에 정부의 정책 결정자가 상층에서 신민주주의적 경제 정책을 계속 실시해야 하는지, 농민의 개인사유제를 유지해야 할지에 대해 논쟁하고 있을 때,[33] 농민들은 이에 대해 의사 결정 전의 발언권과 의사 결정 후의 선택권이 별로 없었다는 것이다. 이것은 앞의 선택이 늘 그 뒤의 발전 궤도에 영향을 미친다는

[North(1990)], 제도 변천 이론 중의 '경로 연관(dependent path)' 사상에 하나의 사례를 제공하였다. 동시에 이는 저자가 장기간 견지해 온 논점인 '사회주의 재산권 개혁의 근본적인 문제는 정부가 어떤 재산권 형태(가장 순수한 사유제라 할지라도)를 확인하는 것이 아니라, 재산권 변혁에서 정부의 권력 한도를 먼저 정하는 것'이라는 사실을 설명한다.[34] 정부가 임의로 재산권을 지정하고 사회와 협상을 거치지 않고도 재산권 계약을 변경할 수 있는 환경에서는 가장 효과적인 재산권 제도를 그대로 답습한다 할지라도 여전히 장기적인 경제 성장을 이룩할 수 없다.

(6) 집단경제는 왜 비효율적인가?

우리는 이미 정부가 왜 그리고 어떻게 집단적인 재산권을 만드는지 보았다. 하지만 정부는 그의 '체제 제품'이 반드시 효과적이라는 것을 보장할 수 없다. 집단화 농업의 효율성 저하는 의심할 여지가 없는 사실이다. Wen(1989)의 계산에 의하면 1952~1957년 사이 중국의 농업 총요소 생산율이 아주 낮은 증가세를 보여 준 것 이외에도, 1983년 이전의 농업 집단화 생산성은 1952년의 개인 농업 수준보다 현저히 낮았다. 이는 집단화 운동 발기자들의 예상과는 완전히 상반되는 결과였다.

한 가지 해석이 이미 보편적으로 받아들여지고 있는데, 그것은 농업생산에서 그 구성원들의 노동에 대한 집단조직의 감독과 계량이 불완전하여 사원들의 노력에 대한 동기 부여의 부족을 야기했다는 것이다.[35] 이 해석은 협력 생산에서 노동자의 적극성 저하로 인한 효율성 손실에 주목했지만, 또 다른 효율 저하, 즉 집단경제의 관리자에 대한 동기 부여 부족으로 야기되는 비효율은 간과할 수 있다.

어떤 생산대라도 계량 감독과 경영 관리의 문제에 직면해 있다. 때문에 효과적인 감독과 관리는 집단경제 구성원들이 충분한 노력을 제공하게 하는 필요조건이다. 그러나 집단생산은 관리자들로 하여금 충분하고도 효과적인 감독 관리를 제공하도록 무엇으로 동기를 부여할 것인가? Alchian & Demsetz(1972)는 바로 이런 의미에서 재산권의 경제적 함의를 논증하였다. 그들은 경제조직의 재산권은 사실 일종의 잉여권리(residual claim)이며 이런 잉여권리가 바로 소유자들로 하여금 열심히 감독하도록 동기 부여를 한다는 것이다. 사실상 경제조직의 자산 소유자는 독자적으로 관리·감독 책임을 지고 단독으로 잉여권리를 향유할 수도 있고, 감독 관리로 인한 잉여를 전문 경영인에게 지불하고 경영인이 관리·감독 책임을 지도록 할 수도 있다. 어찌 됐든 집단적 생산의 관리·감독 효율성은 감독자가 잉여권리를 향유함에 따라 보장된다. 재산권이 잠식될 때 잉여권의 동기 부여 메커니즘은 약화될 것이다. 만약 집단적 생산이 확실히 규모의 경제적 효과(즉 협력생산의 합계가 개별적 생산자들이 각각 생산해 낸 합계보다 큰 것)를 가진다면 재산권, 즉 잉여권리는 이런 규모의 경제를 실현하는 데 제도적 보장을 제공하게 된다. 그러므로 집단생산에서 관리·감독의 어려움은 한편으로는 기술적 요인, 즉 정보 수집과 처리의 어려움에서 오며 다른 한편으로는 제도적인 요인, 즉 재산권의 불완전성으로 인한 관리자 인센티브의 결핍에 기인한다.

(7) 잉여권리를 대체한 행정등급제

집단경제는 제도적 배치에서 잉여권리의 메커니즘을 소멸시켰다. 그러나 그로 인해 집단적 생산이 관리자에게 부여된 경제적 동기 부여의 수요를 없앨 수는 없었다. 사실상 정부가 통제하는 공유제 경제는 당, 정부 관료 등급제에 호소하지 않을 수 없는데, 이는 바로 사회주의 체제에서도 경제 관리 간부들에 대한 동기 부여는 여전히 필요하다는 것을 말해 주고 있다. 예를 들면 승진에 대한 기대가 이 체제의 가장 주요한 긍정적인 동기 부여이고, 승진에 가망이 없거나 좌천 또는 면직을 당하는 것은 부정적인 동기 부여의 주요한 수단이다. 이런 의미에서 경제체제의 관본위화 官本位化는 재산권 제도에 대한 일종의 대체라고 볼 수 있다.

그러나 중국 농촌의 집단경제에서는 잉여권 대신 행정 승진 메커니즘을 운용하는 데 특별한 어려움을 겪고 있다. 땅이 넓고 인구가 많기 때문에 중앙집권적인 정규적 행정 시스템은 시골에서도 향鄕(公社)이라는 등급까지만 이어진다. 향 이하의 촌(대대)과 생산대의 관리자는 비공식적인 관료가 맡는다. 그들과 신분상 공식적인 정부 간부들과의 사이에는 넘기 어려운 큰 갭이 있다. 사실상 집단화 시기에 절대다수의 대대와 생산대의 간부들은 정부 관료의 예비 명단에 들지 않았다.[36] 다시 말하면 행정 승진 메커니즘은 인민공사의 기층 간부들에게 영향을 미치지 못하였다. 동시에 공식적인 승진 가망이 없는 그들에게는 기존 체제의 마이너스 격려도 처벌의 효과를 잃게 된다. 하지만 기층 간부들이 바로 집단생산 활동의 직접적인 관리자들이었다. 그들에 대한 동기 부여 효과가 없었기에 집단화의 규모경제 효과는 근본적으로 실현될 수 없었다. 여기에서 무엇 때문에 농촌의 집단경제가 전민경제보다 효율이 더 낮아 보였고, 더 이른 단계에서 개혁이 제기되었으며, 잉여권리의 도입이 요구되었는가를 해석할 수 있다.

요컨대, 정부가 통제하는 집단화 경제는 공동 생산의 감독 및 관리에 대한 동기 부여의 결핍으로 비효율적이었고, 이는 농업생산에서 안 그래도 상당히 어려웠던 계량과 감독 문제를 더 어렵게 하였다. 기존의 농업체제는 감독자와 노동자 양쪽의 적극성을 동시에 잃었고 그 핵심은 정부의 행위로 인한 심각한 재산권의 결여였다. 또 다른 관점에서 보면, 비효율적인 체제는 비교적 큰 체제로의 수정 효과를 내포하고 있고, 또 재산권 개혁을 제도적 이익으로 창출할 수 있는 계기로 만들었다. 그러나 정부가 단지 집단경제의 저효율 때문에 자발적으로 제도를 바꿀 수 있을까?

3. 기근, 퇴각과 변통

(1) 체제개혁의 제일 동력

경제체제의 효율은 사후에 평가하는 수밖에 없다. 여러 가지 방식으로 이 일을 할 때 우리는 제도의 효율성과 변천 사이에 직접적인 상호작용 관계가 존재한다고 가정한다. 하지만 이 가설은 이론적으로 큰 골칫거리에 부딪치게 된다.[37] 왜냐하면 같은 체제의 효율성은 각 당사자의 서로 다른 복지 평가를 이끌어 내기 때문이다. 엄밀히 말하면, 우리는 개개인의 복지함수를 유일한 사회복지함수로 통합할 방법이 없다.[38] 만약 서로 다른 사회복지함수(또는 더 정확하게 그룹복지함수라고 부른다.)가 체제의 변천에 대한 각 당사자 집단의 다른 태도를 의미하고 다른 행위를 끌어낸다면, 제도 변화의 초기 추진력 문제는 또다시 복잡해져 서로 다른 집단들 사이에서의 힘의 대결이 될 것이다.

그러나 집단공유제의 성격은 이 문제를 간소화하였다. 인민공사에 대한 정부의 통제와 정부의 주도적 지위는 정부가 인민공사의 복지에 대한 자신의 평가를 '독자적(dictatorially)'으로 유일한 사회복지함수로 삼을 수 있게끔 하였다. 그에 걸맞게 우리는 우선 제도 변천의 기원을 정부의 집단경제 통제에 대한 '수익-비용' 구조의 변화에서 찾아야 한다.

(2) 정부가 농촌경제를 통제하는 수익과 비용

최초로 인민공사제도의 변화를 직접적으로 추진한 것은 정부가 이 제도를 통제하여 발생한 '비용-수익' 구조에 점진적인 변화가 생기게 된 것부터이다. 노스의 정의에 따르면, 정부는 폭력 잠재성을 가진 독점 조직으로서 당연히 어떠한 재산권 형식도 창조할 수 있다. 일정한 기간 내에 이런 조직은 심지어 모든 일을 마음대로 할 수 있다. 그러나 정부는 결국 조직비용이 제로(0)가 아닌 세계에서 활동한다. 정부 자체나 정부가 만든 경제조직은 결국은 거래비용과 재산권 경제학에 명시된 경제규칙의 지배를 받는다.

그림 1은 1952~1982년 사이 정부가 농촌경제 시스템을 통제한 비용과 수익지수의 변화 추세를 직관적으로 보여 주고 있다.[39] 우리는 우선 1952~1982년 사이 절대다수 연도, 즉 30년 중 23년 동안 정부가 농촌을 통제한 비용지수가 수익지수보다 더 빨리 성장하였음을 볼 수 있다. 이것은 물론 농촌체제가 정부에 언제나 절대적으로 '적자'를 냈음을 의미하지는 않지만, 여러 해 동안 정부의 제도적 비용이 상대적으로 빠른 상승세의 압박을 받고 있었다는 것을 말해 준다.

이 기간에 정부 통제 수익지수의 증가가 비용지수의 증가를 역전한 두 차례의 뚜렷한 절정기가 있었다. 첫 번째는 1957~1961년 사이에 나타났는데 1960년이 정점이었고, 두 번째는 1972~1981년 사이에 나타났는데, 1979년이 정점이었다. 바로 이 두 절정기에 즈음하여 농촌경제 정책에 대한 정부의 대조정이 일어났다. 본문의 분석 틀에 따르면, 이것은 당연히 두 번 다 우연의 일치가 아니었다. 이는 정부가 기존의 권력 구조, 이데올로기의 연관성 그리고 정부 정책이 원 정책 제정자의 권위나 심지어는 정부의 합법성에 미치는 악영향에도 불구하고 어떤 조건에서 경제 정책의 변화를 고려할 수 있었는지를 보여 준다.

이 부분의 나머지 소절에서는 그림 1에서 첫 번째로 나타난 제도의 '수익-비용' 역전의 절정기가 어떻게 1960년대 초기 정부의 농촌 정책을 변화시키고 그 후의 개혁을 위한 조건을 마련하였는지를 논할 것이다. 두 번째 정점에 대한 연구는 그다음 부분에서 논한다.

그림 1은 1957~1961년의 결정적인 요소는 정부 수익지수가 갑자기 정부의 생존을 위협하는 최저 수준으로 대폭 떨어진 것이라는 사실을 보

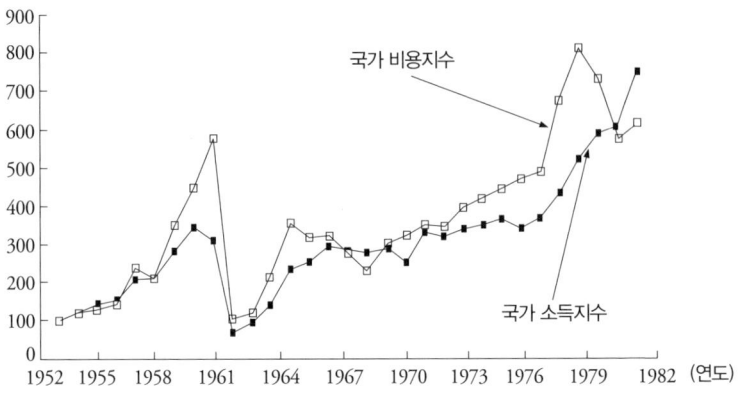

그림 1 1952~1982년 농촌경제 시스템 통제에서 정부의 수익과 비용지수(본문에서 사용한 수치와 설명은 부록 표 1과 부록 표 2를 참조)

여 준다. 1957년부터 시작된 농업의 공유화 수준을 높이기 위한 정부의 노력은 해마다 제도비용을 급속히 상승시켰고 그 증가율은 정부 수익지수를 넘어서게 되었다. 1958년도 정부의 종합 비용지수는 전년에 비해 66.82% 증가하였고, 수입지수의 성장(33.02%)보다 33.8포인트가 높았다(부록 표 1 참조). 그 후 2년 동안 비용지수는 582점(1952년은 100)의 높은 수치를 기록하였으나 수익지수는 계속 늘어나거나(1959년은 전년에 비해 23.4% 증가) 약간의 하락만 있었을 뿐이다(1960년은 전년에 비해 9.77% 하락). 정부의 정책 결정자들은 여전히 어떤 퇴각도 하지 않을 작정이었고 우익 경향을 비판하는 운동을 시작했다. 그러나 1년이 지난 1961년, 정부의 농촌 수익지수는 갑자기 전년에 비해 77.42%나 감소되어 1952년 수준의 70%에 불과해졌고(동 시기 인구 증가율은 15%, 공업 총규모의 증가율은 근 4배에 달하였다.), 정부의 농촌 비용지수도 1952년 수준에 머물렀다. 정부는 그제서야 어쩔 수 없이 농촌경제 정책을 철회하였다. 이것은 정부 수익의 급격한 하락으로 인한 정책적 조정이었다.

(3) 정치적 실패인가, 아니면 정책적 후퇴인가

1960년대 초반의 농촌경제 정책 조정은 1959~1961년 사이에 나타난 갑작스러운 농업 흉작이 원인이었다. 사실상 1958년의 농업의 실제 성장 지수는 이미 1957년에 비해 5포인트 정도 하락했고, 1959년은 전년에 비해 15.9포인트 하락했으며, 1960년에는 22포인트, 1961년에는 51포인트 하락하였다.[40] 농업에서 1959년의 곡물생산은 전년 대비 15% 감소하였고, 그 뒤 2년간 곡물생산은 1958년의 70% 수준에 머물렀다.[41] 뒤늦은 정부 결정으로 1959년의 농업세, 농산물 수출과 농부산물 수매에서의 비공식적인 지대(暗租)는 지속적으로 상승하였다. 이로 인해 1959년 정부의 수익지수는 여전히 전년 대비 66% 증가하였다.[42] 이런 뒤늦은 반응으로, 상당수 농촌 인구의 식량이 생존에 필요한 양보다 적어지는 상황을 초래하였고 약 3천만 명이 기근으로 사망하였다.[43] 1959~1961년 사이의 농업 위기는 절대적인 식량 부족 때문이라서 통화의 추가 발행으로 해결할 수 없었다. 당시 국민경제의 폐쇄성 때문에 국제시장을 이용한 조정도 불가능하였다. 당시 농업 축적이 정부 수입의 상당한 몫을 차지하였기 때문에 농촌 수익의 급락은 사회 전반에 영향을 미치게 되었다. 결국 심각한 기근이 만연하면서 경제 위기는 정책 결정권자의 권력과 정부의 합법성에 도전하는 정치적 위기로까지 번지게 되었다.[44]

위의 원인들이 1961년부터 함께 작용하여 정부는 정치적 실패 아니면 정책적 후퇴 사이에서 하나를 선택하지 않을 수 없게 되었다. 경제 상황이 위태로워져 정부는 모든 가능한 정책 수단으로 농민들을 동원하여 생산을 늘리고 자구책을 강구하는 것 외에는 다른 길이 없었다. 이것은 정부가 사회 경제를 완전히 통제하는 체제가 정부 자신에게도 안전하지 않다는 중요한 교훈을 남겼다.

(4) 단기 조정의 장기적인 영향

1960년의 조정은 완전히 다른 두 가지 내용을 포함하였다. 첫째는 인민공사의 제도적 틀을 유지하되 대폭적으로 정책을 수정한 것이다. 예를 들면 인민공사 규모를 축소하고 생산대를 기초로 하는 소유제를 확립하여 상급 행정 관료가 하급과 농민의 재산을 무상으로 조정하는 것을 제한하고(공산풍共産風을 비판), 공공 식당을 해산하고 노동점수제(工分制)와 생산대의 내부 관리를 개선하는 것이었다. 둘째는 집단경제에서 농민 가정경영의 지위(자류지, 자류 가축과 가정 부업)를 인정하고 도시와 농촌의 자유시장을 개방하고, 농가별 생산량 도급제를 실시하거나 심지어 경작지를 나누어 단독으로 생산하는 것을 허용하는 것이었다. 장기적인 방향이 전혀 다른 이 두 가지의 정책 조정은 정부가 농촌경제 정책에서 전면적인 퇴진을 하지 않을 수 없음을 표명하였다. 하지만 수익 곡선의 갑작스런 급락 압박에 의해 한 발 물러난 정부의 정책은 아주 잠깐에 그쳤다. 농업 총산출이 기존의 수준으로 회복되자(1964~1965) 많은 효과를 보이던 정책들이 모두 임시방편으로 여겨져 버려졌다. 단기적인 총수익의 하락은 기존 제도의 보호 구조를 근본적으로 흔들지 못했고 인민공사는 정부가 통제하는 농촌경제조직으로서 제도적으로 계속 유지될 수 있었다.[45] 1962년부터 농촌경제 시스템을 통제하는 정부의 수익지수는 상승세로 돌아섰고 비용지수도 상승은 했으나 1970년대 초반에 이르기까지 거의 비슷한 추세를 유지했다. 위기가 해소되어 정부의 정책적 유보도 종결되었으며, 조정 후의 농업 총요소 생산성은 가장 높을 때가 1952년의 87.8% 수준이었다.[46]

그러나 1960년대의 단기적인 정책 조정도 일부 장기적인 영향을 남겼다. 제도적 차원에서 볼 때 가정 부업의 합법적인 지위를 인정하고 생산대를 기반으로 하는 체제를 확립하는 것은 그중 가장 중요한 두 가지였다. 전자는 대기근의 재발을 방지하기 위한 안전밸브 역할을 하였고, 후자는 농민들의 공산풍共産風 반대와 정부 인민공사의 제도적 틀에 대한 유보 사이에서 타협한 산물이었다.[47] 이 두 가지 받침(支點)이 농민들의 집단에 대한 협상 지위를 향상시켰고, 집단은 정부에 대한 협상 입지를 강화함으로써 개혁을 위한 조건이 마련되었는데, 이는 누구도 예상치 못한 것이었다.

(5) 퇴출과 태업을 외치다

농민은 인민공사경제에 대한 제도 창조권(創制權)이 없기에 집단경제체제의 추가적 변천에 대한 제도적인 협상 지위도 없다. 농민 재산권이 최종적으로 부정됨에 따라 도시와 농촌을 격리시킨 호적제도, 식량배급권제도(糧票制)와 인민공사 내의 식량분배제와 노동점수제도 함께 완비되었다.[48] 농민은 자기가 입사할 때 갖고 들어간 토지와 가축을 가지고 퇴사할 수 없을 뿐만 아니라 심지어 자기 자신을 공사체제에서 퇴출시킬 수 없었다. Hirschman(1970)이 제공한 전문 용어로 묘사하면 공사체제에서 농민들은 '퇴출권(exit right)'이 없었을 뿐만 아니라 자유롭게 '외칠(make voice)' 권리도 없었다. 이들이 체제에 남아 있었던 것은 집단에 대한 충성(loyalty) 때문이 아니라 다른 선택의 여지가 없었기 때문이다.

그러나 농민들은 여전히 공사체제에 대한 그들의 불만을 표현할 수 있었다. 흔히 볼 수 있는 합법적인 형태는 그들이 집단생산에 투입하는 노동량을 감소시키는 것이다. 또는 더 보편적으로 노동의 질을 떨어뜨리거나 혹은 다른 여러 가지 인위적인 수단으로 집단노동의 감독비용을 증가시키는 것이다. 주지하는 바와 같이 집단노동에서 어느 한 성원의 기회주의적 태도는 다른 성원에게 전염성이 있다. 그 결과 '게으름이 근면함을 방해하는' 현상이 만연하는 과정을 거쳐 집단경제의 노동 생산성이 떨어지고 일인당 소득 수준이 장기간 정체되었다.[49] 마지막으로, 일부 사원들은 Scott(1976)이 말한 것처럼 '생존권(subsisted rights)'을 위협받았을 때에야 정부가 합법적 손해를 방임하게 하거나 재정 구제를 증가시키게 하거나 또는 체제 교체 사이에서 결단을 내리게끔 한다. 간단히 말하면 재산권을 잃은 농민은 탈퇴할 수도 없고 투표로 집단체제를 변화시킬 수도 없기 때문에 소극적인 생산 축소의 방법으로 정부의 양보를 요구할 수밖에 없다.

(6) 부분적 퇴출권

위에서 언급한 메커니즘은 사회주의 전반의 농업체제 개혁에서 기본적인 역할을 발휘하였다. 하지만 우리는 여전히 이 메커니즘이 작용하는 조건에 대하여 자세히 알아야 한다.

만약 농민 가정의 전체 수입이 모두 집단생산에서 나올 만큼 집단경제가 공유화된다면, 우리는 농민들이 노동에 소극적일 가능성이 희박하다고 믿을 이유가 있다. 논리적으로 개별 사원들이 노동 투입을 줄이는 것은 더 많은 여가를 창출할 수 있지만, 그런 여가는 생존 선상에 있는 농민에게는 전혀 가치가 없는 것이다. 또한 이성적인 성원이라면, 게으른 이웃을 처벌하기 위해 자신의 노동 투입을 줄이고 이로 인해 자신과 가족의 생활 수준을 절대적으로 떨어뜨리지 않을 것이다. 따라서 보다 합리적인 가설은 집단경제의 공유화 정도가 높을수록 그 성원들이 게으름을 피울 마음은 적어질 것이고, 노동의 기회주의적 태도는 한계(생존 수준과 관련)에 달하면 자제될 것이다. 이는 근로자들의 자발적인 상호 감독 메커니즘이 작용하기 때문이다.

고도의 공유제 경제의 진정한 핵심 문제는 규모경제의 관리 문제이다. 왜냐하면 노동 계량이나 감독이 필요 없을지라도 집단경제는 '기업 전략'과 유사한 일련의 복잡한 문제에 직면해 있기 때문이다. 일종의 대규모 생산 방식이 잉여권의 동기 부여를 배제하고 행정 등급의 자극에만 복종할 경우 그 관리자는 처음에 낮지 않았던 노동 의욕을 경제적으로 불합리한 방향으로 유도함으로써 경제적 실패를 낳을 가능성이 있다. 예를 들면 1958~1959년 중국의 인민공사 공유화 수준이 최고점에 달하였고 공사 사원들의 농업·농경지 수리시설과 기타 기초 시설 건설 및 공업생산에서의 노동 의욕은 상급자에 순응해, 중앙과 중앙의 주석인 유토피아적 공상에 사로잡힌 공사 관리자에 의해 남용되었다.(예를 들면 수천만의 노동력이 가을걷이를 하지 않고, 강철 제련에 동원되었다.)[50] 그러므로 우리는 1959년의 대규모 감산과 그 후 몇 년간 벌어진 대기근의 미시적 원인을 노동자들의 적극성 이외의 요인에서 찾아볼 수 있다.[51] 요컨대, 이 글의 관점에 따르면 농민들이 고도의 집단화 경제에서 소극적인 노동으로 체제에 거부권을 행사할 가능성은 매우 희박했다.

그러나 집단경제의 공유화 정도가 낮아지고 특히 농민 가정에 자류지 경제가 도입된 후 농민들의 상기 거부권은 크게 강화되었다. 첫째로, 농민들은 이제 자신이 통제할 수 있는 삶의 원천을 갖게 되었고, 더 이상 집단에 전적으로 의존하지 않게 되었다. 둘째로, 농민들이 집단제도에 대한 불만으로 줄였던 노동 투입을 이제 자신의 가정경영으로 돌릴 수 있게 되어 경제적인 의의를 가지게 되었다. 셋째, 이로 인해 농민들은 이제 '게으름으로 게으름을 처벌'하는 전략을 실시할 수 있게 되었다. 농민들은 여전히 인민공사에서 완전히 탈퇴하는 것이 허용되지 않을지 모르지만, 체제 내에서 부분적으로 집단노동에서 탈퇴할 수 있게 되었다. 바로 이러한 국지적 탈퇴 권리가 농민들로 하여금 집단의 감독과 계량 부족 및 관리 부실 상황에 대해 소극적인 노동으로 불만을 표출하게 하고 공유제 체제 내의 소규모 가정경영을 통해 크기만 하고 실속 없는 공유경제와 경쟁할 수 있게 하였다. 중국 농민들은 여전히 '고생을 참고 견딘다'는 칭찬을 하기에 손색이 없으나,[52] 지금은 어떻게 하면 농민들로 하여금 집단의 토지를 잘 경작하게 할 것인가가 정부의 최우선적인 경제 전략 문제로 대두되었다.

이것이 바로 1960년대 초반 정책이 조정된 뒤 농민들의 가정 부업이 회복되고 발전된 후의 상황이었다. 1978년까지 농민들이 가정 부업에서 얻은 순수입은 총 순수입의 26.8%를 차지하여 1957년의 수준에 도달하였다.[53] 1960~1978년 사이 농민들의 가계경영 평균 비중은 4분의 1 이하였고 이 부분의 유효 노동이 총생산성에 미치는 긍정적인 영향은 농민들의 집단생산에서 무효 노동의 부정적인 작용을 상쇄시키기에 부족하였다. 당연히 이로 인해 이 기간 농업 총요소 생산성은 결국 1957년 이전 수준에 미치지 못했다.[54] 그러나 같은 기간 내에서 가정경영 정책이 실시된 시기(1961~1967, 1972~1973)의 농업 총생산성은 상승하였으나, 반대의 경우에는 하락하였다.[55] 요컨대, 우리는 '국부적 퇴출 권리' 개념을 도입하여 1960년 이후 농업 총요소 생산성의 변화를 설명할 수 있다.[56] 더 중요한 것은 가정경영이 집단 경제개혁이 가능한 방향을 제시하였다는 점이다. 이는 가정조직을 농업생산의 기본 단위로 삼고 감독비용을 완전히 절약하는 것이다. 그 모델은 규모의 경제를 줄이는 대신 노동에 대한 동기 부여의 증가로 이를 대체하였다. 만약 규모경제로 인한 효율 손실을 낮춘다면 노동 동기 부여로 증가된 부분을 상쇄하고도 여유가 생길 수 있고, 그렇게 되면 집단경제를 가족경영의 모델로 개혁하여 생산성을 높일 수 있다. 마지막으로 국부적 퇴출 권리는 정부가 완전히 통제하던 집단 경제에서 농민들이 어떻게 자신들의 협상 지위를 점진적으로 확립할 수 있었는지를 이해하도록 도와준다. 이 점은 향후의 재산권 개혁에 결정적 의의를 가진다.

(7) 역방향 대체

윗글에서, 정부가 통제하는 집단경제에서 당정 등급의 승진 메커니즘으로 잉여권리를 대체하도록 모델화하였다. 그러나 공식적인 관료 등급제 이하에 있는 대대와 생산대 간부들에게는 이런 대체적 동기 부여가 불충분하였다. 따라서 관리·감독의 공급 부족은 사원들이 자발적으로 협력하지 않는 집단경제에서 노동 의욕의 저하를 야기하였다. 1962년 이전에 인민공사가 전민全民경제로 승격될 것이라는 막연한 전망으로 말단 간부들에게는 다소나마 승진의 기대가 남아 있었지만,[57] 인민공사가 집단 소유권의 성격을 강조하고 생산대를 기반으로 한다고 강조함으로써 그런 기대는 제도적 기반을 잃게 된다. 현재 문제는 이 집단경제의 실제 감독자들이 승진의 동기 부여도, 잉여권도 얻을 수 없는 난처한 지위에 만족하고 있는가 하는 것이다.

관찰에 따르면, 집단경제의 감독자들은 약간의 '근로지연수당(誤工補貼)'이 있다고 해서 잉여생산을 감독하는 큰 책임을 지는 것을 감수하지 않는다. 그들은 자신에 대한 동기 부여를 늘리기 위해 중앙집권의 관직등급제를 변경시킬 수는 없었다.[58] 그러나 그들은 실제로 농촌경제의 잉여 생산과 1차 분배를 통제하고 있었기에 이 집단 관리자들은 '잉여통제권'으로 잉여를 챙겼으며[59] 또한 실제 획득한 잉여량으로 자신의 관리·감독 노력의 실제 공급량의 균형을 찾았다. 이는 집단경제의 관리·감독자는 자발적으로 경제 잉여권리를 추구하는 것을 억제할 수 없게 되었다는 것이고, 실질적인 잉여분배권으로 관직의 등급 상승을 대신하는 '역대체(反向替代)' 메커니즘을 일으켰다는 것이다.

(8) 감독자의 특권

이러한 실질적인 잉여권의 한 가지 존재 형태는 감독자의 특권, 즉 사대社隊 기층간부가 관리직으로서 사적 이익을 취하는 것이다. 인민공사는 '정사합일政社合一' 체제이기 때문에 집단경제의 감독자는 생산대의 관리

기능을 담당하고 있을 뿐만 아니라 사원들의 노동 배치, 노동 계량, 노동 점수(工分)와 식량, 그리고 땔나무 등을 분배하는 책임을 지고 있으며 또한 호적 등기·징병·결혼 허가·계획 출산·분쟁 조정·치안과 지방정치 등 많은 정부 관리의 공공 기능을 담당하고 있다. 정부는 높은 정보비용으로 인해 고도로 집중된 농촌의 하층 권력을 효과적으로 감시·통제하기 어려웠다. 농민들은 독립적인 경제적 권리와 정치 권력의 기반이 부족하기 때문에 이러한 권력을 효과적으로 제어하기 어려웠다. 이에 따라 집단경제의 기층 감독권은 기형적인 감독 특권으로 변하기 쉬웠으며 관리·감독자는 물질적인 것과 비물질적인 것, 실물과 화폐의 추가적인 이익을 얻었다. 이와 같은 부패 형태로 나타난 잉여 분배 권리는 농가 및 집단 복지와 정부의 기득권에 대한 침해에서 유래한 것이다. 우리는 이런 특권의 자원 점유 총량을 가늠하기가 어렵다. 그러나 1960~1978년 사이의 역대 농촌 정치운동이 모두 사대社隊 기층基層간부의 경제 문제 청산을 호소한 것으로 보아, 그 보편화의 정도를 알 수 있다.[60] 집단 감독자의 특권은 부의 총량을 증가시키지 않기 때문에 비생산적인 것이다. 그러나 바로 이러한 특권, 즉 비제도적 잉여권리가 인민공사체제의 기층 감독자들에 대한 동기 부여 부족을 보충함으로써 체제 운영이 유지되었다. 정부와 사회가 아무리 도덕적으로 이런 말단 인물들의 '보잘것없는' 특권을 비난하더라도, 그것은 사실상 인민공사체제에서 없어서는 안 될 구성 부분이다. 그것은 정부가 무한한 재정 예산과 완전한 모니터링 능력을 갖고 있지 않는 한, 다른 메커니즘으로 잉여권리를 대체하는 제도는 사실상 통하지 않는다는 것을 보여 준다.

이렇게 하면 우리는 동시에 1960년대 중반 이후 정부가 정치운동에 많이 호소하고 간부를 정돈하여 농촌의 경제 동원에 종사하게 한 원인을 이해할 수 있다. 실제로 체제의 긍정적인 동기 부여가 약화되자 정부가 부정적 동기 부여, 즉 징벌 메커니즘에 더 많이 의존하여 인민공사의 경제

효과성을 유지할 수밖에 없었다. 그러나 사람들은 이로 인해 잉여권의 효율과 견줄 만한 메커니즘을 발명하지 못하였다. 연이은 정치운동은 경제자원을 똑같이 낭비하였을 뿐만 아니라 정부기관의 정치적 합법성과 이데올로기적 설득력, 그리고 관리자의 합리적인 예상도 손상을 입게 하였다. 높이 군림한 중앙집권정부는 마침내 긍정적인 또는 부정적인 동기 부여를 막론하고 농촌 하층 감독자의 특권을 눈감아 주지 않는 한, 농촌 하층 감독자들의 충성과 효율을 충분히 바꿀 수 없다는 것을 발견하였다.[61] 여기서 제도, 조직과 메커니즘의 문제가 간부 개인의 도덕적인 문제로 변하면서 끝없는 정치투쟁을 유발하였다.

(9) '집단 자본주의'

잉여권리는 보다 적극적인 형태도 있는데, 더 많은 가처분 잉여는 정부가 직접 통제하는 집단노동 부업이 아닌 집단 감독자들의 노력으로 창출되고 발전하였다. 집단노동 부업의 초기 조직 형태는 사대기업이었는데, 그 역사는 1950년대 말로 거슬러 올라갈 수 있으나 진정으로 기틀이 마련된 시기는 1970년대이다.[62] 사대기업은 농촌집단경제에서 발전이 가장 빠른 부문이다. 1970년의 불변 가격으로 계산할 경우 1978년의 공사·대대 2급 공업기업 총생산액(382억 위안)은 1971년(77.9억 위안)에 비해 3.9배 늘어나 연평균 25.5% 증가하여, 같은 기간 농업 총생산액의 연평균 증가율인 4.25%에 비해 훨씬 높았다.[63] 계획 외로 성장한 이 부분의 경제는 기존 체제에서 가공공업이 누린 지극히 높은 이윤에 대한 호응이었고, 동시에 가공공업에 대한 국유 부문의 독점에 대한 타파였다. 때문에 정통적인 계획의 입장에서 보면 사대기업의 노동 부업 경제는 지금까지 정부가 농촌경제를 통제하는 이색적인 존재로 여겨져 왔다.[64] 인민공사 시대에 반복적으로 비판을 받았던 '집단적 자본주의'란 바로 이와 같이 정부계획의 통제를 타파하고 집단이 경제활동을 조직하여 잉여를 점유하는 것을 말한다. 이런 의미에서 만약 농민들의 자기가정경제가 정부의 농촌 시스템 통제에 대한 일종의 개인적인 돌파라고 한다면 사대노동 부업은 일종의 집단적 돌파였다.[65]

집단노동 부업의 자본 형성은 주로 사대기업의 자체 축적과 은행 신용에 의존하였기 때문에 그 재산권 성격은 당연히 집단의 공유재산에 속한다.[66] 그러나 이러한 집단재산을 인민공사의 토지재산과 비교할 때 우리는 양자 사이에 사실상 매우 큰 차이가 있다는 것을 발견하였다. 전자는 시장을 상대로 생산하기 때문에 공동체가 잉여를 획득할 수 있지만, 후자의 잉여는 정부에 의해 독점되었다. 전자는 자산을 유동화하고 재편할 수 있지만, 후자는 재산에 대한 매매나 임대가 금지된다. 전자는 사대간부 및 그 위탁을 받은 공동체의 엘리트들이 통제하나, 후자는 완전히 정부의 통제를 받는다. 이러한 차이점은 사대기업 부문이 지닌 빠른 성장의 주요한 동력 메커니즘으로 해석할 수 있는데, 즉 공동체가 자체 자원을 통제하기 위해 노력하고 원래 정부가 독점하였던 농촌경제잉여를 공유하는 것이다.

사대간부들은 사대기업 초기 창설 과정에서 결정적인 역할을 하였다. 정사합일政社合一의 체제에서 집단경제의 관리·감독자는 한 사람이 두 가지 역할을 담당하는데, 국가정권은 농촌에서의 대리인이자 집단 경제의 대표이기도 하였다. 장기간 농촌 사회주의 개조를 거쳐 형성된 이 계층만이 농촌 지역에서 가족 규모를 초월한 경제조직을 운영하는 합법성을 갖추고 있었다. 그러므로 최초의 농촌 기업가는 주로 농촌의 하층간부들 속에서 성장하였다.[67] 비록 사대기업 재산권의 최종 귀속이 분명하지 않지만, 그 통제권은 어디까지나 사대간부들의 수중에 있었다. 초기 사대기업의 잉여 부분은 주로 농업 지원 지출(농기계를 구매하고 농토 수리를 건설하며 가난한 생산대를 지원)과 공동체 복지 및 기업에 쓰였고, 사대간부들은 그 가운데서 정해진 약간의 화폐 수입밖에 얻지 못하였다. 하지만 한 농업 공동체에서 이러한 재산권을 지배하고 특히 비농업 취업 기회를 통제하는 것은 절대적인 권력과 높은 사회적 지위를 의미한다. 바꿔 말하면 초기에 사대기업가들은 기업의 잉여를 충분히 누릴 수는 없었지만, 잉여분의 이용을 지배하였다. 더욱 중요한 것은 이러한 화폐와 비화폐적 수익은 정부에서 직접 부여한 것이 아니라 사대간부들이 스스로 기업을 창설하는 능력에서 온 것이다. 이는 효과적인 동기 부여 메커니즘을 구성하여 농촌 공동체 엘리트들이 최초의 향촌 기업가로 성장하도록 하였다.

향촌기업이 집단경제효과를 높이는 두 번째 가능성은 규모경제를 유지하면서 잉여권의 동기 부여 메커니즘을 도입하여 관리·감독의 효율을 높이는 것이다. 이 방향으로의 변화가 실제로 집단경제의 향후 개혁에 매우 중대한 역할을 하였지만, 기존 문헌은 이에 충분한 관심을 기울이지 않고 있다.

흥미로운 것은 공동체가 스스로 통제하는 경제 사업을 갖게 되면 더는 정부의 통제에 절대적으로 복종할 필요가 없다는 것이다. 이것은 농민가정이 가정 단위 경영을 하게 된 이후 집단에 대한 협상 입지가 현저히 강화되었던 것과 마찬가지이다. 공동체의 시각에서 보았을 때 경제자원 배치는 두 가지 갈림길에 직면했다. 하나는 정부의 조세와 농민의 생존을 만족시킬 수 있는 농업이고, 다른 하나는 농촌의 취업과 이윤의 최대화를 만족시킬 수 있는 사대공업 부업이다. 이러한 이중적인 시스템을 통제하는 정부의 어려움은 분명히 증가하였다. 정부는 농촌 하층간부를 거치지 않고 통제를 집행할 수 없었지만, 당시 농촌의 집행 시스템은 자기의 '자류지'를 가지고 있어, 행정 통제 강화의 한계효과가 날로 감소되는 상황이었으므로 정부는 부득이하게 농촌에서의 잉여 독점을 완화해야 하였다. 이를 검증할 수 있는 사실은 바로 사대기업이 크게 발전한 1970년대 이후, 정부가 농업에 대한 투자를 추가한 것이다.[68]

어쨌든 잉여권리는 이미 부분적으로 농촌집단경제 시스템에 도입되었다. 비록 아직 제도화되지 못했고 심지어 합법적이지 않지만, 그 존재는 이미 인민공사체제에서 거래할 수 없던 경직된 성격을 변화시키고 있다. 우리는 1978년 이전의 인민공사에서 이익거래 추진 제도 진화의 기원을 찾을 수 있다.

4. 계약이 낳은 재산권

1970년대 말의 농촌개혁은 우선 1960년대 초기에 실행되었던 단기 정책과 배치의 대규모적인 재연이었다. 기존의 체제는 정부가 주도하는 정치운동을 통해 재산권을 형성하고 변화시키는 논리였는데, 마침내 새로운 논리에 자리를 내주었다. 즉 정부와 농민 사이의 상호작용 그리고 농민 사이의 상호작용을 통해 새로운 유효 재산권을 형성하는 것이다. 제도의 형성과 변화를 둘러싸고 상호작용할 수 있는 환경에서 정부는 농촌경제에 대한 빈틈없는 통제에서 크게 후퇴하고 이로써 안정된 세금 수입, 저비용 통제 그리고 농민들의 정치적 지지를 얻었다. 농민들은 납세와 경영 책임을 보장하는 대가로 장기적인 토지 사용권과 양도권(流轉權)을 향유하고, 납세 후 나머지 자원에 대한 개인 재산권 그리고 비농업자원에 대한 부분적 또는 전부의 재산권을 취득할 수 있었다. 여러 가지 형태의 잉여권이 복합되어 이루어진 재산권 제도는 여러 단계의 점진적인 개혁 가운데서 탄생하였다. 가장 중요한 것은 정부가 점차 새로운 유효 재산권에 대한 보호로 입장을 선회한 것이다. 왜냐하면 이미 일방적으로 소유권을 변경할 수 없고 또한 농민들과 더 이상 협상할 필요가 없었기 때문이다. 이 부분에서는 정부가 전반적인 경제 과정을 통제한 배경에서 어떻게 새로운 농민 재산권이 탄생하게 되었는가 하는 문제를 토론할 것이다.

(1) 정부의 제2차 퇴각

그림 1에서 우리는 두 번째 절정기 곡선의 첫 번째 절정기와 다른 특징을 볼 수 있다. 1970년대에 정부의 농촌 수입은 안정적으로 성장하였다. 1972년과 1976년 2년의 미세한 등락을 제외하고, 1979년 정부의 수익지수는 1970년에 비해 121.6% 증가하였고 연평균 증가율은 8.74%에 달했다. 그러나 같은 기간 정부 비용지수는 더욱 빠른 속도로 상승하여 1970~1979년 사이에 도합 152.17% 증가해 연평균 증가율이 10.82%에 달했다. 특히, 1976년 이후 정부 비용지수는 수익지수에 비해 지속적인 상승세를 보이면서 지속 시간이 길고 차액이 큰 또 하나의 절정기가 형성되었다. 이로부터 알 수 있는 것은, 농촌경제 정책을 조정하는 정부의 동력은 행정비용의 제약을 받으며 정부가 행정비용을 추가할 능력이 없을 경우 정책적인 양보를 시작한다는 것이다.

항목별로 이 기간의 정부비용을 관찰해 보면 가장 빨리 증가한 부분이 재정 농업 지원 자금과 농업용 생산 수단 판매라는 것을 쉽게 발견할 수 있다.(1979년에는 1970년에 비해 각각 186.96%와 112.66% 증가하였다.)[69] 1970년대 이후의 중국 정부는 갈수록 전국의 농업 '관리자'처럼 반드시 농업의 투입과 산출을 직접 경영해야 했다. 집단 자본주의나 관리 감독자의 특권에 열을 올리는 하층 대리인과 부분적 탈퇴권을 가진 농민을 상대로 정부는 부득이하게 더 높은 투자로 수익 증대를 유지할 수밖에 없었다. 정부는 여전히 끊임없이 정치운동을 전개하였지만, 특별한 물질적 수단 없이는 정부의 농촌 수익이 스스로 증가하지 않는다는 것을 이미 알고 있었다.

그러나 이는 정부가 인민공사제도의 '수익-비용' 구조에 나타난 불리한 변화에 대하여 즉각적으로 순수 경제적 이성 반응을 보인다는 것은 아니다. 정부는 여전히 정책 변화를 통한 연쇄적 영향, 특히 정부의 권위와 이데올로기의 연관성을 고려해야 했다. 그러나 1970년대 후반에 들어 정부의 상층 정치구조에는 20년 전과 확연히 다른 변화가 일어났다. 첫째, 오랫동안 지속된 경제정책의 착오와 지도자의 권력 남용 그리고 국가 최고 권력의 승계 위기로 인해 사회에 대한 정부의 절대적 권위는 크게 약화되었다. 둘째, 통치의 합법성에 대한 도전과 '잠재적인 대체 위협'은 체제 외부에서 나타났을 뿐만 아니라(예를 들면 1960년대 대만 국민당의 대륙에 대한 역습) 체제 내부에서도 일어나고 있었다.[70] 셋째, 국제 환경이 완화되어 중앙집권 강화에 대한 외부적 압력이 줄었다.[71] 이러한 배경에서 정부는 또 한 차례 농촌경제 정책을 대폭 조정하였다.

(2) 하층의 개혁

농촌 하층의 입장에서 보면 정부의 수익지수가 농업 생산액과 농민 순수입의 증가를 초과하는 것은 농촌 소득 분배에 있어서 정부 편향이 높아지는 반면, 농민의 이익이 상대적으로 줄어들었음을 의미한다. 1970~1979년 사이에 전국의 농업 생산액은 79.21% 증가하였고 농민들이 집단경영에서 얻는 일인당 순수입은 40.24% 증가하였으며 물가의 영향을 제외하면 각기 60.39%와 21.42% 증가하여 앞에서 인용한 정부 수익지수의 성장(112.6%, 물가 영향을 제외하였음)보다 현저히 낮았다. 이는 1960년대 초기의 체제 조정을 거친 인민공사가 재산권에 대한 정부의 침해를 근절하지 못했다는 것을 증명한다.[72] 농촌과 농민의 빈곤은 여전히 놀라울 정도로 심각하였다.

이에 대한 농민들의 소극적인 반응은 집단노동에서 태업하는 것이었고, 적극적인 방식은 가정경영을 확대하는 것이었다. 문관중文貫中의 수치에 따르면 1960년대 중후반, '문화대혁명'의 농촌 지역에서 자본주의를 대거 비판한 필연적인 결과는 농업 총요소 생산성이 지속적으로 하락하여 1972년에 사상 최저점을 기록한 것이다.[73] 1972~1973년 사이에 일시적인 반등을 보였지만, ('좌' 편향 정책을 비판한 후인) 1974~1977년 사이에는 자산계급의 법적 권리를 비판하는 정책 지향으로 농업 총요소의 생산성이 지속적으로 하강 곡선을 그리면서, 1977년의 지수는 74.2%로 1961년보다 더 낮았다.[74] 즉 바로 그해에 극심한 가난과 자연재해를 겪고 있는 일부 지역에서는 농민들이 더 이상 집단 생산활동에서 '잉여' 자원을 가내 부업에 투입하는 것에 만족하지 않았다. 왜냐하면 이렇게 해도 여전히 먹고 살기에 부족했기 때문이다. 그들은 전체 토지자원을 가족경영 방식으로 점유하되, 생산량 도급을 교환 조건으로 하였다. 이것이 바로 새로운 농가별 생산량 도급제의 유래이다.[75]

1960년대의 경험이 있었기에 농가별 생산량 도급제는 이미 제도혁신이라고 할 수 없었으며 이는 제도의 확산과 보급이었다. 그러나 안휘성 봉양鳳陽현의 농민들이 한걸음 더 나아가 농가별 토지 도급으로 전환한[76] 농가별 생산량 도급제는 농가별 토지경영 도급으로 발전하였다.[77] 농민들은 '정부에 바치고, 집단에 남기고, 나머지는 모두 자기 것'이라는 새로운 제도적 안배를 제기하였다. 즉, 모든 지배 가능한 토지자원을 우선 가정 생산에 투입한 후, 적어도 농가가 정부와 집단의 기득 이익을 해치지 않는 것을 보장하는 전제하에서 증산한 부분은 자기 것이라는 것이다. 농민들의 하층에서의 소박한 창조는 제도의 운영비를 절감하려면 재산권 규범의 형태를 피할 수 없다는 것을 보여 준다. 중요한 것은 농가별 생산량 도급제와 농가별 토지 도급제가 안후이(安徽), 쓰촨(四川), 꾸이저우(貴州), 네이멍구(內蒙古)와 꽝시(廣西) 등지에서 1977~1978년 사이에 발생하였다는 것이다.[78] 다시 말하면 중국공산당 중앙위원회 제11기 3차 전원회의 이전이었다. 우리가 뒷부분에서 보게 될 것처럼 하층에서 상층의 정책 조정을 개혁으로 이끈 것이었다.

생산량 도급 또는 토지경영 도급은 가정 자류지 경제를 확대한 것에 불과하였다. 그러나 전자는 핵심적인 부분에서 후자와 다르다. 그것은 적어도 생산대 하나의 범위에서 공공적인 선택을 해야 한다는 것이다. 예를 들면 서로 다른 의견의 균형을 잡고 토지도급계약을 체결하고, 새로운 게임 규칙을 정하고 함께 비밀을 지키는 것 등이다. 생산대장은 이러한 제도적 혁신에서 없어서는 안 될 존재로, 공공 물품을 공급한다는 면에서 비교 우위를 가지고 있었다.[79] 그러므로 낙후한 지역이 1970년대 농촌개혁의 발원지가 된 것에는 가난에서 벗어나기 위해 변화를 꿈꾼 농민들 외에도 집단노동 부업이 미약하거나 전혀 없어 생산대장들을 생산량 도급제의 선두 주자로 몰아붙이게 된 것도 무시할 수 없는 조건이었다.

(3) 토지 사유화의 어려움

수십 년의 농업 사회주의 개조를 거쳐 성숙된 중국 농민들은 여전히 가족 소유의 땅을 소유하고 싶다는 꿈을 가지고 있었다.[80] 집단경제가 농민들을 먹여 살리기에 부족한 곳에서는 당연히 사유지에 대한 욕망이 더 강렬하였다. 위로부터 아래로의 통제가 완화되기만 하면 사유화를 다시 실시하는 것에 대한 요구가 아래로부터 제기된다. 사실상 농가별 생산량 도급이 비밀리에 진행되고 있을 때 일부 농민들은 자기들의 토지를 다시 사유화하는 방안으로 '토지와 산림을 되돌려' 줄 것을 제기하였다. 즉 토지개혁 이후 형성된 토지 분배 구도를 다시 회복하자는 것이었다.[81] 이 농민들은 사실상 토지개혁운동에서 분배된 토지 소유권을 토지 재분배의 유일한 합법적인 근거로 삼았다.

위에서 언급한 사유화의 첫 상대는 보수파 관료가 아니라(이때 상층부에서는 어느 派도 농촌에서 무슨 일이 일어났는지를 몰랐기 때문이다.) 마을의 또 다른 농민들이었다. 토지개혁은 30년 전의 일이었고, 토지개혁에서 농가별 생산량 도급제에 이르기까지 중국 농촌에는 3억 인구와 1억 농가가 늘어났다. 생산력과 자원 쟁탈 실력이 있는 보다 젊은 인구와 노력을 어떻게 토지로부터 소외시킬 수 있겠는가? 촌급에서는 정치와 이념적인 압박이 없다 하더라도 급진적인 사유화 주장은 통하지 않았다.

　수정을 거친 가능한 방법은 현재의 인구 전부가 토지를 공평하게 분배 받는 것이다. 그러나 그 개정안이 직면한 문제는 노동력과 비노동력이 토지를 분배받을 때의 다른 권리를 인정하느냐 하는 것이다. 만약 인정한다면 노동력은 비노동인구보다 더 큰 분배 권수를 가지게 되는 것을 의미하고, 이에 따른 문제는 농민 가정의 노동력 인구 비율이 변동된 후에 토지를 재분배할지의 여부이다. 만약 재분할을 한다면 사유화가 없는 것과 다름이 없거나 '매년 사유화'하는 체제가 되고 말 것이다. 재분할을 거부한다면 새로운 토지사유제가 각 가정의 노동인구 비율 변화에 따른 압박을 감당할 수 없을 것이다.

　아니면 그냥 뒤로 물러서서 전체 인구를 똑같이 취급하여 일차적으로 모든 토지를 분배하고 토지재산증명을 발급한 후 농민 가정 사이에 자유로운 소작권 매매를 허용하는 것이다. 이 방안의 간결함에는 문제가 없지만, 언제부터 이 위대한 혁명을 시작할지가 문제이다. 당신이 언제로 정하든 그다음 날 아이가 출생하게 될 농민 가정은 모두 반대할 것이다. 다수가 소수를 압도한다고 말할 수 있지만, 이러한 문제에서 소수는 영원히 다수보다 강하다.[82] 민주적 투표 절차로 결정한다면 반드시 또 한 번 투표를 해야 할 것이다. 대장이나 대통령의 권위를 강조할 경우, 손해를 본 농민은 그 생산대장이나 대통령을 뒤엎으려 할 것이다. 요점을 따지면 두 가지다. 첫째, 서로 다른 농민 가정은 각자 다른 가정 생명 주기에 있고 서로 다른 노동인구 비율이 있기 때문에 토지 분배에 대해서도 서로 다른 변화를 요구하고 있다.[83] 둘째, 인구를 토지 분배의 근거로 삼으면 안정적인 재산권 변경이 이루어질 수 없다. 전자는 토지사유화의 절차상 어려움을 결정하였고, 후자는 실질적인 어려움을 야기하였다. 개혁 초기에 많은 마을들이 위에서 언급한 공공 선택의 어려움을 겪었으며, 많은 사람들이 불면의 밤을 보냈다. 새로운 도급계약은 연속적 생산에서 탈피할 수 없었을 뿐만 아니라 경작하기 전에 반드시 계약을 체결하여야 하였다.

토지 사유화가 단번에 되지 못하고 먼저 생산량 도급제가 보편적인 흐름으로 자리 잡게 된 데는 촌급에 심각한 이유가 있었기 때문이다. 우리가 나중에 본 것처럼, 아무리 토지도급권이 사유재산과 준사유재산(准私産)에 근접한 발전을 하더라도 촌 집단이 최종 소유자로서 변동하는 인구의 토지 분배 압력에 대비해 항상 어떤 수단을 보유하고 있었다. 농가별 생산량 도급제는 납세 후 잉여산물에 대한 사적 소유를 허용했고, 이는 인구의 균등 분배의 전통에 얽매이지 않는 집단 농민 속에서 사유재산을 형성하는 길을 개척하였다. 이는 뒷이야기로, 당면한 가장 시급한 것은 생산량 도급제의 합법화를 완성하는 것이었다.

(4) 분권적 의사 결정

1970년대 말에 정부의 상층 정치구조가 시행하려고 했던 농촌경제 정책의 조정은 농촌사회의 하층에서 이미 일어난 농가별 생산량 도급제의 변혁과는 적지 않은 거리가 있다는 것을 부인할 수 없다. 문헌에서 알 수 있듯이 1978년 말에 새로 제정된 농촌정책의 기조는 '원기 회복'과 기층의 자주권을 강화시키는 것이었다. 전자의 내용에는 정부의 농산물 수매 가격을 인상하고 정부의 일괄수매 수량을 줄이며 농산물 수입을 증가시키는 것이 포함되었고 후자는 생산대의 자주권을 재차 강조하였다. 그러나 이 두 가지 내용에는 모두 농촌체제개혁을 시작할 의도가 없었다.[84]

원기 회복 정책의 실시 결과로 정부가 얻는 농업잉여 수준은 대체로 전통적인 농업세와 대등한 수준으로 떨어졌다.[85] 그러나 정부의 농촌 우대 결과 1979년의 정부 비용지수가 사상 최고로(그림 1 참조) 급등하면서 지속적인 재정 적자가 발생하였다.[86]

생산대의 자주권이 야기한 문제는 더욱 복잡하였다. 첫째는 생산대의 경영활동이 정부의 계획통제에서 얼마나 벗어날 수 있는가 하는 것이며, 둘째는 생산대가 자신의 재산권 형태를 바꿀 권리가 있는지의 여부였는데, 이 간단한 슬로건은 집단소유제의 모든 허상을 세상에 드러나게 했다. 안후이 소강小岡 생산대의 농가별 토지 도급제는 생산대 전체 농가가 만장일치로 결정한 것이었다. 그러나 그것이 합법적이었는가?

이 문제에 단도직입적으로 대답할 수 있는 사람은 없다. 왜냐하면 생산대의 권리와 권리를 변경하고 조절하는 절차를 법률로 기록한 문서가 없기 때문이다. 관습적으로, 비교제도 학자들은 중국의 계획 수준이 소련보다 훨씬 낮지만, 경제조직과 재산권 형태에서는 중국의 중앙집권 정도가 상당히 높다는 것을 발견하였다. 특히 농촌소유제 문제는 언제나 중앙과 중앙 주석에 의하여 결정될 수밖에 없었다.[87] 1978년 말에 채택한 당의 최신 결정에 따르면, 인용한 것처럼 농가별 생산량 도급제는 여전히 금지된 영역에 있었다. 당시의 중앙에서 일괄적으로 농가별 생산량 도급제를 합법화하는 것은 불가능하였다.

재산권 규범은 예측을 통해 사람들의 경제적 행위에 영향을 주었기에[88] 처음부터 합법화가 요구되었다. 만약 한 가지 소유권 자체가 불법이거나, 또는 수시로 단속될 가능성을 사람들이 예상한다면, 이런 소유권이 당사자들의 행위를 기회주의적으로 만드는 것은 놀랄 일이 아니다. 어려움은 위법적인 재산권 혁신이 자원 약탈이라는 결과를 초래할 수 있으며 자원을 약탈한 '재산권' 안배는 더더욱 합법적으로 인정될 수 없다는 데 있다. 이것이 사회주의 재산권 개혁의 진정한 난제이다.[89] 농민이든 공동체 엘리트들의 개인적인 이성으로든 이 난제를 완전히 해결하기에는 역부족이었다.

중국 농촌개혁의 주요한 경험은 성省별로 정책을 결정하는 것이었는데, 즉 각 행정 성별로 성의 정치적 자원을 이용하여 성의 정치적 절차를 거쳐 농가별 생산량 도급제를 합법적으로 승인할 것인가를 결정토록 하였다. 각 성별로 정책을 결정하는 합법적 근거는 중국공산당 중앙위원회 제11기 3차 전원회의 결의에서 강조한 지방의 적극성과 실천을 검증의 기준으로 한 새로운 사상 원칙이었다. 이 밖에도 성 지도자의 경력과 그의 중앙 지도부와의 관계도 성급省級 의사 결정의 강도에 중대한 영향을 미쳤다. 모두가 알다시피 우선 안후이, 쓰촨, 꾸이쪄우와 네이멍구와 같은 빈곤한 농업 성에서는 농민들이 비밀리에, 또는 반半비밀리에 진행한 농가별 생산량 도급제를 정치적으로 보호하고 합법적으로 인정해 주었다.[90] 이는 결코 우연이 아니었다. 중국은 자연재해 정도가 지역마다 다르고, 농촌인구 비율과 경제 발전 수준이 성마다 큰 차이가 있었기 때문에, 직면한 기근 확률과 재난구호 압력 및 그에 상응하는 정치적 리스크와 책임이 달랐다. 발전한 성들은 농가별 생산량 도급제 실시를 선도적으로 추진할 필요가 없었겠지만, 낙후된 성들에서는 이 제도가 발등의 불을 끌 수 있는 효과적인 수단이라는 것을 발견하였다. 이것은 낙후한 성은 초기부터 사대社隊기업의 지시 요청에 적극적이지 않았으나 발전된 성에서는 일찍부터 사대기업에 적극적이었던 것과 마찬가지이다. 요약하자면, 각 성은 기층의 자발적인 재산권 혁신에 대하여 서로 다른 제약 구조를 가지고 있었기 때문에 서로 다른 정치적 보호를 제공했을 수 있다.

분권적 의사 결정은 새로운 재산권 규범을 부분적으로 합법화시켰으며, 중국의 농민들 입장에서는 성 정부는 물론이고 현縣 정부도 당연히 정부를 대표하고 있었다. 이는 농민들이 자신들이 발명한 새로운 재산권 계약이 실행될 수 있다는 것에 대한 믿음을 북돋아 주었다. 이로써 재산권 제도 변화의 리스크가 낮아졌으며, 부분적이지만 성공적인 시범효과와 지역 간 체제개혁 경쟁의 가능성이 증대되었다.[91] 경험이 말해 주다시피, 분권적 의사 결정은 중국과 같은 큰 나라의 재산권 제도 변천에서는 없어서는 안 될 핵심 과정이었다.[92]

(5) 지방에서 합쳐진 중앙정책

부분적 합법화는 여전히 전반적 합법화와 같지 않았으며 그 차이는 일정한 리스크를 내재하고 있었다.[93] 그러므로 농가별 생산량 도급제가 1차적인 효과를 본 후 먼저 개혁을 진행한 성들에서는 농가별 생산량 도급제를 전반적으로 합법화할 것을 요구하였다. 이러한 점에서 지방의 정치적 이익과 새로운 재산권 규범은 고도로 일치하였다. 1980년 중앙에서 소집한 각 성, 자치구 제1 서기 회의에서는 농가별 생산량 도급에 대한 논의가 재차 있었고, 이는 농가별 생산량 도급제를 금지시킨 지난 중앙 전원회의로부터 1년도 지나지 않은 시점이었다.

중국의 의사 결정 과정을 연구하는 서방의 정치학자들은 각 지방의 지도자들이 참석하는 중앙사업회의의 의미가 크다는 점에 주목하였다.[94] 그러나 과거에 다수의 이런 회의들은 의사 결정의 상명하복식 성격에서 벗어나지 못했다.[95] 1980년에 열린 이번 회의는 새로운 특징을 나타냈다. 즉 각 지역에서는 모두 현지 지방의 경험을 중앙의 정책에 반영하고자 노력하였고, 자신의 모델을 전면적으로 합법화시키기 위해 노력했다. 그 당시에는 각 지역 경험의 차이가 심했기 때문에 의견 일치가 어려웠다.[96] 결국 회의에서 통과된 정책 문서에서는 생산대에서 농가별 생산량 도급제를 포함한 여러 가지 책임제를 실시하도록 허용하였다.[97] 이것은 중앙의 기존 입장을 수정하고 전국적으로 농가별 생산량 도급제의 합법화를 완성한 것과 같다.

1980년 의사 결정 모델의 가장 중요한 특징은 내용이라기보다는 그 절차였다. 서로 다른 지역의 이익과 주장은 중앙의 의사 결정 과정에서 협상할 수 있었고 마지막에 하나의 새로운 중앙정책으로 수렴될 수 있었다. 재산권 혁신을 둘러싼 중앙정부와 농민 사이의 거래 모델은 '농민-공동체-지방-중앙'이라는 여러 단계의 교섭을 통해 소통과 '거래'로 발전하였다. 우리는 이러한 의사 결정 모델의 제도화 수준을 과대평가할 필요는 없겠으나, 장기적으로 보면 여기에는 정부와 사회관계를 재건하는 요소도 포함되어 있다.[98]

(6) 단계별 점진적 거래

농민들은 이어서 새로운 정책의 장기성을 요구했다. 그것은 농촌정책 조정이 1960년대 초반처럼 '일시적인 미봉책'에 그칠 가능성을 우려했기 때문이다.[99] 농민과 공동체 엘리트들은 정부의 농산물 가격 인상과 농가별 생산량 도급제의 허용 정책에 대해 증산 반응을 보이는 한편, 다른 한편으로는 호소와 탈퇴의 두 가지 전략을 번갈아 사용함으로써 정부의 개혁 정책이 장기적으로 유지되도록 압박했다. 여기에서 결정적인 사실은 1978~1982년 사이에 전국의 화학비료 사용량이 연평균 14.4%[ZTN(1993), p.349] 증가했다는 것이다. 이는 당시 많은 기자, 지방 관원, 농업 전문가들과 정책 조사원들이 정책이 변할까 우려한 농민들이 '지력地力 침탈'에 나서고 있다고 보고한 사실을 증명할 수 있을 것 같다. 단기적 행위는 일반적으로 비난을 받아야 하지만, 왜 농민의 단기적 행위를 일시적 제도 제약에 대한 이성적인 반응으로 보지 않는지 의문이다. 더욱 중요한 것은 농민들의 단기적 행위는 단기 제약의 소재를 가리키고 있고 단기적 제약 구조를 바꾸도록 압박하고 있다는 것이다.[100] 1984년 초 중앙의 정책 문서에는 토지 도급제 기간을 15년 이상으로 해야 한다고 명시하였고, 장기적인 도급제에 부응하기 위하여 토지 도급권의 유상 양도를 허용하였다.[101]

(7) 거래가 낳은 재산권

농가별 생산량 도급제의 합법화와 장기화로 농가가 지배할 수 있는 경제적 자원이 점차 누적되었다. 정부와 집단에 '정액세'를 납부한 후 남는 부분이 초기에는 농민들의 먹고 사는 최저 생계 유지 정도의 수준이었으나 시간이 흐름에 따라 일부 지역의 농민들은 투자할 수 있을 만큼의 경제적 자원을 가지게 되었다. 만약 정부가 사회주의의 고전적인 요구에 따라 이 부분의 자원을 다시 국유화 또는 집단화시켜 정부의 계획적인 통제를 강행한다면 정부가 일방적으로 농가별 생산량 도급계약을 파기한 것이나 다름없었다. 반대로 농민도 정부와 집단에 준하는 약속을 이행하지 않을 수 있으며, 그 결과는 당시 정치 구조가 감당할 수 없던 것이었다.(그렇지 않으면 정부에서는 농가별 생산량 도급제를 받아들이지 않았을 것이다.) 또 다른 가능한 선택은 개인 소유제에 따라 농민이 '자신의' 자원을 만들고 시장을 통해 조절하는 것이었다. 이렇게 하면 농가별 생산량 도급제가 농민들의 생산성 자극을 담보할 수 있음과 동시에 농민 자체 자원의 사회적 이용 효율을 높일 수 있었다. 1980년대 전반, 정부에서 농가별 생산량 도급제를 확립한 후 농촌경제정책의 기본 방향은 농민들의 자발적인 제도혁신의 추진 아래 농민 자체 자원資源의 개인 소유제를 승인한 것이었다. 이 사이에 정부는 계획 수매 품종과 수량을 계속 줄였고(1983~1984), 일괄계획 수매를 계약 수매로 변경하였으며(1985~1987), 농산물 및 부업 생산물은 정부의 수매를 완성한 후 자유롭게 거래할 수 있다고 공표하였다(1979~1985). 개인들의 장거리 운송 판매를 허락하였으며(1980), 농민들이 도시에 들어가 경제활동을 할 수 있도록 허락하였다(1984~1985). 정부는 농촌공급판매합작사와 신용사체제를 개혁하고 그 민영 성격을 회복하며 주식 배당 제도를 다시 실시한다고 공표하였다(1983). 정부는 대형 생산 수단에 대한 개인의 투자와 개인 자본의 창립을 허용하였고(1983), 노동자가 여덟 명 이상인 개인 기업의 합법적 지위를 묵인하다가 정식으로 인정하였다(1981~1987). 정부는 농민들이 비농업 활동에 종사하는 것을 장려했고(1979~1984), 향진과 중소 도시의 취업과 창업을 개방하였으며 (1984~1985), 나아가 대·중 도시 국영기업의 노동자 모집 제도를 개혁하여 농민들에게 도시 노동력시장을 개방하였다(1986~1987).[102] 이 시기 '집단 자본주의', 즉 기존의 사대社隊기업은 더욱 충분한 합법성을 인정받았다.[103] 정부는 여전히 개인들의 금융과 토지 출자 활동을 제한하였지만, 집단에 대해서는 개방하였다. 가장 중요한 것은 집단이 개인에게 영업 허가증을 팔 수 있게 함으로써 정부의 정책에 의구심을 가지고 있던 개인 자본이 집단의 이름으로 활동할 수 있게 되었다는 것이다. 대체적으로 1980년대 말에 이르러, 중국의 농촌은 아마도 역사상 가장 위대한 상업 혁명을 이뤘으며, 그 제도적 기반은 바로 집단토지의 농가 도급제, '집단 자본주의'의 기업제와 농가 그리고 개인의 사적소유제였다. 요컨대, 1950년대부터 철저하게 개조된 잉여권의 메커니즘이 현재에는 다양한 형태로 농촌 사회에 재건되고 있는 것이다.

(8) 전면적 탈퇴와 안정성

새로운 정책과 제도적 규범은 농민들의 탈퇴 권리를 강화하였다. 현재 농민들은 농산물의 생산과 초기 배분을 통제하고 있을 뿐만 아니라 특정 품종의 농산물 생산에서 탈피하여 다른 생산, 심지어는 공업·건축업·교통 운수업과 서비스업으로 전향할 수도 있다. 농민들은 만족스럽지 못한 시장 거래에서 퇴장하여 자기 가족의 소비만을 위한 생산으로 전향할 수도 있다.[104] 마지막으로 생산능력이 가장 우수한 농민들은 이제 농촌을 떠나 도시로 들어갈 수 있다. 이는 농민들의 국부적인 탈퇴권이 이미 전면적인 탈퇴 권리로 발전하였다는 것을 보여 주며, 농민들의 전면적인 탈퇴 권리는 그들의 협상력을 강화시켰다. 농민들이 생산물과 시장에서 자기의 생산물을 위하여 값을 부르는 것과 마찬가지로 재산권과 조직의 시장에서 자기 권리를 강화하기 위하여 가격을 부르고 있는 것을 곳곳에서 볼 수 있다.

같은 이치로 농촌 지역 사회의 정부에 대한 담판 지위도 상승했다. 공동체 경제는 비교적 큰 초기 규모와 비교적 강한 인적 자본을 가지고 있기 때문에 자신의 재산권을 보호하는 능력이 더욱 강하거나 권리 침해 행위에 대응하는 수단도 더욱 많다. 지방 재정 이익은 향진기업의 발전과 밀접한 연관을 가지고 있어, 낙후된 성급省級 지역에서 일찍이 가정경영의 보호를 위해 노력했던 것과 같이 발전된 성급 지역의 지방 정치구조는 향진기업의 보호막이 되었다. 발전된 지역과 기타 지역의 발달된 농촌에서는 공동체 경제가 농촌사회조직의 주축이 되었다.

정부와 농촌의 사회관계가 변화된 배경에서 새로운 재산권 구성에는 자아 보호 메커니즘이 포함된다. 물론 새로운 재산권이 합법화되고 시행되는 과정에서 보호받는 것은 여전히 정부가 대체할 수 없는 기능이지만, 현재 정부가 효과적으로 이런 보호를 제공할 경우 장기적으로 재정 수익이 증가하는 보상을 받게 된다. 반대로 정부가 또다시 유효 재산권을 침해하는 오류를 범한다면 농촌조직과 농가의 완고한 반대에 부딪치고 이로 인한 재정적 손실을 입게 된다. 요약하면, 정부는 더는 일방적으로 사회를 바꾸기 어려울 것이며 특히 재산권 개혁은 더욱 그러하다.[105] 이로써 1970년대 말부터 시작된 농촌경제 정책 조정은 이미 돌이킬 수 없는 재산권 개혁으로 진화하였다. 이는 정부 정책의 선견지명도, 농민과 공동체 엘리트들의 자발적인 노력 때문도 아니며, 효과적인 재산권 제도의 재건에 관해 정부와 농민 쌍방이 분권적 의사 결정의 틀에서 10년의 긴 세월 동안 모두에게 유리한 거래를 단계적으로 실시한 결과이다.

(9) 전반적 조망

개혁 이래 중국 농촌의 재산권 구조에는 이미 근본적인 변화가 일어났다. 표 1은 저자가 국가 통계국이 1993년에 공표한 수치에 근거하여 현재의 농촌 총자산 구조에 대한 추계를 열거한 것이다. 만약 이 추계가 맞는다면, 현재 중국 농촌의 총자산(9,519,612억 위안) 중 77.29%는 집단의 토지자산(경작지와 산지)과 기업자산이고, 22.71%는 농가의 개인자산이며 전체 집단자산의 95% 이상을 장기적으로 농가와 개인에게 도급을 주어 경영하도록 하고 있고, 아직까지 집단경영을 하고 있는 부분은 4% 미만이다.

이 새롭게 형성된 재산권 구조에는 극히 중요한 특징들이 포함되어 있다. 우선, 농가와 개인이 장기적으로 도급경영하는 농촌 집단자산이 전체 농촌자산의 70% 이상을 차지하여 현재 중국 농촌 생산활동의 가장 주요한 제도 형태를 이루었다.[106] 이 부분에서 도급경제의 제도적 특징은 그것이 농촌집단과 농가 간 집단자산을 어떻게 이용할 것인가에 대한 일종의 합의라는 것이다. 도급경제의 최종 재산권은 농촌집단에 속하지만, 이용 및 지배의 권리는 농가와 개인에게 있다. 그러나 도급 경제는 지역에 따라, 사건에 따라, 사람에 따라 다르게 적용되었고, 그것은 하나의 체제 규범보다는 지역화된 서로 다른 이익 주체들 간의 힘의 균형에 의해 종속되었다.

그 다음으로 도급경영의 재산권계약 자체가 변화한 것을 들 수 있다. 1980년대 초반에 형성된 토지도급제도나 중반에 형성된 집단기업도급제에 모두 중요한 변화가 있었고 또 새로운 변화가 일어나고 있었다. 예를 들면 토지도급제는 단기에서 장기로 바뀌었고(최근 중앙정부 정책에 의하면 30년까지 가능)[107] 이와 동시에 일부 낙후된 지역에서는 인구 증가분에 따라 토지도급을 부단히 재분배하던 초기 조치를 폐지하였다.[108] 이 밖에도 토지 하청권이 합법화되어 일부 지방에서는 토지도급권 시장으로 발전하기도 하였다.[109] 향촌기업의 도급제는 합작주식제로 발전하였으며[110] 이는 앞으로 농촌 지역사회의 기금회의 발전과 함께 농촌 재산권 제도의 새로운 혁신을 일으킬 것이다. 농촌경제 요소의 유동성이 강화됨에 따라 도급 재산권은 한층 더 진화할 것으로 예상된다.[111]

표 1. 1992년 중국 농촌의 자산구조

(1) 농촌자산	(2) 수량	(3) 자산평가(억 위안)	(4) 비례(%)
Ⅰ. 농촌 총자산		9,519,612.000	100
Ⅱ. 집단재산권 집단경영		3,434.16	3.61
2.1 경작지①	419.31만 헥타르	2,201.59②	2.31
2.2 산지	182.31만 헥타르	277.89③	0.29
2.3 기업유형자산	약 30.4만 개④	517.18⑤	0.54
2.4 기업유동자금		812.76⑥	0.85
2.5 기업채무		367.86⑦	-0.39
2.6 집단실세예금⑧		-7.40	-0.01
Ⅲ. 집단재산권 농호경영도급		70,138.25	73.68
3.1 경작지	12,096.19만 헥타르	63,510.99	66.72
3.2 산지	1,823.09만 헥타르	2,778.94	2.92
3.3 기업유형자산	약 121.6만 개	2,068.72	2.17
3.4 기업유동자금		3,251.04	3.42
3.5 기업채무		1,471.44	-1.55
Ⅳ. 농호재산권 개인경영		21,623.71	22.71
4.1 농용유형자산⑨		1,114.32	1.17
4.2 기업	1,927.2만 개	1,007.82⑩	1.06
4.3 개인주택⑪	12,6811.95만 개	14,349.03	15.07
4.4 실세예금		3,107.80⑫	3.26
4.5 현금과 기타 금융자산		2,044.74⑬	2.15

① 국가통계국의 발표에 의하면 1992년 전국의 경작지 총면적은 9,542.58만 헥타르(즉 14.3억 묘)이나 동시에 이 수치는 보수적인 수치라고 주를 달았다(ZTN, 1993, p.332). 같은 책(ZTN, 1993, p.356~357)에 따르면 1992년 농호가정의 평균 일인당 경영 경작지 면적이 0.1373헥타르(2.06묘), 산간 지역은 0.022헥타르(0.33묘)였고 그 당시 농촌 총 인구는 91,154.4만 명에(ZTN, 1993, p.329), 전국의 경작지는 12,515.50만 헥타르(18.77억 묘), 경영산지는 2,005.40만 헥타르(3억 묘)였다. 이 표는 뒤에 제시된 수치로 전국의 토지를 계산하였다.

② 경작지의 자산평가 방법은 다음과 같다. 지대율(地租率)이 농업 총생산액의 40%를 차지한다고 계산하면 1992년 지대총액은 약 3,633.88억 위안(ZTN, 1993, p.333)이다. 이 밖에 그해 농촌 자영업자에 대출한 대부금 이자율은 11.23%(ZTN, 1993, p.671)로, 그해 물가지수 5.4%를 제외하면(ZTN, 1993, p.199, 237) 실제 이자율은 약 5.53%였다. 때문에 토지 총가격은 65,712.12억 위안으로, 경작지를 12,515.50만 헥타르로 계산하면(①의 설명을 참조) 평균 매 헥타르당 가격은 522,505만 위안이고 1묘당 가격은 3,500.33위안이다.
③ 임지林地의 땅 가격은 지대가 임업 총생산액(1992년은 422.61억 위안)(ZTN, 1993, p.335)의 40%를 차지한다고 계산하면 총 169.04억 위안이다. 실제 이자율을 5.53%로 계산(②를 참조)하면, 산지경영에서 얻어지는 총 추산가치는 3,056.78억 위안이다. 전국의 산지山地 경영 면적은 약 2,005.40만 헥타르(①을 참조)로 헥타르당 15,243위안, 또는 묘당 1,016.2위안이다.
④ 향鄕과 촌村의 2급 집단기업은 총 152만 개(ZTN, 1993, p.395)이며, 추산에 의하면 여전히 집단 형태로 경영하는 기업은 20% 미만이었고, 나머지는 개인에게 도급을 주었거나 또는 간판만 집단기업이었다.
⑤ 향촌 집단기업의 유형자산은 2,585.9억 위안(ZTN, 1993, p.397)으로 여기에서는 집단경영이 20%, 도급경영이 80%(표 1의 3.3을 참조)를 차지한 것으로 계산하였다.
⑥ 향촌 집단기업의 연말 유동자금의 점유량은 4,063.8억 위안(ZTN, 1993, p.397)으로 여기에서는 집단경영이 20%를 차지한 것으로 계산하였다.
⑦ 향촌 집단기업의 은행대출 잔액은 1,839.3억 위안(ZTN, 1993, p.397)으로 여기에서는 20% 계상하였고, 나머지는 표 1의 3.5에 계상하였다.
⑧ 집단의 실세예금은 집단 농업예금의 연말 잔고에서 대출 잔액을 감한 부분과 같다. 여기서는 신용합작사에 계상된 집단농업의 실세예금(ZTN, 1993, p.668)만 계산하였고 정부은행, 즉 농업은행의 통계가 포함되지 않았다. 왜냐하면 후자는 분류되지 않았고 1992년에는 순수 금액이 거의 제로(0)(ZTN, 1993, p.664)였기 때문이다. 아래 4.4항의 농가 실세예금 계산 방법도 마찬가지이다.
⑨ 여기에는 역축과 농산품 생산용 가축, 대형 또는 중형 철목 농기구, 농업·목축업·어업 기계와 운송기계가 포함된다(ZTN, 1993, p.35).
⑩ 촌 이하 농민기업의 자산은 통계수치가 없는데, 여기서는 농가생산성 유형자산 통계 가운데의 공업기계, 생산용 건물과 기타 세 개 항의 합계(ZTN, 1993, p.354)로 반영한다. 비록 여기에서는 순가치가 아니라 원 가치를 사용하였지만, 농호 기업 총자산 규모에 대한 추산은 여전히 낮은 편(매개 기업의 유형자산가치는 겨우 평균 5,688.92위안)이다.
⑪ ZTN, 1993, p.323을 참조.
⑫ 1992년 농촌신용사의 농가 실세예금은 2,107.8억 위안(농가의 예금 잔액은 2,867.3억 위안이며 대출 잔여금은 759.5억 위안)(ZTN, 1993, p.667)이었다. 정부 은행은 농가 예금 잔액의 항목별 통계를 발표하지 않고 다만 농촌예금 1,409.42억 위안과 농업 대출 1,448.72억 위안(ZTN, 1993, p.664)만 공개하였다. 그중 농가의 실세예금 잔액이 얼마인지는 분명하지 않지만, 그해 전국의 주민 저축예금은 11,544.7억 위안으로 그중 농민예금이 40~45%를 차지한 것으로 추정된다. 때문에 우리는 신용사의 농민가정 실

세예금(2,107.8억 위안)에 1천억 위안을 더하여 이 수치를 예상하였다.
⑬ 주민 수중의 현금 3,407.9억 위안(ZTN, 1993, p.602)은 농촌 주민들의 수중에 있는 현금의 60%로 계산하였다.

셋째, 농가 그리고 자유연합으로 형성된 사유재산은 이미 전체 농촌자산의 23%를 차지하였다. 농민 개인 소유의 대부분은 개인 주택(전체 사적 소유의 66.4%를 차지함)으로, 생산투자에 사용될 수 있는 자산 규모는 아직 작다. 그러나 전반의 농촌재산권 구조에서 농민의 개인 소유 재산이 가장 빨리 늘어났다.[112] 농민의 개인 재산은 주로 도급경제의 잉여 증가량으로부터 형성되었다. 즉 '나머지는 모두 자기 것'이라는 부분 때문이었으므로 도급경제를 그 역사적 전제로 한다. 이 밖에 실제 경영에서 농가의 사유재산과 도급경제는 혼연일체를 이루었다. 즉 모든 의사 결정을 농가와 개인이 하고 통제·지배하는 가운데 서로 다른 계약에 따라 제품을 분배하기만 하였다. 이 두 가지는 오늘날 중국 농촌의 개인 재산과 지역사회의 공공 재산 사이의 밀접한 연관성을 결정하였는데, 반대로 말해도 역시 마찬가지이다. 그러나 농민의 개인 소유는 법적 권리가 있어 집단의 공공재산에 의존하지 않고 독립적인 지위를 가지고 있다. 예를 들면 오늘날 한 농민은 도급경제에서 완전히 탈퇴할 수 있으나, 이것은 결코 이로 인해 자기의 사유재산을 내놓아야 한다는 것을 의미하지 않는다.[113]

마지막으로, 중국 농촌의 새로운 재산권 형태, 도급경제와 농가의 사유재산을 포함하여 그 실행과 보호 시스템의 발전에 따라 동시에 성장하는 일종의 권리 구조라는 점이다.[114] 현실에서는 정부가 일방적으로 효과적인 재산권을 집행 및 보호하는 시스템을 주동적으로 제공한 것이 아니고, 농촌 지역사회와 농가가 마을의 관습이나 기타 자비自費에 의존한 것도 아니며, '중앙정책-지방정부-농촌 지역사회-농가' 사이 일련의 단계적인 상호작용을 거쳐 형성된 것이다. 우선은 정부의 농촌사회 재산권계약에 대한 침해를 최대한 배제하였고, 둘째로 농촌사회의 내부 자원 활용에 대한 배타성을 강화하였다. 이 이중적 의미의 배타적인 제도는 지금까지도 성문화된 법률과 그 집행 기구에 의존하지 않고 여전히 법제화되지 않은 정보 소통, 협상과 흥정, 특히 사실상의 탈퇴 권리에 주로 의존하고 있다. 때문에 정치운동을 통하여 발생한 재산권과는 달리 거래를 통하여 발생한 재산권은 거래 쌍방의 상호 제약과 균형에 의해서만 계약이 집행되고 보호될 수 있다. 좋은 거래만이 쌍방으로 하여금 손해를 보지 않게 한다. 손해 보지 않는 거래만이 오래 지속될 수 있으며 장기적인 거래만이 제도화된 규칙을 필요로 하고 그 규칙의 공급을 가능하게 한다.[115] 그러므로 개혁을 진행한 지 10여 년이 지난 후에야 사람들은 중국 농촌의 여러 가지 재산권계약에 대한 법률 서비스의 수요가 대폭 늘어날 것이라고 자신 있게 예측할 수 있었다.

5. 결론적 평론

본문에서는 중국의 농촌개혁을 재산권의 재건을 둘러싼 제도적 변천으로 보았다. 고전적 사회주의 농업 개조의 이론과 실천은 농민의 재산권, 즉 잉여권리에 대한 동기 부여 메커니즘을 소멸시켜 국가의 공업화를 가속화하려고 시도하였다. 이 모델의 실패는 경제효율 저하와 인민 생활 수준의 더딘 향상, 높은 체제 운영비용과 경직된 자아 조정 기능으로 표현된다. 이 모델에서 정부는 농촌사회생활의 모든 영역에 영향을 미쳐 모든 농촌경제조직을 직접 통제하고 지휘하였다. 이는 농촌사회의 활력을 질식시켰을 뿐만 아니라 정부 기능의 정상적인 발휘와 정치기구의 합법적 권위에도 손상을 주었다.

사회주의 농촌체제에 개혁이 필요할 때—그것은 흔히 장기적이고도

만성적인 체제 질환 혹은 무작위한 돌발성 재난과 상층이 지닌 정치 위기의 복합적 결과로—우리는 스스로가 진정한 곤경에 처해 있음을 발견하게 된다.

여기서 문제는 나일강 상류에서 소를 기르는 두 가정이 서로의 공격 전술이 양쪽 모두에게 주는 낭비를 피하기 위해 어떻게 무료 또는 무료가 아닌 중개인을 찾게 하는가가 아니다. 여기의 문제는 캐나다 동부의 수렵 마을에서 모피 가격이 오를 때, '공공 동물자원'이 지나치게 빨리 멸종되는 것을 피하기 위해 어떻게 사냥 범위를 설정할 것인가 하는 것도 아니다. 그곳이 사유재산의 위대한 원칙이 이미 법률과 관습에 의해 깊이 뿌리내린 미국은 더더욱 아니다. 이를테면 비행기의 발명으로 인해 생겨난 소음공해, 사전에 재산권계약에 기재되지 않았거나 기재될 수 없었던 권리 분쟁의 해결이 필요한 것이다.

사회주의 재산권 개혁이 직면한 것은 노스의 난제이기도 하다. 즉 합법적이고 폭력적 잠재력을 지닌 정부가 무엇 때문에, 또 어떻게 재산권 보호 계약의 경계를 엄수하는가, 아니면 반대로 개인이 무엇 때문에, 또 어떻게 경계를 넘는 정부의 행동을 방지할 수 있는가 하는 문제이다.

그러나 이것만으로는 여전히 충분하지 않다. 왜냐하면 진정한 문제는 전쟁과 정부의 공업화와 옛 중국을 바꾸려는 위대한 지향에 의하여 수립된 강한 정부가 이미 향촌사회에 관여하여 농민들의 재산권을 만들고, 이를 개변시키고 박탈했다는 오랜 기록을 남겨 놓았다는 것이다. 이러한 상황에서의 문제는 한편으로는 재산권에 대한 정부의 정책이 왜 그리고 어떻게 바뀌어야 하는가 하는 것이다. 또 다른 한편으로는 농민들은 무엇 때문에, 그리고 어떻게 하면 정부의 새로운 정책이 장기적으로 안정될까를 예상하고, 이를 개인 스스로의 계약 이행 및 다른 개인들과의 계약 이행을 위한 기초로 삼는 것이다. 한마디로 여기에서 직면한 문제는 정부 기능이 남용되었던 제약 조건에서 어떻게 재산권 질서, 특히 전환기의 재산권 질서를 재건하는가 하는 것이다.

  이것이 문제의 핵심이다. 중국 농촌개혁은 이 문제의 대답에서 소박한 경험을 창조하였다. 우리가 이미 본 바와 같이 재산권 개혁의 시초는 인민공사 시기에 이미 형성되었는데, 이것이 바로 생산대의 자주적 권리, 가정 자류지 경제와 농촌집단기업이다. 처음에는 부분적인 탈퇴 권리로 자신을 보호하여 정치운동의 질풍폭우를 피할 수밖에 없었다. 이런 초급 권리의 생명력은 아주 완강하여 농촌경제를 통제하는 정부의 비용 수익 구조에 영향을 주었고 자연재해와 기타 우발적 요소가 작용하면서 정부가 농촌경제 정책을 조정하고 철회하지 않을 수 없게 하였다. 그런 후에 농민들이 열렬히 옹호한 것은 그들 스스로가 일으킨 개혁이며, 그들은 대부분의 공공 재산을 도급 맡았고 또한 국가에 상납한 후 나머지 잉여로 사유재산을 형성하였다. 다수의 재산권 혁신은 우선 지방에서 부분적으로 합법화되었고, 제도 혁신이 경제 성장에서 뚜렷한 효과를 보았을 때 이런 지방의 제도 혁신권이 확고히 확립되었으며, 나아가 중앙의 정책 결정의 정치적 균형과 완성을 위한 합법화가 이루어졌다. 바로 이런 구조 아래에서 일차적 단기 거래가 여러 차례의 장기적인 거래로 발전하였다. 바로 다자간 거래에서 사람들은 정보를 교환하고, 이익을 균형 잡고, 기대와 계약행위를 예상하거나 바로잡았다. 10년도 지나지 않아 정부가 통제하던 집단재산권 모델은 완전히 변화하여 도급제와 사적소유제가 혼합된 새로운 재산권 구조로 대체되었다. 이는 1980년대 이후 농촌경제의 성장과 구조 변화의 주요한 제도적 기반이다. 불변 가격으로 계산하면 1980~1992년 사이 농촌사회 총생산액은 연평균 14% 성장하였고, 일인당 순수입은 연평균 6.16% 성장하였다. 같은 시기에 중국 농촌에서는 해마다 약 500만 명의 증가세로 노동력이 비농업 분야로 이동하였다.[116] 이러한 수치가 9억이 넘는 인구의 경제활동을 반영하고 있다는 점을 감안하면 이는 세계 총인구의 6분의 1에 달하는 셈이므로, 중국 농촌개혁 경험은 중요시될 만하다.

  중국 경험의 가장 중요한 내용은 아마도 개혁을 진행하는 동시에 새로운 재산권계약의 실행과 보장 시스템 사이의 상호 협력을 병행함으로써 재산권 혁신의 고군분투를 피한 것이다. 서구의 초기 경로와 달리, 중국 농촌의 새로운 재산권 보호 메커니즘은 '개인-시민 공공 영역'에 의해 정부를 제어한 것이 아니라 '가족-농촌집단-지방정부'에 의지한 연맹이 정부와 공식적 또는 대량의 비공식적인 거래로 정부와 사회의 관계를 변화시키고, 개략적으로 확정된 재산권 계약을 보호하고 집행하는 요건을 제공하였다. 이를 기반으로 보다 복잡한 재산권계약 형태가 대량으로 생성되고 있다. 우리는 이미 중국 농촌이 지역사회 공공재산 도급제와 농가 사유재산 제도의 재건을 완수했을 뿐만 아니라 주식회사제도, 합작주식제도 및 기타 다양한 전통시대에는 경험하지 못했던 재산권계약이 비약적으로 발전했다는 증거를 보았다. 우리는 앞으로 10년간 중국 재산권 구조의 진일보한 변화를 확실히 단언할 수 없지만, 지난 10여 년간의 개혁을 통해 형성된 전통, 즉 상층부의 정치구조나 또는 그런 권력의 균형에 의지하는 것이 아니라, 정부와 사회 간의 권리 균형에 더 많이 기댈 가능성이 크다. 어쨌든, 중국의 제도 변천 경험은 동유럽과 러시아의 경험과 지속적으로 비교되며 대조를 이룬다.

부록 표 1. 국가가 통제하는 농촌경제 시스템의 수익과 지출(1952~1982)

연도 (1)	AG 억 위안 (2)	APG 억 위안 (3)	ATAX 억 위안 (4)	CMF 억 위안 (5)	CR 위안/인 (6)	DTAX 억 위안 (7)	EXPORT 억 위안 (8)	GEA 억 위안 (9)	CEM 억 위안 (10)	PFR 위안/인 (11)	RL 억 위안 (12)	RS 억 위안 (13)
1952	461.00	14.10	31.11	0.00	0.00	24.55	27.10	9.04	72.30	0.00	3.20	0.00
1953	510.00	19.20	31.21	0.00	0.00	36.19	34.80	11.84	93.90	0.00	5.80	1.10
1954	535.00	25.00	37.70	0.00	2.43	43.41	40.00	13.51	76.40	56.39	6.90	4.30
1955	575.00	28.20	35.11	0.00	10.24	41.80	48.70	14.99	83.70	30.98	9.20	6.10
1956	610.00	37.00	34.21	1.70	43.01	51.31	55.70	26.99	85.40	17.02	28.50	8.00
1957	537.00	32.60	34.17	4.90	40.54	49.32	54.50	23.50	76.80	21.46	25.80	17.90
1958	566.00	66.80	37.53	4.70	41.39	91.62	67.10	43.86	71.60	24.08	40.10	27.80
1959	497.00	81.50	38.05	7.20	37.60	114.46	78.10	58.23	84.60	27.01	39.50	48.20
1960	457.00	101.50	32.26	7.20	41.25	127.29	63.30	90.52	86.00	30.30	56.90	49.90
1961	559.00	70.00	24.95	9.10	48.12	70.54	47.80	54.88	76.80	33.99	57.80	56.20
1962	584.00	60.30	26.14	10.00	46.06	73.94	47.10	38.23	78.60	38.15	61.00	31.60
1963	642.00	59.70	27.56	9.00	46.16	88.75	50.60	55.60	89.90	35.65	68.40	34.60
1964	720.00	65.50	29.74	8.10	47.52	110.05	55.40	67.16	98.10	35.72	70.40	45.60
1965	833.00	80.20	29.63	16.57	52.28	122.31	63.10	54.98	112.10	33.29	76.50	50.10
1966	910.00	100.00	34.06	17.36	53.64	149.48	66.00	54.39	126.90	32.58	76.10	62.90
1967	924.00	91.40	33.32	18.20	55.04	125.38	58.80	45.82	105.80	31.88	79.60	69.30
1968	928.00	88.10	34.48	19.08	56.48	106.26	57.60	33.47	117.00	31.19	78.80	83.30
1969	948.00	103.30	34.04	19.99	57.96	127.18	59.80	48.03	151.00	30.53	80.90	78.40
1970	1,058.00	129.20	18.71	20.96	59.47	83.03	56.80	49.40	170.60	29.87	82.30	83.30
1971	1,107.00	152.30	35.51	22.26	62.94	178.63	68.50	60.75	200.40	29.23	48.10	93.50

연도 (1)	AG 억위안 (2)	APG 억위안 (3)	ATAX 억위안 (4)	CMF 억위안 (5)	CR 위안/인 (6)	DTAX 억위안 (7)	EXPORT 억위안 (8)	GEA 억위안 (9)	CEM 억위안 (10)	PFR 위안/인 (11)	RL 위안 (12)	RS 억위안 (13)
1972	1,123.00	169.80	32.61	15.87	61.77	185.94	82.90	65.13	194.00	28.60	52.40	91.40
1973	1,226.00	189.00	35.05	15.65	65.36	205.50	116.90	85.17	181.00	27.99	54.20	107.30
1974	1,277.00	196.20	34.59	18.85	65.76	199.22	139.40	91.21	170.30	27.39	59.19	123.40
1975	1,343.00	224.70	33.86	22.02	63.22	223.78	143.00	98.96	181.10	26.8	68.50	136.90
1976	1,378.00	240.40	33.52	26.46	62.80	207.24	134.80	110.49	175.50	26.23	85.30	136.70
1977	1,400.00	258.50	33.60	27.51	64.98	228.14	139.70	108.12	192.30	32.81	93.00	143.20
1978	1,567.00	293.70	32.68	28.43	74.00	253.99	167.70	150.66	216.80	35.79	109.20	154.40
1979	1,896.00	324.00	33.83	31.98	83.40	261.64	211.70	174.33	279.60	44.00	129.90	203.70
1980	2,180.00	346.00	31.75	33.87	85.93	300.14	272.40	149.95	260.60	62.55	166.50	239.80
1981	2,460.00	347.50	32.66	35.02	101.32	280.19	371.20	110.21	238.90	84.52	175.80	278.40
1982	2,785.00	388.50	33.71	49.51	208.63	282.87	420.00	120.49	258.00	102.80	192.60	389.90

① AG는 당년 가격으로 계산한 농업 총생산액(ZTN, 1983, p.13)이고, APG는 당년 가격으로 계산한 농용생산재 판매액(ZTN, 1993, p.611)이다. ATAX(농업세)는 세금과 부가 부분을 포괄하며(15% 정수율로 계산)(ZTN, 1983, p.446). CMF는 인민공사 집단경제 관리비용을 가리키며 총비용 중 비생산비용이고, 이 부분은 과소평가될 것이다(NJZ, 1985, p.510). CR은 인민공사 집단경영 부분에서 얻은 순소득이며(NJZ, 1985, p.517), DTAX는 국가에서 수구한 농부산품에 포함될 가격 격차 계산과 설명이며[JY, 1993(1999), p.63], EXPORT는 당년 수출한 농부산품, 그리고 농산품과 부산물 가공 제품이며(ZTN, 1983, p.420), GEA는 재정이 농업 지원 지급이며(NJZ, 1983, p.321), CEM은 국가의 행정과 군 사비용 지출이며(ZTN, 1983, p.448), PFR은 농민들이 가정 부업 부분에서 획득한 순소득이며(NJZ, 1983, p.523), RL은 농촌 대부금 잔고이 며(NJZ, 1983, p.321), RS는 농축저축 예금이다(NJZ, 1983, p.321).

② AG, ATAX, DTAX, EXPORT, CR, RS는 국가에 직접 또는 간접 이익을 가져오기에, 성장한 국가가 농촌으로부터 얻은 수익으로 볼 수 있다. 그러나 APG, CMF, GEA, CEM, PFR, RL도 비록 그중 일부분은 간접적인 국가지출로 계산하지만, 국가에서 통제하는 농촌의 수익과 지출을 더 합리적으로 예측하기 위하여 이상의 몇 개 부분을 모두 1952년을 지수 100으로 하고 시장가격의 영향을 공제하고 국가의 수익과 지출지수 의 가중치를 종합하여 계산하였다(부록 표 2 참고).

농촌개혁: 한 경제제도 변천사의 회고 125

부록 표 2. 국가가 통제하는 농촌경제 시스템의 수익과 지출 지수(1952~1982)

연도 (1)	국가수익 지수 (2)	국가지출 지수 (3)	AG (4)	APG (5)	ATAX (6)	CMF (7)	CR (8)	DTAX (9)	EXPORT (10)	GEA (11)	GEM (12)	FMP (13)	PFR (14)	RL (15)	RS (16)
1952	1.00	0.95	100.00	100.00	100.00	100.00	100.00	100.00	100.00	100.00	100.00	100.00	100.00	100.00	100.00
1953	1.17	1.19	110.63	136.17	100.31	100.00	100.00	147.43	128.41	130.97	129.88	104.82	100.00	181.25	100.00
1954	1.42	1.31	116.05	177.30	121.18	100.00	100.00	176.83	147.60	149.45	105.67	107.27	100.00	215.63	390.91
1955	1.51	1.45	124.73	200.00	112.87	100.00	421.40	170.27	179.70	165.82	115.77	107.09	54.94	287.50	554.55
1956	2.03	2.41	132.32	262.41	109.96	100.00	1,769.96	209.01	205.54	298.56	118.12	106.91	30.18	890.63	727.27
1957	2.12	2.11	116.49	231.21	109.82	288.24	1,668.31	200.89	201.11	259.96	106.22	109.91	38.06	806.25	1,627.27
1958	2.82	3.52	122.78	473.76	120.64	276.47	1,703.29	373.21	247.60	485.18	99.03	118.55	42.70	1,253.13	2,527.27
1959	3.48	4.52	107.81	578.01	122.31	423.53	1,547.33	466.25	288.19	644.14	117.01	120.09	47.90	1,234.38	4,381.82
1960	3.14	5.82	99.13	719.86	103.69	423.53	1,697.53	518.51	233.58	1,001.33	118.95	137.82	53.73	1,778.13	4,536.36
1961	0.70	1.04	121.26	496.45	80.21	535.29	1,980.25	287.35	176.38	607.08	106.22	496.27	60.28	1,806.25	5,109.09
1962	0.92	1.20	126.68	427.66	84.03	588.24	1,895.47	301.19	173.80	422.90	108.71	322.55	67.65	1,906.25	2,872.73
1963	1.36	2.11	139.26	423.40	88.59	529.41	1,899.59	361.51	184.50	615.04	124.34	243.36	63.22	2,137.50	3,145.45
1964	2.35	3.56	156.18	464.54	95.59	476.47	1,955.56	448.27	204.43	742.92	135.68	169.36	63.34	2,200.00	4,145.45
1965	2.50	3.15	180.69	568.79	95.24	947.71	2,151.44	498.19	232.84	608.19	155.05	174.82	59.04	2,390.63	4,554.55
1966	2.94	3.22	197.40	709.22	109.49	1,021.18	2,207.41	608.89	243.54	601.66	175.52	176.91	57.78	2,378.13	5,718.18
1967	2.74	2.77	200.43	648.23	107.10	1,070.59	265.02	510.78	216.97	506.86	146.33	179.91	56.53	2,478.50	6,300.00
1968	2.76	2.28	201.30	624.82	110.82	112.35	2,324.28	432.85	212.55	370.24	161.83	179.91	55.31	2,462.50	7,572.73
1969	2.90	2.99	205.64	732.62	109.43	1,175.88	2,385.19	518.04	220.66	531.31	208.85	179.73	54.14	2,528.13	7,127.27
1970	2.46	3.22	229.50	916.31	60.13	1,232.94	2,447.33	338.22	209.59	546.46	235.96	179.73	52.97	2,571.88	7,572.73

연도 (1)	국가수익 지수 (2)	국가지출 지수 (3)	AG (4)	APG (5)	ATAX (6)	CMF (7)	CR (8)	DTAX (9)	EXPORT (10)	GEA (11)	GEM (12)	FMP (13)	PFR (14)	RL (15)	RS (16)
1971	3.33	3.49	240.13	1,080.14	114.13	1,309.41	2,590.12	727.62	255.77	672.01	277.18	195.45	51.84	1,503.13	500.00
1972	3.11	3.41	243.60	1,204.26	104.81	933.53	2,541.98	757.40	305.90	720.46	268.33	211.55	50.72	1,637.50	8,306.09
1973	3.36	3.97	265.94	1,340.43	112.68	920.59	2,689.71	837.08	431.37	942.15	250.35	222.73	49.64	1,693.75	9,754.55
1974	3.45	4.15	277.01	1,391.49	111.20	1,108.82	2,706.17	811.50	514.39	1,008.96	235.55	226.82	48.57	1,846.88	11,218.18
1975	3.61	4.39	291.32	1,593.62	108.83	1,295.29	2,601.65	911.54	527.68	1,094.69	250.48	235.91	47.53	2,140.63	12,445.45
1976	3.35	4.68	298.92	1,704.96	107.75	1,556.47	2,584.36	844.14	497.42	1,222.23	242.74	245.27	46.52	2,665.63	12,427.27
1977	3.65	4.83	303.69	1,833.33	108.00	1,618.24	2,674.07	929.29	515.50	1,196.02	265.98	239.36	58.18	2,906.25	13,018.18
1978	4.30	6.75	339.91	2,082.98	105.04	1,672.35	3,045.27	1,034.57	618.82	1,666.59	299.86	223.64	63.47	412.50	14,036.36
1979	5.23	8.12	411.28	2,297.87	108.75	1,881.18	3,432.10	1,065.75	781.18	1,928.43	386.72	213.55	78.03	4,059.38	18,518.18
1980	5.91	7.32	472.89	2,453.90	102.04	1,992.35	3,536.21	1,222.55	1,005.17	1,658.74	360.44	217.82	110.92	203.13	21,800.00
1981	6.07	5.70	533.62	2,464.54	105.00	2,060.00	4,169.55	1,141.30	1,369.74	1,219.14	330.43	230.45	149.88	5,493.75	25,309.00
1982	7.52	6.15	604.12	2,755.31	108.36	2,912.35	8,585.60	1,152.21	1,549.82	1,332.85	356.85	238.09	182.30	6,018.75	35,445.45

① FMP는 장마당의 소비품 종합 가격 지수이며(ZJN, 1992, p.81), 부록 표 1에서의 1952년을 100으로 하고 4~16열의 매개 수치는 이에 기초하여 재산한 증가지수이다.

② 국가의 수익종합지수는 여섯 개로 지수의 가중치이며, 모든 지수는 가격 변화의 영향을 공제한 것이며(FMP를 대표로 함) 계산공식은 '국가수익지수=(ATAX×0.4+DTAX×0.4+EXPORT×0.1+AG×0.05+CR×0.025+RS×0.025)/FMP'이고, 각 항에서 지수의 가중치는 국가 이익 상황에 근거하여 추정하였다.

③ 국가지출지수는 여섯 개로 지수의 가중치를 평균하여 산출되었고 같은 방법으로 가격 영향을 공제하였다. 계산공식은 '국가지출지수=(GEA×0.65+GEM×0.1+CMF×0.03+APG×0.15+PFR×0.01+RL×0.01)/FMP'이고, 모든 가중치는 저자의 추정치이다.

주

1 여기서는 주로 Coase(1937, 1960), Alchian and Demsetz(1972), Cheung(1969a, b)과 North and Thomas(1973, 1981, 1990) 등의 작업을 가리키며 그들의 주요한 기여는 최근에 성홍(盛洪), 천위(陳鬱)(1990), 류쒀잉(劉守英)(1991)과 천위, 러허핑(羅和平) 등 (1991)이 중문으로 번역하였다. 양쇼카이(楊小凱; Yang)(1993)의 글에서는 재산권 경제학 및 수학 모델에서 근 몇 년의 성과를 논하고 이 영역에서의 사업을 소개하였다. 신제도경제학의 또 다른 학파인 '불완전한 정보 학파'는 위에서 말한 '거래비용 학파'의 부족한 점을 비판한 글이다. Bardhan(1989)을 참조하라.
2 Coase(1937, 1960)가 제시한 거래비용 개념은 새로운 고전경제학의 자명한 가설에 도전한 것으로, 요점은 충분한 경쟁시장을 유지하기 위한 제도적 비용은 제로(0)라는 것이다. 그 결과 Schultz(1953)는 "경제학자의 견해는 종종 시장만 있으면 기업과 가계가 경제 시스템을 실행할 수 있다는 인상을 준다."라고 날카롭게 비판하였다.
3 Furubotn and Pejovich(1972)는 재산권은 비록 배타적인 권리이기는 하지만, 그렇다고 하여 제한을 받지 않는 권리가 되기를 기대해서는 안 된다고 했다. 왜냐하면 대부분 제한은 정부가 강요한 것이므로 정부에 관한 이론이 없다면 재산권 이론을 완성했다고 할 수 없기 때문이다.
4 코즈 정리는 마치 개인의 권리 분쟁 조정의 중요성을 강조하는 것 같지만, 이는 다만 거래비용이 제로(0)인 경우를 전제로 한다. 비용이 제로가 아닐 경우, 비록 재산권 배치가 아주 중요하다고 하지만, 그 실행과 관련된 제도와 이데올로기 배치가 더욱 중요하다. 성홍과 천위(1990)가 코즈의 정리를 제1 정리와 제2 정리의 두 부분으로 나눈 것은 우리가 이 점을 이해하는 데 도움이 된다.
5 재산권 기원에 대한 토론에서는 늘 정부 문제에 부딪히는 것을 피하기 어렵다. Cooter and Ulen(1988)은 이를 위해 모델을 만들어 이 문제를 설명하였다.
6 정부가 이러한 이중 시스템을 통제하는 난이도는 분명히 증가했다. Alchian(1965), p.243.
7 Cooter and Ulen(1988)을 참조, 이 역시 Buchnan and Tullock(1962)의 관점이다. 그러나 정부 행위를 분석하는 기타 방법도 있다. 린이푸(林毅夫)(1989), pp.23~24를 참조하라.
8 Demsetz(1988), pp.18~19.
9 Demsetz(1988), p.19.
10 North and Thomas(1973).
11 North and Thomas(1980, 1990).

12 North and Thomas(1981), p.25.
13 "정부의 존재는 경제 성장의 관건이다. 그러나 정부는 또한 인위적인 경제 쇠퇴의 근원이다."[North and Thomas(1981), p.20] 노스의 이 멋진 개괄은 성장과 쇠퇴가 반반이라는 희망을 각 민족에게 준다.
14 Habermas(1989), pp.14~26.
15 Huang(1993)은 여기에 대한 평론에서 하버마스는 역사학자로서는 초기 서구 역사를 재현하는 데 주력했지만, 도덕 철학자로서 그는 그의 중심 개념을 일반화하려고 시도했으며, 이에 근거하여 당대의 현실을 평론하며 세계를 규범화하려고 했다고 말했다.
16 Rowe(1984)는 1989년 이전의 한커우(汉口)에서, Rankin(1986)은 19세기 후반의 저장(浙江)에서, Strand(1987)는 1920년대의 베이징(北京)에서 도시 자산계급과 지방 신사와 시민들로 구성된 공공 영역을 발견하였다. 하지만 Wakeman(1993)은 그들의 저서에서 부정적인 증거를 찾아내어 이러한 '공공 영역'이 서구 초기의 성격과는 다르다는 것을 설명하였다.
17 Mann(1984), pp.185~213.
18 예를 들면 세금을 더 많이 징수하려고 하지 않는 정부는 없지만, 그 어떤 강력한 독단적인 권력도 당대 북유럽 정부처럼 50%에 달하는 세금을 징수하지는 못하였다.
19 발전연구소 종합과제팀(1988).
20 버이버(薄一波)(1993), 하권, p.746에서 인용하였다.
21 Demsetz(1988).
22 인민공사의 거의 모든 역사가 이 논점을 설명할 수 있다. 하지만 가장 황당한 행위는 1958~1959년 사이에 집중적으로 발생하였다. 버이버(1993), 하권 제26~27장을 보라.
23 쑹궈칭(宋國青)(1982)은 우선 이 문제를 이해할 수 있는 분석의 틀을 제공했다. 중국 농촌발전문제연구팀 발행(1985), 제1권.
24 Lippit(1974).
25 Mark Elvin(1973), p.313은 전통적인 중국이 '높은 수준의 균형 함정'에 빠져 헤어 나오지 못한다고 하였다. 그는 그림으로 이 개념을 설명할 때, 인구 압박이 필요 소비 이상 부분의 잉여를 소모해 버렸다고 지적하였다.
26 왕경진(王耕今)·장쉔산(张宣三)(1883), 꼬쇼멍(高小蒙)·샹둥(向宁)(1992), 추이쇼리(崔晓黎)(1988)를 보라. 그러나 화남농촌에는 토지개혁 후에 30%에 달하는 세금을 징수한 기록이 있다. Yang(1959), pp.56~57, 155~156; Huang(1990), pp.170~171 참조.
27 명나라와 청나라 시기, 세율은 토지산출의 2~4%였다[Wang(1973)]. 항일전쟁 전의 화북 지역에서 국민당 정부의 세율은 농민소득의 2~5%였다[Huang(1985), pp.290~292]. 일제 만주국 시기 농촌의 세율은 상승했는데, 화북 지역에서 1941년에 6~8% 직선 상승하였고 강남에서는 50%에 달하는 세율을 기록한 적이 있다[Huang(1990), p.172]. 같

은 시기 국민당 통치 지역의 실제 세율은 20% 정도였고 싼시(陝西), 깐수(甘肅), 닝샤(寧夏) 등 해방구의 실제 세율은 약 13%였다[Selden(1971), pp.181~183].
28 버이버(薄一波)(1993), 상권, 제12장.
29 추이쇼리(崔曉黎)(1988).
30 과거에 우리는 정부가 저가로 강제 수매하는 것을 '음성적 세금(暗稅)'[발전연구소 종합과제팀(1988)]이라고 불렀다. 지금 보면 '은밀한 지대(地租)'라고 하는 것이 더 적절할 것 같다.
31 두런썽(杜潤生)(1985), pp.10~18.
32 따라서 알치안이 말하는 재산권의 다른 강도硬度는 완전히 다른 재산권과 정부의 관계를 반영할 수도 있다.
33 1951년 중공 싼시성(山西省)위원회는 농민의 사적 소유를 흔들고 심지어는 부정했으며 농업 호조조 내의 사회주의적 요소를 확대하고 이를 집단화 농업조직으로 발전시키는 것에 관한 보고를 제기하였다. 류샤오치(劉少奇)는 이 보고서가 위험하고 공상적인 농업 사회주의 사상을 대표한다고 비판하였다. 마오쩌둥(毛澤東)은 싼시성의 의견에 찬성하고 류샤오치의 관점을 비판하였으며 농업합작화운동을 일으켰다. 버이버의 회고에 의하면 1950년부터 1955년까지 도합 세 차례에 걸쳐 농촌 문제에 관한 최고층의 논쟁이 있었다. 버이버(1993), 상권, pp.184~203 참조.
34 저우치런(周其仁)(1988); 리궈두(李國都)(1990), p.711을 참조하라.
35 루쉬이(陆学艺)·왕쇼챵(王小强)(1981), 두런썽(杜潤生)(1985), 중국농촌발전문제연구팀(1985)은 모두 현지조사를 통하여 농업생산의 불확정성과 노동 계량에 대한 어려움을 발견하고 강조하였으며 이에 근거하여 가정조직은 감독비용을 최저한도로 낮출 수 있거나 또는 계량과 감독이 부족한 여건에서도 효율에 영향을 미치지 않는데, 집단생산조직은 왜 실패하였는가를 설명하였다. Lin(1988)은 한 생산대의 모형을 제기하였는데, 생산대 체제에서 관리자가 감독이 어렵다는 이유로 비교적 낮은 수준의 감독을 택했고, 근로자는 계량과 보수가 합리적이지 못하다는 이유로 게으름을 피웠기 때문에 생산대 체제의 실패는 노동자의 노력에 대한 동기 부여 결핍으로 설명할 수 있다고 했다.
36 싼시성 시양(昔陽)현 따짜이(大寨) 대대 간부와 같이 '문화대혁명' 기간에 정부 지도자가 된 것은 이례적인 일이다.
37 여기서 말하는 체제효율에 대한 평가는, 그것을 정책과 체제 변천의 후과를 평가하는 데 사용할 수는 있지만, 정책과 제도 변천의 동력 메커니즘과 과정에 대해서는 충분히 설명하지 못하고 있다는 것이다.
38 이는 '불가능 정리(Impossibility Theorem)'가 표현하려는 사상이다. Arrow(1963) 참조.
39 농촌경제를 통제하는 정부의 수익지수는 농업세와 농부산물의 수매(그리고 정부의 법

정 수매에 포함된 가격차의 조세), 농산물 환치기(換匯), 정부 은행에 저축된 농민예금, 체제에 대한 농민의 인정과 정치적 지지(농업 총생산액의 성장률과 농민이 집단경영 부분에서 얻은 일인당 순수입을 간접적으로 계산한 것)의 가중 평균치이다. 비용지수는 정부 재정의 농업 지원 기금, 농업용 생산 수단 판매 보조, 정부행정 지출, 집단경제의 관리비용, 정부은행의 농촌 대출 및 농민들의 원심 분리 경향(离心傾向)을 통제하는 이데올로기에 대한 투자(농민이 가정 부업 부분으로부터 취득한 순수입으로 계산)의 가중 평균치이다. 수치와 설명은 부록 표 1, 2 및 주해를 참조하라.

40 부록 표 2의 네 번째 열을 보라. 이를 열세 번째 열의 시장가격지수로 나누어 가격 영향을 없앴다.

41 Lin(1990), p.17 재인용.

42 수치는 부록 표 2의 여섯 번째 열과 아홉 번째 열, 두 번째 열을 참조하라.

43 Ashton et al.(1984), Lin(1990). 이번 대기근에서는 20세기 중국의 기타 자연재해로 인한 사망보다 더 많은 생명을 잃었으며 심지어 비정상적인 사망률은 1920년대에 소련 집단화 이후 대기근을 초과하였다. MacFaquhar and Firbanka(1987), Chapter 8 참조.

44 중국 사람들은 "백성은 먹는 것을 하늘처럼 여긴다."라고 말하지만, 사실 이 말은 먹는 것이 중요하다는 것이 아니고 농업이 중요하다는 것도 아니며, 정부가 민생을 통제한 후 정부의 합법성은 인민의 생존을 최후의 경계로 한다는 것이다.

45 1961~1962년 사이에 안후이(安徽) 농촌에서 농가별 생산량 도급제를 실시한 공사와 대대는 80%에 달했다. 깐쑤린샤(甘肅臨夏)는 74%, 저장신창(浙江新昌)과 쓰촨성 쟝베이현(四川江北縣)은 70%, 광시룽 썽현(庵西龙胜縣)은 42.3%, 프쟨랜청(福建連城)은 42%, 꾸이저우(貴州) 전성全省은 40%, 전국은 20%에 달한 것으로 짐작된다. 이 기간에 중국공산당 고위층은 농가별 생산량 도급제를 합법화해야 하는지의 논쟁을 벌였는데, 나중에는 농가 개인 경작(즉 농가별 생산량 도급제)을 비판하는 마오쩌둥의 주장이 우세를 차지하였다. 버이버(薄一波)(1993), 하권, pp.1078~1090과, 두런썽(杜潤生)(1985), pp.14~15를 참조하라.

46 원관중(文貫中)(1989)의 계산을 참조하라.

47 이른바 '3급 소유, 생산대를 기반으로' 하는 것은 행정적 복종을 전제로 생산대의 재산권을 보호하려는 것이다. 이는 재산권 배타성의 시각에서 보면 여전히 모순으로 도배되어 있다. 하지만 당시 중국 농촌의 정책적 환경에서 정책 문건의 모순되는 표현은 흔히 현실에서 서로 다른 역량이 생존 권리를 쟁탈하는 데 합법적인 근거를 제공하였다. 이 사례에서 인민공사와 생산대는 '3급 소유'를 강조하고, 생산대는 '생산대를 기반으로' 하는 것을 강조할 수 있다.

48 츄지청(邱繼成)(1988).

49 Huang(1990)의 발견에 의하면 중국의 가장 풍요로운 지역으로 불리는 양자강 삼각

주도 수십 년간 집단화를 실시하였지만, '성장만 있고 발전이 없는(growth without development)' 기본 농업 유형(비록 농업 총생산액과 단위당 수확고가 모두 향상되었 지만, 일인당 소득은 증가되지 않았다.)에서 벗어나기에는 역부족이었다. 그는 이것을 '집단화의 말아먹기(內卷, collectivist involution)'라고 하였다(pp.16~17).

50 1958년, 소규모 공업(주로 석탄 채굴과 강철 제련)에 투입된 농촌 노동력이 가장 많을 때는 6천만 명 이상에 달하여 그해 가을 수확에 심각한 영향을 주었다. Huang(1990), p.714 참조.

51 이 논점은 사원들의 노동 열의가 인민공사제도에서 문제가 없다는 것을 의미하는 것이 아니라 노동 적극성과 기타 제도 배치, 그리고 특히 감독 관리자에 대한 동기 부여 및 퇴출 권리 사이의 연관을 강조한 것이다.

52 농민 자류지의 수확을 본 사람들은 모두 이 점에 동의할 것이다. 자류지의 산량은 집단 경작지 산량의 5~7배로 예측된다. 발전연구소 종합과제팀(1988), p.5를 보라.

53 1957년 농민들이 가정 부업 생산으로 획득한 순수입은 29.4%(NJZ, 1983, p.523)를 점한다. 1958~1961년 사이의 자료가 없는데, 부록 표 1에서 수치가 부족한 연도는 그 사이 연평균 성장률로 추산한 것이므로 안정된 상승세를 나타냈다. 더욱 믿을 만한 예측은 1958~1959년에 농민들의 가정 부업 수입은 내려갔으나 1960년 이후에는 비교적 빠르게 회복되었다는 것이다.

54 집단 내의 가정경제는 집단경제의 총체적 생산성에 복잡한 영향을 미칠 수 있다. 첫째, 가정경영의 비교적 높은 효율은 총효율의 상승을 촉진할 수 있고, 둘째, 농민들이 부분적인 퇴출 권리를 가지게 되면 집단노동에 소극적으로 참여하여 총체적 효율이 내려가게 된다.

55 수치는 Wen(1989)의 예측과 Lin(1990), p.37이 Wen(1989)의 수치를 이용하여 그린 도형을 참조하였다.

56 이 개념으로 왜 1960년대 이후에도 농민들은 1959~1961년의 대기근을 되풀이하지 않고도 여전히 퇴사할 권리가 없었던 것인가에 대답할 수 있다. Lin(1990)은 농민의 퇴사退社 권리가 취소된 것으로 1959~1961년의 대기근을 해석함으로써, 합작농업도 성공할 수 있지만 합작 조직 구성원이 자신을 단속할 수 있는 묵계默契를 맺을 수 있는 여건을 마련해야 한다고 제기하였다. 합작사 성원은 기타 성원이 합의를 준수하지 않을 경우에만 탈퇴할 권리가 있으며 이러한 자아실행적 계약만이 유지될 수 있다. 린이푸(林毅夫)는 1952년부터 1957년까지 사원들이 퇴사 권리를 가졌을 때 합작사의 생산성은 상승한 반면, 퇴사권이 금지되었을 때 무엇 때문에 합작사의 효율이 갑자기 떨어지고 장기적으로 정체되었는가를 설명하였다. *Journal of Comparative Economics* 17(1993)에서 이에 대해 토론하는 글을 발표한 James Kung, W. Bentley Mac Lode와 Dong and Dow 등을 참조하라.

57 이것이 바로 1958년부터 1959년 사이에 도리에 어긋나는 많은 황당한 현상이 나타난 주요한 근원이라고 나는 믿는다.
58 생산대대 간부들은 인민공사나 현의 사무원으로 승급할 가능성이 비교적 높았고 그 가운데 일부는 심지어 도시 호적이나 정부 간부의 신분으로 넘어갈 수도 있었다. 농업에서 비농업으로의 신분 이동을 둘러싼 중국에서의 경쟁은 어디에서나 치열한데, 이는 생산대대 정치 투쟁의 실질적인 내용 중 하나였다.
59 추이즈위안(崔之元)(1993)은 한 편의 논문에서 '잉여권리(residual claim)'와 '잉여통제권(residual control)'의 차이를 강조하면서 정보가 충분하지 않고 계약이 불완전하기 때문에 잉여권리를 미리 밝혀 둘 수 없다고 지적하였다. 때문에 중요한 것은 잉여생산 과정에 대한 통제인데, 이것은 일반적으로 다각적인 협력의 결과이다. 그는 '연합소유제(joint ownership)'로 중국 향진기업의 조직적 특성을 이해하였다.
60 예를 들면 1962년에 류소치(劉少奇)는 농촌 기층간부의 부패 정도가 아주 높을 것으로 짐작했으며 심지어 매 현에 수만 명의 정부간부 공작대를 파견하여 농촌의 기층 정권을 인수할 것을 주장하였다. 버이버(薄一波)(1993), 하권, pp.1118~1136.
61 '4청'운동 가운데서, 마오쩌둥과 류소치의 중대한 의견 차이는 바로 어떻게 농촌의 '4불청不淸' 간부를 평가하고 처리하는가 하는 것이었다. 류소치는 엄하게 숙청할 것을 주장하였고 마오쩌둥은 수백 원을 탐오한 간부들을 하루 속히 해방하여 운동의 창끝을 상층 자본주의의 길로 나아가는 집권파(當權派)에 돌릴 것을 요구하였다. 나중에 마오쩌둥은 미국 기자 스노와의 인터뷰에서 류소치의 이런 '형식상으로는 좌파적이나 실제로는 우파적인(形左實右)' 착오는 그가 류소치를 제거하려고 결심한 원인 중의 하나라고 말했다[버이버(1993), 하권].
62 농촌 사대(社隊)기업의 역사적 발전에 관하여 많은 문헌들이 증명하고 있다. 보다 체계적인 연구를 보면 중국농촌발전문제연구팀의 쑨방밍(孙方明)(1985), 바이뤄빙(白若冰)(1982), 뤄쇼펑(羅小朋)(1986), Byrd and Gelb(1988), Huang(1990, 특히 제12장)이 있다. 이 밖에도 원 국무원 농촌발전연구센터 발전연구소와 정부 농촌 표본 조사대가 협력하여 1986년부터 열 개 성省의 대형 향진기업에 대한 연속적인 추적 조사를 진행함으로써 이 연구 분야에 가장 체계적인 수치를 제공하였다. 관련 조사 대상의 소개와 분석 보고서는 런치(任其)·두융(杜鹰) 등(1987), 저우치런(周其仁), 호좡준(胡庄君)(1987), 츄지청(邱繼成)(1987, 1988) 및 천잰버(陳劍波)(1988)가 쓴 글로 모두 리궈두(李國都)가 편집한 자료집(1990), pp.265~288, 293~322, 482~511, 625~646, 744~768, 816~840에 게재되었다.
63 인민공사에서 꾸린 기업의 총생산액은 ZTN(1983), p.215를 참조하고, 대대공업기업의 총생산액은 GJTY(1985), p.43을 참조하고, 농업 총생산액 통계는 GJTY(1985), p.43을 참조하라.

64 오늘날 도시 사람들은 향진기업을 '이군의 궐기(異軍突起)'로 찬미하고 있지만, 농촌 지역의 지도자들로 말하면 '본군의 궐기(本軍突起)'였다.
65 농촌 사대기업의 발전을 정부 정책의 결과라고 한 것은 이 부문이 성과를 이룬 후 나타난 과분한 칭찬이다. 초기의 농촌 사대기업 설립자 중에서는 이른바 '정부의 계획을 파괴한다'는 비난을 받지 않은 사람이 거의 없었다. 자원 이용에서 농촌 사대기업들은 장기간 제도와 정책의 기시를 받았다.
66 기업의 설립 투자 원천은 정부 재정이 지급한 자금과 정부에서 제공한 저이자 대부금이 10% 미만이고, 대부분은 집단 축적(23.6%)과 집단이 담보를 제공하는 각종 신용(61.13%)이었다. 런치(1987), 리궈두(1990)의 글(pp.265~288 인용)을 보라.
67 농촌기업의 초기 창업자 중 55%가 농촌집단기업의 간부였고, 21%가 농민 가운데서 솜씨가 뛰어난 장인(能工巧匠)이었다. 런치(1987).
68 1970년대 정부의 농업 지원 재정 지출은 연평균 108.6억 위안으로서 1960년대에 비하여 82.02% 늘어났다. 부록 표 1을 보라.
69 부록 표 2의 다섯 번째 열과 열한 번째 열을 보라. 모두 가격 영향을 공제하지 않았다.
70 예를 들면 중국공산당 내의 실용파(務實派)는 무릇파(凡是派)에 대하여, 혹은 반대로 무릇파는 실용파에 대하여 서로 상대방을 대체할 잠재력을 가지고 있었다.
71 덩샤오핑은 1977년 12월에 국제 정세를 분석하면서 중국이 "싸우지 않을 시간을 좀 더 벌 수 있다."라고 예측했다. 왜냐하면 미국은 동남아시아에서 실패한 후 보수적인 글로벌 전략을 취하였고, 소련은 아직 준비가 덜 되었기 때문이었다[덩샤오핑(1983), p.74]. 이 이완된 국제 정세가 나중에 중국이 취한 권력 이양 개혁정책에 미친 영향에 대하여 토론한 사람은 아주 적다. 그러나 제도 진화의 경제사에서 이 점은 매우 중요한 것이다. 예컨대 17세기 영국의 조세 징수권은 상인과 중상층의 토지계급으로 구성된 대의제 의회의 수중에 장악되어 있었다. 그들의 흥미는 국왕의 권력을 제한함으로써 각종 제한성 조치를 결속 짓고 사유재산권과 경쟁을 보호하는 것이었다. 그러나 스페인과 프랑스에서는 황실이 구속력이 없는 징세권을 장악하고 있었으며 동업 조합에 독점권을 양도하는 것을 황실의 수입과 교환하였다. 이런 차별이 조성된 원인은 잉글랜드는 섬으로서 유럽 대륙처럼 외국 침입의 위협이 심각하지 않았기 때문에 왕실은 재산권과 조세징수권을 중앙에 집중해야 할 이유가 없었고, 방대한 중앙정부를 만들어야 할 이유 또한 부족했기 때문이다[North and Thomas(1981), pp.155~156].
72 Yang et al(1992)은 인민공사 시기에 정부가 재산권을 침범한 몇 가지 형태를 지적하였다.
73 1972년 농업 총요소 생산성 지수는 1952년의 72.22%로서 1961년에 비해 5.8포인트 낮았다. Wen(1989)을 참조하라.
74 Wen(1989).
75 농민이 제기한 농가별 생산량 도급제의 3대 원칙은 정부나 단체와의 거래에 대한 그들

의 생각을 보여 주었다. 동시에 농가별 생산량 도급제가 정부·집단·농가의 삼자에 관련된 계약이라는 것도 설명하였다.

76 천이즈(陳一諮)와 순방밍(孫方明)이 집필한 중국농촌발전문제연구팀(1981)의 현지 조사 보고를 보라. 저우치런(周其仁)(1993a)이 편집한 간행물 참고.

77 농가별 생산량 도급제를 실시한 생산대는 통일적인 계획과 통일적인 분배를 보류하고, 농가는 생산량 도급 계약에 따라 생산하고, 연말에 도급 맡은 생산량을 초과한 부분은 집단에서 배당으로 장려하였다. 농가별 토지 도급제는 도급한 생산량과 초과한 생산량에 대한 집단의 계량 및 감독 비용을 절약하였다. 농가가 집단토지를 도급 맡는 조건은 토지의 평년 생산량에 따라 부담하여야 할 부분을 정부에 상납하고 집단에 일부를 남기는 것이다.

78 중국농촌발전문제연구팀(1981).

79 예를 들면 안후이(安徽)성에서 제일 처음으로 농가별 생산량 도급제를 실시한 쇼강생산대는 얀(閻)씨 성을 가진 생산대장의 지도하에서 완성되었다. 천시원(陳錫文)과 마쇼웬(馬苏元)의 현지 조사 보고[중국농촌발전문제연구팀(1984) 제1권]를 보라.

80 "땅은 거기 있어 매일 볼 수 있다. 강도가 뺏을 수 없고, 도둑이 훔쳐갈 수 없다. 사람은 죽었지만 땅은 그대로 있다." "돈은 다 쓸 수 있겠으나 땅은 영원히 다 쓸 수 없다." 이는 페이쇼퉁(費孝通)(1939)이 1930년대에 기록한 쟝쑤(江苏) 남부 마을 사람들의 토지에 대한 생각이다(p.182). 이 점을 이해한다면 농민혁명이 왜 일어났는지, 자류지가 왜 더욱 효과적인지를 이해하는 데 도움이 된다.

81 1977년부터 1982년 사이에 발생한 이런 사건들을 공개적으로 보도하는 경우는 아주 드물었다. 이는 그것이 허용되지 않았기 때문이기도 하고 또 농민들이 이 비밀의 세부사항을 일반적으로 다른 사람에게 알려 주려 하지 않았기 때문이다. 하지만 당시 지방정부의 부분적 문건과 조사 보고에는 이런 현상이 간접적으로 반영되어 있었다. 예를 들면 안후이 펑양현(安徽鳳陽縣) 정부의 1980년의 통고通告와 칭하이성(青海省) 당위원회 조사연구실의 1980년 조사 보고서 등이다. 중국농촌발전문제연구팀(1981), pp.221~230, 222~333을 보라.

82 당장 인구를 늘려야 하는 가정에 대해 말하자면 30가구가 사는 마을에 단 한 가구가 있다고 하더라도 그가 다툴 수 있는 이익은 1이고 나머지 29가구는 가구당 29분의 1의 손실밖에 남지 않으며 29가구가 연합하려면 조직비용이 필요하기 때문이다.

83 Chayanov(1986)는 이 점에 근거하여 소련 농촌에서 농민의 분화는 계급 간의 분화가 아니라 부동한 가정의 생명 주기를 가진 농민 가정의 경제적 차이라고 하였다.

84 유명한 당중앙위원회 제11기 3차 전원회의의 농업 문제에 관한 결의에서는 농가별 생산량 도급제를 금지하였다. 이 표현법은 1년 후 4차 전원회의의 개정된 결의안에서도 여전히 보류되었다. 두 문건은 모두 『중국농업연감』(1980)에 기재되었다(pp.56~62).

85　1980년 농업이 제공한 총체적 누적은 360.74억 위안이고, 정부가 농촌에 사용한 부분을 공제하면 농업의 순 유출 자금은 278.62억 위안[펑하이바(冯海发)·리워이(李微), 1993]으로 당해 농업 총생산액 2180억 위안[ZTN(1983), p.13]의 12.78%(1977년은 15.73%, 1978년은 14.05%)를 점하였다. 이는 1955년(12.83%)에 비해 다소 낮으나, 1952년(11.49%, 수치는 위와 같음)에 비하면 약간 높은 편이다.
86　당시 농부산물의 수매 가격은 높아졌지만, 도시 주민들을 상대로 한 판매 가격은 그대로 유지되었기에 정부 재정은 판매 가격이 수매 가격보다 낮게 책정되어 생긴 보조금을 부담하였다. 1980년대에 날로 늘어난 이 지출은 부록 표 1 및 부록 표 2의 정부 농촌 비용지수에 계산되지 않았는데 이는 정부와 도시 주민의 관계를 반영하였기 때문이다.
87　1950년대 초반과 후반에 덩즈후이(鄧子恢)와 펑더화이(彭德怀)는 각각 중앙과 국무원의 지도 성원이었다. 그러나 이들은 농촌 문제에 있어서 마오쩌둥 주석과 의견 분기를 보여 정책 문제에 대한 발언권을 잃었다.
88　Demsetz(1988), p.104.
89　사회주의 재산권 개혁은 급진주의로 가기 쉬운데, 아마도 이와 큰 관계가 있을 것이다.
90　안후이(安徽)성을 예로 들면 쇼강(小崗) 생산대의 농가별 생산량 도급제는 펑양(鳳陽) 현성에서의 대논쟁을 불러일으켰고 마지막에 안후이성 당위원회 상무위원들이 쇼강에 내려가 현장 조사를 한 뒤 시험적으로 실시하기로 결의하였다.
91　중국 개혁의 점진적 특징은 시간적인 지속성에서 나타났을 뿐만 아니라 공간 분포상의 불균형으로도 나타났다.
92　분권개혁 방침은 1989년 이후 국내 저명한 경제학자들의 부분적 비판을 받았다. 대표적으로 우징랜(吳敬璉)이 1989년 12월에 발표한 글이 있으며 이 글에서는 전직 국무원 간부들의 경제개혁 '조치 실수'를 체계적으로 비판하였다. 그중 중요한 내용은 해당 지도자가 '행정적 권력 이양'과 '경제적 이양'의 구분을 혼동해 시장의 분할과 거시적 조정의 분산화를 초래하고, '제후경제諸侯經濟'를 초래하였다고 지적한 것이다. 우(吳) 씨는 학술적인 의견 교환 풍격에 따라 썼지만, 읽어 보면 확실히 권위 인물에게 도전하는 도덕적 용기[저자는 특히 주해를 달아 이 문장은 1978년 6월 9일, 1988년 7월 1일, 1989년 11월 11일에 중앙당교에서 한 보고를 정리한 것이라고 밝혔다(p.51).]가 느껴졌다. 당년에 비판을 받았던 사람들은 더는 공개적으로 그 비판에 화답할 기회마저 없어졌다. 그 후 국내외 중문 간행물들은 당년의 '제후경제'론에 대해 지속적인 공격을 하였는데, 그 반대파 의견의 대표작으로는 리샹루(李湘鲁)의 논문이 있다. 1990년에 미국의 지식인 잡지에 발표한 글에서 그는 계획관료체제를 개혁하자면 우선 그 체제를 분해해야 한다고 하면서 중앙계획관료체제에 의존해서는 개혁을 동원하고 추진할 수 없기에 오직 분권적인 개혁 지침만이 전반 권위주의 체제 내에서 개혁을 시동할 사회적 메커니즘을 발견할 수 있다고 하였다. 농촌개혁 경험이 보여 준 바와 같이 다행히

도 당년의 분권 지침에서 '조치 실수'가 있었기에 중국의 농촌개혁은 오늘날 인민공사의 틀에서 맴돌지 않을 수 있었다.

93 1961년 안휘성의 농가별 생산량 도급제는 우선 성 당위 제1 서기 쩡시썽(曾希조)의 찬성과 마오쩌둥을 포함한 중앙 지도자들의 묵인을 받았지만, 기근 위기가 지나자 쩡시썽은 비판을 받고 철직되었다. 버이버(1993), 하권.

94 Lieberthal and Oksenberg(1988), p.29, 152.

95 1962년의 7천 명 대회는 예외로서, 1959년부터 1961년까지 여러 정책 결정 면에서의 심각한 교훈을 총화하였다.

96 격렬한 논쟁은 회의실 식탁까지 이어졌다. 농가별 생산량 도급제를 지지하는 꾸이저우(貴州)성 제1 서기 츠화칭(池華卿)은 어느 연회에서 반대 입장을 가진 헤이룽쟝(黑龍江)성 제1 서기 양이천(楊易辰)에게 당신은 당신의 탄탄대로를 걷고 나는 나의 외나무다리를 걷겠다고 말했다. 뜻밖에도 그 말이 여러 가지 모델이 병존하는 해결 대안을 제공하였다.

97 이것이 바로 1980년 75호 중앙 문건이다. 이 새로운 정책 문건의 제정 배경에 관해서는 두런썽(杜潤生)(1985)이 이 정책 문서를 작성한 각 성시 자치구 제1 서기 회의에서 한 연설(p.1~9)과 오샹(吳象)(1980)의 글을 보라.

98 변혁에서 절차의 중요성에 관해서는 지위이둥(季衛東)(1993)의 글을 보라.

99 역사적 경험이 보여 주다시피 만약 정부가 여전히 농촌사회를 주도한다면 인하된 정부 조세는 경제 회복으로 인해 다시 상향 조정될 수 있고 풀어 주었던 권력도 여러 가지 이유로 다시 거둬들일 수 있다.

100 이 논점은 개혁 과정에서의 기타 이익 추구 행위(rent seeking)에 대한 분석에도 적용되는데, 많은 사람들은 이익 추구 행위를 비난하면서 제도혁신에서의 이익을 완전히 홀시하였다.

101 1984년 농촌사업에 관한 중공중앙의 통지와 마커워이(馬剋偉)(1992)의 주편을 보라 (p.133).

102 여기에 언급된 정책과 법률 문건은 역대 중국 농업연감에서 찾아볼 수 있다. 영문 저작 중에서 Yang et al(1992)의 논문은 이 시기 중국 농촌개혁 정책과 법률에 대하여 멋지게 정리하였다. 비록 그들이 서류의 표현법에 따라 정책과 제도 환경에 대하여 계량적인 연구를 하였지만, 내가 보기에는 아직도 개선이 필요하다. 왜냐하면 문건이 어떤 것은 실생활에 뒤떨어지고 어떤 것은 완전히 시행되지도 않았기에 현실적인 제도적 구속과 완전히 동일시할 수 없기 때문이다.

103 발달 지역의 지방 정치 권력 구조를 보면, 재정 지방도급제에서 사대隊社기업들을 충분히 보호하고 이들이 중앙정책의 인정을 받도록 노력을 아끼지 않았다. 이 과정은 낙후한 지역의 농가별 생산량 도급제에 대한 보호와 동일하였다.

104 예를 들면 농민 가구당 양곡을 200근씩 더 비축하면 전국의 양곡 시장에 360억 근의 공급이 감소된다. 이 사실은 1985년 이래 양곡 수매, 판매체제 개혁의 기본 동력이 되었다.
105 최근의 증거 가운데 하나는 1990~1991년 사이에 베이징의 개별 지도자들이 농촌 사회주의 교육운동을 재연하다가 흐지부지 됐다는 것이다.
106 Coase(1992)는 자기와 기타 제도경제학자들이 연구하는 것이 바로 생산과 관련된 제도적 구조(institutional structure of production)라고 강조하였다.
107 두융·왠충파(1993).
108 초기의 농가별 생산량 도급제는 인구 변동에 따른 경작지 도급 조정 권리를 배제하지 않았기에 토지도급의 내적 불안정을 야기하였다. 꾸이저우(貴州) 메이탄(湄潭)에서는 이런 권리를 없애는 제도적 혁신을 최초로 시행하였는데, 그곳의 방법은 지방정부에서 저이자 대부금을 제공하여 농가들이 민둥산과 황무지를 개발하도록 지지하여 농민들의 인구 증가에 따른 토지 재분배 권리를 교환하는 것이었다. 나는 이것이 농가별 생산량 도급제의 실시 이후 가장 중요한 혁신적 개혁이라고 생각한다. 왜냐하면 인구와 토지 이용 과정에서 오래된 나쁜 관례들을[저우치런·류써우잉(1988)] 시험적으로 해결하려 하였기 때문이다. 이 방법은 현재 많은 지역의 흥미와 모방을 일으키고 있다[두융·왠충파(1993)].
109 예를 들면 산둥성 핑두현(平度縣)의 경험이다. 국무원 발전연구센터 농촌부 토지제도 과제팀 조사 보고서(인쇄본, 1990)를 보라.
110 두융·왠충파(1993).
111 이와 같은 실질적 변화는 농민들의 '정책 불변不變' 요구나 이에 대한 정부의 약속과 맞물려 있다. 후자는 위로부터 아래에 이르는 정치적 수단으로 재산권을 제조하며 개변하는 국면이 재연되는 것을 방지할 것을 요구하고, 전자는 거래 환경의 변화에 따른 재산권계약 조정에 대한 수요를 보여 준다. 중요한 것은 대체로 1980년대 후반부터 농촌의 새로운 재산권 구조의 제도화·법제화 요구가 개혁의 일정에 올랐다는 것이다. 이는 물론 가장 완전한 재산권 형태를 법률 문서로 작성하는 것이 아니라 법률 형태를 통해 이미 거래에서 형성된 권리를 기록하는 것이다. 동시에 유효 재산권 보호 수단과 재산권 침해 비용을 증가시키고 이 기초 위에서 이해 당사자들 간의 재산권 계약을 개정하는 절차를 형성하였다.
112 필자는 1985년의 농촌 자산구조를 추산한 적이 있다. 당시 농가의 개인 재산을 개인 기업에 편입하지 않은 부분이 약 7천억 위안이었고 여기에 각종 개인 기업의 자산 220억 위안을 더하면 도합 7,220억 위안이었다. 당시 농업용 토지는 명목 이자율이었고, 실제 이자율이 아니었기에 토지가격이 저평가되었다. 실제 이자율로 다시 추산한 결과 농업용 토지의 가치는 약 5조 위안이었고 농촌 총자산은 약 6조 위안이었

다. 그러므로 당해에 농민들의 개인 재산은 농촌 총자산의 약 12%[저우치런(1987); 발전연구소 종합과제팀 간행물(1988), pp.65~80]를 차지하였다. 그때부터 농민들의 사적 재산은 근 세 배로, 연평균 16.97%로 성장하여 비非사적재산의 연평균 성장률 12%보다 빨랐다.

113 농호의 사적 재산은 공짜로 얻은 것이 아니다. 이는 농민들이 부와 집단에 상납하는 도급 임무를 완료하고 또 사적 재산 형성을 위해 노력하고 위험과 책임을 감수했기에 가능했다. 이런 의미에서 오늘날 중국 농민들의 사적 재산은 이미 토지개혁에서 형성된 개인 소유의 토지제도와는 다르다. 여기에는 개별 농가에 대한 정부의 대규모 대중정치운동의 혜택이 없었기에, 정부의 의지로 재산권계약의 역사적 의미까지 마음대로 바꿀 수 없다.

114 혹은 Alchian and Demsetz(1972)의 말대로 하면 농촌재산권의 경도硬度는 그 보호 구조의 성장 과정에서 점진적으로 증가한다.

115 많은 사람들은 공짜 제도나 규칙에 물들어 있다. 예를 들면 Bater(1990)는 게임이론 모형을 제공하여 나일강 상류 목장 주인들 사이의 재산권 질서 구축을 설명하였다. 이 모델에서 소를 기르는 두 가족은 중재자가 없는 상황에서 늘 이성적으로 상대방을 공격하는 전략을 택한다. 이런 자원 낭비를 불러온 '죄수의 딜레마'의 결과는 공격을 제재할 수 있는 제3자를 도입하면서 달라졌다. 문제는 제3자가 Bater의 모델에서 아무런 자원도 소모하지 않을 때 생활에서 제도와 질서, 규범이 무료일 수는 없다는 것이다.

116 농촌사회 총생산액 수치는 ZTN(1993, p.333)에서, 물가지수는 ZTN(1993, p.238)에서, 농민의 일인당 순소득 수치는 ZTN(1993, p.312)에서, 노동력 수치는 ZTN(1985, p.224)과 ZTN(1993, p.330)에서 온 것이다.

참고문헌

[1] Alchian, Armen and Demsetz, H. "Production, Information Costs, and Economic Organization," *American Economic Review* 62, 1972, pp.777~795.

[2] Alchian, Armen. "Some Economics of Property Rights," in A. Alchian, 1977, *Economics Forces at Work*, Liberty Press, 1965, pp.127~149.

[3] Alchian, Armen. "Uncertainty, Evolution and Economic Theory," *Journal of Political Economy* 58, 1950, pp.211~220.

[4] Arrow, Kenneth. *Social Choice and Individual Values*, Wiley Press, 1963.

[5] Ashton, Basil. Kenneth Hill, Alan Piazza, and Robin Zeitz, "Famine in China, 1958~1961," *Population and Development Review* Vol. 1, No. 4, 1984.

[6] Bardhan, Pranab. "The New Institutional Economics and Development Theory: A Brief Critical Assessment," *World Development* Vol. 17, No. 9, 1989, pp.1346~1389.

[7] Barzel, Yoram. *Economic Analysis of Property Rights*, Cambridge University Press, 1989.

[8] Bater, Robert H. "Capital, Kinship and Conflict," *Canadian Journal of African Studies* Vol. 24, No. 2, 1990, pp.151~164.

[9] Buchanan, J. and Tullok, G. *The Calculus of Consent*, University of Michigan Press, 1962.

[10] Byrd, William A. and Alan Gelb. "Why Industrialize? The Incentives for Local Community Governments," Chapter 16 of Byrd, 1988, William A., and Qingsong Lin, eds. 1988.

[11] Byrd, William A. and Qingsong Lin, eds. *China's Rural Industry: Structure, Development, and Reform*, Unpublished manuscript, eds. 1988.

[12] Chayanov, A. V. *The Theory of Peasant Economy*, The University of

Wisconsin Press, 1986.

[13] Cheung, Steven. *The Theory of Share Tenancy*, University of Chicago Press, 1969a.

[14] Cheung, Steven. "The Structure of Contract and the Theory of a Non-Exclusive Resource," *Journal of Law Economics*, April 12, 1969b.

[15] Coase, R. H. *The Firm, the Market, and the Law*, University of Chicago Press, 1988.

[16] Coase, R. H. "The Nature of the Firm," *Economica* 4, 1937, pp.386~405.

[17] Coase, R. H. "The Problem of Social Cost," *Journal of Law and Economics* 3, 1960, pp.1~44.

[18] Cooter, R. and Ulen, T. *Law and Economics*, Harper Collins, 1988.

[19] Cui, Zhiyuan. "A Schumpeterian Perspective and Beyond," in Yang Gan and Zhiyuan Cui, eds. *China: A Reformable Socialism?*, Oxford University Press, 1993.

[20] Demsetz, Harold. *Ownership, Control, and the Firm*, Basil Blackwell Inc, 1988.

[21] Dong, Xiao-yuan and Gregory K. Dow. "Does Fee Exit Reduce Shirking in Production Teams?" *Journal of Comparative Economics* 17, 1993, pp.472~484.

[22] Fei, Hsiaotung. *Peasant Life in China*, E. P. Dutton & Company, 1939.

[23] Furubotn, E. and S. Pejovich. "Property Rights and Economic Theory: A Survey of Recent Literature," *Journal of Economic Literature* Vol. X, No. 4, 1972, pp.1138~1162.

[24] Habermas, Jurgen. *The Peasant Family and Rural Development in the Yangzi Delta, 1350~1988*, Stanford University Press, 1990.

[25] Habermas, Jurgen. *The Structural Transformation of the Public Sphere*, MIT Press, 1989.

[26] Hirschman, Albert O. *Exit, Voice and Loyalty*, Harvard University Press,

1970.

[27] Huang, Philip. *The Peasant Economy and Social Change in North China*, Stanford University Press, 1985.

[28] Huang, Philip C. C. "'Public Sphere'/'Civil Society' in China? The Third Realm Between State and Society," *Modern China* Vol. 19, No. 2, 1993, pp.216~240.

[29] Johnson, Gale D. *The People's Republic of China 1978~1990*, ICS Press, 1990.

[30] Kung, Kaising James. "Transaction Cost and Peasant's Choice of Institutions: Did the Rights to Exit Really Solve the Free Rider Problem in Chinese Agriculture?" *Journal of Comparative Economics* 17, 1993, pp.485~503.

[31] Lieberthal, Kenneth and Michel Oksenberg. *Policy Marking in China*, Princeton University Press, 1988.

[32] Lin, Justin. "An Economic Theory of Institutional Change: Induced and Imposed Change," *Cato Journal* Vol. 9, No. 1, 1989, pp.1~33.

[33] Lin, Justin. "Collectivization and China's Agricultural Crisis in 1959~1961," *Journal of Political Economy* Vol. 98, No. 6, 1990.

[34] Lin, Justin. "Rural Reform and Agricultural Growth in China," *American Economic Review* Vol. 82, No. 1, 1992.

[35] Lin, Justin Yifu. "The Household Responsibility System in China's Agricultural Reform: A Theoretic and Empirical Study," *Economic Development and Cultural Change* Vol. 36, No. 4, 1988.

[36] Lippit, Victor. *Land Reform and Economic Development in China*, International Arts and Sciences Press, 1974.

[37] MacFraquhar, Roderick and John K. Fairbank, eds. *The Cambridge History of China(1949-1965)*, Cambridge University Press, eds. 1987.

[38] MacLeod W. Bentley. "The Role of Exit Costs in the Theory of

Cooperative Teams: A Theoretic Perspective," *Journal of Comparative Economics* 17, 1993, pp.521~529.

[39] Mann, Michael. "The Antonomous Power of the State: Its Origins, Mechanism, and Results," *Archives Européennes de Sociologie* 25, 1984, pp.185~213.

[40] North, Douglass and Thomas, Robert. *Institutions, Institutional Change and Economic Performance*, Cambridge University Press, 1990.

[41] North, Douglass and Thomas, Robert. *Structure and Change in Economic History*, W. W. Norton & Company Inc, 1981.

[42] North, Douglass and Thomas, Robert. *The Rise of the Western World: A New Economic History*, Cambridge University Press, 1973.

[43] Olson, Mancur. *The Rise and Decline of Nations*, Yale University Press, 1982.

[44] Prosterman, Roy L. and Timothy M. Hanstad. "A Fieldwork Appraisal of The Household Responsibility System, with Recommendation for the Future," *Seminar paper on the development of rural communities and the transformation of the rural population*, Beijing, Dec. 1989, pp.8~14.

[45] Rankin, Mary Backus. *Elite Activism and Political Transformation in China*, Stanford University Press, 1986.

[46] Rowe, William. *Hakow: Commerce and Society in a Chinese City*, Stanford University Press, 1984, pp.1796~1839.

[47] Schultz, Theodore W. *The Economic organization of Agriculture*, McGrawHill, 1953.

[48] Schultz, Theodore W. *Transforming Traditional Agriculture*, Yale University Press, 1964.

[49] Scott, James C. *The Moral Economy of the Peasant: Rebellion and Subsistence in Southeast Asia*, New Haven: Yale University Press, 1976.

[50] Selden, Mark. *The Yenan Way in Revolutionary China*, Harvard University

Press, 1971.

[51] Strand, David. *Rickshaw Beijing: City People and Politics in the 1920s*, University of California Press, 1987.

[52] Wakeman, Frederic Jr. "The Civil Society and Public Sphere Debate: Western Reflections on Chinese Political Culture," *Modern China* Vol. 19, No. 2, 1993, pp.108~138.

[53] Wang, Yeh-chien. *Land Taxation in Imperial China*, Harvard University Press, 1973, pp.1750~1911.

[54] Wen, Guanzhong James. *The Current Land Tenure System and Its Impact on Long Term Performance of Farming Sector: The Case of Modern China*, Ph. D. Dissertation, University of Chicago, 1989.

[55] Yang, C. K. *Chinese Communist Society: The Family and the Village*, MIT Press, 1959.

[56] Yang, Xiaokai, Wang, Jianguo and Wills, Ian. "Economic Growth, Commercialization, and Institutional Changes in Rural China, 1979~1987," *China Economic Review* Vol. 3, No. 1, Spring, 1992.

[57] Yang, Xiaokai, Wang, Jianguo and Wills, Ian. "Economics of Property Rights and Chinese Reform," *The Hainan Conference Papers*, 1993.

[58] 薄一波, 『若干重大決策與事件的回顧』下卷, 中共中央黨校出版社, 1999年版.

[59] 陳雲, 『陳雲文選』(1949~1956), 人民出版社, 1986年版.

[60] 崔曉黎, 『統購統逍與中國工業化』, 發展研究報告第5號, 國務院農研中心發展研究所, 1988年.

[61] 道格拉斯·諾斯, 『經濟史上的結構與變遷』, 陳郁, 羅華平譯, 上海三聯書店, 1991年版, 第49~65頁.

[62] 鄧小平, 『鄧小平文選』(1975~1982), 人民出版社, 1983年版.

[63] 杜潤生, 『中國農村經濟改革』, 中國社會科學出版社, 1985年版.

[64] 杜鷹·袁崇法,『中國農村的改革和發展:回顧和展望』, 20世紀90年代中國農村改革和發展國際學術討論會主題報告, 農業部農村經濟研究中心, 1993年.

[65] 發展研究所綜合課題組,『改革面臨制度創新』, 上海三聯書, 1988年版.

[66] 馮海發·李微, "我國農業爲工業化提供資金積累的數量研究", 『經濟研究』, 1993年, 第9期, 第60~64頁.

[67] 高小蒙·向寧,『中國農業價格政策分析』, 浙江人民出版社, 1992年版.

[68] 國家統計局:『農村經濟變革的系統考察』, 中國社會科學出版社, 1984年版.

[69] 國家統計局:『農村, 經濟和社會』, 第1~4卷, 中國大百科全書出版社, 1984年版.

[70] 國家統計局,『中國統計年鑒』(ZTN), 中國統計出版社, 1983年版.

[71] 季衛東,『論程式』, 當代中國研究中心論文, 第4卷, 1993年, 第3期.

[72] 李國都編,『發展研究』, 第1~2卷, 北京師範學院出版社, 1990年版.

[73] 李湘魯, "為什麼說分權改革方針是正確的", 『知識份子』(美國), 1990年, 秋季號, 第1~6頁.

[74] 劉守英·胡莊君,『產權和制度變遷理論文選』, 陳建波, 邱繼成譯, 上海三聯書店, 1990年版.

[75] 陸學藝·王小強,『包產到戶的由來和今後的發展』, 中國農村發展問題研究組, 1981年, 第166~196頁.

[76] 羅小朋, "中國鄉鎮企業的等級結構和所有制", 刊李國都編,『發展研究』, 北京師範學院出版社 1990年版, 第422~451頁.

[77] 馬克偉主編,『中國改革全書:土地制度改革卷』, 大連出版社, 1992年版.

[78] 農牧漁業部計畫司編,『農業經濟資料』(NJZ)(1949~1983), 農牧漁業部.

[79] 邱繼成, 1988, "鄉鎮企業:社區(政府)管理模式的基本線索", 刊李國都編,『發展研究』, 北京師範學院出版社, 1990年版, 第744~768頁.

[80] 盛洪·陳鬱, "譯序",『企業, 市場與法律』, 上海三聯書店, 1990年版.

[81] 宋國青·高小蒙等,『中國糧食問題研究』,經濟管理出版社, 1987年版.

[82] 宋國青,『經濟增長和經濟結構』,中國大百科全書出版社, 1982年版.

[83] 王耕今·張宣三,『我國農業現代化與積累問題研究』,山西經濟出版社, 1993年版.

[84] 吳敬璉, "十年發展與改革的回顧與思考", 『經濟工作者學習資料』, 1989年, 第59期, 第51~88頁.

[85] 吳象, "陽關道和獨木橋", 『人民日報』, 1980年11月5日.

[86] 國家統計局, 『國民經濟統計提要』(GJTY)(1949~1984), 中國統計出版社.

[87] 國家統計局, 『中國農村統計年鑒』(ZNTN), 中國統計出版社, 1985年版.

[88] 國家統計局, 『中國統計年鑒』(ZTN)(1983,1993), 中國統計出版社.

[89] 中國農村發展問題研究組, 『包產到戶資料選』, 第1~2, 自印稿, 1981年版.

[90] 中國農村發展問題研究組編, 『農村·經濟·社會』第一卷, 知識出版社, 1981年版.

[91] 中國農地制度課題組, 『中國農村土地制度的變革』, 北京大學出版社, 1993年版.

[92] 中國農業年鑒出版委員會, 『中國農業年鑒』(1980~1987), 農業出版社.

[93] 周其仁·劉守英, "湄潭:一個傳統農區的土地制度變遷", 『發展研究報告』, 第7號, 國務院農研中心發展研究所, 1988年.

[94] 周其仁, "土地制度:有效產權, 長期租佃和有償轉讓", 『經濟參考消息』, 1988.

[95] 周其仁選編, 『農村變革與中國的發展』(1979~1989), 香港牛津大學出版社.

[96] 周其仁選編, 『農村改變區域調查報告』(1981~1989), 香港牛津大學出版社.

농민, 시장과 제도 혁신
―농가별 생산량 도급제 이후 농촌 발전이 직면한 심층 개혁*

1978년 안후이(安徽), 쓰촨(四川) 등지에서 농가별 생산량 도급제를 시행한 이후 중국의 농촌경제체제 개혁은 이미 8년이 지났다. 동기와 방법 모두 비교적 소박한 개혁은 '가난한 사회주의'의 곤경에 깊이 빠졌던 농촌의 경제·정치 정세를 전환했고, 중국의 농촌생산력이 세계의 주목을 받는 위대한 해방을 이룩하게 되었다.

역사상 많은 중대한 개혁과 마찬가지로 농가별 생산량 도급제의 개혁 이후 유발된 문제는 직접 해결한 문제보다 훨씬 더 광범위하고 심각했다. 국내외 여론에서 중국의 농촌개혁이 성공을 거두었다고 보편적이고 긍정적으로 인식할 때, 더욱 심층적인 개혁 임무가 어려운 특성과 함께 농촌의 현실에 갑자기 나타났다. 갈수록 많은 농민, 농촌 사업자와 연구자들은 모두 다양한 방식으로 농촌이 직면한 새로운 문제 및 그 해결 전망에 대한 곤혹을 표현하고 있다. 이 숨기거나 회피할 수 없는 현실은 현대 상품경제의 대규모 발전이 중국 농촌이 기존에 축적한 모든 경험을 뛰어넘었다는 것을 보여 준다.

중국 농촌 발전에서 직면한 심층 개혁 과제를 직시하고, 그 해결 방법을 모색하는 것이야말로 농가별 생산량 도급제 시행 8년의 가장 좋은 기

---

* 본문은 1986년 10월에 초고가 완성되었고 12월에 수정본이 완성되었다. 본 저서의 집필에는 저자 이외에도 다이샤오징(戴小京)이 있다. 이 논문은 발전연구소의 여러 동료가 함께 토론하고 수정하여 발전연구소 종합과제팀의 이름으로 『경제연구』 1997년 제1기에 발표되었다.

념이 될 것이다. 심층 개혁 임무는 개혁의 역사에서 도출된 것이다. 따라서 최근 역사적 단서에 대한 정리는 새로운 과제 파악에 도움이 될 수 있다.

1. 재산 권리와 신분의 자유: 농민의 이중(雙重) 해방

농촌개혁의 주체는 농민이다. 개혁은 생산력을 해방했고, 가장 근본적으로 생산자를 해방했다. 농가별 생산량 책임제 편년사編年史의 핵심 단서는 농민 상황의 변화이다. 경제적인 측면에서 재산 권리는 근본적인 의의를 지닌다.

개혁 전만 해도 중국 농민들의 개인 소유 재산은 많지 않았다. 1978년, 농가당 3.63칸의 주거지를 소유하였고, 이를 가격으로 환산하면 500위안도 되지 않았다. 연말까지 32.09위안의 저금이 있었고, 약간의 실물 저축, 예를 들면 여유 식량과 가축 외에 간단한 농기구를 보유하였다. 전국 농민들의 개인 재산은 총 800억 위안을 밑돌았을 것으로 예상된다. 농촌 지역은 집단 소유에 해당하기 때문에 농가당 0.5~0.7묘 정도의 자류지自留地를 보유하였고, 원칙상 자급하는 채소와 일부 식량이 제한되었으며, 목축 지대에는 소량의 가정에서 기르는 가축이 있었다. 당시 전국의 농민들이 인민공사나 대대집단 그리고 국유 은행이나 신용사에 진 막대한 빚을 감안하면, 개혁 이전 중국 농민들은 농촌의 프롤레타리아에 가까웠다. 이는 1956년 고급사에서 농민들의 토지 이익 배당금 제도를 취소한 이후 20여 년간 역사의 필연적인 결과이다.

당시 농촌재산의 유일한 주체는 인민공사집단이었다. 표본 조사에 의하면 1978년 각 인민공사의 평균 고정 자산은 305.9만 위안, 전국의 총액은 1,614.6억 위안으로 추산되고 전국의 집단 경작지의 가치는 12,665억 위안으로 추산된다. 이 밖에 55.6억 위안의 집단예금과 약간의 공공 비축 식량이 있었다. 집단에서 진 채무를 상쇄하면 인민공사의 재산 총액은 약 1조 4,335억 위안이었고, 이 중 토지자산이 88.4%를 차지하였다.

모든 재산의 집단 공유는 1950년대 중후반 사회주의 개조의 '과도한 요구, 과격한 속도, 거친 사업'의 산물로, 심각한 문제들을 남겼다. 농민은 이론적으로는 집단경제의 주인이지만, 이들과 집단재산 사이의 실질적인 관계는 명실상부하지 않았고, '정사합일政社合一' 체제는 재산권이 행정 권력에 속하는 상황을 초래하였다. 나중에 이른바 '3급 소유제' 역시 천연적인 모호성으로 인해 내부 각 계층의 권리에 인민공사 시대의 '저가징수(平调)' 바람이 내내 지속되는 제도적 요인이 되었다. 각급 집단 내부에는 공유재산의 형성, 지배 및 그 수익 분배와 관련된 안정적이고도 법적으로 보장된 규범이 제대로 형성되지 않았다. 질풍노도 식의 정치운동이 집단재산의 보호자 역할을 하였다. 따라서 그것이 적어도 대규모 '사청四清'운동에서는 효과가 거의 없다는 사실을 확인할 수 있었다. 사실상 '집단·공유 재산 관계'는 개혁 이전 광대한 농촌의 현실에 제대로 반영되지 못했다. 상당수 지역에서는, 집단재산이라는 농민 공유의 성질이 완전히 파괴되어 그 형태도 달라졌다. 이로 인해 농민들은 당연히 집단경제를 기본적으로 신뢰하지 않았고, 심지어 집단재산을 자신의 몫이 포함된 공유재산으로 보지 않았다. 당시 가장 흔히 볼 수 있는 현상은 농민과 '공공 재산'이 결합하여 노동의 적극성이 저하되는 것이었고, 이로 인해 집단 경작지의 생산성은 농민 자류지의 1/7~1/5 수준에 불과하였다. 농민들은 공동체 내 공공 사무와 이익에 대한 흥미와 책임감을 지속적으로 키우지 못했고, 일부 농민들은 기회가 있을 때마다 집단재산의 침탈과 잠식에 동참하였다.

개혁 전 농촌경제체제는 농민의 직업 선택, 이전, 사회 신분 변화의 자유를 속박하고 규제하였다. 1950년대 중반 이전까지만 해도 농민들은 노동자 모집, 이주, 일자리 선택 등에서 비교적 자유가 보장되었으나 그 후 반전이 있었다. 1950년대 말의 '대약진'은 1960년대 초에 2천만 명에 가까운 인구가 다시 농촌으로 돌아가게 만들었고, 이때부터 농촌의 비농업화와 도시화가 기본적으로 정체되었다. 인민공사의 식량제도, 공수(工分)제도, 호적제도가 모두 농민의 이동을 엄격히 통제하는 방향으로 수립되면서 농민들은 그들이 생존하는 토지에 강제로 속박되었다. '프롤레타리아 독재로 농업을 경영하는' 시대에 접어들면서 농민들에게는 사회적 신분을 바꿀 수 있는 자유가 사라졌을 뿐만 아니라, 농민이 어떻게 농민이 될 것인가에 대한 자유마저 상당 부분 박탈당하였다. 이 시기의 농민들은 비록 '프롤레타리아'였지만, '새처럼 자유로울 수' 없었다. 이는 경제 발전과 인구 자질 향상에 심각한 악영향을 끼쳤다.

1978년 전국 농민 1인당 연간 수입은 133.57위안으로,[1] 1975년 대비 2.9%의 증가율[2]을 나타내며 60.62위안 증가하였다. 그러나 해마다 약 2억 인구가 먹고 입는 문제를 해결하지 못하였다. 당시 한 빈곤 지역의 성省위원회는 다음과 같은 보고서를 제출하였다. "과거에 우리는 농민들의 재산을 박탈하였을 뿐만 아니라 농민들의 자유도 박탈하였다. 이것은 지난 수십 년간 농민들의 빈곤 상황이 변화되지 못한 두 가지 중요한 원인이다. 농민들이 오늘날까지도 '반항하지 않는' 주요한 원인은 우리 당이 전쟁 당시에 농민들과 아주 튼튼한 혈연적 관계를 맺어 왔고, 전쟁을 끝낸 후 인민정권을 수립하여 농민들에게 수십 년 동안 평화로운 생활을 할 수 있게 하였기 때문이다. 그러나 앞으로 기존의 농촌정책에 대하여 중대한 조정을 하지 않는다면 농민들은 결국 일어나 우리에게 반항할 것이다. 이 세상에 대한 경고의 적합성은 이미 빈곤 지역의 범위를 넘어섰다."

수억 농민의 재산 권리가 기본적으로 보장되지 않고 신분의 자유가 제한된 것은 이데올로기 측면에서 마르크스의 학설에 대한 '오해'로 설명할 수 없다. 경제적 근원은 우리나라의 국가 공업화가 직면한 특수한 어려움 그리고 문제 해결 방식에 대한 선택이다. 산업화는 거액의 자금 축적이 필요한데, 낙후된 농업국가에서 자금을 축적할 수 있는 주요 원천은 당연히

'농민의 공납'일 수밖에 없다. 공납은 일본 메이지시대 이후의 무거운 소작료와 무거운 세금처럼 공개적일 수도 있고 협상 가격차와 같이 은폐적일 수도 있다. 중국은 후자의 형태, 즉 농산품에 대해 국가가 가격을 정하는 형태를 취하였다. 농민들의 수중에서 농산품을 저가로 일괄수매하고, 도시 주민과 공업기업에 저가로 일괄판매함으로써 기업이 저임금과 저원가를 유지하도록 하였다. 이로 인해 끊임없이 초과 이익이 발생할 수 있는 조건이 갖춰졌을 뿐만 아니라 공업이득세 납부를 통해 자금이 국가 공업화의 건설기금에 집중되었다.[3] 이것이 바로 일괄수매·일괄판매 제도의 경제적 내용이다. 저가의 일괄수매는 항상 농민들의 불만을 초래하였고, 이로부터 채택된 부대조치(配套措施)에는 내재된 필연적 논리가 있었다.

생산 측면에서는, 농민의 독립적인 토지 권리를 귀속시키고 토지 유실을 엄격하게 금지함으로써 토지 지대(地租)가 농산품의 가격 상승을 촉진하는 상황을 억제하였다. 또한 농업 노동력의 흐름을 제한하고, 노동 기회비용을 낮추어 농산품 분야에서 낮은 임금 원가를 유지하였다.

분배 측면에서는, 농민에게 저가로 일괄구매하는 한편, 저렴한 가격으로 농업용 생산 수단을 공급해 주고 무상 투자로 이를 보상하였다. 도시의 주민들에게는 저가의 음식물과 기타 복지를 제공하는 한편, 낮은 임금을 유지하였다.

유통 측면에서는, 국가 독점 경영을 시행하고 시장을 폐쇄하며 지역 간의 거래를 제한하고 장거리 운송 판매를 엄격하게 금지하였다.

일괄수매·일괄판매 서비스는 국가 공업화의 축적이라는 목표에 공헌하며 상당히 완벽한 제도를 이루었다. 농촌에서 이 제도의 조직적 기반은 정사합일政社合一의 인민공사였다.[4]

이렇게 보면 개혁 전 농민의 권리 및 자유 상태는 비록 상당한 수준에서 전근대적인 특징을 보였으나, 확실히 현대화(공업화)를 위해 공헌하는 것이 기본적인 목표였다. 추산에 의하면 30년 동안 농산물 협상 가격차의 형태로 은폐된 농민들의 총 납세액이 6천억 위안 이상에 이른다. 이는 중국 농민들의 국가 공업화에 대한 역사적 기여이다.

문제는 농민 납세의 역사적 필요성에 있는 것이 아니라 납세 방식의 효율에 있다. 일괄수매·일괄판매 제도의 총체적인 정책 방향은 중국 상품경제의 발전을 저해하였으나 산업화된 후진국은 때때로 상품경제로의 맹렬한 충동을 느꼈다. 기존 경제체제는 이데올로기와 정치적 강압을 동반할 수밖에 없었다. 그렇게 하지 않으면 자발적인 상품경제의 추세가 초기 국가 공업화의 경제적 추세를 바꾸기에 충분했다. 강도 높은 자원 동원은 중국 공업화의 물질적 기반을 마련하였지만, 공업화의 성과를 소화하고 효율을 향상시키기 위해서는 반드시 상품경제의 충분한 발전에 의존해야 했다.[5] 농촌에서 농민의 재산을 박탈하고 신분의 자유를 제한하는 행위가 생산력에 대한 속박이라는 것은 이미 고급사와 인민공사 창립 초기에 발견되었다. 심지어 1955년 후반에 저쟝성 융쟈현(永嘉縣)에서는 제1차 농가별 생산량 도급제 물결이 일어났다. 그 후 20여 년 동안 '자본주의'에 대한 비판은 끊이지 않았고, '소농 경제 세력'은 때려도 쓰러지지 않았다. 이는 기존의 체제는 경제생활에 내재한 갈등에 대한 억압일 뿐 결코 해결 방식이 아니라는 것을 부정적인 측면에서 보여 주고 있다. 이 기간 동안 국가 정권의 사용 방향과 사회체제의 수요가 일치하지 않거나 심지어 배치(背馳)되면서 개혁은 현실화되지 않았다. 인민공사체제에 대한 농민들의 반항은 극히 낮은 농업생산성이라는 소극적인 형태로 구현되었고, 농산물 공급 부족, 농민 빈곤, 그리고 협소한 국내 시장은 국가 경제 발전의 걸림돌이 되었다. 이렇게 축적된 현실은 모두 선천적이고 필연적인 것 같았다. 날씨·토지·농민·농업도 이와 같았는데, 누구에게 변화시킬 방법이 있겠는가?

개혁은 현재의 불합리한 정도를 개선하는 거울이 된다. 1970년대 말, 장기간 빈곤에 시달리며 먹고 사는 문제가 해결되지 못한 곳에서 대중들이 먼저 반기를 들고 실행하여 신속하게 효과를 본 농가별 생산량 도급제는 여러 문제에 다른 해법이 있다는 점을 입증하였다. 당중앙위원회 제11기 삼중전회의 사상 노선에 힘입어 농가별 생산량 도급제는 2~3년이라는 짧은 기간에 전국을 휩쓸었고, 이를 통해 모든 농민들이 인민공사제도에 대한 근본적인 개혁을 지지한다는 기본 사실을 번개처럼 제시하였다. 1984년 말을 기준으로, 전국 569만 개의 생산대 중 기존의 통합 경영 방식을 유지하는 생산대는 2천 개 미만으로 0.4%에 불과하였고, 나머지는 생산량 도급제와 토지 도급제를 시행하였다.

농가별 생산량 도급제는 '소유제 개혁'이라는 기치를 들지 않았다. 그러나 생산량 도급제는 처음부터 농가별로 집단재산(주로 토지와 농기구)에 대한 도급을 전제로 삼았다. 그 결과 총생산량과 잉여 생산량의 증가를 크게 촉진하였고, 농민들은 자기가 취득한 잉여 생산량을 다시 투자하여 점차적으로 사유재산권을 형성하였다. 집단재산 도급과 농민의 사유재산 형성 사이의 내재적 연계는 아주 뒤늦게 사람들의 주목을 받았다. 그러나 돌이켜 보면 이는 바로 농촌 재산관계 변화의 기점이었다.

그 뒤 기존 집단재산의 존재 형태에 근본적인 변화가 일어났다. ① 집단 소유의 부동산, 즉 모든 경작지·상당 부분의 수면水面·초지·산림·모래톱 등은 농가가 책임지고 독립적으로 경영하도록 하고, 수익은 농가와 집단이 나누었다. 도급 기한은 1984년 이후에는 보편적으로 15년 이상으로 연장하였다. 1985년 전국의 경작지 가치는 2조 위안으로, 각 농가당 평균 1만 500위안의 토지를 도급 맡았다. ② 다른 일부 집단의 가축과 중대형 농기구 등은 할인하여 처리하였고, 현물은 농가로 이관하였으며, 할인 대금은 집단에 귀속되었다. 1985년 말을 기준으로 농가로 이관된 집단자산은 200억 위안 이상으로 추산된다. ③ 기존 농촌 사대社隊기업의 고정 자산 중 일부는 기업집단 또는 경리(공장장)에게 도급 주어 경영하게 하였고, 일부는 가격을 책정하여 주식으로 환산하고, 이를 생산대 또는 농민에게 돌려주고 새로운 지분으로 흡수하여 새로운 기업체를 설립하였으며, 일부는 농민 개개인에게 할인 매각하였다. 1985년 말, 전국의 향촌 2급 기업의 실제 고정 자산 가치는 총 750.38억 위안이었는데, 그중 약 90% 이상을 여러 형태로 도급 주거나 주식으로 환산하였다.

개혁은 농가의 사유재산 권리를 다시 회복하였다. 1985년 주민 조사 자료에 따르면 전국의 농가당 생산성 고정 자산, 개인 주택, 현금과 저축 예금, 여유 식량 등을 합한 금액은 3,812.77위안이며, 그해 전국의 농가 총자산은 7천억 위안 이상으로 추산된다. 이 부분의 재산이 가장 빠르게 증가하였는데, 같은 기준으로 계산하면 1981년 대비 1.68배 증가하였고, 연평균 27.37% 성장하였다.

경영 규모의 확대 요구에 부응하여 일부 자산을 기반으로, 가족 범위를 초월하는 기존의 집단적 형태와 전혀 다른 새로운 경제연합체·합작기업·민간기업 등 새로운 자산 주체가 형성되었다. 1985년에 전국 통계지표 요구에 부합하는 새로운 경제 연합체는 총 48만 4,700개로, 이들의 고정자산은 48억 8,100만 위안이었다. 같은 해 일부 농민들이 공동 경영하는 합작기업과 기타 형태의 합작기업 등이 보유한 자산은 210억 위안으로 추산된다. 이 밖에 농촌의 개인 기업도 발전하였다. 1985년 2차 산업과 3차 산업에 종사하는 129만 3천 개의 전업 농가(특정 업종 경영 농가)를 대상으로 한 통계에 따르면 8명 이상의 노동자 또는 견습생을 채용한 개인 기업은 1만 8,169개로, 한 기업당 10.97명을 고용하였다. 이 전업 농가들은 실제로 개인 기업의 초기 형태를 갖추었고, 자산 총액은 약 10억 위안으로 추산된다.

이와 같은 변화들이 중국 농촌 재산관계의 새로운 모습이 되었다. 종합적인 파악을 위해 출처가 다르고 정확도가 제한되어 있는 데이터로 현재의 상황을 묘사한 결과, 농촌 재산 총액은 3조 위안으로, 그중 2조 위안은 집단 소유로 농가가 독립적으로 책임 경영한다. 생산성 고정자산 투자는 총 2,700억 위안으로 그중 농가, 새로운 연합체, 기존 집단, 민간 기업이 각각 55%, 1.78%, 42.43%, 0.07%를 차지하며 비생산성 주택은 총 5천억 위안으로 농가가 90.6%를 차지한다. 이 밖에 화폐 및 현물 저축이 2천억 위안 이상으로 농가의 60% 이상을 차지한다.

현재 농민 재산의 대부분은 비생산적인 부동산(62.42%)이며, 생산성 고정 자산은 20.79%에 불과하다. 농가가 자체적으로 소유하고 있는 생산성 고정 자산 가운데 역축役畜, 대형 농기구와 농업·임업·목축업·어업기계가 57.4%를 차지하고 이 외에 일부 현금과 현물을 추가할 수 있다. 이러한 품목은 모두 도급한 집단토지와 결합해야 생산활동을 할 수 있다. 개혁 전, 집단은 일괄적인 경영과 수익에 대한 직접적인 지배를 통해 토지와 기타 재산에 대한 소유권을 실현했던 반면, 지금은 주로 농가의 도급에 의한 납세를 통해 실현한다. 1985년도 농민 1인당 집단에 납부한 도급 금액은 평균 10.79위안이며, 전국적으로 납부한 도급 금액은 총 90억 위안이었다. 여기에 향촌 2급 기업이 집단에 납부한 도급 금액과 이윤 67.73억 위안(실제 금액은 이에 국한되지 않음)을 더하면 집단의 연간 도급 소득은 150억 위안 이상으로 계산된다. 1978년에 비하면 집단의 유보금(103억 위안)이 45.6% 증가하였다. 8억 농민이 재산 개혁에 깊이 참여하게 된 원인은 불가피하게 재산에 대한 재분배에 있었지만, 이 가운데 주류 세력은 재산이 급속히 증가하며 새로운 재산 주체가 되었다.

농민들의 재산권을 인정하면 그만큼 농민들은 경제적으로 자유로워질 것을 요구한다. 20억 묘의 농작지에서 수억 명의 노동력이 경제활동을 하기에는 그 공간이 분명히 너무 협소하였다. 그러므로 농민의 경영 자유 확대는 단지 농업활동의 종사 자유를 확대하는 것에 그치지 말고, 반드시 농민들이 비농업활동에 종사하는 범위를 확대하고, 나아가 그 사회적 신분을 개혁하는 자유를 확대해야 하였다. 1978년 이후, 당 중앙과 국무원은 중요한 정책 문건을 잇달아 공포하여 농민들이 경영 자유에 대한 기존 체제의 무거운 속박에서 벗어날 수 있게 하였다. 다양한 경영 방침을 인정하고, 농촌 집단기업의 지위를 명확히 하였다. 여러 소유제와 경제 형태를 승인하고, 토지의 하도급을 허용하였다. 농촌 장마당을 활성화시키는 정책을 실시하고, 도시로 유입된 농민들이 여러 공업 및 서비스업에 종사할 수 있도록 허가하였으며 심지어 식량을 자체적으로 해결하여 호적을 올리는 것도 허용하였다. 이는 지난 수십 년간 상상할 수도 없었던 방향성의 변화이다.

1979~1985년까지 4,577만 2천 명의 농촌 노동력이 농업과 부업으로부터 비농업활동으로 전환하였다. 같은 시기 도시 인구는 1억 2,700만 명 증가하였고, 그 밖에도 수십만 내지 수백만 농민들이 사계절 도시에 머무르면서 여러 방식으로 생계를 도모하였다. 해마다 농촌을 떠나 도시에 정착한 농민공(계약직)이 600만 명에 이르렀고, 매년 약 100만 명의 농민이 도시에서 일자리를 찾았다. 최근 1/5에 달하는 농민들이 취업 범위와 주거지 그리고 실제 사회적 신분을 바꿨다. 그들의 생활 방식, 생산 방식과 사회 교제 방식 등 다양한 방면에서 질적인 변화가 일어났다. 1989년에 농촌 향진 노동력을 크게 열두 개로 분류하였는데, 그중 비계절성 노동력과 임시직으로 임업·목축업·부업·어업에 종사하는 노동력이 19%를 차지하였다. 사실상 새로운 사회적 역할을 수행하는 이 '농민'들은 두 가지 측면에서 기존 체제의 도시 인구와 다르다. 하나는 국가에서 전부 도맡지 않는다는 점이고, 다른 하나는 아직도 토지와의 연계성이 일정하게 남아 있다는 점이다. 그러나 그들은 분명히 더 이상 전통적인 의미의 농민이 아니다. 이는 중국 인구의 80%를 차지하는 농민이 경제와 사회 발전의 수요에 따라 거래의 자유, 직업의 자유, 사회 신분의 자유 수준이 현저히 높아졌다는 것을 의미한다.

재산권과 신분의 자유는 농가별 생산량 도급제의 개혁을 위한 두 가지 열쇠이다. 이는 수억 농민들에게 토지에 대한 사랑과 노동에 대한 열정,

삶에 대한 동경을 불러일으켰다. 1979~1985년까지 중국의 농업과 농촌 경제의 고속 성장은 중국의 역사적 관례뿐만 아니라 2차 대전 이후 강대국의 관례도 넘어섰다. 이러한 파격적인 성장이 가능했던 이유는 축적된 물질적 여건, 잠재적 시장 규모, 재정적 요인 등 여러 가지이다. 하지만 이 모든 것들은 농민들의 적극성이 없었다면 충분히 효과적으로 기능하지 못했을 것이다. 개혁은 중국 농업이 파격적인 성장을 이룩한 진정한 비결이다. 이 사실은 농민이 인구의 다수를 차지하고 있는 국가에서 어떻게 사회주의를 실현할 것인지에 대해 교훈을 준다. 어찌 되었든 간에 정권 취득에 의하여 농민의 재산을 수탈하고 자유를 제한해서는 안 된다. 사회주의 시대에 농민을 프롤레타리아로 만들어 '사회주의 건설'에 강제로 참여하게 한다면, 농민 대중은 소극적이지만 가장 제압하기 어렵게 저항할 것이다. 어느 곳이든지를 막론하고 이렇게 하면 모두 농촌사회 생산력이 정체된 대가를 치러야 한다. 그러나 어느 곳이든 농민의 재산을 수탈하는 오류를 대담하게 시정한다면 단기간에 거대한 경제적·정치적 시정 효과를 거둘 수 있다.

2. 충돌과 마찰: 농촌 상품생산의 초기 발전

농촌의 다양한 주체의 산생産生과 재산구조의 재건은 사회적 분업의 발전에 따른 농민들의 사회적 신분 전환의 자유도를 현저히 높이고 있으며, 농촌의 '상품-화폐' 관계가 보다 큰 발전을 해야만 정세의 수요에 부합할 수 있다. 1979~1985년까지 사회 전체의 농산품과 부산물 총판매액은 두 배 이상 증가하였다. 예컨대 농민 내부의 시장 거래액과 농촌의 비농업 생산품 판매량을 합하면 1985년 중국 농촌의 총 상품 비율은 63.9%에 달하였고, 농민들의 1인당 현금 수입이 총수입의 65.3%를 차지하였다.

현재는 사회 전체에서 50% 이상의 구매력이 농민들의 손에 있고, 사회 소매품 총액의 60% 이상이 농촌에서 판매되고 있다. 동시에 사회 전체의 시장화폐 보유량 중 60.42%도 농민들의 수중에 있다. 중국 농민들의 생산과 생활에서 이처럼 대규모로 상품거래와 화폐 이용이 결합된 적이 없었다. 이는 확실히 역사적인 비약이다.

재미있는 것은 농촌에서 상품과 화폐의 연계 발전은 심지어 재정적인 압박 속에서도 추진되었다는 것이다. 1979년 국가에서는 농산품의 수매 가격을 대폭 인상하였다. 이 중대한 조치는 현저한 효과를 발휘했다. 그러나 조정적인 처리만으로는 문제를 해결하기 쉽지 않았다. 새로 인상된 농산품의 수매 가격은 여전히 농산품의 가치와 시장 수급의 변화를 유연하게 반영하지 못하였다. 게다가 판매 가격을 기본적으로 변동시키지 않았기 때문에 재정상 농산품의 구입 가격과 판매 가격이 역전되는 현상이 나타나 풍년일수록 재정 문제, 화폐 문제, 인플레이션 문제가 더 심각해졌다. 이런 역설적인 현실은 준비 중에 있는 전반적인 개혁에 어두운 그림자를 드리웠다. 1984년 말, 농민들이 제공한 농산품 수량은 사상 최대 규모에 달했지만, 우리나라 농산품의 최대 구매자인 국가는 오히려 구매할 수도, 판매할 수도, 저장할 수도, 조달할 수도 없는 극심한 어려움을 겪고 있었다. 재정은 국민경제의 중추 신경으로서, 더 이상 바뀌지 않으면 살아가기 어렵다는 적신호를 보냈다.

당시 문제의 실질은 인민공사의 미시적 제도 개혁이 국민경제의 전반적인 체제와 충돌한 것이다. 1985년 초, 중공 중앙과 국무원은 30년간 지속된 농산품에 대한 일괄수매 및 일괄판매 제도를 전면적으로 개혁하였다. 그해부터 식량에 대한 일괄 배정 수매를 중단하고 계약수매로 대체한다고 선포하였다. 이러한 정책 결정의 기반은 1979년 이후 농산품 유통 분야에서 이미 시행한 개혁으로, 시장 거래를 회복하고 다양한 채널을 통해 사업을 하며 독점을 타파하고 절대다수 농산물의 수매 가격과 판매 가격을 연이어 개방하였다. 그러나 식량은 중국 경제 운영의 '고압선'이었기 때문에 개혁의 칼날을 식량체제에 겨눈 것은 역사상 가장 대담한 개혁 전략 중 하나였다.

이는 중국 경제체제와 기존 발전 전략의 기반을 흔들어 놓았다. 일괄구매·일괄판매 정책의 본질적인 특징은, 상품 매매는 표면적인 것이고 국민소득의 직접 분배가 본질이라는 점이다. 분배는 거래를 통해 현실화된다. 즉 농민은 농산품을 판매할 때마다 그만큼 사회에 대해 기여한 것이고, 노동자나 기업은 농산품을 구매할 때마다 그만큼의 복지를 얻는 셈이다. 이러한 표면적인 '매매'가 진정한 시장의 등가교환으로 전환되기 위해서는 생산자와 소비자, 그리고 경영자의 근본적 이익과 연계되지 않을 수 없었고, 경제 운영의 조직 방식에 중대한 변화를 야기하지 않을 수 없었다.

1979~1984년 사이 우리나라의 농업, 특히 재배업의 파격적인 성장으로 상대적으로 충족한 농산물을 비축하였고, 이는 일괄구매·일괄판매 정책 개혁에 유리한 여건을 조성하였다. 그러나 개혁의 필요성은 '농산물이 많아서'가 아니었다. 중국의 농업이 인구에 비해 자연자원이 부족하고 농산물의 공급 수준이 선진국, 나아가 전 세계 평균 수준보다 훨씬 낮다는 것은 누군가의 간곡한 조언이 있어야 알 수 있는 상식이 아니다. 마침 우리나라의 토지자원이 매우 희소하고 기타 농업자원이 상대적으로 부족하기 때문에 이 개혁이 다른 국가에 비해 더욱 시급하였다. 이치는 매우 간단하였다. 먹고 사는 문제를 거의 해결한 뒤 보조금이 약간 담긴 '저가 식품'이 인위적으로 수요를 자극할 수 있도록 방치하고, 강제적으로 공급하는 분야의 범위가 초필수품(이를테면 육류)까지 확대된다면, 중국 경제의 중장기적 성장은 어려울 것이다. 구소련이나 동유럽 국가들이 육류 공급을 보조하며 과소비가 형성되면서 1인당 GNP가 100달러에 이르렀을 때 서방 국가의 동등한 소득 수준 단계보다 엥겔계수가 무려 10퍼센트나[6] 높게 나타났던 교훈을 기억해야 한다. 중국은 소련이나 동유럽 국가에 비해 토

지자원이 상대적으로 부족하다. 따라서 먹고 사는 단계를 벗어났을 때 과감하게 식품(특히 육식) 수급에 시장 메커니즘을 도입한 것은 장원한 발전에 전략적 의의가 있다. 따라서 이번 개혁은 조만간에 선택할지의 여지만 있었을 뿐 회피할 가능성은 전혀 없었다.

더욱 중요한 것은 일괄구매·일괄판매 제도가 보조적 복지를 '판매'에 포함시켰다는 점이다. 물론 저렴한 식품으로 저임금을 유지하고, 저렴한 원료로 높은 이윤을 보장하였지만, 이는 산업화 과정에서 소모되는 여러 가지 농업생산 요소의 진정한 가격을 왜곡함으로써 요소가격 변동에 대한 기업의 적응력을 약화시켰다. 이는 사회의 전반적인 경제체계에 무원가 의식이 만연하고 경제효율이 낮아진 중요한 원인을 초래하였다. 1952~1981년까지 중국 경제의 종합 요소 투입의 연평균 성장률은 6.3%였으나 연평균 부가가치 성장률은 6%에 불과해 종합 요소 생산성은 매년 0.3%씩 감소되었다. 이는 중국의 기존 체제가 경제자원 동원 능력은 매우 강하지만, 고도로 동원된 자원의 이용 효율은 매우 저조하다는 것을 의미한다. 만일 기존 체제에 대한 개혁을 통하여 이 달갑지 않은 현실을 근본적으로 개선하지 못한다면 중국의 현대화는 가망이 없다.

의심할 바 없는 개혁의 필요성이 자동적으로 개혁의 순조로운 성공을 보장할 수는 없다. 지금에 와서 당초 개혁이 복잡할 것이라고 예상하지 못한 점은 인정해야 한다. 일괄구매·일괄판매 체제를 개혁한다고 공개적으로 선포한 이후 2년 동안의 상황을 종합적으로 평가하면, 비록 기존 체제에는 큰 충격을 주었지만, 개혁의 1차 목표를 아직 달성하지 못했고, '번복'의 위험도 여전히 잠재한다고 볼 수 있다.

이행 과정에서 두 가지 두드러진 문제가 개혁의 성패에 결정적인 영향을 미칠 수 있었다. ① 일부 농산품의 구매와 판매는 '풀어 놓고 개방하지 않아' 전진과 후퇴가 반복되었다. ② 풀어 놓은 다른 일부 제품들은 격렬한 수급 파동에 직면하여 시장의 진통을 초래하였다. 전자의 경우 곡물로 예를 들면, 초기에 설계한 개혁 노선은 곡물에 대한 일괄배정 수매제도의 폐지부터 착수하여 이를 계약 수매제도로 대체하려 했다. 1984년, 농민들이 곡물 판매의 어려움에 직면하여 국가에서 곡물을 많이 수매하기를 바라던 상황에서는 이 방법이 통하였다. 당시 가장 핵심적인 조건은 곡물 가격이 점차 하락하여 큰 범위에서 국가의 실제 수매가격보다 낮았다는 점이다. 하지만 문제는 이 핵심적인 조건을 지탱하는 주요한 요소들이 모두 변화하고 있다는 것이다. 재정 보조금 부담이 과도하여 부담을 경감할 필요가 있었고, 농업용 원자재 가격이 대대적으로 상승하기 시작하였다. 수년간 지속된 곡물 판매난에 시달리던 농민들은 자발적으로 투입을 줄이고 파종 면적을 축소하면서 재배업 이외에도 부를 창출할 방법을 모색하였다. 이런 요소들이 종합적으로 작용한 결과, 한편으로는 1985년 봄의 계약 곡물 가격이 전년 대비 평균 10% 하락하였고, 다른 한편으로 같은 해 여름과 가을 이후 시장에서 곡물 가격이 반등하였다. 곡물의 수급 상황으로만 보면, 이 두 가지 측면에서의 변화는 기본적으로 정상적이었으며, 이로 인한 식량 공급 위기는 조성되지 않았다. 진정한 위기는 개혁에서 나타났다. 시장가격이 계약가격보다 높아지자 농민들은 더 이상 자발적으로 계약을 체결하지 않았다. 수매의 보증은 전년과는 반대로 크게 낮아졌지만, 판매는 그에 비례하여 감소할 가능성이 전혀 없었다. 이에 따라 '새로운 체제가 공급을 보장할 수 있는지'에 대한 '우려'가 판매 지역에서 발생한 후 생산지로 파급되었다. 재정으로 계약 구매가격을 올리면 비록 식량 한 근에는 몇 푼 안 되는 것처럼 보이나, 일급 재정에 이것이 집중되면서 큰 구멍이 되었다. 공업 물자를 연계한 물물교환(농업 부산물을 국영 기업, 무역회사에 판매하고 이를 생필품으로 받음)은 실제 현금화 정도가 매우 낮고, 향진기업이 '공업으로 농업을 지원'해도 전반적인 효과를 보기 어려웠다. 가장 불확실한 요인은 시장 곡물가격의 추세였으며, 전반적인 물가 상황이 이러한 추세에 어떠한 중단기적인 영향을 미칠지 누구도 몰랐다.

개혁은 공급을 중단하지 않는 것을 경계로 삼을 수밖에 없고 정부는 농민들에게 주문 수매가 지령성 계획에 속하기 때문에 원하지 않아도 반드시 수매를 완료해야 한다고 선포할 수밖에 없었다. 창구에서 일괄구매를 하더라도 문을 나서면 다시 '계약'제로 돌아왔다. 지역 내 장마당(계약을 먼저 완성하고 양곡시장을 개방)을 제한하고 지역 간 식량 거래를 봉쇄하는 부대조치(配套措施)도 이미 마련했다. 다른 점이라면 일괄구매보다 계약 주문의 수가 더 많고, 품종에 대한 요구가 더 엄격했다는 것이다. 1985~1986년 양곡 농가들이 '계약이 일괄구매보다 더하다'고 불평한 이유가 여기에 있다. 이것은 말하자면 '풀어 놓고 개방하지 않는' 것이다.

다른 하나는 급격한 수급 파동으로, 돼지고기·채소·가금류·알·과일·수산물 등 이미 개방된 농산품에서 상당히 보편적으로 발생하였다. 먼저 가격 급등과 폭락이 일어나고 생산량이 급격히 떨어지면서 동일한 농산품 품종에서 심각한 과잉과 부족 현상이 반복되었다. 일부 소비 대체탄성이 큰 제품은 격렬한 시장 파동의 영향을 비교적 적게 받아 쉽게 수렴되지만(수산물), 대체탄성이 작은 제품은 격렬한 시장파동에서 쉽게 시장파급을 일으켜 공급과 수요 모두에 재난과 같은 결과를 초래하게 된다.

두 가지 측면에서 볼 때, 개혁은 까다로운 문제에 봉착하였다. 이에 문제의 핵심을 드러내고 해결책을 찾아야 했다. 이런 시점에서 사회는 심각한 반성에 직면하였다. 시장 메커니즘을 도입해야 하는 이유는 무엇인가? 왜 이런 고통을 받아야 하는가? 개혁을 전제로, 이미 해결된 것처럼 보였던 많은 문제가 다시 낯선 사람처럼 농민과 각종 상업 기관, 소비자와 정부의 관리 부문 앞에 나타났다. 만약 가장 기본적인 인식 문제를 정리하지 않고 개혁 심화의 진정한 고리를 파악하지 못한다면 개혁은 필연코 좌절을 당하게 될 것이다. 사람들은 이것이 바로 '시장 메커니즘'의 지옥이니, 그냥 돌아오라고 낡은 체제가 암암리에 내는 웃음소리를 재차 들을 수 있게 될 것이라고 하였다.

3. 시장의 상징과 심층 구조

관건은 상품과 화폐 관계의 초기 발전과 시장 메커니즘을 구별하는 것이다. 일반적으로 시장 메커니즘을 다음과 같이 묘사한다. ① 생산자는 서로 다른 제품을 생산하는 수익의 차이에 대하여 독립적인 선택과 결정을 한다. ② 소비자의 구매 행위는 완전히 자신의 수입, 신용과 소비 선호의 제약을 받는다. ③ 각종 제품이 각각 어느 정도 비율의 요소자원을 점유하는지는 사회 구매력 수요구조의 요구에 따른다. ④ 수요와 공급 간 모순은 가격 변화에 의하여 반영되며 생산자와 소비자의 경제에 영향을 미치는 여러 행위를 통해 조정된다.[7] 그러나 우리는 가격 신호가 이토록 권위적으로 전체 생산자와 소비자가 기한 내에 반응하도록 강요하려면 제도적 규범과 공공 준칙, 그리고 조직 매개체 등 어떤 심층 구조를 필요로 하는지에 대해 반드시 더 생각해야 한다.

경제적 사실로 요약하면 시장의 심층 구조는 크게 두 가지이다. 첫째는 사회경제적 부분의 이익을 명확한 재산권으로 독립시키는 것인데, 그것은 사회 분업의 발전과 다양한 의존적 사회관계 해체의 공통된 결정체이다. 독립적인 경제 주체는 상품 교환을 보편화하는 동력을 이룬다. 또한 법률의 보호를 받는 배타적 소유권체계가 확립되어야만 전 사회의 경제 부문이 예외 없이 평등한 경쟁을 통하여 자기의 이익을 도모할 수 있고, 분수에 맞는 평등한 거래를 통하여 그들 사이의 거래를 완료할 수 있다. 명확하고 독립적인 소유권은 시장 메커니즘의 가장 기본적인 구조이다.

소유권 그 자체가 '법학적인 환상'이 되지 않도록 하기 위하여 매우 구체적이고도 완전한 경제 행위규범을 포함해야 한다. 이것이 바로 시장 심층 구조의 두 번째 요점, 즉 완벽한 상업 법규이다. 상품경제가 발달한 모든 민족은 매우 완벽한 상업 법규를 전체 경제활동의 근간으로 삼는다. 그 기반 위에서 절대다수의 사람들은 계약의 원칙을 준수하도록 엄격히 훈련되었다. 이러한 조건이 없다면 초기의 '상품-화폐' 관계는 권리 침해 행위의 보편화를 초래할 뿐이다. 재산 소유권과 체계적인 상업 법규를 떠나 '시장 메커니즘', 심지어 '시장 심화'를 논하는 것은 주제와 동떨어진 것이다.

그러므로 자유로운 가격과 자원 배치에 대한 권위적 역할은 이런 형식 자체에 의해 결정되는 것이 아니라 시장의 심층 구조 특징에 따라 결정된다. 이 추상적인 논술은, 가격 형성의 왜곡과 가격 조절 기능의 왜곡은 모두 사회의 심층 구조로부터 진정한 원인을 찾아낼 수 있다는 것을 말한다.

현재 중국 농촌의 기본 단위는 농가, 여러 농민기업, 각급 정부 및 경제기술 부문을 포함한다. 개혁 전의 상황으로 가늠하면, 농가별 토지 도급제의 시행 이후 거대한 변화가 나타났다. 하지만 다른 잣대, 즉 가격 메커니즘이 전면적인 자원 배치 조정 역할을 할 수 있는 심층적인 조직구조 구축의 차원에서 보면, 이미 실행한 개혁의 성공 기반이 튼튼하지 못하다는 사실을 발견할 수 있다. 농가별 생산량 도급제에서 시작된 경제체제 개혁이 가격 메커니즘의 확대 적용을 통한 유통 문제의 해결 단계에 이르러서 왜 어려운 국면을 맞이하였는지에 대해서는 다음과 같은 분석으로 설명할 수 있다.

상술한 바와 같이 농가별 생산량 도급제의 시행 이후 독립적인 재산권의 재건과 자유로운 정책 결정권의 확보로 우리나라 농가는 적극적인 상품 생산자와 소비자가 되었다. 하지만 여기에는 보편적으로 주의해야 할 두 가지 특징이 있다. 첫째, 서로 다른 저축의 반자급성이 여전히 남아 있다는 점이다. 1985년에 실시한 전국적인 샘플 조사 결과를 보면 농가 총수입의 34.7%와 총지출의 33.5%가 여전히 비상품적이다. 둘째, 전국 농가당 경지 면적이 0.51ha 미만으로, 경영 규모가 협소하여 전 세계에서 가장 작은 농가 중 하나라는 점이다. 게다가 농가 대부분이 여러 종류의 토지 제품과 공업, 부업, 서비스를 겸하고 있기 때문에 제품의 경영 규모가 작다. 전체 농가의 1.67%를 차지하는 재배업 전문 농가의 연간 총수입도 5,379.3위안에 불과하였다. 이는 농가의 다음과 같은 경제행위를 제약하였다. 즉 가격 시그널이 자체적으로 생산과 소비를 조절할 수 있는 민감한 반응을 할 수 없다. 다수의 농가는 생산품 가격에 대한 반응보다 투입품 시장의 반응에 더욱 민감하며, 전문성이 비교적 강하고 규모가 큰 소수의 농가만이 이를 극복할 수 있다. 가격 파동을 감당할 역량이 작아 '벌 수는 있지만 밑질 수 없는' 것이 보편적인 상황으로, 가격의 주기적인 파동에 대하여 이른바 '역풍의 방향을 조정'하기 어려웠다. 환경적 시그널이 지나치게 불리해지면 다수의 농가는 적게 사고 적게 팔아 자급 활동을 확대함으로써 스스로를 지킨다. 이러한 행위가 이성적인 것이라고 간주할 수 있다. 즉 농민들이 장단기적 이익을 따져 본 뒤 이익 최대화를 추구하는 것도 합리적인 반응이라고 볼 수 있다.[8] 농민 행위의 '비정상'은 사실 비정상적인 환경에 대한 정상적 반응일 뿐이다.

여기에서 우리는 농가가 독립적인 재산권을 받아 화폐화의 이익을 추구할수록 그들의 경영환경에 대한 요구가 왜 더 높아지는가를 이해할 수 있다. 날로 복잡해지는 농가의 끊임없는 수요를 만족시키고 장기적으로 동기를 부여할 수 있는 환경을 유지하고 발전시키는 것이 농가별 생산량 도급제 개혁 이후 지속적인 경제 성장을 실현하는 가장 중요한 조건이 되었다.

누가 이런 요구를 만족시키는 조직적 매개체인가? 우선 농촌의 경제기술 부문(생산기술, 상업, 금융 등 계열을 포함)인 각급 정부로, 이 시스템은 어느 측면에서 보아도 모두 현재 농촌의 투입과 산출의 '주요한 경로'이다. 장기간 일괄구매·일괄판매 제도의 역사에 공헌하며 다음과 같은 조직적 특성이 형성되었다. 즉 수직적 행정권에 고도로 예속된 행정 권력은 행정 명령의 통제 방식을 완벽하게 시행한다는 것이다. 공급을 보장하기 위해서는 어떠한 재산 권리도 존중할 필요가 없으며 평등 거래의 규칙도 준수할 필요가 없다. 개혁 이후 초기 화폐화가 부문의 시스템에 침투되어 내부 시스템별·부문별 이익을 상대적으로 독립시킴으로써 다양한 목표(상부에서 하달한 임무를 완수하고 상업성 서비스를 확대하여 상여금을 더 많이 수급)를 추구하는 복잡한 동력구조를 형성하였다. 문제는 부처와 지방에 각각의 독립적인 이익이 있느냐가 아니라 모든 개별적인 이익이 동일한 규칙을 준수해야 얻어질 수 있느냐이다. 현재의 실제 상황은 '반半시장화'된 지역과 부문의 이익은 행정적 독점 권력이면서도 자신의 이익을 추구하는 동기가 있다는 것이다. 일단 환경이 자신들에게 불리하게 작용하면 그들은 일반 상품 생산자의 행위규범을 넘어 강제 명령, 시장 봉쇄, 독점적 가격 인상, 임의적 처벌, 심지어 무리한 협박 등 특수 수단을 취할 수 있다. 조직 구조상의 정경유착은 행위규범에서 행정활동을 상업활동과 혼동한다. 그 결과 가장 정규적인 조직조차도 조직화하지 못하게 한다. 안후이(安徽)성 어느 향鄕의 세무서는 개인 주머니를 채우기 위해 거부들의 장부 기입을 못하게 명했다. 이는 농업 가격개혁 이후, '생산자가 1할을 올리면, 중간 단계가 3할을 올리는' 중요한 원인이 되었다.

이에 대항하여 농민들은 자체적으로 조직을 만들어 유통 분야에 진입하였다. 1985년에 농민 상업기업은 총 14.7만 개였고, 그 외에도 325만 명의 도시 자영업자들이 도움을 주었다. 하지만 농민들 자체의 조직적 유효성이 시장거래 범위를 벗어나면 외부 리스크가 갑자기 커지는 등 경영 규모와 경제력, 내부 조직 특성과 같은 방면에서 부적응이 나타나 거대한 비즈니스 환경에서 마땅히 해야 할 안정적인 역할을 다하지 못했다. 모든 자체 조직이 대규모 사업을 하는 데 있어 소요되는 거래비용이 엄청나다는 것으로서, 농민 유통조직이 왜 대부분 고수익 경영 항목에서만 능력을 발휘할 수 있을 뿐 생산 농가에 안정적이고 대규모의 서비스를 제공하기 어려운지를 해석할 수 있다. 1986년에 일괄구매·일괄판매 제도 개혁이 난관에 봉착하였을 때 농민들의 자발적인 상업조직에는 튼튼한 기둥이 없었을 뿐만 아니라 오히려 그 수량은 급격히 감소하고 있었다.

문제는 여기서 그치지 않았다. 농가들은 '중개'를 통해 시장에 나갔고, 시장의 상대방은 도시 주민과 공장이었다. 이 긴 통로에서 농산물 수급과 관련된 쌍방의 가격 조정 강도는 매우 비대칭적이었다. 도시와 농촌 체제는 원래부터 큰 차이를 보였고 게다가 도시개혁과 농촌개혁의 불균형으로 국가와 농민 사이의 상품화 수준이 먼저 향상되었지만, 국가와 도시 주민 그리고 공장과의 상품화 정도는 실질적으로 여전히 매우 낮았다. 식량과 면화 등 중요한 농산품의 대부분은 여전히 국가가 책임지고 저가로 일괄판매(包銷)하기 때문에 생산가의 변동에 관계없이 판매량과 가격은 아무런 반응을 보이지 않았다. 다른 제품들, 예를 들어 야채·돼지고기와 일부 공업원료의 판매 가격은 비록 풀어 놓았지만 도시기업의 종업원과 도시 주민들은 협상에서 매우 강한 위상을 가지고 있기에, 그들이 받는 가격 압박을 기업이나 사업 단위로 전가할 수 있었고 공업품 가격에서 보다 큰 폭의 상승을 유도하거나 이를 국가재정에 전가할 수 있었다. 재정도 압력을 받는 종착지는 아니다. 내부(중앙과 지방) 분담, 은행의 초과 인출, 전환 지출(농산물 가격 인상 후 이에 상응한 농업에 대한 재정적 투자 감소)로 재정 압박을 분담한다. 이 몇 가지 방식으로 대처할 수 없을 경우, 정부가 나서서 농민들에게 저가로 공급하도록 다시 명령한다. 이처럼 비대칭적인 가격개혁의 전가(傳導) 시스템 배후에는 도시경제체제의 조직구조가 행정 권력에 예속된 기업과 국가가 도맡아 온 주민이 있다. 전통은 이미 거대한 기득권의 관성을 가지고 있기 때문에 도시개혁은 농촌에 비해 더 어렵게 진행되었다.

농산품 가격의 개혁 압력은 기쁨으로 들떴던 농민들에게 직접적으로 또는 간접적으로 전달되었다. 이들이야말로 중국 경제개혁의 리스크와 압박을 묵묵히 감당해 온 사람들이었다. 농민들은 일부 농산품 가격 상승의 혜택을 입었지만, 곧 공업 투입품 가격이 더 큰 폭으로 인상되고 다양한 중간 비용이 팽창하는 가운데에서 그 보답을 얻었다. 계량 연구에 따르면 1985년 이후 농촌 주민이 산출하는 국민 소득과 최종적으로 사용하는 국민 소득 사이의 계수가 역전되어, 기술 혁신과 축적에 대한 농가의 흥미를 약화시키지 않을 수 없게 되었다. 표본 조사 자료에 근거하면 도급 농가와 각종 조합(개인 기업 포함)은 이미 농촌 생산성 투자의 주체가 되었다. 하지만 총지출에서 농가의 생산성 고정자산 투자가 차지하는 비율은 1983년에 정점(5.7%)에 달한 후 하락하기 시작하여 1984년에 4.7%로 떨어졌고, 1985년에는 3.8%, 1986년 3분기에는 3.34%였다. 더 주의해야 할 점은 농가의 먹고 사는 문제가 해결되면, 일단 시장 위험을 피하기 위해 자급적인 경제로 되돌아가, 전통적인 농촌문화의 관습이 제한된 축적 능력을 쉽게 삼킬 수 있다는 것이다. 1985년, 후베이(湖北)성 징저우(荊州)의 농가당 손님 초대와 선물 구입에 사용한 금액은 평균 200위안에 달하였다. 안후이성 펑양현(鳳陽縣) 농민들이 관혼상제에 사용한 비용은 5년 전에 비해 거의 5~10배 증가하였다. 전국적으로 보면, 1985년의 시장 파동과 동시에 첨예해진 농업 투입 문제는 피상적인 관찰이 보여 주는 것처럼 결코 양적으로 많고 적은 문제가 아니다.

일괄구매·일괄판매 제도 개혁에서 나타난 반복은 심지어 농촌개혁의 가장 중요한 성과, 즉 도급제의 공고함과 안정성마저 흔들었다. 도급경제는 공유 재산(부동산과 농촌 집단기업)을 포함할 뿐만 아니라 농민의 부분적 사유재산도 포함하는 복합적인 권리체계이다. 하지만 지금까지 도급경제 내부 쌍방의 권리와 의무에는 모두 명확한 법적 규범이 결여되었고, 수많은 기본 권리는 종종 여러 형식과 다른 수준의 침해를 당하며 확실하게 보장되지 못하였다. 예를 들어, 경작지 도급권은 대부분 '사람마다 균등하게 나누는' 특징에 의해 비규범적인 보장을 받는다. 그럼에도 불구하고 그와 밀접한 재배 자유권과 제품 판매권은 첫 번째 개혁 단계에서 순조롭지 못했기 때문에 종종 다양하고 임의적인 개입을 당하였다. 경작지

도급 수익 배분에서는 '과중하고 잡다한 세금'이 증가하며 계약자의 부담을 가중시킨다. 게다가 농가 내 인구 변동은 경작지의 장기 도급을 항상 압박하고 있으며, 그 결과는 경작지의 세분화나 재분할을 초래할 것이다. 이 치명적인 어려움은 토지 도급권의 이전(流轉) 규범이 해결되지 못한 것과 연관된다. 이 모든 것은 경작지 도급을 장기적으로 변경하지 않으려는 정책 목표를 제도적으로 보호할 수 없다. 반대로 이는 또한 중국 농촌경제의 응용가격 메커니즘의 근간을 흔들 것이다.

　개혁의 어려움을 간결하게 분석한다면, 농가별 생산량 도급제로 향상된 생산성이 전면적인 심층 개혁의 결핍으로 거래비용의 급격한 상승에 의해 상쇄되고 있다는 것이 우리의 결론이다. 사람들은 물건이 전에 비해 많아졌는데 오히려 가격이 상승하는 상황에 대해 이상하게 생각한다. 사실 중요한 원인 중 하나는 바로 최근 몇 년간 '제품' 생산은 증가하였지만, 제품과 요소를 상품으로 바꾸는 시장조직과 규칙은 오히려 상대적으로 '공급이 수요를 충족시키지 못했다'는 것이다. 거래비용의 팽창은 농산물의 대규모 등가 거래 가능성을 크게 감소시켰다.

　힘의 대조가 농산물 가격개혁의 직선적인 공세를 보장할 수 없는 것은 분명하다. 이로부터 나타난 '이중가격체제(雙軌制)'의 본의는 개혁의 목표모델인 충분한 가격 메커니즘의 형성에 점진적으로 접근하는 것이다. 이 과정에서 지령성 구매와 판매로 전반적인 경제의 안정을 유지하고 기타 부분은 '시장의 결정'에 맡겨 새로운 메커니즘을 육성하여 대체적 역량을 키우고 이를 통해 가격 메커니즘을 전반적으로 형성하는 것이다. 하지만 '이중가격체제'가 안고 있는 심각한 갈등은 회피하지 말아야 한다. 행정명령 계획과 시장가격 메커니즘이 통일된 경제생활에서 두 개의 레일처럼 안전하게 병행될 수 있는지의 여부는 지금까지는 희망적인 가정에 불과하다. 농산품 가격개혁의 경험으로 볼 때 양자 사이에는 공존의 경향보다 충돌의 경향이 더 강하고 더 현실적이다. 국가 일괄수매 방법 이외의 시장거래는 오래전부터 존재하였지만, 안정적인 발전은 수시로 제한을 받았고 심지어 폐쇄되기도 하였다. 뿐만 아니라, 행정통제 시스템은 농산물의 공급이 보장되지 않는다는 구실로 자기의 권력을 끊임없이 확대하여 관련 조직들의 협상 지위를 크게 강화할 수 있었다. 이와 동시에 공급을 보장하는 체계의 책임은 자동적으로 축소되며 어떠한 시장 압박도 언제든지 재정이나 농민에게 이전될 수 있었다. '시장 궤도'는 언제나 보완적인 역할을 할 뿐 대체 시스템으로는 육성되기 어려웠다. 따라서 문제의 핵심은 과도기적 방법인 '이중가격체제' 시기에 심층적인 구조 개혁을 적시에 진행하는 것이다. 이를 위한 노력을 포기한다면 '이중가격체제'는 자동적으로 가격 메커니즘의 전면적인 효력을 발휘할 수 없다.

4. 개혁의 재정의: 조직 혁신에서 제도 혁신까지

심층 개혁이 겪는 어려움은 그 어떤 기교로도 조속히 해결할 수 있는 것이 아니다. 우리가 심층적인 구조에서 문제를 관찰해 보면, 초기 '상품-화폐' 관계의 발전에 따른 거래비용 상승을 지속적으로 낮출 수 있는 효과적이고 현대적인 비즈니스 중개 조직이 부족하다는 사실을 발견할 수 있다. 정확히 말하면, 농업가격 개혁이 조직적 위기에 봉착하였지만, 농가의 가정경영처럼 우리가 이용할 수 있는 전통적인 조직자원을 가지고 있지 않았다.

우리나라가 조직자원에서 받아들인 역사적 유산은 중앙집권제 정부와 가족·종족이라는 양극 구조이다. 양극 사이에는 지역사회나 지역자치의 전통과 경험이 부족할 뿐만 아니라 자유시민이 주체인 도시가 한 번도 나타난 적이 없다. 방대하고도 복잡한 행정체계는 관리도 아니고 시민도 아닌 향촌의 분산되고 고립된 가족관계와 연결되어 있었고, 효율적인 중개

조직이 없어 특수한 취약성을 드러냈다. 행정 수직적 시스템이 국가자원을 고도로 집중시켜 끊임없이 창조해 낸 빛나는 업적의 대가는 나날이 팽창하는 관리비용이었다. 일단 가족이 감당할 수 있는 한계를 넘으면 통제는 효력을 상실하고 혼란에 빠지게 되었다. 새 중국의 설립은 흩어진 모래알 같던 옛 모습을 씻어 버리고 전례 없는 통일을 이루었다. 이는 19세기 이래 없었던 유리한 정치적 여건이다. 중국은 기본적으로 자체의 힘으로 광범위하고 심오한 사회 개혁을 시도하여 대규모 경제 건설을 진행하였고, 국가 공업화에서 두드러진 성과를 거두었다. 30여 년의 역사를 통해 중국의 사회자원 동원 능력이 아주 강하다는 사실을 알 수 있다.[9] 이는 일반적인 개발도상국에서는 드문 일이다. 국가 정권은 당 조직의 도움으로 향촌에 깊이 침투하였고, 시골의 지주地主를 기반으로 한 농촌의 낡은 신분 등급 제도를 철저히 깨고 새로운 조직을 창설하며 가족과 혈연관계도 크게 억제되었으며 강도 높은 대량의 지역 자원이 동원되었다. 그러나 중앙으로부터 지방의 최하층에 이르는 새로운 조직구조는 경제와 사회생활에 대한 조율과 통제에서 수직적 행정체계에 지나치게 의존하였다. 권력이 지나치게 집중되면 지방과 기층의 이니셔티브와 역동성을 심각하게 구속하여 통제와 조화를 위한 비용은 증가하고 효율성은 저하된다. 다른 한편으로 이러한 조정 방식으로 인해 우리나라의 조직구조가 매우 단일해졌다. 중간 단계는 적지 않지만, 이러한 중간 단계는 이익의 독립성이 부족하고, 조직 내부와 조직 사이에 기능적 분화 메커니즘이 결핍되어 있었다. 그러므로 분권적일 때, 다양한 조직들은 서로 조화로운 자체의 조직 과정을 통해 사회 전체의 조화로운 능력과 효율을 개선하기가 어렵다. '풀어 놓으면 혼란하고, 혼란하면 거두어들이기'를 주기적으로 번복하였는데, 이는 개방의 의지가 크지 않은 것이 아니라 우리나라의 기존 조직 자원이 심각하게 부족하였기 때문이다. 이 점을 깨닫는 것은 농촌의 심층 개혁 과제를 파악하는 데 결정적인 의의가 있다.

새로운 조직에 대한 요구는 책임제가 처음 실행될 때부터 싹이 텄다. 농가의 농경지 연결, 품앗이, 경작을 위한 소와 기계의 공동구매, 새로운 경제연합체 창설에 이르기까지 자발적인 조직 과정은 줄곧 진행되고 있었다. 원래 정부에 완전히 예속되었던 농촌의 경제기술 부문들도 정경 분리, '민간경영'을 회복하기 시작하였다. 경제조직들은 모두 적응을 위한 개편을 진행하였을 뿐만 아니라 형태가 다른 회사, 협회와 센터를 재건하였다. 경제 발전의 내재적 압박은 이미 사람들을 적극적인 조직 혁신에 참여하도록 촉진하였다. 그러나 우리는 지금까지 농촌에서 기존의 조직 혁신이 기본적으로 비정규 조직 분야에서만 제한되었다는 것을 반드시 보아야 한다. 여기서 이른바 비정규 조직이란 행위규범을 명확히 할 필요가 없고, 동시에 각 구성원의 규범 준수 여부에 대해 일괄된 사회적 강제를 보증하지 않는 조직을 말한다. 현실적으로 이런 조직들은 혈연, 이웃, 친지, '연줄' 등 초보적인 사회관계 네트워크를 기반으로 '인정人情'과 같은 (돈이나 법률 등 일반 매체가 아닌) 특수 매개체로 연결되었기 때문에 유연성이 높고, 쉽게 형성되어 거의 모든 곳에 걸쳐 있다. 이런 조직의 한계는 선택의 대상이 태생적인 조건에 의해 극도로 구속되어 더 큰 범위에서 최적화될 수 없다는 것이다. 조직의 내부 관계는 주로 초보적인 사회규범에 의해 유지되고, 상당한 수준에서 당사자의 '교제'와 개인의 도덕성에 의해 결정되므로 매우 불안정하다. 조직의 사회적 지위가 공식적으로 확인되지 않아, 외부 세계는 조직에 대해 안정적인 예측을 하기 어렵다. 이 모든 것은 비정규 조직 분야 내의 혁신적인 성과를 축적하지 못하며 조직의 비용과 거래비용을 대규모로 절감하는 중책을 감당하기에 충분하지 않다.

개혁은 정규 조직 분야에서 아직까지 실질적인 진전을 가져오지 못하고 있다. 이 분야에는 두 가지 특징이 있다. 첫째, 조직 구성원의 행위에는 통일적이고도 명확한 규범이 있다. 둘째, 각 구성원이 조직의 행위규범을 위반하였을 경우 사회의 강제적 처분을 받아야 한다. 앞에서 말한 바와 같이 중국은 강력한 정규 조직의 전통을 가지고 있지만, 그 행위규범과 단속 시스템은 장기적으로 유일하게 수직적인 행정에 종속되었다. 행정 권력 체계를 벗어나면 비정규 조직이 되는 것은 거의 중국의 성문화되지 않은 '헌법'이 되었다. 이 같은 정규 조직 유형의 단일화는 바로 심층 개혁의 주요 걸림돌이다. 농촌개혁 이래 '정경 분리' 강령이 시행되기 어려웠던 핵심적인 이유는 우리나라 '기업'이 일단 정부와 분리될 경우, 비정규 조직 내에서 혈연·인간 관계 등 비정규적인 보호와 인정(예를 들어 개인·가정별 도급)을 받는 것 이외에 더 이상 정규 조직으로 남을 공간이 없었기 때문이다. 우리 민족의 역사에는 지금까지 종법사회의 속박을 초월하면서도 행정 권리에 예속되지 않는 독립적인 경제조직에 정규적인 보호와 단속 규범을 제공한 적이 없다. 권력을 이양하겠다는 굳은 결심만으로는 이러한 선천적 결함을 보완할 수 없다.

 비정규 조직의 개혁은 일정한 임계점에 도달하면 정규화된 내재적 요구가 생겨난다. 명확하고도 통일된 행위규범 및 규칙 준수에 대한 강제적 제약은 모든 대규모 상품거래에 종사하는 조직의 필수적 조건이기 때문이다. 이때 그들도 '제3의 공간'이 없는 고통을 느끼며 정규화는 기존의 종적인 행정 예속 시스템에서 완료할 수밖에 없다고 인식하였다. 이렇게 농민들은 비정규 조직에서 독립적인 권리에 기초한 협력이나 연대, 동업인 기업, '주식회사', 민간 금융과 각종 수평적 연합 등을 대거 창설하였는데, 정규화 요구가 있으면 우선 '기댈 곳', 즉 자신을 위한 행정 상급 기관을 찾아야 했다. 새로운 조직의 새싹은 자신의 상품경제 특성을 희생해야 합법화 및 정규화될 수 있었다. 생활 속에서는 늘 새로운 것이 생겨나지만, 늘 그 상태로 크지는 못하고 시간이 지나면 변한다. 어떤 형태로든, 경제적 언어로 말하면, 거래비용을 대규모로 절감할 수 없었다.

 시장 메커니즘의 전면적인 대규모 운용이 왜 정규 조직 내에서 전통을 초월한 혁신과 밀접하게 연관되었을까? 이는 시장경제의 발생 과정에 대한 재인식과 결부시켜 답해야 한다. 사실상 앞에서 언급한 시장 심층 구조의 두 가지 버팀목, 즉 독립적인 재산 권리와 계약에 기초한 상업 법규는 고전적인 시장을 지탱할 수 있으나 그에 따른 시장의 심층 발전은 '파레토 최적화의 가격으로 자원 배치를 실현하는 것이 가장 합리적'이라는 이론에 시공간적인 제한을 두었다. 가격 형성과 수요·공급 쌍방의 반응 조정 과정에는 모두 시간이 필요하다. 시간은 가치가 있고, 정보에는 대가가 있다. 이것이 바로 '거래비용' 개념의 유래이다.[10] 시장 공간이 크고 경제적 과정이 복잡할수록 거래비용이 높아지고, 따라서 전통시장도 대가가 비싼 구조가 된다.[11] 이것이 통상 말하는 '시장실패'이다. 시장실패를 극복하기 위해 각종 시장조직의 성장이 상품경제의 현대화 과정으로 제시되었다. 기업은 내부적으로 시장규칙을 따르지 않고 명령, 계획, 등급제를 이용하면서도 시장경제활동을 하는 최초의 조직이다. 가장 간단한 해석은 기업들이 거래비용을 절감했다는 것이다.[12] 뒤이어 기업 간 '중개' 조직이 더욱 발전하였다. 현대 시장경제는 '생산 노동'과 '분업'의 종류와 내용을 크게 바꿔 주식회사, 현대적인 은행 시스템, 증권 거래소, 도·소매시장, 선물 거래소, 정보 서비스 네트워크 등 새로운 조직을 만들었다. 그들의 공통점은 거래비용의 절약을 존립의 이유로 하면서도 시장 심층 구조의 토대를 해치지 않는다는 것이다. 이 방면에서 가장 중요한 제도 혁신은 기업법인 제도의 확립인데, 이는 내부 조직의 비용을 절감한 큰 조직도 개인의 재산권 보호와 같이 초기 시장 제도의 보호를 향유할 수 있게 한다.

초기 시장에 분산되었던 작은 사유권은 조직을 거쳐 큰 사유권으로 발전하였다. 이는 시장관계를 전 세계로 확장함과 동시에 독점·기술 정체를 일으키고, 작은 사유권 침해를 통해 막대한 사회적 불공평을 초래하여 시장 메커니즘 자체를 해친다.

'정부의 경제 개입' 시대가 왔고, 이는 조세·금융·재정 등 제도의 또 다른 혁신을 초래하였다. 시장 메커니즘 규칙을 전면적으로 업데이트했을 뿐만 아니라 심지어 절대적 재산권—주로 큰 사유권—이 더 이상 완전히 배타적이지 않도록 하였으나, 여전히 법규에 의해 불완전한 제한은 분명히 했다. 이 모든 것은 이미 각국의 시장경제에 공통적으로 각인되어 왔다. 하지만 시장과 조직 간 게임은 여기에서 그치지 않았다. '정부의 경제 개입'은 투자 충동을 감축하였고 복지병의 만연과 국유 기업의 비효율을 야기하며 신자유주의 경제학파의 신랄한 비판을 받았다.

중국은 개발도상국으로, 결코 이 세계적인 게임의 방관자만이 아니다. 중국은 여기에서 반드시 자기에게 유용한 결론을 얻어 내야 한다. 첫째, 시장의 심층 구조는 형성되기만 하면 변하지 않는 것이 아니라 고급 형태로의 진화를 멈추지 않는다. 둘째, 비교적 고급화된 시장조직 형태에는 그 저급 형태의 가장 기본적인 규정들이 포함되어 있다. 예컨대 주식회사가 절대적 배타성을 띤 사유권을 지양했다 하더라도 불완전성을 분명히 한 소유권은 그대로 유지된다. 셋째, 명확하고 불완전한 재산권에 기초한 상업 법규는 초기 시스템이 훨씬 풍부하지만, 여전히 통일적이며 모든 당사자들의 행위에 대해 사회적 강제력을 갖고 있다. 넷째, 각기 다른 시대적·사회적 제도에서의 시장경제조직에 대한 경험에는 자신의 경제생활에 관한 어려움을 해결하면서 축적된 공통의 문명과 재부가 포함되어 있다. 따라서 잘만 참조하면 매우 풍부한 조직 규범에 직면한 후진국이 자국 시장의 심층 구조를 어떻게 구축할 것인지에 대해 보다 나은 선택을 할 수 있다.

이러한 시각에서 농촌개혁의 방향을 깊이 생각할 때, 단순히 비정규 조직 분야에서의 나날이 새로워지는 혁신에만 만족할 수 없다. 개혁의 중점은 반드시 정규 조직 분야로 옮겨져야 하고 모든 핵심은 이 분야에서 비정규 조직과 행정적 예속이라는 두 가지 전통적인 구속에서 벗어난 새로운 경제조직의 제도적 규범을 받아들여 거래비용을 대대적으로 감축하고 일괄구매·일괄판매 개혁을 완전히 이루기 위한 길을 닦아야 한다.

기존의 인식에 의하면 새로운 정규적인 경제조직의 공간을 확립할 수 있는 근본적 기반은 역시 시장 심층 구조의 두 가지 큰 요소에 있다. 여기에는 현대적 내용을 포함한 재산 권리 체계와 완벽한 상업 법규가 포함된다. 이 두 가지 측면에서 중국은 초경험적이고 아주 불확실한 리스크를 가지고 있는데, 여기서는 일부 핵심적인 어려움만 간략하게 다룰 수 있다.

재산권 제도에서 첫 번째 근본적인 문제는 소유제의 법적 표현이 단지 형식적인 의미만을 갖는지의 여부이다. 이론경제학은 소유제의 법적 표현을 제쳐 놓고 '본질' 문제를 논하는 학술적인 선호가 있지만, 중국의 문제는 각종 소유제의 법적 표현이 극도로 부족하다는 것이다. 이러한 상황에서 소유제의 혁신과 변화는 적절한 법적 인정을 받지 못하고(이를테면 농촌 도급경제가 수억 명의 근본 이익을 좌우하고 있지만, 지금까지도 완벽한 법률이 없다.) 퇴보적인 변화도 제재하기 어렵다.

두 번째 문제는 재산 형성 과정에서 '비非근로소득'의 대처 방법이다. 어떤 국가든지, 중국과 같은 사회주의 개발도상국은 말할 것도 없이 '비근로소득'이 재산 형성에서 가중치가 지나치게 높으면 경제와 사회 발전에 악영향을 미치게 된다. 그러나 '비근로소득'이란 무엇인가? 예를 들어 경영 활동과 상업적 '중개' 활동을 '노동'이라고 할 수 있는지, 각종 노동의 양을 어떻게 정하는지에 대한 혼란스러운 인식이 정리되어야 한다. 상품화폐 형태에서 은행 이자와 배당금 등 '비근로소득'은 상품 생산의 중요한 조직적 매개체이다. 현실에서 화폐 관계의 급속한 발전으로 이익 배당, 주식 배당금, 임대료(지대 포함) 등 일련의 '비근로소득' 형태가 실질적으로 활용되고 있으며 사회적 관념과 법적으로 이 문제를 어떻게 다룰지가 중국 재산제도의 확립에서 민감한 부분이 되고 있다. 시장경제의 경험이 보여 주다시피 '비근로소득'에 대한 법적 절차, 예컨대 소득세 징수에 제한을 두는 경우에는 관리비용이 매우 적다. 문제는 중국이 이러한 경험을 어떻게 활용하느냐 하는 것이다.

세 번째 문제는 공유 재산 권리체계의 확립 방법이다. 이는 아직도 행정 권력에 예속되어 있는 '기업'의 독립성과 밀접한 관련이 있다. 집단 공유 재산의 설립·점용·수익과 유통의 법적 세부 규정과 절차의 유효성은 각 구성원의 개별적 이익을 인정하는 방식과 진정한 협력에 대한 동기 부여 수준에 달려 있다. 전민全民 재산권(예를 들어, 국유 식량기업)에 대한 불완전성은 주식회사의 불완전한 사적 속성과 마찬가지로 명백한 사실이나, 규모와 산업별로 전민 재산권의 불완전성의 정도 차이를 법적인 언어로 규정하는 것은 어려운 일이다. 불완전한 국유 재산 권리에 대한 법률적 조정은 심지어 가장 발달한 시장경제 국가에서도 완전히 성공한 선례가 드물다는 것도 고려해야 한다.

상업 법규에서는 우선 이해관계와 시장규칙의 선후 절차를 수립하는 문제를 합리적으로 조정하여야 한다. 이익을 합리적으로 조절하지 않으면 규칙을 세울 수 없다는 것이 유행하는 관점이다. 하지만 규칙이 없으면 이익은 영원히 합리적으로 조절할 수 없다. 예를 들어 현재 성省급에서 향鄕급에 이르는 정권이 모두 보유한 시장 봉쇄 권리를 간단한 '반半봉쇄법'으로 단속하지 않으면 설령 '가격 이원화' 전략이라도 제대로 실행될 수 없다. 각종 규칙 가운데에서 어떻게 재정의 은행 초과 인출 절차를 단속하고 행정 권력의 임의적인 초경제적 강제성을 제한할지가 시장관계의 확립에 가장 중요하다. 다음으로, 점점 더 활발해지는 신용경제에 어떻게 하면 간편하고도 효과적인 법적 보장을 제공할 수 있는지 또한 시급한 사안이다. 초기 상업신용에서 고급 금융거래에 이르기까지 거래비용을 절약하기 위한 새로운 조직의 생존과 발전은 의심할 바 없이 중요한 역할을 한다. 하지만 엄격한 법규가 없으면 연쇄적인 계약 파기, 심지어는 사기가 횡행하기 쉽다. 가장 시급한 사안은 신용 활동에 종사하는 당사자에 대해 자산 심사와 담보 절차를 설치하여 전통적인 무無조직 세력이 신용 수단을 이용하여 시장과 공중 이익을 침해하는 행위를 방지하는 것이다. 더욱 광범위한 기반 위에서 우리는 반드시 가장 기본적인 상업 활동 규범을 정리하는 것부터 착수해야 한다. 예를 들어, 거래 활동에 종사한다면 반드시 사회에 대해 공정한 경쟁을 유지하는 의무를 감당하여야 하고 '속이지 않는 장사꾼이 없다'는 전통적 관습이 개혁 과정에서 불규칙한 혼란을 확대하는 상황을 억제해야 한다. 요컨대, 여기에는 대량의 창의성이 필요하다. 문명 비즈니스의 전통과 경험 부족, 명확하고 단호한 성향의 여론과 상업 윤리에 대한 기준의 지지, 전문 인력의 희소성과 '규칙'에 대한 사회적 경시는 분명히 그 방면에 심각한 장애가 될 것이다.

조직 혁신에서 제도 혁신에 이르기까지 다양화와 규범화의 관계에 대한 접근은 불가피하다. 낡은 체제, 그리고 그 가치관의 속박을 깨기 위한 다각적인 개혁 실천은 리스크를 감소시키고 성공의 가능성을 높였다. 동시에, 중국은 땅이 넓고 경제·정치·사회적 발전의 불균형이 다양한 개혁 모델의 객관적인 토대가 되었다. 그러나 다양화가 합리적인 한도를 초월해서는 안 된다. 전반적인 신구체제의 교체 과정에는 언제나 비교적 심층적으로 일부 공동의 문제들이 존재하므로 공동의 제도와 조직규범에 의거해야만 진정으로 이를 해결할 수 있다. 만약 찾아낸 것이 단지 어느 한 지역의 일정 시기에 적용되는 답안이라면 이런 방안은 제도화나 일반화가 어렵기 때문에 진보의 속도가 크게 느려질 수 있다. 중앙집권적 통일 성향이 강한 우리나라의 입장에서 보면, 지방 모델은 비정규 조직 분야에 포함되기 때문에 앞글의 관점은 이 문제에도 적용된다. 비정규 조직 분야에서만 창조성과 진전이 허가된다면 제도적 성과를 영원히 얻지 못할 것이다. 예를 들어, 현재 원저우(溫州) 모델을 포함한 각 지역 모델은 명확한 재산권체계 문제를 완전히 해결하지 못하고 있다. 따라서 모든 지방 모델의 안정적이고도 지속적인 발전은 심층 구조에서 같은 성격을 지녔기 때문에 같은 해결 원칙이 있어야만 해결할 수 있다는 사실을 좀 더 직시해야 한다. 풍부하고도 다양한 개성 중 내적 안정성이 포함된 공통성은 농촌의 심층 개혁에서 잘 파악해야 할 명제이다.

마지막으로 특별히 강조하고 싶은 것은 벤치마킹이다. 현대화 비교 연구에 따르면 현대화는 대규모 변혁의 단계와 연관되며 두 가지 기본적인 혁신 과정을 포함한다. 하나는 전환이고 다른 하나는 벤치마킹이다. 전환은 기존의 고유한 성격을 개조하는 것이고, 벤치마킹은 자기에게 적용되는 모델을 참조하여 새로운 제도와 가치 기준을 세우는 것이다. 차이점은 이미 현대화의 주요 전제를 갖춘 국가들은 전환에 크게 의존할 수 있고, 일부 필요한 전제가 부족한 국가는 전환의 기회가 적기 때문에 벤치마킹의 필요성이 그만큼 많아진다는 것이다. 글로벌 현대화 과정에서 중국이 뒤떨어진 원인은 벤치마킹과 학습을 거부한 것과 아주 큰 연관이 있다. 때문에 모든 유용한 국제 경험을 독자적으로 벤치마킹하는 것이 특히 중요하다. 마르크스주의가 인류 문명의 큰길을 이탈한 산물이 아니듯이, 실천 속의 사회주 역시 문을 닫고 고립되어 스스로 혁신을 완수할 수는 없다. 2차 세계대전 이후 근대화에 착수한 국가들은 모두가 대량의 새로운 지식에 직면해 있다. 이러한 지식은 19세기 말 일본처럼 한 세대가 전부 흡수할 수 없다. 중국인들은 반드시 세계에 눈을 돌려 인류 문명의 창조적 성과를 보고 대담하게 '가져오기'를 실행해야 한다. 벤치마킹 과정에서 사회를 해체하지 않고 민족의 정체성을 유지하는 것은 현대 문명의 지식 수용을 촉진하는 데 더욱 큰 의의가 있다.[13] 농가별 생산량 도급제의 후기 단계는 혁신의 단계로, 매우 중요한 심층 구조 개혁이라는 사명에 직면해 있다. 8년에 걸친 성공적인 개혁은 고무적이며, 중단되어서 이룩한 성과를 포기하려는 위험에는 채찍질해야 한다.

주

1 국가통계국 농업 통계사(1985), p.9.
2 국가통계국 농업 통계사(1985), pp.5~7.
3 송궈칭(宋國青)·뤄샤오펑(羅小朋)(1985).
4 가오샤오멍(高小蒙)(1986).
5 중국농촌발전문제연구팀, 저우치런(周其仁)(1993).
6 류윈즈(刘遠梓)(1985), p.92.
7 브루스(布魯斯)(1983).
8 황중즈(黃宗智)(1986).
9 중국농촌발전문제연구팀, 저우치런(1993).
10 르빠지에(1985), p.9.
11 르빠지에(1985), p.11.
12 코즈(1937).
13 블레이크(布萊克) 등(1984).

참고문헌

[1] Coase. R. H. "The Nature of the Firm," *Economica* 4, 1937, pp.386~405.

[2] 弗·布魯斯, "社會主義經濟和運行問題", 刊『社會主義經濟模式問題論著選輯』, 人民出版社, 1983年版.

[3] 高小蒙, "糧食備忘錄", 『發展研究通訊』, 1986年10月, 第21期.

[4] 國家統計局農業統計司, 『我國農民生活的巨大變化』, 中國統計出版社, 1984年版, 第5~9頁.

[5] 亨利·勒帕日, 『美國新自由主義經濟學』, 北京大學出版社, 1985年版, 第9~11頁.

[6] 黃宗智, 『華北的小農經濟的社會變遷』, 中華書局, 1986年版.

[7] 劉運梓, 『發達資本主義國家農業和農村』, 農業經濟學會, 1985年, 鉛印本, 第92頁.

[8] 宋國青·羅小朋: "經濟結構與經濟改革", 刊中國農村發展問題研究組編, 『農村·經濟·社會』第二卷, 知識出版社, 1985年版.

[9] 西瑞爾·E. 布萊克等, 『日本和俄國的現代化』, 商務印書館, 1984年版.

[10] 中國農村發展問題研究組, 『國民經濟新成長階段和農村發展』, 浙江人民出版社, 1987年版.

농지재산권과 토지 수용 제도
—도시화가 직면한 중대한 개혁*

본문은 도시화 과정에서의 농지 양도권을 검토하며, 사용권보다는 농지 양도권이 직면한 제한 요건과 선택의 재정의에 중점을 두고 있다.

1. 문제의 소지

경제적 성과에서 제도의 결정적인 역할은 학자들이 오랫동안 관심을 가진 사안이다.[1] 만약 제도가 자원의 희소성과 경제적 기회를 적절히 반영하지 못한다면, 경제에서 행위의 왜곡이 나타날 수 있다.[2] 어느 사회에서든 제도의 기반은 항상 재산권에 관한 법률로 정해져 있으며 그것은 사회 구성원들이 특별한 자산을 운용할 수 있는 권리의 범위를 정하고 있다.[3] 재산권에는 일반적으로 자원에 대한 배타적 사용권, 자원 사용을 통한 임대료 수익권 그리고 매각 또는 다른 수단으로 자원을 타인에게 양도

---

* 이 글은 필자가 2003년 9월부터 12월까지 예일대학교 법학원 방문 기간에 완성한 사업 논문에 기초한 것이다. 이 글은 2003년 11월 17일 예일대학교 중국법률센터(China Law Center at Yale)에서 개최된 세미나에서 주제 발표를 한 것이다. 저자는 토론회의 참석자, 특히 Robert C. Ellickson, Carol M. Rose, Paul Gewirtz, 천즈우(陳志武), 원관중(文貫中), 천제(陳潔)와 기타 회의 참석자들의 논평에 대해 감사드린다. 저자는 특히 Jamie Horsley와 예일대학교 중국법률센터의 방문 허가와 배려 및 예일대학교의 각 도서관에서 제공한 연구 여건에 감사드린다. 이 글의 오류는 상술한 어떤 기관이나 개인이 아니라 당연히 저자가 책임진다.

하는 양도권이 포함된다.[4] 이렇게 재산권은 경제 실적에 영향을 주는 행위에 대해 동기 부여를 제공할 뿐만 아니라 누가 경제활동의 주역인지를 결정하며 따라서 사회적 재부의 배분을 결정한다.

재산권의 여러 기능 중 양도권은 더욱 핵심적인 역할을 한다. 이론적으로 명확하게 확정된 양도권에는 사용권과 수익권이 포함된다. 그러나 반대로, 명확한 사용권 또는 수익권이 자유롭게 양도할 수 있다는 것을 의미하지는 않는다. 실제로 경제 성장은 흔히 경제구조의 변화를 야기하며 경제구조의 변화는 바로 대규모 자원 양도의 결과이다. 만약 양도권이 제한을 받으면 잠재적인 자원 양도는 경제 성장과 함께 제약을 받는다.

역사는 반드시 다음과 같은 경험으로 충만할 것이다. 급속한 경제 변화는 기존 법률에서 양도권에 관한 변경을 요구하고 있다. 필요한 법적 개정이 완료되기 전에 수많은 위법행위가 발생할 수 있다. 경제 변화는 자원 양도의 가속화를 요구하지만, 기존의 법률 제도는 양도권에 대하여 명확한 규정을 내리지 않았기 때문이다. 이때 위법행위를 제지하지 않으면 경제 질서는 충격을 받을 수 있다. 그러나 기존의 재산권 제도를 집행하는 것으로 혼란을 해소하려면 자원 양도를 제한하는 대가를 치러야 한다. 이 모순을 해결하기 위한 방법은 양도권에 관한 법률의 경계를 적시에 변경하는 것이다. 문제는 수요에 부합되는 법률 개혁이 과연 어떠한 조건에서 쉽게 발생할 수 있는가 하는 것이다.

최근 중국의 도시화가 가속화된 경험은 위와 같은 문제를 연구하는 데 드문 사례를 제공하고 있다. 1978~2000년 사이에 중국의 도시는 193개에서 663개로 늘어났고 진鎭은 2,173개에서 2만 312개로 늘어났으며, 도시인구는 1.7억 명에서 4.56억 명으로 늘어났다. 이와 동시에 1천만 명 정도의 농민공이 농촌에서 도시로 유입되었고, 수천만 묘畝의 농지가 도시의 공업용지와 상업용지로 전환되었다. 개혁 개방과 경제 성장의 누적 효과를 근거로 사람들은 향후 20년간 중국의 도시화가 더 가속화될 것으

로 예측하고 있다.[5]

그러나 최근 몇 년 동안 도시화의 가속화는 토지자원의 양도권에 관한 기존 법률의 재정립이 심각하게 지연되는 상황에서 일어났다. 중국의 기존 토지법은 공유제의 계획경제시대에 기반을 두었는데, 그 주된 특징은 정부가 행정명령으로 시장거래를 대체하여 경제자원을 양도하는 것이다. 비록 20여 년 동안 시장 지향적인 개혁이 기존 토지 관련 법률의 기반을 흔들어 놓았지만, 몇 차례 개정을 거친 토지법은 경제 실천의 요구를 충족시키기에 역부족이었다. 결과적으로, 도시화의 가속화는 이익 충돌의 심화와 더불어 하나의 딜레마를 제기하였다. 토지 양도 중의 이익 충돌을 대가로 계속 도시화를 가속화할 것인가? 아니면 부득이하게 도시화를 억제하여 토지 양도 중의 이익 충돌을 완화할 것인가?

문제의 근원은, 중국의 장기적인 경제 성장의 중요한 원천이 되는 가속화된 도시화가 애매한 농지 양도 권리를 제한하는 조건에서 진행되었다는 것이다. 여기에서 바젤Barzel이 지적한 딜레마를 피할 수 없다. 명확하게 규정되고 잘 집행된 재산권 제도에서 이탈하면 사람들은 기필코 앞다투어 희소한 경제자원과 기회를 수탈하려 할 것이다. 여기서 말하는 '수탈'이란 희소 자원에 대한 법적 제한이 없는 경쟁을 말한다. 중요한 것은 수탈 과정에서의 혼란과 기회는 항상 밀접히 엉켜 있다는 것이다. 수탈행위를 인식하지 못하고 분석하지 못하면 법적 권리의 재설정은 어렵다.

상술한 실마리에 따라 본문은 다음과 같은 문제를 연구하고 토론하려 한다. 기존 토지 양도권의 법률적 기반에서 사람들은 실제로 어떠한 행위를 취할 것인가? 이런 행위의 경제적 함의를 어떻게 이해할 것인가? 그다음 우리는 곧 개정될 『헌법』과 『토지법』이 직면한 주요 선택에 대해 논의할 것이다. 본문의 구조는 다음과 같다. 2절에서는 기존의 농지 양도권에 대한 법률 제도를 조사하고, 3절에서는 토지 양도에서의 수탈행위를 분석하며, 4절에서는 양도권의 범위를 다시 정한 실천적 경험을 연구한다.

5절에서는 양도권 규제에 관한 경제 분석을 제시하고, 6절에서는 관련 정책 건의 및 토지법 수정이 직면한 선택을 토론하며, 마지막 부분에서는 결론과 심층 연구가 필요한 과제들을 제기한다.

2. 농지 양도권에 대한 기존 법률의 규정

기존 법률에서 농지 양도권과 관련된 법에는 「중화인민공화국 농촌토지도급법」과 「중화인민공화국 토지관리법」이 있다.[6] 토지 양도권 문제가 매우 심각하기 때문에 이 두 법률의 제정 및 개정을 위해서는 '헌법'의 관련 조항까지 개정해야 할 필요가 있었다. 본 절은 이러한 법률을 요약 및 평가하고, 이들의 내적 갈등과 충돌 및 경제행위에 대한 영향을 밝히는 데 착안점을 두었다.

(1) 양도권을 승인한 법률

1970년대 말과 1980년대 초반 농촌개혁에서 형성된 농가 토지도급경영권은 거의 20년이 지나서야 처음으로 비교적 완벽한 법적 승인을 얻었다. 2002년 8월 29일, 전국인민대표대회 상무위원회가 채택한 「농촌토지도급법」은 농가의 토지 사용권과 수익권 보호는 물론 토지 양도권 보호도 인정하였다. 이로써 중국에서 장기간 실시해 온 농지 집단소유제는 토지의 농가도급경영제로 전면 개혁되었다.

농가의 개인 토지 양도권을 전면적으로 인정하고 명확하게 확정 지은 것이 「농촌토지도급법」의 기본 내용이다. 그중 가장 중요한 몇 가지 규정을 약술한다.

- 토지 양도권은 '도급자(농가)'에 속하고 '발주자(집단)'에 속하지 않는다.[7]
- 토지 양도권 시행의 가장 중요한 원칙은 평등 협상·자발성·유상有償이며, 어떠한 조직이나 개인의 강요나 방해를 받지 않는다.
- 토지 양도의 형식에는 하도급, 임대, 교환 등 여러 형태가 포함될 수 있다.
- 양도권 가격은 당사자가 협의하여 결정한다.
- 양도권 수익은 도급자에게 귀속된다.

양도하는 것이 토지도급경영권이기 때문에 위의 논리에 부합된다. 「농촌토지도급법」은 개혁 이래 실시된 토지도급경영과 관계된 모든 정책과 법규를 종합하여 명확한 법적 표현으로 토지에 대한 농가의 도급경영권을 전면적으로 규정해야 했다. 농촌 집단 소유에 속하는 토지는 농가를 기반으로 도급경영을 시행하고, 법률은 이를 위해 집단토지를 농가가 도급경영하는 절차·기한·형태 그리고 도급 기한 내 발주자와 도급자 각자의 권리와 의무를 규정하였다.

「농촌토지도급법」은 중국의 토지 집단 소유제에 대한 내용을 공식적으로 변경한 것이라 할 수 있다. 재산권 경제학의 규범에 따르면 사용권, 수익권, 양도권을 포함한 재산권은 법률상 재산 소유권의 실질적인 내용이다. 그러므로 재산권만이 추상적인 법률상의 소유가 아닌 사람들의 경제적 행위를 실질적으로 제약한다. 중국의 농지는 여전히 집단 소유라고 할 수 있지만, 현재 집단이 유일하게 할 수 있는 것은 법에 따라 토지를 농가에 도급 주는 것뿐이다. 30년 이상 되는 기나긴 법정 도급 기한 내에 도급자에게만 농지를 사용 및 경영하고 상응한 수익을 취득하며 시장에서 자주적으로 농지경영권을 양도할 권리가 있다. 집단 발주자 측은 농가의 도급 권리를 종결, 회수, 조정할 권리가 없고 도급자의 수익권을 가로채거나 양도권에 개입할 권리가 없다. 농가 개인이 도급경영하는 집단 토지소유제는 더 이상 인민공사시대의 집단이 경영하던 집단 토지소유제가 아니다.

비교적 중요한 개혁 경험은, 도급계약을 통하여 개인 사용권을 확립하기는 상대적으로 쉬우나 개인의 자원 사용권을 양도권으로 발전시키기는 더욱 어렵다는 것이다. 더욱 중요한 것은, 일단 법이 사적인 자원 양도권을 명확히 규정할 수 있다면, 반드시 농가의 사적인 사용권과 수익권도 더 명확하게 규정해야 한다는 것이다. 지면의 제한으로 여기에서는 이러한 경험의 함의에 대해 논의하지 않는다. 다만 법으로 명확히 규정하고 보호하는 농가 개인의 토지 사용권과 수익권, 양도권은 경제구조가 급변하는 조건에서 농지자원을 효율적으로 이용할 수 있도록 안정성과 유연성을 결합한 제도적 기반을 마련했다는 점을 지적하고 싶다.

「농촌토지도급법」에는 여전히 미흡한 점이 있다. 지엽적인 것을 제외하고 중요한 문제는 농지의 도급 기한이 여전히 짧다는 것이다. 도시 주택지의 임대 기한이 50~70년인 점과 비교해 보면 30년의 농지 도급 기한은 적합한가? 이와 관련하여 현행 토지도급법은 토지 도급 기한이 만료된 후 재계약을 한다는 준칙을 제시하지 않았다. 만약 법적으로 도급자에게 모종의 재계약 우선권을 줘야 한다고 규정한다면 도급 기한의 길고 짧음은 그다지 중요하지 않을 수 있다.

또 다른 문제도 현재로서는 피할 수 없다. 「농촌토지도급법」은 농가의 토지 도급권과 양도권에 관한 규정에서 '토지의 농업 용도'를 전제로 하였다. 예를 들어 「농촌토지도급법」 총칙에는 "허가 없이 도급한 토지를 비농업적인 건설에 사용해서는 안 된다."(8조)라고 명시하였다. 발주자의 권리에는 "도급자가 도급지나 농업자원을 훼손하는 행위를 제지해야 한다."(13조)라는 내용이 포함되었다. 도급자의 의무 중에는 "토지의 농업 용도를 유지하고 비농업적인 건설에 사용하지 못한다."(17조)라고 규정하였고 토지도급경영권의 양도 원칙에는 "토지의 농업 용도를 변경해서는 안 된다."(33조)라고 규정하였다. 분명한 것은 일단 토지가 비농업 용도에 쓰이면, 이 법은 농민의 도급경영권에 대한 확인과 보호가 중지된다는 점이다.

(2) 양도권을 부인하는 법률

농지를 비농업적인 건설 용지로 변경할 경우, 「토지관리법」에 의한 조정을 받아야 한다. 이 법률은 1986년 6월 25일 제6기 전국인민대표대회 상무위원회 제16차 회의에서 통과되어 1987년 1월 1일부터 시행되었다. 그러나 2년이 지난 1988년 12월 29일 전국인민대표대회 제7기 상무위원회 제5차 회의에서는 이 법을 개정하기로 결정하였다. 이렇게 시작된 개정은 거의 10년이 걸려 1998년 8월 29일 제9기 전국 인민대표대회 상무위원회 제4차 회의에서 통과되어 1999년 1월 1일부터 실행되었다. 「토지관리법」이 제정 및 개정되는 동안, 중국 경제는 한창 시장화 개혁이 심화되고 있었다. 하지만 아무리 변경되어도 농지 전용轉用이라는 이 중요한 자원 배치 문제가 '양도 권리'의 토대 위에서 다루어지지 못했다.

수정된 1998년의 「토지관리법」을 보면 "토지 사용권은 법에 따라 양도할 수 있다."(2조)라는 추상적인 선포 외에는 전체 법률 8장 86조 중 '토지 양도권'에 대한 내용, 주체의 귀속, 양도 절차, 집행 원칙과 가격 제정 방식에 대한 언급이 단 한 줄도 없다. 토지 사용권은 법에 의해 양도할 수 있다고 하지만, 그에 관한 구체적인 내용은 전혀 없다는 것이다. 예를 들어, 동법 제16조는 "토지 소유권과 사용권 분쟁은 당사자들이 협상하여 해결하며, 협상으로 해결되지 않을 경우 인민정부가 처리한다."라고 규정하였다. 문제는 토지 사용권을 양도할 때 분쟁이 생기지 않을 수 없고 이런 일이 일어났을 경우 어떻게 처리할 것인가 하는 것이다.

농지자원을 비농업적인 건설로 전환하는 것과 관련하여 1998년 「토지관리법」은 "농민 집단 소유의 토지 사용권은 비농업적인 건설용지로 매각, 양도 또는 임대하지 못한다."(63조)라고 명시하였다.[8] 경제 발전의 수요로 일부 농지가 비농업적인 건설용지로 이전될 때(이는 도시화의 필연적 요구이다.) 이러한 요구를 합법적으로 수용할 방법이 있을까? 현행 「토지관리법」이 규정한 유일한 합법적인 경로는 농업용 토지를 농민이 아닌 자가 자체의 건설용지로 변경할 경우 반드시 토지 집단소유제에서 국유제로 전환해야 한다는 것이다.

(3) 도시 토지 국유화의 유래

원래는 집단 소유였고 이미 장기간 농가에 도급한 농지가 일단 도시 건설용지로 바뀌면 국가 소유가 되어야 하는 이유는 무엇인가? 따지고 보면 이는 헌법 준칙과 관련된다. 1982년 헌법 개정안은 '도시의 토지는 국가 소유'(10조)라고 선포했다. 이는 처음으로 과거 헌법과 역대 개정안이 수립한 토지의 국유 범위를 광산, 하천, 국유 임지, 황무지에서 전체 도시 토지로 확대한 것이다. 당시 헌법 개정안의 설명에 따르면 "초안 10조는 원래 진鎭의 토지와 농촌, 도시 교외를 일률적으로 취급하였다."[즉 집단토지로 인정하였다(인용자).] 국민적 논의 과정에서 "전국 각 지역의 상황이 서로 다르고, 어떤 지역의 진은 규모가 비교적 크고 향후 지속적으로 발전시켜야 하므로 사실상의 소도시이기 때문에 진 관련 규정을 삭제하였다."라는 해석이 나왔다. 다시 말하면 규모가 비교적 큰 진의 토지도 앞으로는 농민 집단 소유가 아니라 국가 소유라는 것이다.

그러나 '도시 토지가 전부 국가 소유'라는 것 자체도 내력이 분명치 않다. 1975년 헌법을 조사한 결과, 제6조에 다음과 같은 표현이 있었다. "국가는 법률이 규정한 조건에 따라 도시와 농촌의 토지 및 기타 생산재를 수매하거나 수용 또는 회수하여 국유화할 수 있다." 이 조항은 적어도 '문화대혁명'이 끝날 무렵까지 중국의 도시 토지가 아직 부분적으로 국가 소유로 되어 있지 않았다는 것을 분명히 보여 준다. 그렇지 않으면 "국가가 도시와 농촌의 토지를 수매 또는 수용하고 국유화"를 선언할 필요가 없다. 문화대혁명이 끝난 뒤인 1978년의 헌법도 도시 전체의 토지 국유화를 선언하지 않았다. 이후 중국은 개혁 개방의 새로운 역사적 단계에 들어섰고, 1982년 전까지 국가가 어떻게 '모든 도시 토지를 수매·수용하거나 국유화'하였는가에 관한 역사적 기록이 없다. 그렇다면 '도시 토지는 국가 소유'라는 거대한 사안이 어떻게 정부의 구체적인 행위를 거치지 않고 1982년 헌법에 직접 선포된 것일까?

내력이 어떻든 간에 '도시 토지는 국유에 속한다'는 것은 현행 토지 법규의 지도성 원칙이다. 이 원칙의 함의에서 우리가 자세히 토론해야 할 부분은 '현재 도시 토지는 모두 국가에 속한다'는 것뿐만 아니라 '향후 도시가 될 토지도 모두 국가에 속한다'는 점이다. 후자는 기존 도시의 외곽과 주변 농촌으로의 확장뿐만 아니라 기존의 농촌, 소도시와 교외에 형성된 신도시도 포함한다. 1982년 이후 현재 중국이 아직도 이를 경험하고 있으며, 엄청난 규모의 토지 국유화가 지속될 것이라는 점에 주목하는 사람은 거의 없다.

(4) 토지 수용의 역설

현행 토지법은 도시의 전용 농지를 모두 국유제로 전환하도록 규정하고 있으며 토지 수용을 유일한 합법적 형식으로 하였다. 원래, 도시와 농촌의 토지가 사유인 경우에도 국가는 법에 따라 토지 수용권을 가질 수 있었다. 예를 들어, 1954년에 제정한 첫 헌법에는 "국가는 공익을 위해 법률이 규정한 조건에 따라 도시와 농촌의 토지 그리고 기타 생산재를 수매, 수용 또는 몰수하여 국유화할 수 있다."(13조)라고 선포하였다. 당시 사회주의로 나아가는 과도기적 노선을 선포하였지만, 도시와 농촌 토지의 대부분이 사유지에 속해 헌법의 인정과 보호를 받았다는 것은 널리 알려진 사실이다. 따라서 국가가 농지를 수용하는 것은 단지 농지가 건설용지로 전환되는 형식에 불과했다. 국가의 토지 수용과 민간에서 발생하는 사적 토지 양도의 경계를 분명히 하기 위해 1954년 헌법은 토지 수용에 "공익을 위해"라는 중요한 제약 조건을 추가하였다. 이것은 적어도 공익성 농지 이용은 국가 수용을 통해 완성되고, 비공익성 농지 전용은 당시 법률이 승인한 민간 양도권을 통해 가능하다는 점을 법적으로 분명히 한 것이다.

도시와 농촌의 토지소유제 개편이 완료됨에 따라, 특히 1982년 헌법에 처음으로 도시 전체의 토지를 국가 소유로 선포한 뒤, 농지를 도시 건설 용지로 바꾸려면 반드시 국유화가 동시에 완료되어야 했다. 이에 정부의 토지 수용이 농지 전용轉用의 유일한 합법적인 경로가 되었다. 하지만 역설적으로 1982년 헌법과 이후 공포된「토지관리법」도 여전히 1954년 헌법의 토지 규제 요건인 "공익을 위해"라는 점을 그대로 답습하였다. 역설은 '공익이 아닌 농지를 어떻게 전용할 것인가?'에 있다. 토지 수용을 거치지 않은 것은 헌법에 위배된다. 도시용으로 전환된 농지가 집단 소유라면 '도시 토지는 모두가 국유'라는 헌법적 기준에 위배되기 때문이다. '공익을 위해 토지를 수용하는' 헌법 규범에 부합하지 않기 때문에 토지 수용도 위헌인 것이다.

(5) 정부의 토지경영으로 인한 이익 도모 충동

더욱 심각한 문제는 현행 토지법이 정부가 농민의 도급 토지를 비농업적 용도로 바꾸는 것은 금지하면서도 농민집단에서 수용한 토지를 포함한 국유지에 '유상 사용제 시행'(2조)을 선포한 것이다.[9] 이는 정부가 강제로 취득한 토지를 '공익' 여부를 막론하고 유상 원칙에 따라 도시 토지의 사용권을 시장에 매각할 수 있다는 것이다.

'국유지 유상 사용제'를 선포한 「토지관리법」의 결정은 필경 시장 메커니즘을 도입하여 토지자원을 배분하는 개혁의 현실을 반영하는 것으로 보아야 한다. 실제로 1987년부터 선전(深圳)과 상하이(上海) 정부가 시장을 상대로 토지 임대 시범 사업을 시행한 뒤, 중국의 도시 건설용지 시장은 매우 빠르게 발전하였으며 관련된 법규가 제정되었다.

문제는 토지시장화가 부분적인 국유지의 유상 양도와 재양도에 한정되었다는 것이다. 이미 농지에서 전환된 비농업용 건설용지나 행정 권력으로 양도한 부분적 도시 토지는 여전히 행정력에 의한 토지자원의 배치 준칙을 따르는 것이다. 새로운 혼합 모델은 정부가 농지 전용 행정 독점권으로 도시의 건설용지를 확보한 뒤 국유지의 일부를 도시 2급 토지시장에 임대하고 일부는 정부의 손에 남겨 두고 행정 방식으로 할당하는 형태이다. 이런 행정 배치와 시장 분배의 특별한 혼합은 각 행정 주체가 경쟁적으로 도시 토지 경영을 통해 이익을 도모하려는 조직이 되지 않을 수 없게 한다. 농지를 수용하는 비용과 토지 임대 수익 간의 차액이 정부가 토지를 경영하는 배당금이라고 한다면, '무상 할당'과 2급 도시 토지의 시가 총액 사이에서 발생하는 차액이 '할당권'의 임대가치를 나타낸다.

현행 법률은 토지 수용에 따른 보상액이 토지 임대가격과 다르다는 점을 명문화하였다. 한편으로 「토지관리법」은 농지를 수용할 경우 정부는 "토지의 기존 용도[물론 농지의 농업 용도(인용자)]에 따라 보상해야 한다."(47조)라고 규정하고 있다. 또 다른 한편으로 법률은 정부가 '토지의 도시건설 용도 시가에 따라' 수용한 토지를 임대할 수 있도록 허용하였다. 이는 정부가 토지를 경영하는 법정 배당금이 가장 크다는 것을 보증하는 것과 같다. 도시화가 턱없이 부족한 현실에서 급속히 발전하고 있는 경제 시대에 농업용에서 도시 건설용으로 전환된 토지의 시가 증가액이 어찌 열 배, 수십 배에 그치겠는가? 토지의 시세가 높아질수록, 정부가 '무상 할 당'한 토지의 권력 임대료가 높아진다. 이는 정부 독점을 법으로 보장해 토지경영의 폭리를 취하는 새로운 비즈니스이다.

(6) 세 가지 예외와 두 가지 불명확함

예외가 없는 것도 아니다. 현행법에 따르면 농지가 비농업용 건설용지로 전환되는 경우 토지를 국가가 수용하여 국유화하는 과정을 동시에 완료해야 하지만, 일부 조건에서는 예외가 허용된다. 즉 수용을 거치지 않고 국유지로 전환되면 농지도 합법적으로 건설용지로 전환될 수 있다. 「토지관리법」 제43조("어떠한 단위나 개인이든지 건축할 경우 반드시 법에 따라 국유지 사용 신청을 해야 한다.")에 따라 법률이 허용하는 예외는 다음과 같다.

그러나 향진기업과 촌민 주택 건설이 법적인 허가를 받아 본 집단 경제조직이 소유한 토지를 사용할 경우, 또는 향(진)촌의 공공시설과 공익사업 건설이 법적인 허가를 받아 농민 집단 소유 토지를 사용하는 것은 제외한다.

즉 농민이 자체적으로 기업을 꾸리거나 주택·공공시설이나 공익 사업을 할 수 있는 토지는, 비록 농지가 건설용지로 전환되었지만 집단 토지 소유권은 유지할 수 있다는 것이다.
두 번째는 농촌집단 경제조직이 "토지 사용권으로 출자 또는 연합 경영 방식으로 다른 기관이나 개인과 공동으로 기업을 꾸릴 경우"(63조) 토지 이용 계획에 부합하고 행정 승인을 받은 조건에서 합법적으로 농지를 비농업용 건설용지로 변경할 수 있다는 것이다.

세 번째는 "토지 이용의 총체적 기획에 부합하고 법에 따라 건설용지를 취득한 기업이 부도나 합병 등으로 토지 사용권이 이전된 경우", "농민집단토지 사용권 양도나 임대는 비농업용 건설에 사용될 수 없다."라는 법 조항을 예외로 할 수 있다. 단도직입적으로 말하면, 이 같은 요구에 부합하는 집단토지 사용권은 매각·양도 또는 임대할 수 있다는 것이다.

물론 법률은 '도시 토지는 반드시 국유'라는 원칙에는 예외를 선언하지 않았다. 문제는 도시화가 급속히 확대되는 경제 현실에서 당초 농민들이 자체로 기업을 운영하거나 공동으로 기업을 경영하던 농촌이 향후 도시 또는 도시의 일부가 될 수 있다는 점이다. 이 경우 현행법상 '예외'로 적용된 양도권에 큰 혼란이 초래된다. 토지가 도시의 땅으로 전환될 때 기존의 '예외'가 반드시 수용을 거쳐 국유지로 전환되어야 하는지에 대해 현행 법률은 명확한 설명이 없기 때문이다.

이 밖에도 세 가지 예외 사항 중 세 번째만이 양도권 기반이 '집단토지 사용권'이며, 그 양도권이 도급농가에 속한다는 점을 명확하게 하고 있다. 앞의 두 가지는 합법적으로 농지를 건설용지로 이전할 수 있는 권한을 가진 주체가 모두 '농촌집단경제조직'이다. 그러나 농지가 이미 농가에 도급경영되는 상황에서 '집단'이 법적으로 예외인 전용 농지의 혜택을 얻기 위해 농민의 토지도급권을 회수한 뒤, 다시 집단 명의로서 자체적으로 또는 연합하여 기업과 기타 시설을 운영할 수 있는지의 여부는 명확하지 않다.

(7) 현행 양도권에 대한 개괄

우리나라 농지 양도권의 법적 표현을 요약해 보자. 20여 년의 개혁을 거쳐 현행 토지법은 농업 용도의 범위 내에서 토지 양도권을 명확히 정의하고 보호하였다. 농지 양도권의 권리 주체인 도급농가는 평등 협상을 하고, 자발적이고, 유료의 원칙하에 어떤 조직이나 개인의 강요와 제약을 받지 않는 조건에서 농지의 경영권을 도급·임대·교환할 수 있으며 양도 가격은 당사자들이 협의해 확정하고 양도 수익은 도급농가의 소득으로 귀속시켰다. 이는 중국 농업경제활동의 중요한 제도적 기반을 이루고 있다.

그러나 농지가 비농업용 건설용지로 전환되면 도급농가의 농지 양도권은 현행법상 인정되지 않는다. 농지가 건설용지로 전환되면, 심지어 이는 농촌집단의 권리도 아니게 된다. 개별적 예외를 제외하고 법률은 농지의 도시 건설부지 전환에서 반드시 토지 국유화를 전제로 하고 있다. 국가가 농지를 수용하는 것이 도시화된 농지자원을 이용하는 유일한 합법적인 방법이 되었다.

현행법은 정부의 농지 수용권을 인정하는 동시에 정부가 수용한 농지 사용권을 시장에 매각할 수 있도록 명시하고 있다. 정부는 토지 수용 보상에서 농지의 기존 용도, 즉 농업 용도의 수익에 따라 보상액을 결정한다. 다른 한편으로 정부가 토지 사용권을 매각할 경우 시장원칙에 따라 가격을 정할 수 있다. 즉 토지의 미래 용도에 대한 예상 수익을 근거로 경쟁에서 높은 가격을 제시하는 자가 토지를 획득할 수 있다. 이는 현행법이 정부의 독점적인 토지 수용권을 인정할 뿐만 아니라, 그 권리가 최대의 법적 가치를 얻을 수 있도록 보장한다는 것이다. 이는 정부가 토지를 경영하는 데 강력한 엔진을 안장해 준 셈이다.

한마디로 농지가 도시 건설용지로 전환되면 농지 양도권이 도급농가에서 정부로 이양된다. 현행법은 정부의 토지 수용과 경영권을 제약하기 위해 '경작지를 엄격히 보호하는' 입법 의도를 거듭 밝히고, 행정등급에 따른 토지 심사 비준권의 차등화 절차를 개선하면서 '공익을 위해 농지를 수용하는' 준칙을 고수하고 있다. 다음으로 현행 법률의 인센티브와 제한 조건에서 비농업용 건설용지의 양도를 주도하는 정부의 실제 행위에 대해 살펴보고자 한다.

3. 수탈과 충돌

사람들은 늘 현실적인 구속 조건에서 행동한다. 명문화된 법률이 단지 전체 구속 행위의 한 구성 부분이라는 점을 감안하면, 우리가 선택한 조사 경로는 농지의 전용에 관한 실제 사례에서 출발하여 관찰 가능한 행위와 현행 법적 구속 조건의 관계를 분석하는 것이다. 검증된 사실을 얻기 위해 본 절에서는 이미 언론에 공개 보도된 사법 사건에서 사례를 선택했고 필요할 경우 자체 조사도 추가하였다.

(1) 허난(河南)성 덩펑(登封)의 철도 토지 수용 사례[10]

1998년 말, 허난성 덩펑시 인민정부와 허난덩펑철도유한회사는 「덩펑 철도 '마링산(馬嶺山)-바이핑(白坪)' 구간 수용 토지 철거 도급협의서」를 체결하였다. 협의에 따라 덩펑시 정부는 철도 건설을 위해 필요한 토지 철거를 담당하기로 약속하였다. '법에 따라, 실제적인 것을 추구하고, 최저 한도의 원칙에 따라' 협의는 토지 수용 보상금을 묘당 8,500위안(토지 보상비, 모종 보상비와 안착 보상비를 포함)으로 정하였다. 또 덩펑철도유한회사(을방)가 일괄 방식으로 덩펑시 인민정부(갑방)에 보상금을 지불하고 "이 비용은 갑방이 책임지고 사용하며, 지출이 비용을 초과할 경우 보충하지 않는다. 이 비용의 구체적인 보상 방법과 분배 사용 방법은 갑방이 결정하고 책임지며 집단과 대중이 마땅히 받아야 할 보상금을 마을, 단체, 농가에 배분한다."라고 규정하였다.

그로부터 1년 뒤인 2000년 1월 27일, 덩펑시 정부는 '[2000] 4호 문건'을 하달하여 덩펑 철도의 완공을 위한 토지 보상 기준으로 경작지는 묘당 4,300위안, 비경작지는 묘당 1천 위안을 책정하였다. 이러한 보상 기준은 농지 수용지 농민들 사이에서 불만과 민원을 야기하였다. 쿠장(庫莊)촌 농민인 왕동웨(王東嶽)는 소득이 높은 채소하우스가 헐값에 수용되었다는 이유로 본촌 농민 두 명과 연합하여 철도공사를 상대로 덩펑시 도시 관리 법원에 소송을 제기하였다.

법정 변론에서 덩펑철도회사 측은 철도공사가 아닌 덩펑시 정부가 왕씨의 채소하우스를 배상해야 한다고 주장했다. 증거로 철도회사 측은 왕동웨에게 덩펑시 정부와 철도회사 간에 체결한 토지 수용 계약을 제시했다. 왕씨 등은 합의문의 사본을 입수한 뒤 덩펑시 정부 관리들과 물밑 협상 끝에 다음과 같은 '해결 방안'을 도출하였다. 덩펑시 정부는 소재 향 정부를 통해 '토지 조성 자금'으로 20만 위안을 하달하고 왕동웨 등 농민과 당 서기를 포함한 네 명이 수령하도록 하였다. 왕씨는 합의문 사본을 제출하고 "철도 부지 관련 배상 기준을 이유로 더 이상 상소하지 않도록 대중들을 설득할 것을 보증한다."라고 약속하였다. 그때가 2000년 10월 10일이었다.

왕동웨는 그 후부터 상소와 민원에서 물러났다. 그러나 같은 마을의 다른 농민들이 민원을 제기하며 왕씨 등의 '상소 중지' 약속은 무산되었다. 다른 농민들의 민원을 무마하기 위해 왕씨는 덩펑시 민원실의 간부 조씨를 통해 6,500위안을 지급하겠다고 했다가, 오히려 '왕동웨가 함구하는 대가로 돈을 받았다'는 소문이 진실로 확인되면서 마을 주민들이 더 적극적으로 민원을 제기하였고, 민원의 초점은 '20만 위안의 함구 비용을 사사로이 나눈' 사건으로 전이되었다. 덩펑시 검찰원은 2002년 9월에 쿠장촌 촌지부서기와 왕동웨, 그리고 '토지 조성비' 20만 위안을 나눠 가진 농민 두 명을 '토지 조성비 횡령' 혐의로 기소하였고 2003년 4월, 덩펑시 인민법원은 '직무 횡령죄'로 이들 네 명에게 각각 징역 1년 6개월에서 5년 6개월의 형기를 선고했다.

그러나 민원은 더욱 거세졌다. 왕동웨는 협의서를 제출할 때 사본을 남겼다. 왕동웨가 기소 당하자 그의 가족들은 협의서 사본을 널리 배포하여 덩펑철도 구간의 많은 농민들에게 시정부가 토지 수용 보상비를 억류한 진상을 알렸다. 농민들은 또 철도회사에 근무하는 친인척을 통하여 「덩펑철도 마링산부터 빠이펑까지의 철도 구간 토지 수용 철거 도급 협의에 관한 보충 협의서」를 확보하였다. 이 합의문 10조에 따르면 덩펑시는 수용한 토지 보상금 427만 6천 위안을 "덩펑철도에 대한 갑방의 투자로 한다."라고 명시하였다. 여러 기자들이 덩펑철도회사를 대상으로 한 조사에 따르면, 덩펑시 정부는 700여만 위안을 출자하였는데, 이는 철도회사 총 주식 자본의 약 1%를 차지한 것이다. 보충 협의에서 언급한 토지 수용 보상금에서 억류한 부분을 제외하고도, 1994년 덩펑시가 철도사업을 진행하기 위하여 모금한 자금 300만 위안이 있었다.

억류된 토지 수용 보상금이 정부의 투자가 되어 정부가 권익을 소유하는 주주가 된 반면, 수용된 토지에 거주하는 농민들의 투자나 권익이 없는 이유는 무엇인가? 덩펑시 정부 부시장은 "국채자금을 사용할 경우 지방에서 일정액의 부대자금을 조달해야 하기 때문"이라고 했다. 한 기자는 "지방정부가 투입한 이 주식은 지방정부의 자금이 아니라 대중의 돈이다."라고 지적하였다. 이에 부시장은 "당시 재정이 어려웠다."라고 응답하였다. 참으로 주목할 만한 답이다. 사실 덩펑시의 재정난은 단지 부대자금의 부족만이 아니었다. 전체 토지 수용으로 억류한 보상비 총액은 1천만 위안에 이르고, '출자' 외에도 수백만 위안이 있었음에도 불구하고 기자들이 아무리 캐물어도 정확한 소재를 아는 사람은 아무도 없었다.

철도 연선 농민들의 지속적인 민원과 신화사, CCTV 등을 비롯한 전국 언론매체들의 보도로 덩펑철도 건설용지 수용 사건은 최종 결말을 보게 되었다. 2003년 7월 8일, 허난성 성장의 직접적인 개입으로 차기 덩펑시 지도부는 억류한 토지 보상금 전액을 농민들에게 돌려주기로 결정하였다. 왕둥웨 등은 '직무횡령죄'로 투옥되었고, 네 개 향진에 거주하는 수만 명 농민들은 토지 보상금을 받을 희망이 생겼다.

본 사건의 핵심은 '공익을 위한' 토지 수용권과 토지 소유권, 도급경영권이 충돌할 경우 현행 법률은 어떻게 후자에 대한 전자의 보상을 요구하는지, 그리고 이러한 보상 메커니즘은 실제로 어떻게 집행되는지에 있다.

덩펑철도건설공사가 현지 경제 발전에 중요한 의의가 있다는 사실은 틀림이 없다. 지금까지 덩펑시 정부 공직자가 철도 사건에서 부정행위를 했다는 증거도 없다. 따라서 덩펑철도 토지 수용 사건을 '공익을 위한' 토지 수용의 대표적인 사례로 볼 수 있다. 철도공사가 일단 순조롭게 완료되면 토지를 수용당한 농민을 포함한 현지 백성들과 정부가 모두 이익을 볼 수 있다. 하지만 토지를 수용당한 농민들은 기타 수익자들보다 한 가지 더 많은 대가를 치러야 한다. 이들은 기존의 토지에서 얻을 수 있었던 수익을 잃게 된다. 즉 토지 수용 지역에서 정부가 공익을 위해 농지의 전용을 강행할 경우, 농민들은 토지에 대한 권리를 포기하고 정부의 보상을 받는다. 문제는 현행법상 보상이 어떻게 집행되는지에 있다.

우리는 이미 덩펑철도회사의 묘당 8,500위안 보상금이 '최저한계' 원칙에 따라 결정되었다는 사실을 알고 있다. 1998년에 새로운 「토지관리법」이 시행되지 않은 점을 감안하면 현지 정부와 철도회사의 합의 보상금은 1986년의 「토지관리법」에 의한 것으로 보인다. 이 법에 규정된 토지보상에는 토지 보상금, 부속물과 청묘 보상금 그리고 정착 보조금 등 세 가지가 포함된다. 이 중 "경작지 수용 보상비는 이 경작지가 수용되기 전 3년간 평균 연간 생산액의 3~6배이며", "수용된 토지 부속물과 청묘 보상 기준은 성·자치구·직할시가 규정한다."(27조) "경작지 수용에 따른 정착 보조금의 최고액은 수용 전 3년간 평균 생산액의 10배를 초과해서는 안 된다."(28조) 여기서 법적으로 규정한 '최저한계'는 한 조항에 불과하다. 즉 경작지 보상액을 수용 전 3년간 연간 평균 생산액의 세 배로 한다는 것이다. 정착 보조금에 대하여 법률은 최고한도만 규정하였고 최저한계는 규정하지 않았다.

물론 과거 토지법은 "토지 보상비와 정착 지원금이 지급되어도 정착이 필요한 농민들이 기존의 생활 수준을 유지할 수 없을 경우, 성·자치구·직할시 인민정부의 비준을 받아 정착 지원금을 늘릴 수 있다. 하지만 토지 보상과 정착 지원금 총액은 토지가 수용되기 전 3년간 평균 연간 생산액의 20배를 초과해서는 안 된다."(29조)라고 규정하였다. 여기에서는 또 다른 토지 수용 보상의 최저 기준을 규정하였다. 문제는 이 기준이 모호하다는 것이다. 예를 들면 이른바 '기존의 생활 수준 유지'란 무엇인가? '얼마 동안' 기존의 생활 수준을 유지하는가? 1986년에 법으로 규정한 최고 토지 수용 보상은 농가가 기존 생활을 유지하는 기한을 대체로 20년으로 정하고 다른 조건은 일체 변하지 않는다고 가정하였다. 그러나 수용된 토지는 영구적인 자산으로, 이론적으로는 농민들이 기존의 생활 수준을 유지하는 영구적인 조건이다. 지금의 보상금을 다 소비하면 토지를 잃은 농민들은 무엇으로 '기존의 생활 수준'을 유지할 것인가?

만약 법률이 농민의 토지 수용 보상 문제에 있어서 '흥정권'을 명확히 규정하였다면 농민들은 법에 정해진 보상 원칙에 따라 보상액의 결정에 참여할 수 있다. 논리적으로 결론을 내린다면, 토지 수용 보상 총액은 반드시 토지 수용액과 같은 가치의 자산이어야 하며 그 연간 수익은 토지가 수용된 농민들의 '기존의 생활 수준 유지'를 영구히 만족시킬 수 있어야 한다. 현대의 법률경제학 용어로 '토지 수용 여부를 막론하고 농민들의 이익은 변하지 않는다'는 것이다.[11] 농지를 비농업용 건설용지로 전환하는 양도권을 법적으로 분명히 도급농가에 부여할 경우, 농민이 농지를 양도하여 얻는 '보상'은 토지가 비농업용 건설용지로 전환되어 시장 수급에 의해 결정되는 비농지의 시가와 같을 것이다.

이 같은 분석은 현행 토지법의 다음과 같은 특성을 밝히려고 시도하였다. 즉 농민이 도급한 농지를 비농업용 건설용지로 전환하는 것을 명확히 금지한 것을 말한다. 그러나 농가가 행사할 수 없는 양도 권한(농지의 전용이 어느 정도의 보상을 받아야 할지 결정하는 권리)을 어떤 조직이나 개인에게도 분명히 부여하지 않았다. 현행 법률은 정부의 독점적인 토지 수용권을 확립하였지만, 정부가 토지 수용권을 행사할 경우 과연 어떻게 대가(보상)를 지불하는가는 분명히 규정하지 않았다. 현행 법률 규정 내에서 법정 최저 보상과 같은 보상, 법정 최저 보상보다는 높지만 법정 최고 보상보다는 낮은 수준의 어떠한 보상, 법정 최고 보상과 같은 보상의 세 가지 토지 수용 보상은 적어도 불법이 아니다.

덩펑에서 발생한 사건은 농민들에게 법률이 허용한 흥정권이 없기 때문에 상소를 통하는 수밖에 없고, 심지어 현행 체제의 허가를 넘어선 다른 집단행동이 보상액의 최종 결정에 영향을 미칠 수 있다는 것을 알려준다. 시장에서 농지의 포기 여부를 두고 매도인은 보유한 양도권이 '수지에 맞는지'의 여부를 집중적으로 고려하여 그에 상응하는 거래비용을 내면 된다. 하지만 토지 수용 제도에서는, 양도권을 행사할 수 없는 토지를 수용당한 지역은 '생존권'·'공평'·'정의'를 호소하면서 상대방(정부)의 토지 수용 비용을 높이는 것으로 자기의 수익을 올리는 수밖에 없었다. 이는 토지 수용이 비생산적인 동시에 비시장거래적 성격을 띤 비용을 지불해야 한다는 점을 반영하고 있다. 우리는 다른 사례도 분석하고자 한다. 이와 같은 특별한 비용을 간과하였기에 실제로 매우 비싼 토지 수용 비용이 매우 저렴하게 보인다.

1998년 「토지관리법」을 따른다고 해도 상황은 달라지지 않는다. 보상 기준이 다소 높아졌지만, 최저한도에 대한 규정은 최고한도에 대한 규정보다 훨씬 명확하지 못하다. '기존의 생활 수준을 유지'한다는 모호성이 그대로 남아 있음에도 불구하고 정부는 직접적인 피해를 입은 도급농가가 아닌 '단위'에 토지 보상금을 지급하고 있다. 기본적인 토지 보상 메커니즘이 변하지 않는 상황에서 새로운 법에 추가된 경제민주조항이 시행될 가능성은 희박하다.[12]

(2) 푸저우(福州)시 민후(閩侯)현의 동남자동차단지 토지 수용 사례[13]

1995년, 푸젠성 자동차공업그룹과 대만의 위룽(裕隆)그룹은 MOU를 체결하고 푸저우시 민후현과 칭커우진(靑口鎭)에 동남자동차단지를 건설하기로 하였다. 이는 푸젠성에서 가장 큰 '푸젠-대만 협력 사업'으로, 총 투자액이 3.52억 달러였다. 이 중 1차 사업의 계획 부지는 2,400묘였다.

당년 7~8월에 민후현과 칭커우진에서는 토지 수용 계획에 편입된 마을에 여러 차례 사업팀을 파견하여 홍보하였다. 내용을 보면 농가는 1인당 1만 위안의 토지 보상금을 받을 수 있고, 50세 이상의 노인은 매달 60위안의 연금을 받을 수 있으며, 가구당 적어도 한 명은 동남자동차단지에 취직할 기회가 있다는 것이다. 마을 사람들은 정부가 제시한 '토지 수용 보상 가격'에 만족해 했다. 정부가 토지 수용 보상비를 실제로 지급하기도 전에 약 2만 명의 농민들이 농지를 내놓았다.

동남자동차단지는 곧 건설에 착수하였다. 그러나 1년 뒤 토지를 수용당한 농민들은 1인당 800위안의 보상금을 받는 데 그쳤다. 그들은 경작지가 이미 수용되었지만, 정부가 약속한 농가당 수만 위안에 달하는 토지 수용 보상금과 일자리는 그림자조차 보이지 않는 상황을 근심하지 않을 수 없었다. 현지 농민들은 사기를 당했다고 생각했고, 실제로 생계를 유지하기가 힘들었다. 이 때문에 칭커우진 정부 문서에 기재된 '집단 소동' 사건이 발생하였다.

덩펑의 토지 징수 사건과 달리 칭커우진 농민들은 마지막까지 동남자동차단지 사업이 실제로 지불한 토지 수용 보상금이 도대체 얼마인지 몰랐다. 그러나 이러한 사실이 다른 참고할 만한 기준을 찾는 데 문제가 되진 않았다. 분명한 참고 사항은 현·진 정부가 처음 한 약속이었다. 문제는 모두가 구두로 된 홍보였고 합의나 계약서 등 서면 증거가 없었다는 것이었다. 게다가 계산할 줄 아는 농민은 대략적인 추산을 거쳐, 정부가 당초 약속한 재정 기반을 전혀 지키지 않았다고 하였다. 또 다른 참고 기준은 바로 인근에서 실제로 발생한 토지 수용 보상 사례였다. 그들은 현지 신문에서 푸저우시 대학 거리 조성 사업의 토지 수용 보상에 관한 보도를 찾아냈다. 같은 민후현에서 진행된 이 사업은 2만 2,886묘의 토지를 수용하고 묘당 1.3만 위안을 보상하였다.

중앙 매체 기자는 마지막에 지방정부의 실제 토지 수용 수입을 확인할 수 있었다. 『중국개혁』의 보도에 따르면 기자들이 확인한 푸저우시 정부의 공식 문건 사본에는 다음과 같이 내용이 명확히 규정되어 있었다.

> 동남자동차공장과 자동차부품기지의 계획부지는 각각 1,200묘이며, 자동차부품기지는 외국 투자자의 개발을 허용하는 방식으로 일괄개발 형태를 취한다. 토지의 양도가격은 묘당 3.3만 위안(부대세금 포함)이고, 그중 농민 보상금은 1묘당 1만 위안이며, 기타 토지 수입은 민후현에서 일괄계획하고 자동차생산기지의 부가적인 기반시설 건설에 사용한다. 시와 현 정부는 상납해야 할 토지 수용과 토지 양도에 관련된 세금과 비용을 민후현 칭커우진 투자 지역에 전액 반환하여 이 사업의 인프라 건설에 사용한다.

다시 말하면 푸저우시 정부는 1묘당 3.3만 위안 가격으로 동남자동차단지 사업에 토지를 매각하고, 이 중 농민들에게 1묘당 1만 위안을 보상해 주며, 나머지 수입은 '민후현에서 일괄조달하여' 프로젝트 건설에 사용하기로 하였다. 문제는 푸저우시 정부가 규정한 1묘당 1만 위안의 보상금이 마을 주민들의 손에 들어올 때에는 1인당 800위안으로 변경되었다는 것이다.

조사 결과, 민후현과 칭커우진 정부는 토지 보상비를 억류하고 덩펑시와 같은 방법으로 억류한 토지 보상금을 동남자동차단지에 투자한 것으로 드러났다. 보도에 따르면 동남자동차단지 1기 조성 사업에 13억 위안을 투자했는데, 중국 내륙의 주식이 50%를 차지하였다. 그중 푸저우시가 10%를 차지했고 시市 신탁투자회사가 5%를 차지했으며 민후현이 5%를 차지하였다. 당시 민후현 정부는 재정이 매우 취약하여 출자하여 주식에 투자할 능력이 전혀 없었다. 다만 푸저우시의 결정에 따라 1기 사업에 2,400묘의 토지를 수용하여 얻은 양도금(1묘당 3.3만 위안)과 농민에게 지급해야 하는 보상금(1묘당 1만 위안) 사이의 '차액'을 모두 투자하였는데, 총액이 5,500만 위안에 불과했다. 총 투자액인 13억 위안의 주식 5%(6,500만 위안)를 점유하기 위해서는 푸저우시에서 규정한 1묘당 1만 위안의 보상금에서 일부를 더 억류하지 않으면 안 되었다.

칭커우진 당위원회 천훠진(陳夥金) 서기는 이 사건의 취재 기자들에게 "당시 우리는 농민의 상당수가 자질이 높지 못한 것을 고려하였고, 만약 보상금을 전부 나눠 주면 농민들은 며칠 사이에 보상금을 다 써 버렸을 것"이라는 주목할 만한 해석을 하였다. 그는 또 무심결에 "우리는 대부분의 돈을 농민들에게 주는 현 농업펀드 사업에 넣었는데, 그중에는 생산지원펀드·식량펀드·적립금펀드·연금펀드가 있다."라고 말하였다. 그러나 기자가 얼마나 많은 농민들의 돈이 펀드에 들어갔는지, 농민들의 동의가 있었는지, 이 펀드의 수익이 어떠했는지, 계약이 있었는지, 손해를 보면 누가 부담하는지 등을 물었을 때, "천 서기와 한자리에 있던 진장鎭長은 말이 없었다."

1996년 말, 토지가 수용된 마을의 농민들은 정부의 약속이 공수표라며 수십 차례 성·시·중앙의 관련 부서를 찾아갔다. 1997년 3월에 열린 푸젠성 인민대표대회 때 칭커우진의 농민 수십 명이 성省인민대표대회를 찾아 문제를 제기하자 민후현과 칭커우진 정부는 경찰을 동원해 민원을 제기한 농민들을 체포하였다. 이후 민후현은 매년 칭커우진에 100만 위안을 지불하여 토지를 수용당한 농민들에게 보상해 주기로 결정하였다. 하지만 농민들은 지금까지도 1997~2002년까지의 보상금을 지급할 것과 현 정부가 보유한 동남자동차단지의 지분을 나누어 줄 것을 요구하고 있다.

사실상 동남자동차단지 조성 사업은 매우 성공적이었다. 2002년 말까지 이 사업을 통해 10만 대의 자동차를 판매하여 131억 위안의 수입을 올렸고, 18억 위안의 세금과 이윤을 창출하였다. 2002년 한 해에만 민후현은 동남자동차단지로부터 국세國稅 7,283만 위안과 지방세 3,693만 위안을 징수하고, 주주로서 배당금 1,231만 위안을 받았다. 경제적 효과는 동남자동차단지의 규모 확대를 촉진하여 자동차부품공장은 1999년의 30개에서 78개로 늘어났고, 부지 면적도 1,500묘에서 3,800묘까지 확대되었다. 동남자동차는 2기 공사에 착공하였고, 독일 자동차 생산업체와 합작하여 3천 묘의 토지를 징수할 계획이다.

토지 수용 수요가 증가함에 따라 민후현의 토지 양도 가격도 상승하였다. 사실 1996년에 성 정부의 비준을 받아 동남(푸젠)자동차공업유한회사가 부대적인 기반시설 건설에 수용한 토지는 9.4헥타르로, 양도금은 1묘당 6.7만 위안에 달했다. 성 정부에서 비준한 이 문건에는 이 금액이 단지 50년 기한의 '미개척지'에 해당되는 양도금이라고 밝혔다. "'5통 1평' 그리고 부대적인 기반시설 건설은 별도로 약속해야 하기 때문이다." 정부가 확보한 농지에 추가 투자를 하지 않고도 1묘당 6.7만 위안의 양도금을 받을 수가 있었다. 소문에는 농민들의 토지 수용 보상금의 '프리미엄' 가격도 1묘당 2.6만 위안으로 올랐다고 한다. 하지만 농민들이 토지 가격 상승의 이익을 정부와 나누려고 하자 토지 수용을 실시한 정부와 대립하게 되었다. 지방에서 받은 토지 양도금과 실제 농민에게 지불된 토지 수용 보상금 사이의 차액은 정부 토지 수용권의 순임대료이기 때문이다.

동남자동차단지는 공공재(public goods)를 사회에 제공하는 공익성 사업이 아니라 상업성 투자 사업이다. 하지만 현행법상 비공익성 투자 사업을 위해 농지를 비농업용 건설용지로 변경할 경우 일률적으로 정부의 강제 수용을 통해 토지를 취득해야 한다. 여기에서 법률이 제공하는 인센티브 구조는 이중적이다. 상업성 사업의 높은 이윤은 정부가 토지 수용권을 행사하게 하고, 정부는 토지 수용권을 행사할 때 더욱 많은 권력성 임대료를 추구하게 된다.

동남자동차단지의 토지 수용 사건에 대한 조사를 통해 상업화를 동력으로 하는 정부의 토지 수용이 각지의 상업성 투자 사업이 치열하게 경쟁하는 배경에서 전개된다는 사실을 알 수 있다. 푸저우시 계획위원회의 사업 내막을 잘 알고 있는 한 관계자는 당초 동남자동차단지의 입지 선정에서 결코 민후현만을 염두에 둔 것이 아니었다. "그러나 현지에서 제시한 토지 우대 가격과 현 지도부가 작성한 철거군령장을 통해 칭커우진이 승리하였다."라고 밝혔다. 이는 매우 중요한 제약 조건이다. 지방 사이의 사업 투자 유치 경쟁은 필연적으로 각지 정부가 토지 양도금의 상한선을 제한하게 되며, 보다 비싼 값을 부르면 투자자가 겁을 먹고 도망칠 것이다. 이러한 제약 조건에서 지방정부가 더 많은 토지 수용과 관련된 권력성 임대료를 얻으려면 농민들에게 지급하는 토지 수용 보상금을 낮추는 수밖에 없다.

덩펑에서 본 바와 같이 이러한 환경은 현행 토지 수용 보상 메커니즘에 많은 탄력적인 공간을 준다. 현행 법률은 법정 최고 보상만 규정하고 최저 보상은 명확히 규정하지 않았기 때문이다. 정부가 농민에게 토지 수용 보상액의 최저한도를 지불하기로 한 이유는 농민들의 민원·항소 등과 같은 집단행동의 압박 때문이다. 이 경쟁에서 토지를 수용당한 농민들의 불만에 대한 '강압성'은 더 많은 상업적 투자를 쟁취하는 동시에 더 많은 토지 수용과 관련된 권력성 임대료를 얻기 위한 필수 조건이다. 아주 분명하게도 이는 '양심'이 좋고 나쁜 문제가 아니라 경쟁이 강요한 것이며, 적응 못 하는 자는 도태되기 마련이었다.

상업 경쟁은 공업화와 도시화의 위대한 원동력이다. 상업성 항목의 성공은 사회에 막대한 외부 경제 수익을 가져다줄 뿐만 아니라 간접적으로 사회의 공공 이익을 증진시키기도 한다. 지방정부의 서로 경쟁적인 투자로 지역의 투자환경을 개선하고 사회경제의 전반적인 발전을 촉진하는 것에는 문제가 없다. 문제는 '상업 경쟁'이 도대체 어떤 재산권 제도의 제약을 받느냐 하는 것이다. 재산권에 대한 제약이 다르면 경쟁에서의 행위도 다르다. 우리는 명확히 규정되지 않은 사유지의 양도권과 정부가 토지 경쟁에 관여하는 행위가 어떤 경제적 함의를 갖는지에 대하여 집중적으로 연구해야 한다.

(3) 쉬원현(徐聞縣) 마이천진(邁陳鎭)의 토지 수용 사건[14]

상업화의 행위에는 이윤 추구 동기가 더해지기 때문에 비용 절감을 통해 토지자원의 이용 효율을 높여야 한다. 그러나 상업화가 추진하는 대규모 농지 수용은 동시다발적으로 토지를 점거하거나, 수용한 토지를 사용하지 않는 현상을 초래한다. 2003년 7월에 국무원의 명령에 의해 실시된 전국의 초보적인 토지 정리 조사 결과에 따르면, 전국에 각종 유형의 개발구는 5천여 개에 달하고 총면적은 30,000km^{2}로, 이는 현존 도시와 진 鎭에서 건설 중인 부지 면적에 해당한다. 이러한 비상 정비는 1997년에도 한 차례 있었다. 문제는 상업화 개발과 토지의 낭비가 어떻게 합쳐지는가 하는 것이다. 과연 일부 사람들의 추측처럼 탐욕이 토지자원의 낭비를 초래한 것인가?

불법으로 토지를 수용하고도 사용하지 않은 사례를 보기로 하자. 사건은 광둥성 잔장시(湛江市) 쉬원현의 마이천진에서 일어났다. 이곳은 유명한 과일과 채소의 생산 및 집산지이다. 1997년 초, 진 정부는 현과 시에 토지 수용을 신청하고 마이천진 동부에 과일 및 야채 시장을 조성하려 하였다. 신청서는 과일·야채 시장을 건설하는 중요한 의의를 다음과 같이 적극

강조하였다.

장시간 외부로 조달하는 과일과 야채 도매시장이 없었기 때문에 대다수 과일 수매점은 도로를 따라 점포를 만들었고, 이는 교통 체증을 야기했다. 질서가 혼란스러워 관리가 어려웠으며 일부 불법 사업자들은 물가를 올리고 시장을 독점하였다. 또한 생산자와 경영자의 합법적 권익이 보장되지 않아, 마이천진의 과일과 야채 산업의 정상적인 발전을 심각하게 저해하는 한편, 시장이 오염되고 혼잡을 빚으며 도시 이미지에 영향을 주었다. 이에 마이천진의 과일 및 야채 도매시장을 건설하는 것이 이미 우리 진 경제 발전의 절박한 수요가 되었다.

마이천진 정부의 시장 건설 계획은 다음과 같다. 즉 간이簡易 매대 200개를 설치하여 투자자는 80만 위안의 이익을 얻을 수 있고, 연간 200만 위안의 세금을 국가에 납부하며 1천 개의 일자리를 창출할 수 있다는 것이다. 그해 7월, 잔장시(湛江市) 국토국은 본 사업에 42.3묘의 토지 수용을 비준하였다.[15] 하지만 뒤따라 발표한 「마이천진 동구 과일·야채 시장 철거 건설에 관한 통보」에서는 마이천진의 토지 수용 범위를 90묘로 선포하였다. 같은 해 11월 1일, 진 정부는 다음과 같이 철거를 통보하였다. "각 이주 대상 가구는 11월 5일 전에 이전 수속을 진행하여 자체적으로 이전을 완료해야 한다. 그렇지 않으면 11월 6일부터 진 정부는 강제 철거를 시행하고 철거한 자재를 일률적으로 몰수한다." 11월 6일, 마이천진 정부는 진 파출소, 국토관리소 등의 부서를 파견하여 대형 불도저로 마을 사람들의 주택, 경제작물을 강제로 밀어 버렸고, 이전을 거부하는 주민들을 구타하여 많은 사람들이 부상을 입었다. '이날 마이천진에서는 울음소리가 그치지 않았고', 그날 참상을 목격한 많은 사람들은 지금도 기억이 생생하다고 한다. 진 정부는 또 토지 수용에 저항해 나선 '악질 분자'들을 구류·추적하여 그들이 몇 개월 동안이나 집에 돌아가지 못하게 하였다. 촌민들은 진 정부의 위법 행정을 강력히 질책하였지만, 진 지도자는 촌민들의 법제 관념이 약하고 자질이 너무 낮다고 원망하였다.

문제는 이처럼 야단법석을 떨며 수용한 토지가 몇 년이 지난 후에도 대부분 그대로 방치되어 있다는 것이었다. 2002년 『남풍창南風窓』의 기자가 마이천진을 재차 방문하였을 때 계획된 '시장'의 간이 매대는 하나도 보이지 않았고, "적지 않은 새 빌딩들이 원래의 부지에서 건설되었거나 건설 중이었다." 당시 강제로 토지 수용을 지휘하였던 진 당위 서기 천췐(陳權)도 기자들에게 지금의 이런 모습은 애초에 계획된 시장이 아니라고 인정하였다. 하지만 그도 1998년에 전근하여 더 이상 이 일에 관여하기 어렵게 되었다.[16]

원래 마이천진 정부가 토지 수용을 신고할 때 진 당정기관은 임금조차 줄 수 없을 정도로 과일 시장을 건설할 여력이 없었다. 당시 결정된 개발 방법은 진 정부가 투자를 유치하고 토지를 매각하여 시장에서 이윤을 얻은 후 정부와 부동산 개발업체가 3:7의 비율로 나누기로 한 것이었다. 당시 결정한 토지 수용 보상금은 1묘당 4만 위안이었고 수용한 토지는 분류하여 가격을 정하였다. 1등급(거리 옆 위치)은 1m(종심 15m)당 2.2만 위안, 2등급은 1.8만 위안, 3등급은 1.6만 위안으로, 평균 양도가격은 1묘당 88만 위안이었다.

'손익 균형' 분석 결과, 90묘의 토지를 수용한 총 보상금은 360만 위안이었다. 그러므로 진 정부와 부동산 개발업체는 땅 4묘를 판매하면 392만 위안을 얻을 수 있었고, 땅 8묘를 판매하면 토지 수용 보상은 '투자'로서 두 배의 이윤을 챙길 수 있었다.(진 정부가 30%를 가지면 100만 위안이다.) 다시 말하면 수용한 토지의 90%가 방치되었다 해도 진 정부와 부동산 개발업체는 이미 수백만 위안의 수익을 얻었기 때문에 수지가 맞는 일이었다. 게다가 이 토지는 토지 비축으로 나중에 되팔 수 있다.

여기서 중요한 것은 사람들의 이윤 동기나 '탐욕'이 아니다. 시장에서 일반 상인들의 이윤 동기는 다른 사람의 이윤 동기의 구속을 받기 때문이다. '땅을 가져간' 개발업체는 토지 양도자의 이익에 의해 제약을 받아야 할 뿐만 아니라 다른 개발업체와의 가격 경쟁 압박도 받아야 하였다. 하지만 현행 토지 수용 제도에서 정부가 강제로 '땅을 가져간' 보상은 농지 전용 기회비용보다 매우 낮게 지급할 수 있다. 정부가 '땅을 가져간' 대가가 낮을수록 차지할 수 있는 땅의 면적은 더 커지는 것이다. 이는 상업화 용도로 실시된 토지 수용이 보편적으로 왜 마구잡이식으로 점거되거나, 점거되고도 사용되지 않는지를 설명한다. 더구나 공적 지출로 공공재정이 필요하고 감독이 부족한 상황에서 정부의 토지 수용 지출 낭비는 심지어 정부 자신의 토지 수용 원가의 회수 여부도 고려하지 않는다. 많은 사람은 현행 토지 수용 제도가 중국의 공업화와 도시화를 뒷받침할 수 있는 '저비용 토지'라고 찬양한다. 하지만 이들은 저비용 토지가 엄청난 낭비를 부추길 뿐만 아니라 막대한 자본의 잘못된 분배를 자극한다는 사실을 보지 못하고 있다.

4. 양도권 실천의 재확정

소유권의 관점에서 문제를 보면 토지 수용이란 집단의 토지 소유권을 국가 소유권으로 변경시키는 것이다. 따라서 토지 수용 행위가 발생할 경우 도급농가가 아닌 '집단'은 합법적인 당사자가 된다. 앞에서 서술한 바와 같이 토지 수용 과정에서 농촌집단의 권리와 지위는 명확한 법률적 승인을 받지 못하였고, 애매한 권리 공간 속에서도 집단조직은 자신의 우위를 이용하여 농지 전용 임대료 쟁탈에 참여할 수 있었다. 우리는 토지 수용 사례 조사에서 집단이 토지 수용 보상금을 낮추거나 가로채고, 심지어 토지를 직접 점용한 사례를 적지 않게 확인하였다. 이 점에서 집단은 앞에서 말한 정규적인 정부의 행위 논리와 다를 바 없다. 우리는 또한 일부 농촌집단이 현행법의 변두리를 에돌아 토지를 수용하여 출자하거나 임대하는 등 다양한 형식으로 비농업용 건설용지의 최종 수요자에게 토지를 공급하는 사례도 확인하였다.

(1) 난하이(南海) 모델[17]

1992년 이후, 난하이 지방정부는 대량의 현지와 대외 자금을 이용하여 공장 설립에 투자할 기회가 생겼다. 이들은 집단경제조직의 토지 소유권 성격을 변경하지 않는다는 전제로 집단토지를 일괄계획하고 토지 또는 공장건물을 기업에 임대하는 방식으로 국가 토지 수용에 따른 독점적 농지의 비농업화 구도를 깼다. 2002년 난하이시의 공업용지는 총 15만 묘에 이르렀다. 이 중 토지 수용을 통하지 않고 집단소유제의 성격을 변경한 토지가 7.3만 묘로, 거의 절반을 차지하였다. 난하이 모델에서 농민들은 토지 출자 형식을 통해 치솟는 토지가격을 공유하였다.

난하이 모델의 시작은 소수 마을들이 실천하면서 모색되었다. 뤄촌진(羅村鎭) 샤바이촌(下柏村)은, 1993년 농업 보호 구역을 1,300묘, 상업 주거 구역을 60묘, 공업 구역을 1,700묘로 계획하였다. 이 가운데 공업 구역 개발은 초기에 외자 유치를 통해 투자자에게 토지를 임대하고, 뒤이어 회전 방식으로 개발하여 전기·물 공급 비준서(批文)를 받고 '3통 1평'을 마무리하였다. 토지 임대 기간은 보통 50년으로 하고 임대료는 매년 2%, 3%, 5%씩 올리기로 하였다. 2002년에 이미 60여 개의 회사가 들어왔고 매년 토지 임대료 수입이 600만 위안 이상에 달하였다. 농업용 토지도 임대경영하였다. 예를 들어, 200묘의 채소밭은 마카오(澳門) 기업에 임대하였는데, 1묘당 연 임대료는 300~500위안이었다. 농업회사는 해마다 양어장을 임대하여 20만여 위안씩 납부하였고, 채소밭에도 10만여 위안을 납부하여 총액이 40만여 위안에 달하였다. 60묘의 주상복합용 토지는 촌민들에게 주택건설용지로 비준하였는데, 이는 평방미터당 200위안이었고, 수도와 전기 부대시설 비용으로는 한 칸에 1만 위안으로, 총 100만여 위안을 거두어들였다.

샤바이촌이 외자기업에 임대한 토지는 원래 본 마을의 농가들이 도급 경영하던 토지였다. 따라서 여기에서 농가도급권이 지분으로 전환되는 변화가 일어났다. 그들의 구체적인 방법은 촌에서 집단재산과 토지를 전부 주식으로 환산하여 행정 촌 또는 촌민소조의 전체 농가에 주식을 배정하는 것이었다. 주식 배당 시, 공동체의 호구를 준칙으로 하고 동시에 각 구성원의 상황에 따라 기본 주식, 도급 주식과 노동 기여 주식을 설정하여 차별화한 배당 등급으로 계산하였다. 촌 주식회사는 토지 임대 수익을 주식에 따라 전체 주주에게 배당하였다. 그중 집단주주권 수익은 계속 토지 개발 경영에 투입하고, 농가의 주식 이윤 배당금은 각 가정에 분배하였다.

촌 주식회사는 토지를 임대하여 일정한 경제능력을 축적한 후 공장건물을 건설하고 임대하여 토지의 부가가치를 높였다. 예를 들어 1989년 핑난촌(平南村)은 대만의 한 업체를 유치하기 위해 자금 200만여 위안을 모금하였고, 2,400m²에 달하는 공장건물을 건설하여 업체에 임대하였다. 그 후 이 촌은 또 대만과 홍콩, 내륙의 민영기업을 각각 유치하여 32개의 대만기업, 2개의 홍콩기업과 230여 개의 개인 기업을 포함한 공업구를 형성하였고 촌 주식조직은 안정적인 토지 수입을 얻었다.

난하이시 정부는 촌급 토지제도의 혁신 경험을 결산하고 추진하면서 토지주식제를 다음과 같은 두 가지로 규범화하였다. ① '세 가지 구역'을 계획하고 토지를 기능에 따라 농토 보호 구역, 경제 발전 구역, 주상복합 구역으로 나누어 농지를 보호하고 도시화 계획을 실시하였다. ② 집단재산, 토지와 농민의 토지도급권의 할인출자와 관련된 지분 설정, 주식 배당, 지분 관리에 관한 정관을 제정하고 촌 주식회사의 경영활동을 제약하였다. 또 동시에 난하이시 정부는 토지 지분에 따른 분배는 종신제로 상속할 수 있다고 선포했다.

국무원 발전연구센터 연구팀의 조사에 따르면 난하이 토지주식제의 효과는 뚜렷하였다. 첫째, 집단토지로 공업화를 추진하여 공업화의 문턱을 낮추었다. 신규 설립된 기업이 토지 수용 방식을 통해 토지를 취득하려면 절차가 복잡하여 착공 진도에 영향을 줄 뿐만 아니라 높은 토지거래비용과 양도금을 지불해야 하였다. 난하이에서 1묘의 농지를 비농업용 건설용지로 전환하여 매각하는 데 필요한 비용은 다음과 같다. 경작지 점용세금 4천 위안, 토지수용관리비 1,500~1,800위안, 토지개간기금 1만 위안, 농업보험기금 6천 위안, 농토수리건설비 1,333위안과, 토지 양도금은 공업용지는 1만~2만 5천 위안, 상업용지는 12만 5천 위안, 주택용지는 예전에는 8만~10만 위안이었다. 토지 시가의 상승으로 난하이의 토지 수용 방법에 따른 추산에 의하면 기업용지의 가격에서 공업용지는 일반적으로 1묘당 15만 위안이나 비용이 높은 것은 40만 위안에 이르렀다. 상업용지는 일반적으로 1묘당 40만 위안이나 높은 것은 150만 위안에 이르렀다. 난하이시는 토지임대 방식을 통해 기업의 설립비용을 대폭 낮추었다. 기업이 임대해 사용하는 농지는 1묘당 월 500위안으로, 도로변의 토지가격은 이보다 비싼 반면, 오지·산간벽지의 토지가격은 낮은 편이었다. 이런 유연한 토지 사용 방식은 대량의 기업들을 난하이에 정착하게 하였고 주장 삼각주 지역에 유명한 공업벨트를 형성하여 신형 공업화의 길로 나아가게 했다.

둘째, 집단은 국가의 토지 수용과 달리 토지와 관련된 제반 세금과 비용을 납부한 후 토지 임대료 수익을 지분에 따라 전체 농가에 나누어 줄 수 있다. 난하이에서 공업기업이 집단토지를 임대할 경우 임대료는 일반적으로 6천 위안이고 3~5년간 임대료를 먼저 지불해야 한다고 규정하였다. 이리하여 집단과 농민은 일차적으로 1묘당 1만 8천~3만 위안의 지대 수익을 얻을 수 있을 뿐만 아니라 향후 토지임대료 향상 수익도 지속적으로 공유할 수 있었다.

셋째, 농민의 토지도급권을 영구적인 주식 배당권으로 전환함으로써 가정도급제의 합리적인 핵심을 유지하였을 뿐만 아니라, 농민의 토지 수익권을 토지의 비농업화 과정에까지 확대하였다.

꾸이청구(桂城區)·핑저우구(平洲區)·리수이진(裏水鎭)·따리구(大瀝區)·황치구(黃岐區) 등 일부 농촌 공동체에 대한 조사와 통계에 따르면 1994~2000년까지 농민 1인당 주식 배당금은 1,016위안에서 1,951위안으로 증가하였고, 다수 지역 농민들의 주식 배당이 농민 1인당 순소득의 1/4~1/3, 심지어 1/2까지도 차지하였다. 하지만 난하이시 농업국의 조사에 따르면 1997~2000년까지 전시 농촌 주식 경제회사의 주당 배당금은 주식당 310.8위안에서 314위안으로 상승하였을 뿐이고, 주식집단 회사의 주당 배당금도 97.74위안에서 99위안으로 상승하는 데 그쳤다. 문제는 수많은 토지 주식회사들이 주민들에게 실질적인 배당을 해 주지 않았다는 것이다. 예를 들면 촌민위원회를 단위로 구성된 191개 그룹회사에서 주식 배당을 실시한 기업은 18.8%에 불과하였으며 촌민소조를 단위로 조직된 주식합작사가의 주식 배당을 실시한 비율은 52%였다.

난하이 모델은 현행 토지법의 경계를 밟은 셈이다. 2절의 법률 조사에서 보듯 현행법은 "농지 전용은 반드시 수용을 거쳐 국유화해야 한다."라는 기본 원칙 아래 몇 가지 예외와 불투명한 공간을 남겼다. 주로 ① 농민들이 자체로 기업을 설립하는 경우, ② '토지 사용권으로 출자하여 기타 단위, 개인과 연합으로 기업을 경영하는 경우', ③ 파산·합병 등의 상황으로 토지 사용권이 이전된 경우 비농업용지의 집단 소유권을 유지할 수 있었다.

문제는 난하이 모델이 ①에 부합하지 않는다는 것이다. 그 이유는 농민 스스로 설립한 기업이 아니기 때문이다. ③에도 맞지 않는다. 그렇게 많은 토지가 파산된 집단기업의 '유산'이 될 수 없기 때문이다. 그렇다면 ②에는 부합하는가? 문제는 바로 여기에 있다. 난하이 모델은 토지 사용권으로 직접 상공업기업에 출자한 것이 아니라, 토지 연합주주조직을 구성한 후 독립적인 상공업기업에 용지 또는 공장건물을 임대한 것이다. '연합 경영'인지 분명치 않은 경제조직 형태인 것이다. 연합 경영이 하나의 공동체를 구성하는 것이라면, 난하이 농민의 토지주식은 상공업기업과 하나의 연합 경영체가 되지 않기 때문이다. '협력'을 뜻한다면 장소나 공장건물 임대는 일종의 시장 '협력'이라 할 수 있다. 하지만 농민 토지 주식조직이 상공업기업에 토지를 임대한 것은 "농민의 집단 토지 사용권을 양도 또는 임대하여 비농업적 건설에 사용해서는 안 된다."라는 법률 조항에 직접적으로 저촉된다.

그러므로 실제 방법에서는 먼저 농민집단이 '자체로 기업을 설립하거나', 타 지방과 공동 경영하는 기업으로 토지를 신고한 다음 다시 외지에서 온 투자자와 임대계약을 체결하든지, 아니면 아예 '무허가로 토지를 사용'해야 한다. 어떤 방법이든 집단의 비농업용 건설용지로의 이전권은 모두 법률의 보호를 받지 못한다. 일단 임대인과 분쟁이 생기면 법원의 판결 결과는 토지 사용권을 집단에 반환하고 토지임대료를 임대인에게 반환하는 것뿐이다. 동시에 일반적으로 집단이 임대인에게 건물의 투자금을 반환할 것을 요구한다.

난하이 실천의 중요한 의의는 '집단 비농업적 건설용지의 양도권' 또는 집단 비농업적 건설용지의 합법적 토지시장 진입 문제를 정식으로 제기한 데 있다. 2003년, 광둥(廣東)성 인민정부는 당 중앙과 국무원의 농촌 사업 문건 정신에 근거하여 「농촌 집단건설부지 사용권 양도의 시험적 시행에 관한 통지」를 하달하였다. 이 지방정부의 행정 법규는 "농촌 집단

건설부지 사용권은 본 통지의 규정에 따라 양도할 수 있다. 매각, 양도, 임대, 저당 등의 형태로 농촌 집단건설부지 사용권을 양도할 경우 반드시 자발성·공개성·공평성·등가 유상과 용도 관리 등의 원칙을 지켜야 한다."라고 규정하였다. 법에 따라 비준을 거쳐 사용되거나 취득되고, 계획에 부합되며, 토지 등록 절차를 마친 토지 소유권을 획득한 경계가 명확하고, 소유권 분쟁이 없는 집단토지는 "양도, 재양도, 임대 그리고 저당할 수 있으며 도시 국유 토지 사용권과 동등한 권익을 향유한다."[18] 이는 전국적으로 현행 토지 관리 법규를 개정하는 데 지역적인 경험을 제공하였다.

(2) 쿤산(昆山) 모델[19]

쟝쑤(江蘇)성 쿤산시(昆山市) 루쟈진(陸家鎭) 처탕촌(車塘村)은 쿤산 경제기술 개발구와 인접해 있다. 이곳은 1992년부터 대만 등의 외자가 몰려들기 시작해 공장을 설립하고 기업을 경영하고 있다. 77km²에 달하는 이 현급 시에 448개의 외자 기업이 붐비면서 해마다 2,053억 위안의 부를 창조하고 있다. 1996년, 이 촌의 당지부서기를 전임했던 썬위량(沈慰良)은 "1992년까지 쿤산은 기본적으로 농업이 주요 산업이었기 때문에 공업도 없었고 토지도 값어치가 없었다."라고 소개했다. 그는 쿤산에 갈수록 많은 외국 업체가 몰려들어 부지를 구입하고 공장을 건설함에 따라 토지의 가치가 점차 증가하는 것에 주목하였다. 토지 1묘에 벼나 유채를 심으면 1년에 800위안의 소득을 얻을 수 있는데, 정부가 수용한 농민들의 경작지를 다시 외국 업체에 재임대(轉租)하면 1묘의 토지가 한 해에 임대료만 6천여 위안이고, 만약 재양도한다면 토지 1묘에 20만여 위안을 받을 수 있었다. "하지만 이 돈은 농민들과 상관이 없다." 현지 농민들은 국가의 토지 수용에서 많아야 1묘당 2만 위안 정도의 보상을 받았다. 그것도 국도國道와 가까운 좋은 위치의 토지여야 했다.

이런 상황은 1996년 말부터 바뀌기 시작하였다. 당시 대만 업체가 썬 위량에게 일반적인 공장건물을 임대해 줄 것을 요구하였다. 썬씨는 기회를 놓쳐서는 안 된다는 것을 알았다. 인근의 대담한 마을들은 이미 개별적으로 대만 업체에 부지를 임대하였다. 그도 정부가 토지를 수용하여 양도하는 것이 합법적이라는 것을 알고 있었다. 하지만 농민들이 똑같은 일을 하려면 "농민 집단 소유 토지 사용권을 비농업용 건설용지로 매각하거나 양도하거나 임대하지 못한다."라는「토지관리법」을 직시해야 하였다.

여러 방법을 시도해 본 썬위량은 법에 위배되지 않으면서 농민들이 토지의 부가가치를 함께 누리는 방법을 찾아냈다. 그는 촌민들을 조직하여 곳곳에서 흙을 구입하고 마을 어귀의 수렁과 도랑을 '개간'하여 일부 농지를 만들었다. 정책에 따르면 '재개간'한 토지는 건설용지 지표를 신청할 수 있었다. 1997년 처탕촌은 총 40묘의 땅을 '재개간'하였고, '우회하여 점거'하는 형태로 40묘의 건설용지를 확보하였다.

그러나 촌에는 공장건물을 지을 만한 자금이 없었다. 원래는 과거의 자금 모집 방법을 사용하려 했으나 1980년대에 촌에서 자금을 모아 공장을 설립하였다가 실패한 교훈으로 사람들은 겁을 먹었다. 궁리 끝에 썬씨는 대담한 농민 개인이 투자하여 공장건물을 건설 및 임대하게 하고 촌은 임대 형식으로 투자자에게 '토지를 공급'하기로 결정하였다. 1999년, 촌민 천전츄(陳振球)는 네 가구와 연합하여 4묘의 재개간지 가운데 1묘를 임대하고 15만 위안을 투자하여 432m²에 달하는 공장을 건설하였다. 공장을 임대한 첫 해에 그들은 12%의 투자 수익을 얻었는데, 이는 마을의 다른 사람들을 자극하였다. 2001년 12월, 처탕촌 105가구의 촌민(총가구의 1/5)들은 9개의 '투자협회'를 설립하고 679만 위안을 투자하여 15개의 공장과 2개의 노동자 숙소, 1개의 농산물 시장과 66개의 상업용 점포를 지었다.

3년 후, 쿤산시 1,600여 가구의 촌민들이 자발적으로 비농업용 토지 개발을 목적으로 하는 각종 합작조직에 가입하였고 투자액은 6천만 위안을 초과하였다. 이러한 농민들의 '투자협회'나 '투자합작사'는 쿤산, 쑤저우(蘇州), 쟝쑤(江蘇) 등 지방 당위원회 지도자들의 인정을 받았다. 쿤산시 당위원회는 「부민富民 정책 28조」라는 문건을 반포하여 농촌 전업주식합작 경제를 발전시키는 것은 인민을 잘 살게 하는 주요 수단이라고 명확하게 밝혔다. 하지만 농민들의 합작투자 조직은 명확한 법률적 지위가 없었기 때문에 일단 농민이 토지를 임대한 촌이나 공장을 임대한 외국 업체 사이에 계약 분쟁이 발생할 경우 법률적 보호를 받기 어려웠다.

쿤산시 루쟈진(陸家鎭) 공상분국의 양楊 국장은 농민들의 이 시도가 법률적으로 처리하기 어려운 사안이라는 견해를 밝혔다. 기존 법률에 의하면 이러한 조직은 유한책임회사 또는 주식유한회사로 등록할 수 없기 때문이다. 다른 형태로 등록되면 농민합작사의 주주는 무한한 책임을 감당해야 했다. 그는 문제의 근원이 여전히 토지재산권에 있다고 하였다. 현행 법률은 마을집단이 토지를 농민에게 임대하여 비농업 건설에 종사하게 할 권리도, 농민이 외국 자본에 비농업용 건설용지를 임대할 권리도 명시하지 않았다.

루쟈진 국토소장인 주다오밍(周道明)은 쿤산의 정책이 매우 느슨하다는 솔직한 심경을 드러냈다. 농지는 사실상 일정한 범위에서 양도·임대하거나 또는 가격을 매겨 지분을 챙기고 있지만, 이러한 조작은 기존의 법률과 큰 갈등을 빚고 있다. 소문에 따르면 쟝쑤성 당위원회 서기가 쿤산을 시찰할 때 농민 소득 증가의 새로운 경로를 끊임없이 모색해야 한다고 지시하면서 토지 수익의 배분 등 투자성 부민 정책을 과감하게 실험하고 돌파해야 한다고 강조하였다고 한다. 그러나 현지 정부 관계 당국자는 '이는 아주 본분을 벗어난 견해'라고 말하였다.

쿤산시 루쟈진 당정 사무실 주임은 "솔직히 말해 마을마다 불을 지피고, 집집마다 연기가 나는 이런 개발은 바람직하지 않다."라고 다른 의견을 피력하였다. 루쟈진에는 35km²의 관할 구역이 있는데, 세 개의 공업단지가 이미 20km²를 차지했다. 만약 정부가 토지를 통제하지 않는다면 더 이상 투자 유치를 할 수 없었다. "토지와 정부 서비스의 효율성이 가장 중요하기 때문에 정부는 당연히 토지를 통제해야 한다." 통계에 따르면 2002년 루쟈진의 재정수입은 3.38억 위안으로 13년 전 대비 100배 증가하였다. 하지만 이 진의 농민 1인당 소득은 6,500위안으로 13년 전과 대비해 겨우 3배 증가하였다. 이 진의 정부 사무실 주임은 "우리는 명실상부한 '강력한 재정과 약한 백성'이다. 쿤산이 크게 발전한 10여 년 동안 농민들이 누린 이익은 제한적이었다. 이로 인하여 정부와 농민 사이에는 갈등이 생겼다."라고 인정하였다. 비록 쿤산시 정부가 토지 수용에 따른 소득의 일부를 농민들에게 사회 보장으로 제공하였지만, 이는 생계를 보장하기 위한 것일 뿐 농민들의 소득 증대라는 큰 문제는 해결하지 못하였다. 하지만 진 정부는 농민들이 직접 토지 1급 시장에 진출하는 행위에 유보적인 태도를 보였다. "현행법상 이는 큰 시끄러움을 조성할 수 있기 때문이다."

　루쟈진 정부는 계획된 각 공업 구역 내 촌마다 일부 토지를 남기고 촌에서 출자하여 공장을 건설하여 임대 또는 매각하고 수익은 시장 원칙에 따라 분배하고자 하였다. 정부는 "이 방법은 우리도 쑤저우시(蘇州市) 정부로부터 배워 온 것이다. 시 정부는 각 진에 쿤산 국가 개발 구역 내 일부 토지를 남겨 주었다. 이를 통해 인근 향진 모두가 개발구 발전의 이익을 공유할 수 있었다."라고 하였다.

　쿤산의 주요 경험은 농민들의 비농업용 건설용지의 경쟁적 임대, 공장 및 기타 상공업 시설에 대한 투자를 통해 토지를 외국인에게 임대함으로써 농지 전용(轉用) 토지의 급등한 임대료를 공유한 것이다. 난하이 모델과의 차이점은, 쿤산 모델은 농가의 토지 도급권에 재차 집중하지 않고 '재개간 토지'인 농촌 비경작지의 증가 부분을 활용한 것이다. 쿤산도 전체 농민들을 상대로 비농업용 토지 개발 수익을 평균적으로 나누지 않았다. 다만 촌 내의 비농업용지에 대한 경쟁 입찰과 임대를 통하여 높은 가격을 제시하는 자가 토지를 취득하고 자발적으로 투자 협력 조직을 구성하는 한편, 외국 기업에 공장건물을 임대하는 시장 리스크와 수익을 완전히 부담하였다.

쿤산과 같은 토지 개발 모델은 상하이(上海) 인근의 농촌에서 흔히 볼 수 있는 일이었으나, '했지만 말하지 않는' 것에 구애되어 수많은 실제 사례가 공개되지 않았다. 예를 들면 상하이 칭푸구(靑浦區) 쉬징진(徐涇鎭) 광롄촌(光聯村)은 1,553명 인구 중 800여 명의 노동력이 있었고, 토지가 약 2,400묘로 상하이 근교에서 1인당 토지가 가장 많은 촌에 속하였다. 그러나 전통적인 영농 방식을 취하였으며 1인당 연평균 순수입은 600위안 미만, 즉 기본적인 생계 유지 수준이었다. 이곳의 노동력은 외지에 나가 일할 기회가 증가함에 따라 농가들의 농지 보유 비용이 상승하여 농업에 종사하려는 의향이 약화되었다. 이에 촌에서 한 가지 조건을 내걸었다. 먼저, 모든 농지의 부담을 면제하고 해마다 1인당 600위안의 보조금을 지급하기로 하였다. 또한 농가의 동의를 받아 부분적으로 도급 토지를 비농업용 목적으로 집중 개발하였다.

이를 위해서 광롄촌은 집단출자로 상해 광롄실업유한회사를 설립하였다. 회사는 토지 개발에서 주체를 담당하고 투자를 유치하여 표준 공장건물을 건설하여 외부 투자 기업에 공장을 임대하였다. 1993년, 광롄촌은 두 개의 기업을 유치하여 3년 만에 공장 건설 투자액을 전부 회수하였다. 상하이 교외의 고속도로 등 대형 프로젝트의 가동과 개통과 더불어 상하이 교외 지역에 대한 투자자들의 매력도가 갈수록 높아져, 프로젝트 및 자금 유치가 상하이 농촌 발전의 관건이 되었다. 많은 지역에서 집단조직(기업)이 토지에 공장건물, 창고, 점포 등을 지어 임대하는 것이 가장 직접적이고 리스크가 적으며 가장 항구적인 수익 창출 방식이라는 것을 확실히 알았다.

물론 기존의 법률에 금지되던 것과 또한 불투명한 '예외'를 감안하여 광롄촌은 투자 유치가 '토지임대가 아니라 토지협력'이라고 설명했다. 외자 측은 이런 '토지협력'을 환영하였다. 만약 정부를 통해 토지를 수용하면, 공업 프로젝트의 토지 사용료는 1묘당 25만 위안, 상업과 주택 프로젝트는 1묘당 100만 위안에 달하기 때문이었다. 농민들도 '토지협력'을 환영하였다. 토지가 정부에 수용되면 일반 토지는 1묘당 3,500위안을 보상받을 수 있고, 조건이 좋아도 1묘당 5천 위안밖에 보상받지 못하기 때문이었다. 현재 40개 기업을 유치한 광롄촌은 공장임대료에 포함된 토지임대료까지 급증하여 이미 소문난 억대 부자 마을이 되었다.

5. 농지 양도권의 경제적 분석

현행 재산권 제도에서 농지전용 행위를 이해하기 위해서는 학술적 전통을 명확히 할 필요가 있다. 동시에 핵심 개념을 정립하고 복잡한 경제현상을 설명할 수 있는 검증 가능한 이론을 수립해야 한다. 이 일이 완료되기 전에 우리는 기존의 자료를 인용하여 단서를 정리하는 등 필요한 준비를 해야 한다.[20]

(1) 농지를 포기한 대가

농지가 공업용지나 도시용지로 전환되면 시가는 몇 배, 심지어는 100배로 상승한다. 공업화와 도시화 과정에 농지의 재산권 주인이 농지를 다른 용도로 전환함으로써 발생한 부가가치를 얼마만큼 공유하게 될 것인지는 농지재산권 제도, 특히 농지 권리의 양도 제도에 의해 결정된다.

지난 백여 년 동안 미국의 유토피아 사회주의자인 헨리 조지로부터 유래한 이론이 널리 퍼졌다. 이 이론에 따르면 토지가 농업용에서 공업용이나 도시용으로 전환되어 시가가 상승하는 것은 사회적 요인으로서 토지의 주인과는 관계가 없다고 하였다. 때문에 지주가 토지가격의 상승으로 이득을 본다면 불공평한 것이다. 당시 손중산 선생은 이 학설의 영향을 많이 받았다. 중화민국의 국부인 손중산은 '토지재산권의 균등'을 혁명 강령으로 삼았을 뿐만 아니라, 반드시 토지 소유권에 대한 자유 매매를 금지 또는 제한해야 한다고 주장하였다. 그렇지 않으면 '부자는 수천 평의 땅을 가지게 되고, 가난한 자는 바늘 꽂을 땅도 없게 되는' 현상이 재현되기 때문이다. 중화민국의 정책적 전통에 있어 '토지가격 인상 부분은 정부의 몫'이라는 것이 슬로건이었다.(시행 여부는 별개의 문제였다.)

그러나 '토지가격 인상 부분은 공공의 몫'이라는 경제학은 잘못된 것이다. 이 경제학은 각종 자원의 시가가 원가에 의하여 결정된다고 인정하기 때문이다. 토지의 '생산비용'은 제로이거나 기본적으로 변하지 않는데, 왜 갑자기 땅값이 치솟을까? 공업이나 도시에서 토지가 갖는 의미는 비옥도가 아니라 위치(location)이다. '위치'로 몸값이 백 배나 되는 농지의 주인은 '위치의 생산'에 아무런 기여도 하지 않았고 아무런 비용도 들이지 않았는데, 왜 땅값이 오르는 혜택을 누려야 하는가?

전통 이론이 간과한 것은 농지 소유주가 농지의 증식에 기여한 중요한 부분이 바로 농지의 사용권 '포기'라는 것이다. 만약 지주가 토지 사용권을 포기하지 않는다면 실업가, 부동산 개발업체, 도시계획 관료들이 점 찍어 놓은 '위치'에 부가가치란 있을 수 없다. 권리를 포기하면 대가를 치러야 한다. 이 논리는 이해하기가 어렵지 않다. 농지 주인은 원래 농지를 이용해 수익을 창출할 수 있는데, 지금에 와서 권리를 포기하라면 그만큼 소득이 감소하기 마련이다. 때문에 '스스로 농지를 사용하는 소득'에서 '사용'을 포기하는 기회비용을 치렀다. 합리적인 가격을 제시받지 않으면 어쨌든 본래 받을 수 있는 농지 이용권을 포기하지 않을 것이다.

비교적 이해하기 어려운 것은 재산권의 주인이 '가치가 있다'고 생각하는 조건에서만, 다른 사람의 가격을 받아들이고 사용권을 포기하는 것에 동의한다는 점이다. 진실 세계에서 '가치의 유무'는 작은 일이 아니기 때문에 이를 분명하게 말하지 않으면 안 된다. 여기서 먼저 세 가지를 말하고자 한다. 첫째, 같은 입찰가를 두고 누군가는 가치가 있다고 하고 다른 누군가는 가치가 없다고 하면 그들 둘은 다 맞는 것이다. 즉 '가치가 있는지'는 지극히 개인적이고도 주관적인 판단이다. 이 점을 모르면 경제학에 입문할 수 없다. 한계나 비교 우위 같은 개념은 모두 개체의 주관적 판단을 기초로 한다. 둘째로, 연필 한 자루가 5마오챈(毛錢)일 때 구매자가 '가치가 있다'고 생각하는 것은 자신이 얻은 연필이 자신이 지불한 5마오챈보다 가치가 높다가 인정하기 때문이다. 판매자의 입장에서 보면, '가치가 있다'고 하는 것은 5마오챈의 연필을 생산하기 위한 지출비용보다 높기 때문이다. 거래가 성사되면 쌍방이 모두 '가치'를 인정하게 되는데, 이것이 시장경제의 매력이다. 셋째, 각자가 모두 '가치가 있다'고 생각하는 원칙에 따라 거래가 이뤄져야 자원 배치가 효율적이다. 판매자에게는 사용을 포기하고 그 수익을 얻는 것이 더 '가치가 있는 것'이고, 구매자에게는 그 수익을 포기하고 사용하는 것이 더 가치가 있기 때문이다. 일반적으로 이렇게 처리한다면 자원이 누구의 소유가 되든지를 막론하고 보다 효율적인 사용자의 수중에 들어가지 않을 수 없다. 비즈니스 세계는 시끌벅적하지만, 궁극적으로 말하면 누가 자원을 더 효과적으로 이용할 수 있는지를 끊임없이 발견하는 과정이다.

(2) 재산권의 결여(殘缺)와 시장 기능의 배제

그러므로 농지가 공업과 도시에 이용되는 것이 더욱 효율적이라는 것을 증명하는 가장 간단하고도 신뢰할 만한 방법은 토지를 점유한 자가 제시한 토지가격이 농민들이 농사하여 얻는 수익보다 높아야 한다는 것이다. 이런 간단한 준칙만이 토지를 효과적으로 이용할 수 있다. 그렇다면 농지의 주인이 '가치가 있다'고 생각할 정도로 '보상'이 높으면 공업화와 도시화를 해치지 않을까? 역사적으로 보면 서구·북미·일본의 산업화와 도시화는 세계적으로 앞섰다. 토지제도는 모두 분명한 사적 소유로서 자유로운 매매를 통해 가치에 따라 거래가 이루어졌다. 1700년 영국의 도시인구가 전체 인구의 25%를 차지한 것이 '천하에 왕토가 아닌 것이 없기' 때문에 생긴 결과인가? 메이지유신 이후 일본의 산업화와 도시화 조짐이 뚜렷했던 원인은 토지의 자유로운 거래를 법으로 보장해 준 결과가 아니었을까?

하지만 현재 중국의 토지제도는 농지를 공업용지나 도시용지로 변경시키며 '집단토지'(농민 집단 소유, 농가별 도급경영)는 '국유토지'로 탈바꿈시킨다. 이러한 토지제도는 산업화와 도시화에 따른 농지 점용을 해결하기 위해 '토지를 매매하지 못하며, 가격 인상 부분은 공공 소유'(강제 수용), '국가 공업화'(초저가 보상), 인민공사 집단소유권(오직 '집단'만을 농민의 합법적인 대표로 인정)과 '홍콩의 경험'(토지임대 허가 제도) 등을 혼합하여 자체적인 체계를 이루었다.

이 조합된 토지제도의 특징은 다음과 같다. 공업과 도시의 부지 공급을 결정하는 요인은 농지 소유권도 아니고 농지 사용권도 아니다. 농지 소유권은 법적으로 토지 거래의 자격이 없는 쪽에서는 흥정에 참가할 권리가 없다. 정부가 공업과 도시 부지의 수요를 판단하고 행정 권력(계획, 심사, 토지 수용 포함)을 이용해 토지 공급을 결정한다. 이 과정에서 토지재산권의 임대료가 아닌 권력성 임대료가 농지를 공업과 도시 부지로 변경시키도록 자극하였다. 이로써 시장가격의 기능은 도시화 토지자원 배치에서 제외되었다.

(3) 저가 토지 수용은 왜 쉬운가?

농지 수용은 보상 수준이 매우 낮다. 그러나 최근 초저가 보상으로 수용되는 토지는 오히려 크게 증가했다. 농민의 관점에서 문제를 보면 이는 수요 논리에 위배되는 일이다. 경제행위 논리에서는 누구든 헐값에 자원을 가져가기 어려운데, 무엇 때문에 농지 보상금이 아주 적은데도 상대적으로 쉽게 농지를 가져갈 수 있는가? 많은 해석이 있을 수 있지만, 핵심은 '집단'이라고 생각한다. 20여 년의 농촌개혁으로 인민공사제도는 이미 지나간 옛 제도가 되었지만, 토지 등 가장 중요한 생산자원은 여전히 집단 소유이다. '집단'이 인민공사와 어떻게 다른지 묻는다면 집단토지는 농가가 장기간 도급경영하면서 더 이상 집단경작을 하지 않는다는 차이가 있다.

그러나 법적으로 집단은 여전히 토지의 소유자이자 '발주자'이다. 소유자와 발주자로서 집단은 당연히 도급 기한과 도급 조건을 결정할 권리가 있고 도급권을 중지 또는 회수할 권리가 있다. 지금은 중앙정부의 정책 규제에 의하여 토지 도급이 장기적으로 변경되지 않는다. 그러나 중앙정부는 전국의 수십만 개 집단을 대신하여 기한을 제외한 다른 도급 조건을 일일이 규정할 수는 없다. 이리하여 집단이 토지 도급 기한을 함부로 '변경'하지 못하지만, 기타 조건은 늘 '변경'되고 있으며 또 "농가가 이런 변화된 조건을 받아들이지 않는다면 집단은 토지도급권을 회수할 수 있다."라고 호소할 수 있다. 최근 몇 년 사이에 농민들의 부담을 심각하게 만든 제도적 원인이 바로 집단체제이다.

농지의 비농지 전환은 집단의 직권으로, 현행 토지체제는 "국가의 토지 수용은 농가가 아니라 집단을 상대로 한다."라고 규정하였는데, 이는 도시 주민의 이주와 가장 다른 점이다. 「토지관리법」은 '토지 수용 보상금은 집단 소유'라고 명시하였다. 집단이 토지도급권을 잃은 농가를 어떻게 보상할 것인가에 대해서는 법으로 규정되어 있지 않으며, 실제로 항상 다양하고 아주 쉽게 처리할 수 있다.

다시 말해, 집단이 토지 수용이라는 명목으로 농가의 '장기적이고 불변하는' 토지 도급권을 중지시키는 것은, 현행 토지제도에 완전히 부합한다. 실제 사례에서는 각급 정부가 토지계획을 초월한 '토지 수용'에서 모두 이익을 챙겼는데, 여기에는 향·진·촌이 포함된다. 어쨌든 농민에게는 어느 급의 정부도—헌법이 규정한 촌민자치의 행정 촌까지 포함하여—모두 '국가'이다.

토지 수용의 대가가 이처럼 낮은 이유는 농가가 토지 수용 보상 협상에 참여하지 않는 것과 관련이 있다고 본다. 보상 조건을 주장할 주체는 유일하게 '집단'뿐인데, 실제로 집단이란 시골의 몇몇 권력자에 불과하다. 사실상 그들은 타인의 땅을 '파는' 것이다. 1묘당 수천 위안, 수만 위안의 보상으로 농민들이 농지를 영원히 포기하도록 하는 것이 '헐값' 아닌가? 하지만 이런 미약한 보상을 소수 몇 사람이 집중적으로 지배할 경우 매우 '가치가 있게' 된다. 더욱이, 토지 수용의 임무를 완수하는 것은 종종 시골 권력자들이 권력을 잡을 수 있는 조건이기도 하다.

더 나아가 분석해 보면 중국의 '집단체제'는 유럽에서 유래한 '협동제(회원 개인이 소유한 재산권에 기반을 둔 조직)'가 아니라는 것이다. 협동제에서 개인의 입사하는 자원과 자산수익 규정은 명확해야 하며 자원의 사용은 협력적이어야 한다. 하지만 모든 구성원들이 의사 결정에 참여하고, 비교적 전통적인 협력제도는 의사 결정을 내릴 때 1인 1표제를 실시하는데, 이는 협력제가 주식제와 구별되는 점이다. 집단제도는 구성원의 개인 재산을 소멸시켰다. 때문에 '집단재산'의 분해가 불가능하며, 현재 유행하는 언어인 '계량화'는 개인의 사유재산을 위한 것이다. 그것은 영원히 추상적인 '노동인민집단'의 소유가 되었지만, 실질적인 통제권은 항상 집단 대리인의 손에 있다. 자원의 양도와 가격 책정이 발생했을 때, 정보 원가가 개인이 사용한 비용에 비해 가파르게 상승해, 사실상 의뢰인이 없는 대리인은 구성원들의 권익을 쉽게 약탈할 수 있다.

알치안은 '모든 가격 책정 문제는 재산권 문제(every question of pricing is a question of property rights)'라고 지적하였다.[21] 반대로 모든 재산권의 결여는 가격 메커니즘이 정상적인 기능을 발휘하는 데 영향을 미친다. 우리의 중요한 결론은 양도권 규제와 가격 규제는 같은 논리를 가진다는 것이다. 다소 다른 점이라면 양도권 규제는 '사전'에 시행되는 가격 규제라는 것이다. 중국의 현행 토지 수용제는 농민의 토지 양도권에 대한 규제를 통해 재산권 임대료를 행정 권력성 임대료로 전환하고, 사전에 농지 전용轉用 가격을 규제함으로써 토지자원 배치에서 시장 메커니즘을 방해하고 있다. 이런 제도는 분배의 불공정을 야기할 뿐만 아니라 생산과 거래의 저효율을 야기한다.

6. 정책 토론과 가능한 선택

1990년대에 들어 중국 전역에서는 농지를 비농업용지로 전환하는 물결이 두 번 일어났다. 그동안 중앙정부는 적극적인 재정 정책을 시행하고 인프라 건설 규모를 확대함으로써 과소평가할 수 없는 견인 역할을 하였지만, 공업화와 도시화의 가속에는 농지의 대규모 전용이 더욱 근본적인 경제적 동력이 되었다. 문제는 현행 토지제도에서는 해당 이익 주체의 행위가 왜곡될 수밖에 없다는 것이다. 때문에 도시화의 급속한 발전에 따라 중국 도시와 농촌의 균형적인 발전 토대는 커다란 충격을 받았다. 농촌 경작지에 대한 점용 규모가 지나치게 증가하였고, 자원 배치에서 농지 전용의 효율성이 저하되었으며 농민의 토지 권익이 심각하게 박탈당하여 농민소득 증대를 제약하는 중요한 근원이 되었다. 아울러 토지를 둘러싼 사회적 충돌이 증가하였고, 정부기관과 관료 개인들의 법과 규칙을 어기는 행위는 누차 금지해도 근절되지 않았으며, 토지와 관련된 부정부패가 매우 심각했다.

　이러한 복잡함은 도시화의 가속화가 국민경제 발전의 요구와 부합하는 것을 보여 줄 뿐만 아니라 농민들을 포함한 다방면의 경제적 이익 실현을 위한 기본적인 길이기도 하다. 우리의 조사 및 분석에 따르면 문제의 근원은 도시화에 있는 것도 아니고, 시장 관계의 심화와 자극이라는 도시화의 가속도에 있는 것도 아니며 공업화와 도시화를 제약하는 중국 제도적 조건의 불균형적 발전에 있다. 관건은 현행법상 정부가 시장원칙에 따라 토지를 매각·양도·임대할 수 있도록 허용한 동시에, 비농가의 자가용 건설용지를 국유화하는 준칙을 여전히 고수하고, 정부가 단독으로 토지를 수용하는 독점권을 계속 유지하며 비농업용 건설용지에 대한 농촌집단과 도급농가의 양도권을 여전히 금지 및 제한하고 있다는 점이다. 토지 양도권에 대한 부당한 규제는 시장가격 메커니즘이 공업화와 도시화의 토지자원 배치에서 제대로 기능하지 못하게 한다.

　문제의 심각성을 감안하여 국무원은 2003년에 전국 토지시장에 대한 정비를 실시하고 그에 편승한 토지 수용 사업을 대대적으로 중단시켰다. 이는 전국적으로 농지를 무단 점거하고 농민의 이익을 침해하는 사태를 막거나, 상황과 문제를 규명하고 문제 해결을 위한 올바른 정책을 선택하기 위한 여건을 마련하는 데에도 도움이 되었다. 이러한 정비는 사람들에게 다각적인 후속 정책, 법적 행동이 제도적 차원에서 근본적인 문제를 제기하고 해결해야 한다는 인식을 심어 주었다. 그렇게 하지 않으면, 토지시장을 대대적으로 정비하고 농지 공급을 대폭 줄인 1997년의 정비와 마찬가지로 수년이 지나지 않아 문제가 다시 불거지는 전례가 되풀이될 수 있다.

　도시와 농촌의 균형적인 발전이라는 총체적인 구상을 기반으로 "농민의 권익을 보장하고 토지 수용 규모를 통제하는 원칙에 따라 토지 수용 제도를 개혁하고 토지 수용 절차를 보완해야 한다."[22]라는 임무가 이미 의제에 올랐다. 1999년 발효된 「중화인민공화국 토지관리법」은 또다시 새롭게 개정되어야 할 운명에 직면하였다. 기존의 토지법이 엄격한 집행만을 강조한다면 현 시점과 향후 도시화가 가속화될 추세에 적응하지 못할 것이 분명하기 때문이다. 그러나 「토지관리법」과 관련 토지 정책을 어떻게 개정할 것인지에 대해서는 분쟁이 적지 않다. 본 절에서 우리는 "분명하고 보장된 농지 양도권은 가격 시스템을 운용해 도시화 과정에서 토지자원을 배분하는 기반이다."라는 특정한 출발점에서 관련 정책 조언들을 논의하려 한다.

(1) '가장 엄격한 경작지 보호 제도'에 관하여

우리는 당중앙위원회 제16기 3차 전원 회의에서 통과된 「사회주의 시장경제체제의 몇 가지 문제점 보완에 관한 중국공산당 중앙위원회의 결정」에서 농가의 토지도급경영권 회전(流轉)에 특별한 관심을 기울인 데 주목하였다.

농가는 도급 기한 내에, 토지도급경영권을 법에 따라 자발적으로 유상 양도할 수 있으며, 양도 방법을 보완하여 적절한 규모경영을 점진적으로 발전시켜야 한다.

현행 토지 법규가 토지 양도권을 '농업'과 '농민 자체가 사용하는 비농업 건설'로 제한한다고 특별히 강조한 것과는 달리, 결정에서는 농가의 토지 양도권을 확정함에 있어 농업과 비농업 용지 사이에 넘을 수 없는 절대적인 장벽을 설치하지 않았다. 물론 '적정 규모의 경영 발전'을 언급하였으나 농업과 비농업, 공업화 및 도시화의 경제활동은 모두 적당한 규모의 경영 문제가 있다. '법에 의한'에서의 법은 기존의 법규일 수도 있고, 결정 원칙에 따라 개정된 새로운 법일 수도 있다. 우리는 이 중요한 새로운 정책원칙, 즉 농업과 비농업 용지의 제한을 받지 않는 농가의 토지 양도권을 인정하고 보호하는 것은 농지의 전용을 법적으로 타파하기 위한 단일한 토지 수용 제도에 매우 중요한 근거를 마련하였다고 본다.

이는 농민의 토지 양도권이 아무런 제한도 받지 않는다는 뜻이 아니다. 우리가 보기에 이번 토지 수용 제도 개혁의 기본 임무는 '농가의 비농지 분양권에 대한 절대적인 법적 금지'를 완화하는 동시에, 경제사회 발전의 필요에 부응하면서도 실행하기 쉬운 제한적인 제도를 확립하는 것이라고 본다. 현재 각계에서 이미 정책을 건의하였는데, 기본적으로는 토지 양도권에 관한 제한 조건에 초점을 맞추고 있다. 그렇다면 그것이 어떤 제약 조건인지, 그리고 이러한 제약 조건을 어떻게 이해하고 표현하는지가 농지 양도권의 경제적 기능을 극대화하는 것과 관련이 있을까?

위에서 인용한 당 중앙의 결정에서는 "가장 엄격한 경작지 보호 제도를 실시하여 국가의 식량 안보를 보장해야 한다."라고 지적했다. 이것은 농지 양도권의 경계 조건이어야 한다. 농지 양도가 아무리 자유롭다 해도 가장 엄격한 경작지 보호 제도를 파괴해 국가의 식량 안보를 위협할 정도로는 자유롭지 않다는 것이다. 문제는 이 규제 조건의 함의에 대해 일정한 논의가 필요하다는 것이다. 우선, 가장 엄격한 경작지 보호 제도라는 것은 어떤 경작지도 비경작지로 전환되지 않고, 어떤 농경지도 비경작지로 전환되지 않는다는 의미가 아니다. 만약 이러한 극단적인 의미를 가진다면 이 정책의 실행에는 아무런 어려움도 없다. 그러나 경험적으로 전 세계 어디에도 농경지를 축소하지 않고 산업화·도시화를 이룬 경제는 없다. 따라서 진정한 문제는 어떻게 해야 '경작지를 적게 감축하는 대가로 식량 안보, 도시화, 농민 소득 등의 목표를 포함한 보다 큰 수익을 얻을 수 있느냐' 하는 것이다.

결정은 농지 감축의 마지노선을 '국가 식량 안보 확보'라고 규정하였다. 어려운 점은 '국가 식량 안보'가 수요·기술·거래 조건의 변화에 따라 변하는 목표이고, 산업화와 도시화가 가속화되는 국민경제 환경에서 이 같은 목표를 달성하기 위한 수단(비용)도 지속적으로 변화하고 있다는 것이다. 과연 어떠한 토지제도가 관련 경제 여건의 변화를 대체적이나마 정확하게 반영할 수 있을까?

현재 경작지 양도권을 단속하는 기본적인 방법은 행정심사 비준이다. 예를 들면 농지 전용·경작지 점용·대규모 경작지 점용에 대해 각각 다른 직급의 정부기관이 규정하며, 서로 다른 기준에 따라 심사 비준한다. 문제는 행정심사 비준 제도가 경작지 용도 변경의 진실한 수익과 기회비용을 민감하게 반영하지 못한다는 것이다. 중국의 경험이 보여 주다시피 경작지를 엄격히 보호하는 정책은 일찍부터 국가정책이 되었으나, 경제제도는 '경작지 감소에 따른 수익과 대가'를 가늠할 수 있는 적절한 메커니즘을 마련하지 못하였다. 경제적인 측면에서 보면 지나친 것은 모자라는 것과 같다. 경작지가 지나치게 빨리, 많이 감소하면 득보다 실이 많고 심지어 토지를 점용하고도 사용하지 않는 것은 당연히 재앙이다. 그러나 과도한 농경지 보호, 즉 적절한 경작지 감소를 통한 도시화와 공업화의 잠재적 수익 추구를 완전히 포기하는 것도 경제 성장의 복음은 아니다. 경작지 전용轉用의 득실을 유연하게 가늠하려면 반드시 경작지 전용을 증가시키는 경제적인 제한 조건을 고려해야 한다.

(2) 공익성과 경영성의 구분

현재 제기된 경제적 규제 조건에는 '공익성과 상업성 건설용지의 구분', '법정 토지 수용에 따른 보상 수준의 대대적인 향상', 그리고 '사회 보장 방식에 의한 토지 수용 보상' 등의 내용이 포함된다. 이러한 정책 조언을 각각 나누어 논의하려 한다. 우선 많은 실제 조사와 전문가들의 조언에 근거하여 각지 정부가 공익성을 목표로 저가로 수용한 토지를 경영 프로젝트에 비싸게 양도하는 심각한 문제에 대하여 중앙에서는 '공익성과 경영성 건설 부지를 엄격히 구분'하는 원칙을 제시하였다. 토지 수용 제도 개혁과 「토지관리법」 개정에 상기 원칙을 적용하려면 아래와 같은 문제도 고려해야 한다.

1) 공익성과 경영성의 함의이다. 헌법이 국가의 토지 수용 행위를 제한하는 것은 '공공의 이익을 위한 것'인데, 지금에 와서 '공익성'을 거론하는 것은 무슨 의미인가? 가장 엄격한 의미에서 국민에게 무료로 제공하는 제품과 서비스야말로 '공익성' 제품과 서비스라고 할 수 있고 공익성 프로젝트라고 할 수 있다. 국방·사회 안보·공공 위생·공교육 등 매우 적은 품종을 제외하고, 대부분의 국가 중점 프로젝트를 포함한 건설 사업은 일부 국민의 소비에만 제공되며 시가를 기준으로 비용을 받아도 되는 항목이다. 하지만 개념으로 보면 각양각색의 이른바 '외부성' 활동 또는 세금을 피하기 위해 선택한 '비영리' 경제활동이 공익의 범위에 해당하는지에 대해서는 의견이 일치하지 않는다. 뉴욕의 한 시장은 수용권을 동원해 다섯 명이 일하는 목장을 스무 명이 취직할 수 있는 골프장으로 만들었다. 그가 사회의 일자리를 확대하였다고 할 수 있는가? 빈곤을 개선하고 잠재적 범죄율을 낮춰 납세자의 공공 치안비용을 줄인 것은 아닐까? 우리는 이 프로젝트에 공익성이 전혀 없다고 말할 자신이 있는가?

2) 설사 사회 또는 입법기관이 공익성과 경영성의 구별에 대해 합의했다고 하더라도 공익성 항목과 상업성 항목에서 취득한 토지의 대가는 법적인 구별이 있어야 하는가? 만약 구별이 없다면 공익성과 비공익성을 구분하는 것이 무슨 의미가 있는가? 만약 법적인 차별을 설정한다면(예를 들어 공익성 항목이 취득한 토지의 대가가 상업성 항목이 취득한 토지의 대가보다 낮을 경

우) 어떤 기준을 선택하여 그 차별을 결정하는가? 보상액이 다른 것을 규정해야 하는가, 아니면 서로 다른 보상 메커니즘을 규정해야 하는가? 예를 들어 공익성 항목은 정부의 토지 수용으로 해결하고 상업성 항목은 토지시장의 거래를 통해 해결해야 하는가?

3) 토지 공급 측의 시각에서 보면, 무엇 때문에 공익성 항목의 경우에는 법의 규정에 따른 낮은 보상만 받을 수 있는 반면, 상업성 항목에 토지를 공급할 경우에는 시가 수준의 보상을 받을 수 있는가? 중요한 것은 공익성 항목에 토지를 공급하는 농민도 국민의 구성원으로서, 공익성 항목으로 전 국민이 이익을 볼 때 토지를 공급한 농가도 이익을 볼 수 있다는 것이다. 그러나 다른 한편으로는 왜 이 부분에서의 국민만이 다른 국민이 감내하지 않아도 되는 특별한 희생을 해야 하는가? 이것을 징병제도에 비추어 생각해도 무방하다. '적령기에 합격한 국민은 모두 입대해야 한다'는 것은 보편적인 원칙이지만, '공익성 항목에 토지를 제공한 자는 특별세를 납부해야 한다'는 것은 부분적 국민에 대한 기시이다.

4) 공익성 항목과 비공익성 항목 사이에 어떤 방식으로 이루어지는 '차익'은 결국 공익과 비공익 사이의 자원 배치에 영향을 준다. 경제법칙에 따르면 가격 차익의 기울기가 클수록 자원 배분의 왜곡이 심해진다. 상세한 논증이 필요 없이 특정된 소득 수준을 막론하고 공익성 사업의 법정 대가가 너무 낮아서, 너무 많은 자원을 차지한다면 국민경제의 성장은 언제나 일부 손실을 감당해야 한다. 이 부분의 손실은 반공익성 성격을 띠고 있다.

(3) '토지 수용 보상의 법적 수준 향상'에 관하여

국가의 토지 수용에 따른 법정 보상 수준이 낮고, 토지 보상 기관이 '가능한 한 하한선에 접근'하는 경향에 비추어 관련 부처에서 토지 수용에 대한 법정 보상을 높이자는 건의가 제기되었다. 논의해야 할 점은 만약 토지 수용 제도의 개혁에서 행정 독점과 일방적 결정이라는 근본적인 성격을 동시에 고려하지 않고, 현행 보상 메커니즘이 변하지 않은 조건에서 보상 배수를 높인다고 해서 수용된 토지의 상대가격이 진정으로 반영될 수 있을지는 여전히 의문이라는 것이다. 과거의 경험을 통하여 이를 확인할 수 있다. 1986~1998년 사이에 「토지관리법」은 토지 수용 보상의 최고 한계를 원 용도의 연간 평균 산출량의 20~30배 이상으로 높였다. 그러나 국민경제가 성장하고, 특히 도시의 2급 토지시장의 가격이 더 빠르게 증가하는 것에 비해 새로운 법정 최고 보상은 상승하기는커녕 오히려 크게 하락하였다.

토지 수용 보상이 토지의 상대적 희소성을 반영하도록 하려면, 토지 수용 보상의 기준을 변경할 필요가 있는지가 우선 고려되어야 한다. 현재 기준은, 수용된 토지의 '기존의 용도에서 발생한 수익'은 농지 전용의 경우 토지의 농업 산출이다. 이 기준은 토지 수용 수요가 토지 수용 비용의 제약에서 벗어나게 하였다. 토지 수용의 수요는 비농지의 미래 수익에 근거하고, 토지 수용 비용은 단지 농민이 토지의 농업 용도를 포기하는 것에 대한 대가를 의미할 뿐이다. 이러한 기준에서 토지의 농업용과 비농업용 사이의 시가 격차가 클수록 자원 배분의 효율성 손실이 더 크다. 분배의 측면에서 보면 농지 주인은 도시화에 따라 증가된 토지가격의 공유 명단에서 제외되어 농민의 소득 증가 가능성을 억제하고 국민 소득의 분배 구조를 악화시켰다.

보상 배율의 선택은 자산수익의 연도와 관련된다. 토지는 항구적인 자원으로, 현행 토지제도에서 정부는 수용한 토지를 분할 임대해 항구적인 수익을 얻을 수 있으나, 농민에 대한 정부의 보상은 고작 최고 30년에 한정되었다. 이는 아마도 농가가 집단 토지를 도급한 기한을 반영한 것이지만, 여기에서는 30년 도급 기한이 지난 후 농촌집단이 계속 토지를 농민에게 도급경영하게 할 수 있는 이익관계를 간과했다. 보상 기준에서의 제도 왜곡 효과처럼, 토지 수용 보상 기한의 왜곡도 효율과 공평에 동시에 악영향을 미치게 된다.

법적 토지 수용에 대한 보상은 선천적으로 영활하지 못하다는 단점이 있다. 비농지의 시가는 각 지역의 경제 발전 수준과 토지 위치의 상대적 희소성에 따라 결정된다. 많은 지역적인 복잡한 요소들의 지배를 받기 때문에 법정 수용 보상 수준을 전국적인 법으로 통일하는 방법은 어쨌든 딱 알맞게 하기 어렵다. 선진국의 경험을 보면, 토지 수용 개혁과 토지법 개정에서 마땅히 "국가의 토지 수용은 시가에 따라 보상한다."라는 새로운 원칙을 고려하여야 한다. 우리는 '시가 보상'의 세부 사항과 수많은 우월성은 잠시 설명하지 않는다. 본문에서는 다만 시가 보상이라는 새로운 원칙 도입을 고려한다면 1급 토지시장에 대한 국가 독점 타파도 함께 고려해야 한다는 것을 언급하고자 한다. 이치는 아주 간단한바, 1급 토지시장에 대한 개방과 경쟁이 없이 사회는 토지의 시가 정보를 알 수 없다.

(4) '토지가 수용된 농민의 사회보험 편입'에 관하여

기존의 토지 수용 보상 메커니즘 개혁 과정에서 저쟝(浙江), 상하이(上海), 베이징(北京) 등지에서는 토지를 수용당한 농민들을 위해 사회 보장 제도를 수립하거나 토지 수용 보상을 분할 지불하는 새로운 방법을 제안하거나 시행하였다. 이러한 실천은 학자들의 흥미를 불러일으켜 '토지 수용 보상의 사회보험 모델'이라는 정책 조언도 제기되었다. 우리는 이에 대해 대체적인 논의를 하고자 한다.

우선 토지 수용 보상의 사회보험 형태도 일종의 가격 배정이라는 점을 분명히 해야 한다. 그러므로 토지 수용 보상 수준의 결정은 사회보험 모델의 선택으로 대체된 것이 아니라 사회보험 모델의 기초가 된다. 토지 수용의 사회보험 기금은 수용 보상에 대한 강제적인 저축에서 오기 때문에 토지 수용 보상액이 비교적 낮은 편이므로 토지를 수용당한 농민에게는 낮은 수준의 사회 보장만 제공될 뿐이다. 만약 토지 수용 보상액을 형성하는 메커니즘을 개선하지 않고 일회성 보상을 분할 보상으로 변경한다면 토지를 수용당한 농민들의 이익은 증가하지 않으며 증가할 수도 없다.

둘째, 토지 수용에 대한 사회 보장은 본질적으로 말하면 일종의 승낙으로서 토지가 일회성으로 수용된 후 토지를 수용당한 농민들은 할부로 토지 수용 보상을 받게 된다. 만약 토지 수용의 사회보험이 정부의 통일적이고 강압적인 제도라면 이는 일종의 국가신용이지, 보험 계약자의 선택으로 이루어진 시장신용이 아니다. 토지 수용에 따른 사회보험이 일단 향후 지급에 문제가 발생하면 국가신용이 이를 책임진다. 궁극적으로 납세자는 물론, 국민 전체가 최종적인 책임을 져야 한다.

그러나 토지 수용의 사회보험을 책임지고 관리하는 부문은 임기에 따라 교체되는 정부이다. 이 현실적인 조건에서 관찰하기 어려운 도덕적 해이(모럴 해저드)가 발생할 수 있다. 즉 현임 정부가 토지 수용을 통해 일시불로 벌어들이는 수익금 전액을 전부 차지하고, 분할 지급의 책임을 차기 정부에 떠넘기는 것이다. 토지 수용 보상의 사회보험을 독립적으로 조작하고 '개인 계좌' 등 최신 사회보험의 제도적 장치를 증가시킨다 하더라도 성숙된 금융 서비스 시장과 완벽한 금융 감독 관리에 의존해야 한다. 현재로서는 국가신용을 제외하고 토지 수용 보상의 사회 보장 모델이 얼마나 보편적이고도 믿음직하게 작동하는지를 정확히 알 수 없다. 국지적인 실험은 계속 가능하지만, 전반적인 제도화·법제화는 시기상조이다.

(5) '집단토지의 시장 진입 허가'에 관하여

난하이(南海)와 쿤산, 상하이 등지의 농촌집단이 비농지 시장에 진출을 실천한 것은 전용 농지 시장에서 국가의 독점 지위를 타파하였고 토지 수용이 농지전용의 유일한 합법적인 경로라는 관념을 타파하였으며, 국가의 토지 수용과 병행되는 시장화된 농지 전용 메커니즘의 형성을 위해 조건을 마련하였다는 점에서 중요한 의의가 있다. 하지만 현재의 상황을 보면 집단토지 소유권의 시장 진입에서는 두 가지 큰 문제가 연구되어야 한다.

한 가지 문제는 집단과 도급농가의 재산권을 어떻게 명확히 규정하는가 하는 것이다. 집단이 비농업 토지자원을 개발하고 다시 회수하기 위해 농가의 토지도급경영권을 집중할 경우, 지난 20여 년의 농촌개혁의 제도적 성과가 다시 흔들릴 수 있다. 난하이 등지에는 농민들의 비농업 일자리가 비교적 많고 농가의 농지 보유 비용이 상승했기 때문에 집단이 집중적으로 농가의 도급경영권을 회수해도 합리적인 보상 조건만 주어지면 일반적으로 농가들의 저항에 부딪히지 않는다. 그러나 '집단이 비농업 토지시장에 진입'하는 정책이 법규화·일반화된 후 2002년에 통과된「농촌토지도급법」에서 '단순한 토지 발주인'으로 규범화되었던 '농촌집단'이 또다시 농가의 재산권을 침해하기 쉬운 적극적인 힘으로 바뀔 수 있다. 만약 법률에서 토지도급경영권을 비농업 용도에 양도하는 권리 주체가 농가라는 것을 명확히 밝히지 않은 경우, 이미 우리가 본 바와 같이 집단은 농촌의 권력자와 함께 농지 전용 임대료 약탈에 참여하거나 또는 농지 전용 임대료 수입을 실질적으로 통제·지배하는 대신 농민들에게는 기본적으로 배당을 받지 못하는 주식조직의 '주주'를 맡으라고 할 것이다.

만약 농가의 토지도급양도권이 농지전용 분야에 진입할 수 있다고 법으로 인정되면 농가의 이익은 비교적 신뢰성 있게 보장될 수 있고 새로운 비농업 토지제도가「농촌토지도급법」과 더 잘 맞물릴 수 있으며 토지 수용 제도 개혁이 농가별 생산량 도급제의 근본을 뒤흔들지 않을 수 있다. 농가의 완전한 토지 양도권에 기초한 체제는 당연히 비농토 시장에서 높은 거래비용을 초래할 수 있다. 이 문제를 해결하기 위해, 우리는 이론적으로 농가의 완전한 양도권이 자주적인 조약권을 포함하고 있으며 그들은 각종 시장계약을 통해 거래비용을 절감한다고 강조한다. 실제로 농가들은 자발성을 원칙으로 집단, 새로운 협력조직 또는 기타 계약조직을 선택할 수 있다. 예를 들어 쿤산에서는 농민투자합작사를 선택하였다.

또 하나의 큰 문제는 집단과 농가가 비농업 토지시장에 진출하는 계약 형태를 선택하는 것이다. 현재 난하이·쿤산·상하이 근교를 막론하고 대체로 집단 혹은 농가가 외부 업체에 토지, 공장건물과 시설을 임대하는 것을 볼 수 있다. 이러한 연도별 임대계약은 외부 업체의 환영을 받고 있으며 권위 인사도 이를 중시하고 있다.[23] 토지 매각 방식에 비해 임대 방식은 토지의 공급자로부터 연차 임대료를 받으므로, 외부 업체의 진입 장벽을 낮출 수 있기 때문이다.

그러나 이러한 경험을 정책과 법률로 승화시킬 경우, 연도별 임대 방식에 잠재된 리스크에 대해 잘 연구해야 한다. 이론적으로 장기적인 토지 임대 허가와 연도별 임대는 모두 시장계약의 서로 다른 품목이며, 경영 리스크도 다르게 분포되고 또한 각각의 적용 범위와 대상이 있다. 건물, 기숙사, 주민주택 등 부동산은 건설 주기와 사용 주기가 비교적 길고 투자가 많기에 '장기적으로 충분히 이용되느냐'가 큰 리스크이다. 외부 투자자가 토지를 매입(토지의 대량 임대)하고 건설하게 되면 토지와 건물 경영의 장기적인 리스크와 수익은 외국 투자자에게 귀속되지만, 반대의 경우에는 리스크와 수익이 지역, 즉 농촌 집단 또는 농가에 귀속된다. 이론적으로 이 두 가지 방식이 같을 수 있다. 그러나 실제로는 시장 리스크에 대처하는 정보 우위와 자본 실력의 분포에 의해 결정되며, 이에 따라 계약 형태의 선택이 결정된다.

그러므로 법률 또는 정책으로 쌍방이 시장에서 자유롭게 체결하는 계약을 대체하는 것은 바람직하지 않다. 현재 농촌의 토지 공급 측은 연도별 임대를 위주로 하고 있는데, 이는 농촌집단과 농가가 아직 분명한 비농업용 토지 양도권이 없기 때문이다. 만약 법률이 집단과 농가의 전면적인 양도권을 승인하고 보호한다면 상황은 다를 것이다. 특히 장기적인 건물 투자는 단기적인 토지 임대와 결합할 수밖에 없고, 이렇게 설립된 계약에는 매우 큰 잠재적 위험이 내포되어 있다. 이러한 위험을 현재로서는 완전히 관찰할 수 없다는 점을 감안해야 한다. 단지 이론적으로만 계약 형태에 대한 법률과 정책의 관여와 제한이 많을수록 계약의 이행 비용이 더 높아진다고 추정할 수 있다. 여기에서 말하는 정책적 함의는 완전한 토지 양도 권리와 계약 권리를 명확히 해야 한다는 것이다. 매각할 수도 있고, 임대할 수도 있으며, 주식에 가입할 수도 있고, 다른 계약서에 이용할 수도 있다. 중요한 것은 자발적이어야 하고 자유로운 협상이 가능해야 한다는 것이다.

(6) 제안의 정책 조합과 절차

이상의 논의를 통해 우리는 경제적 손실을 최소화하는 정책을 찾아 농지전용에 따른 다양하고 복잡한 문제를 처리할 수 있을 것으로 인식한다. 우리가 제안하는 농지전용 정책의 조합은 다음과 같다.

- 단일한 국가농지 수용 제도를 종결하고, 농지전용 시장을 발전시켜야 한다.
- 정부는 법률이 엄격하게 규정한 공익 부지 범위 내에서, 최종적으로 법에 따라 토지를 수용할 수 있는 권한을 가진다. 정부의 토지 수용 절차를 보완하고, 여기에 하도급 농가에 시가로 보상하는 원칙을 확립해야 한다.
- 농가에 도급경영하는 토지의 완전한 양도권을 인정하며, 여기에는 농업 용도와 비농업 용도를 위한 도급 토지를 양도하는 권리가 포함된

다. 농가가 비농업 용지 시장에서 토지 경영권을 양도할 경우 토지 이용 계획과 토지 용도 통제에 부합되는 전제에서 다양한 계약 형태와 개발 방식을 자발적으로 선택할 수 있다.

• 농촌집단은 토지를 도급경영하는 발주자로서, 정부의 위탁을 받아 토지 수용과 토지 보상금의 지급 업무를 협조·처리할 수 있으나, 토지 보상금을 가로채서는 안 된다. 집단은 농가의 위탁을 받아 비농업 건설 토지 또는 시설을 집중적으로 개발할 수 있지만, 자발성의 원칙을 무시하고 농가의 양도권을 침해해서는 안 된다.

여기에 추가로 필요한 설명은 많지 않다.

1) 정부가 수용하는 토지의 적용 범위는 법적 절차를 거쳐 확정한 공익성 용지의 한계 내에서 엄격히 제한된다. '공익'에 대한 정의의 어려움을 감안해 국제적인 경험에 따라 '토지 수용 시 시가 보상'이라는 새로운 원칙을 넣을 것을 제안한다. 이렇게 되면 정부 재원이 토지 수용 면적에 경제적인 제약으로 작용해 '가장 엄격한 경작지 보호'나 '농지 전용의 최적화 이용'에 '이중 보험'을 제공하는 셈이다.

2) 토지 수용에서 시가에 따라 보상하는 것은 공익 용지와 비공익 용지의 잘못된 배치를 방지하는 것 외에도, 수용된 토지와 시장 거래 토지의 가격 차이를 줄여 원천적으로 '권력성 지대 추구(尋租)'를 근절하는 데에도 도움이 된다. '토지 수용'과 '시가 보상'의 결합이 가지는 경제적 의미는 공익 부지 사업의 시장 거래비용을 절감하는 것이다. '공익 부지'는 '수용'으로 보장하고 있어 흥정을 허용하지 않지만, 보상은 시장에서 형성한 가격에 의해 시장 기능을 보유할 수 있기 때문이다. 국방, 테러, 재난구조 등 긴급 수요에 대해서는 법적으로 "긴급 상황에서 정부가 우선 점용하고, 사후에 보상할 수 있다."라는 조항을 둘 수 있다.

3) 정부의 토지 수용권에 '최종'이라는 제한적인 단어를 붙인 것은 정부

가 최종 부지를 소유할 수 있는 권한을 갖는다는 전제 조건 아래에서, 공익성 사업이라도 시장거래비용이 수용 가능한 한도로 줄어들 수 있다는 것을 감안한 것이다. 말하자면 법에서 규정한 공익성 사업이라 해도 당장 토지 수용권을 사용하는 것이 아니고, 먼저 시장에서 협상하고 합의하지 못했을 때 최종적으로 토지 수용권을 행사하는 것이다. 이는 공익성 사업에서 민간의 활동 공간을 제공할 수도 있고 공익성 사업의 시장 기능 역할을 증대하여 토지 수용 비용을 줄일 수도 있다.

4) 논리적으로 농지전용의 단일한 토지 수용 체제를 종결하려면, 반드시 비농지 시장을 개척해야 한다. 실제로 1급 토지시장에 대한 정부의 독점은 이미 시행 과정에서 타파되었다. 다만 기존 시장의 기반이 취약하고 규모가 너무 작을 뿐이다. 우리는 미래의 토지시장에서 집단 토지 소유권을 기초로 할 것이 아니라, 농가의 완전한 토지 양도권을 기초로 할 것을 제의한다. 이렇게 하면 농촌개혁의 기본 성과가 「농촌토지도급법」과 서로 이어질 수 있고 또한 촌의 권력자가 농지전용 기회를 이용해 농민들의 권익을 재차 침해하는 것을 예방하며 토지자원의 이용 효율성을 높일 수 있다. 수천만 가구의 농민들이 비농업 토지시장에 진입하여 거래비용의 상승을 초래하는 문제는 자발성에 기초한 조직과 계약으로 해결해야 한다. 이는 농가가 위탁을 통해 농촌 집단조직과 기업가 자원을 이용하는 것도 포괄하나 농민의 이익에 대한 집단의 침해는 방지되어야 한다.

이 같은 정책조합을 위해서는 기존의 「토지관리법」을 전면 개정해야 할 뿐만 아니라 '도시 토지는 국가 소유'라는 헌법 준칙을 개정해야 한다. 토지 수용 개혁을 둘러싼 이익 구도의 조정, 그리고 사람들의 관념과 인식에 불가피하게 큰 차이가 존재한다는 점을 고려하여 법률 개정에 서두르지 않고 중국 도시 토지 사용권 시장화의 역사적 경험을 받아들여 점진적으로 토지제도의 보다 근본적인 변화를 완성할 것을 제의한다. 구체적으로 말하면 다음과 같은 절차를 고려할 수 있다.

- 먼저 전국 인민대표대회 상무위원회가 「토지관리법」을 개정 절차에 포함한다고 선포한다.
- 「토지관리법」을 개정하기 전에 국무원에 현행 토지 법률과 일치하지 않는 방법들을 시험적으로 실행할 권한을 위임한다. 여기에는 토지 수용 보상 수준을 높이고 도시 1급 토지시장을 개방하며 집단 토지 또는 농가 도급 토지의 토지시장 진입을 허용하고 토지시장 건설과 관리를 보완하는 것 등등을 포함한다.
- 사회 각계를 동원하여 토지 수용 제도의 개혁과 토지법 개정에 관심을 갖게 하고 국제적 경험과 중국의 자체적인 경험을 폭넓게 연구하며, 국지적 실험과 전면적 연구에 기초하여, 3~4년의 시간을 들여 법 개정을 완성해야 한다.
- 기존의 「토지관리법」을 개정하기 전, 최근 토지 수용에 따른 보상이 너무 낮은 농민에 대하여 어떤 형태의 보상을 보충할 것인가를 고려하여야 한다. 이런 형태의 보상은 보편적인 검사에 기초하여 정책을 제정하고, 심각한 개별 사건을 선택하여 중점적으로 해결하며, 중앙과 지방의 판매 소득에서 일정한 액수(또는 비율)를 책정하여 농촌의 교육·위생 사업 지출에 사용한다. 효율적인 가이드라인 마련을 위해 교육권이나 의료권을 발급하는 방안도 검토할 수 있다.

주

1 Coase(1937, 1960).
2 North(1990).
3 North(1990), Bazel(1989), Libecap(1989a, b), Eggertsson(1990), Alston(1996).
4 장우창(張五常)(2002).
5 예를 들어, 국무원 발전연구센터의 예측에 의하면 중국의 도시화 지수는 2020년에 60%에 달할 것이라고 한다.
6 지면상의 제약으로, 이하에서는 이 두 법률을 각각 「농촌토지도급법」과 「토지관리법」이라고 약칭하였다.
7 "도급자는 법에 따라 토지도급경영권의 양도 여부와 양도 형태를 자율적으로 결정할 권리가 있다."(34조), "국가는 도급인이 토지도급경영권을 법에 의해 자발적으로 유상 양도하는 것을 보호한다."(10조)
8 이 조항에는 또 하나의 예외 조항이 있는데, 우리는 상술한 문장을 인용하여 분석한다.
9 "건설 단위가 국유 토지를 사용할 경우, 양도 등 유상 사용 방식으로 취득하여야 한다."(제54조), "토지 사용권의 양도금 등 토지 유상 사용 비용과 기타 비용을 납부한 후에야 토지를 사용할 수 있다."(제55조)
10 본 소절에서 이용한 보도 자료는 다음과 같다. 「허난(河南) 덩펑(登封)시 정부에서 토지 수용 보상비 1천만 위안 압류」, 『중국청년보』, 쩡저우(鄭州) 2003년 7월 8일발 신화통신; 「허난 덩펑에서 압류한 토지 보상금을 반환하기로 결정」, 쩡저우 2003년 7월 13일발 신화통신; 천스(陳磊), 「허난 덩펑 철도토지 수용 문제에 관한 조사」, 『주말周末』, 2003년 7월 23일; 「허난 덩펑의 토지 수용 보상금 감소에 내재된 괴이한 현상」, CCTV 『경제반시간』, 2003년 7월 25일; 자오핑(趙平)·둥샤오우(董昭武), 「허난 덩펑철도 토지 수용 농민보상비 조사」, 『중국경영일보』, 2003년 9월 8일.
11 Ellickson(1993), p.6.
12 예를 들어 1998년 토지관리법은 "토지 수용 보상 방안이 확정되면 관련 지역 인민정부는 이를 공시하고 토지가 징수된 농촌집단 경제조직과 농민들의 의견을 청취하여야 한다."(제48조)라고 규정하였고, 또 "토지가 수용된 농촌집단 경제조직은 토지 수용 보상 비용의 지출과 수입 상황을 집단 경제조직 구성원에게 공포하고 감독을 받아야 한다."(제49조)라고 규정하였다.
13 이 소절에 이용한 보도 자료에는 『21세기 경제보도』 기자 정세친(鄭學勤)이 2003년 6

월 30일에 보도한「동남자동차단지 토지 수용 '후기'」와 2003년 12월 8일, 「중국개혁」 기자 자오옌(趙岩)·장젠성(薑建生)·천춘화(陳春華) 등이 보도한「칭커우(靑口)진의 현 대화에서 농민들은 무엇을 얻었는가?」 등이 포함된다.

14 이 소절에 사용되는 보도 자료는 1998년 12월 24일, 「생활시보」기자 쟈오후이둥(焦輝 東)이 보도한「쉬원현(徐聞縣) 마이천진(邁陳鎭)의 갈수록 더 치열한 토지 수용 분쟁」 과 2001년 12월 10일, 「난펑시보」기자 장원(章文)·천용(陳勇)이 보도한「땅을 잃은 슬 픔—마이천진의 불법 토지징용 분쟁 사건 4년 회고」등이 포함된다.

15 1997년 5월 5일, 국가토지관리국에서는「비농업 건설 사업의 농지 점용 동결에 관한 통지」를 하달하였다. 이 통지에서는 1997년 4월 15일에서 1998년 4월 14일의 1년 동 안 전국적으로 비농업 건설 사업에서 농지 점용을 동결할 것을 규정하였다. 이 기간 에 비농업 건설 항목의 경작지 점용이 국가 또는 성·자치구·직할시의 연도자산 투자 계획에 편입되었고 또 시급한 비농업 건설 사업이나 확실히 농경지를 점해야 할 경우 는 오직 국무원만이 심사 비준권을 가졌다. 잔장시(湛江市) 국토국은 국가토지관리국 의 통지 규정을 무시하고 월권하여 토지를 심사 비준하였는데, 이는 더욱 불가사의한 일이었다. 이 국의 해당 부문 책임자는 1998년 11월에 기자의 취재를 받을 때 이렇게 해명하였다. "우리가 갔을 때 진鎭 정부에서 경작지를 점용하는 현상을 보지 못하였기 때문에 그들이 실제로 경작지를 점용하여 건설했는지는 모르지만, 그들이 상부에 보 고한 자료를 보면 경작지가 아니었고 우리가 비준한 것도 경작지가 아니었다."

16 사실 1997년 10월에 마이천진 서쪽에 건설한 과일 거래 시장이 이미 개장하여 쉬원현 (徐聞縣) 교통국은 마이천진의 과일과 야채의 외부 조달 문제를 완전히 해결할 수 있 었다. 하지만 마을 일부 지도자들의 방해로 줄곧 그곳을 공터로 두었기 때문에, 기자 가 이번에 보았을 때 텅 빈 시장에는 소 몇 마리가 한가롭게 풀을 뜯고 있었다. 이 때 문에 마이천진에 또 다른 과일·채소 시장을 건설하는 것에 대해 마을 주민들은 매우 분개하면서 "그들(진 정부)은 과일·채소 시장을 건설하는 것이 아니라 분명히 땅을 투기해 돈을 벌려고 하는 것"이라고 말했다.

17 이 소절에서 이용한 조사 자료에는 국무원 발전연구센터 류셔우잉(劉守英) 등이 집필 한「난하이 토지 주식 조사」가 포함된다. Bledsoe and Postermanr(2000).

18 광둥성 인민정부(粤府)(2003) 51호 문건을 참조.

19 이 소절에서 이용한 보도자료는 『와이탄(外灘)화보』의 기자 차이웨이(蔡偉)가 2003년 6월에 쓴「쿤산의 '토지 혁명'」보도, 『와이탄화보』기자 허리단(賀莉丹) 등이 2003년 8 월 22일에 쓴 보도「상하이 억원촌億元村의 비장의 카드는 토지정책을 충분히 이용한 것」등이 포함된다.

20 여기에서 말하는 '구작舊作'이란 저자가 2001년에 『21세기 경제보도』평론에 연재한 「농민 수입에 관련된 일련의 사건」을 가리킨다[홍콩 화첸쑤(花千樹) 출판유한회사,

2003; 중국발전출판사, 2004].
21 Alchian(1965), pp.816~829.
22 『사회주의 시장경제체제를 완벽히 하는 데 관한 중공중앙의 결정』, 인민출판사, 2003, p.17.
23 천시원(陳錫文)이 2004년 1호 문건을 발표한 신문기자회의에서 한 연설을 보라.

참고문헌

[1] Alchian, Armen. "Some Economics of Property Rights," *Political Economy*, 1965, p.30.

[2] Alston, L. J., G. D. Libecap and R. Schneider. "The Departments and Impact of Property Rights: Land Titles on the Brazilian Frontier," *Journal of Law, Economics and Organization* 12, 1996, pp.25~61.

[3] Barzel, Y. *Economic Analysis of Property Rights*, Cambridge University Press, 1989.

[4] Bledsoe, David J. and Roy L. Prosterman. "The Joint Stock Share System in China's Nanhai County," *RDI Report*, 2000, p.103.

[5] Coase, R. H. "The Nature of the Firm," *Economica* 4, 1937, pp.386~405.

[6] Coase, R. H. "The Problem of Social Cost," *Journal of Law and Economics* 3, 1960, pp.1~44.

[7] Eggertsson, I. *Economic Behavior and Institutions*, Cambridge University Press, 1990.

[8] Ellickson, Robert C. "Property in Land," *Yale Law Journal* 102(April), 1993.

[9] Libecap, G. D. "Distributional Issues in Contracting for Property Rights," *Journal of Institutional and Theoretical Economics* 145, 1989a, pp.6~24.

[10] Libecap, G. D. *Contracting for Property Rights*, New York: Cambridge University Press, 1989b.

[11] North, D. C. "Institutions and Credible Commitment," *Journal of Institutional and Theoretical Economics* 149, 1990, pp.11~23.

[12] 張五常,『經濟解釋』(三卷本), 花千樹出版有限公司(香港), 2002年版.

[13] 周其仁,『產權與制度變遷-中國改革的經驗研究』, 社會科學文獻出版社, 2002年版.

[14] 周其仁,『收入是一連串事件』, 中國發展出版社, 2004年版.

시장 내 기업: 인적 자본과 비인적 자본의 특별 계약[*]

본문은 시장 내 기업에 관한 코즈의 이론을 논한다. 중심은 기업을 인적 자본과 비인적 자본이 함께 정한 특별한 시장계약으로 이해하는 것이다. 기업계약의 한 가지 특징은 사전에 각 참여요소와 그 소유자의 권리와 의무를 완전히 규정하지 않거나 또는 완전히 규정할 수 없어 그중 일부를 계약의 집행 과정에 남겨 규정을 더해야 한다는 것이다. 기업계약의 이 특징은 기업조직이 인적(노동자, 경리와 기업가) 자본에 대한 활용을 포함하고 있다는 점에서 기인한다. 본문은 '인적 자본의 재산권 특징'을 기업계약과 그 특징에 도입했고, 이를 코즈의 기업이론에서 간과된 중요한 사실 중 하나로 인식하고 있다는 점에서 다른 글들과 다르다고 할 수 있다.

1. '기업'계약의 특징

시장 메커니즘이 작용하는 조건에서 왜 여전히 기업이 존재하는가? 코즈는 진실 세계에서의 시장 메커니즘이 결코 무료가 아니고 거래비용은 플러스이며 대신 '기업'조직은 거래비용 절감으로 인해 존재하고 있다는 사실을 발견했다. 기업이 거래비용을 절감할 수 있는 이유는 '기업 내에서 시장거래가 취소되었기' 때문이며, 기업 내 각 생산요소의 조합은 서

---

[*] 본문은 원래 『경제연구』, 1996, 제6기에 발표되었다.

로 일련의 매매계약을 체결할 필요가 없기 때문에 이러한 시장계약의 체결과 이행에 드는 비용이 절감되었다. 때문에 코즈는 '기업의 뚜렷한 특징은 가격 메커니즘으로서의 대체물'이라고 했다.[1] 그러나 기업이 비시장계약으로 시장가격 메커니즘을 대체한 것은 아니다. 코즈가 보기에 기업 내의 '명령'과 "어떤 권위인사(기업가)가 자원을 지배하도록 허용한다."라는 것은 '일련의 계약이 하나의 계약으로 대체된' 결과에 불과하였다. "계약을 통하여 생산요소는 일정한 보수를 얻기 위해 제한된 조건에서 기업가의 지휘에 복종하는 데 동의한다. 계약의 본질은 기업가의 권력 범위를 제한한 것이며 기업가는 다만 제한된 범위 내에서만 비로소 다른 생산요소들을 지휘할 수 있다."[2] 즉, 코즈가 기업을 시장계약을 대체하는 비계약기관으로 보지 않았다는 것이다. 반대로 기업이 하나의 시장계약으로서 일련의 시장계약을 대체했을 뿐이다. 이하의 내용에서 필자는 이 계약을 시장의 기업계약으로 통칭하고자 한다. 이는 기업이 투입한 각 생산요소 및 그 소유자의 '동의'에 의해 맺어진 계약으로, 그 본질은 기업가의 권위 범위를 확정하는 데 있다. 다시 말하면, 기업에서 기업가의 권위·명령·계획 등 모든 것이 갑자기 '반反자유시장거래'로 보이는 것은 그 자체가 바로 다른 종류의 시장계약(시장의 기업계약)에 의하여 부여되고 제한된 것이다. 이는 기업가의 권위가 제왕적 권위나 농노주의적 권위, 그리고 중앙계획 당국의 권위와 다른 점이다. 결론적으로 기업은 하나의 시장계약으로, 시장의 가격 메커니즘을 대체하였다.

코즈는 만약 기업이 한 부류의 시장계약으로 다른 한 부류의 시장계약을 대체한 것에 불과하다면 이 두 부류의 시장계약은 어떻게 다른가에 대해서는 집중적으로 대답하지 않았다. 장우창(張五常)(1983)은 "기업에서 맺는 '계약'은 요소시장에서 발생하고, 가격 메커니즘의 '일련의 계약'들은 제품시장에서의 거래이다. 그러므로 기업은 요소시장의 거래계약으로 제품시장의 계약을 대체하였을 뿐이다."라고 지적했다. 장우창의 이와 같은 견해는 현대 기업이론에 대한 중요한 공헌으로 인정받고 있다.[3] 하지만 기업이 요소시장에서 하나(혹은 한 팀)의 거래계약이라는 인식은 코즈가 1937년 논문을 통해 이미 명확하게 밝힌 바 있다. 위의 인용문에서 코즈는 '생산요소'(또는 그 소유자) 간 "일련의 계약이 하나의 계약에 의하여 대체되었다."라고 말하지 않았는가? 이는 코즈가 이미 기업을 요소시장의 계약으로 간주하고 있음을 의미하지 않는가? 사실 그 점에서 장우창은 코즈와 조금도 다를 바 없다.

장우창의 견해가 코즈와 다른 점은 요소시장에서의 계약, 즉 기업계약이 제품시장에서의 계약과 별반 다르지 않다고 생각했다는 것이다. 시장거래에서 시간의 간격, 제로(0)가 아닌 거래비용, 그리고 거래 과정의 리스크와 불확실성 등은 제품시장이나 요소시장에서 모두 마찬가지이다. 그러므로 이 두 가지 계약의 정도와 구체적인 배치의 차이로는 기업조직과 시장 메커니즘을 구별하기에 충분하지 않다. 장우창이 제기한 실질적인 문제는 다음과 같다. 만약 당신이 백화점에서 양말 한 켤레를 샀다고 해서 당신이 이 백화점과 같은 기업에 속해 있다고 볼 수 없다. 그런데 왜 당신이 노동자 또는 기술자를 초빙하면 당신은 그 노동자 또는 기술자와 함께 하나의 기업을 구성한 것으로 보이는가? 그가 보기에 양말을 사는 계약과 기업가가 근로자를 채용하거나 원자재를 구매하는 계약은 모두 시장계약이며, 본질적으로는 다를 바 없다. 장우창은 이로부터 기업의 계약 본질로 인하여 "기업이 어떤 물건인지를 모르겠다."라는 결론을 도출했다.[4]

코즈는 이 결론에 동의하지 않는다는 점을 분명히 밝히며 기업이 요소 및 그 소유자 간 계약 이외에 다른 특별한 점이 있다고 여겼다. 실제로 코즈는 1937년 논문에서 이러한 인식을 밝혔다.

> 예측의 어려움으로 인하여 물품이나 노동력의 공급과 관련된 계약 기간이 길어질수록 실현 가능성이 희박하기 때문에 구매자도 상대방에게

무엇을 요구하는지를 명확히 규정하기를 원하지 않는다. (……) 계약에서의 모든 진술은 공급자에게 공급하는 물품과 노동력의 범위를 요구한다. 또한 공급자에게 요구하는 세부사항은 계약서에 진술하지 않고 나중에 구매자에 의해 결정된다. 자원의 흐름이 (계약에서 정한 범위 내에서) 이런 방식으로 구매자에게 의존하게 되었을 때, 필자가 '기업'이라고 부르는 관계가 유행되기 시작했다.[5]

여기에서 코즈는 요소를 결합시켜 기업계약에 투입하는 기간은 통상적으로 길고, 이 과정에 따르는 위험과 불확실성으로 인해, 계약을 체결하기 전에 이 요소와 매매 쌍방의 모든 권리와 의무를 명확하게 규정하는 것이 불편할(또는 불가능할) 것이라는 사실을 증명하였다. 때문에 코즈의 입장에서 보면, 기업계약의 특징은 계약에 요소 공급의 범위만 설정하고, 이러한 공급의 세부사항을 어떻게 완수할 것인가는 구매자(기업가)가 계약을 체결한 '이후'에 행사할 수 있는 권리라는 것이다. 바꾸어 말하면, 기업계약은 권리 의무 조항이 사전에 완전히 규정되지 않고 요소 구매자가 계약 과정에 이를 추가로 규정할 수 있는 일종의 특별 계약이다.

코즈가 정의한 이러한 기업계약은 일반 제품시장의 계약과는 분명히 다르다. 제품시장에서는 고객이 비용을 지불하고 양말을 구매하면 거래가 종료되며, 고객은 다시 상대방에게 양말 생산에 관한 자세한 사항을 물을 수 없다. 고객은 사후에 반품할 수 있지만, 이는 생산 과정의 세부사항을 통제할 수 있다는 의미가 아니라 거래에서 퇴출됨을 의미한다. 고객 역시 사전에 주문 제작을 할 수는 있지만, '주문권'은 고객이 사전에 여러 세부적인 요구사항을 제시하는 것만을 허용하며 이를 근거로 납품 시 검사, 성능 테스트와 수정을 할 수 있다. 고객의 주문권이 생산 과정의 세부사항에 관여할 권리를 의미하지는 않는다. 만약 한 고객이 자신이 요구하는 양말의 색상을 사전에 정확히 말할 수 없다면 또는 '대략적인 사안만 말하고 그가 양말 생산을 지휘하여 만족할 때까지' 요구한다면, 고객은 큰 비용을 지불해야 할 뿐만 아니라 양말을 구입하는 동시에 봉제공의 노동을 구입해야 하며, 또한 그 노동자와는 사전에 작업 조건과 임금을 정하고, 가공의 세부사항에 대한 통제와 지휘는 보류해야 한다. 하지만 고객이 이렇게 하는 경우, 고객은 이미 코즈가 말하는 기업계약을 체결한 것이다. 우리는 코즈가 지적한 기업계약의 이러한 근본적인 특징이 무엇 때문에 발생했는지를 묻고 싶다.

2. 인적 자본의 재산권 성격

기업계약이 일반 시장 거래와 다른 관건은, 우선 기업계약에 노무勞務의 활용이 포함된다는 것이다. 코즈는 이 점을 1937년 자신의 논문에서 아주 간결하게 설명하였다. 코즈는 기업계약의 특징으로 볼 때 "노무(노동)를 구매하는 것은 분명히 물품을 구매하는 것보다 더 중요한 의미를 갖는다. 물품 구매 시 주요 사항을 미리 설명하고 그 세부사항을 나중에 결정하는 것은 큰 의미가 없다."[6]라고 밝혔다. 반대로 말하면, 기업은 반드시 노동력을 구매해야 하고, 노동력의 매매는 "사전에 대략적인 설명만 하고, 세부사항은 나중에 결정한다."라는 의미가 크기 때문에 비로소 기업계약이 다른 시장계약과 차별화되는 것이다.

코즈는 노동력의 이용과 매매에만 왜 그렇게 특별한 계약이 필요한지에 대해 더 이상 설명하지 않았다. 1930년대 코즈 전후의 경제학자들은 이에 대해 비교적 명확한 설명을 하지 않은 것으로 보인다. 이것도 이상할 것이 없다. 왜냐하면 1960년대 현대의 인적 자본 이론이 대두되기 전에 경제학에서 노동요소에 대한 연구가 토지나 비인적 자본에 대한 연구에 비해 빈약했던 것 같기 때문이다. 당대 인적 자본 이론은 경제 성장에서 왜 총산출의 증가가 요소 투입의 증가에 비해 더 빠른지에 대한 근원을 탐구하였고, 건강·교육·훈련과 보다 효율적인 경제 계산 능력 등의 요소들이 현대 소득 성장에서 나날이 중요해지는 원천[Schultz(1961)]이라는 것을 발견하였다. 그러나 다수의 인적 자본 이론과 관련된 문헌들은 (비인적) 자본 이론의 일부 원리를 인적 자본 분석에 확대시켰을 뿐이다. 인적 자본을 연구한 경제학자들은 인간의 건강·생산기능·생산지식을 자본의 축적, 즉 현재와 미래의 생산 및 소득 증가의 원천으로 간주하는데, 이 경우 인적 자본과 비인적 자본은 형식적으로 거의 다를 바 없다.

그러나 시장계약의 관점에서 인적 자본을 검토할 경우, 인적 자본 재산권 형태의 중요한 특징에 주목하지 않을 수 없다. 로젠Rosen(1985)이 말한 바와 같이 인적 자본의 "소유권은 그것을 구현하는 사람에만 제한된다." 필자가 보기에 이는 그야말로 유일무이한 소유권이다. 각종 비인적 자원과 토지 소유권 등을 포함한 어떠한 경제자원은 개인에게 속할 수 있을 뿐만 아니라 가정·커뮤니티·다른 공동체 또는 국가에 속할 수도 있으며, 또는 어떠한 개인이나 집단에도 속하지 않을 수도 있다. 그러나 인간의 건강, 체력, 경험, 생산지식, 기능과 기타 정신적으로 축적된 소유권은 불가분하게 그 매개체에 속할 수밖에 없다. 이 매개체는 반드시 인간이어야 할 뿐만 아니라, 반드시 살아 있는 개인이어야 한다.[7] 로젠은 인적 자본이 개인의 재산권 특성일 수밖에 없다고 해석할 때 '자유로운 사회에서'라는 제한적 조건을 달았다. 그의 뜻은 사람을 노예로 허락하지 않는 법적 조건에서만 인적 자원이 개인에 속한다는 것이 비로소 진실하다는 의미이다. 그러나 바젤Barzel(1977)의 노예경제에 관한 연구를 읽게 된다면, 우리는 '자유로운 사회'라는 한정된 조건을 없앤다 해도, 인적 자본이 개인에게만 속한다는 명제는 여전히 성립된다고 인식할 수 있다. 노예는 법적으로 노예의 주인에게 속하며, 그 주인 재산의 일부이다. 때문에 노예의 주인은 노예의 노동을 전적으로 지배하는 동시에 모든 산출물을 가

겨갈 수 있다. 하지만 노예는 일종의 '능동적인 재산(fullfledged property)'[8]으로서, 도망갈 수 있을 뿐만 아니라 노동의 노력을 사실상 스스로 통제하고 있다. 노예는 주로 강제적인 조건에서 체력과 노동의 노력을 조정한다. 고도의 '모니터링(supervision)과 통제(policing)비용'을 지불한다고 할지라도 뜻대로만 할 수는 없다. 노예제의 비용을 절감하기 위해 일부 노예 주인들은 노예에게 잘 대해 주어야 할 뿐만 아니라 (포겔이 발견한 것처럼[9]) 정액제(quota)를 실행해야 했다. 즉 노예의 노동이 정액을 초과할 경우 '노예에게 귀속되는' 사적 자산을 허용하였고, 유능한 노예들은 부를 축적하여 최종적으로 자신을 수매함으로써 마침내 자유민이 될 수 있었다. 이는 인적 자본은 천연적인 개인 재산으로서, 심지어 노예제의 법적 권리 구조로도 그 존재를 완전히 무시하지 못한다는 의미가 아닌가?

시장의 자유거래 법칙에 위배되는 법적 권리와 다른 제도적 장치는 당연히 뎀세츠(Harold Demsetz)가 말한 의미에서 보면 인적 자본 재산권의 '훼손'을 야기할 수 있다. 기타 모든 자산과 마찬가지로 완전한 인적 자본의 이용, 계약의 선택, 수익과 양도 등의 권리 중 일부는 제한 또는 삭제될 수 있다. 이때, 인적 자본이 법적 권리상으로 명확하게 개인에게 귀속된다고 해도 그 재산권의 강도强度는 손상될 수 있다. 이 점에서 보면, 인적 자본은 비인적 자본과 유사하며 별반 다른 점이 없다. 하지만 인적 자본은 천연적으로 개인에게 속하는 특성으로, 재산권에 대한 손해가 발생할 경우 비인적 자본과 전혀 다른 방식으로 응답할 수 있다. 인적 자본은 바젤이 말한 '능동적 자산'으로 그 소유자인 개인이 자산의 개발과 이용을 완전히 통제한다. 따라서 인적 자본 자산의 일부가 제한되거나 삭제될 경우 재산권의 주인은 해당 인적 자산을 아예 존재하지 않는 것처럼 '폐쇄'할 수 있다. 더욱 특별한 점은 이 부분이 제한되고 삭제된 인적 자본의 재산권은 다른 주체에게 집중되어 똑같이 개발 및 이용될 수 없다는 것이다. 몰수된 토지는 즉시 새로운 주인의 손에 옮겨져 같은 면적과 토양의 비옥도를 유지할 수 있다. 그러나 '몰수'된 사람은 노예의 주인에게 준다 하더라도 말을 듣지 않을 것이며 '게으르고 멍청할' 것이며 죽을지언정 명령에 따르지 않는다. 요컨대 인적 자본의 재산권 훼손은 이러한 자산의 경제적 이용가치를 단숨에 떨어뜨릴 수 있다.

이와 같은 인적 자본 재산권의 특성을 모르면 현대 경제학에서 매우 인기 있는 '동기 부여' 이론을 이해하는 데 어려움이 많을 것이다. 토지와 기타 자연자원, 공장설비는 물론 은행의 대출도 동기 부여가 필요하지 않은데, 왜 유독 인적 요소만 동기 부여를 운운하지 않으면 안 되는가? 그 이유는 인적 자본 재산권의 특성에 있다. 인적 자본은 천연적으로 개인에게 속하는 한편, 인적 자본 재산권 권리가 일단 손상되면 그 자산은 즉시 평가절하되거나 소실될 수도 있다. 이 양자가 결합되었기 때문에 노예제도에서 노예의 단순한 노동력을 이용하더라도 곤봉과 채찍에만 의존할 수 없다. 하물며 자유시장 계약 조건에서의 여러 가지 복잡한 노동과 능력을 이용하고자 한다면 더 이상 말할 필요가 없다. 동기 부여의 대상은 인간이며 더 정확히 말하면 개인이다. 왜냐하면 개인이야말로 인적 자본의 기술적 불가분의 소유자이며 통제자이기 때문이다. 동기 부여(부정적인 동기 부여를 포함)의 내용은 인적 자원을 개발 및 이용하는 (현재 혹은 미래의) 시장가치 신호를 관련 개인에게 전달하여 그 또는 그녀가 어떤 범위 내에서 얼마나 높은 강도로 자신이 가진 인적 자본을 이용할 것인지를 결정하게 하고, 이를 통해 그 인적 자본 투자의 향후 방향성과 강도를 결정하게 하는 것이다. 동기 부여 메커니즘이 보편성을 띠는 것은 인적 자본의 활용이 경제생활 어디에나 존재하기 때문이며, 이로 인해 현대 경제에서는 인적 자본의 개발 및 이용이 갈수록 중심적인 위상을 차지하게 되었다.[10]

3. 기업 내 인적 자본

일반적인 제품시장 거래에서 소비자와 생산자의 인적 자본은 매우 중요하다. 거래비용이 제로(0)라고 할지라도 공급자와 수요자의 제품 및 노동력 거래에는 많거나 또는 적은 인적 자본이 포함되어 있다. 가격 메커니즘은 물질적인 경제자원을 배분할 뿐만 아니라 생산자와 소비자의 인적 자본 이용을 장려한다. 무엇을 사고, 얼마나 사며, 무엇을 팔고 얼마나 팔 것인지의 여부는 쌍방 당사자의 건강·체력·경험·지식과 판단을 벗어날 수 없다. 이러한 인적 자본이 어떻게 조달되는지는 시장가치 신호의 동기 부여에 의해 결정된다. 이른바 가격 메커니즘을 통한 자원 배분에서는 당사자가 시장가치 신호에 의해 결정하는 중요한 단계를 빠뜨릴 수 없다. 이치는 간단한데, 시장거래에 필요한 인적 자본은 개인에게만 귀속되고, 상대적인 가격 변동이 상대적인 이익의 변화를 야기한다는 동기 부여를 빼면 당사자는 시장에 '진입'(사거나 팔거나)하지도, 시장에서 '퇴출'(사지 않거나 팔지 않거나)되지도 않는다는 것이다. 다른 방법으로 '자원을 분배할' 경우 수천만의 당사자들이 협조하지 않으면 틀림없이 엄청난 골칫거리가 될 것이다.

그러나 인적 자본 재산권의 특성은 기업계약을 체결하는 경우에만 뚜렷하게 나타난다. 기업계약은 일반적인 시장거래 제품과 노동력에 숨겨진 인적 자본을 분해하고 인적 자본 자체를 기업 구매를 위한 독립적인 요소로 간주한다. 우리는 최소한 기업계약에 가입한 어느 한 측이 인적 요소와 그 소유권을 가지고 있다는 사실을 알고 있다. 가장 간단한 예로 '전통적인 기업'이란 곧 기업의 물적 자본 소유자와 노무요소의 소유자인 노동자 사이에 체결한 기업계약이다. 여기에서 기업에 투입되는 노동은 노동자의 인적 자본(체력, 기본적인 기능과 노력)을 발휘하고 활용하는 것이 아닌가? 노동은 천연적으로 노동자 개인에 속하며, 이 철칙은 전통적인 기업에도 동일하게 존재한다. 기업의 물적 자본 소유자인 자본가는 동기 부여의 길 이외에는 노동자가 최선을 다하도록 하는 계책이 따로 없다. 알치안과 뎀세츠(1972)가 강조한 기업 내 '계량과 감독(measuring and monitoring)'은 기업생산에 대한 개별 노동자의 공헌을 식별해 '격려성 보수 배치'의 기반을 확립하였다는 점에서 의미가 있다. 계량과 감독은 결코 '노동자를 착취'한다는 뜻이 아니다.[11] 다른 인적 자본의 이용과 마찬가지로 노동자의 노동 노력은 '격려'할 수는 있어도 '착취'할 수는 없다. 자본가의 권력 남용은 어떤 권력이든 남용되는 것처럼 그 역사가 끊이지 않지만, 자본가의 권력 남용은 노동자들의 집단행동(파업·시위·노동운동)을 부추길 뿐, 결코 노동자의 노동력을 충분히 활용하는 효과에는 미치지 못했다. 다른 한편으로 노동자들의 자발적인 집단행동은 자본가의 권력 남용을 제어하는 것에 제한된다. 대부분의 경우, 노동자들은 경쟁에서 노동시장의 거래를 받아들이고 '격려성 계약'에 응답한다.

　계량과 감독은 또 다른 종류의 인적 자본으로, 일반적으로 경영자의 관리지식과 재능은 기업에서 응용이라고 불린다. 마찬가지로, 소위 '기업가의 재능'은 시장의 불확실성에 대비해 기업이 '무엇을 하고 어떻게 할 것인지'에 대해 결정하는 것으로, 기업가의 인적 자본이 기업에서 운용되는 것에 불과하다. 따라서 보다 완벽하게 말하자면, 모든 기업계약은 노동자의 노동, 경영자의 관리능력, 기업가의 의사 결정과 분리될 수 없다. 이 세 가지 인적 자본은 다른 모든 경제적 자원과 마찬가지이며, 생산에서의 효능도 마찬가지이다. 다만 상대적 희소성 때문에 시세가 다를 뿐이다. 그러나 이러한 인적 자본 재산권의 특성은 공통적으로 비인적 자본 재산권의 특성과는 다르다. 첫째, 인적 자본은 태생적으로 오직 개인에게만 귀속된다. 둘째, 인적 자본의 운용은 '격려'할 수 있을 뿐 '착취'할 수 없다. 이것이 바로 기업과 같은 집단생산에서 모든 개별 구성원의 노동 기여에 대한 계량, 감독, 관리가 없어서는 안 되는 이유이다.[12] 알치안과 뎀세츠가 "잉여 청구권으로 기업 관리자를 격려해야 한다."라고 주장한 이유는 단지 감독자들을 관리하는 정보비용이 지나치게 높기 때문이었다. 나이트Knight(1921)가 기업가의 재능을 '이윤'으로 보상하는 것의 합리성을 강조한 이유도, 경험할 확률이 없는 시장의 불확실성에 직면한 기업가가 경영에 최선을 다하고 있는지는 아무도 모르기 때문이다.

　기업은 이와 같은 다양한 인적 자본과 다른 비인적 자본 사이의 시장계약에 불과하다. 시장에서의 기업계약이 특별한 이유는 기업계약에 인적 자본이 포함되었기 때문이다. 인적 자본 재산권의 특징으로 인해 이런 경제자원을 직접 이용할 때 '사전에 전부 설명하는' 계약 방식을 채택할 수 없다. 노동자의 노동을 이용하는 경우, 설사 간단한 노동부터 모든 세부 사항을 사전에 명백하게 설명할 수 있는 노동일지라도, 노동계약의 시행 과정에 문제가 생길 수 있다. 왜냐하면 개별 노동자가 집단생산에서 제공하는 노동의 노력은 다른 구성원들의 노동 노력의 영향을 받기 때문이다. 모든 구성원의 노동을 보호하고 격려해야 하며, '계량, 감독과 기타 격려'를 떠나서는 다른 방법이 없다. 경영인의 노력을 이용하는 경우, 기업 관리의 모든 세부 사항이 설사 기술적으로 가능하더라도 정보비용이 높아 경제적으로 타산이 맞지 않을 수 있다는 것을 사전에 분명히 말해 두어야 한다. 기업 경영자를 임용하는 계약에서 사전에 기재할 수 있는 내용은 사실상 경영자가 사전에 완벽하게 예측할 수 없는 일을 원활하게 처리하려는 책임과 경영자의 노력을 통해 달성해야 하는 목표이다. 경영자의 노력 공급은 동기 부여 메커니즘의 마련과 집행에 의해 결정된다. '동기 부여'가 결핍하면, 도처에서 '관리 부실' 징후가 나타나는 것은 당연하다. 기업가의 재능을 이용하고자 할 경우 사전에 '대략적인' 내용조차 쓰지 못할 것이다. 왜냐하면 '시장의 발견', '모든 방향에서의 혁신'과 같은 일은 필경 어느 누구도 사전에 '기획'하거나 '계획'할 수 없기 때문이다. 기업가의 재능 발휘는 심지어 일이 끝난 다음에도 감독이나 계량이 쉽지 않다. '이익 배분 계약(share cropping contract)'과 같은 제도의 마련, 즉 기업가적 자본의 소유자가 기업경영의 잉여를 공유하는 것을 제외하고는 기업가의 재능을 '격려'해 낼 방법이 없다. 기업가의 재능은 개인에 속하는 것으로, '동기 부여'가 부족하면 '천성적으로 부족한' 것처럼 그 재능이 발휘되지 않는다. 경영의 실패가 도처에서 나타나기 때문에 '기업'은 여러 개의 자영업자로 쪼개져서 시장에 가서 따로 생계를 이어 가는 것만 못하게 된다. 요컨대, 서로 다른 품질의 인적 자본이 독립적으로 매매할 수 있는 생산요소로 기업에 들어올 때, 재산권에는 일부 공통된 특징이 있다. 기업계약은 하나의 특별한 시장계약으로, 그 특별한 점은, 계약은 일부 사전에 밝힐 수 없는 사항들을 보류하고 동기 부여 메커니즘에 의해 조절된다는 것이며, 이는 인적 자본의 재산권 특징에 의해 설명될 수 있다.

4. 기업계약과 기업 소유권

위의 결론은, 기업이란 물적 자본과 인적 자본의 특별한 시장계약이며 또한 기업 재산권과 관련된 문제들도 논의할 필요가 있다는 것이다. 첫째, 기업은 하나의 시장계약으로 이미 여러 요소와 그 소유자를 포함하고 있다. 그렇다면 기업 자체에는 독립된 소유권, 즉 기업 소유권은 하나도 없는가? 둘째, '자본에 의한 노동 고용'은 시장 기업계약의 항구적인 내용인가? 셋째, 이른바 '경영자 혁명'이 과연 소유권을 약화시켰는가? 이 절에서는 이러한 서로 다소 연대적인 문제들에 대해 간략하게 논의해 보고자 한다.

기업은 하나의 시장계약이라는 인식에는 '기업에는 하나의 소유권만 있을 수 없다'는 의미가 명확하게 포함되어 있다. 자원을 두 개 또는 두 개 이상 소유하지 않고 어떻게 '시장계약'을 할 수 있겠는가? 두 개 또는 그 이상의 소유권이 어떻게 재산권 거래를 통해 각자의 자원을 협력적으로 이용할 것인지가 바로 계약의 내용이다. 그러므로 하나의 계약에 여러 개의 소유권이 포함되는 것은 명확한 사안이다. 경험에 의하면 하나의 계약에는 언제나 여러 개의 동일한 문건이 있다. 각각의 계약서는 법적 근거로서의 기능 외에, 그 자체로도 저당증거와 같은 독립적인 시장가치를 가질 수 있다. 그러나 하나의 계약에서 각 문건의 시장가치는 매우 다를 수 있고, 이는 계약에서 각 보유자의 재산권 지위에 달려 있다. 예를 들어 토지임대계약의 경우, 이론적으로는 임대인과 임차인 모두 토지를 담보로 대출을 받을 수 있다. 다만 임대인은 100위안을 대출받을 수 있는 반면, 임차인은 10위안을 대출받을 수 있다. 이는 모든 시장계약에 여러 가지 소유권이 있음을 분명히 보여 준다. 시장계약은 여러 가지 소유권 사이에서 각자의 재산권을 양도하기 위하여 서로가 이행을 담보하는 승낙이다. '이 계약이 누구에게 속하느냐?'고 묻는 사람은 없다. 계약은 어느 일방의 소유권에 속하지 않을 뿐만 아니라 각 참여자의 '공동 소유'도 아니기 때문이다.

그러나 기업계약의 경우, 사람들은 자연스럽게 '기업의 소유권이 누구에게 속하는지'와 같은 역설적인 문제를 생각한다. 일반적으로 보면, 보편적인 결론은 '기업은 그 자본의 소유주가 소유한다'이다. 그러나 기업에 자본(자본과 그 소유권)이 하나뿐인가? 전통적인 기업에서는 물적 자본의 소유자들이 기업의 관리자와 기업가를 겸하고 있다. 이러한 비인적 자본과 인적 자본의 소유자가 하나가 되는 현상은 경제학에서 포괄적인 '자본'의 개념을 만들어 냈다. 자본가란 바로 이런 포괄적인 고전 자본 인격화의 대표자이다. 자본가는 전통적인 기업에서 많은 직책을 가지고 있으며 따라서 재무 자본가로서의 자신과 경영인이나 기업가로서의 자신과는 계약을 체결할 필요가 없다. 이는 '자본가가 전통적인 기업을 소유한다'는 명제의 인식론적 기원을 구성하기에 충분하다. 사람들이 흔히 말하는 초기 경제 발전에서 '자본의 상대적 희소'는 현재로 볼 때 기업의 재무자본과 기업가의 인적 자본을 구분하지 않는 모호한 판단에 불과하다. 사실, 저명한 경제사학자인 브로델이 지적했듯이 과거 어느 경제 시대에서도 '일부 돈은 투자처를 찾지 못했다'는 것이다.[13] 달리 말하면, 고대에도 진정으로 희소했던 것은 재무자본이 아닌 기업가의 인적 자본이었다. 그러나 물질적 자본의 소유자와 기업가 인적 자본의 소유자가 '일신이임一身二任'하는 시대에 이를 보는 것은 실로 쉽지 않다.

기업가가 희소한 결과는 혁신의 부족, 완만한 경제 성장, 단일화의 구조로 나타났다. 이러한 경제에서는 취업자를 수용할 수 있는 능력이 약하고 취업의 수용력이 떨어질 수밖에 없기에 인력자원이 '과잉'으로 보이며 노동자의 체력과 능력은 보잘것없어 보인다. 고전시대에 '자본'의 상대적 결핍과 인력의 상대적 과잉은 '자본'이 노동(마르크스의 정의)을 '고용'하고 '지배'(나이트의 정의)하게 만들었다. 재무자본과 기업가의 재능, 그리고 관리기능이라는 인적 자본이 영원히 한몸에 집중된다면 '자본이 노동을 고용하는' 것은 '기업이 자본가에게 속하는' 것과 마찬가지로 영원한 명제가 될 것이다. 사람들은 도대체 무엇이 노동을 '고용'하는지에 대해 생각하지 않을 이유가 있다. 사람들은 또한 순수한 물적 자본의 인격화 대표자(자본가)가 노동을 '지배'할 권리, 즉 노동자의 인적 자본을 이용할 권리를 가지는 것이 당연하다고 생각한다. 이는 우리에게 이른바 '자본이 노동을 고용하는' 것은 '기업이 (재무)자본가의 소유에 속한다'는 명제의 복제판에 지나지 않음을 보여 준다.

그러나 현대 기업조직의 발전과 더불어 기업가의 재능이나 관리재능과 같은 인적 자본은 하나의 '자본'에서 분리되었다. 시장 범위가 확대되고 거래 내용과 형식이 복잡해지며 기업조직이 성장함에 따라 기업가와 기업 관리 인적 자본의 독립은 필수적이었고 이는 경제적으로도 이익이 되었다. 이것은 분업법칙이 경제조직의 변화에서 나타난 결과에 불과했다.

전통적인 '자본가'들은 점차 두 부류로 나뉘었다. 한 부류는 단순한 비인적 자본의 소유자이고, 다른 한 부류는 기업가(관리자) 인적 자본의 소유자이다. 이 과정에서 단순한 비인적 자본은 점점 더 '소극적인 화폐'의 본성을 드러냈다. 사실상 전통적인 기업에서 비인적 자본은 일찍부터 소극적인 화폐였는데, 다만 그 당시에 이런 소극적인 화폐의 소유자가 '적극적인 화폐'의 소유자였기 때문에 사람들이 눈치채지 못했을 뿐이다. 예를 들면 채플린이 생생하게 연기했던 '컨베이어 벨트가 노동자를 지배하는' 경우에도 기계와 설비는 '무엇을 생산하고, 얼마를 생산하는지'를 몰랐고 그것은 기업가의 재능, 즉 모험적인 '시장 예측'에 의해 결정되었다. 경영상의 의사 결정이 잘못되면 공장은 문을 닫게 되고 많은 생산라인도 멈출 수밖에 없으니, 어떻게 '노동자를 지배할' 수 있겠는가? 그러므로 전통적인 기업에서도 물적 자본가가 노동을 '고용'했다기보다 기업가 재능을 가진 인적 자본(나이트가 말한 시장의 불확실성에 대처할 수 있는 모험가)이 비인적 자본의 그림자에서 관건적인 역할을 했다고 할 수 있다. 이는 '자본이 노동을 고용한다'는 명제가 모호한 자본 개념에 의해 뒷받침되고 있음을 보여준다.[14]

고전 기업의 현대 기업으로의 발전은 기업가(관리)의 인적 자본을 기업 자본의 그림자에서 벗어나게 할 뿐만 아니라 대기업의 무대 중심에 서게 하였다. 1930년대 벌리와 민즈(1933)는 미국의 비금융 부문에 종사하는 200대 회사에서 회사의 주식이 지극히 분산된 조건에서 경영자가 이러한 기업의 자산 대부분을 통제하고 있다는 사실을 발견하였다. 그들은 이를 미국 기업제도의 역사에서 '경영자 혁명(managerial revolution)'이라 불렀다. 이 혁명은 '소유권과 분리된 경제적 권세'를 만들어 냈고, "재산을 제공한 사람들에게 '소유자'의 지위를 부여하여 새로운 왕자들이 권세를 행사할 수 있게 되었다." 벌리와 민즈의 관찰은 최고였다고 평가할 수 있지만, 그들의 요약과 이해는 잘못되었다. 그들은 기업가(관리)의 인적 자본이나 그 소유권에 접근하였지만, 뭐라고 이름 붙여야 좋을지 몰라서 '경제적 권세' 또는 '새로운 왕자'라는 모호한 호칭을 취하고 또한 대기업 무대의 중심에 있는 경영자들을 보스(즉, '재물 제공자')의 권력을 넘나드는 사람으로 간주하였다. 그들은 기업가 인적 자본의 소유권과 기업자산 소유권의 분리를 '통제권(경영권)과 소유권의 분리'로 이해하였다. 1960년대 이후 '벌리-민즈 가설'이 크게 유행하면서 많은 사람들은 심지어 지분이 분산된 거대 회사를 '소유권이 희석된' 경제조직으로 인식하였다.[15]

'벌리-민즈 가설'의 이론적 오류는 1983년 스티글러와 프리틀란트의 논문이 발표되고 나서야 비로소 수정되었다. 스티글러와 프리틀란트는 대기업 주주가 자신의 재무자본에 대한 완전한 재산권과 통제권을 갖고 있으며 그들은 주식거래를 통해 자신의 재산권을 행사한다고 지적하였다. 경영자는 자신이 관리하는 지식에 대한 완전한 재산권과 지배권을 가지고 있으며 그들은 고급 노동시장에서 자신의 지식과 능력을 매매한다. 주식회사는 '소유권과 경영권의 분리가 아니며' 재무자본과 경영자 지식 능력 자본이라는 두 가지 자본과 그 소유권 사이의 복잡한 계약[Stigler and Friedland(1983)]이다. 이는 이론적으로 인적 자본과 그 재산권을 현대 기업 제도에 대한 이해에 도입시킨 것이다.

이 이론을 보급하면, 우리는 현대의 주식회사가 기업의 재산권 구조에 일으킨 진정한 중대한 변화가 현대 기업에서 인적 자본의 상대적 위상의 급격한 상승과 순수한 재무자본의 상대적 중요성의 저하라고 볼 수 있다. 한편, 오늘날 기업의 발전 형태에서 인적 자본의 전문화가 전례 없이 높아졌다. 인적 자본의 다양한 활용[일반 노동, 전문 기능, 관리(계량 및 감독), 각종 기업가의 재능]이 모두 독립적으로 거래 가능한 요소가 되어 기업계약에 포함되었다. 이로 인해 인적 자본과 비인적 자본 사이의 기업계약은 더욱 정교하고 복잡해졌다. 또 다른 한편으로, 각종 인적 자본과 그 소유권 계약에서의 경쟁과 협력은 '전통적인 기업' 시대를 초월한 새로운 조합과 형태로 다양하게 발전되었다. 기업의 각종 인적 자본, 즉 '인센티브 계약(incentive contracts)'을 어떻게 충분히 활용하여 기업 재무자본을 효과적으로 활용할지가 오늘날 기업의 경쟁력과 생산성을 유지하기 위한 핵심적인 문제가 되었다. '소극적인 화폐' 즉 순수한 기업 재무자본의 존재로 개인·사장·기업가 등 인적 자본 소유자가 '밥벌이'를 하게 된 것이 아니라, '적극적인 화폐'의 소유자인 기업의 인적 자본이 기업 내 비인적 자본의 가치 보전, 증식과 확장을 보장한 것이라는 사실을 이제야 똑똑히 볼 수 있게 되었다. 이러한 상황에서 기업의 인적 자본의 시장가치가 상승하고 비인적 자본의 시장가치가 하락하는 현상이 어찌 이상한 일이겠는가?[16] 문제는 기업 내 인적 자본 시장가치의 상대적 상승이 기업 재무자본 재산권의 '박탈'을 통해 이루어진 것이 아니고, 재무자본 시장가치의 상대적인 하락도 이른바 '소유권 약화'의 결과가 아니라는 것이다. 기업의 자본별 상대적 시장가치의 변화는 기업계약에 진입한 모든 요소의 시장경쟁에 의해 결정된다. 발전된 노동시장, 경영자 시장, 기업가 시장과 재무자본시장이 없다면, 그리고 이러한 시장의 소통과 통합이 없다면 어떻게 현대적인 기업제도를 '혁신'할 수 있겠는가? 시장의 기업계약은 시장(즉 재산권 거래)에서만 그 경제적 효과의 한계를 찾을 수 있으며 이것은 현대나 '과거'나 다를 바 없다. 현대적 기업이라고 한다면 다만 더욱 복잡한 '시장의 기업계약'일 뿐이다. 그중에서도 기업계약의 특징은 더욱 뚜렷해졌다. 왜냐하면 독특한 재산권 형태를 가진 인적 자본이 현대 경제 성장과 현대 경제조직에서 과거 어느 시대에도 없었던 중요한 위치를 차지하고 있기 때문이다.

5. 결론

이 글은 시장에 있는 기업을 인적 자본과 비인적 자본 사이에 이루어지는 특별한 계약으로 이해하고 있다. 기업계약의 특징은 각 요소 및 그 소유자의 권리와 의무에 관한 조항을 사전에 완전히 규정할 수 없기 때문에 일부는 계약의 집행 과정에서 다시 규정해야 한다는 것이다. 이런 특징은 기업계약이 인적 자본(근로자, 경영자와 기업가)의 참여를 포함하고 있기 때문이다. 인적 자본의 재산권은 아주 특수해서 단지 개인에게 속할 뿐 '인센티브'가 아니면 조정이 어렵다. 바로 인적 자본 재산권의 특성 때문에, 시장의 기업계약은 사전에 모든 것을 규정할 수 없으며 반드시 사전에 분명하게 말하지 못한 내용은 보류하고 동기 부여 메커니즘에 의해 조절되도록 해야 한다. '인센티브 계약'은 기업제도의 관건이기에 요소별 시장가격 책정 메커니즘을 고려해야 할 뿐만 아니라 각 인적 자본 요소의 기업에서의 상호작용, 그리고 기업조직과 불확실한 시장 수요의 관계 등을 고려해야 한다. '인센티브'가 적절해야 기업계약이 일반(제품) 시장의 거래비용을 절감할 수 있으며 이러한 절감이 기업 자체의 조직비용보다 많을 때 기업의 '조직 이익'이 실현될 수 있다.

코즈의 기업계약이론에 재산권이론과 인적 자본 이론을 추가하면 시장 내 기업조직에 대한 새로운 이해를 제공할 수 있다. 하지만 이러한 새로운 이해를 비시장적 조건에서의 '기업조직' 분석에 직접 적용하기는 오히려 어렵다. 예를 들면 '전환 중인 사회주의 기업'은 시장거래를 금지하거나 제한하는 조건에서 형성되었다. 이렇게 '시장거래비용 절감' 메커니즘을 갖추지 않은 '기업'이 개혁 과정에서 '시장'으로 밀려난 후 그 어려움은 또 다른 문제가 되었고, 이에 대해서는 별도의 논의가 필요하다.

주

1 중문 번역본을 참조하라. Coase(1994), p.4.
2 Coase(1994), p.6.
3 장웨이잉(張維迎)(1995)을 참조, p.13.
4 이 문제에 대한 장우창과 코즈의 논의를 참조(1991), p.148.
5 Coase(1994), pp.6~7.
6 Coase(1994), p.7.
7 고전 경제학자들로부터 마르크스는 인간의 능력이 오직 개인에게만 속한다는 사실을 알게 되었다. 마르크스가 구상한 사회주의 사회에서는 모든 비인적 자본이 사회적 공동 소유로 귀속되었고 시장도 소멸되었다. 하지만 이런 순수한 경우일지라도 "서로 다른 개인의 천부적인 재능이 묶이되고, 따라서 서로 다른 인간의 업무 능력은 천연적인 특권임이 묶이되었다." 그는 노동자가 실제로 제공하는 노동의 양과 질에 따라 소비재를 배분하는 '자산계급법권'이 반드시 유지되어야 한다고 했다. 마르크스(1972), p.12.
8 장우창은 자신이 '능동적 자산' 개념에 대해 기여했다고 언급하였다. 장우창(1984), p.181.
9 Fogel and Engerman(1972).
10 경제 발전에서 지식과 기타 인적 자본의 역할에 관하여 왕딩딩(汪丁丁)이 1994년 『경제연구』에 발표한 「최근 경제 발전 이론에 대한 약술과 사고」(1995), pp.49~91을 참조하라.
11 코즈는 레닌이 사회주의가 국가를 하나의 큰 공장으로 변화시켜야 한다고 제안할 때 '엄격한 계량과 감독'이 있어야 한다고 여러 번 강조했던 점에 주목했다. Coase(1988).
12 집단생산에서 '계량과 감독' 기능의 필요성과 그러한 기능이 집단생산 구성원 사이에 어떻게 분포되어 있는지는 별개의 문제이다. 이 글은 지면상의 제한으로 후자는 토론하지 않는다.
13 Braudel(1977), p.35.
14 코즈는 1998년, 자신이 50년 전 기업에 관련해 집필한 논문을 회고하면서 스스로 "이 논문의 주요한 약점 중 하나는 고용주와 피고용자의 관계를 기업의 원형으로 한 것이다.", "고용관계를 강조한 결과 기업을 조직한 이들이 계약으로 자본(설비와 현금)의 사용 권리를 취득, 임대 또는 차입한다는 점을 고찰하지 못했다."라고 밝혔다. Coase(1988), pp.288~289.
15 장준(張軍)(1994), 제8장을 참조하라.

16 추이즈위안(崔之元)(1996)은 미국이 1980년대 이래 29개 주에서 회사법을 개정했다는 사실을 인용하면서 미국의 회사법이 '사유화'의 역방향으로 심각하게 변화했음을 보여 준다고 설명하였다. 추이즈위안의 소개에 따르면 미국 회사법의 이러한 변화는 기업의 경영자들에게 주주들을 위한 서비스뿐만 아니라 회사의 '이해 관계자(stake holders)'들을 위한 서비스도 요구하였다. 하지만 '이해 관계자'라는 개념은 아주 모호한데, 여기에는 '주주'도 포함되고 '노동자, 채권자, 기업이 위치한 지역 사회 공동체'도 포함되어 있는 것 같다. 이러한 변화의 배경으로 말하면 고위 경영자, 노동자와 기업이 소재한 지역사회들이 주주에게만 혜택을 주는 '악의적인 인수' 행위에 반대하면서 이러한 법안들이 제기된 것을 들 수 있다. 그렇다면 미국 회사법의 이 같은 변화를 미국 기업에서 인적 자본 재산권의 위상이 제고된 것이라고 볼 수 있지 않을까? 추이즈위안이 인용한 자료가 마침 본문의 논점을 뒷받침해 주는 것 같다. 예를 들면 이스터브룩 판사가 1989년 위스콘신주의 새로운 회사법에 관한 판결에서 '이해 관계자'의 원리를 지지한 이유는 '악의적인 인수'가 주주에게는 유리하지만, 채권자·경영자·노동자들의 인적 자본을 빼앗았다고 인정하였기 때문이다[추이즈위안(1996), p.38]. 이스터브룩 판사가 언급한 인적 자본이란 기업계약에서의 일부 소유권이 아닌가? 만약 인적 자본이 본문의 이해와 같다면, 모든 물적 자본이 공유된 조건에서도 인적 자본은 개인의 사유재산에 속하는 특수한 자본일 뿐인데, 우리는 어찌 미국 29개 주 회사법의 상술한 변화에서 '사유제를 초월한 논리'를 볼 수 있을까?

참고문헌

[1] Alchian, A. and Harold Demsetz. "Production, Information Costs, and Economic Organization," *American Economic Review* 62, 1972, pp.777~759.

[2] Barzel, Yoram. "An Economic Analysis of Slavery," *Journal of Law and Economics* 17, 1977, pp.73~96.

[3] Berle, A. and Means, G. *The Modern Corporation and Private Property*, New York: Commerce Clearing House, 1932.

[4] Braudel, Fernand. *Afterthoughts on Material Civilization and Capitalism*, The Johns Hopkins University Press, 1977.

[5] Chueng, Stenven. "The Contractual Nature of The Firm," *Journal of Law and Economics* 26(1), 1983, pp.1~21.

[6] Coase, Ronald. "The Nature of the Firm," 1937; in Coase, *The Firm, the Market, and the Law* 33~55, 1988, University of Chicago Press, 中译本见盛洪, 陈郁译校, 『论生产的制度结构』, 上海三联書店, 1994年版, 第1-24页.

[7] Fogel, Robert William, and Stanley L. Engerman. *Time on the Cross: The Economics of American Negro Slavery*, Boston: Little, Brown, 1972.

[8] Knight, Frank. *Risk, Uncertainty, and Profit, Reprints of Economic Classics*, 1921, Augustus M. Keller, 1964.

[9] Rosen, S. "The Theory of Equalizing Differences," In *Handbook of Labour Economics*, eds. O. Ashenfelter and R. Layard. Amsterdam: North-Holland, 1985.

[10] Schultz, T. "Investment in Human Capital," *American Economic Review* 51 March, 1961, pp.1~17.

[11] Stigler, G. and C. Friedman. "The Literature of Economics, The Case of Berle and Means," *Journal of Law and Economics* 26, 1983, pp.237~268.

[12] 崔之元, "美國二十九州公司法變革的理論背景", 『經濟研究』, 1996年 第4期, 第35~40頁.

[13] 馬克思, "哥達綱領批判", 『馬克思恩格斯選集』, 第3卷, 人民出版社, 1972年版.

[14] 汪丁丁, 『經濟發展與制度創新』, 上海人民出版社, 1995年版.

[15] 張軍, 『現代產權經濟學』, 上海三聯書店, 上海人民出版社, 1994年版.

[16] 張維迎, 『企業的企業家-契約理論』, 上海三聯書店, 上海人民出版社, 1995年版.

[17] 張五常, "我所知道的高斯", 『憑欄集』, 香港壹出版公司, 1991年版.

[18] 張五常, "知識與共產政制", 『賣橘者言』, 信報有限公司, 1984年版.

'통제권 보상'과 '기업가가 통제하는 기업'
―공유제 기업에서 기업가 인적 자산의 재산권에 관한 연구*

본문은 저장성 헝뎬(浙江省橫店)그룹의 재산제도를 통해 공유제 기업에서 기업가의 인적 자본 재산권에 대해 연구한다.[1] 우리가 직면한 현상은 경영 성과가 양호한 공유제 기업에는 적어도 한 명의 출중한 기업 총수가 비교적 장기간에 걸쳐 기업에 대한 통제를 유지하고 있다는 것이다. 기존의 기업이론은 물적 자본의 소유권이라는 시각에 제한되어 이 현상을 이해할 수 없었기 때문에 '공유제 기업'에 존재하는 기업가 인적 자본의 소유권에 대한 다양한 표현 형태는 이론적인 고찰의 시야에서 제외되었다. 한편 현실에서 절대다수의 공유제 기업은 아직도 '정경 유착'의 제도적 프레임에 갇혀 있으며 기업의 총수들은 종종 기업가와 관료 등 여러 직책을 겸직하고 있기 때문에 '공유제 경제'에서 기업가의 인적 자본 문제를 관찰하는 데 어려움을 겪지 않을 수 없다. 다행히도 중국의 개혁은 이미 정치와 경제가 분리된 공유제 기업을 탄생시켰다. 이 글에서 연구한 개별적인 사례인 저장성 헝뎬그룹은 기업과 정부의 관계를 비교적 일찍부터 확정한 공유제 기업이다. 우리는 헝뎬 모델을 통해 행정 권력 통제를 벗어난 '공유제 기업'에서 기업가의 인적 자본 재산권이 존재하는지, 그리고 어떻게 존재하는지, 현행 기업제도에서 실제로 어떻게 작용하는지, 어떻게 동기 부여를 받고 또 어떻게 변화하여 기업 재산권 제도의 수립에 영향을 주는지 등을 연구할 수 있다.

---

* 본문은 원래 『경제연구』, 1997, 제5기에 발표되었다.

1. '사회단체 소유제'의 명칭과 실체

헝뎬그룹의 재산권은 '사회단체 소유제 모델'로 요약할 수 있다. '사회단체 소유제'란 무엇인가? 「헝뎬그룹 사회단체 소유 재산권 제도 요강」(초안, 1994)은 "사회단체 경제의 자산 소유권은 국가 소유도 아니고, 현지 정부의 소유도 아니며, 각 마을의 소유도 아니다. 사회단체 경제 지도부 개인이나 기업 직원 개인의 소유는 더욱 아니며 사회단체 범위 내 구성원들의 공동 소유(즉 공유)이다."라고 정의하고 있다.[2] 이 정의는 고전적인 소유권 이론에서부터 현대의 재산권 경제학에 이르기까지 많은 복잡한 개념들과 연계되므로 결코 간단하지 않다. 그러나 우선적인 문제는 이 같은 '사회단체 소유제'의 정의가 헝뎬그룹의 재산권 관계를 어느 정도까지 반영하고 있는가에 귀결된다.

조사 결과, 우선 헝뎬그룹은 향진鄕鎭 정부나 다른 어떤 일급 정부의 소유가 아니며, 향진 정부나 다른 어떤 일급 정부에 의해 통제되지도 않는다는 것을 확인하였다. 헝뎬그룹의 초기 기업 모델은 중국 내 일반적인 집단 또는 농촌기업과 원칙적인 차이가 없다. 이는 바로 기업의 자본 형성이 지역사회 정부와 밀접한 관계가 있다는 사실이다. 그 시대에는 오직 정사합일政社合一(정치 권력인 정부와 집단 소유제에 근거한 경제조직인 인민공사의 일체화)된 사회단체만이 기업으로서의 합법성을 갖출 수 있었다. 따라서 기업의 최초 자금 조달과 상환에 대한 책임은 기업가가 지더라도, 기업은 여전히 농촌집단에 속했다. 「헝뎬그룹요강」[3]에 따르면 헝뎬그룹은 1989년까지 '진鎭에서 경영하는 집단 기업'으로 규정되었다. 하지만 그룹이 설립(1990)된 날부터 기업의 성격은 "집단 소유제이며 저쟝 헝뎬그룹의 지도와 관리에 속한다."로 변경되었다.[4] 이에 상응하는 실질적인 변화는 ① 그룹의 총 경영인은 이 해부터 "이사회에서 선출하여 임명하고", 더는 진 정부가 임명하지 않으며 또한 진 정부의 동의를 거치지 않는다[5]고 규정한 것이다. ② 또한 투자 프로젝트는 규모에 상관없이 진 정부의 심사 비준을 거칠 필요가 없다. ③ 기업이 진 정부에 이윤을 상납하는 방식도 할당제와 정액제를 거쳐 '진 정부의 유상 서비스를 받는 것'으로 전환되었다. 즉 기업은 진 정부가 기업에 제공하는 서비스의 양과 질에 따라 정부에 지급하는 비용의 액수를 결정한다.[6] 요컨대, 헝뎬그룹의 창립은 제도화된 정경 분리의 완성을 상징한다. 이로 인해 헝뎬 모델은 현재 중국의 대다수 정부와 기업을 구분하지 않는 공유제 기업과 원칙적인 차이가 있다.

그다음, 헝뎬그룹의 모든 구성원은 어떤 형태로든 '공동 소유'의 기업 자산에서 개인 지분을 보유하지 않았다. ① 기업을 설립할 때 구성원 개개인으로부터 받은 '모금'은 나중에 기업이 원금을 갚고 주식 자본으로 기업에 남기지 않았다. ② 구성원이 기업에 납부한 취업 '담보금'은 직무 책임과 리스크를 부담하는 데 사용했고 이는 지분이나 채권도 아니었으며 이자를 계산하지 않았고 이익 배당금도 없었다. ③ 기업 이윤의 대부분은 기업에 남기고 개인에게 분배하지 않았다. 사회단체의 각 구성원은 임금과 성과금 외에는(뒤에서 토론) 기업으로부터 주식, 이자나 다른 어떤 형태의 재산 소득도 받지 않았다. 헝뎬그룹의 자산은 사회단체 구성원들의 '공동 소유'였지만, 사회단체 구성원의 신분은 개방적이었다. '어디서 왔든 모두 집단의 구성원이 될 수 있고', '집단에서 일하면 조직의 구성원이고, 집단을 떠나면 집단 구성원의 신분을 잃으며'[7] 이는 본 지역사회의 농민들과는 결코 같지 않았다.

이상과 같이 '사회단체 소유제 모델'은 헝뎬그룹의 두 가지 기본적인 특징을 반영하였다. 첫째, 기업은 정부의 소유도 아니고 정부에 의해 통제되지도 않는다는 것이다. 둘째, 헝뎬그룹의 기업자산 전체가 개인에게 계량화되지 않았다는 것이다. 헝뎬그룹은 매우 독특한 형태의 공유제 기업이다. 헝뎬그룹이 국가 소유제 기업과 구별되는 것은 헝뎬그룹이 전국 범위 내에서 실행하는 중앙정부가 통제하고 관리하는 공유제 기업이 아니라는 것 때문이다. 헝뎬그룹은 또한 집단 소유제 기업과도 다르다. 헝뎬그룹의 소유자는 단지 지역사회 내 '현지인'들로만 구성된 '집단'도 아니고, 향진 정부가 통제하고 관리하는 기업도 아니기 때문이다. 헝뎬그룹의 사회단체 소유제와 모든 전통적인 공유제의 근본적인 차이는 '철저한 정경 분리'를 실현했다는 것이다. 동시에 사회단체 소유제는 주식제 또는 주식합작제와 같은 주식 형태로 표현되는 개인 재산권이 없기 때문에 공유제 개혁에서 나타난 다른 유형과도 차별화된다.

2. 개인에게까지 계량화된 동기 부여 메커니즘

그러나 '사회단체 구성원 공유제'의 개념은, 헝뎬그룹의 '개인에게까지 고도로 계량화되는 동기 부여 메커니즘'을 반영하지는 않았다. 매년 임금과 보너스, 이윤 분배와 관련된 제도를 보면, 헝뎬그룹은 구성원 개개인의 기업에 대한 기여와 책임을 규정하고, 이를 기반으로 회사를 위한 기여와 노력, 책임과 개인 소득이 일치할 수 있는 분배 시스템을 모색하고 구축해 왔다는 것을 알 수 있다. 헝뎬그룹의 분배 모델을 다음과 같이 간략하게 정의할 수 있다. 각 구성원은 개인의 기여와 책임에 기초하여 상이한 임금을 받고, 또한 동일한 원칙에 기초하여 보너스의 형태로 이익을 나눈다. 실질적인 동기 부여 메커니즘은 항상 실질적인 재산권 관계(de facto property rights)[8]를 의미하기 때문에 우리는 특히 다음에서 제기되는 헝뎬그룹의 동기 부여 메커니즘에 포함되어 있는 재산권의 함의에 주의할 필요가 있다.

임금: 헝뎬그룹의 임금체계는 산정(核定)임금과 평정(評定)임금으로 분류된다. 산정임금은 그룹에서 일괄적으로 제정한 것으로 인턴에서 회사의 총 경영자까지 이르는 등급별 임금 기준이 포함된다. 특이한 점은 헝뎬그

룹은 줄곧 '임금과 이윤의 연결'을 강조해 왔다. 즉 임금 산정 수준과 회사의 이윤 창출 능력이 연계되어 있다.[9]

산정임금에 전체 인원을 곱하면, 그룹이 산정한 임금 총액이다. 그룹 내 각 기업에서는 산정된 임금 총액 한도 내에서 각 기업의 실정에 따라 경리, 공장장 이하 각 직급별 직원들의 임금 기준(경리, 공장장과 그룹 본사 직원의 임금은 모두 그룹 본사에서 평정)을 정하며 이것이 바로 평정임금이다. 실제 임금은 각 기업의 평정임금을 기준으로 하지만, 인턴과 기타 저임금 직급의 실질 임금은 그룹에서 통일적으로 산정한 최저임금보다 낮아서는 안 된다. 헝뎬그룹이 정한 최고임금은 최저임금의 5~7배이다. 평정임금은 기업에 따라 다르며, 일반적으로 격차가 더 크다. 전체 그룹 범위에서 현재 추정된 실제 최고임금은 최저임금의 약 열 배이다.

보너스: 보너스의 총액은 이윤에서 공제하며, 일반적으로 총이윤의 25~30%를 차지한다. 그룹 내 기업들은 각자의 이윤 수준에 따라 보너스를 산정하고 각자의 기여도와 책임에 따라 개인에게 분배한다. 헝뎬그룹의 보너스 분배에는 두 가지 '철칙'이 관철되고 있다. ① '이윤을 수익성과 연계'한다. 즉 부실 기업은 보너스가 없으며 이윤을 창출하는 부서와 그 직원들만이 보너스를 통해 이윤의 일부분을 나눌 수 있다. ② 이윤 분배는 결코 균등하게 적용되는 것이 아니라 구성원의 서로 다른 기여도와 책임에 의해 결정된다. 대체적으로 일반직은 '임금을 참조하여 결정'하고, 기술직은 전문성과 관련된 기여도에 따라 결정하며, 경영자의 보너스는 기업의 이윤 수준에 의해 결정된다.

집단복지: 일반적인 예상과 달리 헝뎬그룹과 같이 경제력이 매우 강한 공유제 기업은 기업에 의한 출자나 구매가 많지 않다. 그러나 사회단체 구성원 개인이 향유하는 집단복지를 배분한다. 헝뎬그룹의 경우, 외부에서 영입한 기술 전문가들에게 시장가격에 의거한 아파트를 제공하는 것 이외에는, 헝뎬그룹 총수는 물론 일반 직원들의 주택은 그룹에서 투자해

건설한 것이 아니라 개인이 마련한 것이다. 그룹은 소재지의 소도시 인프라 구축에 비교적 큰 투자를 하였지만, '사회단체 구성원'들은 현지의 다른 사회단체 구성원들과 마찬가지로 이러한 인프라를 향유하며 구성원으로서의 특권은 따로 없다. 그룹이 투자하여 건설한 공공 문화 오락시설을 이용할 경우, 사회단체 구성원들도 마찬가지로 비용을 지불해야 소비할 수 있다. 이는 헝뎬그룹 구성원으로서 향유할 수 있는 복지가 매우 적다는 것을 보여 준다. 기업의 분배 가능한 대부분의 이익은 '노동에 의한 분배, 논공행상論功行賞'의 원칙에 의거하여 직원 개개인에게 계량화한 후, 어떻게 지출할지는 개인이 결정하도록 한다.

상술한 헝뎬그룹의 동기 부여 메커니즘은 '되도록 기업에 대한 개인의 기여도만큼 보상하는 것'을 특징으로 한다. 여기에는 좀 더 고찰해야 할 두 가지 문제가 있다. 첫째는 헝뎬그룹은 그룹의 총생산량에 대한 구성원의 실제 기여도를 어떻게 정확하게 측정하는가 하는 것이고, 둘째는 도대체 누가 '계량화'의 직무를 효율적으로 수행하느냐 하는 것이다. 알치안과 뎀세츠(1972)에 따르면 이 두 가지 문제의 상관성은 다음과 같다. 만약 '측정'의 난이도가 높지 않다면 누가 측정하든 동기 부여 메커니즘에 미치는 영향은 상관없지만, 상반되는 경우에는 다르다. 헝뎬그룹은 서로 관련된 이 두 가지 문제를 어떻게 해결하였을까?

헝뎬그룹의 분배체제는 이미 '수익성에 대한 기여에 따라' 구성원의 보수를 결정한다는 원칙을 분명히 규정했다. 그러나 진정으로 '노동에 의한 분배, 논공행상'의 원칙을 실시하려면, 그 전제 조건은 집단생산의 총성과에서 구성원 개인의 노동 기여도나 '기여'의 지분을 정확하게 식별하는 것이 되어야 한다. 나아가 이런 식별은 집단생산 과정에서 수행해야 할 뿐만 아니라 향후 재분배(예로 들면 보너스)에도 적용되어야 한다. 또한 사전에 '식별'하여 사전에 지급해야 한다(예를 들면 임금). 여기에서 가장 도전적인 문제는 과연 집단생산에서 개별 구성원의 기여도를 '객관적' 기준에 따라 사전과 사후에 식별할 수 있는지의 여부이다.

헝뎬그룹의 경험을 꼼꼼히 다시 읽어 보도록 하자. 첫째, 헝뎬그룹의 '산정임금'은 분명히 그룹의 총생산량에 대한 각 부서의 실제적인 기여도와 완전히 동일하지 않다. 예를 들면 산정한 그룹 총수의 임금과 일반 직원의 임금 차이는 총수와 일반 직원의 실제 기여의 차이를 나타낼 수 없다. 따라서 산정임금은 그룹이 생산 과정에 투입할 (원하는) 총임금 수준을 '인위적으로' 결정한 것일 뿐이다. 둘째, 산정된 임금 총액은 실행 과정에서 실제로 일부만 지급되고 다른 일부는 남겨져 '사후'에 처리된다. 흑자를 남긴 기업은 산정된 임금 총액 전부를 보충받지만, 적자를 낸 기업에게는 일부만 지급한다. 셋째, 기업은 상술한 사전 정산과 사후에 최종 집행된 임금 총액에 기초하여, '평정임금'을 통하여 임금 총액을 개인에게 계량화한다. 평정임금의 기반은 직원 개개인의 실제 기여도가 아니라, 이런 기여도에 대한 '주관적 평가'이다. 넷째, 보너스 총액은 사후에 실제로 창조한 이윤에서 '주관적'으로 할당되는 몫이다. 다섯째, 보너스가 개인에게 계량화된 근거는 '평가된' 개인의 기여도이다. 요컨대, 임금이든 보너스든 간에, 헝뎬은 먼저 그룹 범위 내에서 총량을 일괄적으로 결정한 후, 직급별로 임금과 보너스 총량을 기업·공장·작업반과 개인에게 분배한다.

여기서 기업은 '한 단계씩 아래로 분배'하는 것에 매우 신경을 쓴다. 헝뎬그룹의 분배 메커니즘은 '자산이 사회단체 구성원들의 공동 소유'라는 이유로 '사회단체 구성원이 공동으로 결정하는 것'이 아니다. 임금 및 보너스 총액은 그룹 총수가 주관하는 본부와 각 기업 경영자의 연석회의에서 결정되며, 그룹총회의 '다수결' 또는 '전체 구성원의 일치된 동의'가 아니다.[10] 결정의 근거는 각 사회단체 구성원들의 의사가 아니라 시장경쟁 상황과 기업 전략이다. 이렇게 결정된 임금이나 보너스 총액은 직급에 따라 아래로 분산되는데, 먼저 기업이 분배할 총액을 확정한 후, 기업 경영자의 주관으로 본 기업의 임금과 보너스를 개인별로 '책정'한다. 분명한 것은, 이러한 각급 경영자가 '주관적'으로 평정한 임금과 보너스가 개별 구성원이 집단생산에서 한 '객관적인'(또는 수용 가능한) 기여도에 최대한 '부합'하는지, 또는 어느 한 부분에서 불가피한 오차가 발생할 경우 효과적인 '시정 메커니즘'이 작동하는지 등이 헝뎬그룹의 동기 부여 메커니즘에 결정적 영향을 미친다는 것이다. 따라서 우리는 헝뎬그룹이 어떻게 각 경영자들에게 효율적으로 동기를 부여하는지, 개인에게까지 계량화하는 동기 부여 메커니즘이 작동할 때 이것이 기업의 이익을 대변하는 충분한 동력이 되는지에 대해 반드시 관심을 가질 필요가 있다.

3. 경영자와 기업가의 기여도에 대한 '가격 책정'

우리는 우선 헝뎬그룹이 경영자와 기업가의 기여도에 따라 '가격'을 제시하려고 노력해 왔다는 사실을 확인하였다. 이런 특별한 가격 책정 메커니즘은 다음과 같은 두 가지 측면을 포함한다. 즉 경영자의 임금, 보너스, 기타 보수액의 결정과 보수의 지급이다. 특이한 점은, 기업에 대한 경영자의 기여도는 측정하기 더욱 어렵다는 것이다. 따라서 그 보수액의 결정은 더 '주관적'이고 실제 집행도 훨씬 더 '하향식으로(自上而下)' 결정된다.

위에서 헝뎬그룹 경영자(공장장 포함)의 급여는 그룹 본부에서 정한다고 이미 설명하였다. 경영진의 보너스는 기업이 창출하는 이윤과 연계되지만, 구체적인 액수는 그룹 본부에서 결정한다. 지금까지의 그룹「요강」은 경영진의 급여와 보너스에 대해 명확한 액수를 정하지 않고 원칙만 규정했다. 조사를 통해 그룹과 그룹 내 직속 계열사 경영진의 보수는 모두 그룹 총수에 의해 결정된다는 사실을 확인할 수 있었다. 계열사 경영자의 성과급은 해당 기업이 창출한 이윤 총액의 1/100 수준이었으며 그 절대액은 그 지역의 '경영자 시장'에서 충분히 경쟁력이 있고 자극적이었다. 거액의 보너스에 상응하는 것은 기업 경영자들에 대한 중징계였다. 「요강」은 모든 기업 경영자들이 그룹에 리스크 담보금(재산과 현금)을 납부하도록 규정하였다. 그중 도급업체 경영자는 연간 급여액의 열 배를 선납하고, 임대업체 경영자는 전체 임대자산의 10%를 선납하도록 하였다. 헝덴그룹 경영자들의 리스크 담보금은 주로 기업의 적자를 배상하는 데 사용되었다. 이와 동시에 「요강」은 공장의 손실은 공장장이 총 손실액의 10%를 배상하고, 자회사의 손실은 자회사 사장이 5%를 배상하며, 그룹의 손실은 그룹 총수가 3%를 배상한다고 규정하였다.

헝덴그룹 일반 직원의 보수는 경영진에서 정하고 경영진의 보수는 본부와 총수가 정하기 때문에 그룹 총수는 사실상 그룹 전체 동기 부여 사슬의 최후의 결정 고리가 된다. 그렇다면 헝덴그룹은 어떻게 총수에게 동기 부여를 할까? 우선 총수의 보수를 보자. 첫째, 회사의 총수는 그룹 전체에서 가장 높은 임금을 받는다. 둘째, 총수의 성과급 수준은 그룹 전체 경영진 중 가장 높았다. 1991~1993년의 「요강」에서는 "그룹의 이윤 지표 완성을 보장한다는 전제에서 (……) 그룹 총수의 보너스는 세금 납부 후 이윤의 1~2%"라고 규정하였다.[11] 우리가 알 수 있는 것은 헝덴그룹 총수(모든 경영진의 공헌을 평가하는 최종 평가자)는 제도적으로 그룹 전체에서 최고 소득을 얻을 수 있을 뿐만 아니라, 그룹 내 다른 구성원들의 소득과도 큰 차이를 보인다는 점이다.[12]

요약하자면 헝덴그룹에서 계량화의 난제는, 그룹 총수가 경영자를 평가하고 상급자가 하급자를 평가하며 경영자가 일반 직원을 평가하는 것으로 해결되었다. 그룹의 최종 평가자가 제도적으로 가장 많은 이윤을 나눌 수 있기 때문에 이윤 목표는 시스템 내 계층화된 '위탁-대리' 관계에 들어가게 되며 각 계층의 '주관적 평가'에 대한 오류를 시정하는 메커니즘의 기반이 되었다. 얼핏 보기에 헝덴식 동기 부여 메커니즘의 효과는 바로 '알치안과 뎀세츠 효과'를 기반으로 구축된 것이다. 즉 '잉여 청구권(Residual claim)'으로 기업 관리자를 격려하고, 다양한 투입에 대한 고찰로 각종 인적 자본의 집단생산에 대한 기여도를 대체함으로써 집단생산에서의 측정비용을 효과적으로 절감하였다.[13] 그러나 우리는 여기에 '작은 차이점'이 있다는 사실을 잊어서는 안 된다. 헝뎬그룹의 최종 평가자인 그룹 총수는 법적으로 회사 자산의 소유자가 아니며, 그는 실제로 기껏해야 회사 이윤의 1.2%밖에 가지지 못한다. 이렇게 적은 '잉여 청구권'이 어떻게 그룹 전체 관리 시스템의 '모럴 해저드' 행위를 이겨 내는 거대한 책임과 균형을 이루는지에 대해 재산권 경제학자들은 묻지 않을 수 없다.

4. 기업 통제권

공유제 기업 연구에서 간과하기 쉬운 권리가 바로 기업 통제권이다. 본문에서는 기업 통제권을 '배타적으로 기업자산을 이용하고, 특히 기업자산을 이용하여 투자와 시장 운영에 종사하는 의사 결정권'으로 정의하였다.[14] 헝뎬그룹의 기업 통제권은 고도로 집중되어 있었다. 우선, 그룹 내 기업과 그 소속 기업 전체의 투자권과 자산 처분권이 그룹 본사와 총수에 고도로 집중되었다. 헝뎬그룹의 총자산은 매우 급속히 늘어났는데, 1993~1995년까지의 기간을 예로 보면 핵심 기업 140개를 포함한 그룹의 총자산은 2년 동안 5.9억 위안에서 16.3억 위안으로 10억 위안 이상 증가하여 연평균 66% 성장하였다.[15] 헝뎬그룹 투자 모델의 뚜렷한 특징은 투자 의사 결정이 그룹 내에서 고도로 '본부에 집중'되었다는 점이다. 1995년까지 그룹 전체 모든 기업의 '신규 프로젝트 개발, 투자, 신설 기업(비독립 법인 포함)'과 기존 기업의 통폐합은 제도적으로 그룹 본부의 권한이었다. 실제 시행 과정에서 각 계열사가 제시한 투자 프로젝트는 모두 그룹 본부 전담팀에서 평가한 이후 최종적으로 그룹 총수가 결정하도록 되어 있었다. 헝덴의 투자권이 고도로 집중된 기반은 다음과 같다. ① 그룹 본부와 총수가 거액의 투자 자본금을 직접적으로 장악하고 있었다.[16] ② 각 기업의 자산을 담보로 대출을 받는 것이 아니라 그룹 전체의 총자산을 담보로 대출을 받았다. 이에 따른 리스크를 그룹이 부담하기 때문에 대출금 사용 권한이 그룹에 집중되었다. ③ 그룹 본부와 총수는 지금까지 양호한 투자 성공 사례를 보여 왔고, 이와 같은 성공 사례를 통해 신용, 명성과 기타 무형 자산을 갖고 있었다. 투자 의사 결정과 실행을 위한 헝덴그룹의 실질적인 방법은 구성원 전체의 공동 결정도 아니고 (소속) 기업의 자율권도 아닌 고도로 집중된 그룹 본부와 총수의 권한이었다.

대조적으로 계열사의 기업 운영에 관한 의사 결정은 '분권화' 정도가 비교적 높다. 그룹 내 각 기업의 경영자(공장장)들은 기업의 운영 관리에 대하여 명확한 책임과 상응하는 관리 권한을 가진다. 헝덴그룹 내부의 기업 관리 체제는 수년간의 변화를 거쳐 점차 기업의 일상 운영 관리에 관한 경영자와 공장장의 개인 책임에 상응하는 권한을 명시하였다.[17] 하지만 헝덴그룹 내 기업 경영자의 인사 임명은 그룹 전체 구성원의 '민주적인 선거'가 아니고 그룹 외부에 있는 향진 정부의 위임도 아니다. 그 권리는 그룹 본부와 총수에 고도로 집중되었다. 헝덴그룹 내 각급 경영자의 인사, 각급 경영자나 공장장의 보직은 '그룹 이사회 → 그룹 본사 사회단체 경제국 → 그룹 본사 총수 → 자회사 총경리 → 공장의 공장장'의 프로세스를 거쳐 위에서부터 아래로 한 직급씩 초빙하고, 피초빙자는 초빙자에 대해 책임을 졌다. 그룹 사장의 선임 프로세스에서 그룹 본부와 총수는 마찬가지로 최상위에 있다. 헝덴그룹 본사와 총수는 집중된 경영자 임명 권한을 통해 그룹 내 분권화된 기업의 일상적인 관리를 통제한다고 할 수 있었다.

헝덴그룹 본부와 총수가 직접 장악한 투자 권리와 자산 처분권, 그리고 경영인 임명을 통해 간접적으로 통제되는 기업 경영권은 알치안과 뎀세츠(1972)가 말한 의미의 '잉여 청구권'이 아니다. 왜냐하면 위의 글에서 소개한 바와 같이 그룹 총수는 기업 투자와 자산 재편, 인사 임명 등과 같은 활동에 따른 '잉여 지분'을 1~2% 수준에서 누릴 수 있기 때문이다. 하지만 적어도 헝뎬그룹의 재산권 모델에서 우리는 그룹 총수 개인이 누리는 매우 제한된 잉여 청구권과 양립하는 것은 그룹 본부와 총수에게 고도로 집중되어 있는 기업 투자와 경영활동의 직접적 또는 간접적 통제권이라는 것을 발견하였다. 이 부분에서 기업 통제권이 지배하는 자원은 양적으로 거대한데, 그 가운데에서 투자만 해도 그룹 전체 연간 세금 납부 후 이윤의 60~70%를 차지하며, 거기에 그룹자산 전체를 담보로 한 은행대출과 기타 신용이 추가된다. 그룹의 다른 구성원들의 경우, 잉여 청구권을 공유하지만, 기업의 투자 통제나 자산 처분, 경영인 임명 등에 관여하지 않는다. '잉여 청구권과 대칭되지 않는 기업가의 기업 통제권'이야말로 헝뎬그룹 사회단체 소유제의 '공유·민영' 모델의 진정한 모습이다.

5. '통제권 보상'

충분한 잉여 청구권을 갖지 않은 기업가가 충분한 기업 통제권을 가지고 있다면 무엇에 의지할까? 정부와 기업을 구분하지 않는 공유제 경제에서 기업 통제권은 직접적으로 행정 권력의 일부 내용이거나 혹은 행정 명령으로 '경영자를 임명'한다. 하지만 헝뎬 모델에서 기업가는 자신의 능력으로 충분한 기업 통제권을 얻었으며 이런 기업가의 능력은 시장의 검증을 거쳐야 했다. 우선 1975년, 헝뎬그룹의 '초기' 자본은 사원社員들의 개인 사채와 은행 대부금이었다. 창업자 쉬원룽(徐文榮)의 개인 능력과 신용, 과거의 성공 경험은 채권자 수중의 '소극적인 화폐'를 기업가가 리스크를 감당하는 투자로 전환시켰다.[18] 그 후 '신용은 투자로 바뀌었고 투자는 기업의 자산을 형성하였다. 기업자산에 기업가의 신뢰가 더해져 더 큰 신용이 되는' 기업의 자산 확장 과정에는 기업가 정신과 안목 그리고 잠재적인 이익 창출에 대한 판단과 의사 결정 능력이 결정적인 역할을 하였다.[19] 요컨대, 기업가들은 과거에 자신이 기업의 투자와 경영을 위해 했던 의사 결정의 결과를 통제하고 있었다.[20] 이런 경우에 기업 통제권은 전적으로 '타인 재산에 대한 투자신탁'이 아니며, 우선은 이는 기업가의 기업 통제 능력이 시장의 환경 검증을 거친 결과이다.

 기업가가 기업 통제권을 행사하는 '권한'은 자동적으로 주어지는 것이 아니다. 헝뎬그룹의 '기업가 통제' 모델은 제도 개혁과 혁신 과정에서 형성된 것이다. 1984년 쉬원룽은 당시 헝뎬 향鄕의 한 모체 공장에서 파생된 17개 인민공사와 생산대를 '헝뎬공업회사'로 통합하고 회사가 '의사 결정 센터와 투자 센터' 기능을 수행하도록 결정하였다. 이는 당시 향진의 당과 정부 권력 기관과 기존 공장장들이 가진 수중의 기업 통제권을 '내놓고', 그 권력을 '공업회사' 경영인에게 집중하겠다는 의미였다. 기업 통제권에 대한 재분배는 당연히 마찰과 '홍정'을 야기했다. 기록에 의하면, 기업 통제권을 전통적인 공유제 모델의 행정 통제권에서 '기업 자주권'으로 확정하기 위하여 쉬원룽은 기업 자주권의 개입을 포기하지 않는 '공업을 관장하는 향진 책임자' 다섯 명을 '내쫓고', '개명한 진鎭 당위원회 서기'의 동의와 현縣의 지지를 받아 제도적으로 '철저한 정경 분리'를 실시함으로써 헝뎬공업 총공사를 명실상부한 의사 결정 센터와 투자 센터로 탈바꿈시켰다.[21] 나중에 보면 이는 물론 헝뎬그룹의 '기업가가 기업을 통제하는' 모델이 형성된 중요한 단계였다. 우리가 헝뎬그룹에서 거듭 조사한 주제는 당시 쉬원룽이 어디에서 충분한 협상 '카드'를 얻었기에 이렇게 예사롭지 않은 '제도적 변화'를 성공적으로 주도했느냐 하는 것이다. 내가 내린 결론은 쉬원룽이 가진 힘의 원천은 두 가지 능력에 있었다는 것이다. 통상적인 기업가의 재능, 즉 성공적인 투자와 경영 의사 결정과 제도적 기업가로서의 재능으로 '제도와 조직의 혁신'을 실현한 것이다. Umbeck(1977)은 미국 서부에서 금을 캔 경험을 연구하면서 "힘이 권리를 정한다.(might makes right.)"라고 제시하였다. 우리는 헝뎬그룹에서 기업가와 제도 기업가의 능력이 기업 통제권으로 확정되는 것을 확인하였다.[22]

기업 통제권은 기업가의 노력과 공헌에 대한 일종의 보답이다. 여기에서 기본 메커니즘은 기업에 대한 기업가의 책임과 공헌이 사실상 기업가가 얻은 기업 통제권과 플러스 관계가 있다는 것이다. 분명한 점은 '통제권 보상'이 기업가의 공헌에 대한 일종의 동기 부여 메커니즘이고, 그 유효성과 강도는 기업가의 공헌과 그가 받는 기업 통제권 사이의 대칭 수준에 의해 결정된다는 것이다. 이는 '잉여 청구권'으로 기업가의 공헌을 보상하는 메커니즘과 같은 것이다. 차이점은 '잉여 청구권'은 기업이 창출한 잉여에 대한 분배와 향유를 의미하는 반면, '기업 통제권'은 기업가가 기업 자원을 지배하여 의사 결정을 할 수 있는 권리를 의미한다. '통제권'이 그에 상응하는 '잉여 청구권'을 가지지 못할 경우(이는 헝뎬 모델의 현실이다.) '통제권 보상'이란 기업인들이 '열심히 일한 것'에 대한 보답인 '계속 일할 수 있는 권리'를 의미하지 않는가? 그렇다면 어떤 의미에서 '사업권으로 사업을 보상'하는 것을 '동기 부여 메커니즘'으로 볼 수 있는지에 대해 의문을 제기할 수 있다.

이 질문에 답하기 위해서는 기업가에 대한 더 깊은 이해가 필요하다. 카슨Casson(1982)에 따르면 '기업가'는 '의사 결정 판단'을 제공하는 '어떤 사업의 실행자'이다. 여기에서 의사 결정 판단의 실질은 단지 가격 시스템이 제공하는 공공 정보에 의한 한계적 계산이 아니라, '객관적 정보의 지배와 주관적 신앙의 지배를 받는' 활동이라는 것이다. 때문에 오늘날 사람들이 말하는 '기업가 정신'에서 '기업가'의 개념은 사업에 대한 의욕, 자신감, 경쟁 의지력, 직업정신, 종교적 신앙, 인생의 신념, 그리고 잠재적인 이윤 창출에 대한 민감성과 직감 등을 필수 요소로 가진다. '기업가 정신과 재능'은 매우 주관적이고 관찰과 가늠이 어렵지만, 기업가의 '판단에 따른 의사 결정' 결과, 즉 기업의 경쟁 상태는 필경 불확실한 시장 환경의 생존 경험[Alchian(1950)]을 통해 관찰할 수 있다. 문제는 '기업가 정신'을 비교적 많이 보유한 잠재적 기업가가 우선 기업을 통제할 수 있는 기회를 얻어야 "그(그녀)의 판단에 따라 기업의 자원 배분이 결정될 수 있다." 여기에서 기업 통제권은 '기업가 정신과 능력'을 시장에서 경매할 수 있는 기회권으로 이해할 수 있다. 바로 이런 의미에서 기업 통제권은 기업가에 대한 동기 부여가 된다.[23]

헝덴 모델이 기업가에게 주는 동기 부여 효과는 비록 기업이 기업가의 공헌에 상응한 '잉여 청구권'은 지불하지 않았지만, 기업에 대한 기업가의 공헌과 그가 기업으로부터 받은 이익 사이의 '차액'은 누군가에 의해 통제 및 지배되는 것이 아니라 여전히 그 기업가가 통제하고 지배한다는 것이다. 결국 기업가의 공헌과 '이윤 배분권'의 비대칭은 또 다른 비대칭, 즉 '이윤 배분권'과 기업 통제권의 비대칭으로 보충된다는 것이다. 기업가가 얻은 '이윤 배분권'과 기업 통제권을 합하여 우리는 헝덴 모델에서 기업가의 공헌은 그가 기업에 공헌한 모든 결과에 대해 누릴 수 있는 권리와 일치한다는 사실을 발견하였다. 이것이 바로 내가 이해하는 동기 부여와 융합된다. 여기에서 결코 모든 공유제 경제가 헝덴 모델의 이런 격려 메커니즘을 가지고 있는 것은 아니라는 것을 지적해야 한다. 예를 들면 유고슬라비아의 '노동자 사회 소유제'에서 기업가의 공헌과 그가 얻은 권리의 '차액'은 전체 노동자들이 평등하게 나누지만, 대다수의 정경 유착형 '공유제 경제'에서의 '차액'은 행정 등급의 권력에 의해 통제되고 배분되었다. 여기서 우리는 기업가의 재능이 왜 헝덴 모델에서 충분히 발휘될 수 있는지를 이해할 수 있다.[24]

6. 기업가 인적 자산의 자본화: 뛰어넘을 수 있는 논리인가?

'통제권 보상'은 매우 중요한 특징을 가지고 있다. 즉 이러한 메커니즘은 동기 부여 대상이 반드시 재직 중이어야 한다. '잉여 청구권'과는 달리 '기업 통제권'은 기업가 자신이 기업을 통제하는 자리에서만 그 권리를 '누릴 수' 있다. '재직 중'이어야만 의사 결정을 할 수 있고, 의사 결정에 의한 판단을 제공하는 권리 그 자체가 어떤 사업을 성취하려는 기업가에 대한 동기 부여가 된다. 이는 '기업 통제권'의 정의에서 소유권은 '재직 상태이지 않으면' 사실상 소유자의 권리가 될 수 없다는 의미이다. 나아가 '통제권 보상'은 또한 기업가들에게 '줄곧 재직 중이어야 하고', '영원토록 재직 중이기를' 요구한다. 기업가의 당시 노력은 그 성과를 '누리는' 통제권을 통해 대가를 받을 것이고 기업가가 기업의 통제권을 '누릴' 때 기업의 향후 발전에 공헌한다고 한번 생각해 보라. 만약 기업이 이러한 연속적인 노력에 대한 지불에서 영원히 "기업 통제권을 중심으로 하고 잉여 청구권은 보조로 한다."라는 원칙에 의거한다면 기업가는 반드시 영원히 재직 중이어야 한다. 즉 기여도와 잉여권의 차액을 영원히 통제해야만 노력과 보상이 대칭되는 요구를 만족시킬 수 있다.

그러나 이미 다른 논문에서 지적한 바와 같이, 인적 자산 재산권의 특징 중 하나는 '천연적으로 개인에게 속한다'[25]는 것이다. 따라서 기업가의 인적 자본 재산권에 대한 시행도 '권력의 매개체'의 여러 가지 상황에 영향을 받지 않을 수 없다. 비록 그들이 어떤 사업을 성취하려는 시도와 능력, 야망과 책임감에 변화가 없더라도 기업가의 의도를 실현하는 능력에는 그 임기 내에 변화가 있을 수 있는데, 하물며 어떤 기업가도 결국 노쇠와 죽음을 피할 수 없다. 따라서 우리는 '통제권 보상' 메커니즘이 보다 더 오랜 시간 동안의 시험을 이겨 낼 수 있을지에 대해 관심을 가지지 않을 수 없다.

'재직 중인' 기업가들의 능력 변화에는 여러 가능성이 있다. 능력이 점점 강화되는 기업가들의 기업에 대한 공헌은 지속될 것이다. 왜냐하면 '통제권 보상'이 마련되어 있는 상황에서 더 강한 능력은 더 많은 통제권을 보상받고, 더 많은 통제가 기업가적 재능을 발휘할 수 있는 기회를 제공하기 때문이다. 분명히 기업가적 능력의 강화는 '통제권 보상'에 대한 동기 부여를 강화할 것이다. 번거로운 문제는 재직 중인 기업가들의 능력도 약해질 수 있다는 것이다. 하나는 기업가의 '판단에 의한 의사 결정' 능력이 나날이 확대되는 기업 규모와 활동의 복잡함에 비해 갈수록 더 힘에 부치거나 혹은 '산 밖에 산이 있고, 하늘 밖에 하늘이 있는' 것과 같이 다른 잠재적 경쟁자들에 비해 뒤떨어질 수 있다는 것이다. 이는 기업가의 능력이 상대적으로 약화된 경우이다. 또 다른 경우는 절대적인 것으로, 즉 건강·연령 또는 다른 이유로 인해 재직 중인 기업가의 의사 결정 능력이 절대적으로 저하되는 것이다. 어떤 경우든 '재직 중인' 기업가의 능력 약화는 '통제권 보상'에 대한 심각한 도전이다. 역설적인 것은, 한편으로 기업가의 '재직' 또는 '영원한 재직'이 '통제권에 대한 보상' 메커니즘에서 당연한 의의가 있지만, 기여를 한 적이 있는 기업가에게 '퇴진'을 요구하는 안배도 기업가 노력의 공급을 손상시킬 수 있다는 것이다. 또 다른 한편으로 능력이 약화된 기업가의 지속적인 재직은 최종적으로 기업에게 손해일 뿐만 아니라, 나아가 기업가 자신을 해치는 결과를 야기하게 된다.

논리적으로 우리는 이런 질문에 대한 답을 찾을 수도 있을 것이다. 예를 들면 '기업의 통제권'과 '기업가에게 지불하는 보상'을 분리하여 기업가의 기업에 대한 공헌에 대해 통제권으로부터 독립된 보답을 받을 수 있게 하고 기업 통제권을 직접 '누리지' 않아도 되게 하는 것이다. 그렇게 되면, 기업인의 공헌과 보상의 대칭적인 동기 부여 메커니즘은 파괴되지 않고, 기업도 의사 결정 능력이 약화되거나 또는 예측 불량이 생겨 단기적인 행위 성향을 보이는 기업가에 의해 통제될 위험을 감수하지 않아도 된다. 우리는 '잉여 청구권'이 현금이 아닌 기업자산의 소유권 형태로 기업가에게 지급되면 기업가의 인적 자산이 기업 투자에서 '자본화'되었다고 말한다. 이런 형태에서 기업가의 인적 자산, 즉 '판단에 의한 의사 결정'을 중심으로 한 기업가의 재능 공헌의 일부는 당연한 보수(임금, 보너스와 이른바 재직 소비)를 받고 다른 일부는 자본화된 재산으로 바뀐다. '자본화'된 기업가의 인적 자본이 시장가치 면에서 '재직 통제권'과 대등하다면 문제는 해결된다. 주식을 보유한 기업가의 인적 자본이 기업의 자산구조에서 '사물화(物化)'되었기 때문에 기업가의 능력이 쇠퇴한 후에는 그가 통제하던 자리에서 물러나거나 기업에서 퇴출당할 수 있지만, 그가 기업에 공헌한 잉여를 여전히 '향유'할 권리가 있다.[26] 여기서 우리는 '잉여 청구권'과 '기업 통제권'의 서로 다른 점을 다시 한번 보게 된다. 전자의 권리 보유자는 반드시 기업을 직접 통제하는 것은 아니나, 후자는 오히려 기업을 통제해야만 권리를 갖게 된다. 우리는 기업가의 인적 자본 상태를 벗어나 양자의 장단점을 막연하게 비교할 수는 없다. 하지만 기업가의 의사 결정 능력이 약화되거나 소멸될 수 있는 조건에서 '잉여 청구권'은 '기업 통제권'에 비해 우위에 있다. 그 이유는 과거에 기업가가 기업에 대한 기여를 '잉여 청구권'으로 보답하는 것은 일반적으로 기업의 현재와 미래를 희생하지 않기 때문이다.

그러나 기업가들이 '통제권 보상' 모델에서 기업에 남긴 기여의 '차액'을 모두 '잉여 청구권'으로 변경할 때 어려움에 직면할 수 있다. 우선은 기업가 본인이 '통제권'을 '지분'으로 대체하는 방안을 받아들이지 않을 수 있다. 왜냐하면 '통제권'은 적극적 화폐의 보유권인 반면, 자본화된 지분은 소극적 화폐이기 때문이다. 이른바 양자의 시장가치가 동등하다는 것은 사후에 봤을 때에야 비로소 진실을 확인할 수 있다. 사전의 안목으로는 양자가 결코 동등하지 않다. 통제권과 분리된 지분은 다른 재직 중인 기업가의 능력과 운에 의존할 수밖에 없는 반면, 기업 통제권은 미래에 더 큰 잉여를 창출할 수 있는 기회를 내포하고 있기 때문이다. 가장 중요한 것은 '기업가가 통제하는 기업' 모델에서 기업가는 통제권을 대체하는 보상에 대해 거부할 권리가 있다는 점이다. 둘째, '잉여 청구권'은 '기업계약'과 연결된 개념으로 만약 기업이 원초적인 계약, 즉 사전 계약의 기초 위에 건립되었다면 계약에서 정한 '잉여 청구권'을 통해 기업에 남긴 인적 재산권의 '공공 영역'을 할애할 수 있다. 그러나 '공유제 기업'처럼 사전 계약이 없거나 사전 계약으로 정해진 '잉여 청구권'이 없는 기업에서는 사후에 소급하는 방법을 통해 모든 '공공 영역'에서 인적 자본이 차지하는 몫을 확정하는 것이 가능하긴 하지만, 극히 어렵다.

마지막으로, '통제권 보상' 모델에서는 기업가가 기업의 잉여를 실질적으로 지배하지만, 외관상으로는 기업가가 '일'을 해야 하고, 오직 '끊임없이 일을 해야'만 기업 통제권을 행사할 수 있다. 기업가 인적 자본의 자본화는 '보상'과 '노동'의 분리를 초래한다. 기업가가 원래 실질적으로 향유하는 '근로 의무'로 보이는 권리는 공개적이고 직접 향유할 수 있으며 '노동'과 더 이상 관련되지 않는 수익권이다. '공유제 경제'에 가려진 베일이 결국 벗겨질 것인데, 그것을 받아들일 수 있을까?

우리는 상술한 기업제도의 변천에 따른 잠재적 이익이 과연 어느 정도까지 확대되어야 변천 과정의 비용을 지불할 수 있을지 예상할 수 없다. 따라서 우리는 '통제권 보상' 메커니즘을 시행하는 기업의 미래 지향도 추정할 수 없다. 현재 관찰할 수 있는 것은 헝덴그룹에서 '기업 통제권 보상' 메커니즘의 내재적 갈등이 기업 규모의 확대와 창업자들의 고령화에 따라 현실화되고 있다는 것이다. 첫째, 헝덴그룹의 규모는 이미 총수가 권력을 집중하여 의사 결정을 할 수 있는 효과적인 범위를 초월할 정도로 확대되었다. 둘째, 그룹 창시자와 최종 중재자의 후계 문제가 점차 의제에 오르고 있다. 실제로 헝덴그룹은 '주식제' 개편을 검토했지만, '계량화 난제'가 기업의 당면 경영을 위협할 정도로 심각했기에 실행하지 않았다.[27] 하지만 헝뎬그룹은 그 재산권 모델이 직면한 여러 가지 새로운 난제를 해결하기 위한 모색을 멈추지 않았다. 예를 들면 쉬원룽은 최근에 다음과 같은 구상을 제시했다. ① 그룹 재단을 설립하여 그룹 전체 자본을 집중시켜 자본을 경영하며, 그룹 자본을 사용하는 각 자회사는 재단에 '임대료를 납부'한다. ② 그 본인은 점차적으로 기업의 일상적인 경영 결정에서 손을 뗀다. ③ 자회사 가운데 하나를 선택하여 주식제 개편을 시험한다.

이러한 구상과 그 시행 방안은 추적, 관찰 및 연구할 가치가 있다. 핵심 단서는 과연 '기업가가 통제하는 기업'의 효율적인 운영이 기업가의 인적 자산을 자본화하는 논리를 넘어 한 세대의 뛰어난 기업가의 '자연 생명'에 국한되지 않도록 할 수 있는지의 여부이다.

7. 결론

기존의 기업이론은 단지 물적 자본의 소유권이나 재산권 분배만 고려했기 때문에 '실제 기업'을 이해하기에는 부족하였다. 하지만 '초기 계약'의 기반에서 생성되지 않은 '공유제 기업'을 포함한 그 어떤 기업에서도 '천연적으로 개인 소유'인 인적 자본 소유권을 분리할 수 없다. 더 나아가 시장 환경에서 운영되는 기업은 '불확실성'에 대처하는 의사 결정을 피할 수 없고, '기업가'의 인적 자본이 기업의 필수불가결한 요소인 것을 배제할 수 없다. 하지만 '공유제 기업'의 개념은 기업가의 인적 자본이 공유제 기업에서 어떤 위상을 차지하고 있는지에 대해서는 답하지 못하고 있다. 다만 실제 세계에서는 이른바 동일한 명칭의 '공유제 기업'에서 기업가의 인적 자산이 실제로 다른 지위에 있기 때문에 매우 다르다는 것을 볼 수 있다. 이것이 바로 '공유제 기업'에서 효율성의 차이를 이해하는 기본적인 단서이다. 우리는 반드시 '공유'된 자원과 '사유'인 기업가의 인적 자산이 어떻게 '공유제 기업'에서 결합되고 어떤 동기 부여(즉 실질적 재산권 제도)가 실제로 이뤄지는지를 지켜봐야 한다. 이러한 관찰과 분석을 떠나서는 '공유제 기업'을 이해할 수 없다. 그 이유는 경영 성과의 여부를 막론하고 '공유제 기업'은 물적 자본의 '공유 재산권'으로만 설명될 수 없기 때문이다.

본문에서 검토한 '공유제 기업'의 유형에서 기업가의 인적 자본 소유권을 인정하는 방식은 부분적 이윤 분배권과 전체적인 기업 지배권으로 기업에 제공하는 기업가의 의사 결정에 보답하고, 이를 통해 기업가가 기업의 투자 발전 전략과 기업 관리에 대한 최종 책임을 지도록 격려하는 것이었다. 여기서 기업가의 노력과 공헌은 통제권을 위주로 하는 총체적인 보상과 대칭된다. 기업 통제권의 기반은 물적 자본이 아니라 기업가의 인적 자산이다. 이것은 기업가가 기업의 발전 전략을 결정하고, 기업가가 기업의 경영진을 통제하며, 나아가 경영진이 '개인에게 계량화된 격려 메커니즘'을 실시하는 '기업가 통제하는 기업'이다. '기업가 통제하는 공유제 기업'에서 동기 부여에 어울리는 조건을 유지하려면 기업가 자신이 기업을 통제하는 자리에 있어야 하고, 재직에 있는 기업가는 반드시 절대적 또는 상대적으로 그 인적 자본의 수준을 유지하는 경쟁 우위를 확보하여야 한다. 이런 조건들이 충족되지 않을 경우 '통제권 보상'이라는 동기 부여 효과는 훼손된다. 이상의 발견에 기초하여 본문은 다음과 같이 추측하고 보다 더 검증할 것을 제시한다. '통제권 보상'이라는 메커니즘은 한 시대의 걸출한 기업가에게는 효과적일 수 있다. 하지만 '기업가 인적 자산의 자본화'나 기타 동등한 효과를 지닌 제도적 변천이 없다면 '기업가가 통제하는 기업'은 주식회사와 같은 거의 영구적인 생명을 가진 기업과의 경쟁에서 더 장기적인 과정의 '생존 점검'을 통과하기 어렵다.

주

1 「기업가의 인적 자본 및 기업계약에서의 그들의 지위에 관한 초보적인 토론」, 저우치런(周其仁)(1996a, 1996b) 참조.
2 썬워이꽝(沈偉光) 등(1994), p.128.
3 헝뎬그룹은 그 전신인 헝뎬진공업총회사에서 시작했고, 매년 요강을 수정 및 발표하여 [1994년 이전 「경제책임제에 관한 규정(요강)」] 회사 관리를 규범화한 동시에 회사제도의 변화를 연구하기 위하여 중요한 기록을 남겼다(이하에서는 「요강」).
4 1991년 「요강」 1쪽. 이전의 「요강」에서는 매년 기업의 성격을 '진鎭에서 설립한 집단 소유제'라고 분명히 규정했다.
5 당사자의 말에 의하면 진鎭 정부는 사실상 오래전부터 헝뎬그룹의 인사 임명에 관여하지 않았다고 한다. 우리가 프로파일에서 본 최근의 임명장은 1984년 12월 당시 헝뎬향인민정부가 '쉬원룽(徐文榮) 동지를 헝뎬그룹 경리 겸 둥양(東陽)현 제1 경공업국 공장장, 둥양현 전자공업 본부 공장장으로 임용'하는 데에 관한 통지[헝정자(橫政字) 84 9호]였다. 그 후 쉬원룽은 공업총공사 경리로부터 그룹 총 경영자로 전임하였으며 이후에는 향진정부의 문건에 의하여 임명 또는 초빙되지 않았다.
6 1994년 및 이후 각 연도의 「요강」.
7 쉬원룽(徐文榮)(1994), p.74.
8 이미 논의된 바와 같이, 인적 자본의 '천연적으로 개인에 속하는' 재산권 특징은 '동기 부여 메커니즘'을 이해하는 기반이다. 저우치런(1996b).
9 1991년 이후 매년 「요강」은 임금과 이윤을 연결한 분배 원칙을 명확히 했다.
10 이런 사실은 헝뎬 모델을 '유고슬라비아의 노동자 사회 소유제'와 구별하였다.
11 1987년 이전의 「요강」에는 회사의 총경리는 산하 기업 경리의 최고 보너스를 나눠 가질 수 있다고 규정하였다. 1987년부터 「요강」은 그룹 총경리(즉 총수)의 보너스는 계열사 경영인 최고 보너스의 140%에 해당할 수 있다고 명문화했다.
12 1993년을 예로 들면 헝뎬그룹의 세금 납부 후 이윤 총액은 6,115만 위안으로 제도에 따르면 그룹 총경리가 공제할 수 있는 연간 보너스 총액은 73.38만 위안이었다.(그룹 재무센터 주임은 우리에게 쉬원룽은 자기 명의로 당연히 받아야 할 보너스를 늘 수령하지 않았다고 알려 주었지만, 우리가 연구하고자 하는 부분은 제도로서의 동기 부여 메커니즘이다.) 같은 해, 그룹 내 부실 기업의 일반직 보너스는 제로(0)였고 부실 기업 사장에 대한 보너스는 마이너스(결손액의 5~10%를 배상)였다.

13 팀 구성원이 총생산에 실질적인 공헌을 했는지의 여부를 평가하는 것에는 막대한 비용이 소요될 수 있기 때문에 산출에 대한 심사를 투입에 대한 심사로 대체하면 심사비용을 절감할 수 있다. Barzel(1982).

14 Grossman and Hart(1986)는 최초로 '잉여 청구권'이 아닌 '잉여 통제권'으로 '기업 소유권'을 정의했다. Hart and Moore(1990)는 '잉여 통제권의 의미를 더 제한하여' '자산이 최초 계약에 한정되는 특수 용도 이외에 어떤 용도로 사용되는지를 결정하는 권리'를 잉여 통제권으로 정의했다. 그러나 그것은 '잉여 통제권'을 '계약'의 권리에서 벗어난 이유로 이해하는 것은 아니다. 왜냐하면 최초의 계약에서 명시되지 않았던 권리를 어떻게 분배하는지는 여전히 계약, 특히는 기업계약의 내용이기 때문이다. 따라서 소유권을 '잉여 청구'로 정의하든, '잉여 통제'로 정의하든, 이는 '잉여권'을 변경하지 않은 일종의 계약 기반의 재산권이다. 현실에서의 공유제 기업은 계약의 기초에서 형성된 것이 아니기 때문에 최초의 계약이 없이는 규정할 수 있는 '잉여권'도 없다. 이것이 바로 왜 공유제 기업에서 명확한 '잉여권'을 찾는 데 어려움을 겪는지의 이유이다. 하지만 공유제 기업이 기업자원을 어떻게 사용할 것인가 하는 의사 결정 과정과 의사 결정권은 취소할 수 없었기 때문에 본문은 기업자원을 배타적으로 사용하는 의사 결정권을 직접 기업 통제권으로 정의하였다.

15 헝뎬그룹의 자산 대차대조표 참조. 천잰버(陳劍波)(1995), pp.2~4.

16 헝뎬의 자산부채 비율은 그다지 높지 않았다.[일반적으로 50~60%이다. 천잰버(1995) 참조.] 그룹 투자의 주요 원천은 기업의 자기자본금이다. 매년 각 기업에서 남긴 이윤(즉 세금을 납부한 후 기업 종업원의 보너스로 사용되고 남은 이윤)은 50% 이상이 그룹 본부에 집중적으로 상납되었다. 때문에 그룹 본부와 총수는 막대한 자본금을 직접 통제하였다.

17 지난 몇 년 동안 「요강」에서 확정한 기업 관리 메커니즘의 변화에서 이 추세를 볼 수 있다. 즉 '경리, 공장장을 위주로 하는 집단도급 책임제'(1986)에서 '공장장 단독 도급'으로 변경하고(1989), '공장장 1인 도급(임대)'(1990)에서 '공장장(경리)을 중심으로 하는 리스크 도급'(1992)으로, 여기에서 '총경리, 공장장이 기업의 법정 대표인'(1994)에 이른 것까지이다. 현재 헝뎬그룹의 각급 경리는 기업의 법정 대표자이며 기업의 '인사 내각권·생산 관리권·경영권·노동 고용 권리와 규정된 범위 내의 상벌권(獎懲權)과 경제 분배권'을 가지고 있으며, 이러한 권력을 운용하여 기업의 경제적 책임을 지고 기업의 제반 지표 완성을 보장하도록 하였다. 「요강」, 1996, p.5 참조.

18 1975년에 설립된 헝뎬 제사(絲廠)공장은 헝뎬그룹의 출발점이었다. 당시 헝뎬 방직공장의 초기 투자는 총 29.58만 위안이었는데, 그중 쉬원룽(徐文榮)은 39개 생산대대 사원(社員)들한테서 5만 위안을 빌렸고(상환 기한을 3년으로 약속) 나머지는 은행 대부금이었다. 여기에서 기업가 개인이 나선 자금 모으기가 결정적인 역할을 하였다. 첫째,

그가 먼저 모금한 5만 위안이 은행 대출을 위한 신용 기반이 되었다. 둘째, 신용사의 대출은 또한 그가 더 큰 범위에서 자금을 모으는 기반이 되었고, 총투자에서 모금액이 대부분을 차지하였다. 어떤 이유로 사원들이 '집집마다 절약한 기름·소금 값'을 쉬원룽에게 맡겨 공장을 꾸리도록 했는지를 묻자, 당사자들은 쉬 회장의 '인품'과 '능력', '기존의 성공'을 언급했다. 필자는 사원들이 자신들의 언어로 카슨(1982)이 제기한 '신뢰' 문제, 즉 '출자자들은 어떻게 기업가들이 그들의 이익을 위해 자금을 사용할 것이라고 믿겠는가?'라는 것을 토론했다고 이해하였다. 쉬원룽이 촌민 채권자들의 신임을 얻게 된 것은 개인적인 신용이었고, 그 개인적인 신용이 나아가 기업의 신용으로 바뀌었다. 이때부터 쉬원룽 개인의 명예는 헝뎬그룹의 무형 자산에서 떼어 놓을 수 없는 구성 부분이 되었다.

19 이것은 헝뎬의 경험을 관찰한 학자들의 일치하는 결론이다. 예를 들면, 허웨이(何偉)·웨이제(魏傑)·썬웨이광(沈偉光)이 주필한『저명한 전문가 학자들이 헝뎬을 논함』(1994)에는 헝뎬 모델을 고찰하고 연구한 글과 보고서를 14편 수록하였는데, 거의 모든 전문가와 학자들이 기업가로서의 쉬원룽이 헝뎬그룹에 한 탁월한 기여를 논술하였다. 그중에서도 린쯔리(林子力)와 장샤오띠(張小弟)의 논문은 제목을 단도직입적으로 '헝뎬 모델: 쉬원룽 모델'이라고 하였다.

20 기업에 남긴 자원에는 기타 인적 자본이 기업에 공헌한 '잉여'가 포함된다. 가령 사유자산 제도에서 각종 요소들이 가장 최초의 계약에 따라 기업에 투입된다고 하더라도 Barzel(1989)이 말하는 사유자산의 '공공 영역(public domain)' 문제[왕딩딩(1996)]는 여전히 존재한다. 이것이 공유제 기업에 가져다준 특별한 어려움은 뒤의 글에서 논의하기로 한다.

21 쉬원룽(1994), p.103.

22 왕딩딩(1996)이 서술한 '재산권 게임'의 프레임에서 "기업가와 제도 기업가만이 기업 통제권을 규정할 수 있다."라는 점을 더욱 충분히 이해할 수 있다.

23 기업 통제권은 기업가나 잠재적 기업가에게나 보상으로 간주될 수 있고, 다른 사람에게는 오히려 부담이 될 수 있다.

24 더 나아가 우리는 1993년에 왜 쉬원룽 본인이 '위에서 내려온' 헝뎬그룹에 대한 주식 합작제도 개편 방안을 반대하였는지를 이해할 수 있다. "상급의 정신에 의하면 그는 최소 10%의 지분을 얻어 정당한 명분을 갖고 합리적으로 기업의 오너가 될 수 있었다.[쑨쓰얀(孫是炎)(1995), p.96 참조.] 하지만 그가 실제로 장악하고 있던 모든 기업 통제권은 오히려 그룹자산이 개인에게 계량화되는 과정에 따라 감소하거나, 혹은 그가 다른 재산권 구조에서 동등한 통제권을 얻기 위해서는 더 많은 노력을 해야 할 가능성이 높다.

25 저우치런(周其仁)(1996b).

26 사실상 (기업 창시자는 더 말할 나위도 없고) 순수한 '임금 사장'이 기업에 대한 그의 기여에 따라 기업 지분의 일부를 취득하는 것은 기업제도 역사에서 상당히 보편적이다. 서방의 '현대적 기업제도' 조건에서 이런 배치가 발생하는 것은 놀랄 일이 아니다. 하지만 중국 기업들은 전통적으로 자본 지분으로 '사업을 시작한' 사장을 장려한다. 예컨대 유명한 싼시(山西)의 '표호票號'에는 '은주(銀股)'와 '신주(身股)' 두 가지 주식을 마련했다. 여기에서 언급된 '은주'는 어음 출자자의 주식이고, '신주'는 일반 경영자와 고위급 경영자가 다년간 기업 경영에 대한 공헌으로 받는 주식이다.('신주'는 소지자가 사망한 후에도 배당받을 수 있기에 '신주'라고 한다.) 일부 역사가 비교적 긴 표호에서 신주는 기업 총주식의 대부분을 차지한다. 예를 들면 1906년 세청젠(協成乾) 표호 주식 총자본의 57%가 '신주'였고, 1908년 따더퉁(大德通) 표호 총주식의 54.5%가 '신주'였다. 황젠쉰(黃鑒暉)(1972), pp.57~59 참조.

27 1989년 「요강」에서는 "보너스 책임제를 단계적으로 보완하고 주식제로 이행할 수 있는 조건을 창조하자."라고 제안하였다. 하지만 그 후 헝뎬그룹은 수십 년 동안 형성된 자산 보유량을 계량화하려면 어떻게 하든 문제가 발생할 수 있다는 사실을 발견했다. '공유 재산'의 계량화가 어려운 것은 헝뎬만의 문제가 아니었다. 필자가 1994년에 조사한 바에 의하면 저쟝(浙江)의 또 하나의 스타 향진기업인 완샹제(萬向節)그룹의 유명한 기업가 루관츄(魯冠球)가 이끈 지도부가 '주식합작제' 개편을 저지한 주요 이유도 역시 최초의 계약이 없는 기업자산을 계량화하면 기업의 정상적인 운영에 영향을 미칠 우려가 있기 때문이었다.

참고문헌

[1] Alchian, A. and H. Demsetz. "Production, Information Costs, and Economic Organization," *American Economic Review* 62(50), 1972, pp.777~795.

[2] Alchian, A. "Uncertainty, Evolution and Economic Theory," *Journal of Political Economy* 58, No.3(June), 1950, pp.211~221.

[3] Barzel, Y. *Economic Analysis of Property Rights*, Cambridge University Press, 1989.

[4] Barzel, Y. "The Costs of Measurement and Market Organization," *Journal of Law and Economics* 25(April), 1982, pp.27~48.

[5] Casson, M. C. *The Entrepreneur: An Economic Theory*, Oxford: Martin Robertson, 1982.

[6] Grossman, S. and O. Hart. "The Costs and Benefits of Ownership: A Theory of Vertical and Lateral Integration," *Journal of Political Economy* Vol.94, 1986, p.94.

[7] Hart, O. and J. Moore. "Property Rights and the Nature of the Firm," *Journal of Political Economy* Vol. 98, 1990.

[8] Umbeck, J. "The California Gold Rush: A Study of Emerging Property Rights," *Explorations in Economic History* Vol. 14, No. 2, 1977, pp.197~206.

[9] 陳劍波, 『鄕鎭企業的技術獲得與企業規模的迅速擴張-浙江省東陽市橫店集團擴張的基本線索』(未發表硏究報告), 1995年.

[10] 何偉, 魏傑, 沈偉光主編, 『著名專家學者論橫店』, 人民出版社, 1994年版.

[11] 橫店集團公司, 「橫店集團公司社團所有産權制度綱要(草案)」, 見沈偉光 等, 1994, 附錄, 第128-131頁.

[12] 橫店集團公司, 「橫店集團公司總綱」, 橫店集團公司檔案館, 1984-1996年.

[13] 黃鑒暉, 『山西票號史』, 山西人民出版社, 1992年版.

[14] 沈偉光·徐立鈞·孫是炎·魯燦松, 『橫店社團經濟模式硏究』, 人民出版社, 1994年版.
[15] 孫是炎, 『文化力:橫店的啟示』, 中央黨校出版社, 1995年版.
[16] 汪丁丁, "產權博弈", 『經濟硏究』, 1996年, 第10期.
[17] 徐文榮, 『橫店之路』, 人民出版社, 1994年版.
[18] 周其仁, "人力資本的產權特徵", 『財經』, 1996年, 第3期.
[19] 周其仁, "市場裏的企業:一個人力資本與非人力資本的特別合約", 『經濟硏究』, 1996年, 第6期.

공유제 기업의 성격[*]

　본문은 국유 기업과 집단(소유제) 기업이라는 두 가지 '공유제 기업(public own enterprise, POE)'의 성격을 연구한다. 일반적으로 공유제 기업이란 '명백하게 국가와 집단에 속해 있는 기업'으로 간주되거나 또는 '주인 없는 재산'과 '소유자가 부재'한 조직으로 간주된다. 본문에서 관심을 갖는 부분은 공유제 기업의 실질적인 재산권이고, 주요 문제는 명백하게 국가나 집단이 소유하고 있는 기업으로서 국가나 집단 이외에 다른 재산권 주체가 없는지의 여부이다. 이른바 '소유자가 부재한' 상황에서 모든 소유자가 마땅히 받아야 할 권리와 책임이 과연 완전히 사라진 것일까?

　한 아파트의 공용 통로에서부터 이 문제를 살펴보기로 하자. 모든 거주자의 출입과 통행의 편리를 보장하기 위해 아파트 공용 통로의 소유권은 공공 소유이며 그 어떤 개인 거주자에게도 판매하거나 임대하지 않는다. 그런데 마침 적지 않은 공용 통로에 거주자의 개인 잡동사니들이 쌓여 있는 것을 볼 수 있다. 공용 통로에 개인 잡동사니를 쌓아 둘 '권리'가 어떻게 형성되고 분배되는지를 분석하는 것은 흥미로운 경험적 연구 과제이다. 하지만 분명한 점은 개인 거주자가 공용 통로를 점용하는 것은 여태껏 합법적이지 않았다는 것이다. 관리가 엉망인 아파트라 하더라도 공용 통로에 개인이 쌓아 놓은 물건을 치우라는 공문은 제정되어 있다. 문제는 규정이 자동적으로 준수되지 않는다는 것이다. 법률과 규범이 실제적으로 집행되지 않는 환경에서 개인 거주자들이 다양한 형태로 공용 통로를

---

[*] 본문은 『경제연구』 제11호, 2000에 발표되었다.

점용하는 것은 아파트에서 자주 볼 수 있는 경관이 되었다. 이런 현상은 사람들이 묵과할 정도로 '자연스러워서' 더 이상 관심을 가지지 않는다. 개인이 점유한 공용 통로는 분명히 '공동 소유'의 통로라고 할 수 있을까? 또는 이러한 재산(공간)을 '주인 없는 재산' 또는 '소유자가 부재한' 통로라고 부를 수 있을까?

공유제 기업의 경제적 성격은 상술한 공용 통로에 포함된다. 그러나 경험한 문제를 보다 분명하게 제기하기 위해서는 분석이 필요하다. 본문의 첫 번째 부분에서는 본문에 사용할 개념과 이론을 설명하고, 두 번째 부분에서는 공유제 기업의 법적 권리로서 재산권 특징을 분석하고자 한다. 세 번째 부분에서는 시장에서 기업의 계약 성격과 비계약적 공유제 기업에 대하여 논의하고, 네 번째 부분에서는 어떠한 공유제 기업도 사실상 그 인적 자산에 대한 사유재산권을 소멸할 수 없다는 점을 서술하고자 한다. 다섯 번째 부분에서는 공유제 기업이 어떻게 이 글에서 정의한 국가 임대료 인센티브를 통해 내부 인적 자원을 동원하는가에 대해 정의를 내리고, 마지막에는 간단한 총결로 마무리하고자 한다.

1. 개념과 문제

국가 소유제 기업과 집단 소유제 기업을 공유제 기업으로 간주하는 이유는 이런 기업의 자산 소유권(ownership of the assets of the firm)이 국가 또는 집단에 속하는 반면, 그 어떤 개인에게도 속하지 않으며 개인 소유권의 어떤 형태에도 해당되지 않기 때문이다. 하지만 경제자원의 법적(de jure) 소유권과 사실상(de facto)의 소유권이 항상 동일시되는 것은 아니다. 이 차이를 명확하게 구분하기 위해서는 새로운 개념을 도입해야 한다.

코즈Coase(1937) 이후 경제학자들은 재산권을 확정하려면 자원이 필요하다는 점을 보편적으로 인식하고 있었다. 그중에서도 바젤Barzel(1989)은 한 가지 자산의 소유권을 법적으로 확정하는 것은 그것을 사실상 확정하는 데 드는 자원보다 일반적으로 적다고 특별히 강조하였다. 사실상 재산권을 확정하는 것이 쉽지 않기 때문에 법률상 모든 자원을 개인 소유로 한다고 명확히 규정해도 실제 경제생활에서는 '공공 영역(public domain)'이 존재한다. 즉 명목상 개인에게 속하는 자산도 개인 재산권의 실제 집행 원가가 너무 높기 때문에 그 권리의 배타성을 유지할 수 없다.[1]

그러나 바젤은 '공공 영역'에 위치한 자원이 명확한 법적 정의를 받지는 못해도 '주인 없는 재산'이 아니라는 점을 특별히 지적하지 않았다. 다만 자원의 가치가 없지 않은 한 개인은 '공공 영역'의 경계 밖에서 스스로 물러서지 않을 것이다. 항상 누군가는 공공 자원의 가치를 얻고자 사실상의 배타적인 권리를 만들기를 시도한다. 우리는 공용 통로에서 개인들이 차지하고 있는 공간을 보았는데, 이것이 바로 사실상 배타적인 권리를 갖게 된 것이다. 바젤은 개인이 실제적으로 '공공 영역'의 자원을 차지하는 권리를 '복지 확취(welfare capture)'라고 칭하였다. 여기에서의 '확취'는 정당한 청구권(claim)이 아니라 '약탈'과 '수탈'의 의미를 지닌다. 경제적으로 분석하면 확취자는 확취 행위에 사적인 비용을 들이지만, 그가 얻는 수익의 일부는 다른 사람의 공공재산에 대한 기여와 그에 상응하는 권리로부터 나온다. 예컨대 공용 통로 점유자들은 비록 심적으로 별도의 보호 비용을 지불해야 하지만, 점유자들이 사용 가능한 공간이 증가함에 따라 그에 상응하여 발생하는 임대료·조명·통행 불편·화재 발생 확률 증가·잠재적 대피의 어려움·전망에 대한 방해 등의 '비용'은 사실상 점유자의 이웃들이 부담해야 한다. 요컨대, 공용 통로가 개인에게 부분적으로 확취당한 것이다. 여기에서 자원의 수익은 '주인이 있는' 것이고 자원의 비용도 '주인이 있는' 것이다. 이익과 비용이라는 측면에서 확취당한 공용 통로는 실제적인 수익 주체와 명목상의 합법적인 주체가 서로 다르지만, 이제껏

'소유자가 부재'한 상황은 결코 아니었다. 실제 상황은 자원의 법적인 소유권과 사실상의 소유권이 서로 이탈되어 자원의 수익권과 비용에 대한 책임이 서로 분리된 것이다. 즉 '확취' 행위의 존재로 공공 영역의 일부 가치는 법적 소유자의 것이 아니라 사실상 확취자의 것임을 의미한다.

공용 통로가 확취된 주된 원인은 자원의 법적 재산권과 사실상의 재산권이 일치하지 않기 때문이다. 만약 사실상 공유제의 통로 소유권과 서로 다른 사적 재산권이 없다면, 혹은 만약 '개인 거주자'가 공용 통로를 '확취'한 공간에서 얻은 '수익'이 사실상의 배타적인 보호를 받지 못한다면, 어느 개인도 공용 통로를 확취하려는 동기가 없을 것이다. 이러한 의미에서 이성적인 가설로 공용 통로가 필연적으로 점유된다고 추측하는 것은 실제적인 의미가 없다. 연구의 중점은 법적으로(또는 도의적으로) 분명한 공유제가 무엇 때문에 사실상의 사적 재산권을 제거하지 못하는지와, 사실상의 사적 소유가 존재하는 현실적인 제약 조건에서 명의상 공유 자원을 이용하는 행위의 특성과 효율을 밝혀 내는 것이다.

확취는 '확취 손실(capture loss)' 또는 '임대료 소모(rent dissipation)'를 야기한다. 우선, 확취한 비용의 일부를 다른 사람이 부담하게 되면 일반적으로 확취자가 공공 영역의 자원 가치를 제대로 평가하지 않는 결과를 초래한다. 둘째, 확취자는 확취 행위의 불법성을 감추기 위해 어떤 비능률적인 방법을 취하지 않을 수 없다. 마지막으로, 확취한 이익은 더 많은 사람들이 확취에 참여하도록 자극할 수 있고 이로 인해 독점을 증가시키거나 확취 권리 확정에 소요되는 비용을 증가시키고 확취 가능한 '임대료'가 비생산적인 용도로 소모되게 한다. 그러나 우리는 결코 이것으로 모든 공용 통로는 이용 가치가 있으면 확취 동기와 행위가 발생할 수 있고, 발생 가능한 임대료가 모두 소모될 때까지 지속된다고 추론하지 않는다. 장우창(1984)은 이에 대해 다음과 같이 해석하였다. "적자생존은 어떤 제도적인 장치가 반드시 채택되어 임대료를 낮추고 소모되는 것을 의미한다." 이는 개인이 공공 자원을 획득할 수 있는 기회는 한편으로 확취 행위를 자극하여 확취 손실을 초래하고, 또 다른 한편으로 확취 손실의 현실은 임대료를 취하는 기득권자를 자극하여 어떤 제도적 장치를 마련하게 함으로써 임대료가 소모되지 않도록 '보호'하게 한다는 것이다. 바로 후자의 측면을 통해 다양한 '비전형적인 사유재산과 가격 메커니즘' 제도가 존재하고 운영될 수 있는 기반을 포함한 제도와 조직에 대해 이해할 수 있다. 이는 확취권이 모든 현실과 잠재적 확취자들 사이에서, 그리고 확취자들과 공용 통로의 공적 수호자 사이의 게임에서 규정되어 있음을 보여 준다. 때문에 왕딩딩(1996)이 제기한 '재산권 게임'의 프레임은 확취 권리의 분석에도 마찬가지로 적용될 수 있다. 다만, 우리는 확취 권리와 재산권은 법적인 것과 사실적인 것으로 구별될 수 있다는 점에 유의해야 한다. 본문의 연구는 현실 세계에서 명의상의 공공 자원이 어떻게 확취되는지를 중점적으로 살펴보고자 하며, 대안적 제도의 효율성을 비교함으로써 공유제 기업의 성격을 이해하려고 한다.

2. 공유제 기업의 재산권 기반

'자본이 노동을 고용하는' 체제의 대립물로서 공유제 기업은 '모든 생산 수단에 대한 사적 소유의 소멸'과 모든 물질적·재무적 자본의 '공공 소유' 귀속을 선택하였다. 생산 수단이 개인에 의해 점유될 수 있는 그 어떤 가능성도 철저히 배제하기 위해 공유제의 법적 권리 시스템은 모든 생산 수단을 국가와 집단 소유로 규정하고 개인은 그 어떤 생산성 자원의 합법적 권리도 가지지 못한다고 선포하였다. 여기서 공유 주체는 불가분의 재산권 소유자로서 전체적으로만 존재하고, 공유 재산권은 어떤 형태로든 개인의 소유권으로 분해되는 것을 허용하지 않았다.[2] 그러므로 국가 소유 또는 집단 소유의 공유제는 개인의 사유재산을 기반으로 한 합작 또는 주식제와는 전혀 다르다. 전통적인 공유제 정치경제학 이론에 의하면 개인은 사회주의적 공동 소유 조건에서 비생산적 생활 수단만 소유할 수 있다.

개인의 합법적인 재산권을 인정하는 조건에서는 그 어떤 집합적인 조직도 결국 집합체를 구성하는 개인으로 거슬러 올라갈 수 있다. 이는 결국 개인이 집합 형태, 관리 방식을 선택하고 그에 상응하는 재무적 결과를 부담하기 때문이다. 이때 집합 주체는 개인의 선택에 대한 결과로 간주될 수 있으며, 개인이 자신의 재산권을 집합체에 위탁하고 이를 위해 집합 조건과 실행 절차를 규정한다. 그러나 생산성 자원을 합법적으로 소유할 수 있는 개인의 권리가 법에 의해 부정될 경우, 개인은 경제조직을 선택할 수도 없고 그에 상응하는 재무적 책임을 감당할 수도 없다. 이런 조건에서 공유제 기업은 그 어떤 구체적인 개인에게도 분할될 수 없는 추상적인 존재로, 조직의 구성원인 개개인에게 더 이상 소급(追溯)될 수 없다. 공유제 기업의 방대한 시스템에서 실제로 움직이는 것은 전부 다양한 '대리인'들이며 끝까지 소급할 수 있는 최종 의뢰인은 없다. 이런 의미에서 '위탁-대리 이론'으로 공유제 기업을 다루다 보면 분석에 어려움을 겪을 수 있다. 공유제 기업의 특징은 '최종 의뢰인이 없는 대리인(agency without principle)'이라는 점이며, 각 대리인들은 그 자체로는 합법적인 생산 수단에 대한 개인 소유권을 가지고 있지 않으며, 또한 생산 수단의 소유권을 가진 어떠한 개인에게도 책임을 지지 않는다.

개인은 심지어 자신의 인적 자원에 대한 법적 소유권도 가질 수 없다. 따라서 어떤 개인도 다시 다른 사람과 자원의 생산적인 이용에 관한 계약을 체결할 수 없다.[3] 공유제 기업이 개인이 소유한 인적 자원의 생산적인 이용 권리를 금지하고 특히 계약 권리를 금지했다는 가장 직접적인 증거는 다양한 인적 자원의 시장거래가 공유제의 법률에 의해 금지되었다는 것이다. 행정계획에 따라 노동력 자원을 파견하는 체제가 각종 노동력 시장을 대체하였다. 노동력 시장은 국가(또는 집단)의 노동력 계획 분배로 대체되었고, 기술 시장은 과학적 연구와 기술 개발 활동에 대한 국가 또는 집단의 계획 통제로 대체되었으며, 기업의 경영인 시장은 행정 임명제로 대체되었다. 개인이 합법적인 시장 거래를 통해 인적 자산의 가치를 실현하는 메커니즘은 전통적인 공유제 체제에서 완전히 사라졌다.

개인 재산권이 소멸된 공유제 기업은 논리에 맞게 모든 자원을 공유화하였다. 개인은 공유제 기업의 재무자본이나 기타 물적 자본의 최종 의뢰인이 될 수 없을 뿐만 아니라, 그 자신이 보유한 인적 자원으로 공유제 기업과 맺은 시장계약의 선택을 통해 요소 소유자로서 기업계약에 진입할 수도 없다. 공유제 기업은 하나(또는 한 팀)의 시장계약에 기초하지 않았기 때문에 코즈가 제시한 의미에서의 '기업'이 아니다. 공유제 '기업'도 당연히 각종 투입 요소를 이용해야 하지만, 공유제 기업이 이런 요소를 이용하는 기반은 요소 소유자가 계약 조건에 따라 양도하는 것이 아니라, 모든 자원을 공공으로 귀속한 뒤 행정 지령에 따라 조달하는 것이다. 이를 통해 공유제 기업 체제의 근본적인 특징 중 하나가 비시장적 계약성이라는 것을 알 수 있다.

3. 기업의 시장 계약성과 비계약적 '기업'

공유제 기업의 비시장적 계약성은 기업의 효율성을 보장하는 메커니즘, 즉 기업의 오류를 시정하는 시장 메커니즘을 근본적으로 제거하였다. 이 점을 설명하자면 시장계약의 기반으로 구축된 기업 운영 메커니즘을 참조해야 한다. 코즈(1937), 알치안과 뎀세츠(1972), Chueng(1983), 바젤(1989)이 제시한 이론에 따르면 시장에 있는 기업들을 각종 자원 소유자가 체결한 하나의(또는 한 세트의) 시장계약으로 이해할 수 있다.[4] 여기에서 서로 다른 종류의 시장거래계약을 선택할 수 있는 자원 소유자의 권리는 각종 생산 거래 방식과 조직의 기초이다. 자원 소유자는 자신의 자원을 이용하여 직접 제품을 생산한 후 시장에 판매할 수도 있고, 자원을 일차적으로 판매하여 수입을 얻을 수 있으며 계약에서 규정한 조건에 따라 자원 사용권을 한 대리인에게 양도하여 수입을 얻을 수도 있다. 위에서 말한 마지막 선택이 나타날 경우, 즉 "기업가나 대리인이 일시적인 가격 변화에 따라 조직적으로 생산하거나 시장에 제품을 판매하는 것이 아니라, 계약에 부여된 제한된 요소 사용권에 따라 직접 생산을 조직하고 시장에 제품을 판매했을 때" 기업이 탄생하였다.[5]

요소 소유자는 왜 직접 시장가격 메커니즘에 의거해 제품을 생산하거나 판매하는 권리를 포기하고 자원의 사용권을 기업가에게 양도하는가? 만약 사용권을 양도해 수입을 얻을 수 있다면 시장에 직접 제품을 팔거나 자원을 한꺼번에 팔아도 마찬가지로 수입을 얻을 수 있지 않은가? 코즈의 기업이론은 이 두 가지 수익 사이에 차액이 존재할 수 있다고 하며 주의를 환기시켰다. 즉 기업식 시장계약(즉, 요소 사용권을 기업가에게 조건부로 양도)을 통해 얻은 수익이 요소 소유자가 직접 시장에 제품(또는 요소)을 판매하는 수익보다 크다는 것이다. 코즈는 나아가 "기업 설립을 통해 이익을 얻는 중요한 이유는 가격 메커니즘 이용에 비용이 들기 때문"[6]이라는 점을 발견하였고, 기업은 가격 발견에 근거하지 않고 직접 생산을 조직할 수 있어 가장 큰 거래비용을 절감하였다고 하였다. 코즈의 이 같은 분석은 하나의 명제로 요약된다. 즉 "기업이란 시장에서 거래비용을 절감하는 조직이다." 그러나 이 명제는 모든 기업이 무조건 거래비용을 절감할 수 있다고 왜곡되기 쉽다. 만약 기업이 단지 직접적인 지휘 요소로 인해 가격 메커니즘의 운용을 피해 거래비용을 절감한다면, 기업의 규모가 클수록, 직접적인 지휘를 할 수 있는 요소가 많을수록, 절약할 수 있는 거래비용도 더 많을 것이 아닌가? 사회 전체를 하나의 기업으로 개조하여 모든 시장거래를 없애면 이 경제체제의 거래비용은 제로(0)가 된다.

이는 당연히 코즈의 본의가 아니다. 그는 기업이 거래비용을 절감하는 동시에 조직비용을 지불해야 하며 만약 조직비용이 너무 높아 거래비용 절감을 상쇄한다면 기업은 얻는 것보다 잃는 것이 더 많다고 하였다. "기업이 절감한 거래비용의 마지노선이 기업이 지출한 조직비용과 같을 때 기업의 경계가 확정된다."[7] 그러나 코즈가 여기에서 말하고자 하는 뜻은 하나의 센터를 통해 거래비용과 조직비용을 일괄적으로 계량하자는 것이 아니다. 반대로 이 경우에 비교 주체는 시장 진출 과정에 있는 모든 요소의 소유자이자 서로 경쟁하는 모든 기업가이며, 비교의 내용은 자원 소유자가 자체로 제품을 생산할 수 있는 모든 가능성과 자원을 양도할 수 있는 모든 가능성 사이의 장단점을 따진 것이고, 또한 자원을 요소로 삼아 이 기업가에게 양도할 수 있는 모든 가능성과 다른 기업가에게 양도할 수 있는 부분적 가능성 사이의 장단점을 따진 것이다. 여하를 막론하고 자원 소유자가 선택한 계약은 그들이 각자 분산하여 진행하는 거래비용과 기업의 조직비용을 기반으로 한다. 각종 시장계약에 대한 자원 소유자의 자유로운 선택을 떠나서는 기업의 거래비용 절감을 보장할 수 없다.(또는 이를 위해 지급한 조직비용의 마지노선과 대등해진다.)

그 이유는 기업과 기업가들이 실수하기 쉽기 때문이다. 기업이 실수를 하게 되는 원인은 다음과 같다. 기업은 우선 계약을 통해 각종 자원을 기업에 집중시키고 하나의 기업 과정(즉 기업인과 기타 대리인이 지휘)을 거쳐 제품과 서비스를 생산한 뒤 시장을 통해 판매한다. 이 과정에서 나이트 Knight(1921)가 정의한 '불확실성(uncertainty)'은 종종 기업과 기업가의 사전적인 전략 계획은 물론 조정 및 대응을 위한 노력을 파괴시킨다. 시장의 불확실성에 대처하기 위해서는 기업가의 재능이 중요하다. 따라서 기업가의 재능을 충분히 효과적으로 격려할 수 있는 제도, 즉 기업가가 기업의 잉여 청구권과 통제권을 공유하는 것이 더욱 중요하다.[8] 그러나 기업가가 기업의 잉여 청구권을 전부 독점할 수 있는 제도에서도, 아무리 유능한 기업인이라도 시장의 불확실성 앞에서 항상 승리할 것이라고 장담할 수는 없다.[9] 한 기업과 그 기업가가 미리 이행을 약속한 계약은 시장 과정에서 지켜지지 않을 수 있다. 혹은 이미 기업에 들어온 요소의 소유자가 다른 기업의 제안이 더 매력적이라는 사실을 발견할 수도 있다. 마찬가지로 자원 소유자가 스스로 제품을 생산하거나, 또는 자원을 한꺼번에 팔거나, 기업에 양도하는 과정에서 사전의 예측은 종종 불확실성에 인해 중단되기도 한다. 오직 시장만이 기업과 기업가의 오류를 바로잡을 수 있으며, 또는 더 일반적으로 말하면, 시장 프로세스는 모든 자원 소유자의 가능한 오류를 교정할 수 있다. 시장이 기업가와 자원 소유자의 오류를 교정하는 근본적인 메커니즘은 자유롭고 경쟁이 가능한 계약을 선택하는 것이다. 한 계약이 시장 경쟁에서 수지타산이 맞지 않거나 상대적으로 맞지 않을 경우에, 자원은 다른 계약으로 이동할 수 있다. 여기서 말하는 수지타산이 맞는지의 여부는 개별적 자원 소유자의 주관적 판단에서 나온다. 심지어 이런 주관적 판단이 '이성적理性的'인지의 여부도 중요하지 않다. 예를 들면 한 자원 소유자가 계약을 파기하고 다른 계약을 체결할 때 더 심각한 실수를 할 수도 있다. 중요한 것은 자원 소유자가 선택에 대해 책임을 진다는 규제하에, 모든 시장계약은 결국 알치안(1950)이 제기한 의미에서의 '생존 검증(survival test)'을 받게 된다는 것이다.

결국 시장계약의 선택은 자원 소유자들이 잘못한 뒤 문제를 시정할 수 있는 권한이다. 이것은 재산권의 가장 중요한 경제적 기능이며 시장경제가 자원을 효과적으로 배치할 수 있도록 보장하는 가장 기본적인 메커니즘이다. 왜냐하면 계약을 자유롭게 선택할 권리가 '살아남은' 계약이나 또는 자원의 조직 방식에 경쟁 우위를 보장해 주기 때문이다. 이론적으로 서로 다른 시장계약 사이에서 자원의 이동성은 다양한 시장계약의 존재와 혁신을 해석하는 기반이다. 더욱 흥미로운 사실은 자원이 서로 다른 시장계약 사이에서 이동할 때, 각 시장의 수급 정세가 그만큼 변한다는 것이다. 예를 들면 신발 생산 업자가 '보스'라는 지위를 버리고 신발 생산 업체에 가서 아르바이트를 할 경우, 혹은 반대로 신발 제조공이 직장을 그만두고 신발 가게를 개업할 경우, 모든 작업장 제품과 회사 제품의 시장 수급관계를 변화시키고, 나아가 신발 생산시장과 관련 요소시장의 수급관계를 변화시킨다. 이런 의미에서 상대적인 가격 시스템은 사실상 자원 소유자가 서로 다른 시장계약을 선택한 기록이다. 상대적인 가격 시스템을 떠나 거래비용과 기업조직비용은 가늠할 방법이 없다. 전체적으로 말하면, '가격 메커니즘의 자원 배분' 원리의 기반은 서로 다른 시장계약에 대한 재산권 주체의 자유로운 선택이다.

자원이 어느 방향으로 이동해야 '옳은지', 또는 어떤 조직 형태와 규모가 '옳은지'를 평가할 수 있는 중심적인 권위는 없다. 비록 경제 성장에 따라 점점 더 많은 자원이 기업에 집중되고 기업의 규모가 점점 확대되는 것을 경험적으로 관찰할 수는 있지만, 이를 지탱하는 신뢰할 만한 기반은 역시 시장계약에 대한 자유로운 선택이다. 작은 회사가 대기업에 의해 소멸될 것이라는 경제학자들의 예언은 오래전부터 있었다. 그러나 우리는 오늘날까지도 기술 시대마다 대기업과 중소기업의 양립과 시장계약의 끊임없는 혁신을 목격하고 있다. 대기업에서 효율성의 기반은 대기업 내부의 과학적 관리나 대기업 간 시장경쟁뿐만 아니라 모든 형태·규모의 기업 혹은 회사와 비회사 모델 사이에서 자원 소유자가 자유롭게 선택하는 시장체제에 있다. 대기업 직원들도 대기업을 '배신'하거나, 중소기업·가정·창업과 일괄매각 등 다양한 계약을 선택할 권리가 있다. 이것이야말로 대기업들이 자신들의 조직이 시장경쟁에서 우위를 가지고 있다는 것을 검증하고 입증할 수 있는 요건이다. 결과적으로, 기업의 조직 영리성의 진정한 기반은 비기업계약의 자유로운 선택을 포함한 서로 다른 시장

계약에 대한 선택이다. 때문에 장우창이 강조한 바와 같이 코즈 기업이론의 요점은 시장계약의 선택이다.[10] 이런 의미에서 재산권을 말하는 것과 시장과 기업을 말하는 것은 동일한 것이다. 재산권이 더 근본적인지, 아니면 시장이나 기업이 더 근본적인지를 구별하려는 시도는 논의의 방향을 흐리기 마련이다.

공유제 기업은 기업의 시장계약 기반을 제거해 버린 동시에 기업과 기업가들의 실수를 교정하는 시장 메커니즘도 제거해 버렸다. 이는 계약을 기반으로 하지 않은 '기업'의 초기 실수가 꼭 더 심각하다는 의미가 아니라, 시장의 자유계약이 제한된 여건에서 기업들이 실수를 적시에 교정할 수 없다는 것이다. 더욱 심각한 문제는 재산권의 선택적인 계약 권리가 근본적으로 금지된 상황에서 공유제 기업은 심지어 '오류'가 발생하는지도 모른다는 것이다. 그 이유는 시장관계가 일단 제한을 받으면, 기회비용의 의미상 자원 이용의 유용성에 관한 기준인 시장의 상대적 가격 시스템과 형성 메커니즘도 따라서 왜곡되기 때문이다. 경험적으로 공유제 기업의 시스템은 항상 '자본주의 시장 시스템'이 제공하는 기술경제적 매개변수, 예를 들어 표준 에너지 소비량의 국민 소득 성장 탄력 계수와 같은 것에 특히 주목한다. 그러나 공유제 기업은 본 시스템에서 작동하지 않는 신호를 거시적으로 '파악'하고 에너지 이용 효율이 극히 낮다는 사실을 알고서도 미시적 차원에서 절감 효율을 향상하기 위한 별다른 방법이 없다. 왜냐하면 경제활동 중 자원의 투입 방향이나 다양한 이용 형태 사이에서 그 소유자가 의사 결정을 하는 메커니즘이 공유제 기업 시스템에서 소멸되었기 때문이다. 정보비용의 관점에서 보면, 공유제 기업이 최적화된 프로그램을 탑재한 로봇을 사용하여 경제 사업에 종사한다고 하더라도, 이른바 이성적인 계산이라는 최상의 수준에 도달할 수 없을 것이다. 더군다나 공유제 기업도 반드시 인간이라는 특별한 자원을 이용해야만 한다.

4. 소멸될 수 없는 사실상의 개인 재산권

사람 자체가 경제적 가치를 지니고 있다는 사실은 오래 전에 발견된 진리이다. 경제 과정에 투입된 인적 자원의 양과 질을 구별하고 인력의 지식과 기술의 질을 경제 성장의 관건으로 간주한 것이 최근 몇십 년간 경제학에서의 중대한 진전이다.[11] 1960년대 이래로 경제학자들은 현대 경제 성장에 대한 수많은 경험 연구를 통하여 인적 자원, 특히 인간이 갖고 있는 지식과 기술이 경제 성장에 크게 기여한다는 것을 발견하였다. 이와 같이 일정한 지식과 기술을 갖춘 인적 자원도 역시 자본이 '미래 소득 흐름의 원천'이라는 정의에 부합한다. 때문에 일부 경제학자들은 인력을 자본으로 간주하였을 뿐만 아니라 장기적인 경제 성장에 더 중요한 기여를 하는 '휴먼 캐피털(human capital)'로 간주하였다. 요약하자면, 지식과 기술을 갖춘 인적 자원은 생산성과 자본성을 갖추고 있다.

그러나 인적 자본 이론에서 파생될 수 있는 것은 단지 교육과 훈련이 경제 성장에 미치는 극단적 중요성에만 그치지 않는다. 보다 근본적인 문제는 한 경제에서 인적 자본이 효과적으로 기능할 수 있도록 하는 여건이며, 이러한 여건들은 인적 자본이 경제 성장에 미치는 효과뿐만 아니라 인적 자본 자체의 형성에도 영향을 미친다. 이는 인적 자본 주체의 재산권 특징과 연관되지 않을 수 없다. 바젤Barzel(1977), 로젠Rosen(1985), 장우창(1984) 등의 연구에 따르면 인적 자본은 천연적으로 개인의 자산에 속하는 것으로 이해될 수 있다.[12] 예를 들면 노동력이나 지식을 파악하고 활용하는 기능·학습능력·책임성·창의성·모험정신·잠재적 시장기회에 대한 민감성 등 시장가치를 지닌 인적 자원은 언제나 자연적인 개인에게 부착되어 있을 뿐만 아니라, 개인에게만 동원되고 양도된다. 그러므로 개인 재산권이 사회의 법적 권리 시스템으로부터 인정과 보호를 받지 못할 경우, 개인은 자신의 실제적인 통제권으로 그 인적 자원을 효과적으로 이용할 수 있는 통로를 '폐쇄'하여 다른 사람이 그 인적 자원을 이용하는 비용을 증가시키고 인적 자원의 가치를 떨어뜨린다. 이 특성에 대한 이해가 동기 부여 이론에 관한 현대 경제학의 기초를 이해하는 것이며, 또한 시장의 기업들이 인적 자본과 비인적 자본에 대한 일종의 특별 계약의 기초가 된다는 점을 이해하는 것이기도 하다.[13]

공유제 기업 제도는 생산적인 인적 자원에 대한 개인의 합법적 소유권을 부인한다. 하지만 이 제도는 '개인은 언제나 그 인적 자원의 자연적인 실소유자이며 지배자'라는 점을 삭제하지는 않았다. 이것은 공유제 기업들로 하여금 내재된 긴장감에 직면하게 한다. 공유제 기업은 계획과 명령에 따라 모든 인적 자원과 비인적 자원을 조합할 수 있기 때문에 개인 재산권에 기초한 시장 거래 시스템의 모든 번거로움을 모면할 수 있게 되었다. 그러나 법적으로 국가와 집단에 속한 인적 자원은 공유제 기업의 인사 이동과 지휘에 의해 직접적으로 기능할 수 없다. 각종 비천한 개인적 이익과 동기가 공유제 기업에 의연히 존재할 뿐만 아니라 여전히 인적 자산의 실질적인 공급 수준을 결정하고 있다. 노동력, 지식, 학습능력, 기술, 책임감과 창조성의 실질적인 공급 수준은 여전히 그 자산을 가지고 있는 개인에 의해 결정된다. 사실상 인적 자원의 '주인'인 개인이 국가나 집단의 목표를 기꺼이 받아들일 수 있는 경우가 아니라면, 공유제 기업도 마찬가지로 기업 내에 '배치'된 법적으로 '공공 소유'인 인적 자원을 자동적으로 동원할 수 없다.

공유제 기업도 그 어떤 체제에서의 기업과 마찬가지로 인센티브 문제를 회피할 수 없다. 사실상 자원의 희소성이 사라질 수 없기 때문에, 국가 간 정치·군사·경제적 경쟁의 압박으로 인해 공유제 기업은 개인이 인적 자본의 공급을 늘리도록 장려하는 노력을 포기한 적이 없다. 단지, 법적으로 개인의 생산적인 자원 소유를 인정하지 않는 공유제 기업들은 인센티브 문제에서 특별한 제약을 받고 있다. 이미 지적한 보다 근본적인 어려움은 공유제 기업 체제에서 소급(追溯)할 수 있는 최종 의뢰인이 없고, 시장계약 권리가 금지되어 자원 이용 효율을 측정하는 시장가격 신호가 생성될 수 없다는 것이다. 한걸음 더 나아가 현실에서 공유제 기업이 어떻게 제도적인 대안을 찾아 개인의 수중에서 실제로 통제되는 인적 자원을 공유제에서 발휘하고 이용할 수 있는지에 대해 논의하고자 한다.

우선, 국가 임대료(state rent)가 이윤을 대체하여 공유제 기업의 행위 목표가 되었다는 것을 발견할 수 있다. 기존 연구들은 공유제 기업이 국가가 계획한 임무 완수를 목표로 하고 이윤을 추구하지 않았다고 지적하였다. 하지만 공유제 기업이 재무·정산의 의미에서의 이윤이 아닌, 경제학적 의미에서의 이윤을 추구할 방법이 없다는 사실에 주목하는 사람은 아주 적다.[14] 엄밀히 말하면 생산적 자원에 대한 개인의 소유권, 특히 시장계약의 선택권을 없앴기 때문에 시장가격·생산비용·거래비용 등의 개념이 존재할 수 없고 따라서 이윤 개념도 존재할 수 없다. 그렇다면, '국가가 계획한 임무'란 무엇인가? 역사적으로 보면, 공유제 경제는 국가와 국가 간 전반적인 실력 경쟁에서 자국의 경제 목표를 확정한 것이다. 그러나 국가 경제의 목표는 소위 말하는 '객관적 경제 법칙'에 따라 자동적으로 확정되지 않는다. 국가 간 경쟁 상황과 무엇이 적절한 경쟁 전략인지는 우선 국가 대리인의 인식에 달려 있다. 동시에 국가의 수중에 이미 집중된 자원으로 얼마나 많은 산출과 어떤 경제 구조를 형성할 수 있는지를 표명하는 계산하기 쉬운 기술적 함수는 없다. 경험적으로 보면, 공유제 국가의 경제 목표는 흔히 국가 대리인들 간의 항상 다른 주관적 판단과 의지의 정치적 균형에 의해 확정된다.[15] 물론 국가 대리인이 주관적으로 정한 경제 목표가 예상대로 실현될 수 있는지의 여부에 관계없이 공유제 경제의 수중에 집중되어 있는 자원은 언제나 매우 실제적인 경제 이익을 창출하며 국가 대리인이 통제하고 분배하는 이러한 경제적 이익의 증가, 즉 국가 임대료 자체가 공유제 경제의 목표가 된다.

우리의 분석에 중요한 것은 모든 국가 대리인이 자연인이라는 것이다. 그러므로 국가 경제 목표라는 공유제 경제의 시작 논리를 정할 때, 자연인으로서 개인의 역할과 영향을 완전히 배제할 방법이 없다. 국가 대리인이 자신의 이익을 최대화하기 위해 일하는 것과 비교하여 얼마나 국가 이익을 극대화할 수 있는지는 그에 상응하는 인센티브와 제약에 달려 있다. 고찰해 볼 것은, 법적 권리에서 개인이 소유한 생산성 자원의 재산권을 제거한 뒤, 국가 대리인의 행위와 사회적 감독, 그리고 국가 대리인을 제어하는 동력 메커니즘과 효율성이 과연 어떤 영향을 받는가이다. 여기에서는 단지 임대료가 시장체제의 이윤을 대체한다고 해서 위대하거나 미약한 동기를 가진 개인이 그 지력과 능력을 실질적으로 통제하는 현실을 공유제 경제 시스템에서 완전히 축출할 수 있는 것은 아니라는 점을 지적할 필요가 있다.

5. 대체적인 제도 배치: 국가 임대료의 동기 부여

공유제 기업이 국가 임대료의 최대화 목표를 위하여 얼마나 생산적 활동에 종사하느냐가 더욱 일상적인 난제이다. 왜냐하면 명의상으로는 자원이 '공유에 속하지만', 사실상 자신의 인적 자원을 통제하고 있는 수많은 개인들이 관련되어 있기 때문이다. 경험적으로 보면, 공유제에 속한다고 해서 사람들이 스스로 국가 임대료를 최대화하기 위해 노동·발명·학습·계량·감독·관리에 대한 노력을 제공하지 않는다. 공유제 기업의 관리 체제가 수립된 날부터 다양한 방향의 '자아 완성'을 끊임없이 시도하고 변경하는 근본적인 원인은 여전히 공급을 늘리기 위해 인적 자원을 동원해야 하는 것 때문이다. 노동자들을 동원하여 관리 의사 결정에 직접 참여하도록 하는 것에서부터 엄밀한 행정 관리 시스템 구축에 이르기까지,

혁명적 열정을 유지하고 정치적 충성심에 의존하는 공급 제도에서부터 다양한 '물질적 동기 부여' 수단의 도입에 이르기까지, 대규모 사상 교육과 대중운동으로부터 '자본주의의 타이로제(泰羅制)' 식의 규정을 모방하여 노동 규율을 강조하는 데 이르기까지, 또한 직접 노동 시간의 사회적 산출로부터 '가치법칙을 존중'하고 공유제 조건에서의 '가격·원가·이윤' 채산 시스템의 '구축'에 이르기까지, 공유제 기업들은 개인의 재산권 승인을 대체하면서도 인적 자원을 동원할 수 있는 제도적 장치를 지속적으로 모색해 왔다.

안정성과 일관성이 결여되어 보이는 갖가지 대안적 제도를 마련하는 과정에서 공유제 기업은 점차 국가의 임대료 생산(관리)을 위한 노력과 국가의 임대료를 공유하는 것 사이의 긍정적인 관계를 수립함으로써 인적 자원의 공급을 유도하였다. 이를테면 공유제 기업을 관리하는 행정 등급 제도와 '인센티브'의 노동 보수 제도는 보편적으로 공유제 기업의 기본 체제가 되었다. 이는 결코 우연이 아니다. 왜냐하면 행정 등급에 따라 임대료를 나누는 제도화 때문에 공유제 기업은 임대료의 분배권을 이용해 개인이 공유제 기업에서의 관리와 노동 공급을 늘리도록 자극할 수 있었다. 본문에서 '국가 임대료 인센티브'라고 부르는 체제에서 개인은 사실상의 인적 자산에 의한 권리로 노동과 관리에 대한 노력을 증대해, 보다 높은 등급의 국가 임대료를 향유할 것인지 아니면 노동과 관리에 대한 노력을 감축해 국가 임대료를 적게 향유할 것인지를 선택할 수 있다. '국가 임대료의 동기 부여'는 명의상 개인에게 속하지 않는 공유제 시스템에서 자연인이 획득할 수 있는 기득권을 만들 수 있다. 그 기반은 바로 개인이 사실상 여전히 소유하고 있는 재산권을 인정한 것이다.

얼핏 보면, 국가 임대료의 격려는 시장기업제도의 격려와 원칙적으로 다르지 않다. 왜냐하면 시장에서 기업계약의 중심적인 내용은 단지 생산 이윤을 창출하려는 노력과 이윤을 나누는 노력 사이의 올바른 관계를 확립하는 것에 지나지 않기 때문이다. 시장경제 기업제도가 이윤 취득 권리를 이윤 창조에 기여한 자에게 부여할 때, 공유제 기업은 국가 임대료를 향유하는 권리를 국가 임대료 창조에 기여한 자에게 부여한다. 전자의 경우는 개인들 간의 이윤 경쟁이고, 후자의 경우는 개인들 간의 국가 임대료 경쟁이다. 국가 임대료 개념을 '이윤'으로 바꿀 경우, 국가 임대료 동기 부여의 강도가 이윤 시스템의 동기 부여 강도와 비슷하다면 이 두 가지 제도에는 어떠한 실질적인 차이가 존재하는가?

원칙적인 차이는 이윤과 국가 임대료의 형성 과정에 있다. 이윤은 분권적이고 자발적인 시장계약 과정에서 형성되는 반면, 국가 임대료는 행정 권력이 경제자원을 집중하고 의사 결정을 집중한 결과이다. 기업 이윤은 시장의 기업계약이 만들어 내는 '조직 이윤'이며, 시장에서의 다양한 기업 간 경쟁, 그리고 기업과 비기업 모델 간 경쟁의 결과이다. 국가 임대료 체제는 모든 시장경쟁을 제거하는 대신 집중적으로 결정된 기업조직 모델에서 국가 임대료를 생산해야 한다. 개인의 선택 권리와 선택 범위 차원에서 문제를 생각하면 이 두 체제의 차이점을 쉽게 발견할 수 있다. 이윤 시스템은 개인이 소유한 자원 재산권의 진입·퇴출 또는 스스로 기업을 설립할 수 있는 권리에 기초하여 시장계약에 따른 소득 보장을 인정한다. 반면 국가 임대료 체제는 법적으로 개인 재산권을 제거함으로써 시장계약을 자유롭게 선택할 수 있는 권리를 금지하였다. 개인은 다만 주어진 공유제 기업의 범위에서만 경쟁할 수 있고 개인이 무효라고 인정한 기업조직에서 '퇴출'될 수도 없고, 집중적으로 선정된 공유제 모델과 경쟁하는 생산조직을 설립하는 것은 더더욱 불가능하다. 이 때문에 이윤체제는 하이예크Hayek(1945)가 주목한 '개개인의 다른 사람에 대한 정보 우위'를 충분히 활용하고 '모든 방향에서 생산적 혁신을 모색'한다는 점에서 국가 임대료 체제에 비해 훨씬 경쟁 우위를 가진다.[16]

공유제 기업의 국가 임대료 체제는 시장기업의 이윤 체제와 인센티브의 강도强度 측면에서 실질적인 차이가 있다. 첫째, 공유제 기업에서 개인이 합법적으로 소유할 수 있는 부분은 '소비재'에만 국한되기 때문에 개인이 합법적으로 향유할 수 있는 국가 임대료의 수준은 비교적 낮으며 '상한선을 설정하지 않는' 이윤 인센티브와는 비교가 되지 않는다. 둘째, '소비재'의 분배 속성을 유지하기 위하여 대량의 국가 임대료는 등급제 현물 복지 형태로 발급되며, 개인이 점용하고 소비하며 향유할 수 있지만, 거래와 투자는 불가능하다. 이는 물론 국가 임대료 체제를 상대적으로 평등하고 공평하게 보이게 했지만, 동시에 인센티브의 효과도 약화시켰다. 셋째, 국가 임대료 체제에서 개인이 취할 수 있는 임대료 청구권은 매우 작지만, 취할 수 있는 임대료 통제권은 비교적 크다. 여기에서 '국가 임대료 통제권'이란 공유제 대리인에 의해 통제되는 국가 임대료의 생산과 분배에 대한 의사 결정과 지휘권을 의미한다. 이러한 임대료 청구권과 통제권의 비대칭적 조합은 사실상 임대료 청구권의 인센티브 부족을 통제권으로 보상하였다. 그러나 이러한 제도는 공유제 기업 체제에 통제권 남용의 위험을 초래하기 때문에 정당한 인센티브로 받아들여지지 않을 이유가 있다. 넷째, 국가 임대료 청구권, 특히 통제권은 항상 재직 또는 재위의 원칙에 따라 배분된다. 이는 현직을 두고 경쟁하는 인센티브의 강도를 증가시키지만, 현재의 행위에 대한 장기적 영향을 고려하도록 사람들을 격려하지는 않는다. 현직에 치우친 국가 임대료 분배 원칙은 기업에 장기적으로 영향을 미칠 수 있는 행위에 대해 종종 재앙의 결과를 가져온다.

이에 비해 이윤체제는 나눌 수 있는 이윤의 액수를 개인의 '생활 소비'에 한정하지 않았을 뿐만 아니라, 나눌 수 있는 이윤을 소비재로 쓸지, 투자로 쓸지를 규제하지 않았다. 이윤의 인센티브 체제는 개인 재산권 거래의 기반 위에 구축되었기 때문에, 비록 인적 자본을 제외하고는 아무것도 없는 개인일지라도 그 인적 자본으로 시장에서의 기회를 얻어 시장가치를 실현하고 이윤을 향유한 뒤 재투자를 통해 비인적 재산을 소유할 수 있다. 이는 개인이 보유한 유형 또는 무형의 인적 자산이 비인적 자산 재산권으로 전환될 수 있다는 의미이다. 이 점은 이윤 인센티브 제도의 유용성을 이해하는 데 매우 중요하다. 필경 인적 자산의 매개체인 개인은 모두 자연적인 생명 주기가 있기 때문에 생산적인 파동을 피할 수 없을 뿐만 아니라 생산능력의 상실, 노쇠와 사망에 직면하게 된다. 만약 인적 자본의 소유자가 '재산'에 의한 수익을 생활 소비에 한정하고 '쓰는 족족 가져간다면' 인적 자원에 의한 생산력이 부족하거나 이를 상실했을 시의 '생활 소비'는 유일하게 공유제 기업의 노후 및 각종 보조금에 의존할 수밖에 없다.[17] 때문에 인적 자원에 대한 개인의 재산권은 반드시 인적 자원의 거래·투자와 비인적 자본 재산권으로의 전환 등 모든 권리를 포함해야 한다. 만약 그중 일부를 제한하면 인센티브의 강도는 낮아질 것이다.

국가 임대료 인센티브와 이윤 인센티브의 유일한 공통점은 인적 자원의 천연적인 주체는 개인이고 다만 개인만이 이 자원을 통제하고 동원할 수밖에 없다는 사실을 그 누구도 개변할 수 없다는 것이다. 두 체제의 차이는 인적 자원이 생산적으로 얼마나 충분히 활용되느냐에 있다. 개인이 인적 자원에 대해 실제적인 재산권을 합법적으로 승인받는 상황에서 어떤 기업계약의 인센티브가 무효화되거나 부족하면 인적 요소는 다른 기업 또는 비기업 조직으로의 이동을 통하여 시정될 수 있다. 따라서 인적 자원은 개인이 비교적 큰 선택의 자유를 가지기 때문에 보다 생산적으로 이용될 수 있다. 하지만 개인이 합법적으로 자신의 인적 자원을 소유하지 못할 경우, 개인은 인센티브가 유효하지 않거나 부족한 조직에서 자유롭게 탈퇴할 권리가 없을 뿐만 아니라 보다 효율적이라고 생각하는 조직과 계약을 체결할 권리도 없다. 개인이 '선택'할 수 있는 것은 주어진 기업조직 내에서 노동과 관리에 관한 노력을 줄이거나, 사실상의 통제권과 감독의 부재를 이용하여 공공 자원을 탈취하여 불법적으로 개인 소득을 얻는 방법뿐이다. 이 두 가지의 경우, 인적 자원은 방치되거나 비생산적인 방향으로 이용된다. 국가 임대료는 자원에 대한 행정적 독점에서 비롯되기 때문에 국가 임대료에 대한 경쟁은 일부 인적 자원이 공유제 기업 체제 내에서 지대를 설치(設租)하거나 지대를 추구(尋租)하는 데 전문 사용(專用)되게 했고, 그것은 인적 자원에 대한 '반反생산성' 개발로 이어진다.

우리는 공유제 기업이 국가 임대료 인센티브 체제와 연계되었기 때문에 생존할 수 없다고 단언하지는 않는다. 사실상 이러한 기업체제는 오랫동안 존속할 수 있다. 왜냐하면 공유제 기업 제도는 법적 권리라는 명분에서만 개인적 소유를 소멸시켰을 뿐, 실제로는 여전히 개인이 자신의 인적 자본을 통제하고 있으며 국가 임대료 인센티브를 통하여 공유제 기업의 인적 자원을 동원하고 있기 때문이다. 우리의 분석은 다만 국가 임대료 인센티브 메커니즘이 시장체제의 이윤 인센티브 메커니즘에 비해 경쟁에서 열세에 처해 있다는 점을 표명할 뿐이다. 이는 공유제 기업이 시장경쟁에서 격리된 여건에서는 '정상적'으로 운영되지만, 일단 이윤 인센티브 체제와 동일한 경쟁 플랫폼에 서면 상황이 갈수록 악화되는 이유를 설명하는 데 도움이 된다. 공유제 기업의 재산권을 개혁할 필요 없이 시장경쟁만 도입하면 된다고 예언하는 경제학자들은, 시장경쟁 도입이 국가 임대료 인센티브 체제에서 충분히 동원되지 않은 인적 자본을 자극하여 일부 수준 높은 인적 자원이 선제적으로 공유제 기업에서 '퇴출'되어 그와 경쟁하는 비공유제 기업으로 흘러간다는 사실을 보지 못했다. 때문에 국가 간 정치·군사·경제력 전반의 경쟁이 시장 개방으로 바뀌면, 즉 각종 공유제 기업과 비공유제 기업이 동일한 제품시장에서 경쟁할 경우, 공유제 기업이 직면한 운명은 바로 시장경쟁에서 도태되거나 또는 시장화 재산권 개혁을 진행하는 것이다.

마지막으로 무엇이 공유제 기업의 시장화 재산권 개혁인지를 간략하게 논의하려 한다. 코즈가 "시장 거래는 단지 재산권 거래일뿐이다."라고 지적했을 때, 그는 사실 개인 재산권의 확립이 시장화 개혁의 진정한 토대임을 언급하였다. 그러나 법적으로 개인의 사유재산을 부인하는 전통적인 공유제 기업 체제는 그 주장을 쉽게 받아들이지 않을 것이다. 이에 따라 '공유제를 기반으로 한 시장경제'라는 새로운 이론이 나타났다. 시장 거래는 부분적 제품에 한정될 수 있고 나아가 공유제 기업의 일부 제품에 한정될 것으로 보인다. 그러나 모든 제품과 생산요소들이 서로의 생산에 투입되는 시장의 특성은 결국 일부 제품(서비스)만 자유로운 시장 거래를 할 수 있도록 인위적으로 제한하는 방식이 헛된 노력이라는 것을 보여주게 될 것이다. 일부 제품(서비스)의 시장경제는 언제든지 전반적인 제품(서비스)의 시장경제, 나아가 모든 생산요소를 포함하는 시장경제로 확장될 것이다. 인적 요소가 마침내 합법적으로 상장되어 거래될 수 있을 때, 공유제 기업의 시장화 개혁은 근본을 건드리게 된다. 왜냐하면 어떤 인적 자원이든지 오직 개인에 의해서만 적재될 수 있기 때문이다. 노동력 시장, 기술 전문가 시장, 경영인과 기업가 시장에 참여할 수 있는 것은 자연인으로서의 개인일 수밖에 없고 더 이상 추상적인 '전 국민' 혹은 '국가'와 '집단'일 수 없다. 공유제 기업의 개혁은 궁극적으로 개인이 소유하고 있는 인적 자원 재산권을 인정하는지의 여부와 개인의 인적 자원 재산권이 비인적 자본 재산권으로 바뀔 수 있다는 것을 인정하는지의 여부에 답해야 한다. 위와 같은 이유로 본문은 공유제 기업의 시장화 재산권 개혁을 최종적으로는 개인 재산권의 확정을 위한 개혁으로 정의함과 동시에 이를 통해 공유제 기업의 시장화 개혁 논리를 이해해야 한다고 주장한다.

6. 총결

본문에서는 아직 시장화 개혁이 일어나지 않은 공유제 기업의 성격을 개략적으로 설명하였다. 즉 법적으로 개인의 생산성 자원에 대한 소유권 보유를 부인하는 상황에서 공유제 기업은 비시장계약성을 띤 조직이 되었다. 그러나 여전히 개인에 속하는 인적 자산을 충분히 동원하기 위하여 공유제 기업은 국가 임대료 인센티브 메커니즘으로 시장 거래와 이윤 인센티브 체제를 대체하였다. 공유제 기업이란 모든 공간이 법적으로 공유재산이기 때문에 그 어떤 개인적인 방도 없는 아파트이다. 그러므로 공유제 기업의 모든 자원은 모두 공용 통로로, 국가 임대료 체제에 따라 개인이 그것을 점유하고 수익을 얻을 수 있는 권리가 사실상 정해져 있다. 국가 임대료 체제의 실제적인 실행은 공용 통로의 면모와 이용 효율을 결정하였다. 본문에서는 유행하는 '위탁-대리'와 '소유권과 경영권의 분리'라는 프레임 모두 공용 통로의 경제적 성격을 분석하는 데 적합하지 않다고 간주하고 '법적 재산권과 사실적 재산권의 불일치'라는 프레임에서 공유제 기업을 분석하고자 하였다. 우리는 본문에서 제시한 프레임으로 공유제 기업의 시장화 개혁 논리를 연구할 것이고, 그 핵심적인 단서는 개인이 사실상 인적 자산 권리를 가지고 있는 기반에서 공유제 기업이 어떻게 개인 재산권의 법적 지위를 인정하는 시장계약적 조직으로 전환되는가에 있다.

주

1 Barzel(1989)의 서문 부분을 참조, 왕딩딩(1998)이 바젤의 중국어판 논문집을 위하여 쓴 서문을 참조.
2 Chueng(1970)이 서술한 임대료 소실에 관한 이론에 의하면, 누구나 공공 자원을 사용하기 위하여 자유 경쟁을 배척하지 않는다면 그 공공 자원의 임대료는 반드시 소실될 것이다. 하지만 누구나 경쟁적으로 공공 자원을 사용하는 토대는 법적으로 정해진 집합 재산에 대한 개인의 권리가 아니라, 뒤에서 제기한 '사실상의 권리'이다. 판강(樊綱)과 장쑤광(張曙光)(1990)은 "노동자 개인으로서는 공유 재산의 소유자가 아니다."(p.25)라고 주장했다. 룽자오즈(榮兆梓)(1996)는 공유 재산은 "아직도 독특한 내부 배타성이 존재한다."라고 했다. 즉 공유 재산권은 모든 구성원이 정한, 공공 재산을 훔치거나 손해·남용하거나 낭비해서는 안 되는 것과 같은 "개인의 의지에 대한 집단의지의 배타적 권리"(p.18)라고 지적하였다. 이들의 공통적인 착안점은 모두 공유제의 법적 권리에 대한 규정이다.
3 재산권 개념에는 거래 권리, 즉 시장계약을 선택할 권리가 포함된다. 재산권의 배타성은 매우 중요하지만, 재산권의 배타성은 주로 거래를 위한 것이지, 배타적으로 자원을 사용하고 향유하기 위한 것은 아니다.
4 기업은 일종의 시장계약이라는 사고가 이른바 '기업 소유권'이라는 개념을 역설적으로 만들었다. 하나의 기업을 구성하려면 최소 두 개 이상의 자원 소유권이 있어야 하기 때문에 '기업계약'은 '토지임대계약'과 마찬가지로 조약 체결의 어느 한 측에 단독으로 속할 수는 없다. 하시만 동일한 계약의 시장가치는 각기 다른 권리자에 따라 다르다.[저우치런(1996), p.76 참조.] 생산 수단에 대한 개인의 소유권 소멸을 선포하고 비시장계약의 기초 위에서 설립된 공유제 기업은 마치 하나의 소유권만을 가지고 있는 것처럼 이해될 수 있다. 왜냐하면 전체 자원이 이미 공동 소유가 되었고 제2의 소유권이 없기 때문이다. 그러나 이 논문의 주요 과제는 그것이 단지 법적 명의로만 성립된다는 것을 해명하는 데 있다.
5 Chueng(1983), p.3.
6 Coase(1937), p.6.
7 Coase(1937), p.5.
8 "기업가의 재능`발휘는 심지어 사후에도 감독과 계산이 어렵다. '임대료 분배 계약(sharecropping contract)'과 같은 제도적 안배, 즉 기업가의 인적 자본 소유자가 기업경영

의 잉여 자산을 나눠 가지는 제도가 없다면 기업가의 재능은 '격려'될 수 없다." 저우치런(1996), p.76 참조.
9 적합한 기업가나 회사 경영인을 선택하는 것이 중요하다고 강조하지만, 이런 선택의 효율성은 전반적인 시장 환경에서 벗어날 수 없다. 장웨이잉(張維迎)(1995)의 이론에서 강조된 점은 기업의 재무자본 소유자가 기업 관리인의 선택에서 우선권을 가지며, 이런 우선권은 반드시 전반적인 시장 환경에 두어야 하고, 특히 각종 요소시장 환경에서만 정확하게 판단할 수 있다는 것이다. 회사 주주와 이사회는 일반적으로 1년에 한 번씩 대표를 선출한다. 하지만 근로자와 기술자, 그리고 기타 기업에 진출한 요소계약 당사자들은 매일 관리자를 뽑을 수 있고 관리인을 선택한 '회사 사장'까지 선출할 수 있다. 그들은 일정한 탈퇴비용을 부담하고 회사를 탈퇴할 수도 있고, 회사에 남아 사장을 난처하게 할 수도 있다. 회사의 재무자본 소유자가 기타 요소 소유자들이 '고르고 남은' 관리인을 선택할 것인지는 경제학자들의 가설대로 이런 '사장'이 늘 이성적인지에 달려 있다. 진실한 경험의 세계에서는 '사장'이 고집·오만·독선으로 재무자본을 말아먹는 경우가 많다. 우리는 다만 시장경쟁에서 궁극적으로 생존 검증을 통과하지 못하는 사장들을 퇴출시킨다는 의미에서 '(살아남은) 사장은 모두 이성적'이라고 가정한다. 이론적으로 추이즈위안(1996)이 소개한 회사의 '이해 관계자(stakeholders)' 개념이 '기업은 하나의 시장계약이라는 코즈의 관점을 이해하는 데 의미가 있다. 다만 회사 지배인이 모든 이해 관계자에게 책임지는 것을 인정하는 것이 이른바 '사유재산권 논리를 초월한다'는 추이즈위안의 해석에는 동의하지 않는다. 왜냐하면 이해 관계자가 기업계약을 맺는 기초가 되는 것은 각자가 보유한 자원(인적 자원 포함)에 대한 소유권이기 때문이다.
10 그러나 장우창의 코즈 기업이론에 관한 설명은 많은 문헌들에 의해 "기업은 요소시장으로 제품시장을 대체했다."라고 요약되어 있다. 기업은 확실히 요소계약을 통하여 자원 소유자가 양도한 사용권을 취득하였는데, 이런 자원은 그 소유자가 직접 생산하여 제품으로 판매할 수 있다. 하지만 기업은 코즈가 말한 '조직적 수익'의 의미로서의 존재로 인하여 제품시장을 포함한 그 어떤 시장도 대체할 수 없다. 만약 상품시장이 정말로 완전히 대체된다면 자원 소유자는 기업가가 되기를 선택하여 시장에서 직접 제품을 생산하는 것을 더 이상 하지 못할 것이고 다른 기업가의 자원 사용권 양도를 '선택'할 수밖에 없는데, 이 기업의 존재가 꼭 진정한 경쟁 우위를 가질 수 있다고 어떻게 보장할 수 있는가?
11 경제 성장에서의 지식과 기타 인적 자본의 역할에 관한 경제학 사상의 발전과 관련하여 왕딩딩(1994)의 설명을 참조하라. 왕딩딩이 저자의 초고를 읽고 제기한 평론, 특히 '학습'은 인적 자본의 가장 중요한 구성 부분이라는 견해에 감사드린다.
12 저우치런(1996), p.74.
13 장웨이잉(1996)은 '인적 자본의 (개인) 소유자와 분리될 수 없는' 특성이 비인적 자본

에 비해 열세라고 주장했다. 첫째, 인적 자본은 저당 기능을 가지고 있지 않다. 둘째, 인적 자본의 소유자는 '게으름'과 비인적 자본에 대한 '학대'를 통해 이익을 얻을 수 있다. 따라서 그는 '자본에 의한 노동 고용', 즉 '(비인적) 자본 소유자에게 기업가가 될 우선권을 갖게 하는 것'이 정확한 논리적 추론이라고 주장하였다.[장웨이잉(1996), pp.9~10 참조.] 만약 '명성(reputation)'도 인적 자산의 무형적인 부분으로 이해했다면 인적 자본에 '저당성이 없음'을 제대로 파악하지 못한 것으로 본다. 왜냐하면 명성의 가격을 결정하는 메커니즘을 떠나 재무자본의 저당성에만 의거하여 현대적인 기업을 이해하기에는 많은 어려움이 있기 때문이다. '게으름'과 '자산 확대'의 경향은 비인적 자본이 기업가가 될 우선권을 가져서 해결할 수 있는 문제가 아니다. 이는 바젤 Barzel(1977)이 연구한, 절대적인 우선권을 가진 노예주가 노예의 게으름과 자산 확대 문제를 해결할 수 없었던 것과 마찬가지이다. 기업에 진출한 인적 자원의 '게으름'과 '자산 확대' 등의 행위를 해결하는 효과적인 수단은 '노동'에 대한 '자본'의 우선권이 아니라 동기 부여적인 시장계약이다.

14 개혁을 주장하는 많은 경제학자들은 공유제 기업 제도에 '이윤' 개념을 도입하면 공유제 기업의 생산성을 높일 수 있다고 주장한다. 1962년, 구소련의 유명한 '리베르만의 건의'는 기업에 대한 국가 계획 지표를 고도로 간소화하는 대신 '이윤(통일적으로 책정된 부문 자금의 수익성 기준)'을 기업 평가의 주요 지표로 삼을 것을 주장하였다. 1960년대에 쑨예방(孫冶方)도 이와 유사한 주장을 내놓은 적이 있다.[우징리엔(1994), pp.122~129 참조.] 하지만 '이윤'은 시장거래에서 기업계약의 산물이며, 시장계약을 폐지한 공유제 기업 체제에서 '통일적인 책정'이 가능하고 계획을 통해 하달할 수 있다면 본래 의미의 '이윤'이 아니다. 이에 비해 꾸준(顧准)의 인식은 그렇게 절충적이지 않다. 그는 기업들의 이익 추구를 유도하기 위해서는 반드시 "지령적 계획과 지령적 가격 결정 제도를 폐지하여 가격이 자유롭게 오르내리도록 하게 해야 한다."라고 주장하였다(p.127).

15 이것은 공유제 계획경제의 성장 목표, 속도, 우선 성장 부문, 나아가 중점 프로젝트에 관한 결정이 늘 정치 투쟁으로 이어지는 근본적 원인이다.

16 하이예크 사상에 관한 왕딩딩(1994, 1999)의 체계적인 해석을 참조하라.

17 이론적으로 공유제 기업에서 인출한 양로금과 기타 제반 기금은 생산성 자산 투자에 의해 가치가 증가하기 때문에 개인은 노동능력을 상실한 후의 생활을 근심할 필요가 없다. 하지만 집중된 기금은 별도의 공용 통로를 통해 인센티브 메커니즘으로 자금이 양호한 배려를 받을 수 있도록 보장해 주어야 한다. 그렇지 않으면 역시 부실 관리로 인해 갈취당하거나 낭비된다. 경험적으로 볼 때 공유제 기업은 최종적으로 그 당시의 복지 약속을 지킬 수 없게 된다. 심각한 사회 문제를 야기하는 한편, 이른바 '59세 현상'의 악성 발전을 자극한다.

참고문헌

[1] Alchian, A. and Harold Demsetz. "Production, Information Costs, and Economic Organization," *American Economic Review* 62, 1972, pp.777~795.

[2] Alchian, A. "Uncertainty, Evolution, and Economic Theory," *Journal of Political Economy* 58, No. 3, 1950, pp.211~221.

[3] Barzel. *Economic Analysis of Property Rights*, Cambridge University Press, 1989.

[4] Barzel, Yoram. "An Economic Analysis of Slavery," *Journal of Law and Economics* Vol. 17, No. 1, 1977, pp.73~96.

[5] Chueng, Steven N. S. "The Structure of a Contract and the Theory of a NonExclusive Resource," *The Journal of Law and Economics* Vol. 13, No. 1, 1970, pp.47~70.

[6] Chueng, Steven. "The Contractual Nature of the Firm," *Journal of Law and Economics* 26(1), 1983, pp.1~21.

[7] Coase, Ronald. "The Nature of the Firm," 1937, In Coase, *The Firm, the Market, and the Law*, Chicago: The University of Chicago Press, 1988.

[8] Hayek, F. A. "The Use of Knowledge in Society," *American Economic Review*(September), 1945.

[9] Knight, Frank. *Risk, Uncertainty, and Profit*, Reprints of Economic Classics, 1921, Angustus M. Kelley, 1964.

[10] Rosen, S. "The Theory of Equalizing Differences," *In Handbook of Labour Economics*, eds. O. Ashenfelter and R. Layard. Amsterdam: North-Holland, 1985.

[11] 巴澤爾, "公共財產財產權",『新帕爾格雷夫經濟學大辭典』, 經濟科學出版社, 1992年版.

[12] 崔之元, "美國二十九州公司法變革的理論背景", 『經濟研究』, 1996年, 第4期, 第35~40頁.

[13] 樊綱·張曙光等, 『公有制宏觀經濟理論大綱』, 上海三聯書店, 1990年版.

[14] 榮兆梓, "論公有產權的內在矛盾", 『經濟研究』, 1996年, 第9期, 第16~23頁.

[15] 汪丁丁, "產權博弈", 『經濟研究』, 1996年, 第10期, 第70~80頁.

[16] 汪丁丁, "哈耶克'擴展秩序'思想研究", 『通向林中空地』(汪丁丁自選集), 山東教育出版社, 1999年版.

[17] 汪丁丁, 『經濟發展和制度創新』, 上海人民出版社, 1995年版.

[18] 汪丁丁, "中文版序", 『產權經濟學分析』, 上海三聯書店, 上海人民出版社, 1998年版.

[19] 吳敬璉, 『現代公司與企業改革』, 天津人民出版社, 1999年版.

[20] 張維迎, 『企業的企業家-契約理論』, 上海三聯書店, 1995年版.

[21] 張維迎, "所有制, 治理結構及委託-代理關係", 『經濟研究』, 1996年, 第9期, 第3~15頁.

[22] 張五常, 『賣橘者言』, 信報有限公司, 1984年版.

[23] 周其仁, "市場裏的企業:一個人力資本與非人力資本的特別合約", 『經濟研究』, 1996年, 第6期, 第71~80頁.

회사이론과 중국의 개혁[*]

1. 코즈: 회사는 시장이라는 바다 속의 섬

계획경제의 사상적 기원은 회사이론이다. 마르크스는 대기업 내부에는 계획이 있는 반면 사회 전체에는 계획이 없기 때문에 바로 이 모순이 자본주의를 파멸에 이르게 할 것이라고 논술하였다. 당시의 관점으로 보면, 생산력이 점점 더 사회화되기 때문에 회사는 점점 커지게 되며 나아가 전반 경제를 포괄하여 대회사의 내부 계획을 사회 전체적인 계획으로 바꾸게 된다는 것이었다. 이렇게 보면, 계획경제이론은 사실 최초에는 회사에 관한 이론이었다. 레닌은 프롤레타리아가 이끄는 사회주의는 사회 구성원 전체를 국가라는 회사의 고용자로 만드는 것이며, 전반 경제는 곧 초국가 회사라고 더욱 분명히 말하였다.

코즈는 그의 회사이론을 돌이켜 보며 스스로가 레닌의 상술한 사상으로부터 영향을 받았으며 즉 국가도 하나의 거대한 회사로 볼 수 있다고 명확히 말했다. 물론 코즈는 회사에 관한 경제학적 분석을 제공했다. 그는 우선 '경쟁이 충분한' 시장에서 가격 메커니즘으로 모든 자원을 배분할 수 있음에도 불구하고, 왜 내부에서는 가격 메커니즘에 의존하지 않는 것처럼 보이는 기업이 존재하는지에 대해 물었다. 코즈의 답은 시장의 가격 메커니즘에 비용이 소요된다는 것이었다. 이 '비용'은 모두에게 익숙한 생

---

[*] 본문은 저자가 톈저(天則)경제연구소 광둥(廣東)인문학회의 개혁 개방 30년 기념 세미나에서 한 발언을 수정·보완한 내용이다.

산 원가가 아니라 생산 원가 이외의 제품 교환을 위해 발생하는 거래비용이다. 시장이 확대됨에 따라 거래비용은 많은 자원을 소모해야 한다. 일부 상황에서는 가격 메커니즘을 운용하는 '시장 조정법'을 내부적으로 가격을 흥정하지 않고 명령에 의해 지휘하는 '기업 조정법'으로 바꾸어 거래비용을 현저히 절감할 수 있다. 코즈의 이 이론에 따르면, 기업은 거래비용을 절감하는 조직일 뿐이다.

흥미롭게도 코즈는 '완벽한 시장'에서 출발하여 시장거래에 비용이 존재한다는 사실을 발견하였고, 이후 시장에서의 기업조직을 연구하기 시작하였다. 하지만 코즈의 연구는 초국가적 회사만큼 멀리 가지 못하였다. 왜냐하면 그의 분석을 위해서는 또 하나의 비용, 즉 조직비용을 고려해야 했기 때문이다. 원래 시장거래를 통하여 진행한 기업활동이 기업 내부로 집중된 이후, 회사의 조직비용(의사 결정, 감독, 관리 비용 포함)이 상승하였다.

전반적인 의미에서 코즈의 기업이론은 두 가지 비용을 동시에 고려한 것이다. 기업은 시장의 거래비용을 절감할 수는 있지만, 반드시 이를 위해 조직비용을 지불해야 한다. 회사가 절약한 거래비용이 그로 인해 증가된 조직비용과 한계적으로 동등할 때 회사와 시장의 경계가 정해진다. 코즈는 당시 그의 스승이 사용했던 비유를 인용하며 진실한 시장경제는 바다와 같고, 회사는 바다의 크고 작은 섬이라고 하였다. 코즈의 관점에서 보면, 거래비용과 조직비용이 병존하는 진실의 세계에서는 바다가 모든 것을 포괄할 수 없고 섬은 더더욱 모든 바다를 포괄할 수 없다.

2. 개혁의 시발점: 잘 돌아가지 않는 초국가회사

사회주의 국가의 개혁은 공교롭게도 코즈의 출발점에서 또 다른 종점에 서 있었다. 코즈는 당대 경제학의 '완벽한 시장'이라는 가설에서 출발해 기업이나 회사가 존재하는 이유를 발견하였다. 중국의 체제 개혁은 시행상의 계획경제, 즉 초국가적 회사의 현실에 출발점을 두었다. 이 초국가적 회사는 모든 경제자원을 수중에 장악하고 국가기구의 권위, 강제력과 총체적인 계획에 의거하여 국민경제를 조직했다. 비록 레닌이 집권 후 한동안 '신경제 정책'을 추진하며 국가가 간신히 경제의 명맥을 통제하고 수많은 소규모 공업·상업·농업을 개인과 시장에 맡겼지만, 그 기간은 매우 짧았다. 스탈린은 전면적인 국유화를 추진하고, 소비에트 경제조직을 레닌이 혁명 전에 구상했던 초국가적 회사로 만들고, 내부적으로는 행정명령에 의거하여 계획경제를 조직하고, 사적 재산권과 자유로운 시장활동을 위한 합법적인 공간을 허용하지 않았다.

중국은 더 낙후된 농민국가에서 사회주의를 건설할 차례였고 거시적인 틀 역시 소련을 본받게 되었다. 하지만 마오쩌둥(毛主席)은 소련의 고도로 집중된 권력 구도에 대하여 그다지 만족하지 않았고, 수차례 시험적으로 분권을 실시하며 중앙의 권력을 지방으로 이양하였다. 돌이켜 보면 이는 중앙정부와 지방정부 간의 분권, 즉 초국가회사와 수많은 지방정부 회사 간의 분권에 불과하였다. 이는 당연히 시장경제의 토대가 될 수 없었다. 왜냐하면 '규모화와 공유제'라는 문제에서 마오쩌둥은 한걸음도 양보하지 않았기 때문이다. 어느 지방정부가 경제 정책의 결정권을 개인에게 이양하고자 하였다면 마오쩌둥은 1962년 '삼자일포三自一包(삼자는 자유 경작지·자유 시장·자영업의 허용, 일포는 농가별 생산도급)'를 비판하며 '농가별 생산량 도급제'를 중지시켰던 것처럼 틀림없이 이를 제지하였을 것이다. 따라서 전반적으로 보면 개혁 전 중국에는 분권이 있었지만, 개인의 재산권은 절대적으로 받아들이지 않았고, 개인들 사이에는 자발적인 시장계약을 체결할 합법적인 공간도 없었다. 전체적인 경제 구도는 초국가적 회사였지만, 내부적으로는 소련처럼 '높은 수준'의 계획경제는 아니었다.

이렇게 보면, 사회주의 개혁의 실제적인 출발점은 과도하게 높은 시장의 거래비용이 아니라 기업조직의 확대로 인한 거래비용의 절감이었다. 수년 동안 사회주의 경제 건설이 어려웠던 이유는 초국가적 회사의 조직 비용이 너무 높아 계획경제는 기능을 상실하고 자원 배치의 효율이 지나치게 낮은 것이었다. 수억 명에 이르는 인민의 생활을 개선하려면 얼마나 많은 수요 공급 변수와 조정이 필요한가? 지령성 계획, 초국가 회사의 집권적 정책 결정에 의거한 대응은 정보비용이 지나치게 높았으며 사람들의 노동에 대한 동기 부여가 부족하였다. 1977년 개혁 전야에 중국은 국무원 이론 학습 토론회를 개최하여 왜 주요 서방국가들과 중국의 경제적·기술적 격차가 더욱 확대되었는지를 돌이켜 보았다. 주요한 결론은 중앙에 과도하게 집중된 계획경제가 점점 더 효율적으로 운용되지 않는다는 것이었다.

3. 개혁의 시작: 권력의 이양과 농촌의 농가별 생산량 도급제

초국가적 회사가 설립된 이후 일단 조직비용이 지나치게 높다는 사실을 발견하였다면 도대체 어떠한 방법을 통해 경제를 운용하는 원가를 절감할 수 있는지를 연구해야 하였으나 이는 전례 없는 과제였다. 코즈의 이론은 시장의 과도한 거래비용은 기업조직의 확대를 통해 절감할 수 있다는 사실을 발견하였다. 하지만 사회주의 개혁이 직면한 어려움에는 완전히 다른 특징이 있었다. 초국가적 회사는 너무 커서 조직비용이 매우 높은데, 어떻게 이를 효과적으로 절감할 수 있을까?

방향은 쉽게 확정되는 것 같았다. 그것은 국민경제 전체를 포괄하는 초국가적 회사를 '시장의 바다'란 더 큰 공간으로 전환함으로써 보이지 않는 가격 메커니즘이 자원 배분에서 역할을 발휘하게 하는 것이었다. 이것이 바로 '시장화 개혁' 전략의 유래일지도 모른다. 하지만 철석같이 뭉친 공동 소유 체제에서 시장을 어떻게 재구축할 것인지는 인류 역사에서 실현된 경험도 이론도 없었다.

코즈는 1959년에 발표한 논문을 통해 명확한 권리의 정립이 시장 거래의 핵심적인 조건이라고 지적하였다. 이 명제는 하나의 소박한 이치를 내포하고 있다. 즉 만약 어떤 물건이 내 것이 아니라면, 나는 그 물건을 다른 사람에게 팔 권리가 없다. 그러므로 거래는 권리의 정립을 전제로 해야 한다. 시장경제가 거래를 내용으로 삼는 이상, 시장의 전제는 명확한 권리의 정립이다.

중국의 개혁은 그 실행에 있어서 권리의 재설정부터 시작하였다. '덩샤오핑이 무엇을 옳게 했는가?'라는 문장에서 필자는 이 과정을 돌이켜 봤다. 기존의 공유제 계획경제는 사실 권리에 대한 정립이었다. 즉 사람들이 어떻게 행동할 수 있고, 어떻게 행동할 수 없는지에 대한 체계적인 제도규범이었다. 개혁 형세의 핍박에 의해 권리는 재정립되었다. 바로 권리를 다시 확정하였기에, 그중 특히 양도 권리를 포함한 사적 재산권의 재인정을 통해 시장관계가 비로소 중국에서 다시 발전할 수 있게 되었다.

1978년에 소집된 중국공산당 중앙위원회 11기 3차 회의에 상정된 개혁은 국유 기업의 자주권 확대였다. 쓰촨(四川)성의 지방 개혁 실험을 기반으로 기존에 국가 경제 기관이 통제해 온 의사 결정권을 기업에 이양하는 것이었다. 이는 또한 외부 충격에 대한 반응이기도 했다. 그 이유는 외국 자본이 중국에 유입되기 시작하면서 신속한 결정이 가능해진 반면, 국유 기업은 그럴 수 없었기 때문이다. 대형 국유 기업은 무엇이든 허가를 받아야 했다. 화장실 하나를 설치하기 위해서도 신고와 허가가 필요하였고 이는 이른바 "간장 살 돈으로 식초를 살 수 없다."라는 것과 같았다. 푸젠(福建)성의 한 국영 기업 공장장은 우리가 경쟁능력이 없는 것이 아니라 국가가 우리의 손발을 묶어 놓았기 때문에 국가에서 먼저 우리를 풀어 주어야 한다고 말하였다. 신화사 기자가 충칭(重庆) 철강회사를 조사한 이야기는 매우 유명하다. 이 철강회사의 한 설비는 양무(洋務)운동 시대에 제작된 것으로, 에너지 소모가 지나치게 컸다. 만약 설비를 수리하면 2년 동안 사용 가능한 에너지를 절감함으로써 투자를 회수할 수 있었다. 하지만 수년 동안 보고서를 제출했음에도 불구하고 여전히 허가를 받지 못했다. 이 때문에 당시 개혁의 구호는 권력을 하부로 이양하고 규제를 풀어 달라는 것이었다.

흥미로운 사실은 기업의 자주권 확대가 아직 전반적으로 추진되지 않았을 때 농촌의 '농가별 생산량 도급제' 개혁이 의제에 오른 것이었다. 농촌개혁 30년을 기념하는 한 회의에서 당시 광둥(廣東)성의 농촌 사업을 주관한 뚜루이즈(杜瑞芝)가 멋진 말을 하였다. 그는 "농촌개혁의 첫 번째 동력은 농민들이 배불러야 한다는 것이다. 즉 농사를 짓는 사람이 배불리 먹지 못하고 배를 곯는다는 것이 우리가 농가별 생산량 도급제를 실시하도록 압박하였다."라고 하였다. 최초의 '농가별 생산량 도급제'는 1956년 하반기에 원저우(溫州) 융쟈현(永嘉縣)의 한 고급 농업생산합작사에서 실시되었다. 1961년 안후이성(安徽省)에서는 40%의 생산대가 '농가별 생산량 도급제'를 실시하였다. 문제는 정세가 호전될 때마다 임시방편적인 미봉책은 취소되었다는 것이다.

4. 중국의 경로: 하층의 혁신과 상층의 승인

1978년 이후의 농촌개혁을 자세히 살펴보면, 이전과 마찬가지로 농민과 생산대 간부들이 우선 밑에서 개혁하고 자발적으로 '농가별 생산량 도급제'를 시행하였다. 다른 점은 무엇일까? 바로 상층의 정치 사상 노선에 근본적인 변화가 일어났다는 사실이다. 집권당이 뼈저리게 반성하고 실사구시 노선을 제기하였고, 서책주의·교조주의와 경직성을 반대하였다.

이러한 사상 노선의 지도하에 일부 지방에서는 과감히 아래의 개혁 실천을 승인하였고, 적어도 이를 비판하지 않았으며 시험적으로 해 보는 것을 허락하였다. 일부 지역에서 개혁이 효과를 보게 되자 중앙에서는 다시 정책 문건으로 개혁을 승인하고 최종적으로 입법 과정을 통해 권리를 새롭게 정립하는 합법화 과정을 완료하였다.

이 '중국의 경로'는 매우 가치가 있다. 권리의 확정과 재확정은 행위와 기대에 연관되기 때문에 예측이 불안정하면 사람들은 장기적인 행위를 하지 않는다. 중국의 방법은 먼저 국지적으로 말단 개혁을 승인한 후, '정책 불변', '장기 불변'을 끊임없이 되풀이하면서 여건이 갖춰지면 입법을 추진하고 개혁을 재정립할 수 있는 권한을 법적 차원에서 실제로 '규정'하는 것이었다.

두룬성(杜潤生)은 자신의 회고록에 덩샤오핑이 1962년에 한 발언을 기록하였다. "생산관계가 도대체 어떤 형식이 가장 좋은지에 대해서는 다음과 같은 태도를 취해야 한다. 즉 그 지역의 농업생산을 비교적 쉽고 빠르게 회복시키고 발전시킬 수 있는 방식이 있다면 그 방식을 취해야 한다. 또한 대중이 원하는 방식이 있으면 그 방식을 취해야 하고, 불법적인 것을 합법적인 것으로 만들어야 한다." 다행스럽게 이러한 정치적 태도가 중국공산당 중앙위원회 11기 3차 전원회의에서 주도적 노선으로 결정되었다. 이는 중국의 운명을 바꾸었다. 기층과 일선에서는 일부 실제 문제를 해결할 방법을 내놓았다. 문제는 이들이 과연 '상부 구조'의 합법적인 승인을 받을 수 있는지의 여부였다. 승인을 받으면 권리의 재정립에 제도적인 성과가 나타나지만, 승인받지 못하면 기층의 경험은 개별적인 경험에 불과한 것이 되고 기껏해야 미봉책이며 오래가지 못한다.

'상부 구조'는 간단치 않다. 사상과 관념은 매우 완고하며 하물며 각자의 이익에는 모순이 있고 사람마다 문제를 보는 시각도 종종 다르다. 1980년에 소집된 중앙회의에서 농촌개혁을 토론할 당시, 성위원회 서기와 같은 고위 관료들도 서로 다른 견해 때문에 불쾌한 기분으로 헤어졌다. "너는 너의 탄탄대로를 걷고, 나는 나의 외나무다리를 걷는다."라는 말은 기층의 자발적 개혁이 상층의 승인을 얻기 쉽지 않다는 것을 반영하였다. 그러므로 실천이 진리를 검증하는 것은 알기는 쉬우나 실행하기 어려운 과정이다.

  권리의 재정립은 급진적일 수도 있고, 점진적일 수도 있다. 중국의 개혁 과정은 대체로 점진적으로 진행되었다. 오늘날에도 농촌의 토지 소유권은 수십 년 전과 똑같이 집단에 속한다. 다만 소유권의 내용이 바뀌었을 뿐이며 도급계약을 통해 농지의 사용권, 경영권, 수익권부터 도급 기간 내 양도권까지 하나씩 농가에 확정해 주었을 뿐이다. 농지의 집단 소유권이 여전히 존재하지만, 이 소유권이라는 '상자' 안에는 한 가지 내용만 남아 있다. 즉 농지를 농가에 정기적으로 도급 주는 것 이외의 다른 것은 아무것도 없기에 집단도 소극적인 소유자가 되었다는 것이다. 생산과 경제활동에서 적극적인 것은 도급자인 농가이다.

  어떤 이는 도급제가 철저하지 못하다고 비판하면서 소유권의 의의에서의 집단을 유지하였기 때문에 기층의 권력자가 농민의 이익을 침해할 수 있는 제도적 기반을 남겨 두었다고 하였다. 이 비판은 일리가 있다. 하지만 만약 당시에 '농가별 생산량 도급제'를 시행하지 않았다면 중국의 농촌은 근본적으로 발전할 수 없었을 것이다. 이 한걸음을 먼저 내디뎠기 때문에 향후 재산권을 확정하는 길을 따라 계속 나아갈 수 있었던 것이다. 예를 들어 도급제는 집단 자원의 경영 방식이지만, 농가의 도급 소득은 분명한 합법적 사유재산이다. 이는 '철저하지 못한' 도급제가 '철저한' 사유재산제를 재건하는 실행 가능한 교량橋梁이라는 사실을 설명한다. 이 개혁의 논리는 농업의 도급제뿐만 아니라 농촌의 비非농업활동, 소도시와 대도시의 국유 상공업 도급제 개혁에 이르기까지 모두 보편적으로 적용된다. 이것은 뒷말이므로, 여기서는 자세한 설명을 하지 않겠다.

도급제는 권리를 재정립하는 중국만의 형식이며, 초국가적 회사의 높은 조직비용의 곤경에서 벗어나는 현실적인 통로이기도 하다. 공유제의 도급경영에서 사유재산제를 포함한 다양한 재산권 제도의 형성에 이르기까지 중국은 마침내 시장경제의 길로 나아가기 위한 기반을 마련하였다.

5. '착취'의 의혹: 고용경영 합법성의 인정

재산권은 확정보다도 사용이 중요하며 특히 타인과의 협력을 보장하고 교환을 통해 전문화된 분업을 형성하는 데 사용된다. 여기에서 비교적 번거로운 문제가 바로 고용 문제이다. 농업 집단체제의 종식과 더불어 농촌에는 대량의 '잉여 노동력'이 발생했다. 농업 분야의 잉여 노동력이 상공업에 진출하면서 근로자를 고용하는 현상이 나타났다. 이것은 전통적인 사회주의의 민감한 부분과 연계되어 있다. 초국가적 회사를 설립한 목적 중 하나가 바로 자본주의의 착취를 제거하는 것이었다. 당시의 정책에 의하면 개인이 고용하는 노동자가 일곱 명을 초과하면 자본가, 즉 착취 계급으로 취급되었다.

이것은 '농가별 생산량 도급제'에 이어 개혁이 직면한 두 번째 과제였다. 이 일은 비교적 성공적으로 처리되었다. 기본적인 방법은 먼저 관찰하고 무분별하게 결정하지 않으며 일격에 치지 못하게 하는 것이었다.

당시 포착한 몇 가지 사례가 있다. 하나는 광둥성 가오야오(高要)현의 천즈슝(陳志雄) 사례로, 그가 도급받은 양어장은 약 300묘 정도였다. 가족과 몇 명의 도움으로는 일손이 부족해 후에 일곱 명이 넘는 노동력을 고용했다. 이는 자본주의가 아니겠는가? 많은 이들이 논쟁을 시작했고, 후에 후야오방(胡耀邦)이 친히 질문하고 상황을 명확하게 밝힐 것을 요구했다. 다른 의견이 있으면 변론을 할 수 있게 하면서 단번에 처벌하지 않고,

『인민일보』에서 공개적으로 토론하기로 결정했다. 이런 문제는 원래 토론할 수 없는 문제였지만, 자유롭게 토론해 보니 그렇게 생각보다 두려운 일도 아니었다.

두 번째 사례는 안후이성 우후(蕪湖)시 녠광주(年廣久)의 유명한 '바보 해바라기 씨' 사건이다. 녠광주는 60여 명의 노동력을 고용했고 급여 수준은 당시 당지 국유 기업의 노동자들보다 높았다. 다만 국유 기업과 같은 복지는 없었고, 그에게 고용된 사람들도 원래 국유 기업의 '철밥통'을 가진 사람들이 아니었다. 당시 조사에서 발견된 가장 중요한 사항은 녠광주가 해바라기 씨 장사에 성공하면서 많은 사람들이 해바라기 씨 장사를 했고, 너도 나도 사람을 고용하였기에 고용주 사이의 경쟁이 늘어나 노동자들에게 오히려 도움이 되었다는 것이다. 두杜 교수는 직접 조사에 착수하여 자세하게 상황을 파악하였다. 얼마나 많은 사람이 고용되었고, 급여는 얼마였는지, 국가에 세금은 납부했는지, 사장은 얼마나 많은 이윤을 챙겼는지 등을 조사하였고, 다른 의견에 대한 논거 역시 명확하게 조사하였다. 그리고 이를 정리하여 덩샤오핑에게 보고했다. 당시 전해졌던 덩샤오핑의 지시는 "당분간 그를 건드리지 말라(先不要動他)."라는 다섯 글자였다. 이 움직일 '동動' 자는 주시할 바가 많다. 과거 자본주의에 대한 비판은 비판의 무기로 사용되었을 뿐만 아니라 종종 '무기의 비판'으로, 즉 독재적인 수단으로 사용되었다. 여기에서 덩샤오핑이 건드리지 말라고 한 것은 낡은 방법을 답습하지 말라는 의미였다. 건드리지 말라는 말 앞에 '선先'이라는 글자가 있다. 이는 우리의 이해로는, 당내의 이견을 완화할 수 있는 여지를 만들어 놓고, 적어도 한번 시도해 본 다음에 결론을 내려도 늦지 않다는 뜻이다.

보아하니, 사회주의에서는 사영 기업을 인정해도 실질적인 위험이 없는 것 같았다. 이는 중국의 경제 발전에서 매우 중요한 한걸음이었다. 사실 덩샤오핑은 재집권한 지 얼마 되지 않아 민족 자산계급의 대표적 인물이었던 룽이런(榮毅仁)을 재차 기용하여 국가에서 출자(룽이런 선생 개인도 일부 출자하였다.)한 중신자산관리공사를 설립하고, 전체적인 관리권을 룽이런에게 일임했다. 사실 국유 자본과 기업가의 능력이 결합한다는 것은 과거에는 상상할 수 없는 일이었다. 이 밖에 '농가별 생산량 도급제'를 시행한 후, 민간에서는 새로운 형태의 기업조직이 자체적으로 많이 생겨났다. 덩샤오핑은 이러한 상황을 줄곧 지켜보며 건드리지 말라고 하였고 이러한 정책 방향은 대략 2~3년 동안 유지되었다. 1986년의 중앙 5호 문건은 개인 기업을 사회주의의 경제 구성 부분이라고 선포하였다. 이로써 중국의 기업 등록에는 '개인 기업'이라는 카테고리가 생겨났다. 처음에는 많은 사람들이 공개적으로 등록할 엄두를 내지 못했고 여전히 빨간 모자를 쓰는 것이 안전하다고 여겼다. 원저우(溫州)만이 예외였다. 등록 조례가 나오자마자 원저우에서는 당일 100개의 개인 기업이 등록하였다고 한다. 어떤 사람들은 증서를 받을 때 눈물을 흘리며 마침내 합법적인 지위를 가졌다고 기뻐하였다. 이는 중국 개혁의 두 번째 도약으로, 국가가 개인의 노동능력에 기초한 근로자의 재산권을 인정하였을 뿐만 아니라 법률과 정책의 틀 안에서 고용계약을 포함한 시장계약을 통해 기업가의 재능을 발휘하여 시장의 불확실성에 대처할 수 있게 한 것이다.

6. 아슬아슬한 가격 난관의 돌파

덩샤오핑의 개혁에서 가장 대단한 부분은 여러 형태의 경제조직이 발전한 이후 적시에 가격개혁을 시작한 것이다. 이는 초국가 회사가 수많은 기업으로 분리되거나 새로운 민간 기업들이 설립됨에 따라 경제가 더 이상 계획과 명령에 의해 좌지우지될 수 없기 때문에 반드시 시장가격 메커니즘의 조정 기능을 충분히 발휘할 수 있도록 해야 한다는 논리이다.

1988년 봄부터 덩샤오핑은 가격개혁을 추진하였다. 중국이 가격개혁을 '가격 난관의 돌파'라고 인식한 점은 매우 일리가 있다. 왜냐하면 가격개혁이 경제체제 개혁의 핵심이자 관건이었기 때문이다. 폴란드와 같은 동유럽 국가들은 가격 시스템을 전환하는 과정에서 큰 문제들이 발생했다. 경제체제 개혁에서 가격개혁은 큰 고비로, 확고한 정치적 지지 없이는 이 고비를 넘기지 못한다.

덩샤오핑이 결연한 의지를 가지고 가격개혁을 추진한 점은 대단하다. 일반적으로 경제학자가 가격 메커니즘을 이해하고 신뢰하는 것은 비교적 쉬운 일이지만, 대권을 쥐고 있는 정치가가 가격 메커니즘을 신뢰하기는 비교적 어렵기 때문이다. 왜냐하면 '보이지 않는 손'이 은연중에 보이는 계획의 손을 대체하기 때문이다. 가격 메커니즘이 작용하는 곳에서는 심사 허가의 손과 권력의 손이 자리를 잃게 된다. 덩샤오핑은 중앙 총서기를 지냈고, 천군만마를 지휘했기 때문에 분명히 강력한 '보이는 손(visible hand)'을 가지고 있었다. 그와 같은 거물 정치인이나 동료들이 가격개혁에 대하여 아낌없이 지지하고 추진하는 것은 개혁에서 가장 쉽지 않은 부분이다. 강력한 정치적 지지가 없이는 가격개혁이 성공하기가 어렵다. 그러나 정치가가 가격개혁을 지지하는 것이 어디 쉬운 일인가?

물론, 1988년의 가격개혁은 성공하지 못했다. 그해에 가격과 임금 개혁에 관한 중앙정치국의 결정이 발표되자 전국에서 사재기와 예금 인출 사태가 발생했다. 주요한 교훈은 발행된 화폐가 너무 많은 상황에서 가격을 풀어 놓으면 보이지 않던 인플레이션이 보이는 인플레이션으로 변하여 대중들이 받아들일 수 없다는 것이었다. 하지만 덩샤오핑은 이 때문에 가격개혁을 더 이상 손댈 수 없는 금지 구역으로 생각하지 않았다. 그는 초과 발행된 화폐가 거의 회수될 때까지 몇 년 동안 인내하며 기다렸다가 1992년에 또다시 가격개혁을 추진하였다. 중국의 가격개혁은 대대적으로 추진되면서 1993년에 완료되었는데, 이는 가장 어려운 식량가격마저도 풀어 놓았다. 이는 중국 사회주의 시장경제의 확립을 위한 토대를 마련하였다.

대략적으로 보면 덩샤오핑이 이끈 중국의 개혁은 권력의 재정립, 시장계약의 활성화, 시장가격의 확립을 기반으로 한 조정 메커니즘이라는 세 가지를 중심으로 전통적인 사회주의 초국가적 회사 모델을 근본적으로 바꾸어 놓았다. 그 개혁 과정에서 사회에 큰 혼란이 일어나지 않았고, 경제도 높은 성장을 지속적으로 유지하였다. 중국은 개혁 개방을 통해 세계적인 영향력을 가진 개발도상국이 되었다.

7. 법으로 권력을 단속

코즈의 회사이론으로 되돌아가 보자. 그의 출발점은 당대 주류 경제학의 '완벽한 시장(perfect market)'을 떠나는 것이었다. 코즈는 완벽한 시장이 있다는 사실을 믿지 않았다. 왜냐하면 그는 거래비용을 발견하였고 다양한 형태의 기업조직과 계약 형태가 거래비용을 절감하기 위해 실생활에서 활약하고 있다고 인식하였기 때문이다. 코즈가 이해한 회사는 내부적인 명령을 통하여 계획과 전략을 시행하고 사장과 경영자는 '보이는 손'의 지휘를 통해 시장의 거래비용을 절감하는 것이었다. 하지만 코즈도 회사가 클수록 더 좋다고 믿지 않았다. 그 이유는 그가 대기업이 회피할 수 없는 '조직비용'을 발견하였기 때문이다. 초국가적 회사에 대해 말하자면, 전반 국민경제에 시장가격 메커니즘을 전혀 적용하지 않고 명령과 지휘에만 의거하는 중앙 계획경제는 모든 거래비용을 대대적으로 절감할 수 있다. 그러나 이러한 '절감'은 그 자체로도 비용이 발생한다. 그 원인은 초국가적 회사의 조직비용이 전례 없이 높기 때문이다. 이렇게 보면 코즈의 이론은 비용의 제약으로부터 출발하여 현실 세계의 시장과 기업, 정부를 분석해야 한다는 것이다. '비용'은 현실적인 제약 여건이기 때문에 공을 들여 조사해야만 한다. 비용의 제약에서 벗어난 '이상적인 모델'에서 완벽한 시장이나 초국가적 회사는 모두 상상에 불과하다.

중국 개혁의 출발점은 완벽한 시장이 아니라 초국가적 회사 또는 완벽한 계획경제에 대한 개혁이었다. 몇 년 동안 개혁을 단행했지만, 이는 계획체제 내부의 번거로움(높은 정보비용, 동기 부여 수준의 저하)에 직면하였다. 따라서 개혁의 기조는 초국가적 기업, 즉 계획경제에서 시장가격 메커니즘을 더 많이 이용하는 방향으로 나아가는 것이었다. 그렇다면 개혁은 '완벽한 시장'으로 나아가는 것일까? 고맙게도 코즈의 연구를 통해 사람들은 세상에는 그런 일이 전혀 없다는 사실을 알게 되었다. 현실 체제의 출구는 오직 두 가지 극단적인 사고의 중간 정도에 있을 수밖에 없으며, 초국가적 회사도, 소위 완벽한 시장도 아니다.

개혁의 어려움은 어디에 있는가? 바로 완벽한 시장과 초국가적 회사라는 양극을 벗어나 중간의 유연성의 여지가 매우 큰 체제를 선택할 수 있는 공간에 있다. 중국이 초국가적 회사에서 벗어날 수 있었던 이유는 권리를 재정립했기 때문이다. 문제는 권리의 재정립이 하나의 과정이며, 그중 핵심은 덩샤오핑이 제기했으나 해결하지 못한 국가 행정 권력의 확정과 제약이 있다는 것이었다. 과거의 초국가적 회사는 정부와 기업의 연합체로, 정경 유착이라고 볼 수 있다. 그러나 개혁을 통해 권력을 이양하면서 행정권과 경제권도 함께 이양되었다. 새로운 문제는 이양된 권력을 어떻게 제약할 것인지이다. 효과적인 제약을 떠난 행정 권력이 시장에 진입하면 부패는 개별적인 관료들의 도덕 문제가 아니라 제도적 문제가 된다. 행정 권력이 광범위하게 시장 거래를 휘젓는 문제를 어떻게 해결할 것인가?

덩샤오핑은 많은 탐구를 하였다. 1980년 덩샤오핑은 당과 국가체제의 개혁에 대하여 언급하였고, 1986년에 이 이슈를 재차 제기하면서 첫째,

정치체제를 개혁하지 않으면 경제체제 개혁의 성과를 지킬 수 없다는 것과 둘째, 정치체제를 개혁하지 않으면 경제체제의 개혁을 지속할 수 없다는 점을 명백히 지적하였다. 요컨대, 경제개혁 이후 정치체제 개혁이 적시에 이뤄져야 한다는 것이다. 개혁의 요점은 초국가적 회사의 부분적 행정 권력을 다시 제약하는 것이었다. 1987년에 소집된 중국공산당 제13차 전국 대표대회에서 중국은 정치체제 개혁 요강을 채택하였다. 하지만 1988년에 가격개혁에 실패하고 뒤이어 베이징에서 정치 파동이 발생하면서 중국은 정치개혁 요강을 시행할 기회를 놓쳐 버렸다. 1992년 덩샤오핑은 남순강화(南巡講話)를 통해 경제개혁과 시장화의 가속화를 재추진하였다. 정치체제 개혁은 덩샤오핑이 완수하지 못한 염원이 되었다.

초국가적 회사는 순수한 하나의 기업이 아니라 권력(power) 시스템으로, '재산권(property right)' 관계만큼 간단한 것이 아니다. '권력'의 함의는 합법적인 강제력으로 경쟁하는 시장에 구애받지 않는다는 것이다. 그러므로 권력의 재확정은 재산권의 재확정보다 훨씬 더 어렵다. 나의 견해는 초국가적 회사들이 분권의 길을 통해 시장에 진출하는 과정을 하나의 계약이론의 틀로 설명하기에 적합하지 않다는 것이다. 일부 경제학자들은 습관적으로 시장계약이론이나 위탁 대리 모형, 지방정부의 경쟁 등을 이용한다. 나는 그들이 하나의 핵심적인 제약 사항, 즉 합법적인 강제력이 시장계약의 구속을 받지 않는다는 점을 간과하였다고 생각한다. 현실에서 중앙정부 부처 또는 지방정부는 기업의 행위와 아주 유사하지만, 그러나 그 안에는 한 가지 요인, 즉 권력 요인이나 합법적 강제력의 요인이 존재하기 때문에 결코 시장계약이 대처할 수 있는 것은 아니다. 예를 들어 소득 분배가 공정하지 못하면 대중의 불만이 매우 크다. 그러나 소득 문제는 단순한 차별 문제가 아니며 보다 근본적인 문제는 소득 격차의 원인이다. 야오밍(姚明)의 수입이 높은 것과 우한(武漢)역의 부패한 역장의 수입이 높은 것은 별개의 문제이다. 암표로 얻은 불법 수입은 권력, 즉 합법적인 강제력에서 오는 것이기 때문에 시장경쟁의 힘으로 제어할 수 없다. '분배의 불공정'이란 합법적인 강제력으로 수익을 얻는 것이다. 이 문제는 경제개혁만으로 해결될 수 있는 것이 아니며, 그러한 활동들이 시장경쟁으로 '분장'해서는 더욱 안 된다는 것을 분명히 해야 한다. 우리는 중국의 개혁이 초국가적 회사와 같은 극단에서 벗어나 거대한 성공을 거두었다는 것을 인정해야 한다. 농민의 도급과 민간 기업이 생겼고, 국유 기업의 개혁이 진행되었으며, 가격 메커니즘에 의거하여 자원을 배치하는 시장경제의 토대가 마련되었다. 개혁은 생산력을 크게 해방시켰다. 그러나 우리는 또한 개혁이 아직 완성되지 않았음을 보아야 한다. 가장 큰 도전은 정부와 기업을 하나로 통합한 초국가적 회사가 권력을 이양한 이후, 재산권은 시장경쟁을 통해 제약할 수 있으나 풀려난 행정 권력은 법치가 뒷받침되어야만 효과적인 통제가 가능하다는 것이다. 이는 더욱 어려운 개혁이다.

8. 토지, 국유 기업의 독점과 가격개혁의 난점

중국의 개혁이 전략적으로 점진적이며 또는 일부 학자들이 개괄한 '증량增量개혁'이기 때문에 러시아의 '대폭발'과는 다르다는 견해도 있다. 하지만 점진적 개혁이 지속적으로 '진행'되기란 쉽지 않다. 문제는 위에서 언급한 행정 권력이 분권화된 후에 시장에 진출하여 막대한 경제적 이익을 얻으면 더 이상 개혁이 어렵다는 것이다. 여기에서 어려움은 더 이상 인식 또는 순수한 이데올로기적 이익에 있는 것이 아니라, 아주 견고하고 실질적인 기득 이익에 있다. 지금까지 관찰한 바에 의하면, 무릇 난이도가 큰 개혁은 모두 이와 관계된다.

예를 들어, 토지재산권 제도에 대한 개혁은 가장 먼저 시작되었지만,

오늘까지도 일부 핵심적인 문제들이 해결되지 못하고 있다. 농지의 농업용 체제는 기본적으로 순조롭게 구성되었다. 즉 농가별 생산량 도급제가 장기간 변동하지 않고 양도권이 정착되면 생산력과 관련된 요구를 기본적으로 수용할 수 있다. 그러나 농지가 일단 비농업 용도로 전환되면, 국가의 토지 수용 제도는 일반화된다. 농민들의 토지가 일단 비농업 용도로 전환될 때 반드시 국가가 강제적으로 수용한 다음에 정부가 토지를 비준하여 시장에 임대해야 하는 이유는 무엇인가? 이는 행정권이 시장에 개입한 명백한 증거이다. 현재 수많은 사회적 충돌이 모두 이 분야에서 일어나고 있다. 농촌의 집단 건설부지가 토지시장에 직접 진입하지 못하는 이유는 무엇인가? 지난 수년 동안 논의가 진행되어 왔고, 국지적인 시험을 통해 축적한 노하우도 적지 않다. 또한 비공개 또는 반(半)공개적인 방법도 많은데, 아직까지 전국적으로 합법화되지 않은 이유는 무엇일까? 필자는 권력이 시장을 휘젓는 수익이 지나치게 크기 때문에 기득권이 이를 스스로 포기하려 하지 않는 것 이외에는 다른 이유가 없다고 본다.

대도시 주변 농민들의 '소재산권(小産權房)'(향진의 가옥은 부동산 권리증을 발급하지 못함)으로 불리는 가옥은 전 세계에서 찾아볼 수 없다. 주택은 사유재산이지만, 그 밑에 있는 택지는 사유재산이 아니다. 수억 명의 농민들이 도시에 진입하면 도시의 용지는 당연히 증가해야 한다. 그러나 농촌에서 복지로 분배받은 택지에 대하여 농민은 양도하거나 거래할 권리가 없다. 따라서 그 토지자원의 배치는 시장가격의 영향을 받지 않는다. 결과적으로 중국의 급속한 도시화는 토지를 집약적으로 이용하기는커녕 오히려 토지를 집약적으로 이용하지 못하게 만들었다. 도시의 토지비용은 고공 행진하는 데 반해, 농촌에는 이용하지 않은 건설부지가 여전히 많이 남아 있다. 이러한 '토지위기'는 개혁이 적시에 추진되지 못하면서 나타난 필연적인 결과이다. 최근 국가가 임지재산권의 재정립을 추진하기 시작한 것은 중요한 개혁이다. 이와 유사한 용수권(水權), 광산권 등 권리 재정립에 관련해서는 아직 할 일이 많다.

또 다른 예로, 민간 기업이 크게 발전하였고, 근년에 또 새롭게 「비공유제 경제 36조」가 통과된 것이 있다. 그러나 거대 독점 국영 기업은 여전히 지나치게 많다. 개혁 개방 30년이 된 시점에서 국가는 손해를 보는 부분은 반드시 개혁할 것이다. 문제는 남은 '고수익' 부분이다. 시장 진입 금지 또는 제한 조건에서 벌어들이는 높은 이윤이 전반적인 국민경제에 어떠한 의미를 가지는가 하는 것이다. 지금 당장은 아무도 이 문제를 논의하지 않는다. 어차피 천문학적 이윤을 거두면서 큰 발전을 이루는 일은 오직 지속적으로 추진할 수밖에 없을 것 같다.

가격개혁은 과연 완성되었는가? 대부분의 가격이 시장에서 결정되는 것은 사실이지만, 몇몇 핵심적인 가격은 아직도 행정적으로 책정된다. 환율, 금리, 에너지, 예를 들면 석유·석탄·전기·의약 가격뿐만 아니라 최근 수년 동안 국민경제를 심각하게 괴롭힌 모든 문제는 가격 메커니즘이 제 기능을 하지 못한 것과 관계가 있어 보인다. 가격 통제는 자원의 양적 배치뿐만 아니라 상품 서비스의 품질에도 영향을 미친다는 사실이 경험적으로 증명되었다. 심층적인 가격개혁이 없이는 많은 혼란이 근절되기 어렵다.

총체적으로 중국의 개혁은 위대하고 임무는 막중하다. 자신의 경험을 진지하게 총결해야 비로소 앞으로 더 잘 나아갈 수 있다. 현실적으로 다양한 현상과 문제들이 복잡하게 얽혀 있는데, 본문은 기업이론의 간단한 분석 방법을 통해 과거를 인식하고 미래를 겨냥하였다. 이상의 견해들에 대한 여러분의 비판을 기대한다.

경쟁, 독점과 규제
―'반독점' 정책의 배경 보고*

서문

　본 보고서는 국무원 체제개혁판공실 산업사產業司의 수탁을 받아 진행된 것으로, 정부가 제정한 '인프라 산업 반독점 정책'에 학술적 배경을 제공함을 목적으로 한다. 본 보고서에서 제기한 이론적 관점과 제안은 모두 저자의 개인적 의견일 뿐 저자가 재직하고 있는 기관 또는 다른 기관과 무관하다. 또한 수탁 연구 계약 규정에 따라 본 보고서는 발주처의 정책 수립을 위한 참고로만 활용된다는 점을 밝힌다.

　간단한 서문에 이어 본 보고서는 다음과 같이 구성되었다. 첫째, '반독점' 정책의 기본 원칙 부분에서는 '반독점' 정책의 주요 원칙을 서술하였다. 이는 본 보고서의 기본적인 결론에 대한 정책적 요약에 해당한다. 둘째, 정의와 이론 부분에서는 경쟁·독점과 반독점의 기본 개념과 학술적 논쟁의 초점을 해석하고 관련된 이론적 배경을 살펴보았다. 셋째, 규제와 규제개혁 부분에서는 관련된 국제 경험을 개괄하여 서술하였다. 주로 선진국의 세 가지 경제 개입 방식, 즉 '거시 조절', '반독점' 및 '규제'를 구별하였으며, 규제가 시장경쟁에서 발생하고 발전하면서 '규제개혁'을 유발한 경험과 문제점을 집중적으로 연구하였다. 넷째, 중국의 경험과 교훈을 중시하여 중국의 민간항공·전신電信업의 개방적인 경쟁을 기반으로

---

* 본문은 1999년 7월에 집필한 원고로, 발표되지 않았다.

중국의 반독점 사례에서 나타난 주의해야 할 몇 가지 문제에 대해 논의하였다. 다섯째는 정책의 선택과 제약에 관하여 논술하였다. 이론과 국내외 경험에 입각하여 향후 일정 기간 동안 '반독점' 정책이 직면한 주요 선택과 제약을 전향적으로 제기하였다.

본 본고서는 발주처의 열독 편리를 위해 학술 저서를 개괄하는 방식으로 집필하였으며, 반드시 필요할 경우를 제외하고는 지나치게 자세하고 번거로운 주석은 지양하였다.

1. '반독점'의 기본 원칙

(1) 시장 진입의 개방, 행정적 독점 부문의 개혁

사회주의 시장경제를 발전시키고 국민경제의 건전한 성장을 유지하기 위해서는 반드시 다양한 인프라 산업의 시장 개방이 점차 확대되어야 한다. '시장 개방 확대' 정책을 제안하는 주요 목적은 시장경쟁체제의 도입과 강화를 통하여 인프라 산업의 투자와 운영 효율성을 증대하고 국민경제의 전반적인 경쟁력을 높이기 위함이다.

현재 우리나라의 인프라 산업 체제에서 나타나는 주요 특징은 행정적 독점이다. 행정적 독점은 정부의 명의로 시행하는 시장 진입 금지이며, 이는 시장경제의 다른 독점 형태, 예를 들면 혁신에 의한 독점·경쟁에 의한 독점·원가 특성에 의한 이른바 '자연 독점' 등과는 다르다. 행정적 독점은 기존의 독점 주체가 현재이며 잠재적으로 합법적인 경쟁 상대를 배제할 수 있다. 때문에 정부의 인프라 산업 독점에 대한 초기의 기대와는 달리, 경제행위의 왜곡과 경제 효율의 저하를 야기하며, 인프라 산업의 공급과 수요를 억제시킨다. 더욱 심각한 문제는 장기간의 행정적 독점으로 인해 형성된 특수한 기득권이 국민경제의 주요 부문에서 기술과 시장 수요의 변화에 대한 유연하고 효율적인 대처를 방해하고 있다는 것이다.

인프라 산업은 최근 수차례의 5개년계획 기간 동안 급속히 성장하였다. 그 추진 요인은 주로 다음과 같은 몇 가지를 포함한다. 첫째는 시장 수요의 강력한 견인력이고, 둘째는 재정자원의 동원과 투입이며, 셋째는 일부 시장화 개혁의 시도이다. 그러나 전반적으로 볼 때 우리나라 인프라 산업의 성장은 주로 정부가 재정적 자원을 동원하여 시장 수요에 대응하는 형태로 실현되었다. 객관적으로 볼 때 이로 인해 행정적 독점 산업과 시장체제의 폐단들이 덮였다. 현 단계에서 행정적 독점 부문의 과도한 요금, 서비스 품질 개선 미비 등이 국민경제 발전의 심각한 제약 요인이 되고 있다. 단기간 내에 소비 수요와 투자 수요를 신속하게 반응시키고, 국민경제의 지속적인 성장을 뒷받침할 수 있는 인프라 산업과 시장경쟁력을 갖춘 회사를 육성하기 위하여 반드시 우리나라의 행정적 독점 업종에 대한 전면적이고 근본적인 개혁을 실시해야 한다.

(2) 장기적 목표와 특수 임무

국내외 경험에 의하면 행정적 독점을 해결하기 위해서는 반드시 명확하고 흔들리지 않는 장기적 목표가 있어야 한다. 이는 인프라 산업 분야에서 시장 진입 금지의 영구적인 취소이며, 다양한 형태의 시장경쟁을 통하여 효과적인 자원 배분, 분업의 심화와 경제 성장을 이루어야 한다.

위에서 말한 장기적 목표를 실현하기 위하여 중국이 직면한 두 가지 특수한 제약 조건에 대하여 분명히 할 필요가 있다. 첫째는 인프라 산업에서 오랫동안 국유 업체의 독점 체제를 실시하여 정부가 인프라 산업을 직접 경영한 것이고, 둘째는 시장 지향적인 기업화의 개혁 시간이 짧고 개혁의 강도強度가 여전히 낮다는 점이다. 때문에 선진국과는 달리 중국은 단순하게 시장 진입 금지 정책을 취소한다고 하여, 기존의 독점 기업들과 실력이 비슷한 경쟁 상대가 바로 나타나 경쟁적인 인프라 산업 시장이 조속하게 형성될 것이라고 기대하기는 쉽지 않다.

반대로, 우리나라는 반드시 기존의 행정적 독점 부문에 대한 정부의 과감한 구조 개혁을 실시하여, 대체적으로 조정할 수 있는 경쟁적인 틀을 형성하고 시장 재편을 통하여 장기적 목표를 실현해야 한다. 정부가 주도적으로 '첫 번째 추동력'으로서의 역할을 충당할 수 없다면 기득 이익의 전통적 국면은 타개될 수 없고, 시장경쟁에 오랜 기간이 소요될 수밖에 없다.

문제는 정부가 특수한 행정 수단을 이용해 행정적 독점 산업 부문을 재편할 때 이런 순환에 빠지지 말아야 한다는 것이다. 즉 본래 시장에의 진입 금지를 철저히 제약하기 위하여 실시한 행정적 재편이 행정 수단 자체가 지닌 고유의 폐단 또는 행정 권력의 부당한 사용으로 인해 개혁의 장기적 목표와 거리가 더 멀어질 수 있다. 이런 국면을 방지하기 위하여 반드시 다음과 같은 문제점을 제기하고 적절히 처리해야 한다.

(3) 대내외 개방의 일치성

중국의 WTO 가입은 개혁 개방이 새로운 단계에 이르렀음을 의미한다. 중국 인프라 부문의 시장경쟁 개방은 개혁 개방이 새로운 단계로 나아가는 중대한 사안이다. 전반적으로 보면, WTO 가입은 국민경제의 주요 부문에 대한 점차적인 개방이 포함되었기 때문에 인프라 부문의 '반독점'을 위한 개별적인 정책 강령을 제정할 필요가 없다. 그러나 대외 개방의 심화는 기존 기득권의 중대한 조정을 초래할 수 있기 때문에 사람들의 인식에 충격을 줄 수 있다. 또한 협소한 포퓰리즘 정서를 야기할 수도 있고, 심지어 어떤 복잡한 국면을 빚어 낼 수도 있다. 때문에 WTO 가입 전후에는 반드시 '대내 개방'을 적절히 강조하여야 한다. 여기서 말하는 대내 개방은 장기간 정부가 국유경제 형태로 독점해 온 산업 부문과 시장을 국내의 비국유 경제 주체에 개방하는 것이다. 또한 대내 개방의 수준은 중국이 WTO 협의에서 승낙한 대외 개방의 수준과 동등하거나 그보다 높아야 한다.

대내적으로 시장 개방을 확대하는 과정에서 중국은 WTO 가입 과정에서 축적한 몇 가지 소중한 경험들을 적극적으로 참고할 필요가 있다. ① 하나의 기본 준칙을 확립하여 '사전 규칙事前規則'으로 삼아야 한다. 즉 지난 20여 년의 개혁 개방 경험과 국제적 경험에 근거하여 모든 산업 부문에 대한 정부의 독점을 포기하고, 사회주의 시장경제의 구성 부분인 모든 소유제에 시장을 개방하여야 한다. ② 각 분야와 업종의 구체적 상황에 근거하여 시장 개방의 범위, 주요 절차와 핵심적인 세부 사항을 결정해야 한다. ③ 현존의 관련 법률·법규에 대해 전면적인 정리와 조정을 진행하고, 특히 본 업종의 권리를 보호하기 위하여 자체로 제정한 낡은 법규들을 체계적으로 정리·개선하고, 「통신시장법」·「전력시장법」·「철도시장법」·「항공시장법」 등을 새롭게 제정해야 한다. ④ 시장 개방, 법률의 입법 및 개정을 위한 스케줄을 제시해야 한다.

개혁 개방, WTO 가입 등 중대한 정책 결정과 마찬가지로 중국 국내 시장 개방은 우선 중국의 상황과 세계적 추세에 대한 전략적 판단이며 반드시 강력한 정치적 선도가 있어야 한다. 분명한 사실은 전략적 판단을 통해 전술의 세부 사항을 선택할 수 있도록 지도해야지, 거꾸로 세부 사항으로 국정 방침을 결정해서는 안 된다는 것이다. 특히 각 부문의 기득권과 복잡한 '전문가들의 의견 분쟁'에 휘말려 일치된 결론을 내리지 못하고, 커다란 기회와 추세를 파악하지 못해 시기를 놓쳐서는 안 된다.

(4) 정부는 시장에서 순차적으로 퇴장

규모가 큰 산업 부문에서 정부가 시장 독점으로부터 물러나는 절차는 각기 다르다. 그러나 지금까지의 국내외 경험으로 볼 때, 정부는 시장에서 질서 있게 퇴장해야 한다. 우선, 정부는 스스로 시장 개방의 첫 번째 추동력이 되어야 하며, 정경 분리를 실시하여야 한다. 또한 행정적 독점이 나타난 업종에 경쟁 기업을 설립하고, 행정적인 가격 통제를 시장에 의한 가격 통제 체제로 원만하게 완성해야 하며, 시장가격체제에 의거하여 자원을 배분하고 기업의 행위를 선도해야 한다. 둘째, 정부는 시장 진입을 저해하는 다양한 제약 요인을 제거하고 여러 형태의 시장 진입을 확대해야 하며, 특히 시장 진입에서 소유제에 대한 차별을 없애고 국내 비국유 경제 부문의 각 산업시장 진입 범위를 확대하여야 한다. 이 과정에서 정부 관리는 모든 영리성 경쟁 회사들을 자질 관리, 영업 허가증 관리와 행위 감독 등의 면에서 점차 동등하게 대해야 한다. 경쟁자 간 상호 감독, 업종의 자율성, 소비자 및 조직 감독, 여론 감독 등을 포괄한 다양한 비정부 관리 통제 시스템을 육성하여 시장 관리에 대한 정부의 행정 부담을 점차 감축하고, 법치의식과 시장 관리의 법제화를 강화해야 한다.

정부의 규제 기관은 규제 범위를 점차 확대하고 규제의 비중을 줄여야 한다. 각종 제품과 서비스 사이에는 광범위한 대체적 경쟁이 존재하기 때문에 정부의 규제 부문 설립은 점차 계획생산 관리 시대의 한계를 초월하여 거대한 교통시장·에너지시장·통신시장을 상대로 한 종합적인 관리 시스템을 구축하고, 각종 제품과 서비스의 연계를 고려하여 대체적 경쟁의 제약 요인들을 제거해야 한다. 규제 범위의 확대는 오직 규제의 핵심을 집중 및 축소하는 조건에서만 진정으로 실현될 수 있다는 점을 분명히 해야 한다. 정부는 직접적인 시장 진입 심사와 가격 규제에서 시장 참여자의 자질과 경쟁행위에 대한 규제로 방향을 전환하여야 한다.

인프라 분야에서 경쟁이 일단 형성되면 정부는 정세에 따라 유리하게 유도하여 시장체제가 시장 구조 재편에 더욱 큰 역할을 할 수 있게 해야 한다. 분명히 해야 할 것은 기업의 경쟁 국면이 일단 형성되면, 특히 이러한 기업들이 연이어 자본시장에 진입한 후에는, 분할 혹은 합병하는 행위를 시장이 결정하게 해야 한다. 정부가 이를 지속적으로 주도하는 것은 적절하지 않으며 정부의 과중한 부담과 과도한 리스크는 피해야 한다. 정부는 '좋게 시작할 수 있지만', 반드시 '좋게 마무리 한다'고 할 수는 없다. 회사법, 그리고 이와 관련된 다른 시장의 규칙에 의거하여 인프라 시장의 재조정을 시장에 맡겨 해결해야 한다. 항공업·통신업의 경우 비교적 조기에 시장을 개방하여 경쟁을 시도했기 때문에 시장구조, 기업의 위상, 업무에 대한 구분 등에서 시장의 변화에 따라 지속적으로 변화해 왔다. 따라서 정부의 행정명령만으로 전체적인 재조정은 불가능하다.

(5) 시장규제에 대한 법원의 개입을 점차 확대

인프라 산업 시장에서 각종 이익 갈등을 더욱 효과적이고 원만하게 처리하고 '감독 관리 강화' 과정에서 피하기 어려운 권력 부패를 방지하기 위하여, 기존의 '행정규제 부문이 피규제 기업을 대응'하는 단순한 '수직적 관계'에서 행정규제·법원의 판결·시장 자체 조직의 중재·정외廷外 교섭 등을 포함한 다양한 형태의 복합적인 체계로 개선하여야 한다. 이는 시장 관리에서 정보의 교류 및 처리 수준의 제고, 관리 권력에 대한 제어, 이익 조정의 절차적 권위 증대 등의 면에서 전략적 의의를 지닌다. 특히 법원의 시장규제 개입을 확대해야 한다. 따라서 관련 법규의 개정과 재입법 과정에 시장 관리를 전문으로 하는 법정을 더 많이 설치하여 시장 관리에서 발생하는 정부 관리 부문과 기업 및 소비자의 갈등을 전담하도록 해야 한다. 이는 행정 관리 권력을 제한할 수 있고 관리 권력의 남용을 방지할 수 있으며 행정 관리의 부담과 압력을 절감하여 규제의 소멸을 위한 조건을 마련할 수 있다.

(6) 투자자, 운영사와 시장 소비자의 이익을 아울러 고려

시장 개방과 독점 타파는 우리나라 인프라 산업의 발전은 물론 국민경제의 지속적이고 건전한 성장을 위한 견실한 기반을 구축하기 위해 튼튼한 기초를 다지는 방안이다. 따라서 투자자, 운영사와 소비자 간 이익 갈등을 조정해야 하며 과도기의 심각한 이익 충돌은 각별히 조심스럽게 피해야 한다.

인프라 산업의 '자본집약'적인 특성에 비추어 볼 때, 자본을 지속적으로 유치하여 인프라 건설과 기술 개선에 투입하는 것이 매우 중요하다. 따라서 국내외 국유 및 비국유 투자자들을 우대해야 한다. 정부의 독점 부문에서 높은 독점 이윤의 존재는 유입된 자본이 이러한 산업 부문으로 투입되는 중요한 요인이라는 사실을 인식할 필요가 있다. 시장 개방에 따라 독점 이윤은 규칙적으로 감소된다. 따라서 투자 유치의 새로운 흡인력을 어떻게 조성할 것인지가 산업의 발전을 위해 해결해야 할 새로운 과제이다. 국내외 경험에 의하면 정부가 인위적으로 투자 유인을 '창출'하는 것은 지속성이 없을 뿐만 아니라 심각한 부작용을 초래한다. 하지만 정부가 정책적·제도적 리스크 감축, 시장 거래비용 인하, 정부의 서비스 품질 제고, 시장경쟁의 공정성과 투명성 보호 등을 추진한다면 발전의 여지는 크다. 이는 당연히 정부 사업의 핵심이다.

투자자들이 독점을 깨고 시장 개방 과정에서 감수해야 할 제도적 리스크는 시기별로 다르다. 초기의 투자자들은 시장 개방 정책으로 비교적 높은 정책적·제도적 변화의 리스크를 경험할 뿐만 아니라 예상 외의 혼란을 겪을 수 있다. 때문에 국제적 경험을 참조하여, 시장 개방이 가속화되는 상황에서는 기존보다 더 오랫동안 독점 수익을 배당받을 수 있다고 기대한 투자자들에게 적합한 보상이 이뤄져야 한다. 동시에 가능하다면 향후 시장 개방의 로드맵을 공개하여 잠재적 투자자들도 사전에 준비할 수 있게 도와야 한다.

정부가 독점하는 인프라 부문의 대기업, 그들이 축적한 관리 경험, 기술지식과 상하연계(上下游聯系) 및 통합 능력은 국민경제 건설에서 중요한 자원이다. 이러한 부문의 종사자들로부터 나타나는 일부 폐단과 악습은 우선 독점 체제의 결과이며, 누구로 교체하든 크게 다를 바 없다. 따라서 독점을 타파하고 시장을 개방하는 과정에서 의인화擬人化된 홍보와 모든 문제를 인간의 성품에 귀결시키는 것을 피해야 한다. 이 외의 반독점은 절대로 '대기업에 대한 반대'가 아니며, 경쟁을 개방하는 것 역시 평균주의를 추구하자는 의미도 아니다. 만약 시장경쟁이 시장 규모를 확장했다면 중국은 더 크고 더 강한 현대적인 기업을 필요로 했을 것이라는 점을 명확하게 알 필요가 있다. 대중과 여론의 독점 부문에 대한 의견, 비평과 불만이 독점을 타파하고 시장을 개방하는 중요한 힘이라는 사실을 알아야 한다. 그러나 감정적 추세도 시장의 경쟁 질서 형성을 제약하는 요인이라는 점 또한 경계해야 한다.

소비자의 구매력은 산업 발전의 동력이다. 이론적으로 독점을 타파하고 시장을 개방하여 경쟁을 형성함으로써 소비자의 선택을 확대하고 시장 수요를 촉진하며 국민들의 실질 소득을 증대시킬 수 있다. 이는 정책에서 당연히 기대해야 하는 효과이다. 그러나 시장 개방이 제품과 서비스의 품질을 보장하기 위해서는 일정한 과정을 거쳐야 한다. 이 기간 소비자의 이익, 즉 시장 구매력을 어떻게 확실히 보장할 것인지에 대해 지속적으로 새로운 문제점을 발견하고 새로운 방법을 탐색해야 한다. 중국은 현재 '소비자의 주권 의식'이 싹트고 향상되는 과정에 있기 때문에, 반드시 소비자 주권도 시장경쟁의 구도에 포함되어야 하며 중대한 오류가 발생하지 않도록 미리 방지해야 한다. 정부가 기업을 두둔하는 행위는 잘못된 것이며, 소비자의 경제법칙 위반을 두둔하는 행위 역시 잘못된 것이다. 정부는 독자적으로 산업 이익 충돌의 조정자 역할을 해야 하며, '열 손가락 깨물어 안 아픈 손가락 없다'는 원칙에 따라 각 분야의 이익을 두루 살펴야 한다.

2. 정의定義와 이론

(1) 독점의 함의

'독점'의 언어학적 의미는 '배타적 지배'와 '독차지한다'는 뜻이다. 따라서 일반적으로 경제행위에서 독점은 모든 단일한 개인, 조직 혹은 그룹이 어떤 경제자원·제품·기술 또는 시장을 배타적으로 통제하는 행위를 포함한다. 이로 볼 때, 언어학적 의미에서의 '독점'은 중성적인 어휘이다. 물론 '배타적 통제' 행위는 경제 성장과 경제 효율에 수많은 부정적인 영향을 초래하지만, 경제 질서를 지탱하는 버팀목이 되기도 한다. 예를 들면 재산권의 기본 특징은 재산이 배타적 전유물이라는 것이고, 행정권도 모든 문명국가에서 정부가 단독으로 독점하고 있다. 만약 두 개 이상의 주체가 동일한 건물에 동등한 재산권을 가지고 있다거나, 또는 두 개 이상의 정부가 동일한 관리 구역에 동등한 행정권을 가지고 있다고 주장한다면, 사회는 혼란에 빠질 것이며 경제 성장과 경제 효율은 있을 수 없다.

경제학에서 말하는 '독점'의 개념은 언어학적 의미에서의 개념에 비해 복잡하다. 물론 우리는 단도직입적으로 독점을 한 제품시장에 오직 하나의 판매자와 하나의 구매자가 있는 것이라고 말할 수 있다. 하지만 시장이 독점된 원인은 다양하다. 더욱 중요한 것은 여러 다양한 원인으로 형성된 시장 독점이 경제 효율에 미치는 영향은 매우 다르다는 점이다. 경제 이론과 정책의 불일치는 종종 독점 행위에 대한 각기 다른 인과관계에 대한 인식에서 발생한다.

(2) 각기 다른 독점의 원인

시장의 독점이 형성된 원인에는 대체적으로 다음과 같은 다섯 가지 형태가 있다. 첫 번째 종류는 자원의 선천적인 특성으로 인한 제품(서비스)의 독특함이다. 예를 들면 룽징차(龍井茶), 라이양배(萊陽梨)와 덩리쥔(鄧麗君)의 노래 등이다. 이런 제품은 시장에서 유일하기 때문에 소비자들이 비용을 지불하고 구매하거나 감상하기를 원하고, 자원의 소유자들은 배타적인 독점권을 가질 수 있다.

두 번째 종류는 발명 특허권, 저작권, 또는 코카콜라의 배합 방법과 같은 상업적 비밀이다. 이러한 자원은 선천적인 특성은 없으나, 상상력과 과학기술의 상업적 응용 면에서 독특함을 지니고 있다. 정부가 만약 법률을 통해 특허와 상업적 비밀을 보호하지 않으면 발명과 혁신의 공급이 부족하여 경제 성장에 불리하다. 물론, 일단 기술이 발명되면 사회가 이를 공유해야만 새로운 기술의 보급을 추진할 수 있다. 때문에 특허에 대한 보호는 일반적으로 일정한 시간 범위를 정하고 기한이 지나면 사회에 무료로 개방한다.

세 번째 종류는 승자의 독점이다. 모든 경쟁에는 승패가 있으며 시장경쟁에서 승자는 실력과 전략으로 한순간에 모든 경쟁 상대를 시장에서 제거한다. 대표적인 사례로는 IBM과 마이크로소프트가 있다. 다른 기업들이 하드웨어와 소프트웨어를 생산할 수 없어서가 아니라 동시기의 누구도 그들을 넘어설 수 없었기 때문이다.

네 번째 종류는 원가 특성에 의한 독점이다. 일부 산업은 일차적으로 거대한 투자가 있어야 공급능력이 형성된다. 이런 투자는 일단 발생하면 '매몰비용(sunk cost)'이 된다. 이러한 산업에서 새로운 경쟁 상대는 높은 '진입 장벽'에 직면하게 된다. 왜냐하면 그들은 반드시 거대한 투자를 재차 지불해야만 기존의 기업들과 시장에서 경쟁할 수 있기 때문이다. 이것이 바로 일상적으로 말하는 '자연 독점'이다.

다섯 번째 종류는 강제로 형성된 독점이다. 이는 강제적인 비경제적 힘을 운용하여 경쟁 상대를 철저히 배제하여 시장에 대한 배타적 독점을 유지하는 것이다. 이런 강제적 세력은 고도로 비제도화된 것일 수도 있다. 예를 들면 권력의 비호를 받아 시장을 차지하는 것이나, 강제적으로 사거나 파는 행위, 혹은 오히려 고도로 제도화된 것일 수도 있다. 예를 들면 정부가 허가증 발급 수량을 통제하거나, 입법을 통해 경쟁을 차단하여 형성되는 행정적 독점이다. 짚고 넘어가야 할 점은, 강제적으로 형성된 독점은 그 동기가 완전히 다르나, 행위상 독점자의 지위는 모두 비경제적인 힘에 의해 조성된다는 사실이다.

진실 세계에서 하나의 결과에는 항상 여러 원인이 있다. 미국의 AT&T를 사례로 보면 초기에는 기술혁신(전화의 발명 등)으로 시장을 독점했으나 이후에는 자연 독점(전화 네트워크의 독점)이 형성되었으며, 1926년 이후에는 강제적인 독점(법률적으로 전화시장 독점권 취득)을 누리게 되었다. 시끌벅적했던 마이크로소프트의 반독점 소송을 보면, 이 기업의 새로운 창조적 독점이 다른 '부정한 수단으로 경쟁을 저해'했는지의 여부가 분쟁의 초점이었다. 독점행위의 결과에 대한 간단한 분석을 위해 우리는 두 가지 성격의 독점을 더 구별할 필요가 있다.

(3) 재산권의 시각에서 본 독점

상술한 독점이 형성되는 원인을 구체적으로 분석해 보면 매우 복잡하다. 정책 수립에 명료하고 정확한 논거를 제시하기 위해 복잡한 것을 단순하게 할 필요가 있다. 여기에서는 재산권의 시각에서 독점을 한 단계 더 구분하고자 한다.

우리가 명확히 해야 할 부분은 많은 경우에 '독점'이 곧 재산권과 동의어가 된다는 점이다. 위에서 제기한 자원의 독특함, 발명과 혁신, 경쟁에서의 승리 그리고 원가 우위에 의한 독점은 모두 '재산권의 배타성'에서 파생된 독점이다. 재산권의 보호와 이러한 독점의 보호는 동일하다. 재산권은 배타적인 권리이며 시장경제의 기반이다. 재산권은 모든 권리와 마찬가지로 '올바른 것과 정의로운 것'에 대한 사회의 공감에 의존하지만, 공식적이거나 비공식적인 사회의 강제력에서 벗어날 수 없다. 이 중 정부의 법에 의한 재산권 보호는 현대 경제 질서에서 가장 중요한 부분이다. 재산권에 대한 정부의 보호는 당연히 배타적 권리에 대한 보호이다. 이런 의미에서 재산권 보호는 필연적으로 일부분 독점, 즉 배타적 통제를 파생시키는 결과를 가져온다.

우리는 또한 정부의 재산권 보호 원칙이 재산권 주체의 보유 자원에 대한 배타적 선택권을 보호하는 것이지만, 이러한 배타적 권리가 타인의 재산권 행사를 저해하지 않도록 제한해야 한다는 것을 분명히 해야 한다. 예를 들면 정부는 집 주인의 배타적 거주권을 보호해야 하지만 집 주인이 자신의 주거지에서 소음을 일으키거나 마약을 은닉하는 등 타인에게 피해를 주는 행위를 할 경우 이를 모두 제한하거나 법률적 제재를 받게 해야 한다.

시장에서의 재산권 문제는 더욱 복잡하다. 시장에는 수많은 판매자와 구매자가 공존하고 서로 다른 재산권을 갖고 있기 때문에 재산권을 행사하는 과정에서 서로에게 영향을 미친다. 갑甲과 을乙이 모두 물건을 판매하고자 한다면 경쟁으로 인해 가격은 하락한다. 이러한 의미에서 갑과 을 모두 상대로 인해 '손해'를 본다. 갑의 재산권을 보호하기 위하여 을을 시장에서 내쫓을 수는 없다. 이는 을의 재산권(교역권)을 침해하는 행위이기 때문이다. 갑과 을을 동시에 보호하기 위하여 시장가격의 인상을 명령할 수도 없다. 왜냐하면 이는 구매자의 재산권을 침해하기 때문이다. 그러므로 정부는 시장에서 오직 하나의 원칙을 준수해야 한다. 즉 다양한 측면에서 평등한 거래 권리를 보호해야지, 어느 한 측이 보유한 자원의 시장가치만 보호해서는 안 된다. 그렇지 않으면 결국 재산권 보호의 보편적 원칙에 위배된다.

위에서 언급한 다섯 번째 독점, 즉 강제적 독점은 바로 어느 한 측의 재산권을 보호하는 동시에 다른 측의 재산권을 제한하거나 심지어 금지하는 독점이다. 앞의 네 번째 시장 독점과 다르게 강제적 독점은 재산권을 보편적으로 보호한 결과가 아니라 재산권을 침해한 결과이다.

(4) 기술 진보와 경제 성장을 저해하는 요인

전통적인 경제이론에서는 각기 다른 독점을 명확하게 구분하지 않았고 이러한 독점이 경제행위와 경제 효율에 미치는 서로 다른 영향에 대해서도 명확하게 구분하지 않았다. 소위 잘 팔리는 교과서에서는, 독점은 시장에서 오직 하나의 공급자가 가진 '시장 권력(market power)'으로, 독점적인 공급자가 제품의 수량을 통제하고 가격을 인상하여 취득한 것은 독점 이윤이라고 말한다. 이 외에도 시장을 독자적으로 통제하기 때문에 기술혁신의 동기가 약화되고 제품과 서비스의 품질도 전반적으로 저하된다.

그러나 위에서 말한 '법칙'은 재산권 보호로 형성된 독점과 타인의 재산권 침해로 형성된 독점이 현실의 시장에서는 전혀 다른 행위와 효과로 이어진다는 점을 간과하였다.

단지 독특한 자원을 가지고 있다고 해서 지속적으로 가격을 통제한다면 독점 이윤을 취득할 수 있을까? 경험적으로 이는 불가능하다. 대다수의 독특한 자원으로 생산한 제품과 서비스는 모두 대체 가능한 제품과 서비스가 존재하기 때문이다. 룽징차는 황산의 마오펑(毛峰)차나 푸젠(福建)의 우롱(烏龍)차 또는 네스카페가 대체할 수 있다. 코카콜라는 펩시콜라가 대체할 수 있고, 덩리쥔의 노래는 4대 천왕 혹은 마오아민(毛阿敏)이나 메이옌팡(梅艷芳)으로 대체할 수 있다. 물건은 희소할수록 귀하다고 하지만, 시장법칙은 독특한 자원의 가격이 지나치게 높으면 가지각색의 대체품들을 불러오기 마련이다. 기술 진보란 무엇인가? 사실 이는 지속적으로 대체재를 발명하는 것이다.

혁신에 의한 독점도 오래가지 못한다. 시장은 전쟁터와 같이 "주유를 낳기도 하고 제갈량을 낳기도 한다." 정부가 특허를 보호한다고 하지만, 다른 사람이 보유한 혁신의 권리를 박탈하지 않으면 혁신이 가져온 독점은 통상적으로 오래 지속되지 못한다. 혁신에 의한 독점 이윤을 가질 수 있을까? 천하의 영웅호걸을 동원하여 대체재의 발명을 가속화하는 것과 마찬가지로 경쟁은 언제나 치열하다.

승자가 시장 우위를 선점하여 수량을 감축함으로서 가격을 인상하는 것은 가능하다. 그러나 프리드먼Friedemann이 지적한 바와 같이, 이는 독점자가 그의 모든 잠재적 경쟁 상대들에게 보조금을 주는 것과 마찬가지이다. 잠재적 경쟁에 대한 압박이 없어지지 않는 한, 표준 교과서에서 예로 든 것과 같은 '독점행위'가 먼저 도태될 것이다.

마지막으로 도태되는 것이 이른바 '자연 독점'이다. 기존의 분석에 따르면, 거대한 매몰비용은 잠재적 진입자의 '진입장벽'을 높여 기존 업체들의 독점 우위가 유지된다고 여긴다. 그러나 진입장벽이 '자연'적으로 형성된 것이라면 기술 발명으로 대체재를 찾는 경쟁 압박은 비일비재할 것이고, 기존 업체는 잠재적 경쟁 압박으로 인해 지나치게 제멋대로 행동하지 못할 것이다.

독점의 모든 유형에서, 강제적인 시장 진입 제한이야말로 기술 진보와 경제 효율을 저해한다. 왜냐하면 시장 진입 기회의 강제적 금지와 제한만이 완전히 또는 부분적으로 대체재와 잠재적 경쟁 상대를 제거할 수 있기 때문이다.

(5) 독점에 대한 두 가지 착각

분명한 재산권 이론이 없기 때문에 지난 100여 년 동안 독점경제학 이론은 모호하였다. 모호한 이론은 수많은 잘못된 추론을 가져와 잘못된 학설을 전파하고 왜곡했다. 심각하고도 보편적인 착각은 아래 두 가지 추론을 형성하였다.

첫 번째의 잘못된 추론은 정부가 독특한 자원, 혁신, 성공과 자연 독점을 보호하기 위하여 이러한 특별한 시장에 행정적 진입 제한 조치를 함으로써 사회자원의 낭비를 감소시킨다는 것이다.

이 추론은 재산권 보호와 시장가치 보호를 혼동하였다. 정부는 재산권을 보호해야 하나, 특정한 자원이 가진 시장가치는 보호해서도 안 되며 보호할 수도 없다. 이론상으로 재산권에 대한 정부의 보편적인 보호 직무는 부분적 재산권에 대한 보호 제한 또는 취소로서, 그 밖의 다른 부분적 재산권 보호의 목적을 달성하려 해서는 안 된다. 더욱 위험한 것은 정부가 일부 재산권을 보호하기 위해 다른 측의 교역권을 침해한다면 결국 모든 재산권을 침해할 수 있다는 것이다.

경제적인 효과로 볼 때 정부가 룽징차를 보호하기 위해 우롱차의 판매를 금지하고, 코카콜라를 보호하기 위해 펩시콜라 등의 판매를 금지할 경우, '사회자원의 낭비를 정말로 줄일 수 있는지'를 반문하지 않을 수 없다. 낭비 여부는 시장의 구매자들에게 물어야 하지, 정부 또는 전문가의 주관적 판단에 의해 결정되어서는 안 된다. 구매자가 원하여 상품과 서비스를 구매했는데 '낭비'가 무슨 말인가? 이러한 '낭비'를 없애려는 시도는 경제를 없애려는 것과 마찬가지이다.

더욱 광범위한 오류는 정부가 '자연 독점' 업종의 시장 진입을 반드시 제한해야만 '심각한 중복 건설과 악성 경쟁을 감축할 수 있다'는 논리이다. 다시 말하면 자연 독점으로는 부족하기 때문에 반드시 정부의 강제적 진입 금지가 더해져야만 '최적화'될 수 있다는 인식이다. 하지만 여기에 행정적 독점의 배타적 요인까지 더해진다면 자연 독점은 더 이상 '자연스럽지' 못하다. 결국 규모경제가 한 업체의 기술력을 향상시켰는지, 아니면 행정 독점이 잠재적 경쟁 상대를 배제했는지를 구별할 수 없게 되고, 원가우위로 잠재적인 경쟁 상대의 발전을 방해했는지, 아니면 정부 권력이 기술 진보와 대체재의 출현을 억제했는지를 분별할 수 없게 된다.

행정 권력이 창조한 독점적 임대료는 기업들이 자원 낭비를 고려하지 않고 이윤을 취하도록 끊임없이 유인할 것이다. 시간이 지나면 이러한 독점적 임대료는 소실되고, 궁극적으로는 독점으로 감소한 중복 건설의 절감 부분을 상쇄할 것이다. 정부가 독점한 산업이 '사회자원을 절약'했는지의 여부는 오랜 시일을 거쳐야 비로소 최종적 결론이 나온다.

또 다른 상황에서 정부가 자연 독점 업종에 대한 시장 진입을 통제하더라도 이는 대체되거나 완전하게 단절되기 어려우며, 그 대가가 더 커질 수 있다. 예를 들면, 수돗물이 일찍 시장경쟁을 개방했다면 지금 거리에 생수에 대한 수요가 이렇게 많지 않을 것이고 음료수에 대한 사회적 총투자도 많이 절약되지 않았을까? 자연 독점 업종에 대한 정부의 진입 통제가 꼭 '낭비를 줄인다'고 단호히 말하는 것은 더 많은 낭비를 소홀히 한 결과일 뿐이다.

두 번째 잘못된 추론은 경쟁이 경제 성장을 보장하고 또한 기술 진보의 기반이기 때문에 정부가 행정력을 이용하여 각종 형태의 시장 독점을 반대해야 한다는 것이다.

이 추론의 오류는 재산권 보호를 위해 형성된 독점과 재산권을 침해한 독점을 혼동한 것이다. 물론 경쟁은 기술과 경제의 진보를 위한 기본 동력이지만, 재산권의 명확한 경계와 효과적인 재산권 보호를 통해 규제되어야 한다. 효과적인 재산권 규제가 없는 경쟁은 사회가 경제 질서에서 엄청난 대가를 치르게 할 수 있다.

정부가 보편적으로 재산권을 보호하는 여건에서 시장에는 여전히 가지각색의 독점이 나타날 수 있다. 하지만 타인의 재산권을 침해하지 않은 '독점'은 사회에 큰 지장을 주지 않는다. 독특한 자원, 그리고 이 독특한 자원의 이용 방식도 독점이고, 성공한 승자가 시장 권력을 차지하는 것도 독점이다. 특허란 유효 기간 내 정부가 보호하는 독점이고 상업적 비밀 또한 독점이다. 이러한 모든 독점을 경솔히 반대해서는 안 된다. 왜냐하면 이러한 독점 가운데 일부는 그 자체가 배타적 재산권의 동의어이고, 일부는 시장과 경쟁하는 수단이나 목표 및 결과이기 때문이다. 재산권을 찬성하고 시장경쟁을 찬성한다는 이유로 이러한 독점을 반대해서는 안 된다.

막연하게 모든 독점을 반대하면 시비 여하를 불문하고 모든 대기업을 반대하게 되고, 모든 시장의 승자를 반대하게 되며, 모든 상황에서 시장 점유자와 독점을 반대하게 될 뿐만 아니라 심지어 혁신을 선도하는 이들마저도 반대하게 된다. 이는 재산권, 시장경쟁, 기술 진보, 경제 성장에 대한 반대이다.

이상으로 독점에 관한 첫 번째 착오적 추론은 경제적 낙후와 성숙되지 않은 민간경제를 강조하며 정부가 반드시 재산권, 특히 시장의 거래 권리를 제한해야만 비로소 경제 성장을 촉진할 수 있다는 것이다. 독점에 관한 두 번째 착오적 추론이 강조한 것은 발달한 시장경제에서 대기업의 시장 권력이 지나치게 강하기 때문에 정부의 법률적 균형과 행정적 균형이 필요하다는 점이다. 이유는 달라도 결과는 같다. 위에서 언급한 두 가지 추론은 모두 경쟁, 재산권, 정부와 독점관계의 핵심을 찾지 못하고 있다.

현재 중국은 저소득 경제에서 개발도상국 수준의 경제로 나아가는 과도기에 있는 동시에, 계획경제체제에서 시장경제체제로 나아가는 전환기에 있다. 따라서 이 두 가지 추론에서 얻을 수 있는 교훈을 연구하여 중국의 '반독점' 법안과 정책 구조에 나쁜 영향을 미치지 못하도록 경계해야 한다. 나아가 이 두 가지 착오적인 추론이 중국의 특수한 상황에서 변이되어 나타날 위험에 대해 각별한 관심을 가져야 한다.

(6) 총결: 반독점의 핵심은 '시장 진입 금지 반대'

이상의 분석을 통해 기술 진보와 경제효과에 진정으로 피해를 주는 것은 강제적 금지 또는 시장 진입의 자유를 제한하는 행위라고 할 수 있다. 독특한 자원 공제, 혁신 선도, 기업의 규모화, 강력한 기술력, 이미 소요된 거대한 매몰비용, 방대한 시장 점유율 및 터무니없는 '독점의지' 등의 여러 요인들은 모두가 유명무실하다.

개념이 명확해야만 명료한 정책을 수립할 수 있고 정책이 명확해야만 문제 해결의 중심을 잡을 수 있다. 본 연구는 정부의 정책 슬로건으로 '행정적 독점시장의 개방'을 제시하며, 그 중점은 '시장 진입 금지의 취소'에 두고자 한다. 본 연구는 이해득실을 따지고 현재와 장래를 동시에 고려하며 여론과 홍보에서 지나치게 모호한 '반독점'을 피할 것을 제안한다. 특히 '반독점'을 대기업 반대, 시장 성공 반대, 혁신 반대, 나아가 모든 배타적 특허권을 반대하는 행위와 혼동하는 것을 방지해야 한다고 강조한다.

현실에서 시장 독점의 형태는 매우 복잡하다. 재산권 보호로 생긴 독점이 확대 보호로 인해 타인의 합법적 권리를 침해하는 행위로 전환될 수도 있다. 자원의 독특함, 혁신, 성공과 원가 우위 등으로 인한 독점은 다양한 강제적이고 배타적인 독점을 초래한다. 우리는 실제 상황이 매우 복잡하다는 사실을 인정하나, 그렇기 때문에 오히려 간단명료하고 명확한 개념을 정책적 기초로 삼을 필요가 있다. 반독점 정책의 제정과 시행 과정에서 정부 재산권을 보편적으로 보호하고, 시장 진입 금지를 반대하는 원칙을 준수해야 한다. 모든 '복합형' 시장 독점에 대처하는 열쇠는 시장 진입에서의 강제적 제약 취소이며, 이 경계선을 절대로 넘지 말아야 한다.

3. 규제와 규제개혁

정부가 독점을 해소하고 개방적인 경쟁을 시행한 이후 인프라 분야에 대한 관리는 어떻게 할 것인가? 현 단계의 주요한 방향은 시장 개방과 규제 강화(또는 감독 관리 강화)를 동시에 중시하는 것이다. 이에 따라 여기에서는 규제와 관리 감독에 대해 집중적으로 논의하고자 한다. 중점적으로 설명하고자 하는 것은 '규제'가 선진국 정부가 시장경제를 관리하는 특수한 형태라는 것이다. 시장경제의 발전 및 규제의 시행 과정에서, '규제 확립' 중 '규제 해소'와 '규제개혁'에 관한 선진국의 경험은 중국이 참조할 만하다. 가장 먼저 규제개혁을 시행한 국가에서 '재규제'와 '규제 소멸'에 관한 논쟁이 발생한 것 역시 관심을 가질 필요가 있다.

(1) '규제'의 개념

'규제(regulation)'란 전통적으로 또는 일상에서 사용되는 중국식 어휘가 아니며 이 자체에는 '통제, 규정, 규칙' 등의 의미가 포함되어 있다. 규제는 외래어로서 정부와 기업의 관계를 반영하며, 정부가 법적 효력을 지닌 규정을 통해 기업의 행위를 통제하는 것이다.

경제학과 법학에서 규제에 관련된 정의는 다양하다. 그러나 『규제와 시장』의 저자 스펄버Spulber는 그의 저서에서 "보편적 의의를 지니며 효과적으로 활용할 수 있는 규제에 대한 정의는 여전히 나타나지 않았다."라고 단언하였다(『규제와 시장』 중문판, p.28). 일부 경제학자들은 규제를 정부가 기업을 상대로 시행한 공공 정책이라고 지적하였다. 다른 경제학자들은 규제의 본질을 경쟁에 대한 정부의 명확한 대체 명령 또는 일반 법의 정규적인 집행 외에 정부가 강제력을 동원하여 어떤 특별한 목적에 영합하기 위한 것이라고 강조한다. 일부에서는 단도직입적으로 규제는 규제자들이 만든 모든 행위라고 말한다.

그러나 규제에 관한 모든 정의는 공동의 행위라는 특징을 포함하고 있다. 즉 정부가 법에 의거하여 기업의 시장 진입과 가격 결정, 제품의 품질과 서비스 여건에 대해 직접적인 행정 개입을 시행하는 것이다. 규제의 기원과 효과, 가치 평판 등 의견의 분쟁, 규제의 수단과 규제의 중점에 관한 역사적 변화와 국가 간 차이 등을 불문하고 규제는 기업의 시장활동에 대한 정부의 직접적인 개입이다. 이것은 '관제管制'의 기본적인 특징이다. 따라서 'regulation'과 유사한 다른 어휘로서 '규제規制'로 번역되어도 실질적인 차이는 없다.

(2) 기업 활동에 대한 정부의 주요 관리 형태

위에서 정의한 '규제'는 시장경제가 발달한 서방 국가에서 먼저 만들어졌고, 매우 중요하지만 쉽게 간과될 수 있는 배경의 제한을 받는다. 본 연구는 다음과 같은 세 가지를 강조한다. 첫째, 법치, 특히 법에 의한 정부의 행정적 전통은 이미 확립되었다. 둘째, 정부와 기업 간 경계가 비교적 명확하여 일반적으로 정경 유착 문제가 존재하지 않는다. 셋째, 법적으로 제한되지 않는 자원의 사용과 수익, 거래 권리 등을 포함한 개인 재산권은 침해받지 않는다. 또한 법률은 공개적으로 각 측이 참여하여 제정한 입법(및 개정) 절차의 결과물이다. 본 연구는 이러한 배경을 감안하여 선진국의 '규제' 경험을 참조할 것을 특별히 강조한다.

위에서 말한 배경을 명확히 이해하기 위해 '규제'가 서방 선진국 정부의 여러 경제 관리의 형태 중 하나라는 점을 지적할 필요가 있다. '규제'는 정부의 서로 다른 경제 개입 형태와 매우 중요한 연계와 구별이 있다. 간단히 말하면 서방 선진국 정부의 경제 관리 형태는 다음과 같은 다섯 가지를 포함한다.

1) 보통법(주로 재산법, 계약법과 민사법)에 의한 개인 경제행위 관리. 핵심은 재산권을 효과적으로 확정하고, 그것이 침해받지 않게 보장하는 것이다. 재산권 행사 과정에서 서로 상호작용하고 영향을 미치기 때문에 일반적인 행위 규칙을 수립하여 재산권의 이용을 제약해야 한다. 그럼에도 불구하고 재산권은 집행 과정에서 수많은 분쟁 발생 가능성이 존재하기 때문에 공정한 판결, 중재 및 조정이 요구된다. 따라서 입법 외의 "국가의 역할은 법원체계 구축으로 한정해야 한다." 중국에는 "백성이 소송하지 않으면 관료는 추궁하지 않는다."라는 말이 있다. 여기에서 말하는 '관료'는 지방의 관원(父母官)이 아니라 전문적으로 사법기능을 집행하는 법관이다. 역사적으로 보통법은 서방 시장경제의 관리 기반이다. 수백 년 동안 서방 국가는 보통법을 기반으로 시장경제 문명을 구축하였다.

2) 공정거래법. 이는 1890년 이후 미국에서 먼저 만들어진 새로운 정부 경제 관리의 전통이다. 대기업의 시장 권력 확대를 고려하여 미국 의회는 이 특별 법안을 통과시켰다. 개인도 공정거래 소송을 제기할 수 있을 뿐만 아니라 사법부도 특권을 부여받아 기업의 합병 사건을 심사 및 승인하고 공정거래법을 위반한 기업에 대해 조사, 증거 수집을 할 수 있으며 공소를 제기할 수 있다. 주의할 점은, 기존에는 미국 정부의 활동이 공법 부문에만 한정되었고, 형사 안건에만 공소를 제기할 수 있었다는 것이다. 지금은 정부가 (공정거래법에 연루되는) 특별한 민사 안건에서 개인 기업을 상대로 공소를 제기할 수 있기 때문에 공정거래법을 공법과 사법이 혼

합된 분야로 볼 수 있다. 그러나 정부의 반독점 행정 권력은 여전히 독립된 사법 질서의 견제를 받으며, 사법부에서 제기한 반독점 공소도 마지막에는 독립된 법원과 법관의 판결을 받아야 한다. 수많은 사례를 보면 정부가 거대한 행정 경비를 소모하여 조사하고 증거를 수집했지만, 결국에는 패소하기도 한다.

3) 거시 조정. 1930년대 대공황 이후, 케인즈의 경제이론에 의하여 정부는 화폐정책과 재정정책 조절 수단으로 점차 경제에 대한 조정을 하였다. 반드시 강조해야 할 점은 거시 조정이란 경제활동에 대한 정부의 간접적 개입이라는 것이다. 즉 정부는 기업과 개인의 의사 결정에 관한 환경 변수만 변화시킬 뿐, 개입이나 제한을 하지 않으며, 기업과 개인의 경제정책 결정과 행위를 대체하지 않는다. 많은 사람들이 정부의 모든 개입, 심지어 정부의 가격 규제와 시장 진입 제한 등 직접적 규제행위를 모두 '거시 조정'으로 인식하는데, 이는 케인스주의를 잘못 이해한 결과이다.

4) 규제. 법에 의거하여 기업과 개인의 경제활동에 대해 정부가 시행하는 직접적인 행정 개입이다. 규제의 기원과 발전은 시간과 장소에 따라 다르나(다음의 내용을 참조), 공통적인 특징은 보통법의 제약과 조정뿐만 아니라 반독점과 거시 조정 모두 시장질서의 요구를 충족시키기에 부족하다고 인식되었다는 것이다. 이때 '규제'가 나타났다. 분명한 것은 반독점과 달리 규제는 정부의 법적 권한에 의거한 직접적인 개입 행위이며, 단순한 공소인이 되는 것은 아니다. 거시 조정과 다르게 규제는 정책 결정의 매개변수를 바꾸려는 것이 아니라 정책 결정과 행위를 직접 통제하기 위한 목적이 있다. 이 외에도 선진국의 규제는 여전히 전통적인 보통법의 두터운 기반에 뿌리를 내리고 있다는 점을 지적하고자 한다. 구체적으로 첫째, 규제는 입법을 통해 법률적 근거를 제공해야 한다. 둘째, 규제 부문은 의회로부터 특별한 권한을 부여받아야 한다. 셋째, 시장 규제를 받는 기업과 개인은 일반법과 행정법에 의거하여 정부의 규제행위에 대해

법률 소송을 제기할 수 있다.

5) 국유화. 정부는 법에 따라 재정자원을 활용하여 국유 기업을 창립하거나 기업의 전체 또는 일부 주식을 매입할 수 있다. 정부는 국유 기업의 주인이기 때문에 기업의 내부 통제를 통하여 정부의 정책 목표를 직접 실현할 수 있고 반독점과 규제 등 외부 관리 방식을 도입할 필요가 없다. 그러나 서방 국가의 국유 기업은 입법기관과 유권자 그리고 여론의 관리 감독을 받는 동시에, 다른 비국유 기업과의 시장경쟁에도 참여해야 한다. 2차 세계대전 이후 국유 기업의 비중을 보면, 서유럽은 비교적 높은 반면 미국은 비교적 낮다. 미국에도 적지 않은 국유 자원이 있으나 정부는 일반적으로 국유 자원을 이용하여 개인 기업과의 시장경쟁에 참여하지 않기 때문에 국유 기업을 설립하여 시장 운영에 참여하는 사례는 매우 드물다.

이상의 다섯 가지 형태를 종합하면, 국유화는 기업 내부에 대한 정부의 직접적인 통제와 간섭이고, 규제는 외부로부터 기업을 대상으로 시행하는 정부의 직접적인 행정 개입이다. 거시 조정은 간접적인 변수에 대한 개입이고, 반독점은 간접적인 사법 개입이며, 보통법은 개인 재산권에 대한 가장 일반적인 법률적 구속이다.

(3) 규제: 유래와 발전

상술한 바와 같이 규제는 정부가 직접적인 행정 수단을 이용하여 기업에 개입하는 행위를 말한다. 그렇다면 이미 발전한 시장경제 환경에서 규제가 발생하는 이유는 무엇인가?

많은 사람들은 자유경쟁시장 환경에서 업체의 이익이 소비자의 이익이나 사회의 이익과 완전히 일치할 수 없다고 단순하게 생각한다. 자발적으로 형성된 가격은 상업활동의 사회적 비용을 완전히 반영하지 못한다. 때문에 가격체제에만 의존한다면 기업과 개인의 행위가 동반하는 부정적인

'외부 효과'를 완전히 해소할 수 없고, 심지어 보통법·거시 조정·공정거래법이 있어도 여전히 역부족이기 때문에 정부가 기업활동에 직접 개입해야 한다. 서방의 주류 경제학 중 '시장실패' 이론은 이 문제에 대한 인식을 확대하며 정부 규제에 대한 체계적인 이론적 근거를 제공하였다.

이러한 인식에 따르면, 규제는 소비자 수요에 대한 대응으로, 주로 소비자와 사회 전체가 기업의 영리적 활동으로 인한 손해를 입지 않게 하기 위하여 정부가 제안하고 시행하는 행정 조치이다.

그러나 경험한 바와 같이, 규제에 대한 '수요'는 소비자뿐만 아니라 기업과 정부기관에서 훨씬 더 절박하다. 규제가 사회적 이익을 위한 것이라고 하지만, 실제로 규제로부터 이익을 얻는 자는 소비자뿐만 아니라 규제를 받는 부문의 기업, 이해 관계자와 정부의 규제기관도 포함된다. 이는 복잡한 여러 이익 주체의 상호작용으로, 국내외 정치 또는 의식의 흐름과 우발적 사건에 의해 규제가 나타나고 변화된다.

미국을 예로 보면, 지금까지 이어 온 규제 가운데 알코올이 함유된 음료의 생산 및 판매에 관한 정부의 직접적인 개입이 대표적인 사례이다. 역사상 유명한 '금주령禁酒令'이 실패한 이후 미국의 각 주州 정부는 영업허가증 발급을 통하여 주류시장의 판매자와 소비자, 합법적 판매 장소와 시간을 직접 통제하였다. 알코올에 대한 규제는 항상 미성년자와 대중, 심지어 알코올 중독자 가정의 '행복'을 공개적인 요구로 삼았다. 하지만 이러한 규제는 주류 판매시장 경쟁을 엄격히 제한하였고, 시장 판매자의 이익을 보호하였으며 정부의 관련 심사 허가, 허가증 발급 기관과 기관 공무원의 권력과 이익을 현저히 증가시켰다. 따라서 알코올 음료 규제체제가 지금까지 추진되고 유지된 원인에는 '알코올 음료의 자유거래'에서 손해를 본 가장과 알코올 중독자의 가족뿐만 아니라, 규제체제로부터 보호를 받은 시장의 판매업자와 정부기관, 그 소속 관료까지 포함된다.

심사숙고해야 할 점은 공정거래법과 같은 정부의 행위가 왜 '정부의 시장거래 관리에 대한 사회적 요구'를 충족하기에 부족한가 하는 것이다. 일반적인 해석은 공정거래법에 비해 규제가 보다 많은 집행비용(시간 포함)을 절감할 수 있고 보다 효과적으로 자원을 분배할 수 있다는 것이다. 그 이유는 첫째, 규제기관의 분업이 전문화되어 정부의 공정거래 부문이나 일반 법원에 비해 더 전문적인 지식을 갖추고 있기 때문이다. 둘째, 규제기관은 법률이 부여한 직접적인 재량권을 가지고 있기 때문에 문제 처리에서 긴 사법 절차를 거치지 않아도 된다. 미국 뉴딜 시대의 '규제 선구자'로 불리며 하버드대학교 법학원장과 루스벨트가 임명한 증권관리위원회 위원을 역임한 랜디스는 "전문화의 요구에 부합하려면 반드시 더욱 많은 행정기관을 설립하여 경제 발전의 각 단계에서 정부의 영향력을 확대해야 한다. 더 많은 기관을 설립하는 것이 정부 규제 과정의 효율성 향상에 가장 유리하다."라고 지적하였다. 그는 각종 독립된 규제위원회는 정부의 네 번째 분과로서, '반(半)입법, 반(半)행정, 반(半)사법적'이어야 한다고 주장하였다.

시장 범위의 확대, 분업의 세분화와 복잡한 거래활동으로 인해 정부의 경제 관리는 점차 더 높은 지식을 요구하고 있다. 규제에 관한 지식의 전문화, 이로 인해 배출된 수많은 '규제 전문가'들은 분업의 결과이자 더욱 복잡한 규제구조의 원인이기도 하다. 시장의 여러 전문화 분업과 마찬가지로 규제 전문가들은 항상 자신의 자산 증식에 유리한 규제체제를 제의하는 데 치중하였다. 하지만 일반적인 분업의 전문화와 달리, 규제에 대한 전문 지식과 전문가의 '구매자'는 오로지 정부이기 때문에 시장경쟁으로 인한 선별과 도태가 결핍되어 있다. 따라서 적당한 억제가 없다면 규제는 정부가 기업에 직접적으로 간섭하는 행정행위로서, 자발적으로 수위를 높이고 '사회적 이익'이라는 명분을 기반으로 과도한 규제를 실시하여 경제 성장의 활력과 효율을 상실하게 할 수 있다.

(4) 규제 확장의 논리와 결과

미국은 '규제 자본주의'의 전형적인 모델이다. 다른 국가들과 마찬가지로 미국 정부도 일부 중요한 기관(예를 들면 테네시강 유역 관리국, 지방 공공 전력 사업, 우편체계, 공항, 항구 및 운송업체)을 직접 가지고 있다. 그러나 다른 국가에 비해 미국의 '국유화 수준'은 매우 낮다. 또한 미국은 막대한 자원, 예를 들어 국유지와 국가공원을 정부가 소유하고 있지만, 헌법의 원칙하에 상업적 영리營利 활동을 할 수 없도록 규정되어 있다. 아마도 이것이 바로 경제 개입 측면에서 미국 정부가 더욱더 개인 기업의 시장행위에 대한 규제에 집중하는 원인일 수 있다.

사실상 '공정거래법'에 앞서 1887년에 창설된 주간(州際)통상위원회(ICC)가 철도를 관리하는 권력을 가지고 있었다. 경제 규제의 시작을 상징하는 연방기구의 직무는 바로 '공정하고 합리적인' 철도 운송가격과 화물운송업체, 그리고 대중의 '공정한 대우'를 확보하는 동시에 철도 거두巨頭들의 철도 사업에 대한 독점을 제한하는 것이었다. 초기에 미국 법원은 ICC의 권력을 제한하였으나 이후 '진보주의'의 압력(사업에서의 각종 추문, 사악하거나 타락한 행위의 폭로를 위한 사회운동)으로 ICC의 시장가격에 대한 규제와 개입 권한을 증대시켰다.

1913년 미국은 연방준비제도(FRS)와 연방통상위원회(FIC)를 설립한 데 이어 통조림 가공 및 목축 관리국(1916), 식품·약품관리국(1931), 연방통신위원회(1934), 증권거래위원회(1934), 연방해운위원회(1936), 민간항공위원회(1938), 연방도로국(1966) 등을 설립하였다. 1970년대에 들어서는 연방철도국(1970), 환경보호국(1970), 연방우편요금위원회(1970), 국가도로교통안전국(1970), 소비자제품안전위원회(1972), 에너지관리국(1974)과 원자력관리위원회(1974) 등을 설립하였다. 1975년을 기준으로 주州 정부의 관리 부문까지 포함해 미국에는 총 100여 개의 정부 관리 기관들이 있었고, 이들에 의해 통제되는 업종의 생산액은 총 GDP의 1/4을 차지하였다.

사물의 발전이 극에 달하면 반드시 반전反轉이 나타난다. 과도한 정부 규제는 직접적인 시장 진입과 기업의 가격 책정에 개입하여 시장 메커니즘이 정상적으로 자원 배치를 할 수 없게 하며, 기업가 정신을 저해하고 관료주의와 좋지 못한 결과를 전가하는 도덕적 리스크를 초래한다. 1960년대 루스벨트 뉴딜 시기, 미국식 관리체제의 구축에 중대한 기여를 한 랜디스도 규제체제의 경직성과 무능함을 질책하기 시작하였다. 그는 "늑장을 부리는 행태가 연방 관리의 상징이 되었다."라고 단언하며 사례를 들었는데, 대기 중인 천연가스 가격 허가 승인 건을 처리하려면 13년이 소요되고, 인원을 세 배 증원할지라도 13년 동안 누적된 신규 승인 신청 건에 대해서는 2043년에 비로소 처리가 완료될 수 있다고 지적하였다.

(5) 규제개혁: 미국의 경험

'규제개혁(regulatory reform)'은 1970년대 중반 미국에서 시작되었다. 모든 제도 개혁과 마찬가지로 사상 해방이 선도적 역할을 하였다. 경제학, 법학과 기타 사회과학은 공언하는 위대한 의도가 아니라 실제적인 결과로서 경제 제도와 정책의 정확성을 검증하는 경험 연구에 주목한다. 미국의 경우, 1930~1970년대 규제가 최고조에 이른 규제 실천 중 '규제실패'가 경제 효율에 미친 부정적인 영향이 이른바 '시장의 실패'보다 더 심각하다는 사실이 발굴된 대량의 자료에서 증명되었다. 시카고대학교의 스티글러는 '규제의 포획 이론'을 제시하며 노벨 경제학상을 받았다. 그러나 중립적인 정치 노선을 주장하는 브루킹스연구소, 예일대학교와 하버드대학교의 교수들이 연이어 가입한 후 규제주의에 도전하는 사상 이론은 막을 수 없는 추세가 되었다.

규제의 운용 측면에서 최초로 뉴딜 전통을 비판한 사람은 공화당의 보수주의자들이 아니라, 당시 연방상원의 '행정 실천과 절차' 위원회 의장인 민주당의 에드워드 케네디였다. 1974년 케네디는 하버드대학교의 브레이어에게 조사 목록을 준비해 줄 것을 요청했다. 연방상원에서 조사를 결정한 첫 번째 항목에는 항공업에 대한 규제가 포함되었다. 규제 해소라는 정치적 명예는 당연히 레이건 대통령에게 돌아가야 한다. 정치력에서 늘 저평가받았던 이 공화당 대통령의 결심은, 뉴욕주 공공 서비스위원회 의장이며 코넬대학교의 경제학 교수인 칸을 연방항공국 국장으로 임명하였다. 칸의 시정 강령은 독특하였다. 사사건건 행정심사에 의존하던 항공업계에 경쟁을 도입하여 기존의 연방항공국 산하 다섯 개의 위원회가 주관한 경제적 결정을 연방항공국이 해산될 때까지 시장에서 관리하도록 지시하였다.

칸의 개혁은 '공중 개방'의 명칭으로 미국의 규제개혁 역사에 기재되었다. 정부가 더 이상 행정심사 방법으로 항공업의 가격 결정과 시장 진입에 간섭하지 않고 항공사가 자유롭게 경쟁하여 항공 요금을 결정하고 시장과 항로에서도 진입과 퇴출 여부를 자체적으로 선택하게 하였다. 또한 다른 모든 기업들과 새로운 투자자도 새로운 항공사의 설립 여부를 자체적으로 결정할 수 있게 하였다. 결과적으로 항공업의 규제개혁 후 항공권의 가격은 대대적으로 인하되었고 항공 서비스에 대한 시장 수요도 급격히 상승하였다. 일부 오래된 항공사는 부도에 직면했고 새로운 승자들은 시장 변화에 적응하며 발전을 거듭하였다. 가장 중요한 사실은 미국 항공업체들이 경쟁이라는 압박에서도 '허브항' 모델(소형 비행기로 각지의 여객들을 일부 허브공항으로 모이게 하고, 이를 신속하게 전국과 전 세계 각지의 허브항으로 보내는 모델)을 창조하였다는 것이다.

'공중 개방'의 성공으로 레이건 정부는 명성을 얻었으며, 미국은 '규제 해소(deregulation)'의 물꼬를 텄다. 뒤이어 철도와 화물차 운송, 통신, 금융, 전력 등의 부문에서도 잇따라 뉴딜 시대 이후 형성된 '규제하의 독점' 체제를 타파하고 업종의 기술 특성에 따라 시장경쟁을 도입하였다. '규제 해소'는 심지어 전통적으로 오직 정부가 독자 경영해야 한다고 인식되었던 업무에도 침투되었다. 새로 창립한 택배 업체가 정부의 우편 사업에 도전하였고, 미국의 택배업은 전 세계적으로 앞선 대규모 시장으로 발전하였다. 이 외에도 서로 경쟁적인 민간 보안업체가 '독점 경영'하던 경찰 부문을 부분적으로 대체하여 시장규칙에 따라 운영하는 안전 서비스를 사회에 제공하였다. 환경 보호도 '사업'이 되었다. 일부 지역에서는 경제학자들의 제의를 수용하여 의회가 연도별 오염 가능한 '기준'을 정한 후, '오염권' 입찰 경쟁을 하였다. 심지어 '민영 감옥'이 생기는 보기 드문 일도 일어났다. '기업형 감옥'이 경쟁 입찰을 통하여 정부 사법 부문으로부터 수주받아 시장화된 범인 관리(1996년까지 미국 전역에는 170개의 기업형 감옥과 구치소가 있었다.)를 맡았다. 당연히 미국식 '사유화'도 있었다. 연방과 각 주는 증권시장을 통하여 정부가 소유한 회사 권익을 매각하였다. 여기에는 국유 철도업체, 항구와 공항, 군대의 상업 서비스 자원과 도시의 상하수도 공급체계가 포함되었다.

  규제 해소는 정부가 전혀 관여하지 않는다는 의미가 아니다. 정부는 다만 가장 적합하지 않은 분야의 부문에서 '퇴장'하고, 정력과 재력을 집중하여 정부 관리가 필요한 부문에 관리를 강화한다는 것이다. 예를 들면 연방항공국은 결과적으로 칸과 레이건의 소원대로 해산되었고, 뒤이어 연방항공안전국이 설립되었다. 하지만 항공안전국은 더 이상 항공권 가격의 통제와 항로의 배분과 시장 진입 규제에 개입하지 않고, 법에 의해 각 항공사들의 비행 안전만 관리 감독하였다. 운송, 통신, 전력과 금융 분야에서도 규제 해소와 '새로운 규제(re-regulation)'가 교차적으로 진행되었다. 그러나 명칭이 아니고 본질을 보면 소위 '재규제'란 정부가 이런 모든 민감한 '전략적 고지'를 개방한 뒤 시장 개방의 기반 위에서 행정 관리의 새로운 경험을 탐색한 것이라 볼 수 있다.

(6) 영국: '규제개혁'의 역량을 직접 수용

비교해 보면 1970년대 말, 대처가 선도한 시장혁명의 핵심 슬로건은 '규제 해소'가 아닌 '사유화'였다. 이는 영국의 국정을 제약하는 결과물이었으며, 국가마다 경제·정치와 사회의 구체적 환경에서 각자가 직면한 시급한 문제를 해결해야 한다는 것을 보여 주었다.

베테랑 자본주의 국가인 영국의 국력이 점차 하락한 이유는 경쟁력을 상실했기 때문이다. 1970년대에 '영국'은 이미 구제할 방법이 없는 '유럽의 가난한 나라로 전락'되다시피 했다. 대처가 집권 전에 지적한 바와 같이 핵심적인 문제는 '독점된 국유 기업과 노조'로 인해 생산성이 정체되었고, 국가의 복지 및 보조금 지출은 고삐 풀린 말과 같았다는 것이다. '먹는 자는 많은데 생산자는 적으니', 베테랑 자본주의도 취약할 수밖에 없었다. 대처의 보수당 정부는 이런 구체적 상황에 직면하여 '사유화'를 선택하였고, 생산성이 낮은 노조의 복지 요구를 삭감하였다.

더욱 주의해야 할 점은, 영국 정부가 단순하게 '시장 규제'라는 전통 모델을 답습하지 않고, 미국의 '규제개혁' 경험을 직접 수용하여 보다 효율적인 정부 관리 시장체제의 구축을 모색하였다는 것이다. 위에서 말한 바와 같이 본래 '국유화'는 정부가 국유 회사에 대한 통제권을 직접 운용하여 내부로부터 국가의 경제적 명맥命脈을 통제한다는 의미이다. 때문에 국유화 모델에서는 정부와 대기업이 함께 움직이고, 국유 기업도 영리를 목적으로 하지 않기에 일반적으로 정부가 외부로부터 '규제'할 필요가 없다. 국유 기업이 사유화된 후 기업에 개인 주주가 나타났고, 심지어 개인 자본이 지배 주주가 되었다. 사유화된 기업이 시장에서 영리를 취하는 목적을 가지게 된다면 기존 대기업이 '시장 권력'을 이용하여 국가의 시장 독점을 개인의 시장 독점으로 전환하지 않을까?

이에 대한 답은 긍정적이다. 때문에 미국이 규제를 해소할 때 영국은

'규제 재건'의 필요성을 느꼈다. 사실상 대처 정부는 영국의 사유화 방안을 준비하는 과정에서 미국 정부의 시장 규제 경험을 매우 중시하였다. 그러나 대처와 보수당의 사상가들은 영국의 문제에 대해 심각하게 반성하며 '규제를 통한 정부 지상주의의 재건'이라는 퇴조 경향에 직감적으로 경계심을 가졌다. 게다가 레이건의 '규제 해소' 혁명이 한창이었기 때문에 영국은 '규제개혁'의 경험에서 직접적인 장점만 취하며 전통적인 시장 규제의 수렁에 빠지지 않을 수 있었다.

구체적으로 중국은 영국의 다음과 같은 네 가지 경험을 참고할 필요가 있다.

첫째, 국유 자산의 매각('사유화')과 정부 독점시장 개방의 병행이다. 반드시 지적해야 할 점은, 이는 결코 쉬운 일이 아니라는 것이다. 재무 운용의 측면에서 보면, 정부가 시장을 독점하는 조건하에서 대형 국유 기업의 주식을 매각하면 일반적으로 가격이 상승한다. 따라서 단기적인 재정 수입의 증가 목적으로 개혁을 '추진'한다면 비록 단기간 내에 '행정 독점권'을 높은 가격에 매매할 수 있으나 경쟁적 시장은 형성되지 않고 산업생산성도 향상되지 않기 때문에 기업이 경쟁력을 가질 수 없을 뿐만 아니라 장기적이고 지속적인 융자능력도 가질 수 없다.

둘째, 정부의 경쟁 구도 형성이다. 영국은 국유화 범위가 넓었기 때문에 기업가의 창업정신이 심각하게 훼손되었다. 따라서 미국과 달리 시장 개방을 선언하자마자 곧 경쟁적인 시장 구조를 형성할 수 없었다. 이러한 구체적인 제약 조건에서 영국 정부는 입법을 통해 새로운 기업을 설립하고 기존에 정부가 단독으로 독점했던 시장에 진출함으로써 먼저 '복점(duopoly)' 국면을 형성한 후 점차적으로 경영 허가증 발급을 확대하는 방식으로 시장 진입을 완전히 개방할 때까지 시장의 경쟁자 수를 증가시켰다. 영국의 이런 방법은 정부가 우선적으로 시장 진입자를 '선택'하기에, 이를 잘못 선택할 수 있는 단점이 있다. 제한적인 시장 개방 조건에서 일단 정부가 '진입자'를 잘못 선택하면 교정할 방법이 없다. 영국의 통신시장을 예로 보면, 정부가 특별법으로 조직한 머큐리Mercury가 브리티시텔레콤(BT)과 동등한 경영권을 가지고 있었다. 그러나 7년 후 머큐리의 시장 점유율이 10%에도 미치지 못하면서 두 개의 독점기업이 경쟁하기를 바라던 정부의 원래 구상이 실패하였다. 그러나 정부는 시장 개방 절차에 대략적인 로드맵을 가지고 있었고, 이는 투자자·경영자 그리고 소비자들이 향후 체제 변화를 대략적으로 예측하는 것과 각 측의 이익 갈등 조정에 도움이 되었다.

셋째, 규제기관의 비행정화이다. 개방적인 시장에 대한 정부의 관리는 거대하고 다각적인 이익과 연계되어 있기 때문이다. 순수한 행정기관을 설립하여 시장을 규제하는 방법은 규제 과정에서 생성되는 정보의 독점과 권력의 과도한 집중을 초래하며 지대 추구(尋租), 지대 설정(設租) 행위가 쉽게 발생할 수 있고, 행정부패나 심지어 정치부패가 나타날 수도 있다. 따라서 영국은 산업, 소비자, 독립적인 전문가와 행정 관료로 구성된 수많은 시장 관리 기관을 설립하고 전문적인 법령으로 정보 교류와 권력 운용 절차를 규정하였다. 즉 처음부터 '감독자' 문제에 각별히 신경을 썼다는 의미이다.

넷째, 시장의 관리 감독 확대와 행정의 관리 감독 축소이다. 사실상 이를 통해 정부가 전문 기관을 설립하여 시장을 규제함으로써 이루려는 목표, 예를 들면 저렴하면서 품질이 보장된 상품·서비스·시장질서 등을 다양한 수단을 통하여 이룰 수 있다. 영국의 통신업 규제기관(OFTEL)은 1999년 5월에 공포한 「1999~2000년 통신시장 관리계획」에서 '관리 감독'을 '전문 규제 기관의 관리 감독', '업종의 자율적 관리 감독', '경쟁 대상의 행위 제약(즉 소비자의 선택 권리 증가로 제조업자들이 소비자들의 환심을 사서 시장 점유율을 제고하는 행위)', '기타 정부기관의 관리 감독' 등으로 분류하였다. 사유화와 시장 개방의 초기 단계에는 '전문 규제기관의 관리 감독'이 전체

관리 감독의 대부분을 차지하였으나, 시장경쟁 수준이 점차 높아짐에 따라 '업종의 자율적인 관리 감독' 비중이 늘어나고 '경쟁 대상의 행위 제약'이 점차 중요한 자리를 차지하게 되었다.

이렇게 되자 규제기관은 점차 자신이 가진 힘을 스스로 통제할 수밖에 없게 되었다. 이는 일반적으로 예상할 수 있는, 규제기관이 끊임없이 자신의 권력을 강화하는 '이성적 행위'와 충돌되었다. 영국인들은 이 모순을 어떻게 해결하였는가? 그들은 관리 감독 예산을 점차 삭감하겠다는 태도를 취하며 이에 대처할 시간을 줬다. OFTEL의 경우, 영국 통신업의 전문 규제 부문으로서 매년 재정지출 예산을 점차 감축한다고 결정하였다. 1998~1999년도의 1,279만 파운드에서 1999~2000년도의 1,263만 파운드로, 2000~2001년도에는 다시 1,201만 파운드로, 2001~2002년도에는 1,197만 파운드까지 감축하겠다는 결정을 사회에 공포하였다.

(7) 신新규제경제학

그러나 수많은 학자들은 여전히 규제를 폐지하면 안 된다고 강조한다. 기존의 규제가 가져온 여러 폐단을 해결하기 위하여 '신규제경제학'이란 학문이 최근 발전하였다. 이 새로운 학문이 나타난 배경은 '메커니즘 설계' 이론, 즉 심오한 현대 경제학 이론으로 규제를 '지도'하여, 정부가 시장을 규제하는 전통적인 모델을 개선한다는 것이었다.

예를 들어, 신규제경제학은 '인센티브 규제'라는 새로운 개념을 제기하였다. 전통적인 가격 규제 원칙은 규제자가 기업의 원가에 합리적인 이윤을 추가하여 가격을 결정한다. 하지만 이로 인해 피규제 기업은 원가 인하의 충분한 동력을 잃게 된다. 물론 규제자가 기업의 '진정'한 원가를 점검할 수도 있다. 하지만 원가는 결코 그렇게 쉽게 검증되지 않는다. 그 원인은 '회사가 저원가 사실을 감추기' 때문이다. 게다가 규제자가 독점 기업의 진정한 원가를 명백하게 검증했다고 해도 원가 통제의 내재적 동기가 부족하기 때문에 이미 발생한 진정한 원가가 과연 '저원가'인지에는 여전히 의문이 들 수밖에 없다. 결국 아무리 훌륭한 원가 검증 절차를 도입한다고 해도, 피규제 기업의 원가는 여전히 '엉망'이고 '뜻대로 되지 않는다.' 이러한 문제점은 신규제경제학에 힘을 실어 주었고 '효율적이고 동기부여적인 방안'이 제시되었다. 이것이 이른바 '가격 상한 규제'이다.

이 설계에 따르면 정부 규제 부문의 가격 상한은 고정가격계약과 마찬가지로 원가 1원이 증가할 때마다 순수입이 1원 감소되면서 기업의 원가 절감을 장려할 수 있다. 이 외에도 가격 상한은 '원가에 합리적인 이윤을 붙이는 규제 모델'의 '비합리적인 가격구조'를 개선할 수 있으며 가격 상한의 새로운 모델에서 (평균적인) 가격의 최고가를 초과하지 않는 한, 기업은 서로 다른 고객을 대상으로 다른 요율費率을 부과할 수 있다. 따라서 가격 상한은 이론적으로 램지Ramsey의 가격 책정 원칙에 부합한다. 이는 피규제 기업의 이윤이 마이너스가 되지 않도록 보장하는 조건하에서의 가격 책정으로, '사회복지'를 최대화한다.

사실, 아담 스미스(1776)에서 코즈(1945)에 이르기까지 경제학의 '전통적인 관점'에서는, 고정 투자비용이 높고 평균원가가 한계원가에 비해 높은 업종에서 만약 한계원가로 가격을 책정하면 적자가 부득이하다고 지적한 바 있다. 하지만 한계원가보다 높게 가격을 책정하면서도 '사회복지'의 손실 방지를 보장할 방법은 무엇인가? 그 방법은 바로 '적절한 가격 차이'로, 즉 기업에 플러스 효과를 주는 가격에서 소비자에게 인기 있는 '다양한' 서비스 가격을 찾아내야만 한다는 것이다. 여기에서의 키워드는 '다양한', 즉 차별적인 가격 결정이다.

그러나 이성理性의 승리에 성급하게 환호할 필요는 없다. 적어도 한 가지 더 해결되지 않은 문제가 있기 때문이다. 즉 가격 상한이 어떻게 정부 규제자들에 의해 '기업이 손해를 보지 않고도 사회복지의 최대화를 보장'

할 수 있는 수준으로 책정될 수 있는지의 문제이다. 여기에서 경제학 이론의 정교함은 다시 한번 전제 가설에 의존한다. 바로 규제자가 피규제 기업의 '원가 상태'에 대한 충분한 정보를 알아야 한다는 것이다.

그렇지 않으면 '기업이 밑지지 않도록 보장'한다는 의미에 이미 '임대료(租金)'가 포함되고, 원가가 높이 평가된 회사는 가격 상한 규칙으로 여전히 원가 공제의 노력과 무관한 수익을 얻을 수 있기 때문이다. 이는 신규제경제학의 가격 상한 방안이 더욱 복잡한 이론적 도구를 활용했다고 해서 우수한 원가 가산 계약이 되었다는 것을 의미하지 않는다. 전통적인 모델은 "비록 원가 절감에 대한 인센티브가 부족함에도 불구하고, 회사의 잠재적인 지대 추구(尋租)를 효과적으로 착취할 수 있기 때문이다."

바꾸어 말하면, 시장 진입 금지 조건에서 정부의 규제가 아무리 뛰어나더라도 이는 낭비를 완전히 제거하지 못한 두 가지 모델 중 하나를 선택했을 뿐이다. 즉, 원가 가산 방법으로 '임대료를 착취하는지', 아니면 가격 상한으로 피규제 기업의 원가 절감을 독려할 것인지 중 하나를 선택한 것이다. 이는 세상에 가격 규제의 최적화를 '지도指導'할 수 있는 이론이 없다는 것을 설명한다. 반대로 '모든 기업에 적합한 법규를 제정'할 수 있는 만능 모델도 없다.

신규제경제학이 지적하지 않은 점은, 시장 진입 금지가 제약되는 조건에서 경쟁의 부재로 인해 근본적으로 정밀하게 표현된 이론에 의지할 수 없고, 가격 규제의 '사회복지 손실(즉 임대료)'을 완전히 제거할 수 없다는 것이다. 정성껏 설계한 여러 규제 메커니즘도 결국 독점 임대료의 분포만 바꾸고, 당사자들의 임대차 방식의 변화만 유도했을 뿐이다. 더욱 일반적인 결론은, 시장경쟁은 원래 이성적인 설계의 결과물이 아니라는 것이다. '규제개혁'의 이행은 모든 업계의 '시장 진입 금지'가 타개될 수 있다는 사실을 확인시켜 줬다. 오직 시장 진입 금지로 인한 독점을 타개해야만 비로소 가격 메커니즘을 새롭게 이용할 수 있게 된다. 결과적으로, 정보의 흐름을 분산 처리하는 측면에서 가격경쟁체제는 신규제경제학의 '메커니즘 설계'에 비해 더 비교 우위를 가지고 있다.

(8) 규제의 소멸: 이론과 실천

사실상 이미 몇몇 이론가들은 '규제 소멸'에 대해 논의한 바 있다. 이에 대한 창의적인 사상은 코즈의 미연방통신위원회(FCC)에 대한 연구(1959)로 거슬러 올라갈 수 있다. 코즈가 이 권위적인 규제기관의 권력 기원을 추궁한 결과, 특별한 자원, 즉 무선전파에 대한 분배나 문제가 FCC가 가진 눈부신 권력의 토대가 되었다는 사실을 발견하였다. 초기만 해도 무선전신 채널의 점용은 항해의 안전과 관련되었다. 원양선박은 오직 무선전신으로 위치를 정하고 긴급 호출을 했다. 당시까지 이런 볼 수도 만질 수도 없는 채널자원 시장이 없었기 때문에 부득이하게 정부의 채널 배분(규제)에 의존할 수밖에 없었다. 하지만 정부는 행정 수단으로 희소한 경제 자원을 배분하는 첫날부터 경제 효율과 행정 효율 문제를 떨쳐 버릴 수 없었다. '외부경제효과'를 외우는 교조적 경제학자들과 달리 코즈는 왜 정부가 직접 채널 배분을 피하고 '채널자원 경매'에 나서면 안 되는지에 대해 문제를 제기하였다.

코즈의 질문은 단도직입적이었다. 채널자원의 경매를 조직한 것은 정부가 기존의 '주인이 없는' '공공 채널자원'을 '최고가를 제시한 자가 획득한다'는 단순한 준칙을 통해 가격 메커니즘의 배분으로 변경한 것과 마찬가지이다. 가격 메커니즘이 다시 부활하면서 규제(행정적 수단으로 가격과 시장 진입을 직접 통제)는 당연히 필요 없게 되었다. 코즈 사상의 영향으로, 사람들의 연구 시야가 크게 확대되었다. 철도가 하나밖에 없는가? '유일한 경영권'을 시장에 내놓아 경매할 수 없는 이유는 무엇인가? 도시가 택시 수량을 제한하려는 이유는 무엇인가? 택시의 경영권은 경매될 수 없는가? 더 나아가 왜 '오염'이 하나의 권리로 인정되어 경매될 수 없는가?

　이러한 경제학자들이 모두 무정부주의자가 아니라는 것을 분명히 해야 한다. 왜냐하면 '규제의 소멸'이 정부의 소멸로 이어지는 것이 아니기 때문이다. 코즈와 그의 계승자들의 사상은 다음과 같다. 정부의 규제, 즉 가격과 시장 진입에 대한 직접적인 행정 통제는 새로운 권리의 생성과 시장 메커니즘의 적용을 통해 다시 대체되어 '민법 재산권 거래 조정'의 기반으로 돌아갈 수 있다. 권리의 생성과 법원의 판결 및 집행 등에서 정부의 역할은 불가피하다. 이들은 산업 규제와 같은 복잡한 이익 조정 문제에서 정부가 공소인과 변호인 사이의 중간자 역할을 담당하는 것이 '보이는 정부의 손'을 직접 이용하여 희소한 경제자원을 배분하는 것보다 효율성, 공정성 또는 시장질서 측면에서 더욱 시행 가능하다고 믿는다.

　'규제 소멸' 사상은 이미 현실에 침투되었다. 일례로, 미국의 정부와 민간은 인터넷 규제에 대한 사회의 목소리가 지속적으로 증대됨에도 불구하고 오늘까지도 인터넷에 대한 '무규제(non-regulation)' 정책을 견지하고 있다. 필자가 FCC 관원에게 직접 문의한 결과, 그의 답은 '관리하지 말라는 것이 아니라, 전문적인 단속이 필요 없다'는 것이었다. "그 어떠한 상황에서도 신용카드의 횡령은 불법이며 온라인 거래도 예외가 아니다. 마치 미성년자에게 포르노를 유포하는 행위가 어디서든 불법인 것과 마찬가지이다." 과학기술이 급격하게 변화하는 시대에서, 모든 기술 수단에 대해 새로운 법을 제정하고 전문적인 규제를 진행한다면 사회는 과중한 규제 부담으로 한걸음도 움직일 수 없게 된다.

　뉴질랜드에서는 통신업 규제기관이 이미 공식적으로 해체되었다. 뉴질랜드는 1989년에 통신시장을 개방하며 기존의 독점 경영자인 텔레콤 Telecom을 사유화하였다. 아메리텍Ameritech과 벨 아틀란틱Bell Atlantic으로 구성된 컨소시엄이 보유한 텔레콤은 장거리 전화 서비스를 제공하는 텔스트라 클리어Telstra Clear, 이동통신시장의 벨사우스Bellsouth와 경쟁하였다.

모든 통신업의 특별한 문제는 1986년에 통과된 뉴질랜드의 「상법」에 의해 조정되었고 시장의 모든 갈등은 쌍방이 법원에서 해결하도록 하였다. 뉴질랜드의 실험은 전문적이지 않고 권력이 통상적으로 통제되기 어려운 정부의 규제 부문 없이도 통신시장이 제대로 작동한다는 것을 검증하였다.

(9) 총결: '규제주의'의 수렁에서 벗어나기 위하여

시장은 실수를 면하기 어렵다. 반면 자발적인 이익 거래 과정을 통하여 참여자의 잘못된 예측, 의사 결정과 행위를 수시로 바로 잡을 수 있다. 시장은 끊임없이 잘못을 저지르고 바로잡는 과정에서 전문적이고 거대한 정보를 교환·처리하며, 여러 참가자를 자극하여 학습하고 이익을 얻을 수 있게 한다. 하지만 시장은 하나의 과정으로서 결코 무료가 아니며, 잘못을 저지르고 시정하기까지 시간과 자원이 소요된다.

누군가는 시장의 오류와 시정 과정에서 비용을 지불하기 마련이다. 따라서 사람들은 늘 시장의 대가를 감소시키거나 또는 시장비용을 자신이 아닌 다른 사람이 지불하기를 희망하고, 그릇된 이론과 학설은 늘 이러한 희망을 부추기고 있다.

정부 규제는 바로 이런 배경에서 나타났다. 규제의 엄격한 함의는 정부가 행정 권력을 이용하여 가격에 직접 개입하고, 시장 진입을 제약하는 것이다. '사유재산+민주'의 서방 자본주의 국가에서는 규제가 시장의 오류와 잘못을 바로잡을 수 있고 정부가 오류를 직접 막을 수 있다고 생각한다. 시장 규제로 초래되는 대가는 통상적으로 사회와 전체 시장 참여자들이 지불하기 때문에 시장의 대가보다 눈에 잘 띄지 않고 심지어는 사람들이 받아들일 수 있는 것처럼 보이기도 한다.

규제는 거대한 기득권 집단을 형성하기 쉽다. 여기에는 규제의 수용을 조건으로, 시장경쟁 위협을 막는 것을 '장점'으로 바꿔 온 시장 참여자와 '정부 부서'의 규제를 전문으로 하는 관료도 포함된다. 후자는 고도로 전문화된 지식으로 시장경쟁 위에 군림하고, 종종 통제하기 어려운 관리 권력을 약탈하였다. 여러 가지 다른 정치적 구속 메커니즘 하에서 이런 권력은 크고 작은 부패의 원천이 된다. 과도한 규제의 또 다른 심각한 문제는 복잡한 심사 비준제로 거래비용을 증가시키고 기업가 정신을 크게 제압하여 사회의 혁신이 부족한 상황을 초래한다는 것이다. 서구 주요 자본주의 국가들의 역사적 경험은 '성숙된 시장경제'라고 해서 스스로 '규제의 자체 확장'이라는 논리를 피할 수 없다는 것을 보여 준다.

그러나 '규제'가 초래한 경제 성장의 저효율과 침체는 능히 관찰할 수 있는 현상이다. 그 어떤 정치적 틀에서도 정부가 행정 수단을 이용하여 가격과 시장 진입에 직접 개입하면 예외 없이 경제적 손실이 발생한다. 규제체제가 방대하고 완벽할수록 지속 시간이 더 길며 자원 배분의 효율성은 더욱 심각하게 손실된다. 이러한 점에서 가장 기본적인 경제학적 결론은 개방된 시장에서 경쟁적인 가격 책정 메커니즘과 경제적 효율이 등가되는 행정 메커니즘은 없다는 것이다. 시장 진입의 통제는 정부가 규제 업계에서 가장 유능한 기업가와 가장 우수한 기업을 '선별'할 능력이 있음을 선언하는 것과 같고, 가격 규제는 정부가 원가 인상과 같은 계산 공식을 통해 통제된 제품의 '합리적인 가격'을 정할 능력이 있음을 선언하는 것과 같다. 유감스럽게도 경험적 사실을 검증할 수 있다는 의의에서 보면, 시장경제의 필수불가결한 야경꾼인 정부는 지금까지 이 두 가지를 다 할 능력이 없었다.

지속적인 대규모 규제로 누적된 막대한 이익 갈등, 부조화와 정체는 규제정책이나 법과 그에 상응하는 경제체제를 전면적으로 개혁할 것을 요구하였다. '규제개혁'의 출현에는 이유가 있다. 개혁에는 일정한 정치적 조건이 필요하며, 거대한 경제적 잠재력을 방출함으로써 개혁을 주장하는 정치집단에게 거액의 보상이 제공된다는 것이다.

4. 중국의 경험과 교훈

(1) 국유 경제 개혁, 정경 분리와 정부기능의 전환이라는 역사적 과정에서 일찍이 '국민경제 주요 부문'의 개혁 공격전(攻堅戰)을 겪은 중국

1980년대 말, 중국은 반(半)군사적으로 관리되던 항공업을 개방하여 독립채산제 기업화 경영을 실시하고 여러 기업의 경쟁을 조직하였으며 시장 메커니즘의 도입에 착수하였다. 1990년대 이후, 통신업과 우정업의 개혁을 시작하였고 전력·고속도로와 철도 투자 그리고 운영체제 개혁에 관한 새로운 과제를 제기하였다. 기존의 개혁 경험에 의거하여 여기에서는 중국의 시장 개방 경험과 교훈을 개략적으로 논의한다.

(2) 첫 번째 기본 경험과 교훈

시장 개방을 견지하고 경쟁을 도입하는 것은 독점을 타파하는 기본 방침이다. 중국은 항공, 통신, 철도, 전력 등의 부문을 줄곧 국민경제의 주요 부문으로 인식하였다. 기술경제적 시각에서 볼 때 이러한 부문은 국민경제 운용을 위한 기반으로, 기타 모든 부문에 서비스를 제공하는 기능을 담당하고 있다. 이 외에도 이러한 부문은 국방과 광의적인 국가 안보에 중요한 영향을 미치기 때문에 그 전략적 가치가 단순히 화폐로만 측정되지 않는다. 이러한 부문에서 전국적인 서비스 능력을 형성하려면 거대한 투자가 필요하며 아주 오랜 기간의 투자 및 건설 주기가 필요하다. 이러한 원인으로 인하여 오랫동안 사람들은 국민경제의 인프라 부문은 오

로지 독점경영을 실시해야 하며 그럴 수밖에 없다고 생각하였다. 만약 미국이 이러한 부문들에 대해 오랫동안 시행해 온 방침이 규제하의 개인 기업 독점이라면, 중국과 같은 사회주의 국가는 반드시 공유제의 독점, 또는 국가 독점이나 정부 독점을 실시해야 한다.

그러나 행정의 힘을 빌려 독점경영을 실시하고 시장 진입을 배제한다면 모든 정치제도에서 유사한 경제행위나 경제 효과가 나타날 것이다. 독점 부문은 지나친 정부 보호로 인해 진취적이지 않기 때문에 서비스의 품질은 저하되고 가격은 높아지며 혁신과 진보는 결여되기 때문이다. 기초 부문이 낮은 효율을 사회에 전가하면, 국민경제 전체의 효율이 크게 떨어지고 소득 분배의 불공정성이 심화된다.

중국의 기본 경험은 시험, 탐색, 점진적인 방법을 통해 국가가 독점했던 주요 부문에서도 독점 타파와 경쟁 도입을 해서 시장을 개방할 수 있다는 것을 점차적으로 증명했다. 사상을 속박하고 타파하는 상황에서 중국은 모든 인프라 부문에서 자체적인 기술경제의 특징에 근거하여 서로 다른 부분, 서로 다른 차원의 시장경쟁을 도입할 수 있다는 것을 어렵지 않게 발견하였다. 통신 분야의 경우, 부가가치를 창출하는 분야는 경쟁을 개방할 수 있지만, 기초 통신 분야는 개방하기에 적합하지 않다는 것이 일반적인 인식이었다. 하지만 통신업의 부가가치 부문을 개방하며 얻은 긍정적인 효과는 우리가 기초 통신 분야의 경쟁도 개방할 수 있다는 자신감을 갖게 함으로써 시장 개방을 시도할 수 있게 했다. 이는 기본 방침이 맞으면 점진적으로 추진하는 힘이 생긴다는 것을 보여 준다. 그렇지 않으면 상호 경쟁하게 되며, 상호 연계된 전국 6~7개의 독자적인 연결망을 보유한 통신운영 체계가 나타날 수 없다. 같은 맥락에서 항공·철도·전력 부문의 시장 개방은 모두 단계적으로 전개되었다. 기본 경험을 통해 시장 개방 방침이 확고하고 흔들리지 않으면 실행은 점진적일 수 있다는 사실을 확인할 수 있었다.

(3) 두 번째 기본 경험과 교훈

정부와 기업은 반드시 분리해야 한다. 국가 독점의 본질은 정부가 직접 경영활동에 참여하는 것이다. 따라서 중국은 단지 미국의 규제개혁 경험에만 주의를 기울일 것이 아니라, 유럽 국가들의 국유화 개혁 경험에도 주의를 기울여야 한다. 더욱 중요한 것은 중국의 전통적 계획체제에서 나타난 '행정 만능주의'의 특징이 바로 경제활동, 특히 주요 부문의 경제활동에 이미 고도로 행정화, 심지어 군사화되었다는 것을 인식해야 한다는 것이다. 이러한 배경에서 단지 일부 정부 관리 부문에 속한 상장기업을 설립하는 것만으로는 결코 문제를 해결할 수 없다. 반드시 시장경제에 참여하는 기업과 시장질서 관리를 담당하는 정부 부문 사이에 명확하고도 제도적인 경계가 있어야 한다. 1993년 중국 정부는 차이나유니콤CHINA Unicom을 설립하여 차이나텔레콤CHINA Telecom과 경쟁하도록 하였다. 그 방침은 옳았고 전 세계적으로도 상당히 앞선 행동이었다.(사실 싱가포르와 홍콩에서조차 이와 유사한 행동이 없었다.) 그러나 중국 통신시장의 경쟁 수준은 1998년까지만 해도 크게 미흡했다. 1999년, 중국은 체신부에 대한 개혁을 단행하였다. 2000년 통신 부문의 재편에 전 세계가 주목하였다. 이는 정경 분리가 기존의 기득권 구조를 타파하는 데 중요하다는 것을 보여 주었다. 더욱 중요한 것은 정경 분리가 미래 시장질서의 제도적 토대를 닦았고 정부 관리 권력이 시장 이익과 결부되는 상황을 방지하였다는 것이다.

(4) 세 번째 기본 경험과 교훈

가격 메커니즘이 관건이다. 전통적인 인식은 인프라 부문을 시장경쟁 체제에서 배제해야 한다는 것이었고, 가장 기본적인 '신념'은 주요 경제 부문의 자원 배치가 가격 메커니즘을 기반으로 해서는 안 된다는 것이었다. 인프라 부문의 공급과 수요에서도 가격을 높게 부른 사람이 먼저 살 기회를 얻고 가격을 낮게 부른 사람이 먼저 팔 기회를 얻는 시장가격경쟁의 기본 원칙을 떠나 주로 계획가격에서 할당량을 통해 조정해야 한다고 인식하였다. 결과적으로 중국의 인프라 부문에서는 장기간 동안 두 가지 착오가 발생하며 대량의 자원 낭비를 초래하였다. 첫 번째 경우는 인프라 부문의 제품과 서비스 계획 가격이 지나치게 낮아 심각한 공급 부족을 야기한 것이다. 두 번째 경우는 인프라 부문의 장기적인 투자 부족을 보상하기 위한 계획된 비용이 지나치게 높아 국민경제의 다른 부문과 주민 소비품 생산 및 생활비용이 인위적으로 높아졌다는 것이다. 대체적으로 보면, 인프라 부문에 대한 개혁을 시작하기 전에는 첫 번째 착오가 주로 나타나며 이로 인해 인프라 발전이 저해되고 국민경제 성장의 발목을 잡았다. 그러나 인프라 부문에 대한 초보적인 개혁이 실시되었지만 독점이 깨지기 전에는, 두 번째 착오가 주로 나타나 인프라 부문 가격이 급상승하여 중복 건설을 자극하고 경제 수요를 억제하였다.

이는 행정가격 책정이라는 서툰 방법이 기술 변화가 가속화되고 분업체계가 날로 복잡해지는 조건에서 인프라 분야의 다양한 '고객'을 효과적으로 연결하는 것이 사실상 불가능하다는 것을 보여 주었다. 인프라 부문은 의심할 바 없이 특수성을 가지고 있으나 가격 메커니즘을 무력화시킬 만큼 특별하지는 않았다. 다자간 가격경쟁체제는 아주 '혼잡'해 보이지만, 오직 이래야만 수급을 원활하게 조정하여 기술과 시장에서 변화무쌍한 수요에 적응할 수 있었다.

그러나 지금까지도 인프라 부문의 가격 책정 메커니즘은 여전히 '특수론'이 주도하는 상황에서 여전히 벗어나지 못하고 있다. 물론 이러한 상황이 이상하지는 않다. 중국은 아직까지 인프라 부문의 대규모 시장 가격 책정 경험이 없기 때문이다. 다만 일부 국부적인 경험과 교훈을 이야기할 수 있다. 예를 들면 항공권에 대한 할인 경쟁과 할인 금지 파동, 그리고 최근에 재차 나타난 완화 시도, 일부 지역의 통신 및 유선 TV 사이의 법에 위배되는 경쟁, 두 개의 거대 이동통신사의 가격경쟁과 시장 확대 효과, 새로운 IP 전화시장 가격과 시장 수요량 간 대응관계, 철도 승차권 가격과 '암표상'의 활동, 설 연휴 기차표 가격에 관한 논쟁, 그리고 이미 조문화되어 일부 지방과 부문에서 실시하는 '가격 청문 제도' 등이다. 이러한 문제는 국지적으로 인프라 부문의 가격 메커니즘 문제와 연관되어 있기 때문에 자세히 결산하고 토론하여 더 큰 규모에서 인프라 부문의 가격 메커니즘을 운용할 수 있는 여건을 마련해야 한다.

(5) 네 번째 기본 경험과 교훈

시장 개방은 경쟁 주체의 재산권 개혁과 병행해야 한다. 사람들은 주요 부문의 시장 개방과 국유 기업 지배권을 (일반적으로 '사유화'란 명목으로) 중국과 같은 사회주의 개혁에서는 시장에 매각한 영국 경험의 절반만 배우고 적당한 정도에서 멈춰야 한다고 생각한다. 다시 말해, 계획적으로 국유 기업 간 시장경쟁을 조직하는 한, 해당 산업에 대한 국유 경제의 독점과 통제를 유지하는 것은 실행 가능한 일이며 심지어 전략적으로 중요한 의의가 있다는 것이다.

그러나 중국이 경험한 바와 같이 단지 국유 기업 간 시장경쟁을 하는 '설계'는 비록 뜻은 원대하나 다음과 같은 세 가지 측면에서 심각한 도전에 직면하게 된다.

첫째, 인프라 산업의 시장 개방은 국민경제 개방의 중요한 구성 부분으로, 인프라 산업을 개방하는 동시에 미래의 국제 경쟁력을 높이기 위해서는 대규모 기술 개선이 필요하다. 이를 위해, 국내외 자본시장을 이용한 자금 조달이 필수적이다. 이로 인해 국유 기업의 일부 통제권을 시장에 매각하여 국유 자본이 독자 경영하는 전통적인 구조를 바꾸는 것을 피할 수 없다.

둘째, 정부는 주요 부문의 경영적 기업의 유일한 주주인 동시에 경쟁적인 시장의 관리인 역할을 해야 한다. 이런 구조에서 정부의 주주로서의 역할과 시장 관리자로서의 역할이 서로 충돌하는 것을 피하기 어렵다. 기업은 다양한 방법을 동원하여 자신의 유일한 주주이자 주인인 정부에 행정 보호를 제공하고 시장경쟁의 강도를 완화해 주기를 요구한다. 다른 한편으로 정부는 기업의 업무에 보다 자연스럽게 행정적으로 관여할 수 있게 된다. 한마디로 가짜 극은 진짜가 되기 어렵다.

셋째, 국유 기업 간 경쟁에서 기업이 경영활동에 책임을 지지만, 기업 자산에 대한 최종적인 책임은 여전히 정부에 있다. 이러한 재산권 제약 메커니즘은 불가피하게 기업이 자산 손해를 통해 단기적 경영 실적을 올리고 이를 기반으로 수익을 얻는 행위에 치우치게 한다.

첫 번째와 두 번째의 도전은 이미 정부의 의사 결정 부문과 연구기관의 주의를 환기시키고 있으나 세 번째 도전의 경우, 인프라 부문의 시장가격 책정에 관한 광범위한 시행 기반이 없기 때문에 단지 국지적이고 단기적인 경험에 의거하여 해당 경제행위에 대한 추리를 더해야만 실마리를 찾을 수 있다. 항공업의 사례를 통해, 다음과 같은 사실을 알 수 있다. ① 여러 기업의 시장경쟁은 필연적으로 항공권의 가격경쟁을 유발한다(할인으로 표현됨). ② 일단 항공권 가격에 대한 행정 통제가 조금이라도 완화되면 국유 항공업체들은 앞다투어 "적자가 날 때까지 가격을 인하한다." ③ 대규모 적자, 심지어 모든 업종에서 적자가 발생할 경우 정부 주관 부처는 다시 가격에 대한 행정 통제(할인 금지령)를 강화할 수밖에 없고, 그 결과 운송능력의 '과잉 현상'이 다시 나타나게 된다.

비교해 보면 어떤 업종에서든 개인 기업 간 경쟁에서는 가격을 경쟁적으로 인하하고 고객을 확보하는 행위가 발생한다. 하지만 시장 참여자의 입찰가가 제한적으로 경영원가와 동등할 때 이론적으로 이 기업은 경쟁에서 물러나야 한다. 왜냐하면 더 낮은 가격은 곧 '손해'를 의미하기 때문이다. 시장에서는 경쟁 우위를 가진 기업이 원가 우위가 낮은 기업의 자산을 추가로 매입하여 인수합병을 유발하는 행위로 나타난다. 또는 상대적으로 약한 기업이 주도적으로 다른 업종으로 넘어가 활로를 모색한다. 이는 회사의 자산 소유권이 시장활동과 상관이 없다는 것이 아니라 경쟁행위가 제약되었다는 것을 보여 준다. 효과적인 재산권 제약은 효과적인 시장경쟁을 유발할 뿐만 아니라 경쟁의 '강도(度)'를 통제하고 경제적이고도 합리적인 원칙에 따라 '구조조정'을 한다.

국유 기업의 경영권은 회사의 관리 부문에 있고, 회사경영이 양호한지의 여부는 경영진과 노동자들의 이익과 직결된다.(그 정도는 개혁의 진전에 의해 결정된다.) 이런 점에서 시장경쟁에 진입한 국유 기업은 모든 개인 기업과 유사하며 이들은 모두 경쟁에 종사할 동력을 가지고 있다. 하지만 국유 기업 자산의 '주인'은 정부이고(다소 다른 정부 부처가 등급제 원칙에 따라 통제) 시장과 떨어져 있기 때문에, 시장의 변화를 적시에 파악하기 어렵고 의사 결정도 복잡한 절차를 거쳐야 할 뿐만 아니라 정부 실무자와 자산을 보유한 정부의 이해관계도 매우 간접적이다. 일단 시장의 정세가 자산가치나 자산의 안정성과 연관되면 정부는 유연하고 신속하며 합리적으로 반응할 가능성이 없다. 이러한 제약 조건에서 국유 기업은 '적자가 발생할 때까지 할인'하는 상황이 나타나고, 정부는 '경직된 행정가격'과 개방가격, 국유 자본의 대대적인 적자라는 양극단 사이에서 진퇴양난에 빠지게 된다.

때문에 '시장 개방과 재산권 개혁'은 반드시 병행되어야 한다. 여기서 말하는 소위 재산권 개혁은 획일화된 국유 기업을 주식회사로 변경하는 것이다. 국가는 일부 국유 주식을 양도 또는 환매(轉售)하거나 지배권을 매각하는 것도 고려해야 한다. 자발적으로 소액 주주가 되거나 전면 퇴출도 고려할 필요가 있다. 그렇지 않으면 위에서 언급한 문제를 제도적으로 해결할 수 없다. '사유화'라고 정의할지의 여부는 정치, 문화와 이데올로기를 종합적으로 고려하여 용어를 선택하는 문제일 뿐 경제행위 논리와는 어떠한 실질적인 관계도 없다.

(6) 다섯 번째 기본 경험과 교훈

개혁 과정에서 투자자, 기업과 소비자의 이익을 아울러 고려해야 한다. 인프라 부문의 시장경쟁을 개방하는 과정에서 투자자, 경영 기업과 시장 소비자의 이익을 동태적으로 살피고 조화롭게 발전할 수 있도록 보장하는 것은 전략적인 문제이다. 투자자는 정부와 국내외 다양한 비국유 자본 주체를 포함한다. 중국의 경험을 통해 정부는 반드시 정부 투자의 최대 보상만을 보장한다는 입장이 아니라, 인프라 산업 전체의 투자 환경을 개선하겠다는 입장을 취해야 한다. 정부는 모든 투자자의 이익을 보호해야만, 일부 투자자로서 자신의 이익을 보호할 수 있다. 오늘날 전 세계 강대국 정부 가운데 세금이나 정부의 투자 수익에 의존하는 국가는 없다. 정부가 투자 수익에 의존하거나 혹은 정부의 수익을 가장 중요한 목표로 삼아 국민과 이익을 다투고 시장질서를 파괴하며 민간의 투자 신뢰도를 동요시킨다면, 장기적인 경제 성장의 관점에서 보았을 때 반드시 얻는 것보다 잃는 것이 더 많다.

국내외 개인 자본이 기존의 정부 독점 부문에 투자하는 배경에는 복잡한 동기와 기대감이 있다. 중국의 경험을 통해 보면 홍콩, 심지어 유럽과 미국의 주류 자본시장은 일정한 기한 내 정부기업의 시장 독점권을 투자의 목표로 할 것이고, 이를 통해 고액의 행정 독점 임대료를 공유할 수 있기를 기대할 것이다. 하지만 일단 정부 정책이 조정되고 시장 개방을 확대하며 가격 책정 정책을 전환하면, 원래 기대했던 독점 기업의 높은 이윤은 경쟁에서 구름처럼 사라질 수 있다. 다시 말해 이 투자자들은 일반적인 리스크 외에도 또 하나의 특별한 '충돌위험(risk of collision)'을 감당해야 한다. 이들은 투자를 결정할 때, 막대한 이익(독점 이익)이 그들의 주머니로 들어올 것으로 예상한다. 그러나 투자가 이뤄지면 기대한 이익이 없고, 결국에는 거품이 빠지면서 그들의 투자는 '암초'에 부딪히게 된다.

기본적인 시장 환경이 급격히 변화하는 시기에는 '충돌위험'에서 벗어나기 어려우며, 이에 어떻게 대처할지에 대해 진지하게 검토해 볼 가치가 있다. 역설적으로, '투자 위험을 자체적으로 부담하는' 원칙을 강조하면 2급시장에서 주식가격이 요동치기 쉬울 뿐만 아니라 투자자들의 미래에 대한 의구심을 증폭시키게 된다. 만약 투자자들이 독점 이윤의 공유에 '타협'하여 인프라 산업의 시장 개방 속도를 늦추면 시장 수요 확대와 소비자의 이익이 억제된다. 국내 휴대폰 시장의 '쌍방 요금' 정책(수신자와 발신자 모두에게 요금을 부과)의 조정으로 홍콩 증시가 요동쳤고, 이후 실시된 '패키지 계획'이 기업·투자자와 고객 사이의 이익을 조정한 것은 '충돌위험'을 처리한 중요한 사례이다. 여기에서 가장 중요한 교훈은 시장 개방이라는 종합적인 정책 여건에서만 각 방면의 이익을 모두 고려할 수 있다는 것이다. 예상되는 착오를 교정하기 위하여 정부는 반드시 종합적인 인프라 부문에서 시장 개방 계획을 수립해야 하고, WTO 협정과 마찬가지로 사전에 시장 개방의 대체적 프로세스와 로드맵을 공개하여 각 측이 '시장이 점진적으로 개방될 것'이라는 합리적인 기대를 가질 수 있도록 유도해야 하며, 또한 정책 시행의 로드맵에 따라 각자의 이익과 전략을 선택하게 해야 한다. 시간 프로세스가 이행 과정에서 조정이 필요할 경우, 예를 들면 개방 절차가 빨라지거나 개방의 강도가 더 강화된다면 싱가포르나 홍콩이 통신시장을 앞당겨 개방한 것과 같은 방법도 고려하여, 기업과 투자자에게 적절한 재정적 보조금을 지급해서 '충돌위험'을 감축하여야 한다.

(7) 여섯 번째 경험과 교훈

정부 사업의 중점 사안을 점차 바꿔야 한다. 인프라 산업은 시장 개방의 각 단계마다 정부의 역할이 다르다. 중국의 경험에 비춰 보면, 정부는 상황을 잘 파악하고 단계별로 사업의 중점 사안을 확정하며 행정 관성과 이익 관성의 부정적인 영향을 제거하기 위해 최선을 다하여야 한다. 동시에 끊임없이 변화하는 정세에 따라 정부 부문 간 권력 조정, 기구 설치, 간부 배치와 정부 관료의 자질 등과 관련된 요구도 전환시켜야 한다.

전통적인 계획경제에서 실질적으로 정부가 인프라 산업의 투자와 운영을 도맡아 왔기 때문에 이러한 핵심 산업 부문을 개방하려면 정부가 '제일의 추동력'이 되어야 한다. 중국의 경우 항공업, 통신업에서 이미 시작된 개혁과 철도·전력 등의 부문에서 준비 중인 개혁은 하나같이 모두 정부 주도로 추진되었다. 경험한 바와 같이 개혁 개방 의식을 가진 중앙정부는 권위를 이용해 사상 해방과 공감대의 형성 그리고 (공론적인 것이 아닌) 실제적인 행동을 취할 수 있는 비용을 대대적으로 절감할 수 있다. 시장 개방에 대한 중앙정부의 확고한 결심과 의지는 각 측의 적극적인 힘을 동원할 수 있는 기반이다.

산업 부문에서 하나의 국유 기업이 독점하는 상황이 타개되면 정부는 가격 규제를 해제하는 방안을 적극 검토해야 한다. 가격경쟁이 전체 시장 경쟁의 토대라는 것을 분명히 하고, 수많은 기업이 서로 경쟁하여 경영할 수 있도록 허용해야 한다. 또한 정부가 가격 책정 메커니즘에 대해 행정적인 승인과 규제를 시행한다면, 경제적 원칙에 따라 자원을 합리적으로 배치하는 효과를 얻을 수 없다. 가격 개방 후 발생할 수 있는 기업의 적자, 심지어 업계의 적자에 대해서는 정확한 분석이 있어야 하고, 더 나아가 기업자산의 재산권 제약을 통해 시장 재편을 강화하여 문제를 해결해야 한다. 이러한 조치를 통해 정부가 가격을 통제한 옛길로 되돌아가지 말아야 한다.

경영기능이 경쟁적 경영회사로 이전됨에 따라 정부 부처의 업무 중점도 회사 행위에 대한 관리 감독으로 바뀌어야 한다. 회사의 자격에 대한 사전 통제나 사후 감독에 관계없이 행정 심사 비준 방법의 범위를 점차 축소하는 것이 중요하다.

경험한 바와 같이, 시장 개방에 대한 중앙정부의 전략적 결심만 있고 해당 부처의 구체적인 진행이 없다면, 또한 세부 사항을 구체화하고 전환기의 수많은 구체적인 문제를 해결하지 못하면, 시장 개방이라는 방침은 스스로 실현될 수 없다. 하지만 정부 부처에서 다년간에 형성된 행정적 관행과 통제 권력은 시장에서 '화폐화', 심지어 '자본화'의 경향이 나타날 수 있게 할 뿐만 아니라 시장 개방에 심각한 제약이 될 수 있다. 이에 산업 개방을 위한 시장경쟁에서 정부체계는 정치 규율, 명령과 금지를 강조하는 것이 전적으로 필요하다. 동시에 '정경 분리'의 총체적 방침에 따라 정부의 모든 규제 부문이 규제 업종의 모든 기업과 인력, 자금, 물자의 관계를 완전히 단절할 것을 단호히 요구해야 한다. 정부와 각 부문은 모든 직접적인 시장활동에서 퇴장해야 한다. 이는 정부 현대화의 기본 상징이며 전환기의 부패를 척결하는 중요한 조치이다.

정부 부처의 설치와 공무원에 대한 자질 요구는 반드시 주요 산업 부문의 시장 개방에 따라야 한다. 전반적인 추세는 산업활동의 구체적인 경영 목표와 경영행위를 직접 통제하는 정부기관이 완전히 없어질 때까지 점차적으로 축소해야 하는 반면, 산업 부문과 기업활동이 법에서 정한 추상적 규칙에 부합하는지의 여부를 감독하는 정부 부문은 단계적으로 확대 및 강화해야 한다. 이를 위해 관계 부처 관료들의 자질과 지식구조를 적절히 조정해야 한다. 전반적인 추세로는 산업 부문의 기술경제에 익숙하고 '실천능력'을 보유한 관료를 기업에 파견하고, 감독능력과 추상적인 규칙지식을 가진 관리들이 정부의 관리 감독 부문에서 더 많이 근무하도록 해야 한다. 정부 부처에 기술 분야의 전문 배경을 가진 관료를 대거 포진하는 방법이 계획경제시대의 특징이었다는 사실을 이해하여야 한다. 시장을 개방하고 정부 기능을 바꾸는 새로운 역사적 조건에서 법률 분야의 전문 훈련을 거친 더 많은 전문가들이 정부에서 근무해야 한다.

5. 정책 선택과 제약

(1) 시장 개방의 총체적 프레임과 정치적 리더십

WTO 가입을 위한 협상과 협의 과정에서 중국 인프라 부문의 경쟁적 시장 개방에 관한 문제는 사실상 해결되었다. 때문에 전반적으로 보면 '반독점' 경제 강령을 별도로 확정할 필요는 없다. 하지만 대외시장 개방이 동반한 기존 이익에 대한 중대한 조정은 협소한 민족주의 정서를 유발하여 복잡한 국면을 초래할 수 있기 때문에 이를 미연에 방지해야 한다. 이를 위해 본 연구는 가까운 시일 내에 '대내 개방'을 적절히 강조할 것을 권고한다. 이른바 대내 개방이란 장기간 정부가 국유 경제 형태로 독점하던 산업 부문과 시장을 국내의 비국유 경제 주체에 개방하는 것이다. 대내 개방 수준은 중국이 WTO 협의에서 승낙한 대외 개방 정도와 비슷하거나 또는 그보다 높아야 한다.

대내적으로 시장 개방을 확대하는 과정에서 중국은 WTO 가입 과정에서 얻은 경험을 적극적으로 참고할 필요가 있다. 주로 ① 분명한 기본 준칙을 제시해야 한다. 이는 중국의 지난 20년간 개혁 개방 경험과 국제적 경험에 의거하여 모든 산업 부문에서의 정부 독점을 포기하고 사회주의 시장경제를 구성하는 모든 소유제에 시장을 개방하는 것이다. ② 각 업계의 구체적인 상황에 따라 시장 개방의 범위, 주요 절차와 핵심적인 세부

사항을 결정해야 한다. ③ 현존의 모든 관련 법률, 법규를 전면적으로 정리 및 조정해야 한다. 특히 해당 업종의 권리를 보호하기 위해 자체적으로 제정한 낡은 법규들을 체계적으로 정리 및 개정하고 「전신시장법」, 「전력시장법」, 「철도시장법」, 「항공시장법」 등을 새롭게 제정해야 한다. ④ 시장 개방과 법규 개정, 그리고 입법에 관한 포괄적인 계획 로드맵을 수립해야 한다. 중국의 국내 정세를 보면, 이를 위해 반드시 강력한 정치적 리더십이 있어야 한다. 개혁 개방, WTO 가입 등의 중대한 의사 결정과 마찬가지로 대내 시장 개방 확대는 우선 중국과 세계 정세에 대한 전략적 판단이다. 전략적 판단으로 전술적 세부 선택을 지도해야지, 반대로 세부 사항 조종으로 국정 방침을 결정해서는 안 된다. 특히 각종 국지적인 기존 이익과 복잡한 '전문가들의 의견 차이'가 충돌하며 일치된 결론을 내리지 못해 거대한 기회와 추세에 대한 확신을 잃고 시기를 놓치는 것을 방지해야 한다.

(2) 정부는 시장에서의 퇴장 순서를 분명히 해야 한다

산업 부문마다 정부가 시장 독점에서 퇴장하는 순서는 각기 다르다. 하지만 기존의 국내외 경험을 참조하여 다음과 같은 순서를 결정할 수 있다. ① 시장 개방의 '제일 추동력'으로 정경 분리를 실시하고 여러 경쟁업체들을 설립해야 한다. ② 행정가격 제정에서 시장가격 제정으로 전환해야 한다. ③ 시장 진입을 더욱 개방하고, 특히 시장 접근에서의 소유제 차별을 없애야 한다. ④ 정부는 소유권 차별이 없는 경영 기업의 자질 관리, 허가증 관리와 행위 감독을 해야 한다. ⑤ 경쟁자의 상호 감독, 업종의 자율성, 소비자와 소비자 조직의 감독, 언론 감독 등을 포함한 각종 비정부 규제 메커니즘을 확립하여 정부의 행정적인 시장 관리 부담을 점차적으로 경감해야 한다. ⑥ 법치의식과 실천을 강화하여 중국의 역사에서 지속된 '백성이 신고하면 관아가 추궁하는(民擧官糾)' 전통을 현대 민법과 상법의 궤도에서 보다 더 확대 및 발전시키도록 해야 한다.

(3) 다양한 시장 접근 형태를 고려해야 한다

항공업도 서로 경쟁관계를 이루는 여러 운영 기업을 조직할 수 있고, 전신電信업도 병행하는 기본 네트워크를 구축할 수 있다. 그러나 공항, 철도와 조차장, 송전망 등은 아무리 '많은 경쟁자'가 참여한다고 해도 여전히 아직 해결되지 않은 부분들이 있다. 현재의 경험으로 볼 때, 중국은 다양한 시장 접근 형태를 고려할 수 있다. 주로 아래와 같은 내용을 포함한다.

1) 대체경쟁. 예를 들면, 모든 운송수단은 일정한 조건에서 상호 대체가 가능하다. 때문에 '하나'로 보이는 철도망도 사실상 도로, 항공, 수상 운송 등과 경쟁 관계를 이루고 있다. '대체 서비스'에 대한 제한을 해제한다면 여러 교통수단을 편리하게 연결하여 '단독'적인 독점 행위를 제거하거나 줄일 수 있다.

2) 입찰경쟁. 대체효과가 상대적으로 약한 산업에 대해, 예를 들면 전력 전송망의 경우, '여러 기업의 입찰' 경쟁을 고려할 수 있다. 전력망은 하나지만 누가 경영권을 확보하느냐에 따라 수많은 경쟁이 가능하다. 독점적인 '사업자'는 잠재적 입찰자들의 압박으로 인해 그 행위가 항구적인 독점 사업자의 행위와는 다르다. 물론 입찰 절차와 낙찰 원칙, 입찰 기한에 관한 설계를 위해서는 참다운 논의를 거쳐야 한다.

3) 법적으로 시장 진입을 개방해야 한다. 이런 모델의 함의는, 법이 결코 여러 기업의 진입을 금지하지는 않지만, 신규 진입자가 엄청난 매몰비용을 지불해야 하기 때문에 예상 수익이 원가에 미치지 못하면 시장에는 두 번째 경쟁 업체가 나타나지 않는다는 것이다. 이런 모델은 법에서 하나의 독점만을 허락하는 모델과는 다르다. 차이점은 사업자에 대한 잠재

적인 경쟁 압력이 있다는 점이다. 일단 독점자의 가격이 높고 품질이 좋지 않은 부분은 일정 정도에 이르면 잠재적 예상 수익이 상승하여 경쟁이 잠재적인 상태에서 현실로 바뀌게 된다.

(4) 정부 규제 기관의 관리 범위는 점차 확대하고, 규제의 중점은 점차 축소해야 한다

대체경쟁의 역할을 충분히 발휘하기 위해 정부 내 규제 부서 설치는 계획 관리로 산업생산을 주도하던 시대의 경계선에서 벗어나야 한다. 예컨대 항공·철도·고속도로·수상운송 등 각종 교통에 대한 규제는 교통 부문에 대한 종합적인 규제로 대체해야 한다. 종합적인 규제는 각 교통시장 개방의 개별적인 문제를 처리해야 할 뿐만 아니라, 각 교통시장 사이의 대체적인 경쟁을 저해하는 행위도 관리 감독해야 한다. 또 다른 예를 들면, 통신과 TV 미디어 사이 또는 각종 에너지시장 사이에는 대체경쟁이 가능하기 때문에 현재 정부 부처의 설치를 넘어 통합적으로 관리하고 활용해야 한다. 하지만 정부의 교통시장·통신시장·에너지시장에 대한 관리는 오히려 갈수록 집중되고 있다. 이는 직접적인 시장 진입 심사 허가와 가격규제가 경쟁자 자질 관리와 법에 의한 감독행위로 후퇴한 것이다.

(5) 시장 규제에 대한 법원의 개입 범위를 점차 확대해야 한다

인프라 시장에서 각종 이익 갈등을 보다 효과적으로 적절히 처리하기 위해서는 기존의 '정부 규제 부문이 피규제 시장과 기업을 응대'하는 단일한 '수직적인 관계'를 점차 더욱 다양한 산업 이익의 분쟁 해결 메커니즘으로 바꾸어 행정 규제, 법원 판결, 시장 자체 조직의 중재, 그리고 법정 밖에서의 화해 등의 다양한 방식을 포함한 복합적인 체계를 형성해야 한다. 정보 교류와 처리 수준을 높이고, 갈등의 축적과 문제의 지연을 방지하며, 권력의 균형을 강화하고, 이익을 조화시키는 절차적 권위를 높여야 한다. 이를 위해 관련 법규의 개정 및 재개정 과정에서 시장을 전문으로 담당하는 법정의 추가를 제안한다. 예를 들어 통신시장 법정, 에너지시장 법정, 교통시장 법정을 설치하여 시장 관리에서 정부 규제 부문과 기업·소비자 사이의 통제 과정에서 발생할 수 있는 갈등을 전문적으로 접수 및 처리하여 행정 규제의 권한을 제한하고, 규제 권력의 남용을 방지하며, 행정 규제의 압력을 경감하고, 규제 소멸을 위한 여건을 마련해야 한다.

(6) 시장의 재편을 위한 공간을 남겨야 한다

인프라 업계에 경쟁 국면이 일단 형성되면 정세에 따라 유리하게 유도하여 시장 메커니즘이 더 큰 역할을 하게 해야 한다. 분명히 할 것은 경쟁적 시장을 구축하기 위해 정부는 몇몇의 경영 기업을 구성하는 방법을 통해 앞서 말한 '첫 번째 추동력'으로 활용할 수 있다. 하지만 여러 경쟁 기업이 구성되면, 특히 자본시장에 잇따라 진입한 뒤의 추가적인 재편(분산 및 통합 포함)은 통상적인 사건이 될 수 있기 때문에, 시장 정세의 변화에 따라 달라져야 한다. 기업의 재편을 정부가 결정하도록 하는 것은 정부의 의사 결정 부담을 가중시키고 너무 큰 위험을 초래할 수 있다. 이런 점에서 정부가 '좋게 시작'할 수는 있지만, '좋게 끝낸다'고는 할 수 없다. 더 많은 기업법과 다른 시장 법규에 따라 인프라 산업 시장의 재편을 시장에 맡겨 해결해야 한다. 항공업과 통신업을 예로 보면, 시장 개방의 경쟁 시도가 빠르고 기존의 시장 구조와 업무 구분을 포함한 기업의 포지셔닝도 시장 변화에 따라 끊임없이 변화해야 하기 때문에 정부의 행정명령에 의해 전부 재편될 것으로 기대할 수 없다.

(7) 국유 자산 보유량을 조정하여 '좌초 손실'을 보상해야 한다

대내외 시장 개방에 대한 로드맵을 수립하면 투자자, 경영 기업과 소비자가 향후 변화에 대해 합리적으로 예상하는 것과 지속적인 융자를 내는 것에 도움이 된다. 하지만 미래 경제 국면의 변동은 많은 변수를 포함하고 있다. 이 중 일부는 정부의 통제에 완전히 좌우되지 않아 일단 상황이 바뀌면 각 측의 기대 이익에 중대한 영향을 미칠 수 있다. 따라서 국제적 경험에 의거하여 필요한 재무 보상 메커니즘을 준비해야 한다. 시장 개방은 사회 전체의 수익 사안이므로 이로 인해 발생하는 비용은 일반적으로 정부 재정에서 부담해야 한다. 하지만 정부 재정이 충분하지 않을 경우 또는 보상해야 할 액수가 재정을 초과할 경우, '약속을 지킬 수 없는' 문제가 발생한다.

주요 경제 부문의 대기업이 정부 소유이거나 정부가 지배권을 가지고 있는 중국의 특수한 사정을 감안하면, 중국은 국유 자산 보유액의 조정을 통해 각종 약속의 이행을 보장하고 관련 측에 '좌초손실'을 감축하기 위한 보상을 제공할 수 있는 여건을 고려할 수 있다. 차이나모바일의 경우, 휴대전화 비용 이중 부담 정책의 변화는 역외 투자자의 매도를 유발했다. 정책 출범 시, 기업이 일부 국유 지분을 매수하여 비국유 투자자의 지분율을 제고한다고 선포함으로써, 새로운 정책이 오래된 투자자의 위험에 대해 보상할 수 있게 하였다. 예치금 보상과 재정 현금 보상의 성격이 동일하다는 것은 명백하다. 그러나 신구 투자자에게 국유 주식의 자발적 매각은 아마도 더 큰 희소식일 것이다. 왜냐하면 이는 정부 자본이 퇴장하는 또 다른 대표적인 형태이기 때문이다.

질병 치료는 누구에게 물어야 하나
―새로운 의료체계 개혁 방안에 대한 논의

본문은 우리나라의 새로운 의료체계 개혁에 대해 토론하려 한다. 먼저 설명할 것은, 여전히 기존의 방법을 사용했으며, 중점은 관찰 가능한 경험적 사실에 근거하여 분석하고 해석했다는 것이다. 동의 여부를 떠나서 의료개혁 논쟁의 판단, 견해, 논점, 그리고 논거는 늘 저자가 논술을 펼치도록 '자극'하는 직접적인 동력이다. 그러나 경험주의 방법론 덕분에 나는 논점으로 논점을, 견해로 견해를 반박하는 것에 익숙하지 않다. 내가 줄곧 관심을 가져 온 것은 역시 '현상을 조사하고 판단을 검증하는' 것이다.

1. '의료 시장화'란 것이 있는가?

많은 전문가들은 중국의 보건의료 분야에서 시급히 해결해야 할 여러 가지 문제는 모두가 '시장화'가 야기한 것들이라고 말한다. 이러한 주장을 하는 사람들이 보기에, 보건의료의 특수성으로 말미암아 의료개혁의 시장화 노선은 필연적으로 실패하며 새로운 의료개혁의 방향은 반드시 반시장적 '정부 주도'여야 한다.[1] 이러한 문제점을 규명하기 위해 이 글은 우선 문제의 현황, 즉 '우리나라 보건의료체계가 과연 시장화되었는가?'를 분석하였다. 내가 보기에, 예를 들어 의료개혁의 시장화가 좋은지 나쁜지, 응당한지 응당하지 않은지, 그리고 미래의 의료개혁이 '정부 주도'

로 이뤄져야 하는지 등의 판단은 논자의 주관적 가치관에 영향을 적게 받는다. 보다 중요한 것은 체제 현황에 대한 판단은 체제의 정책 조언을 한층 더 발전시킬 수 있는 토대가 된다는 것이다. 오진한 의사가 위독한 환자를 살릴 수 있는(妙手回春) 처방을 내린다는 것은 상상할 수 없는 일이다.

적지 않은 사람들에게 있어서, 우리나라 보건의료는 이미 시장화의 길에 들어섰다는 증거가 자명하다. 그렇지 않은가? 현재 우리나라 사람들은 진찰받으려면 모두 스스로 돈을 내야 하며(개인 주머니를 직접 털어 지불하든, 사회보험이나 세금을 통하여 대신 지불하든), 국공립 병원이든 사립 병원이든 모두 '병이 있어도 돈이 없으면 들어오지 말라'고 할 뿐만 아니라, 정보와 기술 우위를 이용하여 진료를 받고 돈을 더 쓰도록 유도한다. 이런 식으로 사고파는 것이 시장이 아니고 무엇이겠는가? 의료 서비스의 매매가 이토록 보편화된 것이 '시장화'가 아니면 또 무엇인가?

데이터 또한 증거를 제공하는 것 같다. 통계에 따르면 2005년 전국의 보건 관련 총비용, 즉 '전국의 그해 보건의료 서비스에 사용한 자금의 총량'은 1978년에 비해 77배 늘어났고, 그중 주민 개인의 보건 관련 지출비용은 196배나 늘어나 같은 기간 GDP와 도시·농촌 가구의 1인당 소득 증가폭보다 훨씬 높았다.[2] 사람들은 국민의 보건비 지출이 이처럼 급속히 늘어난 것이 '시장화'가 부른 재앙이 아닌가 하고 생각한다.

확실히 국민들은 의료 서비스를 위해 점점 더 많은 돈을 쓰고 있다. 그런데 한마디만 묻겠는데, 대량의 구매력이 보건의료 서비스에 집중될 경우, 의료진의 공급은 또 어떤 반응을 보였는가? 이 문제의 답은 어렵지 않다. 우선, 당연히 병원과 보건의료 서비스에 종사하는 사람들의 '부는 증가하고' 눈에 보이는 수입과 보이지 않는 수입이 계속 증가할 것이다. 추가로 질문하면, 의료기관과 의료 인력의 수요가 집중적으로 늘어나는 추세에서 대량의 이윤 획득 뒤에 어떤 현상들이 연이어 나타나는가?

만약 이것이 전문가들이 말하는 진정한 '시장화'라면 의료사업이 크게 돈을 번다는 소문을 듣고 각지의 재능과 능력을 갖춘 인재들이 의료사업에 진출하는 것을 막을 수 없다. 의료업의 '초과 이윤'이 평준화될 때까지 병원과 진료소를 더 많이 개설할 것이며, 더 많은 인재를 동원하여 의학을 배우게 하고, 더 많은 보건의료 서비스를 제공하게 될 것이다. 다시 말하면, 정말로 시장화가 되었다면 의료업이 크게 돈을 버는 것이 첫 번째 반응일 것이고, 보다 많은 자원이 동원되어 진입하는 것은 피할 수 없는 두 번째 반응일 것이다. 분명한 것은, 전자는 수요의 증가로 인한 소득 분배의 변화이고 후자야말로 가격 메커니즘으로 자원을 재배치한다는 것이다.

이러한 간단한 사고의 방향을 따라 나는 아래의 문제들을 조사해 보았다. 보건의료의 총비용, 특히 개인의 현금 지출이 급속도로 늘어나는 동안 우리나라의 병원, 진료소, 의료 인력은 또 얼마나 증가하였는가? 결과는 놀라웠다. 1978~2005년 사이에 전국의 병원 수는 겨우 2배(101.3%) 증가한 반면, 외래 병동 수는 119.8% 늘어났으며, 병상 수는 69.7% 늘어나는 데 그쳤다.(같은 기간 인구 증가로 천 명당 병상 수는 24.9% 증가했다.) 같은 기간 전국의 의료 인력 증가 수는 전문의(醫生)는 87.6%, 일반의(醫師)는 155.2%, 간호사 수의 증가는 좀 많은 편이나 231.9% 늘어나는 데 불과하였다. 즉 보건비 총액은 77배, 개인 보건비 지출은 196배 늘어난 것에 비해 보건의료 서비스 공급 측면에서 보면 간호사는 2배 이상, 일반의(醫師)는 1.5배 이상 늘어났다. 그 외 병원, 진료소, 병상과 의사 수 등의 증가는 모두 1배 미만이었다. 설마 의료 인력의 '노동 생산성'이 더 높아졌단 말인가? 그렇지도 않다. 같은 기간 전국 진료 인원수의 증가도 40%에 불과했다.[3]

표 1 중국 의료 서비스의 수요, 공급 및 잠재적 공급(1978~2005)

	1978년	1990년	1995년	2000년	2005년	1978~2005년
GDP(억 위안)	3,645	18,718	59,811	98,001	184,739	5,068%
위생 총비용(억 위안)	110	747	2,155	4,587	8,668	7,865%
그중, 정부예산	35	187	387	710	1,561	4,404%
사회위생 지출	52	293	768	1,172	2,586	4,950%
개인현금위생 지출	23	267	1,000	2,705	4,521	20,075%
일인당 위생비용(위안)	11.5	65.4	177.9	361.9	662.3	5,759%
인구(만 명)	96,259	113,368	121,121	126,743	130,756	136%
위생기관수(개)	169,732	208,734	190,057	324,771	298,997	176%
그중, 병원	9,293	14,377	15,663	16,318	18,703	201%
진료소	94,393	129,332	104,406	240,934	207,457	220%
질병예방센터	2,989	3,618	3,729	3,741	3,585	120%
병원, 위생원 침대수(개)	1,847,300	2,624,100	2,836,100	2,947,900	3,134,930	170%
천 명당 침대수(개)	1.92	2.31	2.34	2.33	2.40	106%
의료 인원수(명)	3,105,572	4,906,201	5,373,378	5,591,026	5,426,851	175%
그중, 전문의(醫生)	1,033,018	1,763,086	1,917,772	2,075,834	1,938,272	188%
일반의(醫師)	609,608	1,302,997	1,454,926	1,603,266	1,555,658	255%
간호사	406,649	974,541	1,125,661	1,266,838	1,349,589	332%
대학 학생 모집(명)	402,000	608,850	925,940	2,206,072	5,409,412	1,346%
의학 전문 모집(명)	46,772	65,695	149,928	386,905	386,905	827%

※ 자료 출처: 저자가 중국 위생통계연감의 관련 수치에 의해 편성

이러한 현상은 몇 가지 의미가 있다. ① 국민의 보건비용과 지출의 증가는 진료 인원수의 증가보다 수십 배 내지 수백 배 이상에 달한다. 이에 따라 매번 진료비용이 급상승하였다. '진료비가 비싼' 것은 확실하다. ② 각각의 의료기관에서 의료 인력에 이르기까지 평균적으로 서비스 수입이 수십 배 내지 백 배 이상 증가하였다. ③ 의료 인력의 증가가 진료 횟수의 증가에 비해 더 빠르다. 비록 병원마다 큰 차이가 있지만, 전체적으로 보

면 우리나라 의료 서비스의 노동 생산성은 향상되지 않았다. ④ 가장 중요한 것은 국민들이 보건의료 서비스에 많은 돈을 썼지만, 짧지 않은 기간 동안 유독 공급 쪽으로 자원 투입을 자극할 만한 요인은 딱히 없었다는 것이다.

어디에서 이런 '시장화'를 본 적이 있는가? 개혁 개방 이후 중국인들의 의식주에는 커다란 변화가 일어났다. 일반적으로 어렵고 부족한 시기에서 갈수록 더 많은 제품들이 공급되고 서비스의 개선이 신속하며 값싸고 질 좋은 물건이 시장에 넘쳐나는 시대로 접어들었다. 그중 가장 기본적인 경로는 수요가 일단 시장에서 나타나 판매자가 큰돈을 벌게 되면, 곧 대량의 '추종자'들이 투자하여 공장을 세우고 가게를 차리고 인력을 동원하여 업종을 바꾸는 것이다. 또한 기술 관리에 심혈을 기울여 재빨리 생산 능력을 형성하여, 자신의 경영 술책에 따라 가격을 깎거나 또는 혁신적인 아이디어를 내면서 끊임없이 새로운 제품과 서비스를 일반 대중들에게 공급하기도 한다.

바로 이러한 폭넓은 경험이 필자로 하여금 이른바 '중국 보건의료 시장화' 이론의 허점을 깨닫게 하였다. 다시 한번 강조하지만, 여기서 판별할 문제는 시장화의 장단점 또는 시장화를 할지 말지가 아니라, 과연 중국의 의료 서비스가 시장화되었는지의 여부이다. 왕소꽝(王紹光)은 보건 관련 총비용에서 정부 지출의 비중 하락을 보건의료 시장화의 근거로 삼았다. 나는 그가 다음과 같은 것을 간과하였다고 본다. 정부가 보건비용의 지출 비율을 낮춘 동시에 보건의료 서비스 업종에 진입로를 열어 놓았는가 하는 점이다. 거얀펑(葛延風)과 그의 연구팀은 "다양한 자본이 의료 서비스 분야에 진출할 수 있고, 신규 진입과 퇴출에 제한은 거의 없으며 신설 의료기관의 배치와 서비스 목표 설정은 주로 시장 수요에 달렸다."라고 말했다. 만일 정말로 그가 말한 대로라면, 의료 수요와 의료 서비스는 평균 몇십 배, 많게는 몇백 배씩 급속히 성장하였는데 왜 의료기관과 의료 인력 수는 그만큼 성장하지 못하였는가? 리링(李玲)은 "시장경쟁으로 TV 산업이 저이윤 시대에 접어들었다고 하는데, 보건의료도 시장의 경쟁을 통해 가격을 내릴 수 있다."라고 지적하였다. 하지만 그녀는 "보건의료시장은 그 자원을 효율적으로 분배하지 못하기 때문에 시장 메커니즘을 도입해서 단순히 다른 업계의 방법을 그대로 답습해서는 안 된다."라고 주장했다. 나는 그녀가 '중국의 보건의료는 이미 시장 메커니즘을 도입한 것인가?'라는 사실적인 문제를 회피했다고 본다.

물론 주장하는 사람마다 모두 시장화에 대한 자신의 정의가 있을 수 있다. 주목해야 할 문제의 본질은 우리나라 보건의료 시스템의 수요가 높은 상황에서 자원을 동원하여 공급을 증가하는 능력이 왜 이처럼 낮은가 하는 것이다. 나는 어떠한 주장을 막론하고 이 기본 문제를 해결하지 않는다면 우리나라 의료위생 서비스 개선의 정책 목표는 설사 공중누각이 아니라 할지라도 많은 어려움을 겪게 될 것이라고 생각한다.

만약 사람들의 의료 서비스에 대한 수요가 없다면, 동원되는 자원이 매우 적은 것은 정상적인 것이다. 예를 들면, 지금은 도시와 농촌 주민들 중 편지로 소식을 전하는 사람이 이전보다 확실히 적어졌다. 이런 상황에서 전통적 우편 서비스에 들어갈 더 많은 자원이 없다는 것은 놀랄 일이 아니다. 이와 관련해 거리에서 편지를 대신 써 주는 서비스도 과거에 비해 크게 줄었다. 그것은 자연스럽게 위축된 것이라 누구도 이 때문에 야단법석을 떨며 책임을 물을 필요가 없다.

만약 수요가 폭발적으로 늘어나 일시적으로 한도를 뛰어넘는 공급 장애로 시세가 급등한다면 그것은 다른 경우이다. 석유를 예로 들면, 2005년 우리나라의 원유 공급은 1978년과 같았다. 그것은 수요가 없어서가 아니라 탐측해 낸 석유 매장량이 너무 적어 시장 수요를 충족시킬 수 없었기 때문에 석유 수입을 크게 늘릴 수밖에 없었기 때문이다. 높은 수요는 전 세계 자원 수급에 영향을 주었다. 단기간 안에 공급량을 채울 수 없다면, 가격을 높이면 된다.

또 다른 상황은 제조업에서 흔히 볼 수 있는 일로서, 활발한 수요 예측이 더 높은 강도의 자원 공급에 영향을 주어 이른바 '생산량이 과잉'될 때까지 경쟁이 지속되는 것이다. 그 뒤 날로 치열해지는 시장경쟁으로 인수합병이 일어나고 생산성 향상을 제약하여, 나중에는 살아남는 기업수가 줄어들어 업계 전체가 아주 적은 인적 자원만으로 과거에는 상상할 수 없던 많은 수량의 제품들을 생산하게 되는 것이다.

자세히 짚어 보면 보건 의료 서비스는 다음의 세 가지 경우와 다르다. 첫째, 절대적으로 수요가 없는 것이 아니다. 사실상 '보건의료 총비용'이나 '개인의 보건의료비용'으로 보건의료 서비스의 전체 수요를 완전히 반영하기에는 역부족이다. 그럼에도 불구하고 27년 사이에 각각 77배와 198배나 성장했다는 것은 이에 대한 수요 증가가 엄청나다는 것을 말해 준다. 둘째, 극복하기 어려운 공급 장애는 존재하지 않는다. 왜냐하면 의료 서비스를 구성하는 요소는 전문 인력, 장소, 건물과 설비로서 이런 것들은 모두 끊임없이 시장에 제공될 수 있기 때문이다. 셋째, 의료는 서비스로서 의사·간호사가 환자를 돌보는 것이 중요한데, '생산라인을 만들어' 생산성을 높일 수 있는 것도 아니기 때문에 더 많은 인력을 동원하지 않으면 안 된다. 이러한 구별을 보면, 우리가 의료 서비스의 자원 공급 능력이 낮은 것은 사실 아주 비정상적인 현상이라고 할 수 있다.

특히 의아한 것은 우리나라 보건의료 산업의 인적 자원 공급 능력이 터무니없이 낮다는 것이다. 수치를 보면 2005년 전국 의료 인력의 절대적인 수는 심지어 역대 최고 수준보다 낮은 것을 발견할 수 있다. 2005년 전국의 전문의(醫生) 총인원은 193.8만 명, 일반의(醫師) 총인원은 155.6만 명으로 역대 최고 수준이었던 2001년의 92.3%와 95%였다. 그동안 간호사 수는 늘었지만, 전문의와 일반의의 수는 예전보다 낮아 2005년 현재 전체 의료 인력은 사상 최고 수준의 97%에 불과하다.

제일 말이 안 되는 것은 2005년 전국 의사 총인원수가 사상 최고 수준을 밑돌았을 뿐만 아니라, 1997년에 비해 4만 6,595명 줄었다는 것이다. 다시 강조하지만, 이는 수요가 감소해서가 아니다. 같은 기간 전국의 보건의료 총비용은 1.7배 증가하였고(증가 부분의 절대치는 5,399.8억 위안), 개인의 보건의료 현금 지출은 1.6배 늘어났다(증가 부분의 절대치는 2,775억 위안). 즉 의료 서비스의 수요가 증가하였으나 그 수요를 충족시키는 핵심 인력으로서의 의사 수는 도리어 줄고 있다.

유사한 현상을 찾기 매우 어렵다. 노동집약적인 제조업을 제쳐 놓고라도, 우리는 지난 몇 년 혹은 몇십 년 사이에 전 세계에서 생산량 1위를 차지할 정도로 성장한 얼마나 많은 잠재적인 산업 챔피언들을 보았는가? 이는 수요 증가에 따라 자원을 동원하여 열심히 일하고 배우는 과정에서 무의식 중에 발전한 것이 아닌가? 1997년 우리나라의 인터넷 기술을 가진 인재들이 얼마 되지 않았는데, 지금은 어찌 되었는가? 기타 분야, 예를 들어 금융·외국어·음악·스포츠·미술 등의 시장에서 손짓만 하면 무수히 많은 인재들이 앞다투어 시장에 진입하려 한다. 보건의료와 비슷한 처지의 교육 산업도 보건의료 산업보다 상황이 나은 것 같다. 다른 것은 제쳐 놓고 적어도 교수의 수만 보아도 항상 가파르게 상승하고 있지 않은가?

보건의료 분야의 대조용으로서 여러 모로 고려해 보았을 때, 요식업을 택하는 것이 적당할 것 같다. 둘 다 서비스 업종이고 생명 건강과 연관되어 있으며(비록 정도의 차이는 있지만) '정보의 비대칭', '외부성外部性', 그리고 '공급이 소비를 유도하는' 등의 어려움이 있다. 더욱 중요한 것은 오늘날 우리나라의 요식업이 시장 메커니즘에 따라 움직이는 업종이라는 것을 누구도 부인하지 않는다는 것이다. 이는 일부 전문가들이 열거한 의료 서비스 체제의 특징과도 완전히 들어맞는다. 그렇다면 시장구조의 틀 안에 있는 요식업도 '시장화'된 의료 서비스처럼 급격히 증가하는 수요에 직면하면 자원 수급량은 줄어들지 않을까?

　결과는 줄어들지 않았다. 통계에 따르면 1978~2003년(2005년의 최신 통계가 없음) 기간 동안 전국의 요식업 매출 총액은 112배, 동 시기 음식 점포망 수는 33배, 종사자 수는 17배 늘었다. 다시 말하면 요식업의 수요량이 요식업 점포나 종사자 수의 증가에 비해 몇 배 더 많을 뿐이다. 더욱 재미있는 것은 1997년 이후 전국의 요식업 판매액이 1.5배 증가했고, 점포 수는 43%, 종사자 수는 1.25배 증가하였다는 것이다. 즉 요식업에서는 수요의 가파른 증가가 자원 수급에 영향을 끼쳐, 시간이 경과함에 따라 자원 수급의 증가가 수요의 증가를 거의 따라잡을 수 있었다.

　물론, 의사를 양성하는 일은 일반적으로 요리사를 양성하는 것보다 어렵다. 하지만, 예비 의사 인력을 조사한 후 필자는 현재 의료 시스템의 인적 자원 공급능력에 대해 거의 절망하였다. 2005년 전국의 의학 본과와 전문대 모집 인원수는 얼마나 될까? 이는 33.8만 명으로, 성인 고등교육 의과 학생 모집 수를 합치면 총 58만 명이다. 여기에는 확대 모집 요인도 있지만, 성인 교육에서 상당 비율을 차지하는 학생들은 이미 의료 인력에 속한다. 이러한 것들을 제외하더라도 일반 대학의 의학 전공 본과생의 통계를 내면 1997~2005년 기간 전국적으로 총 85.4만 명을 모집하였다는 것을 알 수 있다. 윗글에서 인용한 것과 대조하여 보면 동 시기에 전국의 전공의 수는 4.7만 명 감소하였다. 이는 도대체 어떻게 된 일인가?

　모두가 알다시피 의대생들은 일반 대학생들보다 더욱 오랜 시간 훈련을 받고, 의대생들과 그 가족들도 더 큰 재정적 부담을 감당해야 한다. 하지만 최근 8년간 전국적으로 끊임없이 배양된 85만 명의 예비 의사들은 의사직의 절대적인 수가 감소하는 고용시장에 직면하고 있다. 그동안 전국의 은퇴 의사가 20만 명이나 되던가? 조사된 바는 없지만, 설사 그렇다고 해도 전문성이 아주 강한 전문 훈련을 받은 70만 명의 의학 인재들이 의학 분야에 진입할 수 없다. 인재의 해외 유출인가? 그럴 수도 있다. 분명 미국에 가서 의사가 되면 수입이 훨씬 많다. 하지만 미국의 요리사나 엔지니어의 수입도 중국보다 훨씬 더 높다. 그런 인재들의 유출 뒤에도 국내에는 아직도 날이 갈수록 이 분야의 인재들이 많아지는데, 왜 보건의료 분야에서 나타나는 난처한 국면은 이와 전혀 대조가 안 되는가? 문제의 근본을 지적하자면 도대체 어떤 메커니즘이 우리나라 보건의료 서비스의 자원 동원을 방해하고 있는가?

2. '정부 주도'가 문제의 핵심

보건의료 서비스의 자원 공급 능력은 체제와 직결된다. 이치는 간단하다. 사람들이 자원을 동원하여 공급을 늘리고 수요를 충족시키려면 구체적인 체제를 거치지 않으면 안 된다. 어떠한 체제적 특징들이 우리나라 보건의료 시스템의 자원 공급 능력에 결정적으로 영향을 미쳤는가?

보건부의 통계에 따르면 2005년 전국 82.8%의 병원, 95.1%의 침상, 90.4%의 보건의료 인력(그중 88%의 개업의를 포함)은 공립 병원에 속해 있다. 그중 52.8%의 병원, 80.1%의 침상과 77%의 보건의료 인력(그중 74.2%의 개업의를 포함)이 정부 직속 의료기관에 속한다. 이 같은 조직적 특징을 '정부가 도맡는다'고 하면 정확하지 않고 '민영 주도'라고 하면 더욱 부적절하며, '정부 주도'라고 하는 것이 적절한 표현일 것이다.

국유 병원이든 정부가 운영하는 병원이든 현재 우리나라 대다수 병원의 원장 임명권은 예외 없이 행정기관의 손에 집중되어 있다. 원장 아래의 인사에 대해 원장이 내각을 구성하거나 또는 '지도부'가 집단적으로 결정하는 것은 본질적으로 간접적인 '정부 주도형'이다. 사물의 핵심을 파악하면 그 밖의 것은 이에 따라 해결되고(綱擧目張), 원장이나 지도부의 '감투'가 정부의 수중에 있기에 아랫사람들의 행위는 간접적으로 통제되거나 영향을 받지 않을 수가 없다. 이러한 인사체제는 절대적인 정부의 행정 통제이며 그 영향 범위가 100%에 달하지 않아도 '정부 주도'라고 말할 수 있다.

병원과 기타 의료기관이 부족하면 새로 설립해야 하는데, 일률적으로 보건 당국의 심사 비준을 받아야 한다. 그것은 음식점을 경영하는 것도 아니고 신발 상점을 경영하는 것도 아니기에, 기술경제 규범에 부합된다고 상공업 부서에 가서 등록하면 끝나는 일이 아니다. 병원을 개업하고자 하면 반드시 행정심사 비준을 받아야 한다. '정부가 운영하는' 병원, 국공립 병원, 민간 병원과 기타 의료기관도 모두 마찬가지이다. 새로 설립하는 병원은 모두 심사 비준을 받아야 하고 새로 증설되는 부서와 진료 과목도 심사 비준을 받아야 한다. 이러한 원인으로 말미암아, '정부 주도'라는 표현은 현실을 반영하기에 충분하지 않고 '행정이 도맡아' 한다고 말하는 것이 비교적 적절한 표현이다.

의사와 간호사는 거의 모두 초빙제이다. 하지만 합법적으로 의료를 수행할 수 있는 자격은 보건행정 부서가 심사 비준하여 결정한다. 그중 국공립 병원(국유와 정부가 운영하는 병원을 포함)에서 의료 종사 인원을 확대하는 경우에는 정부 인사 편제의 엄격한 제한을 받는다. 다시 말하면 기술적으로 합격된다 하더라도 편제가 없으면 안 된다. 결국 얼마나 많은 인적 자원을 동원하여 합법적으로 보건의료 서비스 업종에 진입할 수 있는지는 정부가 '문지기'를 맡고 행정심사 비준 시스템에 의거해야 한다.

수많은 의료 서비스와 약품, 용품의 공급 가격은 제도상 정부에서 가격 단속을 실시한다. 이는 가격법에 규정된 것으로 생명과 건강, 국가계획, 민생과 연관된 것이기에 가격 규제가 없어서는 안 된다. 나는 여기에 '체제에 있어서'라는 한정어를 추가했다. 왜냐하면 제도는 제도이고, 실제는 실제이기에 실제로 제도를 회피할 수 있을지는 시간이 오래 걸리는 문제이므로 별도의 전문적 토론이 필요하기 때문이다. 여기서는 다만 제도적으로 의약의 합법적인 가격 책정 메커니즘은 정부의 가격 규제라는 것을 확인했을 뿐이다.

글을 여기까지 쓰고 나서, 저자는 왕소꽝과 거얀펑, 그리고 리링의 식견에 감탄하지 않을 수 없었다. 그들은 위와 같은 특징을 지닌 현행 의료 체제에 '시장화', 심지어는 '과도한 시장화'라는 모자를 씌우지 않으면 안 되었으니 말이다. 하지만 나같이 평범한 사람들은 언뜻 보아도 의료 서비스 체제의 '정부 주도형' 특징을 어디서나 찾아볼 수 있고 어떻게 해도 떨쳐 버릴 수가 없다.

해마다 '병원에서 진료받기가 어렵다'고들 하는데, 정부에서 병원을 좀 더 많이 운영하면 되는 것 아닌가? 예산이 부족하기 때문에 안 된다. 의사를 더 많이 고용하는 것은 안 되는가? 그것도 편제와 인건비가 모자라서 안 된다. 재정과 세수 형편이 해마다 크게 좋아졌고 정부의 행정 여력과 관리들의 실제 소득 수준이 향상된 것이 자명한데, 유독 병원을 더 많이 꾸릴 돈은 없다고 한다. 이것이 대중의 공분을 사지 않을 수 있겠는가? 백성들의 의견이 많아지자 일부 사람들은 의견 무마에 나서면서 '그건 모두 시장화 때문이다'라고 한다. 여기에는 털끝만 한 실사구시의 뜻이 있는가?

정부 예산이 부족하면 민간 의료 사업을 확대하면 된다. 사방을 둘러보아도 국민이 먹고, 입고, 자고, 걷고, 통신의 어려움을 직접 해결하는데, 무엇이 전적으로 정부 예산에 의존하였는가? 중국 스스로의 경험은 매우 믿을 만하다. 중국은 적절한 제도와 정책으로 비정부 자원, 민간 자원, 국제 자원을 충분히 동원하여 당초에 상상하기도 어려웠던 많은 문제들을 모두 완화시킬 수 있었고 심지어 해결할 수 있었다.

정부가 주도하는 의료체제는 비정부적 자원을 동원하는데, 이를 어떻게 하고 있는가? 조사에 의하면, 법적으로 민간 의료업에 대한 제한이나 금지 규정은 없다. 정책적 경향으로 볼 때 사회의 다양한 자원을 동원하여 의료 서비스업에 종사하는 것도 정부 공문이나 주관 부서의 지지를 받는다. 하지만 결과적으로 보면 비정부·비공공의 의료기관은 절대적인 수가 많지 않았고, 증가율도 높지 않았으며, 지분도 아주 적었다. 즉 민간 의료기관에 대해서는 비록 법적으로 금지하지 않고 정책적으로도 지지했지만, 실제적인 결과물은 많지 않았다는 것이다.

그 사이에 언급할 가치가 있는 중요한 제도적 안배는 바로 '비영리 기관'이다. 원래 우리나라 의료기관의 설립은 제도적으로 '비영리'와 '영리 추구' 두 가지로 나뉜다. 전자는 모든 정부의 공립 병원의 역사를 이어받은 것이다. '영리 추구를 목적으로 하는 의료기관'이 아니기 때문에 정부는 세금을 걷지 않는다. 후자는 의술을 행하여 이익을 도모하는 이상 기타 상공업 기업과 동일시되며 동등하게 세금을 납부해야 한다.

문제는 병원을 설립할 경우 영리와 비영리 두 가지 중 어느 쪽을 택할 것인가 하는 것이다. 세금 세칙을 보면, 영업세·부가가치세·소득세의 세 가지 항목만 해도 많은 세금을 부담해야 한다. 하물며 정부 병원들은 '비영리'를 내세우고 세금을 부담하지 않아도 되는데, 비정부 민간병원이 '영리' 추구를 목적으로 한다고 해서 세금을 납부하면 어떻게 둘 사이에 공정한 경쟁이 가능하겠는가? 통계 수치에 따르면 2005년 전국 96%의 침상이 모두 비영리 기관에 등록되어 있었고, 영리 의료기관은 법적으로 허용되지만 실제로는 거의 없었다.

그러나 일단 '비영리'라는 간판을 달게 되면, 투자 수익을 합법적으로 배분해야 하는 어려움이 크다. 편법을 사용하여 다른 방법으로 투자자에게 '우회적'으로 보상할 수는 있지만, 이런 수단은 거래비용이 지나치게 높은 치명적인 약점이 있다. 즉 '곡조가 높으면 따라 부를 수 있는 사람이 적은(曲高和寡)' 것처럼 응하는 사람이 적을 수밖에 없다. 게다가 국민경제의 다른 부문에서 시장구조화가 활발히 진행되면서 의료에 투자할 기회비용이 나날이 높아졌다. 그 결과는 논리에 맞고 실제로 의료 서비스에 투입되는 비정부 투자는 민간 경제력과는 전혀 어울리지 않는다.

3. 사람을 난감하게 하는 '공립 병원'

정부가 자금은 적게 투입하고 개입은 많이 하는 것이 우리나라의 '정부 주도형' 의료 시스템의 기본적인 특징이다. 돈을 적게 내면서 보건의료 서비스를 공익적 목적을 위해 한다고 말할 수 없고, 특히 서비스에 대한 접근과 가격에 대한 규제가 많으면 시장자원을 충분히 동원하여 의료 서비스에 참여시킬 수 없다. 결과적으로 의료 서비스는 문을 닫게 되고 '비영리 기관'들이 마음대로 돈을 버는 장소가 된다. 그중에서도 절대적으로 주도적 지위를 가진 '공립 병원'들이 지닌 여러 가지 문제들은 세상에서 보기 드문 일이었다.

'공립 병원'은 중국에만 있는 것이 아니라 국립·시립·현립 그리고 각종 지역사회를 포함하여 많은 국가와 지역에 있다. 따져 보면, 영국·미국·인도·러시아·쿠바·브라질·멕시코·홍콩·대만 등 어느 곳에도 공립 병원이 없다는 말은 못 들은 것 같다. 하지만 저자의 제한된 식견으로는 '높은 진료비'와 '진료받기 어려운' 특징을 모두 갖춘 공립 병원은 세계에서 중국의 공립 병원이 유일할 것이다.

그렇지 않은가? 2차 대전 이후 영국에서 건립한 공공 병원(NHS)들은 진료 대기 시간이 긴 것으로 유명하다. 「영국 의료체제의 문답록」이라는 글에서 나는 독자들에게 다음과 같은 내용을 소개하였다. 즉 전 국민 의료 서비스가 공짜인 이 나라에서 어떤 사람들이 자기의 주머니를 털어 개인 의료 서비스를 구매하려고 하는 이유는 바로 공립 병원의 진료 대기 시간이 너무 길기 때문이다.[4] 홍콩의 정부 병원에서는 길게 환자가 늘어서 있거나 발 디딜 틈 없이 붐비는 것을 자주 목격할 수 있다. 비교해 보면 미국의 공립 병원은 그렇게까지 붐비지는 않는데, 그것은 알고 보면 '가상假象'이다. 즉, 의료보험 혜택이 없는 저소득층(총 4천만 명이라고 함)은 먼저 다른 곳에 가서 긴 줄을 서 정부 의료 보조금을 신청하고 허가를 받은 후에 병원에 가서 진찰을 받을 수 있다. 여기에는 말하자면 하나의 공통점이 있다. 즉 모든 공립 병원들은 진찰을 받으려면 줄을 서야 한다. 그 '진료받는 어려움'은 일반적으로 국력, 재력과 반비례한다.

그러나 줄을 서야 하는 모든 공립 병원에서 '비싼 진료비'까지 동시에 나타나기는 쉽지 않다. 공립 병원이나 정부 병원이라 하여 공익만 중시하고 이익을 챙기지 않는다는 것은 아니다. 문제는, 어렵고 비싼 것의 논리가 동시에 성립되기가 어렵다는 것이다. 경험에서 알 수 있듯이 사려는 사람이 많아 구하기 어려운 것은 대부분 상품이나 서비스의 가격이 터무니없이 낮기 때문이다. 반대로, 가격이 비싸면 살 수 있는 사람이 적은 예로 페라리 같은 스포츠카를 사려고 할 때 구하기 '어렵다'고 불평하는 사람이 없다는 것을 들 수 있다. 구하기 어려운 것은 비싸지 않고 비싼 것은 구하기 어렵지 않다. 이것은 상식에 맞는 논리이다.

우리의 공립 병원은 하필이면 진료받는 것이 어려운 동시에 진료비가 비싸다. 줄 서기는 본래 중국인들에게 생소한 것이 아니지만, 개혁 개방을 실행한지 몇십 년이 다 되어 가는데도 진료받는 일처럼 절망적으로 줄 서기를 반복하는 모습은 실로 흔치 않다. 인기 있는 전문의한테 진료를 받으려면 한밤중에 일어나 등록해야 하는 것은 전혀 신기한 일이 아니다. 그들은 대부분이 대도시에 살고 있는 주민들인데, 농촌과 지방 소도시에서 진료를 받으러 오는 사람들은 얼마나 많은 고생을 더 해야 하는가!

진료받는 것이 어렵기도 하지만, 결코 저렴하지도 않다! '천문학적인 의료비'는 말할 것도 없고 평균 진료비와 입원비만 해도 환자의 소득 수준이나 지불 능력에 비하면 턱없이 높다. 한 건강보험 회사의 조사 자료에 따르면, 어느 대도시 병원의 평균 진찰비는 한 번에 440위안, 한 번 입원하면 1만 9천 위안을 지불하는데, 대만과 미국의 로스앤젤레스보다 비싸다. 이는 당연히 최고급 병원들의 평균 요금 수준이고, 보편적으로는 이 정도까지 높지 않다. 하지만 평상시 진료를 받고 검사와 약품까지 추가하면 가격이 100위안 이하로는 안 된다. 2005년 전국의 농민 가구당 평균 보건의료비용은 168.09위안이다. 이는 생활비 지출의 7.87%를 차지하며 의류와 생활용품에 지출되는 비용이 차지하는 비율에 비해 약간 높다. 즉 평균적으로 농민들이 옷 입는 것보다 높은 대가를 치르고도 1년에 두 번 진료받기가 어렵다는 것이다.

중국 공립 병원에서 나타나는 진료받기의 어려움과 비싼 진료비의 현실은 이해하기 어렵다. 최근 몇 년 동안 사람들이 이구동성으로 '진료비가 비싸고, 진료받기 어렵다'고 푸념하는 것이 마치 유행어가 되어 버린 듯하다. 나는 처음 듣는 순간부터 이 논리를 의심하였다. 만약 '어렵다'고 하면 수요가 지나치게 많기 때문이고 '비싸다'고 하는 것은 돈을 많이 지불해야 한다는 것인데, 그렇게 진료받는 것이 어렵고 비싸다고 하면 수요량이 가격의 제약을 받지 않는다는 말이 아닌가? 이것이 사실이라면 행위를 해석할 수 있는 경제학적 기반이 무너지는 것이다.

분명히 누락된 조건이 있을 것이다. 나는 몇 년 동안 조사했고 전후로 십여 개의 병원을 방문하고 많은 병원의 원장, 의사와 환자들과 이야기를 나누면서 얻은 정보 속에서 그 원인을 찾아보았다. 2006년 사례 하나를 분석할 때 나는 문득 어렵고 비싼 것과 공존하는 또 하나의 중요한 현상을 발견했는데, 그것은 바로 일부 환자들에게는 치료비가 너무 싸다는 것이다. 이 점을 추가했더니, 진료받기 어렵고 비싼 것이 병존하는 역설적 상황을 논리적으로 이해할 수 있었다.

독자들은 국내의 '의료비가 정말 아주 싼가?'라고 질문할 수 있는데, 정답은 바로 지금까지 남아 있는 '공공 보건의료(국가나 회사에서 의료비용을 부담하는 무상 의료 제도)' 체제에 있다. 개혁 개방 이후 우리나라의 '공공 보건의료'가 포괄하는 인구수가 눈에 띄게 감소된 것은 틀림없다. 자금의 제약을 받는 상당수의 공공 부문(정부 기관, 국유 기업과 공공 기관)은 공공 보건의료 '제도'가 있어도 국비 의약비용 정산이 제대로 이뤄지지 않고 있다. 하지만 동시에 재정(예산 포함) 상황이 좋고 아울러 점점 나아지고 있는 정부 기관과 국유 기업, 사업 기관의 '공비 의료'는 지속적으로 늘고 있다. 종합해 보면 현존하는 공공 보건의료가 커버하는 인구는 적지만, 그 혜택을 받는 집단이 평균적으로 누리는 의료복지의 수준은 놀라울 정도로 향상되었다.

이로부터 파생된 효과는 무엇인가? 우선 이 부분의 고급 공공 보건의료는 환자 개인이 지불해야 하는 비용의 비율(예를 들어, 상업 보험에 일반적으로 지불하는 비율)이 아주 적다. 그러므로 이 부분의 의료 수요량은 일반적으로 실제 수요량보다 훨씬 많다. 다른 것은 제쳐 놓고, 의료 서비스의 특수성으로 말미암아—여기에서 의료 특수성이란 용어를 사용하는데—공공 보건의료 지출은 절대 한 사람의 욕심에만 제약되는 것이 아니다. 일반적으로 보면 국비로 먹고 마시는 행위를 공비 의료에 비하면, 시골 무당이 서울 무당을 만난 격이다.

'공립 병원'은 결국 이 시스템의 가장 큰 딜레마에 직면하게 된다. 즉 법적 비영리조직인 병원은 국가재정에 투자와 운영비용을 충분히 청구할 수는 없지만, 환자들의 개인 지출은 물론 통화 구매력에 구애받지 않는 고급 수준의 공공 의료 수요를 '충족'시킬 수 있어야 한다.

4. 가격 통제의 과중한 부담

불행하게도 수요와 공급의 심각한 불균형으로, 의료 서비스와 의약품은 가격 통제를 시행하고 있으며, 결과적으로 의료자원의 동원을 더욱 약화시키고 있다. 문제는 수요는 왕성하고 공급은 부족하여 의료 서비스 업계의 전반적인 수익이 상당하다는 것이다. 그러나 의료 공급에 참여하는 요소는 의사·간호사·관리자·기관의 상표와 평판·설비·장소·약물·용품 등 어느 하나 빠뜨릴 수 없을 정도로 다양하다. 각 요소에서는 필연적으로 얻는 업계 고수익을 어떻게 나누는가 하는 번거로움이 생겼다. 이론적으로는 행정 방법으로 분배할 수도 있고, 시장 가격 메커니즘에 의해 결정할 수도 있으며, '나귀도 말도 아닌(非驢非馬)' 혼합의 길을 갈 수도 있다. 하지만 하나의 법칙은 위배할 수 없는데, 가격이 요소들의 상대적 결핍을 정확하고 신속하게 반영하지 못하면 여러 행위의 왜곡이 잇따라 생기면서 '여러 곳에서 문제가 발생하는' 것을 피하기 어렵다.

이것이 바로 현재 우리나라 의료·의약 업계의 현실이다. 먼 것은 놔두더라도 최근 2년 사이에 의약비용을 낮추기 위해 '12개의 군령을 하달하였고, 각 군령마다 의약품 이름이 있었으니', 국가 발전개혁위원회가 얼마나 분주히 움직였는지 모른다. 고생해도 보람이 있으면 괜찮은데, 몇 차례나 가격을 낮추어도 실제 효과는 오히려 칭찬하는 사람이 적었다. 단순히 '약 가격이 터무니없이 높다'가 '약 가격이 터무니없이 낮다'는 것으로 바뀐 것에 지나지 않았다. 상당수 가격이 인하된 의약품들은 아무도 생산하려 하지 않아서 시장에서 더 이상 살 수가 없었다. 당신은 환자가 어떤 것을 원하길 바라는가?

좀 더 자세히 관찰해 보면 '괴이한 현상'은 오래전에 이미 형성되었다. 내 수중에는 베이징대학교 부교장이며 의학부 지도자인 커양(柯楊) 교수의 강연 요강이 있는데, 그중 의료가격 변화에 관한 사례가 문제를 잘 설명하고 있다. 눈에 띄는 점은, 무릇 전통적으로 존재하던 옛 의료기술은 현재 그 요금 수준이 물가지수를 제외하면 15년 내지 20년 전에 비해 크게 오르지 않았다. 물론 높은 요금을 받는 항목도 있는데, 이는 전부 새로운 의료기술들이다.

위암 진단을 예로 들면 '상부 위장관(上消化道) 엑스레이 검진'의 현재 요금은 380위안인데 20년 전에는 80위안이었고, '일반 생체검사 병리 진단'은 100위안인데 20년 전에는 30위안이었다. 어찌 보면 같은 기간 동안 도시 주민들의 소비 물가지수 변화(세 배 이하)를 약간 밑도는 수준이었다. 새로운 위암 진단과 치료기술은 또 다른 이야기다. 핵자기 공명은 1,500위안이고, PET가 8천~1만 위안이며, 복강경腹腔镜은 1만 위안이고, 내시경 스텐트 삽입은 5천 위안이며, 내시경 레이저 치료는 1만 위안이다.

이상하지 않은가? 구식 기술과 출시된 지 오래된 의약품은 초저가이고 새로운 기술과 새로 출시된 의약품은 초고가로, 이들은 놀랍게도 의료 가격 통제 시스템에서 병존하고 있다. 설마 스티글러가 그 당시 말했듯이 가격통제 부문이 정보 우위를 갖추지 못했기 때문에 오히려 규제 대상의 포로가 된 것인가? 그럴 수도 있다. 그런데 규제를 늘려, 구식 기술과 출시된 지 오래된 의약품 가격까지 다 올리면 의료기관의 수익이 더 크지 않을까?

정답은 기존 의료 서비스와 의약품의 가격 규제 체제에서 찾아야 한다. 1996년 이후의 관련 정책 법규 자료를 반복적으로 뒤져 보면서 나는 두 가지를 발견했다. ① 가격 규제는 '원가에 합리적인 수익을 더하는' 원칙에 따라 가격을 책정하지만, 원가 책정 조사는 시간과 노력이 많이 들고, 시간이 지나면 책정 가격이 시장 상황과 다를 수 있다. ② 가격 규제는 비교 가격 확정을 관리해야 할 뿐만 아니라 물가의 총체적 수준 안정도 책임져야 한다. 이 두 가지를 조합하면 위의 사실은 더는 이상한 일이 아니었다.

우선 첫 번째 문제를 살펴보기로 하자. 의료 서비스의 종류는 너무 많아서 정말로 상상을 초월한다. 2001년 국가에서 반포한 「전국 의료 서비스 가격 항목 규범」(시행)은 기존 각 지역의 의료 항목 3만 종을 4천 종 이하로 규범화하였다. 4천 종으로 원가 기준에 따라 조사, 수치 인출, 할당,

분류, 합계, 평균, 가격 책정을 한다는 것은 아무리 따져 봐도 하나의 거대한 공정이다.

말하자면 가격 관리 기관이 병원의 운영비용을 파악하는 것은 '비용' 자체만 놓고 봐도 엄청나게 비싸다. '비용 조사' 사항이 많고 오차가 많은 것은 말할 것도 없고, 이해관계가 얽혀 있어 인위적인 정보 은폐를 피할 수 없으며, 지역 간의 격차가 큰 나라로서 '평균 비용'을 구하기 어려운 것은 어쩌면 당연한 일이다. 설사 이런 문제들이 모두 비용이 제로(0)로 해결된다고 하여도, 가격 관리의 '비용' 조사 개념은 잘못된 것이다. 현실 세계에서 사람들의 행위는 '기회비용'에 의해 제약을 받는다. 즉 이는 선택할 수 있는 기회 중에서 당사자가 포기하려는 최고의 수익이다. 중국의 합법적으로 의료행위를 할 자격이 있는 의사는 200만 명으로 개개인은 모두가 자신의 기회 선택에 직면해 있다. 사람마다 기회를 판단하는 기준이 다르고, '생각'이 다르며, 행동능력이 다르고, 주변 환경도 다르다. 하나의 집중된 정부 기관에서 관련 정보를 수집하고 이를 토대로 '의사비용'을 책정하는 것이 어찌 정확하고 시의적절하며 오류가 없겠는가?

어쨌든 내가 알기로 어떤 병원은 그 지역의 가격 목록 가이드를 포함한 기준을 받았을 때가 2005년이었다. '10년에 한 번 가격 조정을 했다'는 것이 업계 사람들의 평가이다. 그 이전의 요금 기준은 1996년판 버전이었다. 그 10년 동안 중국 경제가 얼마나 많은 변화를 겪었는가? 이 가격 기준을 보면 여전히 오래된 낮은 의료 인력의 노동 보수 문제가 남아 있다. 여기에 적힌 것을 보면 '주사, 처치, 침구, 물리치료, 안마, 혈액 투석' 등의 '병원 진료 번호표 가격(진료권)' 기준은 '성·시 단위 병원은 1위안, 현 단위 병원은 0.8위안'이다. 이것은 몇 년 전까지 '병원에서 주사 맞는 것이 (자전거) 타이어에 바람 넣는 것보다 더 싸다'고 한 것에 비해 얼마나 나아진 것인가?

다시 '응급 진료 검사비'를 보기로 하자. '응급 진료 검사비'는 '의료진이 24시간 응급 처치·응급 진료 서비스를 제공하는 진료 서비스'라고 명시되어 있다. 그렇다면 지도指導 가격은 얼마인가? 성省급은 10위안, 시급은 8위안, 현縣급은 5위안이다. 다른 곳을 더 찾아보니, '유명한 전문가 진찰료'가 조금 비싼 것으로 나타났다. 성급은 30위안, 시급은 25위안, 현급은 20위안이었다. 가장 비싼 의사의 '원격 진료' 단가는 시간당 200위안으로 같은 급의 변호사, 회계사, 대학교 교수의 시급보다는 적다. 그러나 그것은 기관끼리의 가격이고, 의사가 얼마를 받는지는 조사를 더 해 봐야 한다.

가장 놀라운 것은 간호 인력의 가격 책정이다. 2급 간호는 매일 5위안이고 1급 간호는 매일 8위안이며 에이즈 등 특수 전염병을 포함한 '특수 질병 간호'만 하루에 30위안이다. 마지막으로 '담 제거(吸痰) 간호'는 '등 두드리기와 가래 흡입을 포함하고, 분무 흡입은 포함하지 않으며, 일회용 가래 흡입관을 제외'한 고시 가격이 매번 2위안이다. 얼마나 많은 사람들이 이 가격으로 이런 일을 하려고 할까? 아무도 하려는 사람이 없으니, 병원은 고가 항목에서 돈을 벌어 보조금을 주는 수밖에 없다.

다음번 '요금 규정'이 언제 하달될지는 아무도 모른다. 이 기간에 물가와 기타 경제 지표가 어떻게 변하든지, 병원과 의사는 정해진 기준에 따라 봉급을 받아야 한다. 병원이 생존하려면 '약 판매로 병원을 유지하는(以藥養醫)' 수단과 의료 신기술의 도입·업그레이드를 가속화하는 수단에서 활로를 찾을 수밖에 없다. 또한 많은 비난을 받고 있는 '약 판매로 병원을 유지하는' 수단과 '과잉 치료'에는 재정으로 생존을 추구하는 현실적인 수요가 있다.

문제는 같은 가격 규제 체제에서 왜 가격 책정이 기형적으로 높거나 낮은지, 왜 이것은 중시하고 저것은 홀시하는 현상이 나타나는가 하는 것이다. 공립 병원의 수입 창출을 허용한 이상 왜 반드시 병원에서 판매하는 의약품 또는 의료설비의 수준을 높여 수입을 늘리도록 강요하는가? 단도직입적으로 의료 서비스 가격을 풀어 놓아 '의술로 병원을 유지'하는 것이 더 낫지 않은가?

이것은 가격 규제 시스템의 두 번째 요점과 연관된다. 원래 의료 인원의 '서비스 비용'은 연속적인 데이터이다. 작년, 재작년, 심지어 10년 전 의료 인원의 서비스 비용도 모두 증거가 있기에 얼마나 올랐는지 명확히 알 수 있다. 하지만 의약품·기계·설비, 특히 새로운 약과 새로운 검사 설비 등은 과거에는 없었기에 가격이 더 비싸도 물가지수의 변화에 영향을 미치지 않는다. 모두가 알다시피 우리나라 가격 규제의 목표는 비교 가격을 책정할 뿐 아니라 물가의 총체적 수준을 통제하는 것도 포함한다. 인플레이션의 압력이 갑자기 높아지면 가격은 마치 고압 전류와 같아져 규제 당국은 감히 가격 인상 품목을 허가하지 못한다.

위에 서술한 두 가지 현상의 접목으로 의료 서비스의 인적 자원은 가격 책정에서 저평가되는 반면, 끊임없이 쏟아져 나오는 새로운 의약품과 새로운 기계와 새로운 장비의 가격은 쉽게 인상된다. 기형적으로 높거나 낮은 비정상적인 의료, 의약 가격 책정 시스템은 이렇게 '형성'된 것이다. 이는 의료 서비스를 체계적으로 왜곡하여 의료 서비스의 효과적인 공급에 영향을 줄 수밖에 없다.

5. 관리와 운영의 통합이 문제의 본질

현행 의료 서비스의 진입 문턱과 가격 규제를 질문할 때 의료 서비스 체제의 근본적 특징, 즉 관리와 운영의 통합을 묻지 않을 수 없다. 관리와 운영의 통합이란 무엇인가? 정부 보건행정 주관 부서는(보건부에서 각 지역의 보건청, 국에 이르기까지) 직접 병원을 운영하기도 하고 관리하기도 한다. 이런 통합 체제는 일부 변화를 거쳤지만, 사람들에게 가장 비난받는 특징인, 행정 권력 기관이 심판·코치·감독 등 다양한 역할을 맡고 있지만 상응한 책임은 지지 않는 것에는 근본적인 변화가 없다.

관리와 운영이 통합된 데는 역사적 배경이 있다. 이론적으로 1917년에 레닌이 미래의 소비에트 경제계획에 관해 한 언급이 그 시작이다. "미래에는 국민 모두가 하나의 직공과 노동자의 연합체(신디케이트)가 될 것이다." 또한 "사회 전체가 하나의 관리 부서로 노동 평등, 보수 평등을 실현하는 공장이 될 것이다."(『국가와 혁명』을 참조)라는 것이다. 소비에트가 정권을 장악한 후 레닌은 실천 가운데서 즉시 자기의 기존 구상을 현실화하지 않고 여러 가지 경제 성분의 존재를 허락하는 신경제정책을 실시하였다. 하지만 국가를 슈퍼 컴퍼니로 꾸리고 경제·문화·사회 사업을 통합적으로 조직하려 한 구상은 여전히 고전적인 사회주의 제도의 설계로서 역사에 남을 것이다.

전통적인 계획경제체제는 사회 전체를 하나의 초특급 회사로 만드는 것이다. 이 국가적 초특급 회사는 또한 초특급 우체국, 초특급 학교와 초특급 병원이다. 기획, 배치, 투자, 인사, 편성, 기술 규범, 수금이 필요할 경우 요금 기준에 이르기까지 모든 것은 행정이 주도한다. 이 체제에서는 사회 관리와 회사 내부 관리 사이에 구별이 없다. 왜냐하면 '사회 전체'가 하나의 초특급 회사가 되어 사회 관리는 회사 내부 관리와 다름이 없기 때문이다.

좀 더 알기 쉽게 말하면 이 고도로 통합된 관리 체제는 '모든 국민을 관리 통제하는' 체제이다. 모든 것이 국가 투자, 국가 건설, 국가 임명, 국가 통제이기에 이 사회에는 '자기 사람' 말고는 '다른 사람'이란 없다. '자기 사람 관리'의 직접적인 관리 방식은 모든 목표 전달, 자원 동원, 책임 분할을 단지 명령과 지령에 의존한다는 것이다. 모두 자기 사람, 즉 회사원·공무원 또는 국민이기에 명령을 내려 지휘할 수도 있다.

전쟁이나 기타 비상사태에서는 명령체제의 '유효성'에 대해 의심할 여지가 없겠지만, 이러한 명령체제가 평화 시기에 있는 수백만 사람들의 끊임없이 늘어나는 다양한 경제 문화적 욕구를 충족시킬 수 있는 '우월성'이 있는지는 아직까지는 입증되지 않았다. 지난 세기의 경험이 증명하다시피 명령체제는 정보비용이 지나치게 높고, 중앙 계획 당국이 명령을 내려 온 국민경제와 사회생활 전반을 조직하는 데 오류가 많으며, 또한 그 오류를 시정하는 능력이 낮다. 겹겹이 명령받는 활동 주체는 명확한 권리 개선이 없고 안정적 기대 수익이 없기에 제품과 서비스를 적극적으로 공급하려는 충분한 원동력이 부족하다. 정보와 동력의 결핍은 마치 '산소 결핍' 환경을 만드는 것처럼 그 체제의 활력을 기대할 수 없다.

명령체제가 변화하기 어려운 이유는 이 체제가 엄청난 기득권을 창출했기 때문이다. 이처럼 권력과 책임을 분리하는 제도는 세계적으로 찾아보기 어렵다. 명령을 내리는 기관과 관료는 위에 높이 군림하고, 그 구체적 업무를 담당하는 부문은 공장·광산·학교·병원부터 쓰레기를 치우는 환경 보호소까지 모두가 '아래에 있는' 부서들이다. 또한 권력이 고도로 집중된 체제의 부산물로서 명령체제의 평가 시스템은 위에서부터 아래로 내려가는 식이다. 그러므로 '최고위층'에서 경각심을 높여 문제를 발견하거나 잘못을 문책하지 않는 한, 단순히 명령만 내리는 기관과 관료들은 그들의 명령에 책임을 질 필요도 없고 모든 문제의 책임은 어차피 '아래'에 물으면 된다.

'관리와 운영의 통합' 체제가 왜 권력과 책임을 이처럼 정확히 나누어 놓았을까? 답은 '전반 사회'의 일체성 때문이다. 생각해 보면 시장경제에서 다국적 회사의 사장 및 임원들도 막강한 권력을 쥐고 군림하고 있지 않은가? 그들도 매일 매 시각마다 명령을 내려 '아래'에서 책임지고 집행하도록 하고 있지 않은가? 이들도 '회사 정치'라는 생존 기준에 따라 가능한 모든 과실을 감추려 하고 공로를 가로채고 있지 않은가?

맞는 말이다. 큰 회사의 CEO들은 정부기관의 관료들과 꽤나 비슷해 보인다. 구별점이라면 시장 내의 회사들이 아무리 크다 해도 국가와 같이 그들보다 더 큰 조직들이 존재하고 있다는 것이다. 의사 결정을 잘못하고 권력을 잘못 사용하게 되면 호시탐탐 때를 노리는 경쟁 상대에게 드러나게든 잠재적으로든 가장 좋은 기회를 제공하게 된다. '사장'들은 단독으로 결정하여 일을 처리할 수 있지만, '마음대로' 일을 처리하는 데에는 한계가 있으며 부도가 나면 자리를 내려놓아야 한다. 시장에는 경쟁자가 존재하며 회사를 구성하는 모든 자원에는 투자 주주에서 직원까지 모두 '적수'가 있어서 사장이 제멋대로 움직이는 것을 용납하지 않는다.

'전체 사회'로 구성된 초특급 관리처에는 이런 '단점'이 없다. 여기에는 오직 하나의 주체만 있고 시장에는 기타 경쟁 상대가 없으며 의사 결정에 대한 외부 압력도 없다. 국가 대리인은 사회 전체의 자원으로 투자와 경영을 하며 성패 득실이나 사용가치를 비교하지만, 가치에 대한 측정은 없다. '건전한 민주주의'만이 각기 다른 사용가치의 우선순위를 결정할 수 있을지는 모르겠지만, 논리적으로는 생산물을 합법적으로 소유할 권리가 없는 '시민'으로 구성된 사회가 과연 어떻게 민주주의를 건설할 것인지에 대한 의문은 여전히 남아 있다. 그리하여 소련식 중앙계획체제에는 완전한 민주주의도, 충분한 시장도 없다. 결론적으로 말하면, 초특급 관리처의 막대한 의사 결정 권한은 결과에 대해 책임을 묻는 견제 시스템으로부터 점점 멀어지고 있다. 솔직히 말하면, 이 시스템의 단맛을 보고도 누가 개혁에 찬성하겠는가?

이런 제도는 오직 제대로 작동하지 않을 때 비로소 개혁이 일어날 수 있다. 다시 말하면, 위기가 바로 진정한 개혁의 동력이다.

정경 통합이나 관리와 운영이 통합된 제도가 바로 이렇게 생겨났다. 의료 서비스 체제는 사회 전체의 초특급 관리처의 일개 서브 시스템에 불과할 뿐이다. 보건부(청厅·국局)가 병원을 주최하는 것과 주관하는 것에는 아무런 차이가 없다. 어차피 일하는 자가 관리자가 되어, 각지의 병원과 다른 의료기관들에 대해 보건부가 이들을 모두 계획하고, 배치하고, 설립하고, 임명하고, 지도하고, 지시하고, 검사를 한다. 보건부 쪽 사람 외의 다른 사람이 병원을 개설하는 것을 용납하지 않기 때문에 병원이 오직 한 곳뿐인 것이나 다름없어서, 태생적으로 권력과 책임이 분리되는 것이다.

이렇게 관리와 운영이 통합되고 권리와 책임이 분리된 체제에 구멍이 뚫린 첫 번째 요인은 정부 보건의료 지출의 심각한 부족이었다. 우리가 이미 간략히 살펴보았지만, 주제와 동떨어진 몇몇 전문가들이 이상적이라고 여기는 계획경제시대에도 보건의료 자원은 심각하게 부족하여 도시를 돌보면 향촌을 돌볼 수 없었고, 향촌을 돌보면 도시를 돌볼 수 없었다. 그 시대에는 '병원비가 비싸고, 진료받으러 가기 어렵다'는 말이 없었다. 그 주요 원인은 도시와 농촌 주민들의 소득 수준이 낮았기 때문에 의료 서비스의 수요는 일상적인 수요의 뒤로 밀려났기 때문이었다.

진정으로 전통 체제를 보편적인 곤경에 빠뜨린 것은 도시와 농촌 주민들의 소득 증대에 따른 의료 서비스 수요의 팽창이다. 재정적으로 보건의료비용 지출이 증가하는 의료 서비스 수요를 충족시키기 더 이상 어려웠기에 '의료개혁'은 비로소 일정에 올랐다. 하지만 지금까지도 '관리와 운영의 통합'은 보건의료체제의 기본적인 특징이며 다만 새로운 단계로 발전했을 뿐이다. 행정 주관 부문은 병원을 운영할 충분한 자금이 없지만, 여전히 '관리와 운영의 통합'을 견지한다! 그 결과 환자의 자부담 비율 확대를 허용하고, '약 판매로 병원을 운영·유지'하고 '시장화 요금'을 허용하는 동시에 행정 권력은 여전히 의료 서비스의 진입을 확실히 통제하고 있다. 특히, 사회 전체가 병원을 꾸려 '자기 사람'과 경쟁하는 것을 환영하지 않는다. 전통적인 관리와 운영 통합이 마침내 '책임은 지고 하지는 않는(包而不辦)' 국면을 조성하여 오늘날 우리나라 보건의료의 여러 가지 문제에서 체제적 근원이 되었다.

6. 병원 본위론

본 절의 제목은 다른 곳에서 인용한 것이다. 인용한 곳은 『기업 본위론』으로 저자는 작고한 개혁 이론가, 중국사회과학원 공업경제 연구소 소장이었던 쟝이웨이(蔣一葦)이다. 논문은 1980년에 발표되었는데, 손꼽아 헤아려 보니, 27년이 지났다.[5]

당시 개혁 개방이 시작되면서 거대한 국영기업이 도대체 어떤 방향으로 개혁해야 하는지에 대하여 사람들의 의견이 달랐다. 쟝이웨이는 국유 기업이 해결해야 할 근본적인 문제는 '생산력을 직접 장악한 기업과 근로자의 적극성을 어떻게 발휘할 것인가' 하는 것이라고 선명하게 주장했다. 때문에 개혁은 중앙과 지방정부 간 국유 기업의 관리 권한을 조정하는 데에만 그치지 말고 국가와 기업의 관계라는 핵심에 초점을 맞추어야 하며 정치·경제의 통합 체계를 타파하고 기업의 독립적인 경제적 지위와 이익을 보장하여 기업을 경제활동의 가장 기본적인 단위로 만들어야 한다는 것이다. 쟝 선생은 '기업 본위론'으로 자신의 주장을 요약해 '국가 본위론'(중앙 주관 기관의 기업에 대한 관할 중심)과 '지방 본위론'(지방 권력을 확대하는 '지역 본위론')을 구별하였다.

전통적인 중앙계획경제 국유 체제는 전체 국가를 초특급 기업으로 취급하였으므로 정치와 경제를 분리하지 않는 것은 당연한 일이다. 정치·경제가 분리되지 않는 한 국유 기업 본연의 위치가 '국가'인지, '기업'인지를 구분하기는 어렵다. 그러나 전통적인 계획경제는 형식상으로는 '정부 기관'과 '국유 기업'을 분리하였다. 전자는 두뇌와 신경 제어 시스템이고, 후자는 계획과 지령을 수동적으로 수행하는 공장일 뿐이다. 이렇게 보면 쟝이웨이의 개혁 전략은 실로 대단한 것이다. 그는 '손발'을 '본위'로 하고, '두뇌'에 자주권을 요구하였을 뿐만 아니라 기업 차원에서도 머리와 신경계가 자라야 한다고 하였다.

세부적인 것은 제쳐 두고 국유 기업의 개혁은 정말로 기업 본연의 위치로 나아가고 있다. 1980년대 초반의 의견 차이를 전혀 모르는 '요즘 사람'들이 '기업 본위론'이 충격적이라고 생각할 수 있지 않을까? 그렇지 않다. 전반적으로 보면 국유 기업은 기업 본위를 대체적으로 실현하였다. 즉 '기업'을 구성하는 각종 기업 소유권 요소의 범위를 다시 규정하고, 합의한 내용을 재확인하고 조직을 재개편하는 등 더욱 높은 차원의 개혁을 추진하고 있다. 말하자면 기가 막히게도 이론가가 일단 무언가를 정확하게 말하면, 그의 '영향'은 삽시간에 사라진다!

  국유 기업의 개혁을 참조하면, 우리는 많은 사람들이 지적한 '시장화 개혁이 너무 지나쳤다'고 지적하는 의료개혁이 실제로 이루어졌는지 쉽게 알 수 있다. 간단히 테스트해 보자. 만약 '병원 본위론'을 기본 주장으로 내세우면 여론은 어떻게 반응할까? 전국의 의료개혁을 책임진 기관들은 어떤 반응을 보일까?

  아마도 공업은 공업이고 의료는 의료인데, 의료개혁이 어떻게 공업개혁을 참고할 수 있겠는가 하는 의구심이 가득할 것이다. 문제는 의료 서비스가 비록 고유한 특성이 있기는 하지만, 도대체 어떤 특성을 구비했기에 국유 공업과 기타 서비스 분야의 개혁 경험을 참고해서는 안 되고 또한 참고를 허용해서도 안 되는가? 구체적으로 물으면 의료 서비스의 어떤 특성이 '병원 본위론'을 반대하는 적합한 이유인가 하는 것이다.

  '의료 서비스의 특수성은 생명, 건강과 연관되어 있다'고 말하는데, 이는 검증 가능한 이유가 되지 않는다. 그럼 공산품은 생명과 건강에 연관이 없는 것일까? '의약품', '의료 기기', '의료 용품' 자체가 공산품인건 말할 것도 없고, 비의료용 공업 제품, 예를 들면 안경·담배·라이터·의복·양말·오토바이·자동차·집과 인테리어 제품 중 어떤 것이 정말 생명이나 건강과 연관이 없는가? 이런 식으로 말한다면 인류에게 제공되는 모든 제품은 모두 생명, 건강과 연관되어 있다.

변론할 문제는 왜 생명과 건강에 연관되는 제품과 서비스가 '기업(병원)' 본위가 아닌 '정부 본위' 체제가 되지 않으면 안 되는가 하는 것이다. 나의 답은 첫째, 이러한 제품과 서비스가 공공재의 성격을 띠고 있고, 둘째, 공공재의 생산을 비정부 조직이 희망하지 않거나 제공할 수 없는 경우의 두 가지 조건이 함께 갖추어져야만 '정부 본위'가 필요하다는 것이다. 그 외 '기업 본위', 또는 '더 정확히 말한다면 시장계약 본위'는 모두 활용될 여지가 많은 것이다. 이는 공업·농업·상업·요식업·의료·교육·문화 분야에서 모두 활용될 수 있다.

정부가 직접 생산에 관여하지 않는다고 하여 정부가 아무것도 관여하지 않는 것은 아니다. 모든 이해관계와 연관된 경제활동에서 사기를 치고 악의적으로 타인의 생명과 재산에 손상을 주고, 또한 무의식 중 타인에게 손해를 입힌 경우, 합법적인 강제력을 가진 정부가 적절한 법률과 규제를 통하여 해결해야 한다. '기업(병원) 본위론'은 기업의 독립적 이윤을 인정하고 보호하며 타인의 이익(주주, 채권자, 노동자, 공급자, 고객의 이익)을 침해하지 않는 것을 전제로 해야 한다. '기업 본위'는 정부의 법 집행을 배제하지 않을 뿐만 아니라, 완벽한 법치와 효과적인 법 집행을 요구해야 한다.

경험이 설명하다시피 정부와 병원의 통합, 관리와 운영의 유착은 의료 서비스 분야에서 정부의 효율적 법 집행을 방해하고 있다. 핵심은 '자기 사람 관리' 식의 체제는 자칫하면 관리들끼리 서로 눈감아 주고 책임을 전가하는 온상이 된다는 것이다. 오직 '정부가 운영하는 병원'의 아지트에서 과감하고도 철저하게 탈출하여 더는 정부가 선수 겸 심판의 어색한 역할을 하지 않도록 해야만 의료 서비스 분야의 법률 제도 정비에 유리하다.

'의료 서비스의 정보 비대칭'이 '기업 본위론'을 거부할 이유는 더욱 아니다. 일반적으로 분업 시스템에서 정보 비대칭은 보편적으로 존재한다. 환자의 약이나 치료 방법, 치료 효과에 대한 지식과 정보는 의사나 병원보다 훨씬 못하다. 하지만 이러한 정보의 비대칭은 고객으로서 그의 분유, 음료, 구두, 의류 원단, 각종 전자제품, 자동차 등의 제품 지식과 정보에서도 마찬가지이며 정도의 차이만 있을 뿐 본질적인 차이는 없다. 분명히 해야 할 것은 왜 정보 비대칭이 '정부 본위'가 아닌 '기업(병원) 본위'가 되지 말아야 하는가 하는 것이다.

우리는 의료 서비스에서 의사와 환자 사이의 정보 비대칭 정도가 비교적 높다는 것에 동의한다. 이는 의학이 복잡하고 전문성이 높고 환자에게 의학지식을 이용하기가 쉽지 않기 때문이다. 우리는 의학 정보의 비대칭이 심각하다는 것을 기꺼이 받아들인다. 문제는 이러한 심각한 비대칭을 이유로 '병원 본위'를 굳이 배제해야 하느냐 하는 것이다.

답은 그와 반대이다. 의료 정보의 심각한 비대칭을 글자만 보고 대강 뜻을 짐작하여 '정보의 비대칭을 낮추는' 것으로 대처하면 안 된다. 그것은 모든 환자를 의사로 만들려는 것으로 전문성에 근본적으로 어긋나는 '반동적인 이상理想'이다. 의료 서비스의 심각한 정보 비대칭 문제를 해결하려면 공정하게 법을 집행해야 할 뿐만 아니라 정보 우위를 선점한 전문가 시스템 간의 품질 경쟁에 의존해야 한다. 이것은 오늘날에 이르기까지 의사의 의덕과 병원의 명예가 줄곧 의료 서비스의 가장 중요한 자산이며 또한 극히 높은 시장가치를 지니고 있는 이유이다. '명성'은 오랜 시간 축적되어야 하고, 좋은 전통을 위한 안정된 실체가 더 필요하다. 이런 의미에서 '병원 본위론'은 원래부터 '기업 본위론'보다 더 시급하고 중요한 과제였다.

7. 피할 수 없는 병원의 체제개혁

1997년 「보건 개혁과 발전에 관한 중공중앙, 국무원의 결정」에서는 보건기관의 운영체제 개혁에 관한 배치가 있었다. 문건은 다음과 같이 지적하였다. "보건기관은 개혁과 엄격한 관리를 통해 책임이 있고 인센티브가 있으며 제약적이고 경쟁적이며 활력이 있는 운영 시스템을 구축해야 한다." "보건기관은 원장(소장) 책임제를 시행하고 보완해야 한다. 보건기관의 경영 자율권을 보다 강화해야 한다. 인사제도와 분배제도 개혁을 지속적으로 추진해 정확한 정책 방향과 사상 교육 그리고 경제 수단을 운용하여 평균주의를 타파하고 광범한 보건 인원의 적극성을 동원해야 한다." 의심할 바 없이, 이것은 '병원 본위'로 나아가려는 개혁 방향으로 '정부와 의료기관이 유착되고 관리와 운영이 통합된' 낡은 시스템을 근본적으로 바꾸려는 것이다.

그러나 이 방침은 전면적으로 관철되지 않았다. 이유는 복잡하지 않은데, 병원 본위는 원장 책임제, 병원 자율권 보장, 인사제도 개혁 등으로 '행정 권력 중심'과 충돌되기 때문이다. 우리는 쑤첸(宿遷)에서 이러한 문제를 찾아볼 수 있다. 그곳의 오랜 '공립 병원'에는 의료기술을 잘 모르는 불필요한 인력이 40%나 되었고, 이른바 '공公'이 종종 '관官'의 사적 영역으로 이용되면서 환자가 손해를 보는 경우가 많았지만, 주관 부처의 다양한 권력자들에게는 큰 도움이 되었다. 행정 권력 중심의 체제를 개혁하면서 기존 체제가 가진 '편리함'은 사라져 버렸다. 이는, 의료개혁은 어느 한 측의 기득권을 건드리지 않고도 다른 측과 사회의 이익을 증대시킬 수 있는 '파레토 개선'이 아니라는 것을 설명한다. 어려운 것은 의료개혁이 주관 부처의 행정권을 건드려야 하고, 또한 주관 부처의 지도하에 전개되어야 한다는 것이다. 마치 '호랑이에게 가죽을 달라고 하는' 것과 같이 쉽지 않다는 것이다.

중간에 일어난 몇몇 사건들과 관념의 변화가 의료개혁의 방향을 바꾸었다. 가장 큰 사건은 2003년 갑작스럽게 나타난 사스였다. 사스는 본래 전염성 질병으로서, 사스를 방지하는 사업은 경제 성격상 대표적인 '공공재'로, 정부가 책임을 지고 전체를 지휘하며 합법적 강제력을 총동원해서 대응하지 않으면 안 되었다. 돌발적인 사스의 기술적인 면에는 아직까지도 알려지지 않은 어떤 우연성이 있을지도 모르지만, 경제사회적으로 보면 일정한 필연성이 있다. 그것은 인구가 기타 경제적 요인과 함께 계획 경제 하의 이동이 없거나 혹은 이동이 적은 상태에서, 개혁 개방 이후 대규모 인구 이동 상태로 전환하였기 때문이다. 이것은 당연히 공중보건에 큰 충격을 주었고, 공중보건을 가장 취약하게 만들었다. 기존의 보건의료 체계 개혁에 대한 인식은 일반 의료 서비스의 조직, 효율과 체제에 대한 개혁에 더 많이 집중되었고 정부가 책임지고 정부의 재력으로 뒷받침해야 하는 공중보건과 병원의 경영 관리 자율권 확대와 '병원 본위' 개혁을 거쳐 강화된 일반 의료 서비스를 명확하게 구분하지 않았다. 사스는 사람들이 이 편차에 주의하도록 일깨워 주었고, 의료개혁의 방향성을 되돌아보고 편파성을 방지할 것을 요구하였다.

그러나 되돌아보는 과정에서 또 다른 극단적인 경향이 나타났다. 그것은 정부가 공중보건 분야에서 강화해야 할 책임을 부적절하게 전체 보건 의료 서비스 부분으로 확대한 것이다. '공중보건은 공익 사업'이라는 명확한 명제가 '(모든) 보건의료는 공익 사업'이라는 잘못된 명제로 확대되었다. 공중보건에 대한 정부의 재정 투입을 늘리는 정책은 정부 재정이 전 국민의 병 치료를 도맡는 등 현실과 동떨어진 주장으로 '격상'되었다. '정부와 병원이 분리되지 않고, 관리와 운영이 통합'된 전통 체제가 다시 '정치적 정당성'으로 바뀐 듯하다. 또한 병원의 자주권을 강화하고, 원장 책임제를 실시하며, 의료 서비스와 의약품 가격 메커니즘의 왜곡을 시정하고, 영리와 비영리 병원을 병진시키고, 사회자본의 의료 서비스 분야에 진출하는 등의 개혁은 또다시 의료개혁의 금지 구역이 된 것 같다. 학계의 다양한 분석과 정책 주장을 포함한 사회적 이슈들은 원래는 지극히 일상적인 것이다. 개혁은 탐색적 실천이므로 의견 차이가 없을 수 없다. 하지만 정부 주관 부처와 담당관들의 입장과 언론, 정책 방향과 행정 책임이 관련된 것은 별개의 문제이다. 2005년 5월, 보건부 정책 법규사 사장司長은 『위생신문』의 일면에 머리기사로 문장을 발표하여 "시장화는 보건의료의 개혁 방향이 아니다."라고 선포했다. 7월, 국무원의 한 연구 기관의 「시장화 의료개혁의 실패」라는 '진단'의 글이 전국의 신문에 실렸다.[6]

쌍방이 호응하여 의료개혁을 중지하라고 하는데, 멈출 수 있다면 그만이지만 문제는 정부가 국공립 병원에 대해 '정책만 주고 자금은 지원하지 않은 지' 오래되었다는 것이다. 2005년까지 우리나라 국공립 병원 인력의 임금, 보너스, 사회보험, 운영, 설비 투자와 인재 양성 비용의 대부분은 병원이 자체로 운영하는 수입에서 온 것이었다. 내가 반년 동안 방문한 다섯 곳의 대형 국공립 병원을 예로 들면 병원 총수입에서 재정 지출이 차지하는 비율은 1%에 불과하였다. 거기에 병원 측이 모든 노력을 다해 유치한 각종 정부 전용 지원 자금까지 합쳐도 5% 밖에 안 되었다. 상하이의 한 병원장은 "국공립 병원은 국가의 지원을 받지 않아도 세금은 납부해야 한다."라고 말한 적이 있다. 우리나라의 '국공립 병원'은 세계적으로 통용되는 '정부 병원'이 아니라 명칭만 같을 뿐 내역은 달라서 일찍부터 자체적인 특색을 이루었다.

의료 서비스의 일선에 있는 국공립 병원은 매일 문을 열어야 하는데, 어떻게 멈출 수 있겠는가? 당신은 그들에게 공익 사업을 하고 비非시장화의 길을 가라고 하는데, 재정 기반이 어디에 있는가? 필경 정부가 운영 관리할 것인지, 아니면 자선단체에서 자금 지원을 받을 것인지에 대해 확실하고 실행 가능한 역할 분담이 있어야 한다. 솔직하게 말하면 '시장화는 역시 정부 주도'로 해야 한다는 것과 같이 공허하고 부정확한 화제는 신선한 논쟁거리일지는 몰라도, 결코 실제 문제를 해결하기 위한 좋은 길잡이가 못된다.

의료개혁은 사실상 멈출 수 없으며 지금 이른바 개혁을 '중지한다는' 것은 기실 '뒤로 미룬다'는 의미이다. 하지만 개혁이 절반 상태에 이른 공립 병원은 시간을 끌수록 손실이 더 크다. 개혁이 교착 상태에 있는 사이에 책임 소재가 더욱 모호해졌기 때문이다. 예를 들면 최근 병원이 아닌 보건 당국이 주관하여 진행하는 의약품 입찰 공고 중 입찰물의 가격과 품질에 대해 보건 당국이 책임져야 하는가, 아니면 병원이 책임져야 하는가? 많은 지역에서 경쟁적으로 설립하고 있는 '저가(平價) 병원'과 동네 병원, 의료 서비스 센터들이 일차적으로 재정에서 자금을 조달하는 데 문제가 없는가? 또한 건물을 짓고 설비를 구입하는 것은 어렵지 않지만, 꾸준하게 운영해 갈 수 있는 예산이 충분히 보장될 수 있는가? 새로 개업한 이들 병원의 관리 체계는 원장이 맡을 것인가, 아니면 보건 당국의 관리들에게 맡길 것인가? 일단 경영 적자가 나면 그것이 '공익' 추구의 문제인지 아니면 관리 부실로 인한 것인지를 어떻게 구별할 것인가? 그리고 정부는 환자가 돈이 없다고 하여 병원 출입을 거절해서는 안 된다고 명령했는데, 그 취지는 좋지만 이로 인해 발생되는 비용을 병원에서 '자체적으로 소화'하라는 것은 '정책만 주고 자금은 지원하지 않는다'는 말이 아닌가? 이러한 모든 것들은 '책임이 있고, 인센티브가 있고, 구속력이 있고, 경쟁적이고, 활력이 넘치는 운영 시스템'에서 점점 멀어지고 있다. 공공기관에 '책임자가 없는' 폐단의 늙은 뿌리를 뽑기도 전에 새 가지를 더하는 격이다.

비교해 보면 국공립 병원을 차라리 '행정 운영·행정 관리' 체계로 되돌려야 한다는 것이 도리어 논리정연한 주장이다. 예를 들면 한 의료개혁의 건의안에서는 "보건 부문에 소속된 병원 관리 기관을 신설하여 국가를 대표해서 공립 병원의 출자자와 소유권 기능을 행사하고, 지나치게 이관된 권한을 회수하여, 인력·행정과 자산을 일괄적으로 관리해야 한다."라고 주장하였다. 이것은 '회수'로 '개혁'을 새롭게 정의하는 걸작이며, 목표는 관리 운영 통합 체제로 복귀하여 행정 부문을 의료 서비스 시스템의 수뇌로 하고, 병원은 명령을 집행하고 구체적인 업무를 수행하는 몸과 사지[四]

肢로 삼으려는 것이 분명하다. '관계 부처'들이 이에 대해 환영할 만도 하다.

다만 이 방안에 '자금 관리'라는 두 글자가 빠져 있는 것이 흠이다. 재미있는 점은 주관 부처는 자금 관리는 하지 않고 인력 관리, 행정·자산 관리만 하는데, 그런 능력을 정말 가지고 있다면 의료개혁을 할 필요가 있겠는가? 지금 난데없이 나타난 몇몇 전문가들은 그 당시 공립 병원이 정부가 돈을 관리할 수 없어 병원의 자주권을 제안했고, 자금을 배당하지 못해 개혁을 할 수밖에 없었다는 것을 전혀 모른다. 시간이 흐르고 상황이 바뀌어 어쩌면 오늘날 정부의 재력이 강력해져 운영 메커니즘을 바꿀 필요가 없다면 또다시 옛 체제로 되돌아갈 수 있지 않을까? 이는 우리가 지켜볼 일이며, 이를 운명의 저주라고 믿지 않는다. 마침 내년은 중국의 개혁 개방을 시작한 지 30년이 되는 해이다.

8. 보건위생 목표 실현을 제약하는 조건들

'2000년까지 전 인류의 건강 달성(Health for All by the Year 2000)'이라는 구호는 1977년 세계보건기구 총회에서 설정된 글로벌 목표이다. 30년이 지난 지금 그 목표가 실현되었는지, 그동안 중국이 의료개혁을 계획할 때 참고할 수 있는 어떤 경험과 교훈이 있었는지가 본 절의 소주제이다. 목표 문제를 본문의 마지막 부분에 놓고 다루었는데, 이 문제가 중요하지 않아서가 아니라, 현실 제약 조건에 대한 파악이 없다면 완벽하고도 감동적인 목표가 스스로 실현되는 것이 아니라는 것이 저자의 생각이기 때문이다.

사실 '전 인류의 건강 달성'은 여전히 보다 많은 면에서 여전히 비전식 슬로건이다. 제30차 세계보건기구가 공식적으로 밝힌 목표는 사실 "2000년까지 전 세계 인류를 사회·경제적으로 생산적인 삶을 살 수 있는 건강한 수준으로 만드는 것이다."라는 것이다. 이 표현법도 비교적 공허하기 때문에 이듬해에 세계보건기구는 「아라무투 선언」을 발표하여 '초급 의료보건(primary healthcare, PHC)'을 추진하였는데, 이것이야말로 2000년의 전략적 목표를 실현하는 관건적인 조치이며 기본 도경이다.[7]

중국 정부는 곧 상술한 글로벌 목표에 대해 공식적으로 약속하였다. 당시 국가 보건 부장은 "우리나라는 2000년에 전 국민이 건강한 삶을 누리는 전략적 목표를 달성하여 전 세계의 선두에 서자."라고 특별히 제시하였다. 1980년대 중국 정부 보고서와 장기적인 발전 계획에는 "2000년에는 전 국민이 위생 보건을 누릴 수 있다."라고 여러 번 기입되었다. 1990년 보건부 등 다섯 개의 부서와 위원회는 연합으로 「2000년 우리나라 농촌에서 전 국민에게 보건의료 서비스 제공'에 대한 전망, 계획 및 목표 실현에 관한 문건」을 반포하고 '초급 보건의료'의 정의와 지표를 제시했다. ("초급 보건의료는 기본적으로 누구나 제공받을 수 있는 사회 평등 권리가 있는 일반 대중과 정부가 모두 감당할 수 있는 보건의료 서비스를 가리킨다.") 동시에 "우리나라 농촌에서 전 국민이 보건의료 서비스를 제공받는 기본 경로와 전략은 전체 농촌 주민들에게 초급 보건의료 서비스 제공을 실시하는 것이다."라고 지적하였다. 1997년 중국의 「의료개혁과 발전에 관한 결정」에서는 "2000년까지 전 국민이 초급 보건의료 서비스를 누리는 목표를 기본적으로 실현한다."라고 했다.

새천년이 마침내 다가왔다. 전 세계적으로 '전 국민에게 기본적인 보건의료 서비스를 제공하게' 되었는가? 아니면, 적어도 모든 사람을 커버하는 '기본적인 보건의료'가 실현되었는가? 세계보건기구에서 이렇게 말하는 것을 보지 못했다. 중국에서는 실현되었는가? 중국도 이에 대해 말하지 않았다. 하지만 2002년에 중국 정부는 「농촌 의료사업 강화에 관한 결정」을 반포하면서 "2010년까지 전 농민들에게 기본적인 보건의료 서비스를 제공한다."라고 제기했다. 아주 분명한 것은 "2000년에 전 국민에게 기본적인 보건의료 서비스를 제공한다."라는 약속이 지켜지지 않았다는 것이다. 그렇다면 2010년을 거론할 필요가 없다. 문제는 2010년도 곧 다가오는데 그때까지 이를 실현할 수 있겠느냐는 것이다.

나는 정부의 지키지 못한 약속을 분석해야 한다고 생각한다. 하지 못했다고 더 이상 말하지 않을 수 없다. 마치 세상에 그런 일이 전혀 없었던 것처럼 말이다. 목표를 달성하지 못한 데는 항상 기억해야 할 교훈들이 있기 때문이다. 어색한 현실일지라도, 현실에서 도피하고 이 정도의 경험과 교훈마저 '회피'하는 것은 미래에 전혀 도움이 되지 않는다. 내가 보기에 2000년에 중국이 '전 국민에게 보건의료 서비스를 제공하는' 목표를 이루지 못한 것은 제시한 목표가 지나치게 크고 타당하지 못한 것도 있지만, 더욱 중요한 것은 현 단계 우리나라 의료보험 추진의 제약 조건에 대한 정확한 인식이 없기 때문이다.

먼저 목표가 지나치게 크고 적절하지 못하다는 점을 보자. 원래 중국 농촌의 맨발 의사와 합작의료 방법의 재정적 기초는 농민들이 작은 집단의 범위 내에서 자체적으로 자금을 조달하고 아울러 일정한 정도로 서로 도움을 주고받는 것이었다. 농촌에서 농민들과 생활한 적 있는 청년들이 다 알다시피 소득 수준과 집단 복지는 지역마다, 심지어 같은 지역의 다른 소규모 집단(생산대와 대대) 간에도 적지 않은 차이가 있다. 이런 재무 기초 위에서 만들어진 의료제도는 '모든 사람이 향유한다'고 말해도 된다. 그러나 전 국민이 향유할 수 있는 복지 수준이 '동일'하다는 것은 아름다운 오해가 아닐 수 없다. 사실 '전 국민이'라는 것을 문자 그대로 믿어서는 안 된다. 객관적으로 말하면, 그것은 비교적 보편적으로 실시되는 평균적이고도 절대적인 수준이 매우 낮은, 각 농민 소집단들 사이에서도 상대적으로 복지 수준의 차이가 나는 의료제도이다.

그러나 '수출'에서 '내수'로 전환된 '2000년까지 전 인류가 건강'이 중국어로 '2000년에는 전 국민이 건강한 삶을 향유한다'라는 문구가 되어 다시 중국 정부의 문건에 기입된 뒤 문제가 심각해졌다. 정부의 약속이 그 때에 가서 지켜지지 않으면 누구한테 책임을 묻겠는가? 중국 정부는 유엔 기구가 아니다. 유엔 기구는 아름다운 전망과 목표를 수립하고 실제로 그것을 달성할 수 없어도 괜찮으며, 그들은 어차피 회의를 계속 하고 서류를 계속 작성할 것이며, 유엔의 경비를 쓰면 그만이다. 중국 정부가 구체적 행정 책임을 지겠다고 공약한 것을 실행할 수 없고, 신용을 얻지 못하는 것이 어디 농담할 일인가?

솔직히 말하면, '2010년에 전 국민이 건강한 삶을 향유한다'는 것은 현실적으로는 도저히 실현하기 어려운 목표이다. 이것은 중국이 인구가 많고 지역마다 사회경제 발전이 불균형하기 때문만은 아니며, 더욱이 중국은 전례 없는 대전환기에 있기에 아래와 같은 3대 제약 조건으로 보건의료 분야를 포함한 정부의 승낙을 장기적으로 제약하고 있다.

첫째 제약 조건은 장기간 억제되어 온 도시화가 개혁 개방 이후 신속히 진행되어 엄청난 인구가 농촌에서 도시로 유입되고 이들이 융합되어 새로운 사회구조를 구성하는 데 상당한 시간이 걸릴 예정이라는 것이다. 이는 맨발 의사의 인민공사시대에는 없었던 일이다. 지금 다른 것은 제쳐 두고 매년 음력설 기간 수억 명이 기차와 자동차를 타고 이동하는 것을 세계 어느 나라 역사에서 본 적이 있던가? 이것은 의료보험에 중요한 영향을 미친다. 출생지(屬地) 원칙에 따라 설계된 보장 제도가 대규모의 인구 이동에 어떻게 대처해야 하는가? 농민공의 의료보험은 꾸이저우(貴州)·쓰촨(四川)·안후이(安徽)의 출생지에 있는데, 생활과 근무지는 베이징(北京)·광저우(廣州)·썬쩐(深圳)에 있다. 병이 나면 고향에 가서 진료받을 것인가, 아니면 진료받고 돌아가서 정산할 것인가? 이런 문제들은 독일이나 영국의 모델에는 없다. 유럽 국가들은 일찍이 도시화되었고, 대다수 사람들이 도시나 농촌에 살았으며 '정규적인 일자리'가 생긴 뒤에야 복지 제도를 실시하기 시작했다. 소련식 모델에는 더구나 이런 문제가 존재하지 않는다. 그것은 소련식 모델은 근본적으로 자유로운 인구 이동을 허락하지 않았기 때문이다.

어떤 전문가가 말하기를, 그래서 중국은 세금으로 의료 보장을 실시하는 '공비公費 보건의료', 즉 지역 차별 없이(국내 한정) 모두 무료로 병을 치료받는 제도를 실시해야 한다는 것이다. 물론 지속적인 무료 치료가 가능하다면 더할 나위 없다. 문제는 그렇게 할 수 없다는 것이다. 여기에는 두 번째 제약 조건, 즉 재정 상황이 있다. 요 근래 중국 재정수입의 증가는 GDP의 증가보다 훨씬 빨라 사람들로 하여금 헛된 꿈을 꾸게 한다. 하지만 재정수입이 아무리 빨리 늘어나도 중국 재정에는 여전히 적자와 내외內外로 정부 부채가 있다. 즉 재정지출이 더 빨리 늘어나도 돈 쓸 곳이 더 많다는 것이다. 교육의 경우 '정부의 교육비가 GDP의 4%를 차지하게 하겠다'고 정부는 다년간 약속했지만, 아직도 실현하지 못하고 있다.

나는 현 정부의 총지출 가운데 보건비용, 특히 공중보건비용의 절대수치와 비중 증가에 대해 반대하지 않는다. 다만 한정된 자원 소비의 증가는 반드시 다른 종류의 자원 소비의 감소를 전제로 해야 한다. 다시 말하면 더하기를 할 때 덜기를 하는 것을 전제로 하는 것처럼 지금의 추세는 집집마다 더하기를 하여 누구도 덜 수 없다는 것이다. 그 결과 국민 소득에서 정부 지출액이 갈수록 높아지고 있다. 이 추세를 돌려 세우지 않으면 '내수에 의한 성장'은 근본적으로 원천이 없는 물이다. 이 문제에 대하여 각 부문의 전문가들을 한곳에 모아 놓고 다 같이 토론해야 한다. 이것의 중요성과 위대한 의의에 대해서는 동의하지 않을 사람은 없을 것이다. 보건·교육·환경·치안 모두 중요하고, 국방은 더 중요하다. 모든 것이 '중요'한데, 문제는 자금이 어디에서 오는가 하는 것이다. 물이 적으면 가루를 넣고 가루가 적으면 물을 넣는 것을 반복하면 총 세금 부담과 정부 수입이 점점 커져 더 큰 혼란이 생길 것이다.

그것은 공공 재정 체제의 감독과 정부 행정의 효율성에 대한 마지막 제약 조건을 가져왔다. 심각한 부정부패에 대해서는 말해도 달라지는 것이 없기 때문에 말하지 않겠다. 공적 자금의 남용 문제는 몇 년 전 중국 국가 감사장의 보고서를 읽은 사람이라면 모두 깊은 인상을 받았을 것이다. 나는 베버리지가 작성한 보고서에서 영국 또는 복지국가라고 불리는 다른 곳에서 위와 유사한 공적 자금의 남용 보고서를 보지 못했다. 지금 정부가 겉치레를 하는 것과 사무실과 버스에서, 그리고 모든 공금으로 지출되는 규모와 수준에 대해서는, 체계적인 자료를 보지 않더라도 일상생활에서 대략 파악할 수 있다.

이 점은 매우 중요하다. 왜냐하면 모든 의료 보험들이 어떤 모델을 막론하고 결국은 자금을 정부기관이 집중 관리하기 때문이다. 만약 정부의 행정 효율이 낮고 부정부패가 심각하다면 아무리 듣기 좋게 쓴 목표라도 실제 행동은 분명 딴판이 된다. '전 국민에게 보건의료 서비스를 제공한다'는 위대한 명분으로 모인 공공 자원의 상당수가 '물에 가까운 누대樓檯에서 달빛을 먼저 보는' 사람들의 주머니에 들어갈 수 있다. 때문에 보장 계좌를 하나 개설하는 것이 '전 국민이 건강한 삶을 향유하는' 것과 같다고 생각해서는 절대 안 된다.

현실적인 조건은 중국 의료개혁의 가능한 목표를 제약하였을 뿐만 아니라 목표를 실현할 수 있는 모델 선택과 시간 계획을 제약하였다. 전 세계의 여러 가지 복지정책을 그대로 베껴 오는 것은 쉽지만, 남들의 제약 조건까지 그대로 옮겨 오기란 그렇게 쉬운 일이 아니다. 각 나라의 체제와 정부 시스템은 다 다르다. 중국의 의료개혁은 스스로의 제약 조건으로부터 출발해야만, 기대가 높은 대중들의 구미를 돋우지만 실행할 가망이 없는 수표의 발행을 피할 수가 있다.

9. 의료개혁의 유일한 관건

의료개혁은 결국 개혁을 끝까지 견지해야 성공할 수 있다. 사실 이미 발표된 40편의 평론은 모두 이 점을 중심으로 집필되었는데, 결론 부분에서는 찬성하는 사람과 반대하는 사람들이 모두 이 점을 이해하기 쉽게 집중적으로 강조해서 썼다.

'의료개혁의 목표를 정하는 것이 아주 중요하지 않은가?'라고 묻는 독자가 있을 수 있다. '사물의 핵심을 파악하면 그 밖의 것은 이에 따라 해결되듯이', 의료개혁의 목표를 설정해야만 그에 따른 각종 조치들이 제대로 이행될 수 있는데, 왜 '의료개혁의 목표'를 의료개혁의 핵심으로 보지 않는가? 내가 보기에 중국의 의료개혁을 위해서는 하나의 목표를 확립하는 것도 중요하지만, 아무리 뜻이 좋은 목표라 해도 의료 서비스 체계에 의거해야만 실제로 자원을 동원하여 실현할 수 있다. 목표를 아무리 잘 설정한다 해도 개혁이 제대로 이루어지지 않고, 언행이 불일치한다면 공중누각일 뿐 무슨 의미가 있겠는가?

예를 들어, 위의 글에서 논의된 "2000년도에는 전 인류가 위생적이고 건강한 삶을 향유하게 한다."라는 것은 세계보건총회가 30년 전에 제시한 세계적인 목표이다. 중국 정부는 그 목표 설정에 동의하였고, 역대 정부 문서에 이를 포함시켰다. 지금 2000년에서 이미 7년이 지났으나, 중국은 '모든 사람이 건강한 삶을 향유하는 시대'를 실현하지 못하였다. "2010년에는 사람마다 기본적인 의료 보건을 누릴 수 있다."라고 다시 목표를 설정하는 것이 당연히 나쁠 것도 없고, 연패연전 정신은 칭찬할 만하다. 문제는 그때 가서도 해결하지 못한다면 어떻게 해야 하는가? 아예 기한을 정하지 말고 계속 추진해 나가도 이를 실현하지 못한다면 나라와 국민에게 무슨 이로운 점이 있겠는가?

사실 세계보건기구도 원인 제공자가 아니다. 1958년 9월에 발표된 「짜

야산(嵜岈山) 인민공사 시행 정관」(초안)에는 백지에 흑자로 "공사公社는 공공의료를 실시한다."라고 적혀 있다. '정관'이란 작은 헌법이며 또한 거기에는 위대한 수령이 친필로 적어서 보급을 지시하였으니, 그 구상은 당연히 위대하다. '공공 의료'는 '돈을 받지 않고 병을 치료'하는 것으로 '전 국민이 보건위생을 누리는' 최고 경지에 도달한 것이다. 그로부터 반세기가 지났는데, 당신이 그 공사의 소재지를 찾아 그런 일이 과연 있었는지를 조사해 보라.

참고할 수 있는 경험도 있다. 1980년에 덩샤오핑(鄧小平)은 "금세기 중국의 일인당 국민 소득을 두 배로 늘려야 한다."라고 제시하였는데, 2000년에 이르러 기어이 실현되었다. 왜 20년 사이에 소득을 두 배로 늘리는 목표는 실현할 수 있었는가? 이유는 두 가지가 있다. 첫째, 목표를 비교적 적절하게 설정한 것이다. 목표가 높기만 하고 실현 가능하지 않으면 아무리 노력해도 달성할 수 없다. 둘째, 농업·공업·상업·대외 무역·서비스 등 산업 부문에서 경제제도 개혁을 전면적으로 실시하여 인민들의 창조력과 사업 열정을 불러일으켰고 시장 메커니즘으로 자원을 배분하는 새로운 체제로 전환하였다. 돌이켜 보면 경제제도의 개혁이 없이는 국민 소득을 두 배로 늘리겠다는 목표를 근본적으로 달성할 수 없었다.

왜 보건의료 개혁의 목표는 끊임없이 제시되지만 번번이 좌절되는가? 핵심은 제대로 개혁하지 않았기 때문이다. 개혁 초기에는 '정부가 전적으로 도맡아' 했는데, 나중에는 경제가 발전하고 국가재정이 부족해지자, '도맡기는 하나 운영하지 않는' 것으로 바뀌었다. 그 뒤로 전반적인 공공의료의 프레임에서 '병원의 수익 창출', 즉 시장 진입은 개방하지 않고 행정 독점으로 수익을 창출하는 이른바 '개혁'을 하였다. 중공 공산당과 중국 정부가 보건체제 개혁을 전면적으로 시작한 것은 1997년이다. "2000년에 전 국민이 위생적이고 건강한 삶을 향유한다."라고 한 것까지 불과 3년밖에 안 남은 시점이었다. 1997년에 시작한 의료개혁은 도대체 얼마나 더 진행되었는가? 어진 사람은 어진 것만 보이고, 지혜로운 사람은 지혜로운 것만 보인다고, 내가 보기에 개혁은 지금까지도 전면적으로 추진되지 않았다. 예를 들면 대내외 개방, '정부와 운영의 분리', 공립 병원의 개혁, 민간 병원의 발전, 의료 서비스의 가격 규제 완화 중 도대체 실제로 얼마나 했는가? 본문의 초보적인 조사에 따르면 지금까지 우리나라의 '의료개혁'은 근본적으로 '반쪽짜리 공사(工程)'이다. '시장화가 지나친 것처럼' 보이지만, 사실 특정 지역과 특정 사업 부문을 제외하고 심층적이고 전면적인 개혁은 전혀 시작되지 않았다.

따라서 나는 향후 의료개혁의 기본 내용이 '보건의료 분야에 대한 재정지출을 늘리는' 것, 그리고 정부의 막대한 재정지출을 전제로 '정부의 주도' 하에 정부가 '보건의료를 책임지고 관리하는' 기존의 방식으로 되돌아가야 한다는 점에 동의할 수 없다. 과거에는 정부재정이 부족했기 때문에 '정부가 보건의료를 도맡는' 데 성공하지 못했는데, 앞으로 국력이 강해지면 정부책임제는 반드시 성공한다고 믿는 사람들이 있다. 나는 이와 반대로 국가 재정이 아무리 넉넉해도 정부가 의료 서비스를 도맡는 체제에서는 자원을 효과적으로 공급할 수 없고, 경제 성장과 소득이 늘어난 상황에서 의료 서비스에 대한 다양하고도 수준 높은 수요를 충족시킬 수 없다고 생각한다.

심지어 '보건의료에 대한 재정지출을 합리적으로 늘리는' 이런 단일한 목표도 폭넓은 제도개혁이 병행되지 않으면 현실적으로 실현될 수가 없다. 우선 '공공 재정' 체제개혁이란 국민 납세자들이 국가재정에 대한 지배 방향, 지출 구조와 증가 상황에 대한 이해를 하고, 대표 위탁·감독·정책 결정 참여 등 권리의 토대를 마련하는 것이다. 이러한 개혁이 없이는 교육·보건·민생에 관한 정부의 약속은 지켜질 수가 없다. 더욱 중요한 것은 세입의 총비율을 제한하는 조건에서 각종 민생지출을 전반적으로 고려해야 한다는 것이다. 만약 이 시리즈의 평론이 지적했던 것처럼,

기타 정부지출을 줄이지 않고 의료와 다른 복지를 대폭 늘린다면 그것은 분명히 국민경제와 국민복지에 장기적인 악영향을 미칠 것이다. 어차피 양털은 양에서 나오며, 과도한 세금이나 재정 적자 또는 통화 팽창은 결국 경제 성장·고용 성장 그리고 사람들을 열심히 일하도록 독려하는 데 재난적인 결과를 초래할 것이다.

개혁을 견지해야 하는 중요한 이유는 다음과 같다. 국민의 이름으로, 또는 저소득층의 이름으로 모인 그 어떤 '무료 혹은 저렴한 의료 서비스' 자원은 저절로 국민이나 저소득층의 복지로 이어지지 않는다. 관련된 정보의 공개·감독과 견제의 메커니즘이 없다면, 훌륭하다고 느껴지는 많은 시스템들도 한동안 운영되었을 때 노화와 퇴색되는 것을 피하기가 어렵고, 소수 사람들이 렌트 추구 행위(尋租)를 하거나 부당한 대우를 받는 '천당天堂'으로 변할 것이다. 지금까지도 남아 있는 '공공 의료'의 경우, 왜곡과 '과잉 치료'가 심각하며, 비효과적일 뿐 아니라 공평하다고 할 수도 없다. 미래의 의료개혁 방안이 이런 부분에 대한 개혁을 진지하게 배치하는지를 사람들은 지켜볼 필요가 있다.

본문은 의료개혁 논의에서 유행하는 사조思潮에 비추어 분석함에 있어서 의료 서비스의 다양한 수요를 공급과 분리하여 처리하는 시각을 견지하였다. 왜냐하면 유행된 사상의 흐름이 이미 '공중보건의 공익 성격'을 '모든 보건의료 서비스는 공익성을 가진다'라고 부적절하게 확대시켰고, 또한 모든 공익성 서비스를 '시장 원리에 따른 자원 배분' 시스템에서 모두 제외시켰기 때문이다. 나의 생각은 위와 다르다. 오직 공중보건 서비스야말로 엄격한 의미에서의 공익 서비스이므로 정부의 직책을 명확히 해야 하고 정부가 합법적인 강제력과 세수자원을 운용하여 이행을 보장해야 한다. 그렇다고 해도 정부는 실정에 근거하여 '시장에서 서비스를 구매'하는 방법으로 공익적인 공중보건 서비스를 제공할 수 있다. 시장이 이러한 서비스를 제공할 능력이 없을 때만 정부가 직접 나서서 공중보건 서비스를 제공해야 한다.

'공공재' 성격을 갖추지 못한 일반 의료 서비스는 시장체제를 통해 공급할 수 있다. 시장에는 생명과 건강에 관련되는 서비스가 매우 많고 확실하고 엄격하고 적절한 관리 감독이 필요하지만, 생명과 건강을 다루는 서비스는 반드시 시장체제를 배제해야 한다는 주장이 이론과 일치하는지는 실제로 증명된 바 없다. 이념적으로 나는 생명과 건강에 관련된 서비스를 영리를 추구하는 시장의 활동과 대립시키는 것에 동의하지 않는다. 왜냐하면 개혁 개방 이후 생산 및 서비스 분야를 포함한 수많은 경험들에 비추어 봤을 때 시장 개방, 경쟁 제약, 그리고 일반적 재산권의 보장, 영리적인 시장활동이야말로 국민의 삶의 질을 보편적으로 크게 향상시킨다는 것이 증명되었기 때문이다. 약속된 조건하의 이익 추구 활동은 고객의 수요에 빨리 반응하고 원가 절감에 더욱 민감하며 서비스 품질과 브랜드에 더욱 신경을 쓰는데, 이는 모두 부족한 자원을 동원하여 의료 서비스를 증가시키는 데 유리하다.

일반 의료 서비스와 약품 생산을 시장 메커니즘이 자원을 배치하는 체제에서 배제해야 할 이유가 없다. 왜냐하면 의료 서비스를 늘릴 수 있는 인적·물적 자원과 자본은 부족하지 않은 것이 없으며 경쟁하는 환경에서 결정되고 동원되지 않은 것이 없기 때문이다. 인적 자원을 예로 들면, 한 젊은이가 자신의 선택으로 의학을 배울 수도 있고 배우지 않을 수도 있으며, 잘 배울 수도 있고 잘 배우지 못할 수도 있으며, 배우고 나서 잘할 수도 있고 못할 수도 있다. 마치 한 의료기관이 힘써 서비스를 제공해 브랜드를 창출할 수도 있고 중(和尙)이 날마다 종을 치는 식으로 대충 할 수도 있는 것과 같다. 이러한 모든 행위의 차이점은 체제, 특히 특정 제도가 결정하는 동기 부여 메커니즘에 달려 있다. 제도와 메커니즘이 맞지 않는다면, 감동적인 구호를 매일 외쳐도 소용이 없다. 그러한 세월들은 중국인들이 이미 경험했고 보지 않아도 눈에 선하기 때문에 '실험'을 중복할 이유가 없다.

　현재 우리나라 의료 서비스의 가장 심각한 문제는 바로 자원 공급 능력의 부족이다. 의료 서비스 체계 개혁이 '절반 공사'에서 '시공이 중단된 건물'로 변하지 않도록 시기를 놓치지 말고 업종 개방, 관리와 운영의 분리, 공립 병원의 제도 개혁, 민영기관의 진입과 가격 규제 개혁을 다그쳐야 한다. 중국의 시장경제로의 흐름은 막을 수 없으며, 어느 업종의 자원 배치든지 큰 배경을 벗어나 다른 대안을 찾을 수는 없다.

주

1 내가 읽은 대표적인 의견은 다음과 같다. 2003년 홍콩 중문대학교의 왕소꽝(王紹光) 교수는 중국의 공중보건 상황이 악화된 "보다 중요한 이유는 아마도 우리 개혁의 전체적 사고의 흐름 속에 내재되어 있는 두 가지 미신과 관련이 있을 것이다."라고 지적하였다. 하나는 경제 성장에 대한 미신이고, 다른 하나는 시장에 대한 미신이다. 왕씨의 논문에 따르면, "1990년대 이후 시장경제 수립을 개혁의 목표로 내세우면서 보건의료 사업도 점차 시장화의 방향으로 추진되고 있다." 그 결과 "중국의 보건의료 분야는 아마도 세계에서 가장 시장화된 곳 중 하나일 것이다."(「중국 공중보건의 위기와 기회」, 『비교』 제7호, 2003 참조.)
  2005년 거얀펑(葛延風)이 주도한 중국국무원 발전연구센터 프로젝트팀의 연구 보고서에서는 "계획경제 시기 중국의 보건의료 사업은 엄청난 발전을 이루었다."라며 칭송하였다. 또한 이 보고서에 따르면 중국의 개혁 개방 이후 '보건의료체제 개혁의 기본적인 방향은 상업화·시장화'로서 그 부정적 결과는 "주로 의료 서비스의 공정성이 떨어지고 보건의료 투입의 거시적 효과가 감소한 것으로 나타났다." 이어서 "문제의 근원은 상업화·시장화 추세가 보건의료 사업 발전의 기본 법칙을 위반한 데 있다."라고 지적했다.[「중국 보건의료 체제개혁에 대한 평가와 건의(개요와 중점)」, 『중국발전평론』 개정 제1호, 2005 참조.]
  같은 해 베이징대학교의 리링(李玲) 교수도 글을 게재하면서 인용 없이 왕씨, 거씨 등의 견해를 되풀이하였다. 이 교수는 아래와 같이 해석하였다 "정부의 직무유기와 시장의 실패가 주된 원인이다. 또한 정부는 개혁 과정에서 보건의료 사업 발전에 대한 명확한 방향과 목표도 없이 맹목적으로 보건의료 분야를 시장구조로 밀고 나갔다."(「중국은 정부 주도형 의료 체제를 채택해야 한다」, 『중국과 세계의 관찰』 1호, 2005 참조.)
2 데이터와 그 출처는 표 1 참조.
3 데이터와 그 출처는 표 1 참조.
4 저우치런(周其仁)(2008), pp.179~190.
5 장이웨이(蔣一葦)(1980) 참조.
6 초하이둥(曹海東)·부잰펑(傅劍鋒)(2005) 참조.
7 세계보건조직 홈페이지를 참조(http://www.who.int/topics/primary_health_care/alma_ata_declaration/zh/).

참고문헌

[1] 曹海東, 傅劍鋒, "中國醫改20年", 『南方週末』, 2006年8月4日.
[2] 蔣一葦, "企業本位論", 『中國社會科學』, 1980年, 第1期.

통화체제와 경제 성장[*]

뉴라운드 중국 소비자 물가지수가 크게 오르기 시작한 때는 마침 밀턴 프리드먼의 사망 1주년이 되는 때였다. 이것은 마치 거의 잊힌 통화주의 이론이 그리 쉽게 사라질 수 있는 것은 아니라고 말해 주는 것인지도 모른다. 이는 물론 우리에게 계속 관심을 갖고 연구할 가치가 있는 몇 가지 중요한 문제들이 있다는 것을 일깨워 준다.

1. 물가지수의 함의

중국의 소비자 물가지수(CPI)가 갑자기 오르기 시작했다. 2007년 연초의 CPI는 2.2%, 8월에는 6.5%까지 상승했으나 9월에는 다소 하락한 6.2%, 10월에는 또다시 6.5%, 11월에는 6.9%에 달했다.[1] 이러한 수많은 미시적 행위를 기록한 지수는 무엇을 의미하는가? 이에 대해, '물가의 구조적 상승'이라는 것, 즉 일부 상품은 가격이 오르고 일부는 변하지 않거나 심지어 하락하였기 때문에 이는 전반적인 물가 상승은 아니라는 것이 유행하는 해석이다.

---

[*] 본문은 2007년 중국 경제학회 연회의 기조연설로, 2008년 4월 29일에 개정되었다. 저자는 하이원(海聞) 교수와 연회의 주최 측인 썬전(深圳)대학교 경제학원의 초청에 감사를 표한다. 원고 수정 과정에 쉐자오펑(薛兆豐), 루펑(盧鋒), 위용딩(餘永定), 쑹궈칭(宋國靑), 왕딩딩(汪丁丁), 량훙(梁紅) 등의 토론과 수정 의견에 감사의 뜻을 표한다. 물론 글에서의 실수는 역시 저자의 책임이다.

나의 견해로는, 이를 '구조적인 물가 상승'이라고 할 수 없다는 것은 아니다. 왜냐하면 물가 상승, 유지, 하락 현상이 병존하기 때문이다. 문제는 몇 가지 일부 물가를 가중 평균했을 때, 2007년 8월 이래 우리나라 물가 총수준은 변하지 않은 것이 아니고, 하락한 것은 더욱 아니며, 지속적으로 상승했다는 것이다. 즉, 인플레이션이다. 중요한 것은 물가 총수준의 상승세가 일단 나타나면 사람들의 기대에 영향을 미치고 행동을 변화시킨다는 것이다. 예를 들면 많은 사람들이 앞으로 가격이 더 오를 것이라 생각하고 즉시 구매하려는 충동이 증폭되면서, 미래에 소비할 상품을 미리 구입해야만 안심할 수 있다. 동시에 판매자 역시 동일하게 가격이 인상된다는 예측하에 지금 제품과 서비스를 팔기 아까워하는, 말하자면 '팔기를 아쉬워하는' 경향이 나타난다. 두 가지가 합쳐지면 결국 수요 과잉이 심화될 것이고, 물가 총수준 상승세는 더욱 강해질 것이다.

물가 구조에서 출발하여 사람들은 '왜 일부 상품의 가격이 다른 상품보다 더 오르는가?'에 대해 의문을 품게 될 것이다. 따지고 보면 근본 원인은 국제 유가임을 알 수 있다. 유가 상승이 다운스트림 제품의 가격 상승을 가져온다. 동시에 유가 상승은 대체를 야기했다. 예를 들어, 바이오에너지는 옥수수를 제련한 알코올을 포함하고 있고, 그 결과 전 세계 식료품 가격이 인상되었다. 유가는 당연히 운송비 상승에 직접적인 영향을 미치며, 그 결과 고가로 사들여 온 식량은 더 비싼 운송비를 내야 한다. 경제는 늘 하나로 연결되어 있다. 어떤 제품 혹은 서비스 가격에 변동이 생기면 이와 같은 연쇄적인 변화를 가져온다.

그러나 개별 상품의 가격 인상이 물가 총수준 상승으로 이어지기까지에는 중간 핵심 연결 고리가 있다. 이 조건이 없으면, 개별 상품의 가격 인상은 다른 상품의 가격 하락에 의해 상쇄되어 물가 총수준 상승으로 이어지지는 않을 것이다. 이 '핵심 연결 고리'가 바로 시장에서 유통되는 통화량이다. 유통되는 통화량이 과다하면, 개별 상품의 가격 비율을 변화시킬 수 있으며 물가 총수준의 지속적 상승, 즉 인플레이션이 발생한다. 예를 들어, 일본과 한국은 모두 석유를 대량으로 수입하는 국가이다. 이치대로라면 이들은 전 세계 유가 상승으로 인해 더 큰 영향을 받아야 하지만, 일본·한국의 물가 수준은 중국보다 훨씬 평온함을 관찰할 수 있다. 러시아의 경우, 원유 수출국임에도 인플레이션 지수는 중국보다 훨씬 높다. 이러한 현상은 모두 각기 다른 국가별 통화 정세에 따라 해석되어야 한다.

2. 통화의 관점에서 본 인플레이션

물가 총수준의 변동 원인을 통화에서 찾는 경제적 사고는 고전 경제학에서부터 내려온 전통이다. 당대 경제학자들 중 이 전통을 가장 고수하고 있는 사람은 프리드먼이다. 프리드먼은 생전에 세 차례 중국을 방문(1980, 1988, 1993)했는데, 공교롭게도 모두 중국의 인플레이션 지수가 최고조에 달한 연도였다.[2] 우리는 인플레이션 지수가 높아 중국에서 통화주의 대가를 초청한 것인지, 아니면 프리드먼이 중국의 물가지수 높은 것을 보고 통화주의 이론이 중국에서 매우 유용하다고 느껴 중국에 오려고 했던 것인지 알 수 없다. 하지만, 객관적인 결과는 당시 인플레이션에 시달리던 중국이 통화주의에 대한 경제적 사고방식의 개방을 원했다는 것이다.

프리드먼이 베이징·상하이에서 한 강연과 질의응답은, 중국 청중들에게 통화주의의 사상 학술적 전통을 처음으로 소개한 것이었다. 이 전통은 단지 물가만 담론한 것이 아니라 큰 폭의 지속적인 물가 상승을 통화 현상으로 본다. 이 전통에 따르면, 인플레이션 속의 '상품(貨)'은 어떤 구체적인 기름·식량·돼지·우유가 아니라 단도직입적으로 말하면 통화이다. 물가 총수준이 상승한 경우, 프리드먼은 통화량에서 원인을 찾으라고 했다. 이런 발상은 당시 중국인들에게 많은 깨달음을 주었다. 왜냐하면 전통적인 '물가 관리'는 인플레이션 현상을 충분히 이해하지 못했을 뿐만 아니라 인플레이션 문제를 효과적으로 해결할 수도 없었다. 오직 부분적 상품가격 변동으로부터 통화 팽창의 원인을 찾는 사고방식에서 벗어나야만 사람들의 주의력을 통화 문제로 집중시킬 수 있고, 인플레이션의 유일한 원인은 통화량이 과다하다는 것임을 알게 할 수 있다.

그렇다면 통화량은 또 어떻게 많아졌을까? 이는 통화제도와 연관된다. 역사적으로 보면 금본위제가 끝난 이후 전 세계의 통화 발행은 모두가 정부에 의해 통제되었다. 만약 금본위제가 자발적인 시장의 힘에 의하여 통화의 발행을 결정하였다고 하면 법정 불환 지폐(fiat money)의 발행은 항상 중앙 통화 당국, 즉 행정기구에 의해 결정된다. 통화주의자들은 이렇게 집중된 통화 발행권은 통화와 가격 총수준 안정에 대한 체제적 위협이라고 여긴다. 왜냐하면 행정 당국이 어떤 단기적 이익을 위해 통화 발행권을 오용 또는 남용할 가능성이 있기 때문이다. 어떠한 동기를 막론하고 일단 통화 발행이 잘못되면 수많은 경제행위의 왜곡과 혼란을 가져올 것이며 시장의 개인·가족·기업과 지역은 이에 어찌 대응할 수 없게 된다. 정부가 통화 발행권을 남용하면 그 결과 틀림없이 하이퍼 인플레이션이 나타난다. 이는 많은 국가 역사에서 나타난 적이 있다. 이에 대해, 프리드먼은 그의 스승인 시몬스(Henry Simons)의 주장을 이어받아 '규칙이 권위보다 우선'이라는 통화 발행 준칙을 설정함으로써 통화 당국의 권위와 권력을 제약해야 한다고 주장했다. 프리드먼 스스로도 매년 추가로 발생하는 통화량이 연평균 4%와 같은 경제 성장의 폭을 초과해서는 안 된다는 간단한 가이드라인을 제시한 바 있다. 그는 심지어 중앙은행은 전혀 필요 없으며, 한 대의 중앙 컴퓨터 시스템이 설정한 수치에 따라 통화 발행을 통제함으로써 물가 총수준 안정을 보장해야 한다고 하였다.

통화주의는 단지 논리적 힘에 기대어 추세를 전환하는 것이 아니다. 결정적인 힘은 역시 인플레이션이 위력을 떨쳐 각국에 손해를 끼치는 것에 있다. 원래 행동주의(activism)로 규정되었던 이론과 정책 방향은 습관적으로 '통화'를 경제 성장을 자극하고 고용을 확대하며 내외 수지를 균형 잡는 등 여러 가지 목표를 충족시킬 수 있고 또한 중앙의 통화 당국이 손쉽게 통제할 수 있는 정책적 도구로 여겼다. 하지만 선진국들의 지속되는 인플레이션 압력과 스태그플레이션의 현실은 통화주의가 대두될 수 있는 기회를 마련해 주었다. 프리드먼은 인플레이션과 실업 사이에는 장기적인 대체관계가 없다는 것을 논증했다. 그는 심지어 확장성 통화정책이 저실업이라는 일시적 이점을 얻을 수 있지만, 이로 인한 높은 인플레이션 비용은 오히려 영구적 경향이 있다는 것을 발견하였다. 이것이 바로 아주 그럴듯한 '통화정책 행동'이 기회주의에 너무 많은 자유 공간을 남겨 장기적인 '통화 재앙'을 초래한다는 것이다.[3]

돌이켜 보면, 프리드먼의 가장 중요한 기여는 정부가 통화 발행권을 장악한 시대에 경험에 의거하여 사람들에게 권력 남용의 위험을 경계해 줄 것을 제청한 것이다. 프리드먼에 따르면, 인플레이션은 '시장실패'의 산물이 아니라 자발적 시장의 힘이 집중된 행정 권력에 의해 대체된 후 경제 자유에 치명적 영향을 미치는 '선물'이다. 통화주의는 제로(0) 인플레이션이야말로 장기적인 경제 성장과 번영의 기초라고 주장한다.[4] 이 이념은 역사적인 경험을 근거로 하고 있다. 권리의 관점으로 보면 인플레이션은 소유자의 재산에 대한 은폐적인 약탈이며, 거래의 관점으로 보면 인플레이션은 생산 거래비용을 증가시키고 무질서한 경제행위와 착오적인 자원 배치를 가져왔다.

사람들이 컴퓨터가 자동적으로 통화 공급을 결정한다는 구상이 전혀 조작성이 없다는 것을 비웃을 만한 이유는 지금까지 어떤 나라도 통화 발행에 컴퓨터 메커니즘을 적용하지 않았기 때문이다. 가령 상상의 공간에서 중앙 컴퓨터가 중앙은행을 대체한다 하더라도 이는 중앙은행장의 권위를 중앙 컴퓨터 엔지니어의 권위로 바꾼 것에 불과하다. 그 밖에 통화량을 어떻게 조절할 것인가 하는 통화주의의 이론적 원칙도 결코 조작 가능한 현실과는 거리가 멀다.[5]

그러나 우리는 그것 때문에 통화주의의 사상적 건설성을 부인할 수는 없다. 왜냐하면 통화주의는 "통화 발행 권력이 신뢰할 수 없는 '보이는 손'에 넘어갈 가능성을 어떻게 막을 수 있겠는가?"라고 끊임없이 묻기 때문이다. 현대 신용통화 시스템에 대한 '비인격화' 통화 발행 메커니즘을 설정할 수 있는가? 이는 결코 근거 없이 생각해 낸 문제가 아니다. 왜냐하면 역사상의 금본위제는 귀금속의 분산 및 분권화에 의한 채굴력에 의해 각국의 통화 공급을 '결정'하였기 때문이다. 그렇다면 현대의 통화는 귀금속 비용을 절약함과 동시에 신용체계를 위해 '비인격화' 메커니즘을 도입하여 통화에 목표를 정할 수는 없는가?

3. 통화에 닻(錨)을 선택하는 어려움

여기에서 우리는 통화 프레임을 논할 때 더욱 '복고復古'적 편향을 가진 오스트리아 학파를 반드시 언급해야 한다. 이 경제학자들은 시카고 학파의 통화주의와 마찬가지로 자유롭고 번영된 경제도 반드시 안정된 통화에 기초해야 한다고 주장한다. 하지만 그들은 자발적으로 시장이 이러한 안정적인 통화를 제공할 수 있다고 믿고 있다. 예컨대 인류 역사에서의 금본위가 바로 그러하다는 것이다. 왜냐하면 귀금속 자체가 통화의 명목상 닻이 되었기에, 어떠한 '보이는 손'에게도 통화를 조종할 기회를 주지 않기 때문이다. 끊임없이 인플레이션을 일으키는 현대 통화 딜레마에서 벗어나기 위해, 많은 오스트리아 경제학자들은 금본위제나 상품 본위 통화제도의 부활과 자유 은행 제도를 회복하자고 주장하였다. 즉 자유로운 진입과 충분한 경쟁을 허용하고, 시장의 평판 메커니즘으로 우승열패하고, 최종적으로 통화를 사용하는 각 측에서 신용을 지키는 은행을 선택하자는 것이다.[6]

하이예크는 향후 현대의 조건에서 금본위제로 돌아가는 것은 불가능하고 심지어 '가능할지라도 사람들이 원하지 않을 것'이라고 하였다.[7] 하지만 통화 권력이 불가피하게 정부의 손에 집중될 것 같았기 때문에, 하이예크는 금본위제가 사라진 후 지속적으로 나타나는 인플레이션의 원인을 찾았다. 단기적인 압력은 정부, 민간 기업 그리고 대중을 "인플레이션의 영향에 극히 저항하기 어렵게 한다."[8] 그는 이 때문에 고민에 빠져 금본위제로 돌아갈 수 없는 현실적 조건에서 어떻게 중앙 통화 당국의 가능 경로를 단속할 것인지 거듭 탐색하였다. 시몬스의 '적절한 규칙(appropriate rule)'에서 '상품 비축 본위(a commodity reserve standard)', 그리고 '가격 변동에 따른 조건 조정 계약(sliding-scale contract, 인플레이션 지수와 연동되는 계약)'에 이르기까지 하이예크가 하나씩 분석한 결과, 당대 통화제도에서 자유재량의 통화 권력이 결코 사라지지 않는다는 것을 알게 되었다. 때문에 위의 모든 '해결 방안'에는 다소 문제가 있다. 그렇다면 통화 프레임의 최후 출구는 도대체 어디에 있을까? 하이예크의 결론은 "통화정책의 구체적인 방법이 아닌 통화정책의 목표를 통해서만 통화정책을 제한할 수 있다."라는 것이다.[9] 내가 보기에 이것이 바로 몇십 년 후에 뉴질랜드에서 시작하여 여러 나라를 휩쓴 '인플레이션 목표제(Inflation Targeting)' 이론의 전주곡이다.[10]

이상의 회고는, 통화의 관점에서 인플레이션을 보면 그 배후에는 지금까지도 완전히 해결되지 않은 문제가 있음을 알려 준다. 비교해 보면 '구조적인 물가 상승' 법칙이라는 제언은 간단하게 사람들의 관심을 가격 상승 폭이 큰 몇 가지 일부 품목에 돌리게 한다. 문제의 핵심은, 만약 통화 총량이 물가 총수준 상승을 야기한다면, 단지 일부 품목의 가격을 통제하는 것은 도움이 되지 않는다는 것이다. 반대로 물가로 물가를 관리하는 방법은 가격 상승의 '만연함'을 불러일으킬 것이다. 왜냐하면 석유 가격을 통제했기에 시장에서는 곡물 가격이 오르고, 곡물 가격을 통제하면 돼지 가격이 오르고, 돼지 가격을 통제하면 또 우유 가격이 오르기 때문이다. 이처럼 '머리가 아프면 머리를 치료하고, 발이 아프면 발을 치료하는' 식의 관리는 표적성이 강해 보이지만, 결국 다음과 같은 두 가지 결과를 가져온다. 첫째, 근본적인 문제 해결을 지체시킨다. 통화 공급량 통제라는 유일한 대책의 실행 시기를 지연시키는 것이다. 둘째, 한쪽에서 상승하면 다른 한쪽에서도 상승하는 물가 추세는 대중들의 인플레이션에 대한 기대를 자극하고 강화시킨다. 이 두 가지가 결합하면 타오르는 불에 기름을 붓듯 인플레이션을 격화시킬 수 있다.

유사하게 '비용 인플레이션'이라는 말도 있는데, 이 역시 그럴듯하다. 물론 식품과 기타 소비재의 가격 인상은 노동자 임금 인상을 요구하게 하고, 구입 가격의 상승은 가게들이 상품의 판매 가격 인상을 요구하게 하며, 생산비용 상승은 회사들이 제품 가격의 상승을 요구하게 되는데, 이러한 추리들은 모두 합리적이다. 문제는 이러한 모든 합리적 요구가 어떤 조건하에서 보편적으로 만족될 수 있느냐 하는 것이다. 이렇게 묻는다면 그 해답은 통화 총량에서 찾아야 한다. 유통되는 통화의 양이 과도하지 않다면, 일부 품목의 비용 상승은 기껏해야 일부 품목의 물가에 영향을 미칠 뿐 다른 '비용 청구'는 '접수'되지 않는다. 비용이 오르면 모두가 가격을 인상해야 되지만, 그러한 정도의 통화만으로 어떻게 보편적인 비용 상승에 따른 가격의 총수준 상승이 나타날 수 있겠는가?

이렇게 보면 통화주의의 핵심 명제가 '인플레이션은 일종의 통화 현상'이라는 것은 꽤 의미 있다. 실제로 이 명제에 대해 비평하는 사람들이 지적하는 바와 같이, 이 명제는 마치 '총을 쏘는 것은 일종의 사격 현상'이라고 말하는 것과 마찬가지로 동어 반복에 지나지 않는다.[11] 이것은 동어 반복이기는 하지만, 정확한 동어 반복이다. 왜냐하면 이 명제는 인플레이션의 근원이 통화에 있다고 단도직입적으로 가리키고 있기 때문이다. 혼란을 조성하는 다른 명제, 예를 들어 인플레이션을 일종의 물가 현상, 일종의 비용 현상, 내지는 양심 현상(상인들이 앞다투어 물가를 올리고 물건을 사재기해 두는 것)이라고 하는 것 등등과 비교하면, 통화주의 명제는 우리가 통화에서 인플레이션의 근원을 찾는 데 도움을 준다.

4. 통화 초과 발행의 다양한 원인

위에서 금본위제 이후 항상 정부가 통화 발행을 결정한다고 언급하였다. 이러한 조건하에 인플레이션을 화폐적 현상이라고 말하는 것은 '인플레이션은 정부의 과도한 통화 발행'이라고 하는 것과 같다. 이어서 우리는 왜 정부가 통화를 초과 발행해야 하는지에 대해 연구해야 한다. 역사적으로 보면 절대 다수의 인플레이션, 특히 하이퍼 인플레이션은 예외 없이 모두 정부가 지폐 인쇄기를 돌려 재정지출을 유지한—전쟁을 위해서든, 군주의 사치를 위해서든, 막대한 사회복지 승낙을 실행하기 위해서든—결과이다. 일반적으로, 전쟁으로 인한 인플레이션이 실제와 가장 동떨어져 있다. 이는 생사존망과 승패가 결정되지 않았기 때문에 권력자가 반드시 인플레이션을 극치에 이를 때까지 가동해야 논리에 맞기 때문이다. 1940년대 말, 중국은 인플레이션이 매월 50%에 달하였다. 지셴린(季羨林)은 당시 국민당 통치 구역에서 교수로 재직했는데, 월급을 받고 뛰어가서 쌀을 사야지, 느리게 달려가면 쌀값이 치솟는다고 하였다.

평화 시기에 인플레이션이 생기게 된 원인은 통화를 발행하여 건설을 추진한 결과이다. 과거 우리나라에는 '초超경제 발행'이란 개념이 있었다. 정부가 통화를 많이 발행하여 국력을 초월한 기반 시설 규모를 유지한다는 것이다. 당시는 전면적인 물가 관리제를 실시하였기에 초과 발행한 통화가 바로 물가 총수준의 상승으로 나타나지는 않았지만, '은폐적인 인플레이션' 시대, 즉 시장에서 아무것도 살 수 없는 보편적인 결핍 시대였다. 사실 방법은 달라도 결과는 같다. 즉 개방형 인플레이션에서는 통화가치가 하락하고, 은폐적인 인플레이션에서는 통화가 있어도 물건을 살 수 없다. 공통점은 통화가 그다지 쓸모가 없다는 것이다. 소련 시대 가정주부들은 사람마다 거리에 나가 큰 주머니를 메고, 어떤 대열을 만나든지 먼저 줄을 서고 보는데, 그것은 러시아의 문화 전통 때문이 아니다.

개혁 개방 이래 우리나라에서 나타난 세 차례 인플레이션의 정점은 모두 그 구체적인 원인이 각각 다르다. 1980년 물가지수는 7.5%로 과거 '저물가' 시대에는 상상도 할 수 없었던 일이었다. 사실 당시 구매권은 여전히 수요를 보편적으로 억제하고 있었지만, 농업을 자극하기 위해 국가는 1979년부터 식용유 수매 가격을 인상하고 도시 주민들에게 재정 보조금을 주었다. 당시 재력이 약해 보조금으로 농산물 가격 조정을 하였는데, 이는 재정 적자와 초경제적인 통화 발행의 새로운 동력이 되었다. 1988년 중국의 물가지수는 18.9%로 치솟았다. 표면적으로는 '가격 개혁'이 문제가 된 것 같으나, 그 배후에는 지폐를 발행하여 건설하고 거기에 더해 지폐를 발행하여 개혁을 한 것이 원인이었다. 1994년 중국의 인플레이션은 신중국 성립 이래 가장 높았다. 이는 지방 재력이 부족한데 급하게 발전 프로젝트들을 추진한 것이 주된 원인이었고, 은행은 '규제가 완화된' 상태에서 제한 없이 대출해 주고, 중앙은행으로 하여금 과도한 통화를 발행하도록 하였다. 결국 정점을 찍은 세 차례의 인플레이션 모두 재정 지출의 압력으로 인해 통화가 과도하게 발행된 것이었다.

최근의 인플레이션 역시 통화의 초과 발행이 직접적인 원인이기는 하나, 최근 10년간 국가 재력이 전례 없이 증강되었고 제도적으로도 통화의 '초경제적 발행'을 통해 재정 적자를 메우는 것을 허용하지 않았으며,

이에 더하여 상업은행 제도를 개혁하여 대출 제약 시스템을 구축하였다. 다시 말해, 과거의 초과 통화 발행 메커니즘은 존재하지 않는다. 그러나 결과적으로는 통화가 과다 발행되었는데, 이는 또 무엇 때문일까?

2003년 5월, 쑹궈칭(宋國靑) 교수는 거시경제 연구 프로젝트를 주관하였다. 같은 해 9월, 보고서 총론이 베이징대학교 중국경제연구센터의 내부 토론 원고로 발행되었다.[12] 이 연구는 1998년 이래 중국의 총수요를 자극하는 거시적 경제정책 상황을 분석하였다. 은행이 예금과 대출 금리를 대폭 인하하여 기업 이윤이 증대되고, 외자 유치 정책의 역할까지 더해져 해외 직접 투자가 빠르게 늘어났다. 그 결과 기업 자본금이 대폭 증가하여 은행 대출이 크게 늘어났다고 분석했다. 특히 환율 안정으로 중국의 수출 고도 성장은 총수요를 크게 추진하였다. 이에 따라 쑹궈칭은, 디플레이션에서 벗어나 중국 경제는 새로운 전환 국면을 맞이했고, "현재 이미 비교적 높은 인플레이션으로 갈 가능성이 나타나고 있다."라고 단언했다.

이 분석에서 언급한 '환율 안정'은 전반적인 상황을 이해하는 데 있어서 하나의 핵심이 되었다. 그 배경은 1993년에 중국이 시장 환율로 위안화의 통화 과대평가를 성공적으로 시정한 것이었다. 원래의 선택은 '시장의 공급과 수요를 바탕으로 관리'하는 환율제도였고, 고정 환율이나 '달러 연동'의 환율제도는 실행할 의사가 없었다. 그러나 1997년 아시아 금융위기 후 주변국들의 통화 가치가 대폭 하락하는 상황에서, 국제사회는 위안화가 평가절하되지 않기를 바랐고 약속을 지키겠다는 중국 정부의 공개적인 승낙을 받았다. 이리하여 위안화는 달러당 8.27위안으로 1998년 이후 2005년 7월까지 유지되었다. 위안화 환율은 선포 없이 사실상 국제정치적 공신력을 가진 '달러 연동'의 환율제도가 되었다.

1998년 이후의 10년은 바로 중국에서 다년간의 대대적인 개혁 개방의 성과가 경제생활에서 보편적으로 효과를 나타내는 시기였다. 이는 중국의 수출 부문 생산성 증가율이 미국과 기타 선진국의 경제 생산성 증가율을 초과한 것에서 가장 집중적으로 드러난다. 실물경제의 중대한 변화는 상술한 '환율 안정' 메커니즘과 모순된다. 왜냐하면 거의 변하지 않는 환율 덕분에 생산성 증가율이 크게 높아진 중국의 수출품은 갈수록 '저렴해'지기 때문이다. 이는 국제시장의 '메이드 인 차이나' 제품에 대한 강력한 수요를 자극하였고, 중국의 수출 성장을 촉진하였다. 그 결과 중 하나로 중국의 무역 흑자가 대폭 증가했다. '환율 안정'에 개방 정책까지 더해져 외자의 중국 유입을 자극하면서 '대국 역사상 유례없는 지속적인 쌍흑자'가 이어졌다. 이것으로 새로운 위안화 발행 통로가 열렸다. 중국에 들어오는 모든 무역 흑자와 외국 투자는 중국 은행의 결제를 통해 위안화로 바뀌었다. 중앙은행은 외화를 꾸준히 매입하고 국가 외환 보유고를 지속적으로 늘리면서 기축통화를 발행했다.

그래서 쑹궈칭은 '환율이 핵심'이라고 하였다.[13] 왜냐하면 위안화 환율 유연성을 높여야 중국의 외수와 내수의 균형을 잡을 수 있고 과도한 수출이 중국 총수요를 높이는 잠재위험을 제거할 수 있기 때문이다. 그는 대외정책과 통화정책 간의 조정에 특별히 주의해야 한다고 하면서 위안화를 주동적으로 10% 절상하거나 또는 부분적인 직접 절상, 부분적인 수출입 세율 조정을 조합하여 주요 거시적 변수 사이의 불균형을 함께 시정할 것을 제의하였다. 2003년 중국의 외환 보유액은 4천억 달러에 불과했고, 연간 무역 흑자는 254억 달러였다. 당시의 CPI가 1.2%인 것을 고려하면, 나는 쑹궈칭의 연구가 대단히 뛰어난 예견성이 있다고 생각한다.

그러나 위안화의 평가절상에 반대하는 의견이 주류였다. 2003년 9월 위 위용딩 교수는 논문을 발표하여 "현재 언론과 경제학자들은 일방적으로 위안화 절상 반대 목소리를 내고 있다."라고 하며 협의 검토를 제안했다.[14] 위용딩은 위안화의 대폭적인 평가절상을 주장하지 않고, 위안화의 소폭 절상을 허용하는 '관리적 변동 환율'을 견지해야 한다고 하였다. 하지만 그는 논문에서 매우 선명하게 위안화 평가절상에 반대하는 각종 논점에 대해 신랄하게 비판하였다. 그는 중앙은행은 미국 국고채권과 기타 달러 자산을 대량으로 매입하는 한편 급속히 성장하는 본위 화폐에 대해 헤징hedging을 해야 한다고 분석하면서 "자국 통화 시스템의 정상적인 운용에 부정적인 영향을 미치지 않으면서 장기간 헤징을 할 수 있는 국가는 없는 것 같다."라고 하였다. 1985년 플라자 합의 이후 일본이 엔화 가치 상승을 자산 거품과 통화 긴축 위기의 원인으로 삼는 유행하는 해석에 대하여, 위용딩은 매킨토시를 포함한 국제 전문가들은 일본이 1987년에 확장적인 통화정책을 취한 핵심 조건을 누락하였다고 하였다. 같은 해인 1985년에 화폐를 평가절상한 독일은 통화 완화와 같은 조치가 없었기에 나중에 일본과 같은 곤경에 빠지지 않았다. 이는 '절상은 반드시 일본과 같은 함정에 빠진다'는 주장에 대한 강력한 반증이다.

5. 중국 경제 성장의 토대를 훼손하는 거시적 불균형

사실상 위안화의 소폭 절상 제안은 2004년 말까지도 받아들여지지 않았다. 이에 따라 환율의 오산에 따른 총수요가 강세로 돌아서면서 국민경제 '과열' 조짐이 나타났다. 중국 경제 총량은 이미 아주 커졌고, 수출입이 국내 생산 총액에서 차지하는 비중도 모든 대국에서 역사적 전례가 없었기 때문에 '환율 안정'의 영향은 결국 강하게 드러났다. 2005년 7월, 중국은 또다시 '관리 변동 환율제'로 복귀한다고 선포하였다. 그러나 그 당시 미국 달러에 대한 위안화의 소폭 평가절상으로는 날로 규모가 커지는 거시적 불균형을 시정하기에 역부족이었고 이는 또한 역외 자본의 중국 진출을 자극하는 새로운 문제들을 가져왔다. 즉 기존의 쌍둥이 흑자 압력이 제거되지 않은 채, 핫머니 유입이라는 새로운 압력이 더해졌다. 결과

"무역 흑자, 외국 자본의 직접 투자 및 중국에 유입되어 위안화의 점진적인 부가가치의 혜택을 나누는 핫머니의 세 가지가 합쳐져 중국의 통화 유동성은 마치 '하늘에서 폭포가 쏟아져 내리는' 격이었다."[15]

통화 정세의 누적적 전환은 시장에 반영되지 않을 수 없었다. 2004년 이후 우리나라 도시 주민들은 역사적 경험을 완전히 뛰어넘은 부동산 가격의 대폭적인 상승을 경험했다. 2006~2007년 이후의 주식시장에서 상해 증권거래소 종합 주가지수가 1천에서 6천 이상으로 상승하였는데, 그중 2007년 한 해 사이의 주식 거래량은 전년의 다섯 배에 달하였다. 작은 투자품 시장에서는 골동품·서화·장신구·사치품에서부터 보이차普洱茶에 이르기까지 가격은 이미 수차례 최고치를 갱신했다. 모든 사건은 각기 원인이 있지만, 공통적인 것은 역시 통화가 많다는 것이었다. 사람들은 2007년 이전의 중국 경제는 '고성장 저인플레이션'이라고 했는데, 이는 당연히 일리가 있다. 인플레이션은 일반적으로 소비자의 물가 가격지수(CPI)에 의해 정의되는데, 2000~2006년 사이 중국의 평균 CPI는 1.45%에 불과하였다.(그중 가장 높았던 2004년은 3.9%였다.) 하지만 통화에 의한 가격 총수준 상승은 이미 오래전부터 만연해 있었고 다만 2007년 8월 이후, 결국 이것이 중국의 CPI 지수에 '반영'되어, 위안화 환율 문제에 있어 중요한 것은 피하고 지엽적인 것만 말하던 사람들도 어쩔 수 없이 좌우를 둘러보고 말을 해야 했다.

대중의 여론은 방향을 종잡기 어렵다. 1997년에 국제사회, 특히 선진국들은 위안화가 평가절하되지 않기를 바라고 있으며, 중국은 이에 대한 약속을 하고 이를 이행하였다. 여론의 반응은 긍정적이었고 모두가 우리나라가 '책임 있는 대국'이 된 것에 자부심을 느꼈다. 하지만 2003년 이후 중국의 국제무역 흑자가 늘면서 일본과 미국, 기타 선진국들은 위안화 평가절상을 요구하였다. 여론의 반응은 오히려 중국이 국제 압력에 굴복해서는 안 되며, 심지어 누가 위안화 평가절상을 찬성하면 그는 외세의 압력에 굴복했으므로 조국에 미안해 해야 한다는 것이었다. 반대로 서방 인사들 중에 누군가 위안화 평가절상을 하지 말아야 한다고 주장하기만 하면 그는 중국의 이익을 지켜 주는 군자로 간주되었다. 이런 기묘한 차이는 물론 경제학이 해석할 수 있는 것이 아니다. 2007년 국내 인플레이션이 시작되자, 여론은 '왜 위안화가 대외적으로 평가절상되고 대내적으로는 평가절하되는가?'라고 의아해한다. 그 두 방향의 운동을 해석하는 것은 동일한 경제력에서 비롯되었지만, 이는 오히려 경제학자들의 책임이었다.

그러나 2003년 이래 지배적인 경제적 사고는 물가구조만 보고 물가 총수준은 경시하였다. 이에 따라 '구조적 과열', '구조적 부동산 버블', '구조적 증시 버블'에서 '구조적 물가 상승'까지 일련의 판단이 이어졌다. 경제생활에는 영원히 구조적인 문제가 존재하며 전환기에 있는 중국 경제는 당연히 구조적인 문제가 더 많다는 것을 설명해야 할 것이다. 하지만 총량의 직접적인 결과를 경시하거나 회피한 결과, 환율·이율 등의 수단을 총량을 조정하는 데 충분히 이용할 수 없었다. 따라서 보다 넓은 범위에서 행정적 명령·법령·법규로 간접적인 통제를 실시하였고 심지어 핵심 생산요소의 공급량(예컨대 토지)을 직접 통제하고 일부 제품과 일부 산업, 심지어 일부 기업에 대해서는 정부가 직접적으로 간섭하였다. 이는 결국 '구조적 문제'를 더욱 양산시켰을 뿐만 아니라 객관적으로는 시장화 개혁의 방향에 따라 구체적인 경제 문제를 해결하려는 사람들의 공감대와 결심을 흔들리게 했다.

이것은 중국의 경제 성장 근본에 관한 것이기에 작은 일이 아니다. 최근 국내외 많은 사람들은 중국 경제가 국제시장에서 경쟁력을 높이게 된 것이 중국이 엄청난 양의 '값싼 노동력'을 갖고 있기 때문이라고 생각한다. 2004년부터 필자는 이러한 견해를 비판하는 글을 계속 써 왔다.[16] 30년 전만 해도 중국은 도시와 농촌을 불문하고 노동력이 더욱 '저렴'했는데, 왜 그때는 세계에서 '메이드 인 차이나'를 쉽게 볼 수 없었는지 나는 반문한다. 나는 오늘날의 중국 경제가 '비용 우위'에 의해 세계 시장에 진출하였다는 점에 동의한다. 하지만 이 비용 우위에서 가장 중요한 부분은 '개혁 개방을 통해 중국의 제도비용이 현저히 낮아졌다'는 것이다. 이는 일반 중국인, 기업과 지방의 동기 부여 시스템을 바꾸어 놓았고, 문이 닫혀 가난에 시달리던 값싼 노동력을 중국의 경쟁력으로 바꾸었으며, 학습곡선 향상을 통해 제품 품질을 개선하는 효과를 거두었다. 요약해 말하면 중국의 경쟁력 향상은 제도적인 비용 절감에 따른 것이다. 나도 제도적 비용이 모든 비용 곡선처럼 하락 후에는 더 상승할 것이라는 점에 주목하고 있다. 때문에 개혁 개방과 제도적 혁신을 견지해야만 중국 경제의 성장 동력을 지속적으로 유지할 수 있다. 이런 점에서, 거시적 불균형으로 인해 미시적 행정 규제가 증가해서 치러야 하는 장기적인 대가는 중국 경제의 성장 기반을 손상시킨다.

위안화 평가절상을 반대하는 모든 의견에서 장우창은 독자적인 가치를 내들었다.[17] 내가 이해하는 그의 분석은 이러하다. 즉 위안화는 달러에 대한 '평가절상'의 문제가 아니라 달러와의 연계에서 벗어나는 문제이다. 그러나 위안화 환율이 달러와의 연계를 끝내기 전에 우선 미래의 위안화가 무엇과 연계할 것인가를 해결해야 한다. 그가 보기에 위안화 환율을 미국 달러와 연계시켰거나 달러와 연계한 것은 달러를 '명의상의 목표물(錨)'로 하였기 때문이다. 이제 위안화가 달러와의 연계를 끊으면 앞으로 무엇을 목표물로 삼느냐가 문제가 된다. 만약 위안화가 달러와의 연계를 끊고 자신의 목표물을 제대로 찾지 못하면 위안화는 '목표물이 없는 미사일'이 될 위험이 있다. 장우창은 위안화에 통화 바스켓제를 도입하려면 위안화가 우선 자체의 목표물을 확정한 후에 달러와의 연계를 끊어야 한다고 제안하였다. 그는 또한 위안화를 '풀어' 위안화가 국제 기축통화로서의 잠재적 우위를 방출하는 방안도 고려해 볼 수 있다고 하였다.

이렇게 보면 장우창이 수차례 위안화의 평가절상을 반대한다고 성명한 것은 환율과 통화 제도적 차원에서의 의견이었다. 하지만 어떤 목표물을 선택하여 위안화를 연계시키든지를 막론하고 2003년 이래 시장가격을 따져 보았을 때 달러에 대한 위안화의 대폭 평가절상은 피할 수 없었다. 문제는 위안화의 새로운 목표물을 선택하는 것이 현행 환율제도에서의 평가절상보다 훨씬 더 어렵기 때문에 의사 결정에 대한 공감대 형성이 더욱 어려워졌다는 것이다. 이 난제가 해결되기 전에 위안화의 연계 혹은 달러화에 고정된 체제를 유지할 수 있는가 하는 것은 현실적인 제약 조건에 달려 있다. 불행히도 최근 몇 년간 달러 강세는 더 이상 지속되지 않았고 위안화가 달러에 연계되어 절상되지 않았다. 이는 미국의 상황을 어렵게 했을 뿐만 아니라, 중국의 통화정세가 날로 심각해지게 했다. 적어도 2007년에 중국에서는 인플레이션이 다시 고개를 들었고 객관적으로는 위안화가 목표물을 바꿀 때까지 기다릴 수 없었으며, 기존 환율의 틀에서 위안화 절상을 가속화할 수밖에 없었다. 위안화를 풀어 놓는 것도 위안화 환율이 시장 수급을 대체적으로 반영할 때까지 기다려야 했다. 지금 전세계의 돈이 모두 중국으로 들어오고 있어, 인민폐를 방출해도 그것이 다시 돌아오는 것을 막지 못할 것이다.[18]

적어도 2007년 말에 이르러 중국의 경제 상황은 마침내 문제의 주요 원인을 드러냈다. 이때 중국의 외환 보유액은 1조 5천억 달러에 달했고 (국가가 자금 주입으로 투입한 2천억 달러는 포함되지 않는다.) 연간 무역 흑자는 2,800억 달러, 연간 외자 유입이 약 3천억 달러에 달하였다. 급속도로 늘어난 중국의 외환 보유액은 달러 자산이 평가절하되는 거대한 리스크와 사회복지 손실을 감당하게 되었고 동시에 국내 인플레이션을 빠르게 악화시켰다. 중앙은행이 통화 헤징을 지속적으로 실시했어도 '외국 환율 평형 기금'이 광의廣義통화(M3)에서 차지하는 비율은 2003년의 15%에서 근 30%까지 상승했다. 2007년이 되기 전의 11개월에 전국의 광의통화는 전년 대비 23.1% 증가했다.[19] 통화 현상으로서의 인플레이션이 드디어 완강하게 드러나 오랜만에 대중들의 인플레이션에 대한 예측을 되살렸고 그것이 개별적인 비용에 의한 것만은 아니라는 것을 거듭 밝혔다.

지금도 문제는 여전하지만, 번거로움의 규모는 배로 늘어났다. 최근 달러 약세와 서브프라임 모기지론 위기의 영향으로 미국 경제 성장세가 둔화되면서 위안화의 평가절상을 가속화해야 하는 중국의 수출 부문에서는 설상가상으로 조정의 고통을 겪고 있다. 되돌아보면 만약 2003년 위안화가 일차적으로 10% 평가절상했다면 이에 지불했을 대가는 그것을 오늘날로 미루는 것보다는 적었을 것이다. 물론 역사의 게임은 지나면 그만이다. 미래의 더 큰 손해를 막기 위해 오늘날 중국은 갈수록 커지는 인플레이션 압력에 대처해야 하며, 과도한 통화 그리고 범람하는 유동성에서 문제의 근본적인 해결책을 찾아야 한다.

이상을 요약해 보자. 물가지수(CPI)가 인플레이션을 판정하는 기본적인 지표가 될 수 있지만, 물가지수에 대한 구조적 분석은 인플레이션의 진정한 원인을 파악하는 데 도움이 되지는 않는다. 인플레이션에서의 '물품(貨)'은 구체적 상품이 아니라 통화, 즉 유통 중인 화폐이다. 물가지수가 상승하는 경우 우리는 초과 발행된 통화량에서 원인과 근본적인 해결책을 찾는 수밖에 없다. 현재 중국의 비교적 높은 인플레이션 원인도 통화의 초과 발행이다. 하지만 역사상 수차례 나타난 재정적 동기와는 달리 이번 통화 과다 발행의 주요 원인은 환율 메커니즘의 왜곡이다. 인플레이션 추세가 이미 형성된 조건에서 물가 관리 통제는 인플레이션을 억제할 수 없을 뿐만 아니라 무분별한 제도 비용 증가로 이어져 중국 경제의 성장 기반이 훼손될 수 있다. 인플레이션을 억제하려면 문제를 해결할 수 있는 근본적인 해결책을 찾아야 하는데, 그것은 환율의 불균형을 바로잡고 통화 총량을 통제하는 것이다.

주

1 2007년 12월 중국의 CPI는 6.5%(전년 CPI는 4.8%에 달함), 2008년 1월에는 7.1%, 2월에는 8.7%였다. 국가통계국 홈페이지 참조(http://www.stats.gov.cn/tjsj/jdsj).
2 1980년 중국의 CPI는 7.5%(1978년에는 0.7%), 1988년에는 18.8%, 1993년에는 14.7%(1994년에는 24.1%에 달함)였다. 『중국통계연감 2007』, 표 9-1 참조.
3 프리드먼(2007).
4 슈쿠센(2006), 제3장, 제5장.
5 프리드먼은 당년에 금리를 통제하는 것이 아니라 통화량을 직접 통제하자고 제안했다. 이는 미국 전쟁 전후 역사상 어느 중앙은행 총재가 해 온 것인데, 그 시행 효과가 신통치 않았으며 미국 금리가 21%까지 올라 도저히 이를 받아들일 수 없었기 때문에, 1970년대 이후 역대 미국연방기금준비이사회 의장들은 프리드먼이 그해에 찬성하지 않았던 금리로 돌아가 은행의 금리와 시장 금리를 공개 조작함으로써 통화량을 조절하였다.
6 이러한 논점들은 오스트리아 학파가 심지어 화폐주의보다 더 '현실성'을 벗어났다는 것을 보여 준다. 마르크 스쿠슨의 말처럼, 대중과 정치가가 자발적인 시장을 충분히 신뢰하지 않는다는 점을 제외하면 금본위제와 자유 은행 제도가 가져오는 실제적인 번거로움은 화폐주의나 중앙 컴퓨터보다 조금도 적지 않다[스쿠슨(2006)]. 순수하게 해석하는 관점에서 보면, 금본위제의 역사적 쇠망에는 일정한 이유가 있었다. 예컨대 귀금속의 급격한 유출은 한 나라의 경제에 심각한 손해를 주지 않았는가? 우리는 금본위제 내생의 결함 때문에 민족 국가의 정치 기계가 통화 대권을 관리·통제할 수 있는 기회를 제공했다고 말할 수 있을지도 모른다.
7 현대 상업조직이 신용대출기관에 크게 의존하게 되면 "우리는 반드시 통화제도와 신용제도 사이의 상호작용에 대해 심사숙고하여 관리 통제할 필요가 있다."라는 것이 그의 이유이다. 하이예크(1997), p.96 참조.
8 하이예크(1997), p.105.
9 구체적으로 말하면, "금융기관은 반드시 누구나 다 알고 있는 일정한 한도 내에서 가격을 통제함으로써 이 한계를 벗어나지 못하게 하고, 심지어 이러한 수준에 접근하지 못하도록 해야 한다. 그렇지 않을 경우 금융기관은 정책을 크게 수정해야 한다."라는 것이다. 하이예크(1997), p.111 참조.
10 인플레이션 목표제에 관한 국제 경험은 버냉키 등(2006)을 참조.
11 "인플레이션을 일종 화폐적 현상이라고 하는 것은 마치 '사람에게 총을 쏘는 것은 일종

의 사격 현상'이라고 말하는 것과 같다."라고 헨리 워리츠Henry Wallich(2004)가 부토에서 인용하였다(p.181).
12 베이징대학교 중국경제연구센터 과제팀, 「거시경제정책은 전환적 조정이 필요한가?」, 『21세기 경제보도』, 2003. 10. 29.
13 쑹궈칭(宋國靑)(2002) 참조.
14 위용딩(余永定)(2003) 참조.
15 저우치런(2007) 참조.
16 저우치런(2006), pp.7~23 참조.
17 장우창은 2003년 5월 23일부터 「환율전략론」을 발표하고(시리즈 총 5편), 2007년 11월 「위안화의 곤경」(시리즈 5편)을 썼다. 그동안 위안화 환율 문제에 관한 그의 글은 총 50편으로, 모두 시나닷컴 '장우창의 블로그'에서 읽을 수 있다(http://blog.sina.com.cn/s/blog_47841af7010000v3.html?).
18 하지만 중국이 새로운 화폐 본위를 제도적 차원에서 선택해야 한다는 장우창 교수의 의견에는 여전히 중요한 가치가 있다. 설사 그가 제안한 통화 바스켓 제도가 기술과 인지의 어려움에 직면했다 하더라도 그의 비인격화 통화 발행 시스템에 대한 탐구는 마치 시카고 통화주의나 오스트리아 학파의 대표 인물들이 추구한 것처럼 장기적인 의의를 지닌다.
19 중앙은행이 발행한 어음(중앙은행어음)을 인민폐의 기축통화와 비교하여 말하면, 첫째로 이는 깨끗이 헤징할 수 없으며, 둘째로 '중앙은행어음' 또한 전혀 화폐가 아니라고 할 수 없다는 것이다. 왜냐하면 '중앙은행어음'은 통화기금과 보험을 받을 수 있으며 시장에서 사용할 수 있기 때문이다.

1. 새로운 문제: 중국 경제 등락에 관한 해석

개혁 개방 이래, 중국 경제는 30년 동안 고속 성장을 경험했다. 이에 대해 경제학자들은 체계적으로 회고하였다. 2008년 7월, 백 세에 가까운 노벨상 수상자인 코즈 교수는 시카고대학교에서 중국 경제제도 변혁의 경험을 총결산하는 학술 세미나를 조직하였다. 그해 연말 국가통계국은 공고를 발표하여, 2008년 중국 경제 연간 성장률이 9.6%로, 지난해에 비해 다소 하락했지만 1978년 이후 30년간 평균 성장률에 달했다고 공포하였다. 이듬해 중국은 일본을 제치고 세계 2위의 경제대국이 되었다. 그리고 1년 후 중국은 세계 최대 수출국이 되었다. 2013년 중국은 또 세계 최대 무역국이 되었다. 2014년 국제통화기금은 구매력 평가 방법으로 계산하여 중국 경제 총규모가 미국을 초월하여 세계 1위가 되었음을 선포하였다.[1]

1970년대 말의 모습에 비추어 볼 때, 중국 경제는 충분히 자랑스러운 성과를 거두었다. 이는 또한 학계의 중국 경험을 총결산하려는 이론적 웅심을 불러일으켰다. 중국처럼 인구가 많은 대국이 이처럼 훌륭한 성과를 거둔 것은 결코 우연이 아니다. 여기에는 중국 경제 성장의 기적과 함께 중국 경제에 관한 학술적인 기여가 있어야 한다. 그리하여 대략 2008년 전후, 사람들은 중국에 대해 단지 기존 경제 이론에 대한 검증의 한 사례로 만족하지 않고 중국 경험에서 새로운 이론과 새로운 사상을 도출해 내고자 했다.[2]

사실 경제적 성과와 그 이론적 총화의 관계는 반드시 동일하게 이뤄지는 것이 아니다. 1776년에 아담 스미스가 『국부론』을 출판할 때, 와트가 최초의 단동식單動式 스팀 엔진을 발명한 지는 기껏해야 7년밖에 안 되었고, 영국은 기껏해야 산업혁명의 초급 단계에 들어섰을 뿐이었다. 70여 년 뒤 『공산당 선언』에서 말한 "자산계급이 100년도 안 되는 계급통치에서 창조한 생산력은 과거 모든 세대가 창조한 것보다 더 많고 더 크다." 라는 원대한 구상을 당시 사람들은 감지할 수 없었다. 스미스 시대의 영국 경제는 장기간의 더딘 성장만을 경험하였다. 당시 그가 본 대부분 기업은 규모가 매우 작았고, 그의 눈에 들지 않았던 동인도 회사처럼 로열 무역 특허권을 가진 큰 회사는 몇 개 안되었다. 당시 영국인들의 생활 수준도 일반적이었고, 심지어 이렇다 하게 칭찬할 만한 것도 별반 없었다.[3]

그러한 경제적 기반 위에서 후세의 경제 사고방식에 오랜 영향을 미칠 수 있는 고전 정치경제학이 탄생하였다. 이를 참고하면 30년 동안 중국이 이룩한 고속 성장의 기적은 스미스가 살아 있다고 해도 괄목상대할 만하다. 오늘날 중국의 경제 실적에 맞먹는다고 할 만한 사상을 내놓는 것은 당연한 일이다. 문제는 야망이 강할수록 도전이 많아진다는 것이다. 마침 2008년부터 중국의 경제 성장 추세에 새로운 변화가 보이기 시작했다. 비록 2009~2010년에 부양책의 강화로 고속 성장은 유지되었지만, 하향 압력이 결국 뒤따랐다. 돌이켜 보면, 2007년 1분기 중국 GDP는 15%까지 치솟는 연간 성장률을 기록하였다. 이는 아마 성장이 한 단계 끝났다는 공곡절향空谷絶響일 것이다. 불과 몇 년 사이에 세계 2위의 경제체는 발전 속도가 반 이상 감소했다.

이는 '중국 경제의 등락을 어떻게 설명할 것인가'라는 새로운 문제를 가져왔다. 나누어 설명하자면 상승에서 기적을 해석하고, 하락에서 그 원인을 분석할 수 있다. 하지만 여기에 만족하지 않고 간단한 틀에서 중국 경제의 극적인 변화를 꿰뚫어 이해하려면, 더욱 많은 노력을 들여야 할 것이다. 다음에서는 하나의 핵심 개념으로 시작하여, 이 개념에 기초하여 관련 분석을 확장하려고 한다.

2. 체제비용의 함의

 그 개념은 바로 '체제비용'이다. 사람들은 '비용'에 대해 잘 알고 있으며, 그것은 수익을 얻기 위해 모든 경제행위 주체가 반드시 치러야 하는 대가이다. 비용에는 화폐적인 것, 비화폐적인 것, 시간적인 것, 정력과 정신이 포함된다. 추상적으로는 어떤 수익을 추구하기 위해 반드시 지불해야 하는, 경제행위를 구성하는 가장 기본적인 제약 조건이다. 하지만 지난 오랜 세월 동안 경제 실무자·경제학자·관리학자들은 줄곧 생산비용, 즉 무언가를 생산하기 위해 발생되는 각종 지급에만 관심의 초점을 두었다. 대규모 생산과 대규모 거래를 수반하는 현대 경제가 형성된 후에야 비로소 생산비용 이외의 비용이 주목을 끌기 시작하였다. 1937년 젊은 학자인 코즈가 맨 처음으로 '거래비용' 개념을 제기하였다. 그는 가격 메커니즘을 이용하여 자원을 배치하는 것 자체가 결코 공짜가 아니라는 것을 발견하였다. 왜냐하면 정당한 거래비용이 존재하기 때문에 시장에는 기업과 다양한 경제조직이 존재하기 때문이다. 기존의 경제학적 사고는 종종 그것을 외면했다. 이 소박한 발견은 현대 경제학의 토대를 바꾸었다.[4]

 비슷한 사례로, 젊은 중국의 경제학자 장페이강(張培剛)이 1930년대 항일전쟁 경제 문제에 관한 연구를 할 때, '순純상업비용'이라는 개념을 제시했다.[5] 그는 당시 후난(湖南)·쟝시(江西) 등지의 중국 농민들이 매우 가난하고 식량 생산원가는 매우 낮은 데 반해, 닝보(宁波) 같은 연해도시 식량시장에서 내륙 쌀이 먼 태국 쌀과 경쟁이 안 된다는 것을 관찰했다. 자세한 조사를 거쳐 장페이강은 내륙 농촌 산지로부터 연해도시의 판매지에 이르기까지 상거래비용이 너무 높은 것이 문제의 핵심이라는 것을 발견하였다. 예를 들면 지방할거·검문소마다 수금을 무절제하게 요구하는 것과 같은 여러 가지 복잡한 문제로 인하여, 원래 매우 경쟁력이 있는 내륙 쌀은 연해시장에서 배척당했다. 그는 상업 통로를 효과적으로 개선하고 순상업비용을 절감하면 전쟁 기간 중국의 식량 공급 문제는 개선될 것이라고 결론지었다. 당시 장페이강이 코즈의 논문을 읽을 수 없었던 것을 감안하면 우리는 한 중국 학자가 독자적으로 생산비용 외에 다른 비용이 존재한다는 것을 발견했다고 말할 수 있다.[6] 이는 학자들이 진실 세계를 직시할 때 관찰할 수 있는 특이한 현상을 설명하기 위한 새로운 개념을 제시할 기회가 있음을 다시 한번 시사한다.

수년간의 침묵 뒤에, '거래비용'은 마침내 학계의 주목을 끌었고 한 단계 나아가 상세히 설명되었다. 1969년, 그 뒤에 노벨 경제학상을 수상한 캐네스 애로우는 로널드 코즈가 제시한 거래비용이 실제로는 '하나의 경제 시스템 운영비용'이라고 하였다.[7] 그는 이것으로 코즈 경제학과 고전 경제학 전통의 관계를 소통시켰다. 왜냐하면 스미스 세대의 학자들은 고립되고 자질구레한 경제활동보다는 경제 시스템 운영에 가장 관심이 있었기 때문이다. 한편, 코즈의 일부 추종자들은 거래비용 개념을 '제도비용'으로 확장시켰다.[8] 예를 들면 장우창은 1987년 『뉴 폴그레이브 경제학 사전』을 위해 '경제조직과 거래비용'이라는 단어를 쓰면서 다음과 같이 지적하였다. "거래비용은 바로 일련의 제도비용으로서 정보·협상·초안과 계약의 실행, 재산권 범위 확정과 행사, 관리 감독을 위한 비용 및 제도 변화 준비를 위한 비용 등을 포함한다. 간략하게 말하면, 거래비용은 물질생산 과정에서 직접 발생되지 않는 모든 비용을 포함한다."[9] 이것은 직접적인 생산 외에 지불해야 하는 대가이며, 그것이 협의의 거래비용을 훨씬 넘어선다는 것을 의미한다.[10]

진실 세계에서 제도는 어디에나 있다. 사람들은 생산·소비·저축·투자 등 각종 경제활동에 종사할 때 모두 특정된 재산권과 계약 안배의 제약을 받으며, 특정한 조직과 기구를 구성한다. 예를 들면 가정·지역사회·기업·시장·화폐 시스템·입법·세수와 정책 제정, 정부 및 일련의 관리 감독 부문 등이 있다. 이렇게 섞여 있는 조직·기구와 제도는 개인의 자발적인 선택에 의해 생성되었을 뿐만 아니라 전통·유행 관념(Popular ideas) 및 '사회 강제력'의 영향을 받아 구축되었다.[11] 그러므로 거래비용(또는 '순상업비용')과 제도비용에 기초하여 지속적인 연구를 진행하려면, 관찰과 분석의 초점을 시스템 제도로 전환하여야 하며, 특히 사회가 강제적으로 실시하는 조직과 제도들이 어떻게 개인의 선택에 영향을 미치고 나아가 경제 운영에 영향을 미치는지 주목해야 한다.

본문에서 사용하는 체제비용이란 경제 운영에 있어서 반드시 지불되어야 하는 비용을 말한다. 체제는 일련의 제도로 구성되며, 사회가 강제적으로 집행하는 재산권과 계약의 기초 위에서 운영된다. 모든 체제가 확립, 운영되고 변화하는 데 소비되는 자원이 바로 체제비용이다. 체제비용의 성격과 변화가 경제 성장에 미치는 영향은 지극히 중요하다.

협의의 '거래비용' 혹은 '순상업비용'과 비교해 보면 '체제비용'은 여러 가지 비시장거래 행위에 대한 분석으로 확장할 수 있을 뿐만 아니라, 시장 및 비시장 행위에 대한 일반적인 이해를 심화시킬 수 있다. 사람들은 시장거래를 이익 유도를 위한 자발적 선택이나 계약의 조합으로 보는 데 익숙하기 때문에, 합법적 강제력 및 시스템을 포함한 강제성을 필요로 하지 않는다. 하지만 '체제비용'은 이와 다르다. 진실 세계에서 사람들의 행위를 제한하는 하나의 집합으로서 유행 관념과 정부 권력 및 이렇게 형성된 정책제도의 금지 또는 허가를 포함한 사회 강제력은 처음부터 없어서는 안 될 경제체제의 필수적인 요건이다. 체제비용에 대한 관찰과 분석은 국가행위와 관련되기에 국가이론과 분리할 수 없다. '제도비용'과 비교하면 '체제비용'은 단일하고 개별적인 제도가 아닌 체계적인 제도를 강조한다. 특히 자발적인 자원행위를 제약하는 사회 강제력 자체의 제약 조건에 중점을 둔다. 과거로 거슬러 올라가면 협의의 거래비용과 단일한 제도비용은 체제비용의 일부 혹은 특례로 볼 수 있으며, 우리의 인식은 부분적이고 특수한 사례에서 시작하여 더 일반적이고 추상적인 것으로 나아갔다.

3. 대폭 인하한 체제비용은 중국 기적의 비밀

중국 경제의 고속 성장은 결코 자연적인 현상이 아니다. 먼 옛날의 것은 제쳐 두고, 1980년 중국이 1981~1985년 계획(제6차 5개년계획) 수립 시 세운 연평균 목표 성장률은 4%에 불과했고, 실제로 '5% 달성'을 목표로 노력했었다.[12] 왜 고속 성장 시점에 있었던 중국이 자신의 잠재력을 과소평가하는 것처럼 보이는 성장 목표를 정했을까?

그것은 당시 중국 경제가 넘기 어려운 난관에 직면했었기 때문이다. 가장 큰 문제는 당시 '10억 인구, 8억 농민'의 국가에서 먹는 문제가 아직 해결되지 않았고, 인구의 대다수를 차지하는 농민들은 공업과 도시 발전을 지지할 수 없을 정도로 가난했기 때문이다. 그렇다면 왜 농업은 발목을 잡았고 농민은 빈곤했을까? 답은 심각한 체제 장애가 존재했다는 것이다. 정부가 아무리 농업생산의 발전을 간절히 원하고 수억 명의 농부들이 아무리 절박하게 생활 개선을 원해도, 당시 형성된 경제체제의 운영효과가 기대와 어긋났기 때문에 어떻게 해도 농업 증산을 장려하는 밸브가 열리지 않았다.

단일한 제도 혹은 단일한 정책이 아니라 체계적으로 서로 얽힌 이념, 제도적 장치와 정책적 조치들이 함께 다음과 같은 곤경을 초래하였다. 첫째, 인민공사의 생산제도는 집단출근·집단노동·집단분배를 실시하여 일정한 규모경제의 혜택을 누리고 있다고 하지만, 개별 사원社員의 노력과 기여를 정확히 측정하기 어렵기 때문에 생산노동의 적극성을 동원하기 어려웠다. 뿐만 아니라 그러한 집단생산 모델은 종종 그릇된 지휘와 무단 명령으로 인해 심각한 손해를 입었다. 둘째, 농촌 토지의 집단소유제가 일단 설립되면, 농민 가정 사이에 필요한 토지 소유권의 경계를 긋지 않아도 되었고 그것이 허용되지도 않았다. 셋째, 농산물에 대한 일괄구매·일괄판매(統購統銷)를 실시하고 정부가 농산물 유통을 전면적으로 관리 통제하여, 정부는 가격과 수량을 정하여 수매하는 한편 도시에서 배급제를 실시함으로써 기본적으로 시장기능을 배제하였다. 마지막으로 농산품 생산을 유지하기 위해 국가는 농민의 유출을 금지하였고 이들이 수입이 비교적 높은 비농업 부문으로 자유롭게 이전하지 못하게 하였다.

이런 상황에서는 양적으로 충족된 생산요소를 갖고 있어도 소용이 없다. 노동력이 생산력으로 자동 전환되지 않아 막대한 인구가 순익을 가져오지 못했을 뿐만 아니라 오히려 부담이 되어 결국 엄격한 출산 통제정책이 나왔다.[13] 전통적인 분석에 따르면 생산자 간의 치열한 경쟁은 낮은 제품 가격을 불러오고, 이는 수요 증가를 자극함으로써 다시 공급을 증가시킨다. 그러나 이 분석이 간과하고 있는 것이 하나 있다. 즉 과다한 체제비용은 요소의 효과적인 조합을 방해하며 따라서 생산 증가를 억제한다는 것이다. 그 결과 농업 생산요소가 매우 풍족한 조건 아래, 농산품은 오히려 장기간 공급이 부족해졌다.[14] 농업생산의 저비용, 또 다른 일면으로 농민의 빈곤이 농산물 부족과 장기적으로 병존하여 중국 경제 성장의 극복하기 어려운 걸림돌이 되었다. 이는 오랫동안 해결되지 못했던 중국 경제의 문제점을 이해하려면 체제비용에 대한 적절한 분석이 필요함을 말해 준다.

중국이 위와 같은 난제를 해결한 것은 체제개혁 덕분이다. 제도적 장애는 고립되고 개별적인 것이 아니라 독자적으로 하나의 시스템을 이루었기에 반드시 동시다발적으로 해결해야 했다. 당시 가장 먼저 실시한 응급 정책은 생활을 안정시켜 원기를 회복하는 것이었다. 정부는 부족한 외화를 동원해 곡물 수입을 늘려 수매량을 줄이고 부담이 과중한 농업·농민·농촌이 한숨 돌리게 하였다. 뒤이어 정부는 재정자원을 동원하여 당시 적자에 의하여 유지한 농산물의 초과 수매 가격을 올려 농민들의 생산량 증가를 장려했다. 더욱 중요한 것은 사상을 해방시키고 실천을 중요시한 것이다. 즉 실천이 진리를 검증하는 유일한 기준이라는 실용 철학이 지역과 기층 그리고 농민들로 하여금 기존 체제의 속박에서 벗어나 과감하게 개혁하고 혁신하도록 격려하였다. 특히 안후이(安徽), 쓰촨(四川) 등 성·자치구에서 아래서부터 위로 생산량 도급제가 일기 시작했을 때 중앙정부는 기회를 놓치지 않고 자신의 정치적 권위를 이용하여 기층의 자발적 개혁을 합법화하였다. 그 결과 불과 몇 년 사이에 농업생산이 대폭 증가한 토대 위에서 중국 농업은 생산·유통·분배로부터 토지재산권 제도에 이르기까지 점진적이고도 전면적인 개혁을 추진해 왔다.[15]

추상적으로 개괄하면, 중국 경제 시스템 운영비용, 즉 체제비용은 개혁을 통해 크게 감소되었다. 농촌의 변혁 과정에서 체제비용을 낮춘 행위주체는 우선 농가와 기층의 생산대이다. 왜냐하면 개혁은 집단 경제 재산권의 경계를 다시 확정하여, 일선 당사자로 하여금 비교적 낮은 운영비용의 적합한 체제를 선택 사용하게 했고, 교조주의 원칙에 따라 설계되었지만 실제 운영효과가 매우 낮은 낡은 체제에 더는 굴할 필요가 없게 하였다. 지방정부 및 최종 정책 결정권을 가진 중앙정부는 아래의 실천과 적극적으로 소통해 때로는 갈등과 대립, 때로는 타협으로 통일된 개혁정책의 수립 과정에서 마침내 개혁에 대한 합법성 배서(背書)를 완료했다.

매우 분명하게도, 역사적 결여와 농민들의 빈곤으로 야기된 개혁은 체제비용을 대폭 감소시켜 풍부한 농업 노동력을 현실적인 생산력으로 전환시키기 위한 밸브(閥門)를 열어 놓았다. 농업 생산량 증가, 농민의 소득 증가는 공급과 수요의 두 측면에서 국민경제 성장을 지지하였다. 돌이켜 보면 역사는 다음과 같은 결론을 검증하였다. 즉 농촌개혁의 이 정초식(奠基礼)은 1981~1986년 중국 경제가 계획했던 '연간 4%의 경제 성장률을 확보하고 5%를 지향하는(保四爭五)' 국면을 돌파하고, 중국 경제가 더욱 고속 성장할 수 있는 여건을 마련하였다.

1980년대 중반에 이르러 사람들은 중국이 8억 농민을 농업과 농촌에 묶어 둘 필요가 없음을 알게 되었다. 수억으로 추산되는 '농촌 잉여 노동력'이 생산성이 더 높은 비非농산업과 도시 부문으로 이전하여 중국의 고속 성장을 이루는 견실한 기반을 다졌다. 하지만 이러한 경제 잠재력의 방출은 공업과 도시 경제활동에 대한 국가 독점, 자영업자·개인 합화(동업) 및 민영 기업을 포함한 비공유제 경제의 고용경영 법적 금지 등의 심각한 체제적 장해를 돌파해야 했다. 당시의 시대적 배경으로 말하면 이 두 가지 장애물은 더 체계적인 이데올로기, 법률, 그리고 관습을 건드리기 때문에 농업 가정경영 도급책임제를 받아들이는 것보다 훨씬 더 어려웠다. 다행히도 중국은 점진적 개혁 경험을 쌓았다. 그것은 먼저 실행하고 먼저 시험하는 것(先行先試)을 격려하고 일부 지역에서의 개혁 시험으로부터 시작하여 새로운 선택이 나타내는 경제사회적 효과가 다수 사람들에게 받아들여진 후 다시 개혁의 전반적 합법화를 완성하는 것이다. 대체로 1990년대에 이르러 또 한 차례의 사상정치 면에서의 반복을 거친 후, 중국 특색의 사회주의 시장경제체제가 마침내 확립될 수 있었다.

4. 비교 우위의 새로운 내용

더 큰 도전이 계속 이어졌다. 갑자기 터져 나온 생산력에 대하여, 중국은 과연 어디에서 이들을 수용할 수 있는 시장을 찾을 것인가? 출구는 세계화에 융합되는 것이다. 우선 선진 경제체 시장의 힘을 빌려야 한다. 이것은 또한 실제에 입각한 선택이기도 하다. 향후 부각될 중국의 제조능력은 내생적인 것이 아니었기에 처음부터 선진국의 자본·기술·비즈니스 모델을 포함해 모두가 중국의 제조능력 형성에 참여했다. 나중에 '세계의 공장'으로 불리게 된 중국이 글로벌 시장을 통해 엄청난 생산력을 소화한 것은 논리에 부합한다.

무역 데이터는 사람들로 하여금 새로 도래하는 경제 대大시대에 깊은 인상을 주었다. 1978년 100억 달러 미만이었던 중국의 수출액은 2012년에 2조 달러를 넘어서면서 210배 성장하였다. 수입액은 108억 달러에서 1조 8천억 달러로 160배 이상 증가했고, 국가 외환 보유액은 1억 6,700만 달러에서 3조 3천억 달러로 2만 배 가까이 증가했다.[16] 하지만 이러한 천지개벽의 변화를 깊이 이해하기란 쉽지 않다. 통상적인 견해로는 경제학에서 오랜 역사를 가진 비교 우위 정리가 중국 경제의 부상을 분석하는 데 가장 적합한 분석 프레임이라고 생각한다.[17] 문제는 비교 우위 이론이 설 자리가 있으려면, 선진국과 후진국 사이에 대규모 무역이 있어야 한다는 것이 필수 전제라는 것이다. 도대체 어떤 조건이 구비되어야 잠재적인 비교 우위를 불러일으키고 강력하게 자극할 수 있느냐 하는 것이다.

이를 위해서는 비교 우위의 의미를 명확히 해야 한다. 비교 우위는 우선 비교비용이다. 왜냐하면 각 경제 주체인 개인·가정·지방부터 국가에 이르기까지 생산에 소비되는 비용이 서로 다르기 때문에, 일단 제품이 시장에 들어가면 절대적 우위 또는 상대적 우위가 비교에서 현저하게 나타나야 절대 우위 또는 비교 우위가 형성된다. 하지만 각 행위 주체들 간 비교는 생산적인 비용에만 제한되지 않는다. 진실 세계에서는 어떤 생산활동이 이루어지려면 특정한 제도적 구조를 떠날 수 없고 따라서 체계적인 제도 배치의 결정적인 영향을 받는다. 실제 생산비용이 과연 높은가, 아니면 낮은가? 비교 우위가 도대체 잠재적인 것인가 아니면 현실적인 것인가? 그리고 확실히 잠재적인 비용 우위를 발휘시킬 수 있는가? 이는 모두 자연적인 자질이 아닌 특정한 체제에 의해 결정된다.

중국의 경험은 우리에게 상술한 차이점을 구별할 수 있게 한다. 무역 데이터가 세계를 놀라게 하기 전에, 경제적으로 낙후한 인구 대국으로서 중국의 매우 낮은 일인당 소득 수준은 마치 매우 경쟁력 있는 저低노동력 비용 우위를 의미하는 것 같다.[18] 그러나 사실상 빈곤에 둘러싸인 엄청난 인구와 노동력이 생산에 전혀 투입되지 않고 글로벌 시장경쟁에 참여할 수 있는 제품을 공급하지 못한다면, 글로벌 무대에서의 비교 우위는 발휘될 수 없다. 왕성한 인적 자원의 생산 과정 투입을 방해하는 체제적 마찰은 심지어 많은 생산활동이 일어날 수 없을 정도로 심각했다. 이는 물리적 세계에서 마찰계수가 너무 높으면 물체가 전혀 이동할 수 없는 이치와 같다.

잠재적 저低생산비용이 결코 자동적으로 비교 우위를 만들어 내지 못한다는 것은 강조할 필요도 없다. 관건은 생산활동을 방해하는 체제 속박을 없앨 수 있느냐 하는 것이다. 불행하게도 잠재적으로 매우 낮은 생산비용은 항상 매우 높은 체제비용을 수반하여 경제 운영을 저해하기 때문에, 본래는 노출될 기회가 있는 경쟁 잠재력조차 근본적으로 발휘되지 못한다. 인구가 많으면 부담이 크고 노동력이 많으면 취업이 어렵다. 왜 그런 상황에서 노동집약적 산업이 이루어지지 않는가를 묻는다면, 답은 원래 매우 낮은 생산비용이 극히 높은 체제비용에 의해 지연되었다는 것이다. 더욱 결정적으로 영향을 미친 것은 후진국이 자신을 개방하지 않고 근본적으로 다른 나라와의 비교를 거부한다면 어떻게 비교 우위를 말할 수 있겠는가 하는 것이다.

중국의 기본 경험은 다름 아닌 개혁 개방을 통해 체제비용을 대폭 절감한 것이다. 이것은 경제 성장을 실현하는 전제 조건이다. 요점을 말하면 공업과 기타 고소득 산업에 대한 국가의 행정 독점을 제거하고, 외자의 정착을 받아들이고 민영 기업의 발전을 권장하고, 국제무역에 대한 국가의 전문 경영을 해제하고 환율개혁(특히 심각한 본국 화폐의 평가절상을 주동적으로 공제)을 하고, 수출입 체제를 지속적으로 개혁하여 해외 무역 서비스를 근본적으로 개선한 것이다. 이 모든 개혁 격전에서는 어느 하나도 빠져서는 안 된다. 귀납해 보면, 이전에 고공행진을 하던 체제비용을 대폭 낮추는 동시에 중국인들이 선진 기술과 관리지식을 습득하는 학습비용도 모두 낮추었을 때, 이런 전제에서 중국의 잠재적인 생산비용 우위가 비로소 발휘되기 시작하였고 중국의 수출이 힘을 발휘하기 시작했으며, 세계는 중국 경제가 놀라운 비교 우위를 지니고 있음을 발견할 수 있었다.

이렇게 보면 많은 유행하는 견해는 다시 새롭게 생각해 볼 필요가 있다. 예를 들어, '저렴한 노동력이 중국 궐기의 비밀'이라면, 개혁 개방 이전 중국의 노동력이 더욱 저렴했는데 왜 그때는 기적을 보지 못했는가라고 우리는 반문해 볼 수 있다. 또 '정부의 관리 통제야말로 중국 모델의 영혼'이라는 관점에도 우리는 재차 반문해 볼 수 있다. 소련 모델은 정부가 국민경제의 전부를 관리 통제했는데, 왜 실패하여 '소련'이 더는 생존하지 못했을까? 필자가 보기에 인기 있는 '거국擧國제'는 핵심을 짚지 못했다. 도대체 거국체제가 체제 운영비용을 높인 건가, 아니면 거국이 개혁 개방의 길로 나아가 경제 시스템의 운영비용을 대폭 감소시킨 것인가? 본문은 중국의 실제 경험은 체제비용 절감을 강령으로 하고 개혁 개방에 의하여 세계 시장에서 중국의 비교 우위를 방출한 것이라고 여긴다. 중국의 경험을 이해하고 자세히 설명하기 위해서는 비교 우위의 내용을 확장하고 생산비용과 체제비용을 분석의 틀에 함께 포함시킬 필요가 있다.

5. 비용곡선은 선先하락 후後상승

체제비용도 비용이며, 결과적으로는 비용행위의 일반적인 법칙을 따르기 마련이다. 경제학 이론에서 모든 비용곡선은 일률적으로 먼저 하락하고 후에 상승한다. 그러므로 전통적인 해석은 한계수확 체감이다. 경제 규모의 확장에 따라 합리적 요소의 구조 범위 안에서 어느 요소의 투입을 늘리면 한계에 따라 산출 증가를 가져올 수 있는데, 이때 산출 규모에 대응하여 비용이 하락한다. 하지만 합리적인 임계점을 지나면, 어느 요소의 투입을 늘렸을 때 생산량이 증가하지 않고 반대로 감소한다. 따라서 비용곡선이 바닥까지 내려가다가 다시 상승한다.

　이 분석은 생산비용에 대한 사람들의 이해를 심화시킨다. 주어진 기타 조건에 모두 변화가 없는 상황에서 농지 한 뙈기에 추가로 노동력을 투입하면 산출이 늘어나고 비료 투입 역시 마찬가지의 효과를 나타낸다. 하지만 기술의 합리적인 임계점을 넘어서면 과도한 노동력으로 일손을 낭비하게 되며, 과다한 비료로 인해 농작물이 피해를 입고 농업 생산량의 한계 수확이 감소되며 비용곡선은 상승한다. 하지만 이 분석은 여전히 간과한 것이 하나 있다. 즉, 비록 한계생산비용이 지속적으로 하락하더라도 규모가 확대됨에 따라 다른 비용이 발생할 가능성이 있지 않은가? 기타 비용이 나타낸 산출효과는 어떻게 변화할까? 이 문제는 코즈의 발견으로 해결되었다. 제품이 시장으로, 소비자에게로 향하면 비非직접 생산비용이 발생하게 되며(예를 들면 시장마케팅 비용), 이 비용이 일단 거래 구조의 기술 합리점을 넘으면 생산비용보다 먼저 상승할 수 있다. 이것은 실제 경험과 일치한다. 더욱 많은 농산물이나 공업품이 생산될 때 그 생산성의 한계 수확이 계속 상승한다고 해도 지나친 마케팅 비용으로 오히려 거래비용의 한계수확을 감소시킬 가능성이 크다. 진실 세계의 비용곡선은 생산만 보고 거래를 보지 않는 칠판경제의 논리에 의해 유도된 것보다 훨씬 빨리 새롭게 상승할 수도 있다.

　하지만 생산과 거래를 통합한다고 해도 비용행위의 전부를 묘사하기에는 역부족이다. 생산 거래 과정의 소비 외 노동력의 눈에 띄는 증가, 화학비료의 추가, 기계 도입, 공장 및 설비 확장, 마케팅 확장 등 수익을 고려한 비용행위는 많고도 많다. 실제 경제 과정에서 각 경제 주체는 또한 일련의 '비자발적인 비용'을 지불해야 한다. 예를 들어, 세금과 기타 공납을 하지 않을 수 없고 관제 부문이나 권력 인물과 접촉하는 데 시간과 노력을 기울이지 않을 수 없으며 또한 생산과 시장 프로세스 과정에서 신경써서 처리해야 하는 기타 각 측과의 재산과 제품 분쟁, 충돌과 손상 등을 부담하지 않을 수 없다. 비록 각기 다른 경제체제에서 자발적 비용과 비자발적 비용의 비율은 매우 다르지만, 일반적으로 이러한 지출은 보편적으로 존재한다. 유감스럽게도 현대 주류 경제학은 고전 정치경제학에 비해 흔히 실제 세계에서의 비자발적 지불비용에 대한 분석을 소홀히 한다.

중국의 현실은 우리로 하여금 체제비용에 각별히 주목하게 한다. 체제비용은 소비자 또는 개별 생산자가 경쟁에서의 이익을 얻기 위해 자발적으로 지불하는 비용이 아니라, 체계적이며 행위자가 원하지 않더라도 지불해야만 하는 비용이다. 이러한 체제비용은 강제 납부의 성격을 지니고 있고, 일반 시장경쟁과 흥정의 구속을 받지 않기 때문에 합리적으로 절제되기는 더욱 어려우며, 생산비용과 거래비용 곡선보다 더욱 빨리, 그리고 더욱 큰 폭으로 상승할 수도 있다.

중국의 데이터를 먼저 살펴보기로 하자. 국가통계국의 수치에 따르면 1995~2012년 사이 중국의 명목 GDP는 6조 793억 7천만 위안에서 51조 8,942억 1천만 위안으로 8.5배 증가했다. 이것은 분명히 2차 대전 이후 대국에서 보기 드문 고속 성장이다. 하지만 중국의 고속 성장은 반드시 대가, 즉 비용을 치러야 했다. 이에 대해 인건비의 지나친 증가가 중국산 제품의 경쟁력을 약화시킨 것은 아닌가라는 것이 보편적인 생각이다. 하지만 우리는 같은 기간에 전국적으로 임금이 8.7배 증가하여 이것이 명목 GDP의 증가 속도와 거의 같은 수준이었으며, 경제 총성장보다 특별히 빠른 비정상적인 현상은 없다는 것을 발견하였다. 이 기간에 경제 성장보다 훨씬 빠른 부분은 다음과 같은 몇 가지 변수이다. 첫째, 세금 수입이다. 같은 기간에 전국의 세금 수입 총액은 16.7배 증가하여 경제 총량 성장 배수의 197% 또는 노임 총액 증가의 192%에 해당했다. 둘째, 세금

이외의 수입을 포함한 재정 수입이다. 이는 그동안 18.8배로 증가하여 세수 증가보다 더 빨랐다. 셋째, 전국의 사회보험금 납부액이다. 이는 그동안 총 28.7배 증가하였다. 넷째, 토지 양도금이다. 같은 시기 전국의 토지 양도금 총액은 64배 증가하였다.[19]

이상의 모든 항목은 부가가치를 생산하기 위해 반드시 지불해야 할 비용들이다. 차이점이라면 임금 총액은 노동력 시장에서 발생하였고 대부분의 국영 기업 노동자를 포함한 전국의 노동력 자원에 용역계약제가 보급되었으며, 임금은 일반적으로 고용 쌍방의 의사에 따라 결정되고 시장 수급법칙의 지배를 받는다는 것이다. 그러나 세수 및 기타 정부기관에 납부하는 행정 서비스 비용은 법정 부담에 속하고 집행에 있어 강제성을 지닌다. 개인·가정 및 기업이 정부의 행정 서비스에 만족할 경우 많이 내고 불만족할 경우 적게 내는 경제관계가 존재하지 않으며, 납세자 측도 세법 제정과 세율 확정에 참여하기 어렵다. 사회 보장 항목에 대한 납부도 이론적으로는 요금 납부자의 미래 생활 보장에 사용되고 또한 이는 광의적으로는 용역비용의 구성 부분이다. 하지만 사회보험 납부액, 인출 후 운영, 지급 등의 관리는 현행 법규에 따라 정부기관이 단독으로 집행하며 법적 강제성을 지닌다. 마지막으로 토지 양도금은 전환기 중국의 특수한 경제 운영비용이다. 왜냐하면 현행 체제하에 중국이 합법적으로 경영하는 토지는 일률적으로 농촌 집단토지를 수용해 국가 소유로 전환한 후 용지기관이나 개인에게 토지 차용을 허락해 주는 것을 포함하여 국가 소유에 속하기 때문이다. 비록 토지임대시장이 존재하지만, 토지 공급자는 오직 정부뿐이다. 유사하게 정부나 국가기업의 공급을 독점한 '시장'은 수요자가 많고 경쟁이 치열하다. 공급자는 단독이거나 매우 적으면서도 다른 측이 시장에 진입하여 대체하는 것을 허용하지 않기 때문에 이러한 시장에서 형성된 자산 가격은 본질적으로 행정 권력의 임대료에 불과하다.[20]

종합해 보면, 위의 관찰 기간 중 중국 경제 운영의 뚜렷한 특징은 법적이고 강제성을 띤 비용 항목의 성장 속도가 경제의 총 성장 속도를 훨씬 초과하였을 뿐만 아니라 시장법칙의 지배를 받는 기타 비용의 성장 속도를 훨씬 초과하였다는 것이다. 이는 과도기에 있는 중국이 고속 성장 성과를 이룩한 동시에 체제비용 증가를 지속적으로 규제하는 효과적인 시스템이 아직 형성되지 않았다는 것을 보여 준다. 이는 점진적인 개혁이 아직도 미흡하다는 것을 보여 주며, 필연적으로 중국 경제의 지속적인 성장에 부정적인 영향을 미칠 것이다. 초기의 '사상 해방, 권력 이양'을 강령으로 한 개혁과 비교해 보면, 중국이 글로벌 시장에서 비교원가 우위를 발휘하여 고속 성장을 실현함에 따라 한때 크게 줄었던 체제비용이 다시 상승하면서, 초고속으로 경제가 성장한 것보다 더 빠른 속도로 반등했다. 실제 상황은 마치 커다란 낙타와 같이 초기에는 부담을 덜고 빨리 달렸지만, 고속 행진 과정에서 갈수록 부담이 더욱 가중되어 결국 더는 앞으로 나아갈 힘을 잃었다. 본문은 현재까지 비교원가의 우위로 전 세계에 입각한 경제체인 중국의 고속 성장 궤적의 변동을 체제비용의 하락과 재상승으로 해석할 수 있다고 본다.

6. 계량화하기 어려운 체제 마찰력

또한 일부 체제비용은 통계학적으로 반영되기 어렵다. 관찰에 따르면 경제활동은 재산권 확정, 계약 분쟁, 신제품 개발 및 연관 시장 진입, 정부의 독점 경영 범위 변동, 행정소송 및 민사 사건의 심리 등의 사무와 연관된다. 예외 없이 모두 직접적 생산비용 외의 별도 비용이 소요된다. 비록 광의의 거래비용이나 본문에서 정의한 체제비용은 모든 이른바 성숙한 시장경제에서도 여전히 발생하지만, 중국과 같은 전환 경제에 있어서 이러한 비非생산적 비용 형태는 매우 특색이 있으며 독자적인 성격을 지니고 있다. 필자가 최근 몇 년간 연구한 몇 가지 사례에 근거해, 본 절에서는 이러한 비용의 성격에 대해 논의하려 한다.

첫 번째 사례는 정부의 전신电信 전문 경영에 관한 것이다. 배경은 1990년대 말 인터넷이 대두되어 음성 통신을 완료할 수 있는 새로운 기회를 제공한 것이다. 전통적인 전신과 달리 인터넷을 기반으로 한 음성 통신(IP 전화)은 통화 시 비싼 통신 케이블을 독점할 필요가 없이 같은 회로에서 압축된 음성 데이터 패킷을 대량으로 전송할 수 있어 통신료를 대폭 낮출 수 있었다. 1997년 말, 푸저우시(福州市) 마웨이구(馬尾區)의 천씨(陳氏) 형제가 경영하는 민간업체는 IP 전화를 상업활동에 사용하기 시작하여 시장에서 큰 인기를 끌었다. 당시 중국의 국제전화 요금은 분당 18~32위안이었지만, 천씨 형제가 제공한 IP 전화는 분당 6~9위안이었기 때문에 장사가 잘되었다.

그러나 현지 전신국电信局에서 이를 '불법 경영죄'로 신고해, 구區 공안국에서는 경영 장소를 조사하여 장비를 압수하고 두 형제의 인신 자유를 제한하였다. 나중에 가족들이 보석금 5만 위안을 납부하고서야 그들은 석방되었다. 풀려 나온 천씨 형제는 구區 법원에 행정소송을 제기했다가 패소한 후 푸저우 중급 법원에 항소했다. 푸저우 중급법원 원장 쉬융둥(許永東) 법관은 사건이 신新기술과 연관되어 있는 점을 고려하여 각 측에 전문가를 증인으로 세울 것을 요구하였고, 법정에서 IP 전화와 전통적 통신 기술 특징의 차이를 변론하였다. 심사를 거쳐 푸저우 중급법원은 IP 전화는 전통적 통신 전문 경영 범위에 속하지 않으며, 국무원 문건에서 규정한 사회에 개방하여 경영할 수 있는 새로운 업무에 속한다고 인정하였다. 1999년 1월 20일, 푸저우 중급법원은 마웨이구 구區 법원의 천씨 형제 사건에 대한 판결을 구 법원에 돌려보내 재심하게 하였다.[21]

아쉽게도 7천여 자에 달하는 이유와 근거가 명확한 이 법원 재판은 마땅한 존중을 받지 못하였다. 1999년 1월 21일, 푸저우 중급법원 판결이 발표된 다음날, 정보산업부 관리국의 한 처장은 언론에 "IP 전화는 전신 电信 전문 경영에 속하지 않는다고 할 수 없다."라고 공개 발표했다. 그는 정보산업부에서 발표한 『통지』에는 '컴퓨터 정보 네트워크 업무'는 허가증 제도를 실시하며, "전화·팩스 등의 통신 업무는 잠시 운영하지 않는다." 라고 규정되어 있다는 것을 근거로 내세웠다. 이 처장은 '잠시 운영하지 않는다'고 이미 명확히 밝힌 이상, 'IP 전화를 이용해 장거리 전화 서비스를 제공한 사람이 있다면 이는 불법 경영'이라는 것이다. 그는 덧붙여 통보하였다. "IP 전화를 운영하는 것과 같은 불법 경영행위에 대한 현재 주요 처리 방식은 다음과 같다. 액수가 많지 않을 경우 일반적으로 행정 집법 부서가 위법 소득을 추징하고 벌금을 부과하며, 액수가 범죄 구성 요건에 해당하면 사법기관에 이송하여 형법 제225조 규정에 따라 불법경영죄로 조사 처리한다. 광둥(廣東), 상하이(上海) 등 관련 부문에서 이미 이와 같은 사건들을 조사 처리하였고 어떤 것은 이미 사법기관에 넘겨 처리하였다." 아주 분명하게도, 이 처장의 견해에 따르면 그가 본 행정부의 통지를 인용한 것은 푸저우 중급법원의 판결 및 판결문에서 인용한 국무원 문건보다 훨씬 더 권위적이어서 의심할 여지도 사법적 토론도 필요 없다는 것을 뜻했다.[22] 이러한 '법제' 분위기에서 천씨 형제 사건은 흐지부지 종결되었고, 더 이상 대중에게 널리 설명되지 않았다.[23]

두 번째 사례는 우정郵政 전문 경영과 충돌한 민영 택배이다. 상업활동이 빈번해짐에 따라, 상업 문서, 샘플 및 후에 큰 성공을 거둔 전자상거래 소포 택배 업무가 나날이 발전하였다. 1990년대 민간에는 '빨간 모자(小紅帽)'가 나타났고 연방 택배 등 5대 국제 물류회사가 잇따라 중국 시장에 진출하였다. 하지만 택배 업무가 가동되면서 새로운 문제가 발생했다. 비非우정 기구가 택배를 취급할 권리가 있는가? 우정 부문은 부정적인 입장을 밝히면서 1980년대에 통과된 「우정법」에서 송신 업무는 국가 전문 경영에 속한다고 명문화하였다. 새로운 문제는 기존 법규가 그동안에는 없던 새로운 업무를 자동적으로 관여할 수 있느냐 하는 것이었다. 이에 대한 원 우전부(郵电部) 측의 입장은 국민의 통신 자유를 보호하기 위해 우정 전문 경영을 유지할 수밖에 없다는 것이었다. 이에 따라 새로운 택배용 상업 소포가 과연 기존의 '우편물(信件)' 범주에 속하는지가 쟁의의 중점이 되었다.

이익 갈등으로 인하여 글귀를 따지는 것이 필수 코스가 되었다. 무엇을 '우편물'이라고 하는가? 1990년의 「우정법 실시세칙」에는 "우편물은 편지와 엽서를 포함한다."라고 명시하였고 '편지(信函)는 봉투 형식으로 전달되는 정보 매개체'라고 하였다. 이 해석대로 한다면 봉투에 넣어 봉인한 『24사』·『자본론』·『대영백과사전』도 모두 편지에 속하지 않는가? 그리고 '기타 종류의 물품'이란 무엇인가? 우전부가 반포한 이 세칙은 이를 '부호·영상·음향 등의 방식으로 전달되는 정보 매개체'라고 밝혔다. 이 세칙은 또 중국인의 상용 어휘에 대한 이해가 다를 수 있음을 고려하여 특별히 우정 전문 경영의 "구체적인 내용은 우전부에서 규정한다."라고 밝혔다.

심지어 테러리스트들이 미국을 습격한 '9.11' 사건의 후유증이 중국의 우정 전문 경영을 확대하는 데 한 단락의 에피소드를 추가하였다. 2001년 11월 15일 미국에서 발생한 탄저균 사건이 중국에 만연되는 것을 방지하기 위하여 국무원 사무청(辦公厅)은 긴급 통지를 발부하여 "편지·인쇄물 등 우편물 우송 업무 관리를 강화하여 탄저균의 전파를 방지해야 한다."라고 요구하였다. 2001년 12월 20일 국가 우정국을 포함한 몇 개의 주관 부문에서는 연합으로 다음과 같은 통지를 내렸다. "출입국 우편물과 우편물 성격을 띤 물품의 배송 업무를 처리하는" 모든 기업은 "반드시 이 통지를 발송한 날로부터 60일 내에 성급(省級) 우정 부서에 위탁 수속을 해야 한다."라고 요구했다. 2002년 2월 4일, 국가 우정국은 성급 우정 부문(위탁 신청 허가 여부를 비준하는 권위 기구)에서 발송한 통지에 "우편 위탁의 범위는 출입국 단일 물품의 중량이 500g을 초과하거나 또는 단일 물품의 사용료가 국가에서 규정한(동일 중량, 동일 국가·지역으로 통하는) 특급 우편 요금 기준 이상의 우편물과 우편물의 성격을 띤 물품 배송에 한정된다."라고 밝혔다. 보기 드물게 읽기가 매우 까다로운 긴 문장의 뜻은 '500g 이하와 요금이 우정 기업보다 싼 모든' 우편물 배송 업무는 일률적으로 위탁할 수 없다는 것이다. 좀 더 당혹스러운 것은 이 통지서에서 "앞에서 규정한 위탁 범위에는 국민의 개인 주소가 밝혀져 있는 우편물 및 현縣 이상(현급 포함) 당·정·군 등 기관의 공문은 포함하지 않는다."라고 명확히 규정하였다는 것이다. 이에 따라 필자는 당시 논평을 발표해 이런 상식에 어긋나는 부당한 행정 규제가 보호하려는 것은 우정 부문의 시대에 뒤떨어진 전문 경영 특권일 뿐 탄저균 방지와는 아무런 상관이 없다고 지적했다.[24]

세 번째 사례는 둥관(東莞)에서 발생한 기이한 사건이다. 둥관시는 주강 삼각주 지역의 연해 개방과 중국 제조업의 중요한 지역이다. 대다수 인구가 현지 호적이 아니기 때문에 서비스의 공급이 심각하게 수요를 따르지 못하고 있었다. 이런 기회를 틈타 많은 새로운 민영 기업이 둥관에 자리 잡았는데, 그중에는 길거리에 약국을 개설하는 것도 포함되었다. 2002년 3월, 「광둥성 약국 설치 잠행 규정」에서 광둥 약품 소매시장을 개방한다고 선포하자 외지 상인들이 둥관시로 몰려들었고 민간 투자의 열기는 고조되었다. 그러나 "그들은 곧 굳은 행정 장벽에 부딪쳐 만신창이가 되었다." 둥관시 약품 감독국은 2001년 6월부터 "500m 직선 범위 내에 두 번째 소매 약국 개설을 금지한다."라는 심사 비준 준칙을 실시하였다. 이는 이듬해 여론과 성省 지도부의 관여로 폐지되었으나 '500m 규정'은 꼬박 1년 동안 실시되었다. 이 새로운 정책으로 인하여 점포 임대료·인테리어비·물건 구입비·인건비를 많이 쓴 투자자들이 허가 서류를 받지 못해 점포를 개업할 수 없었다. 그들이 심사에서 통과되지 못한 원인은 500m

내에 다른 약국이나 약품 전문 판매대가 있었기 때문이었다. 그중에는 나중에 왔으나 '연고자'를 통하여 선先허가증을 받은 일부 약국도 포함되었다. 현지 약품 감독국에서는 차량용 미터기로 '정확히 도량'하여 몇 미터만 차이가 나도 비준하지 않았다. 사실 시장에서 가게를 여는 데에도 적지 않은 지식이 필요하다. 10,000m 내에 단지 한 집만 개업한다 하여 손해 보지 않는다는 보장도 없고, 50m 내에 세 곳을 개업한다 하여 꼭 이윤이 안 나는 것도 아니다. 도대체 어떻게 배치할 것인가 하는 걱정은 투자자의 몫이다. 정부가 감독 관리해야 하는 것은 가짜 약을 팔지 못하게 하고, 사기 치지 못하게 하는 것이다.

상술한 몇 가지 사례는 고속 성장하는 중국 경제에 있어서 아주 보잘것없는 작은 일 같다. 하지만 사례를 심층 분석해 보면 중국 경제가 겪게 되는 체제 마찰의 경제적 성격을 똑똑히 알 수 있다. 직접적인 생산비용이나 직접적인 서비스 비용 외에도 경제 운영에 기타 비용을 지불해야 한다는 것은 명백한 일이다. 천씨 형제가 압류당한 설비나 가석방 보증(取保候審), 그리고 소송에서 지불한 소송비와 정신적 에너지 소모, 택배 업무나 의약품 소매 업무가 합법적인 비준을 위해 투입한 노력, 이 모든 것은 예외 없이 모두 본문이 주목하는 체제비용에 속한다. 이러한 '추가적인' 대가는 수많은 상업활동을 근본적으로 불가능하게 할 정도로 크다.

21세기 초 발생한 이런 몇 가지 사례에서 시간이 흐름에 따라 혁신을 저해하고 투자를 억제하며 고용 증가를 방해하는 체제비용이 자동적으로 낮아질 것이라고 생각해서는 안 된다. 관찰 결과 중국 경제가 지난 통화 긴축에서 다시 강세로 돌아선 후, '거시적 조절 통제'는 '행정 독점을 타파'하는 개혁 배치를 압도하였고, 부당한 규제가 겹쳐 행정심사 비준은 갈수록 심해졌다. 2012년 새로운 정부가 또다시 '권력 이양'을 내걸고 경제 하행 압력을 완화한 것은 이러한 배경에서 나왔다. 새로 출범한 정부는 행정심사 비준 문건을 정리·폐지한다고 선포하였는데, 이는 무려 수

백 수천여 종에 달하였으며, 그중 절대다수는 계획경제시대의 유산이 아니라 21세기 이래 경제 고속 성장 과정 중 행정 부문에서 경제 운영의 여기저기에 추가되었던 것이었다. 하나의 상징적인 사건이 아마도 높은 체제비용의 간접 증거로 사용될 수 있을지도 모른다. 일찍이 1990년대에 이미 개방을 시도한 중국 전신업電信業은 단지 몇 개의 중앙 기업을 개방하는 데 국한되었다. 통신망의 가격 수준과 서비스의 질은 향상되었지만, 여전히 많은 비난을 받아 2015년에 이르러 국무원 총리가 직접 나서서 중국 광대역 인터넷 가격 인하와 속도 상승을 요구하였다.[25] 하지만, 부문의 권력과 이익에 관련된 일을 고위층에서 표명한다고 해서 자동적으로 해결될 수 있는 것은 아니다.[26]

7. 부정부패와 사치의 경제적 영향

2008년 7월, 코즈가 주최한 시카고대학교의 중국 개혁 30주년 기념 연구 토론회에 제출된 논문에서 필자는 개혁 개방 이래 덩샤오핑(鄧小平)이 무엇을 옳게 행하여 중국 경제를 세계가 주목하는 성공으로 이끌었는지를 설명했다. 또한 "이 같은 분권 개혁, 권력 재편, 민간 기업가에 대한 인정과 격려, 가격 메커니즘의 대규모 이용 등의 과정에 부패는 그림자처럼 따라다녔을 뿐만 아니라 더욱 만연하는 추세여서, 부패는 마치 개혁보다 더 빠른 추세로 확산되는 것 같다."라는 판단을 제기하였다.[27] 9년 만에 돌이켜 보니, 그 결론에서 유일하게 개정이 필요한 부분은 당시 조심스럽게 쓴 '것 같다(似乎)'라는 두 글자를 삭제하는 것이라고 생각한다.

물론 오늘날까지도 우리는 중국의 변화 과정에서 나타난 부패 현상에 대한 확실한 사실과 엄밀한 통계에 기초한 과학적 요구에 맞는 시스템 연구가 부족하다. 그러나 18차 당 대회 이후 칼날같이 추진된 반부패 정책이 공개적으로 통보·보고·보도되고 관련 사법심리 문서에 드러난 사실[28]만으로도 하나의 결론을 도출하는 데는 충분하다. 즉 전환 과정에서의 충격적인 부패는 결코 개별 관료들의 도덕적 해이에 의해 합리적으로 해석될 수 있는 것이 아니며, 그것들을 대체적으로 업무 실수나 관리 태만의 결과로 간주하는 것도 적합하지 않다. 반면에 변화 과정에서의 부패는 체계적이며 변화 과정에 내생한 체제적 부패이다.

위에서 인용한 원고에서 나는 또 장우창의 경제학 이론을 인용하여 전환기에 중국 경제가 왜 심각한 부패를 동반하는지를 설명하였다. 이 이론의 논리는 다음과 같다. 즉 인류는 자원 경쟁을 해결하기 위해 두 가지 기본적인 경제제도를 구성하였다. 하나는 등급제 특권으로 사람들의 행위를 규범화하고 단속하여 희소 자원이 남용되는 것을 방지하는 것이고, 다른 하나는 재산 권리의 개선으로 경제활동에 참여하는 사람들의 자유 공간을 구별하여 생산·교환·분업과 협력을 이끌어 내는 것이다. 첫 번째 경제제도에서 두 번째 경제제도인 시장경제로 전향할 때 기존의 등급 특권이 불가피하게 '권력 임대료'를 챙기려고 하기에 부패가 양산하고, 상응하는 단속 메커니즘의 부재로 심지어 체제적 부패까지 이루어진다. 이는 "부패는 개혁에 따르는 수반물일 뿐만 아니라 개혁에 대한 대중적 지지를 와해시키는 부식제이며, 심지어 최종 개혁의 치명적인 살수殺手임을 표명한다. 경제 전환(轉型) 과정에서 제도화된 부패에 어떻게 대처하느냐 하는 것은 하나의 심각한 도전"이다.[29]

더 나아가 분석이 필요한 문제는 심각한 부패가 중국 경제에 어떻게 영향을 미치는가 하는 것이다. 유행하는 손쉬운 통계 방법은 모든 수입을 국민 수입으로 하는 것이다. 그중에는 권력을 장악한 관원들의 불법 수입도 포함되며, 이를 토대로 '경제 성장'을 논한다. 그러나 그것은 바로 사람들이 더 이상 외면할 수 없는 변형된 부패이며 우리에게 각기 다른 성격의 수입을 명확히 구별할 필요가 있다는 것을 일깨워 준다. 부패성 수입도 비록 일부 국민의 소득이지만, 이는 다른 국민의 생산적 활동의 지속적인 성장에 장애가 된다. 때문에 부패성 수입은 경제 성장을 견인하고 중국 제품의 국제 경쟁력을 떨어뜨리는 부정적 요인으로 적절하게 간주되어야 한다.

추상적인 하나의 간단한 현상부터 시작해 보면, 뇌물을 주는 사람은 그 어떤 특별한 법적 외의 이익을 얻으려고 권력을 지닌 관리 또는 그 가족에게 다양한 액수의 실제 혜택을 주고 뇌물을 받은 사람으로부터 보답을 받는다. 여기에서 이 행위가 발생할 수 있는 각종 가능한 원인(자발적이거나, 미리 계획되었거나, 암시를 받거나 명시되었거나, 유행하는 암묵적 관행에 따라 처리해야 하는 것 등)을 생략하고 다만 이러한 행위가 발생한 후의 연쇄적인 경제적 영향에 대해 집중 분석해 보겠다.

첫 번째 논리적 결과로, 뇌물을 준 사람은 보답을 받는다. 사업 편의나 신속한 심사 비준 또는 토지·신용 대출·회사 상장 및 시장 접근 등의 특별한 기회를 막론하고 그 대가가 생산적 활동에 쓰였다면, '뇌물을 안 주고 일을 안 하는 것'보다 생산적인 프로젝트가 추진되고 투자가 효력을 발생시켜 그에 상응하는 일자리와 수입이 늘어난다. 그 범위 내에서의 개별적 권력의 부패는 확실히 경제 성장에 윤활제를 제공한 것이다.

그러나 일은 여기서 끝이 아니다. 개별적인 사람들이 뇌물을 통해 자원 경쟁에서 성공하였다면 일련의 후속 행위들을 자극하게 된다. 더욱 많은 상인들이 뇌물을 제공하는 상인을 모방하고, 더 많은 관리들이 뇌물을 받는 관리들을 따라할 것이다. 그리하여 우리는 두 번째 논리적 결과를 얻었다. 즉 뇌물 수수 범위는 확대되고 권력 부문과 권력 인물들을 끊임없이 '교육'하여 그들 수중에 있는 공권력이 지극히 높은 사적 경제적 가치를 지니고 있음을 새삼 깨닫게 할 것이다. 그 결과 각종 직권을 이용하여 권력 임대료를 얻는 행위가 만연해지고, 또한 렌트 추구 행위는 역으로 '렌트 설정(設租)'을 자극하게 된다. 권력 부문과 권력 인물들은 더욱 주동적으로 시장 중개인에게 비용을 강요함으로써 불법적인 개인 수익을 챙기게 된다.[30] 현상으로 보면 '부수입이 짭짤한 부서(肥缺部門)'와 대형 국영 기업 관리들만 부정부패를 저지르는 것이 아니라 통계국, 문화 기관, 과학 연구 기관 및 대학을 포함한 공인하는 비영리 기관들에서도 심각한 권력부패 현상이 일어난다. 부패가 만연하는 논리의 지배하에 부패는 개별적인 관료의 도덕적 규범 상실 범위를 넘어 체계적이고 제도화된 악순환을 보이고 있다. 이 단계의 경제적 함의는 부패가 차지하는 자원이 많을수록 생산성 활동에 제공되는 자원의 양과 비율 역시 갈수록 줄어든다는 것이다.

강도 높은 반부패를 하지 않고서는, 부패의 만연은 중단되지 않을 것이다. 하지만 권세를 등에 업고 부정부패를 일삼는 것은 결국 도덕적으로 '정당한 것'으로 볼 수 없다. 게다가 극심한 부패는 국가 정권의 합법적 기반을 훼손하여 항상 추궁과 제재를 받기 때문에, 부정부패 행위가 아무리 유행해도 언제나 가려진 겉옷을 걸쳐야 하고 반反부패에 대항하기 위해 온갖 추가적인 대가를 치러야 한다. 우리는 부정부패 공방에 둘러싸여 지불되는 체제비용은 모두 생산적이지 않으며 이 또한 부패행위가 경제에 가져다준 또 하나의 논리적 결과임을 분명히 해야 한다. 만약 분명히 성장을 저해하는 부패비용을 국민 소득으로 간주하고 고속 성장의 구성 부분에 잘못 포함시키면, 통상적으로 인정되는 성장 기적이 과장된 것인지 아닌지를 판단할 수 없다. 아이러니하게도 부정부패가 만연된 상황에서 반부패가 전개되면 '반부패는 경제 성장을 해친다'는 비난을 받게 된다.

따라서 우리의 결론은 다음과 같다. 비록 개별적 부정부패가 체제 운영에 어떤 윤활제 효과를 산생하고 객관적으로 생산성을 가질 수 있지만, 부패행위가 만연되고 체제화되면 이는 확산되는 암세포처럼 건강한 경제 세포를 신속히 삼키기 때문에 지속적인 경제 성장을 저해하는 철천지원수라는 것이다. 부정부패가 심각한 경제체가 왜 지속적인 성장을 실현할 수 없는지는 이해하기 어렵지 않다. 반면에 우리는 고속 성장에 기생하는 부정부패 행위는 부정부패의 만연과 더불어 끊임없이 경제 성장과 사회 공정公正의 기반을 잠식하고 새로운 창업의 동력, 특히 기업가 정신을 떨어뜨려 경제 성장을 방해할 것이며, 이는 경제를 침체에 빠뜨리는 결과를 가져올 것이라는 사실을 목격할 수 있다.

관료사회를 휩쓴 사치 풍조는 경제 성장에 복잡한 영향을 미치고 있다. 하지만 사치와 낭비는 부정부패보다 수량적으로 묘사하기 더 어렵다. 우리는 단지 사치와 낭비가 경제에 미치는 영향을 직관적으로 봤을 때 부정부패에 비해 훨씬 더 클 것으로 추정한다. 일반적인 인식에 의하면, 혀를 내두르게 하는 거액의 공금으로 누리는 허례허식과 향락을 포함한 사치와 낭비는 통상적으로 현직에 있는 관료에 한하며, 이는 개인 소유로 전환될 수 없고 퇴직 후에도 계속 누릴 수 있는 재산이 아니기에, 사치와 낭비가 공공 재물을 개인의 재물로 만들지 않는다는 것이다. 따라서 사치와 낭비 지출은 재무상 공무로 인한 지출에 포함되었을 뿐만 아니라 인지認知적으로도 사회적 응집력을 높이고 좋은 이미지를 만들며, 국민들의 정체성을 증대시키고 저임금 관료들이 열심히 일하도록 장려하기 위해 '필요'한 지출로 여겨지기도 한다.

정부 지출이 자연적으로 수요를 진작시키는 긍정적 가치를 지닌다고 볼 수는 없다. 또는 이런 질문이 나올 수도 있다. 그 많은 기준을 훨씬 넘는 공무용 주택, 공무용 차, 식사와 모든 사치 기준에 이르는 공무 소비가 한 무더기의 또 다른 시장 주문으로 이어지지 않겠는가? 원자재, 에너지, 부품, 설비 및 서비스에 대한 수요로 파생되어 취업·소득·세수를 높이는 데 기여하지 않았는가? 이 모든 가시적인 사치 낭비 효과는 단지 '경제 성장에 도움이 될' 뿐만 아니라 그 자체가 경제 성장이다.

그러나 사치 낭비 풍조의 경제적 원천은 경제 성장을 방해하는 성격을 드러낸다. 정부 세금으로 사치 낭비를 메우는 상황에서 지나친 세금 증가는 사치 낭비의 재정적 기반을 구성한다는 것을 쉽게 발견할 수 있다. 위에서 지적한 바와 같이 고속 성장 시기에는 명목 경제의 총량 증가보다 배로 빠르게 세금이 증대되고, 경제 운영에서 체제비용이 상승하고 경제 성장 부담이 가중된다. 상업계에서 자발적이거나 또는 강제적이거나 다양한 사치 낭비 지출을 위해 재정적 지원을 하는 경우, 우리는 그 자체로도 급속도로 증가하고 있는 세금과 함께 거액의 추가 비용이 부과되는 것을 볼 수 있다. 상술한 두 가지 상황에서 사치 낭비는 공권력이 제공해야 할 서비스를 갈수록 비싸게 만들고 있다. 경제 논리에 의하면 만약 부가가치를 하나씩 창출할 때마다 더 많은 세금 및 추가 비용을 지불해야 한다면, 세금과 부가적 비용이 감당할 수 있는 한계점을 넘어서면서 사람들의 생산·창조·투자의지가 떨어질 수밖에 없다. 요컨대, 사치 낭비의 논리적 결과는 부패와 유사하며 날로 급증하는 막대한 지출은 결국 경제 성장을 억압하는 정체를 드러낼 것이다.

8. 논평적 총결: 체제비용의 중요성

본문에서 정의한 체제비용은 '체계화된 제도가 경제 운영에 가져오는 비용'이다. 여기에는 선배 학자들에 의해 창조된 매우 개발적인 거래비용이나 순純상업비용이 포함되었을 뿐만 아니라, 시장 및 비非시장적 환경에서 일련의 제도를 통해 각 당사자에게 강요된 비용도 포함되었다. 그중에는 세금·비용·규제·심사 비준·법률 정책의 제한과 금지, 그리고 그러한 변수를 둘러싼 변화된 관념·여론·공공 정책 논쟁과 심지어 정치적 경쟁과 관련된 비용도 포함된다. 강제적인 비용이 보편적으로 발생하는 이유는 어떠한 경제활동도 국가와 그 대리 기관 혹은 대리인의 참여를 떠날 수 없기 때문이다. (국가 행위의 결과로서) 재산권이 제대로 보호되고 자원 이용이 자발적인 선택에 기초하며 가지각색의 계약이 진정으로 실행되려면 사실상 중간에 합법적 강제력에 의한 서비스가 제공되어야 한다. 명령경제, 즉 국가가 직접 자원을 배치하는 경우 강제력은 정부와 기업이 통합된 행정경제 복합체에서 산생하며 체제비용은 직접 경제 시스템의 운영비용을 구성한다. 어떠한 상황을 막론하고 국가 강제력은 모두 경제 운영에 참여하며 경제 성장은 모두 체제비용을 지불한다. 체제비용이 제로(0)인 세계는 상상 속의 유토피아에 지나지 않는다.

전환(轉型) 계획명령경제에서 시장경제로의 이행은 체제변혁이며, 일련의 제도가 바뀌어서 경제 시스템의 운영에 영향을 주게 된다. 체제 변수는 전환 경제에서 더욱 현저한 중심 위치에 있기 때문에 직접적 생산비용과 협의의 거래비용을 초월한 체제비용은 상대적으로 쉽게 전환 경제 연구자의 시야에 들어올 수 있다. 변혁의 동력, 저항과 마찰, 잠재적 생산력의 돌연적인 방출, 장기적인 경제 추세의 상승과 하락 등 전환 경제의 여러 가지 현상을 이해하고 설명하려면 모두 체제비용에 대한 분석을 떠날 수 없다. 결국 상식에 따르면, 단위당 산출에 부득이하게 지불해야 하는 비용이 낮으면 높은 경제 성장으로 연결되고, 비용이 높으면 낮은 경제 성장으로 연결된다. 여기에서는 다만 일반적인 생산비용과 거래비용을 강제적 요소를 포함한 체제비용으로 합당하게 확장해야 한다.

중국 경제는 보기 드문 사례를 제공하였다. 개혁 전 사람을 난감하게 했던 빈곤은 동시에 극히 저렴한 직접적 생산비용을 갖고 있음을 의미했고, 중국 경제체 내에 극히 거대한 잠재적 비교원가 우위가 내포되어 있었음을 보여 준다. 해결해야 할 문제는 높은 체제비용을 대폭 낮추는 것이므로 이를 위해서는 반드시 기존 체제의 단단한 껍데기를 깨뜨려야 한다. 개혁 개방은 일련의 제도적 변화인 관념적·법률적·체계적인 정책 설계와 조직적 배치의 전환을 거쳐 위의 사명을 실현하였다. 중국은 잠재적인 비교 우위로 글로벌 시장에서 두각을 나타내면서, 이로써 경제 시스템의 운영 궤적과 실적을 바꿔 고속 성장을 이루는 중국의 기적을 창조하였다. 그러므로 중국 경험을 이해하는 데 있어 기본 단서는 다름 아닌 일련의 제도적 변혁으로 경제 시스템의 운영비용을 대폭 낮춘 것이다.

그러나 세계 경제 구도를 바꾼 중국의 위대한 성과는 냉엄한 경제법칙을 바꾸지 않았을 뿐만 아니라 또한 바꿀 수도 없었다. 비용곡선은 결국 선先하강 후後상승 하였으며, 체제비용은 심지어 고속 성장 과정에서 더욱 급상승하였다. 경제 고속 성장과 더불어 사람들은 한때 대폭 하락되었던 체제비용이 다시 상승하는 것을 보았다. 세금과 비용 및 각종 법정 부담이 경제 성장률보다 빠른 속도로 증가하였고, 행정심사 비준이 쓸데없이 중복되었으며, 렌트 설계(設租)와 렌트 추구(尋租) 행위가 끊임없이 증가될 뿐 줄어들지 않아, 필요한 시장 감독 관리의 부족과 부당한 행정 규제의 가중이 병존하여 나타났다. 이 모든 것은 체제비용 항목에 드는 요소로 하나의 부정적인 결과를 합성해 냈다. 즉 단위 생산은 갈수록 가중되는 원가 부담을 감당해야 하는데, 이로 인해 중국 경제의 글로벌 경쟁 우위가 약화되었고 지금껏 비용 우위에 힘입어 온 중국 경제의 성장을 견인해 왔다. 정세는 매우 분명하다. 전면적으로 개혁을 심층화하여 체제비용이 다시 급등하는 추세를 억제함과 동시에 이를 돌려 세우는 것은 중국 경제의 지속적인 성장을 위해 반드시 필요한 전제 조건이다.

주

1 2008년 및 그 이전 30년간의 경제 성장률 수치는 중화인민공화국 국가 통계국(2013), p.45 참조. IMF는 구매력 평가 방법으로 2014년 중국이 세계 최대 경제체가 될 것이라고 예측하였다. "America Usurped: China Becomes World's Largest Economy-putting USA in Second Place for the First Time in 142 Years"(http://www.dailymail.co.uk/news/article-2785905/China-overtakes-U-S-world-s-largest-economy-IMF-says-economy-worth-17-trillion-America-falls-second-place-time-1872.html 참조.)
2 예를 들면, 장우창은 자신만의 독특한 풍격으로 "평생 이렇게 좋은 중국의 제도를 본 적이 없다."라고 하였으며[평황(鳳凰)넷 보도, http://news.ifeng.com/opinion/200809/0912_23_780811.shtml], 본인은 중국 경제제도의 코드를 풀었다고 하였다(『중국 경제제도』 참조). 중국 모델과 관련된 다른 글은 인민넷, 이론 채널의 특정 보도 "중국 모델에 초점을 맞추라"(http://theory.com.people.com.cn/GB/40557/149513)를 참조.
3 스미스는 1773년에 자기의 대작을 출판하기 위해 에든버러에서 런던까지 410마일의 거리를 한 달에 한 번밖에 오가지 않는 공공 마차를 타고 10일에서 15일을 덜컹거려야 했다. 더욱 중요한 것은, 마차에 오르기 전에 그는 또 당시의 관례에 따라 유언장에 서명하였는데, 여정이 결코 안전하지 않았기 때문이었다. Ross(2010), p.401 참조.
4 Coase(1937).
5 장페이강(张培剛)(1940).
6 저우치런(2006).
7 Arrow(1969), "Transaction costs are the costs of running the economic system," p.48.
8 North(1990); Cheung(1987).
9 Cheung(1987), p.58.
10 중국을 예로 들면 계획경제시대에 각 성시는 계획 물자를 서로 교환하여 분배하고, 각 지방은 중앙 계획 부문을 찾아 투자 및 건설 프로젝트를 요구했다. 농민들은 '비판을 받을' 위험을 무릅쓰고 암시장을 통하여 자류지(自留地)에서 생산된 농산품을 거래하였다. 그리고 빈번히 일어나는 운동은 협의의 거래와는 무관했지만, 모두 직접적인 생산과는 관계 없는 엄청난 소모였다.
11 Alchian(1987)은 '사회적 강제(socially enforced)'는 재산권에서 없어서는 안 되는 것이라고 지적하였다. 그 후 North(1990)는 국가행위를 제도 변천 분석에 도입하였다.
12 중화인민공화국 국민경제와 사회 발전 제6차 5개년계획(1981~1985), 전국인민대표대

회넷(http://www.npc.gov.cn/wxzl/gongbao/1982-11/30/content_1478459.htm) 참조.
13 인구정책 변화에 관한 간단한 개술, 쩡쩐쩐(鄭眞眞)(2012) 참조.
14 1978년 덩샤오핑(鄧小平)은 전국과학대회에서 "지금 우리의 생산기술 수준은 어떠한가? 수억 명의 인구가 먹는 문제에 주력하는데, 식량 문제가 제대로 고비를 넘기지 못했다."라고 개괄하였다.
15 중국 농촌이 개혁으로 발전을 추진하는 내재적 논리에 관하여 저우치런(1994)을 참조.
16 중화인민공화국 국가통계국(2013), pp.224, 667.
17 비교 우위의 정리는 리카도의 기여로서, 그는 왜 선진국과 후진국 사이에 대규모 무역이 발생할 수 있는가에 대답했다. 스미스 이전의 '절대비용 우위'론에 따르면 이는 일반적으로 일어날 수 없는 일이다. 그 핵심은 '비교 우위'에 있다. 비록 선진국 경제가 후진국 경제보다 전반적으로 절대적 우위를 갖고 있지만, 아무리 낙후된 경제라고 해도 상대적으로 우위에 있는 제품을 집중적으로 생산하고 국제 무역을 통해 경제 성장을 추진할 수 있다.
18 1978년 중국의 농업 인구는 8억 1천만 명이었고, 1인당 순수입은 보잘것없는 133억 5,700만 위안에 불과하였다. 이전에는 농민 소득이 더욱 낮았다. 1957년에는 1인당 73위안에도 못 미쳤다. 농목어업부계획사(1983), pp.35, 523 참조.
19 중화인민공화국 국가통계국(2013), 명목GDP는 p.44, 임금 총액은 p.132, 세수는 p.331, 재정수입은 p.328, 사회보험 납부는 p.850 참조. 1995년 전국의 토지 양도금은 420억 위안(원 토지 배당에서 보충 납부한 24억 위안을 포함.『중국 토지 연감』, 1996, p.60 참조), 2012년 전국의 토지 양도금은 2조 6,900억 위안(『국토자원통계연감』, 2013 참조), 2014년 전국의 토지 양도금은 4억 2,800만 위안이었다. 예카이(協開),「지방 20년 토지판매사: 400억에서 4조까지」,『제일재경第一財經』, 2016. 8. 29., http:/finance.qq.com/a/20160829/036965.htm 참조.
20 이것은 중국과 유사한 전환 경제에서 자원 배치 체제와 소득 분배 체제 간의 관계에 특별히 주의를 기울여야 함을 일깨워 준다. 권력이 아직 적당하게 규제받지 않을 경우 고속 성장 경제에 대한 권력의 '요구 가격'은 경제 성장이 지속적으로 부담할 수 있는 수준을 훨씬 초과할 수 있다.
21 푸저우(福州) 중급법원은 이에 근거하여 다음과 같이 판결하였다. "IP 전화는 인터넷 기술을 기초로 산생한 인터넷에서 제공하는 새로운 유형의 통신 업무로서 국무원(1993),『통지』55호와『중국공중매체통신관리방법』에서 말하는 '컴퓨터 정보 서비스 업무'와 '공중매체 통신 업무'에 속한다. 또한 국무원(1993),『통지』55호에서는 '컴퓨터 정보 서비스 업무'는 사회에 개방 경영하는 전신電信 업무에 속하며 본 사건의 피상소인 푸저우 공안국 마웨이(馬尾) 지국에서 말하는 국무원(1990),『통지』54호가 규정한 우정(郵电) 부문이 통일적으로 경영하는 장거리 통신 및 국제통신 업무에 속하지 않는

다."라고 명확히 밝혔다. 푸저우 중급법원 해당 판결문 전문, '푸저우 IP 전화 사건의 전말(始末)' 첨부 파일 참조(http://bbs.c114.net/ thread-829885-1-1.html).
22 푸저우 중급법원에서 심리한 천씨(陈氏) 형제 사건에서 전문가 증언을 제공한 룽(榕)씨는 이 사건에 대해 상세히 기록하였다. 「사건을 말하다」(1), (2)(http:///laorong.blog.techweb.com.cn/archives/11,10) 참조.
23 판사로 8년간 일했던 쉬융둥은 나중에 퉈웨이(拓維) 변호사 사무소를 개업하여 수석 파트너가 되었다(http://www.yearbooklawyer com/sites/lawyer/detail_201207271801341547_c_10.html).
24 이 부당한 관리 규제 사건에 관한 분석은 저우치런(2002)을 참조.
25 「리커창(李克强)이 연속 세 번 광대역 인터넷 요금 인하 독촉」,『경화시보京華時报』, 2015. 5. 14. 국무원 총리 리커창은 2년 만에 2017년 3월 5일 정부 사업 보고에서 올해 안으로 핸드폰 국내 장거리 전화와 로밍 요금을 전부 취소하고 중소기업의 인터넷 전용선 접속 요금을 대폭 인하하고 국제전화 요금을 인하하겠다고 밝혔다. 신화사북경 신매체 참조.
26 2015년 이후 온라인 계약 차량을 둘러싼 논란은 새로운 사례가 아니다.
27 저우치런(2010), p.25.
28 예를 들어, 재신망財新网이 2013년부터 지속적으로 발표한「매주의 반부패 기록(周記)」에는 지금까지 총 130기에 걸쳐 전국의 중대한 반부패 사건을 기록·보도하였다.
29 저우치런(2008).
30 Barzel은 '권력(the power)'을 일종의 "비용 강요 능력(the ability to impose costs)"이라고 정의하였다. Barzel(2002), p.10 참조.

참고문헌

[1] Arrow, K. J. "The Organization of Economic Activity: Issues Pertinent to the Choice of Market versus Non-Market Allocation," in *The Analysis and Evaluation of Public Expenditures: The PBB-System, Joint Economic Committee*, 91st Cong, 1st Sess 1, Washington, D. C.: Government Printing Office, 1969.

[2] Alchain, A. "Property Rights," in *The New Palgrave A Dictionary of Economics*, Edited by John Eatwell, Murray Milgate, and Peter Newman, The Macmillan Press Limited, London and The Stockton Press, 1987, pp.1031~1034.

[3] Barzel, Yoram. *Theory of the State: Economic Rights, Legal Rights, and the Scope of the State*, Cambridge University Press, 2002.

[4] Cheung, Steven N. S. "Economic Organization and Transaction Costs," *The New Palgrave: A Dictionary of Economics* Vol. 2, Palgrave Macmillan, 1987, pp.55~58. 中文版見: 張五常, "經濟組織與交易費用", 刊『新帕爾格雷夫經濟學大辭典』第二卷, 經濟科學出版社, 1996年版, 第58-60頁.

[5] Coase, R. H. "The Nature of the Firm," *Economics* 4(2), 1937, pp.386~405.

[6] North, Douglass C. *Institutions, Institutional Change and Economic Performance*, Cambridge University Press, 1990.

[7] Ross, Ian Simpson. *The Life of Adam Smith*, Second Edition, Oxford University Press, 2010.

[8] 鄧小平,『鄧小平文選』第二卷, 人民出版社, 1983年版.

[9] 農牧漁業部計畫司,『農業經濟資料』(1949~1983), 1983年.

[10] 張五常,『中國的經濟制度』, 中信出版社, 2009年版.

[11] 張培剛,『浙江食糧之運銷』, 商務印書館, 1940年版.

[12] 鄭眞眞, "中國人口政策的回顧與未來走向", 刊中國網, 2012年7月12日,

http://www.china.com.cn/guoqing/2012-07/12/content_25890510.htm.

[13] 中華人民共和國國家統計局,『中國統計年鑒2013』, 中國統計出版社, 2013年版.

[14] 周其仁, "中國農村改革:政府與產權關係的演變", 刊『中國社會科學季刊(香港)』夏季號, 1994年8月15日.

[15] 周其仁, "旁聽張培剛", 刊『收入是一連串事件』, 北京大學出版社, 2006年版, 第11~14頁.

[16] 周其仁, "鄧小平做對了什麼", 刊『中國做對了什麼』, 北京大學出版社, 2010年版, 第10~27頁.

[17] 周其仁, "咬文嚼字的權利", "不相干的炭疽病", "快遞市場的地步與上層", 刊『收入是一連串事件』, 北京大學出版社, 2002年版.

[18] 周其仁, "市場競爭是一項權利", "從IP電話到3G", 刊『挑燈看劍-觀察經濟大時代』, 北京大學出版社, 2005年版.

지은이

저우치런(周其仁)

1950년생. 베이징대학 국가발전연구원(베이징대학 중국경제연구센터) 경제학 교수·전임 원장. 저명 경제학자. 2010~2012년 중앙은행 화폐정책연구위원회 위원 역임.
주요 연구 분야는 경제조직과 경제제도, 발전경제학, 재산권과 제도경제학 등이며, 중국의 경제개혁 과정에 중요한 이론적 기여를 하였다. 주요 저서는 『진실 세계의 경제학』, 『화폐의 교훈』, 『재산권과 중국의 변혁』 등이 있다.

옮긴이

림금숙 林今淑

1957년생. 延邊大學 경제관리학원 경제학 교수.
주요 저서는 『중한통상정책비교론』, 『중국의 경제체제 개혁』, 『현대조선경제』 등 10여 권이 있으며, 그 외 논문 60여 편이 있다.

윤승현 尹勝炫

1969년생. 현재 한국 국민대학교 한반도미래연구원 연구위원. 1999/2018년 中國 延邊大學 경제관리학원 동북아연구원 연구원(중국 교육부 외국인 전문가), 2009/2012년 中國 吉林大學 동북아연구원(대학원) 연구원.
주요 관심 분야는 북방경제 협력이고, 주요 저서는 『두만강 지역의 신新개발전략과 환동해권 확대방안』, 『중국 동북3성과 한반도의 미래』, 『길림성의 대북경제협력 실태 분석: 대북투자를 중심으로』 등 공저 포함 20여 권이 있으며, 그 외 논문 50여 편이 있다.

재산권과 중국의 변혁

2021년 12월 10일 초판 1쇄 인쇄
2021년 12월 20일 초판 1쇄 발행

지은이 저우치런
옮긴이 림금숙, 윤승현
펴낸이 윤성이
펴낸곳 동국대학교출판부

주소 04620 서울시 중구 필동로 1길 30
전화 02-2260-3483~4
팩스 02-2268-7851
Homepage http://dgpress.dongguk.edu
E-mail book@dongguk.edu
출판등록 제2-163(1973. 6. 28)
편집디자인 동국대학교출판부
인쇄처 네오프린텍(주)

ISBN 978-89-7801-011-5 93320

값 27,000원

이 책의 무단 전재나 복제 행위는 저작권법 제98조에 따라 처벌받게 됩니다.